Kohlhammer

Ludger Schenke

Das Markusevangelium

Literarische Eigenart – Text und Kommentierung

Verlag W. Kohlhammer

Für
Hansjakob Becker

Umschlagabbildung: Andrea Mantegna (1431–1509): Der Evangelist Markus

Alle Rechte vorbehalten
© 2005 W. Kohlhammer GmbH Stuttgart
Umschlag: Data Images GmbH
Reproduktionsvorlage: Textwerkstatt Werner Veith München
Gesamtherstellung:
W. Kohlhammer Druckerei GmbH + Co. KG, Stuttgart
Printed in Germany

ISBN 3-17-018938-7

Inhalt

Vorwort 7

Die literarische Eigenart des Markusevangeliums

1. Die Gattung des Markusevangeliums 8
  1.1 Die Topographie 8
  1.2 Die Zeit 11
  1.3 Das Markusevangelium als Mythos 15
2. Welchen Mythos erzählt das Markusevangelium? 21
  2.1 Die Situation der Menschen und Israels 22
  2.2 Der Ratschluss Gottes 23
  2.3 Die Umsetzung des Planes Gottes durch den Sohn 24
3. Der Autor des Markusevangeliums 26
  3.1 Der Autor als „allwissender Erzähler" 26
  3.2 Der „reale Autor" 27
4. Die Leser des Markusevangeliums 30
  4.1 Das Leserbild 30
  4.2 Die Entstehungszeit des Markusevangeliums 32
  4.3 Die Situation der Leser 35
  4.4 Der Ort des Markusevangeliums 40

Text und Kommentierung

Der Buchtitel: 1,1 43

Vorspiel im Himmel und auf Erden: 1,2-13 45

Erster Erzählbogen: 1,14-3,6 „In Galiläa" 59

Zweiter Erzählbogen: 3,7-8,26 „Rund um den See von Galiläa" 99

Dritter Erzählbogen: 8,27-10,52 „Auf dem Weg" 197

Vierter Erzählbogen: 11,1-15,47 Die siebte „Woche" in Jerusalem 255

Epilog: 16,1-8 350

Literatur 354

Vorwort

Ein Kreis schließt sich. Mit redaktionsgeschichtlichen Analysen zur Passionsgeschichte des Markusevangeliums begann ich vor fast vierzig Jahren meine wissenschaftliche Arbeit. Heute weiß ich, was ich damals gesucht habe. Aber ich konnte es nicht erreichen, weil ich der traditionellen exegetischen Methode folgte. Unter Anwendung von Literarkritik, Form- und Traditionsgeschichte meinte ich, die Genese des Textes nachzeichnen zu müssen, um seinen Sinn erheben zu können. Ich hätte von seiner Gestalt ausgehen müssen. So verfuhr die Literaturwissenschaft außerhalb der neutestamentlichen Exegese schon längst. Doch dazu hätte unbestritten feststehen müssen, dass das Markusevangelium Literatur ist, und zwar eine fiktive Erzählung, die sich einzig dem Gestaltungswillen des Autors verdankt. Und so blieb mein Ansatz stecken im vorläufigen Versuch, den untersuchten Text zumindest als Komposition des Redaktors Markus zu erweisen.

Der jetzt vorgestellte Kommentar zum Markusevangelium greift das eigentliche Anliegen von damals auf. Er lässt die form- und traditionsgeschichtliche Fragestellung fast vollständig hinter sich (ohne ihre Möglichkeit und sogar Nützlichkeit leugnen zu wollen) und versteht das Markusevangelium als literarisches Werk, durch das der Autor als ein anderer die Leser zu Teilnehmern an der Welt und am Lebensweg des Gottessohnes Jesus machen will.

Ein Kommentar soll den Text nicht ersetzen. Er soll vielmehr den Akt des Lesens vorbereiten und begleiten. Er soll ein Helfer des Lesers sein, sein Führer durch den Text, der Aufmerksamkeit weckt und auf innere Bezüge und die Rätsel des Textes hinweist. Durch den Kommentar soll das Lesen des Textes nicht überflüssig gemacht, sondern gerade in Gang gesetzt werden. Erst im Augenblick des Lesens wird ja der Text wieder lebendig und erfüllt sich seine Bestimmung, eine „fundierende Geschichte" zu sein.

Ich widme dieses Buch meinem Freund und Kollegen Hansjakob Becker. Von ihm weiß ich als dem ersten, dass er diesen Kommentar mit Spannung erwartet. In vielen Lesungen gemeinsam mit mir hat er sich dafür eingesetzt, den biblischen Texten „Gehör" zu verschaffen, und er tut es weiterhin durch seine beharrliche Arbeit an einer neuen Leseordnung.

Klein-Winternheim, Ostern 2005   Ludger Schenke

Die literarische Eigenart des Markusevangeliums

1. Die Gattung des Markusevangeliums

Welcher literarischen Gattung ist das MkEv zuzuordnen? Ist es eine Biographie, in der es darum geht, historische Tatsachen aus dem Leben des Jesus von Nazaret zu berichten? Oder ist es eine Erzählung, die unbeschadet der historischen Fakten das wahre Geheimnis des Lebens und Wirkens Jesu als „heilige" Geschichte vermittelt?

Wir nähern uns einer Antwort, indem wir zunächst Beobachtungen zur Topographie und zur Zeitfolge im MkEv zusammenstellen; beides sind notwendige Elemente jeder Biographie oder Erzählung, wenn sie Personen und Ereignisse der Geschichte zum Gegenstand haben.

1.1 Die Topographie

Die Geschichte Jesu, die der Autor erzählt, spielt sich in den Grenzen Palästinas ab. Die Landschaften Galiläa und Judäa, Idumäa und Transjordanien werden genannt, ebenso die Küstenregion. Auffälligerweise fehlt Samaria. Cäsarea Philippi im Norden (8,27) und Jerusalem im Süden, die Mittelmeerstädte Tyrus und Sidon (7,24.31; vgl. 3,7) im Westen und der Jordan bzw. auf der *„gegenüberliegenden Seite"* die Wüste (vgl. 1,4; 1,12) begrenzen den Raum. Der Held der Erzählung stammt aus Nazaret, wo er aufgewachsen ist (6,1) und von wo er zu seinem Wirken aufbricht (1,9). Und er stirbt in Jerusalem.

Jesu Wirken vollzieht sich zuerst in einer eher peripathetischen und später in einer zielgerichteten Wanderung: Wandernd zieht Jesus zunächst in Galiläa umher, vor allem in Gegenden und Orten, die um den See Genesareth herum liegen. Zweimal macht er einen Abstecher in heidnisches Gebiet (4,35-5,20; 7,24-8,10). Dann durchquert er ab 8,27 von Nord nach Süd das Land, um in Jerusalem sein Todesgeschick auf sich zu nehmen.

Man könnte meinen, der Autor habe eine authentische Anschauung vom Leben Jesu und seine Darstellung entspreche der geographischen Realität von dessen Wirken. Und doch ist das schwerlich der Fall. Mehrfach lässt sich aufzeigen, dass er die Geographie Palästinas nicht genau kennt. Seine Darstellung kann die Wanderungen Jesu im palästinischen Raum nicht authentisch wiedergeben, sondern ist Fiktion. Diese Feststellung lässt sich belegen:

Die Topographie 9

- Gerasa (5,1.13) liegt nun einmal nicht am Ufer des Sees Genesareth, sondern ca. 60 km davon entfernt, und die Dekapolis (5,20) hat mit der Landschaft rund um den See nichts zu tun.
- Die Reisenotiz 7,31 ist für jemanden mit Ortskenntnis nicht nachvollziehbar, zumal der See eben nicht „*mitten im Gebiet der Dekapolis*" liegt.
- Galiläa und Judäa grenzen nicht so aneinander, wie 10,1 vorauszusetzen scheint: mit dem Jordan als Grenzfluss. Samaria scheint der Autor überhaupt nicht zu kennen, zumindest seine trennende Lage zwischen Galiläa und Judäa scheint ihm entgangen zu sein.

Diese Beobachtungen reichen bereits aus für die Feststellung, dass der Autor unmöglich eine gute Ortskenntnis Palästinas besaß. Er hat eine Phantasielandschaft entworfen, in der er das Wirken Jesu geographisch ansiedelte. Lediglich einige räumliche Eckdaten stimmen mit dem wirklichen Ablauf des Lebens Jesu überein. Wenn der Autor die Wanderungen Jesu aber als Fiktion erzählt, dann weiss er auch darum, dass er Fiktion erzählt, und die Frage wird sein, was das für sein Werk bedeutet.

Allerdings bedeutet es nicht, dass der Autor alle Landschaften und Orte der Darstellung erfunden hätte. Da er Tradition benutzt hat, die bereits mit Ortsangaben verbunden war, dürften ihm viele Angaben schon vorgegeben gewesen sein. Aber die Verknüpfung der traditionellen Erzählungen durch Wanderungen und Bootsfahrten erfolgte fiktiv durch ihn und ist keine Spiegelung der realen Ortswechsel Jesu.

Wenn aber nur einige geographische Grunddaten des MkEv der historischen Realität entsprechen, nämlich umfassendes Wirken Jesu in Galiläa und sein Tod in Jerusalem, dann lässt sich die Frage stellen, warum der Autor diese Grunddaten und die ihm mit der Überlieferung vorgegebenen Ortsangaben gerade so miteinander verknüpft hat, wie er es tat. Sagt sein Vorgehen etwas über das Werk aus? Hatte er überhaupt Alternativen?

Die geographische Gestaltung des JohEv zeigt, dass Alternativen durchaus bestanden. (Das gilt dann auch für den zeitlichen Rahmen der Darstellung.) Auch Matthäus und Lukas verändern den topographischen Aufriss des MkEv und weisen so auf Alternativen hin. Unter pragmatischen Gesichtspunkten der Komposition war es wohl naheliegend, Jesus zunächst in Galiläa und um den See herum tätig sein, um ihn dann nach Jerusalem aufbrechen und sein Martyrium erleiden zu lassen. Aber notwendig war das nicht. Pragmatik allein reicht als Erklärung nicht aus. Offenkundig hat der Autor mit seiner Topographie mehr bezweckt als eine pragmatische Verknüpfung seines Materials; er hat sie geradezu symbolisch eingesetzt.

Das liegt für Jerusalem auf der Hand. Die Stadt ist Ziel der Wanderung Jesu (10,32.33). Dessen Weg nach Jerusalem ist der ihm von Gott her vorbestimmte *Weg* ans Kreuz und zur Auferstehung (vgl. 1,2f). Jerusalem ist auch Ort der Feinde Jesu. Schon in Galiläa sind sie präsent, indem sie von Jerusalem herab kommen (3,22; 7,2).

Der Weg nach Jerusalem, den Jesus ab 8,27 zielgerichtet aufnimmt, ist nicht nur eine geographische Wanderung, sondern für Jünger und Leser zugleich eine geistige Annäherung an das Ziel des Wirkens Jesu. Lehrend behandelt Jesus „*auf dem Weg*" das Thema der wahren Jüngerschaft als *Kreuzesnachfolge* (8,27-10,52).

Wie Jerusalem Ort der Feindschaft gegen Jesus und seines Martyriums ist, so ist Galiläa Ort seines Wirkens in göttlicher Vollmacht. Jesus wird in Galiläa als Gottes Sohn epiphan, der in vollmächtiger *Lehre* in Wort und Tat heilsspendend wirkt. Dass Galiläa für den Autor auch symbolisches Land ist, macht vor allem der Schluss des Werkes deutlich. Nach all den Missverständnissen während des vollmächtigen Wirkens Jesu und nach dem Totalversagen der Jünger in seiner Passion ist der Auferstandene vor den Jüngern her auf dem Weg nach Galiläa (16,7), so wie er es ihnen verheißen hatte (14,28). In Galiläa werden die Jünger ihn (erneut) sehen, dann ohne Unverständnis und Herzensverhärtung. Die wahre Jüngerschaft als Kreuzesnachfolge kann beginnen, und das Wirken Jesu in Galiläa vor seinem Martyrium kommt nun zum Ziel.

Mittelpunkt des Wirkens Jesu in Galiläa sind der „*See von Genesareth*" und die Orte und Städte an seinen Ufern. Auf dem See ist Jesus mit den Jüngern allein und versucht, ihr Unverständnis zu überwinden, in den Städten zieht er sich mit ihnen in ein Haus zurück, um sie zu belehren. So entstehen durch topographische Angaben, die Signalcharkter haben, immer wieder typische Szenen. Wie der Autor die Topographie als eine Klammer für Inhalte und zur Lenkung der Leser einsetzen kann, zeigt das Verwirrspiel um die Fahrt der Jünger nach Bethsaida (6,45), das nach mehrmaligen Umwegen (vgl. 6,53; 8,10) erst in 8,26 erreicht wird. Zweimal unterbricht der Autor das Wirken Jesu in Galiläa durch eine Exkursion ins Heidenland (4,35-5,20; 7,24-8,10), beide Male intensive Signale an den Leser, die spezielle Thematik zu beachten.

Ohne Zweifel symbolisch ist auch die topographische Angabe „*Wüste, einsamer Ort*" (1,4.12.35.45), wo der Täufer Jesus ankündigt und wohin sich Jesus zurückzieht, um im Gebet bei seinem Vater zu sein. Das gilt ebenso vom Berg (6,45; 9,2). Auch der Ölberg (13,3; 14,26.32ff) hat topographische wie symbolische Bedeutung.

Der Autor weiß sich bei seiner Darstellung in Übereinstimmung mit der urchristlichen Überlieferung, die Jesu Wirken in Galiläa und seinen Tod in Jerusalem historisch unbezweifelbar bezeugt. In jedem Fall hat der Autor also zumindest die topographischen Eckdaten des realen Lebens Jesu in seinem Werk korrekt wiedergegeben. Auch die bereits mit der Tradition dem Autor überlieferten Städte und Orte des Wirkens Jesu gehen in vielen Fällen wohl auf Erinnerung zurück. Aber die konkrete erzählerische Ausgestaltung der Ortsstruktur und vor allem die Abfolge der auf seiner Wanderung von Jesus berührten Gegenden und Orte ist fiktiv. Der Autor weiß, dass er keinen authentischen Bericht liefern kann, und so erzählt er, wie es gewesen sein *könnte*, ja wie es gewesen sein *müsste*. Er blickt auf den faktischen Weg Jesu und dessen Stationen zurück im Wissen, dass darin Gottes geheimnisvoller Wille zum Zuge kam (vgl. 1,2-3). Für ihn war Jesu Wan-

Die Zeit 11

derung von Galiläa nach Jerusalem kein zufälliger Reiseweg, sondern der notwendige Königsweg, den Gott seinen Sohn zu gehen gewiesen hat. Der Autor erhebt also nicht den Anspruch, aus authentischer Anschauung heraus die *zufälligen* Wanderungen Jesu durch Palästina nach Jerusalem nachzuzeichnen – darauf weisen die Sammelberichte 1,39.45; 6,6b.53-56 hin, die ja durchaus ein zufälliges Hin- und Herwandern Jesu andeuten –, sondern den *notwendigen* Weg. Der notwendige Weg aber hatte eine geheimnisvolle Ordnung, die zugleich das literarische Werk des Autors bestimmt. In dessen ringförmigen (vgl. 1,14-39; 2,1-3,6; 4,1-5,43) und zielgerichteten Erzählbögen (3,7-8,26: vom See nach Betsaida; 8,27-10,52: von Cäsarea Philippi nach Jerusalem) kommt die geheime Ordnung des notwendigen Weges Jesu zur Darstellung.

Der Autor will auch gar nicht nur einen *einmaligen*, historischen Weg des Gottessohnes von Galiläa nach Jerusalem ans Kreuz erzählen, sondern darin zugleich einen *typischen* Weg zur Anschauung bringen, den Jünger und Leser ebenfalls gehen sollen, sobald Jesus ihn vollendet hat. Dazu geht der Auferstandene den Jüngern nach Ostern voraus – zurück nach Galiläa (14,28; 16,7). Von dort, dem realen Galiläa – so ist die Vorstellung des Autors –, haben sich die Jünger dann auf ihren eigenen Weg gelungener Kreuzesnachfolge gemacht. Durch ihre Verkündigung vermittelt können aber auch die Leser Jesus in *Galiläa* – jetzt aber dem literarischen, symbolischen Galiläa – sehen und werden von ihm auf den Weg der Kreuzesnachfolge durch alle symbolischen Orte hin zu ihrem Jerusalem gerufen. Der Autor stellt also den Weg Jesu von Galiläa nach Jerusalem als einen immer wieder und von allen Nachfolgern zu gehenden Weg dar: ein *ewiger Weg*.

1.2 Die Zeit

Der Autor erzählt ein Ereignis der Vergangenheit, das im weltgeschichtlichen Sinne abgeschlossen ist. Es handelt sich um das geschichtliche Wirken Jesu in Galiläa und um seinen Weg in den Heilstod nach Jerusalem. Dieser geschichtliche Weg Jesu setzt, wie wir gesehen haben, aus sich neue Wege der Kreuzesnachfolge frei. Er hat eine ewige Wirkung. Doch als Weg *Jesu* ist er Vergangenheit.

Die Frage ist, wie der Autor dieses geschichtliche Ereignis mit der historischen Zeit verknüpft und mit welchen Mitteln er seinen zeitlichen Ablauf dargestellt hat. Lässt sich aus der chronologischen Gestaltung seiner Erzählung etwas darüber ablesen, wie er das erzählte Geschehen verstanden hat? Will er die Leser historiographisch lediglich mit einem vergangenen Leben bekannt machen? Oder bedeutet dieses vergangene Leben für sie mehr?

Erzählen lässt sich nur *Vergangenes*. Eine Erzählung hat es darum notwendig mit Zeit zu tun. „Die Zeit ist das *Element* der Erzählung, wie sie das Element des Lebens ist – unlösbar damit verbunden" (Thomas Mann). Eine Erzählung nimmt Zeit in Anspruch („*Erzählzeit*"), indem sie Vergangenes berichtet („*erzählte Zeit*"). Anders als im Drama ist die Dauer von beidem, Erzählzeit und erzählter Zeit, in einer Erzählung niemals vollkommen deckungsgleich. Normalerweise treten in ihr die *Erzählzeit* und die *erzählte Zeit* auseinander, und zwar in beide Richtungen.

Die Kunst zeigt sich nun darin, wie die *erzählte Zeit* in der *Erzählzeit* eingefangen wird, wie das Tempo der Erzählung wechselt, Zeiten überbrückt, Ereignisse vorweggenommen (Prolepsen) oder nachgetragen (Analepsen) werden.

Die *Erzählzeit* des MkEv ist ziemlich genau bestimmbar. Sie dürfte bei neunzig Minuten liegen. Ist auch die darin *erzählte Zeit* bestimmbar? Für das JohEv ist dies z.B. ohne weiteres möglich, weil der Erzählfaden kurz vor einem Paschafest einsetzt und kurz nach dem übernächsten, also dem dritten Pascha endet: etwas mehr als zwei Jahre kommen in einer *Erzählzeit* von ca. 150 Minuten zur Darstellung. Wie sieht es beim MkEv aus?

Der Autor verknüpft das Auftreten und Wirken Jesu mit der Zeitgeschichte, auf die die Leser zurückblicken. Aber ihm liegt nicht daran, diese Verbindung an den Anfang zu stellen (vgl. Lk 1,5; Mt 2,1; Lk 3,1f) oder hervorzuheben, sondern er knüpft sie beiläufig. Die Erzählung ist bereits weit vorangeschritten, da erst wird mit dem König Herodes eine prominente Figur der vergangenen Zeitgeschichte eingeführt, auf dessen Regierung die Leser zurückblicken (6,14ff). Er äußert seine Meinung über Jesus und übernimmt dabei die Verantwortung für den Mord an Johannes dem Täufer, der schon zu Anfang der Erzählung erwähnt worden war (vgl. 1,14). Eine zweite prominente Person der Weltgeschichte tritt am Ende der Erzählung in Erscheinung: der Prokurator Pilatus, der als römischer Richter für die Exekution Jesu verantwortlich ist (15,1ff). Auch seine Amtszeit ist zur Zeit der Leser längst abgelaufen. Mit diesen beiden weltlich Mächtigen ist das Wirken Jesu in die Weltgeschichte eingeordnet. Der Autor selbst nimmt aber keine weltzeitliche Datierung vor; daran liegt ihm offenbar nichts. Doch immerhin, wenn jemand datieren will, kann er es aufgrund der genannten Persönlichkeiten: Die weltzeitliche Jesusgeschichte beginnt nach der Ermordung des Johannes durch Herodes und endet nach dem Mord an Jesus durch Pilatus. Mehr datierbare Persönlichkeiten werden nicht erwähnt; interessanterweise nennt der Autor den Jesus aburteilenden Hohenpriester nicht mit Namen. Eine Einordnung in die säkulare Geschichte des jüdischen Volkes erfolgt also nicht.

Mehr als an einer weltzeitlichen Datierung liegt dem Autor an der heilsgeschichtlichen Einordnung des Wirkens Jesu. In 1,9 lässt er Jesus erstmals in seiner Erzählung auftreten, und zwar „*in jenen Tagen*". Gemeint sind die Tage des Wirkens des Täufers Johannes, die zuvor in 1,4-8 skizziert wurden. Diese aber sind die Erfüllung jenes von Jesaja in heilsgeschichtlicher Vorzeit vernommenen Gotteswortes an den mit „*Du*" angesprochenen *Herrn* über den ihm vorausgehenden Herold Johannes und über den notwendigen „*Weg des Herrn*" (1,2-3). Dieses uralte Gotteswort steht wie ein Motto über der ganzen Erzählung und erweist die darin erzählte Geschichte als Erfüllung der von Gott geplanten Heilsgeschichte. Sie ist der *Anfang* des Eschatons (1,1), wie Jesus sofort in 1,15 verkünden wird: „*Die Zeit ist erfüllt!*" Dieses Datum ist dem Autor wichtig, aber es ist kein weltzeitliches Datum. Dementsprechend wird in seinem Werk auch nicht eine zufällige Episode der Weltgeschichte erzählt, sondern ein heilsgeschichtlich notwendi-

Die Zeit 13

ges Ereignis, das Gottes ewigen Plan erfüllt (vgl. 1,2f; 8,31; 9,12f; 12,10f; 14,21) und das Eschaton unmittelbar nahe heranführt (vgl. 1,15).

Noch ist es aber nicht vollendet da (vgl. 9,1; 13,30; 14,25) und innerhalb der *erzählten Zeit* wird seine Realisierung auch nicht berichtet. Diese steht auch für die Leser noch aus. Aber wie die Erzählung im Modus des Prophetenwortes 1,2-3 mit dem uralten Plan Gottes verbunden ist, so ist sie es auch im Modus des Wortes Jesu mit dem endgültigen Anbruch des Eschatons, den die Leser als letzte Generation vor dem Ende bald erleben werden. Denn der Jesus der Erzählung verweist in seiner großen Endzeitrede auf die Zeit der Leser (13,14ff). Die von Jesus angekündigte Zerstörung des Tempels (13,2) wird sich in ihren Tagen ereignen. Und dann *„in jenen Tagen nach jener Drangsal"* wird der Menschensohn kommen und das Ende heraufführen, noch in der Generation der Leser (13,30; vgl. 9,1), deren Aufgabe es ist, den Herrn in Wachsamkeit zu erwarten (13,33-37).

Die *erzählte Zeit* des MkEv, die Geschichte des Jesus von Nazaret, ist also eingespannt in die von Gott geplante Heilsgeschichte. Sie führt die in den Schriften erzählte Geschichte Gottes zum Höhepunkt und setzt aus sich heraus die nahe, baldige Vollendung des Eschatons, das *„Reich Gottes"* frei. Die erzählte Geschichte ist somit, obwohl ein bestimmbarer Teil der weltzeitlichen Geschichte, zugleich ein notwendiger Teil der göttlichen Heilsgeschichte.

Wenn wir nun danach fragen, wie der Autor in seiner Jesuserzählung die verstreichende Zeit darstellt bzw. welche Vorstellungen er den Lesern davon vermittelt, dann sollten wir mit dem Ende seines Werkes beginnen, denn hier lässt er keine Wünsche offen. Der Gang der drei Frauen zum Grab und das Osterkerygma des Engels dort finden statt, nachdem der Sabbat der Grabesruhe Jesu beendet und mit der aufgehenden Sonne der *„erste Tag der Woche"* angebrochen ist (16,1f). Der Autor teilt ein weltzeitliches Datum mit und zugleich ein symbolisch-heilsgeschichtliches. Wie unter topographischem Aspekt die Erzählung an dieser Stelle mit dem offenen Hinweis auf eine neue Begegnung mit Jesus in Galiläa schließt (16,7), so auch unter zeitlichem Aspekt mit dem Hinweis auf eine neue Woche, über deren Abschluss nichts mehr erzählt wird.

Von dieser genauen Wochentagsangabe des Autors in 16,1f lässt sich zurückfragen, und es ergibt sich, dass die Ereignisse in Jerusalem, wohin der gottgeplante Weg Jesu führte, sich innerhalb einer Woche abgespielt haben. Der Autor hat diese Woche sehr präzise nachgezeichnet. Dabei kam es ihm offenbar nicht darauf an, die einzelnen Tage dieser Woche erzählerisch gleich zu behandeln. Aber jeder Tag ist vertreten, und mehr als auf die Tage kommt es ihm offenbar darauf an, den Zeitrahmen einer Woche darzustellen.

Wir verfolgen diese Woche von 16,1 an zurück: Hier und in 15,42 wird zurückblickend und vorausschauend der Sabbat erwähnt, an dem der Leichnam Jesu im Grabe ruhte. Darum kann von diesem Sabbat nichts erzählt werden. Der Freitag umfasst die Ereignisse der Verurteilung, Hinrichtung und Bestattung Jesu (15,1-47). Der Donnerstag ist *„der erste Tage der ungesäuerten Brote"*, an dessen Nachmittag die Paschalämmer geschlachtet werden und an dessen Abend Jesus mit den Jüngern das Pascha isst (14,12-72). In der Nacht beginnt dann seine Passion (14,41f.43) mit Gefangennahme und Verurteilung durch das Synedrium. Der Mittwoch umfasst die in 14,1-11 geschilderten Ereignisse. Der Dienstag und Montag werden klar differenziert (11,12-19; 11,20-13,37). Somit findet der feierliche Einzug Jesu in Jerusalem an einem Sonntag statt (11,1-11): An einem Sonntag ist Jesus in Jerusalem zu seinem Leiden eingezogen, ebenfalls an einem Sonntag als „*dem ersten Tag der Woche*" ist er als Auferstandener auf dem Weg zurück nach Galiläa (16,7): Eine neue Woche ist eröffnet.

So eindeutig wie im Jerusalemer Teil seines Werkes hat der Autor die zeitliche Gliederung im übrigen Werk nicht durchgeführt. Blickt man auf die Oberfläche der Darstellung, erkennt man auf den ersten Blick kein ins Auge springendes zeitliches Raster. Nur selten macht der Autor genauere Zeitangaben (1,13: „*vierzig Tage*"; 2,1: „*nach Tagen*"; 8,2: „*drei Tage*"; 9,2: „*nach sechs Tagen*"). Insbesondere in den Sammelberichten und den Notizen über die Wanderbewegungen Jesu und der Jünger finden sich keinerlei Hinweise auf die Dauer des so geschilderten Wirkens (vgl. 1,14f.39.45; 3,7-12; 6,6.12; 6,53-56; 7,24.31; 8,27; 9,30; 10,1.32). In diesen Analepsen kommt zwar zum Ausdruck, dass während des Wirkens Jesu Zeit verstreicht, aber es ist nicht zu erkennen, wie lange sich der Autor das Wirken Jesu denkt, ob Tage, Wochen oder gar Monate mit diesen Bemerkungen überbrückt werden sollen. Äußere Anhaltspunkte fehlen – bis auf gelegentliche Hinweise auf den Sabbat – ganz; insbesondere spielt der jüdische Festkalender, anders als im Johannesevangelium, keine Rolle. Nicht einmal die Dauer der Probemission der Jünger (vgl. 6,12f) wird angedeutet. Der Leser kann sich keine eindeutige Vorstellung von der zeitlichen Dauer des öffentlichen Wirkens machen, und offenbar liegt dem Autor auch nichts daran, die Geschichte Jesu in Jahren oder Monaten zu messen. Das ist m.E. ein ungemeines Handikap für die Auffassung, das MkEv sei eine Biographie.

Die kurzen zusammenfassenden Notizen über Wirken und Wandern Jesu sind im Gesamtwerk nur eingestreut und trennen umfangreichere Erzählungen und Erzählkomplexe voneinander, die oft durch Tagesangaben – analog dem Jerusalemer Teil – zeitlich gegliedert sind. Da ist zunächst der Abschnitt 1,14-39 zu erwähnen. Die mit 1,14-20 eröffnete Szenerie in Galiläa und am See mündet ein in das beispielhafte Wirken Jesu in Vollmacht am Sabbat in Kafarnaum. „*Am anderen Morgen*", also am Sonntag, dem ersten Tag einer neuen Woche, erfolgt der Aufbruch zur Mission in ganz Galiläa. In der nächsten Erzähleinheit 2,1-3,6 ist Jesus erneut in Kafarnaum, aber erst nach Tagen beginnt die Handlung, die wieder in einen Sabbat mündet (2,23), an dem von den Gegnern der Tod Jesu beschlossen wird (3,6).

Nach dem Sammelbericht 3,7-12 wird erneut eine Handlung erzählt, die in ihrem Mittelteil auf zwei Tage verteilt ist (4,1-34.35-5,43). In 6,1 mündet das Wirken Jesu dann wieder in einen Sabbat, ehe sich mit 6,6b die zeitliche Ordnung wieder öffnet.

Der Abschnitt 6,30-52 umfasst wieder einen Tag und eine Nacht. Unklar ist die zeitliche Abfolge in 6,53-8,26. Die einzige konkrete Angabe findet sich in 8,2:

Das Markusevangelium als Mythos 15

Jesus erwähnt, dass die Volksmenge schon drei Tage bei ihm ausharrt. Einiges spricht dafür, dass der Autor in 6,30-8,26 eine Woche zur Darstellung bringen will, denn nichts zwingt zur Annahme, der Autor habe mit 7,1-23 und 7,24-31 jeweils mehr als den Ablauf eines Tages besprechen wollen. Sachlich-thematische Gesichtspunkte zwingen ohnehin dazu, 6,30-8,26 als zusammenhängenden Erzählbogen anzusehen.

Für 8,27-9,1 fehlt jede zeitliche Einordnung, aber die Ereignisse ab 9,2 datiert der Autor auf den siebenten Tag (einen Sabbat?).

Wie lange die Wanderung Jesu nach Jerusalem dauert, wird nirgends angedeutet; aber Jesus betritt Jerusalem an einem Sonntag (11,1-11), wie sich aus der Datierung der Passionswoche ergibt. Soll der Leser zurückrechnen und zu der Anschauung kommen, dass Jesu Ankunft in Jericho an einem Sabbat stattfand?

Trotz der Unsicherheiten in 6,30-8,26 und 8,27-9,29 schlage ich vor, im MkEv unter zeitlichem Gesichtspunkt eine Wochen-Struktur anzunehmen, die durch die viermalige Nennung eines Sabbat (1,21; 2,23; 6,1; 16,1) und seine dreimalige Erschließbarkeit (8,2-26; 9,2; 10,46-52) angezeigt wird. Der Autor gliedert seinen Erzählstoff ab 1,14 in sieben Erzähleinheiten, die jeweils eine Woche abbilden (1,14-31; 2,1-3,6; 3,7-6,13; 6,30-8,26; 8,27-9,29; 9,30-10,52; 11,1-16,1). Mit 16,2 ist der Anfang der achten Woche erreicht; deren Ende ist offen.

Nimmt man diesen Gedanken ernst, ist sofort klar, dass der Autor die offene achte Woche auf gar keinen Fall als real angesehen hat, sondern als symbolisch. Die *dargestellten* Wochen könnten durchaus real gemeint sein, besonders die Woche in Jerusalem, und doch will der Autor auf keinen Fall dem Leser mitteilen, Jesu Wirken habe lediglich sieben Wochen gedauert. Realistische und symbolische Darstellungsweise gehen auch hier – wie bei der Topographie – ineinander über, und auf der symbolischen liegt der Akzent.

1.3 Das Markusevangelium als Mythos

Wir ziehen ein Fazit. Der Autor erinnert in seiner Erzählung an ein Ereignis der Vergangenheit, das nach weltgeschichtlicher Datierung in der Zeit des Königs Herodes und des römischen Prokurators Pontius Pilatus stattgefunden hat: das Wirken des Jesus von Nazaret in Galiläa und sein Weg nach Jerusalem zu Leiden, Tod und Auferstehung. Aber die erinnernde Erzählung wählt aus. Keinesfalls jeder Zeitraum, den dieses Ereignis umfasste, und keineswegs alles, was zu ihm gehörte, werden erzählt. Die Vorgeschichte Jesu in Nazaret wird ganz weggelassen; lediglich in 3,20.31; 6,3 schimmert sie durch. Zeiträume, die erwähnt werden (vgl. 8,2; 9,2; 6,12f.30), werden nicht durch erzählte Begebenheiten gefüllt. Und vor allem: Nicht alles, was Jesus getan und gelehrt hat, wird erzählend ausgeführt. Die zahlreichen Sammelberichte und zusammenfassenden Bemerkungen über Jesu Lehre (vgl. 1,39; 2,13; 4,33; 6,6b) und über sein Wirken (vgl. 1,39; 1,45; 3,11f; 6,53-56) zeigen, dass der Autor sich dessen bewusst war, nur eine Auswahl zu bieten. Offenbar geht es bei dem, was er erinnernd erzählt, um *bedeutsame* Ereignisse, die ihre Bedeutsamkeit auch für den Leser entfalten sollen.

Die Ereignisse werden erzählt als Wirken Jesu in göttlicher Vollmacht in Galiläa und als typischer, vorbildlicher Weg des Gottessohnes durch Leiden und Tod in das Leben. Dieses Wirken in Galiläa wird in der Zeit, die nach der Erzählung liegt, fortgesetzt und der Weg muss von allen, die Jesus nachfolgen wollen, gegangen werden. Zeitlich gesehen wird das Wirken Jesu und der Weg des Gottessohnes erinnernd erzählt als eine denkbar kurze, eine *„heilige Zeit"*: Sieben Wochen kommen zur Darstellung – sie sind der Höhepunkt des ewigen Heilsplans Gottes sind (vgl. 1,2f; 1,15: *„die Zeit ist erfüllt"*) – , und die nicht erzählte achte Woche, die am Ostermorgen beginnt, verlängert das Wirken Jesu zu den Lesern hin und wird im *„Reich Gottes"* ihr baldiges Ende finden. Das Wirken Jesu setzt die Endzeit in Gang (1,15), denn der aus der Ewigkeit stammende und für eine heilige Zeit von sieben Wochen auf Erden wirkende Gottessohn wird in Kürze als himmlischer Menschensohn wiederkommen (vgl. 8,38; 13,26; 14,62), die Auserwählten retten (vgl. 13,13.26) und das *„Reich Gottes"* endgültig und *„in Vollmacht"* heraufführen (vgl. 4,21f; 9,1). Diese bedeutsamen Wochen des Wirkens und des Weges Jesu sind eine symbolische Zeit. Wie der Autor hinsichtlich der topographischen Reihenfolge der erzählten Ereignisse weiß, dass seine Erzählung fiktiv ist, so auch hinsichtlich der *erzählten Zeit*. Kein Leser kann auf die Idee kommen, Wirken und Weg Jesu hätten exakt 49 Tage gedauert. Der fiktive Zeitrahmen hebt vielmehr die Bedeutung des Erzählten hervor. Der Autor will keine Biographie Jesu bieten, er will nicht an das weltzeitliche Leben Jesu erinnern, sondern an die alles entscheidende und bedeutsame Phase in dieser Biographie, an Jesu vollmächtiges Wirken und seinen Weg, der auch die Leser zum Leben führen kann.

Gut vierzig Jahre nach dem weltgeschichtlich einzuordnenden Geschehen erinnert der Autor in seiner Erzählung daran als an die „fundierende" Vergangenheit der christlichen Leser, an die er sich wendet. Er erzählt die Ereignisse um den Gottessohn Jesus nicht, um im „objektiven" Sinn Historie zu erzählen, sondern als „fundierende Geschichte" (Jan Assmann). „Fundierende Geschichten" aber sind Mythos. Ein Mythos liegt vor, wenn vergangene Ereignisse nicht um ihrer selbst willen als einmalige, zufällige Geschichte erzählt werden, sondern als Ursprungs- und Vorbildgeschichte, die für die Hörer/Leser bedeutsam ist und ihnen Sinn stiftet. Eine Historie erzählt Vergangenes um seinetwillen. Ihr Bericht bewahrt das Vergangene vor dem Vergessen, doch bleibt es Vergangenheit. Der historische Bericht vergegenwärtigt nicht. Das aber tut der Mythos. Er gibt Antwort auf die Frage, welche Bedeutung das einmalige Leben und Wirken eines Menschen für diejenigen hat, die den Mythos hören. Er macht die vergangene Wirklichkeit als fundierende Wahrheit kund, und indem er sie offenbart, existiert sie neu.

Schon unsere Beobachtung, dass das MkEv trotz der zumindest in den Eckdaten grundsätzlich zutreffenden Topographie des Wirkens Jesu letztlich eine fiktive Erzählung ist, weil der Autor weiß, dass er keine authentische Darstellung geben kann, sondern konstruieren muss, dass trotz der Möglichkeit, die erzählte Geschichte von Jesus weltgeschichtlich zu verankern, ihr Zeitgerüst gleichwohl fik-

Das Markusevangelium als Mythos

tiv ist, führt dazu, die Erzählung im Ganzen als Mythos zu kennzeichnen, und zwar im Sinne von David Friedrich Strauß (Das Leben Jesu, Leipzig 2.Aufl. 1864, 159): „Jede ... Erzählung, wie auch immer entstanden, in welcher eine religiöse Gemeinschaft einen Bestandteil ihrer heiligen Grundlage, weil einen absoluten Ausdruck ihrer constitutiven Empfindungen und Vorstellungen erkennt, ist ein Mythus."

Wir alle kennen das Phänomen Mythos und benutzen den Begriff auch alltagssprachlich in richtiger Weise, wenn wir sagen, ein Ereignis der Vergangenheit oder eine Person der Geschichte seien zum Mythos geworden. Nicht jedes Ereignis oder jede Person können in diesem Sinne zum Mythos werden, sondern nur solche, die etwas noch Gegenwärtiges in Gang gesetzt oder das Denken und Fühlen einer Generation oder Gruppe wesentlich beeinflusst oder bestimmt haben. So konnten z.B. Herman der Cherusker oder Friedrich Babarossa oder Jeanne d´Arc oder Mao und sein „langer Marsch" oder Willy Brandt zum Mythos werden. Wir wissen, dass nicht die Personen oder die mit ihnen verbundenen Ereignisse Mythos *waren*, sondern dass sie zum Mythos *gemacht werden*, indem erinnernd derart über sie gesprochen wird, dass darin auch etwas über diejenigen sich kundgibt, die sich an sie erinnern. Sie erzählen die vergangene Geschichte als Wissende und Betroffene: Sie meinen um den höheren oder tieferen Sinn eines Geschehens oder eines Wirkens von Personen zu wissen, und sie fühlen sich davon betroffen. Zum Mythos gehört Betroffenheit.

Von diesem Phänomen Mythos und dem alltagssprachlichen Gebrauch des Begriffs herkommend wissen wir auch, dass Mythos an sich noch nichts über die Faktizität oder Fiktivität eines Ereignisses oder einer Person aussagt. Dass Friedrich Babarossa oder Mao und sein langer Marsch oder Willy Brandt usw. reale Gestalten oder Ereignisse der Geschichte waren, weiss jeder. Deshalb kann man über diese Personen und Ereignisse auch anders als im Mythos erzählen. Es lassen sich darüber historische Recherchen oder Biographien schreiben, wobei dann jede Betroffenheit des Autors tunlichst zu vermeiden ist.

Obwohl wir uns im allgemeinen auf das Phänomen Mythos verstehen und den Begriff ganz richtig anwenden, sind wir doch weit entfernt von einem Konsens darüber, was denn nun ein Mythos sei. Es gibt bis heute keine allgemein akzeptierte Definition. Zumeist wird die Historie gegen den Mythos ausgespielt: Die Historie erzähle vergangene Ereignisse, die sich wirklich abgespielt haben, der Mythos hingegen fiktive Vergangenheit und damit unwahre Geschichten. Er spreche von etwas, das niemals war und doch immer gilt. Aber so einfach darf man es sich nicht machen. Zu deutlich tritt bei dieser Beurteilung die aufgeklärte Absicht hervor, den Mythos als nicht mehr akzeptable Redeform möglichst rasch zu verabschieden. Doch wenn im Mythos von Willy Brandt oder Mao und seinem langen Marsch oder von der Geschichte Roms erzählt wird, was ist dann daran wahr oder unwahr?

Oder Mythos wird so bestimmt, dass in ihm die Götter oder Gott wie Menschen handeln und die göttliche Geschichte wie eine Geschichte von Menschen beschrieben wird. Doch auch dies greift zu kurz, denn um eine Erzählung zum

Mythos zu machen, müssen gar nicht unbedingt Götter oder überirdische Wesen auftreten und handeln (was freilich im MkEv durchaus der Fall ist: Gottes Stimme ertönt, der Heilige Geist erscheint sichtbar, Engel treten auf, ebenso Satan und Dämonen). Überhaupt ist es misslich, inhaltliche Kriterien zur Definition von Mythos heran zu ziehen. Nicht dass eine erfundene Geschichte bzw. eine Göttergeschichte erzählt wird, macht einen Mythos zum Mythos, wenn es auch umgekehrt durchaus so ist, dass Erzählungen über himmlische oder irdische Handlungen von Göttern bzw. Gottes immer Mythos sind. Aber sie sind es nicht deswegen, weil sie Handlungen eines Gottes erzählen, sondern weil man von Gottes Handeln immer nur mythisch, niemals historisch erzählen kann.

Wie kommen wir nun weiter? Ein Mythos erzählt von Ereignissen und Personen der Vergangenheit. Das tut die Historie auch. Beide tun es allerdings auf verschiedene Weise und aus einer unterschiedlichen Geistesbeschäftigung heraus.

- Die Historie entspringt dem Nichtwissen. Sie will wissen und erfahren, was es mit einem Ereignis oder einer Person der Vergangenheit auf sich hatte. Dazu muss sie sich an die sichtbaren Erscheinungen und die feststellbaren Äußerungen des Vergangenen halten. Mit dem Verborgenen, Geheimen und Unbewussten verträgt sich die Historie nicht. Ihre Geistesbeschäftigung ist die des Forschens und der Suche nach der historischen Wahrheit, die *im* Ereignis der Geschichte liegt. Der Mythos dagegen kommt vom Wissen her. Er erzählt über die Geschichte oder Person der Vergangenheit aus einem höheren (geheimen und geoffenbarten) Vorwissen heraus, und zwar so, wie es sich aus dem Geschehen und seiner äußeren Erscheinung nicht von selbst ergibt. Auch der Mythos will, dass die Wahrheit eines Ereignisses oder einer Person ans Licht kommt, aber als eine höhere Wahrheit *hinter* dem äußeren Ereignis oder der Gestalt einer Person. Seine Geistesbeschäftigung ist die Deutung und Sinnstiftung.

- Die Historie erzählt aus der Haltung des Zeugen, der von aussen vergangene Ereignisse oder Personen beschreiben kann. Nüchternheit und Objektivität sind gefordert. In der Historie kann nur erzählt werden, *wie* etwas geschehen ist, nicht *wozu*. Der Zeuge darf sich auch nicht selbst oder seine Gegenwart in das Vergangene hineinprojizieren. Von der Vergangenheit wird um ihrer selbst willen erzählt. Sie soll auch Vergangenheit bleiben, an der wir uns und unsere Zeit messen können. Anders beim Mythos! Er erzählt nicht objektivierend und aus der Perspektive von außen, sondern von innen. Der Erzähler des Mythos ist kein Zeuge, der auf das Ereignis oder die Person von außen schaut, sondern er blickt *hinein* und *dahinter*. Darum weiß er auch um das *Warum* und *Wozu*. Der Mythos erinnert erzählend an das Vergangene, *damit* es präsent bleibt. Das vergangene Geschehen soll vergegenwärtigt werden, so dass die Hörer daran teilnehmen können. Der Mythos will sie in das erzählte Ereignis der Vergangenheit hinein nehmen. Von diesem her soll sich der Hörer selbst verstehen. Mythos erinnert die Vergangenheit um unseretwillen.

- Die Geisteshaltung der Historie ist die kritischer Distanz. Von der Vergangenheit oder einer geschichtlichen Person erzählt sie als von etwas Fremden, das nicht mit unserer Geschichte oder uns selbst identisch ist, selbst wenn wir eine innere Beziehung zu beidem haben. Der Mythos hebt die Distanz auf. Er erzählt die vergangene Geschichte als die eigene Geschichte, mit der die Hörer verbunden sind, als Ursprung, aus dem sie stammen. Und die Person der Vergangenheit wird zum eigenen Urbild. Der Mythos zielt auf Identifikation und Nachahmung. Er macht aus dem zufälligen Ereignis der Geschichte ein ewiges Ereignis, aus dem einmaligen Menschen der Vergangenheit einen Heroen.

- Historie erzählt, *weil* ein Ereignis oder das Wirken eines Menschen gewesen sind und eine Wirkung hatten. Die Haltung der Historie ist die des Zurückblickens, des Entdeckens und Aufweisens. Der Mythos erzählt, *damit* ein vergangenes Ereignis oder Wirken eines Menschen gegenwärtig werden und so weiterwirken. Die Haltung ist die des Erinnerns und Gedenkens.

- Die Haltung des Hörers oder Lesers der Historie ist die Neugierde, etwas Neues und Fremdes aus der Vergangenheit zu erfahren, was zumindest so bisher nicht bewusst war. Auf diese Weise soll das Vergangene immer besser und einfühlsamer verstanden werden. Durch Vermittlung der Historie kommt das Vergangene mir näher oder ich lerne es überhaupt erst kennen. Ohne Historie bleibt das Vergangene *für mich* tot. Die Hörerhaltung beim Mythos ist die des Erinnerns oder Wiedererkennens. Vom Mythos will der Hörer das längst Bekannte immer wieder neu zugesagt bekommen, und zwar als eine alte Wahrheit, vor der sich der Hörer immer besser verstehen kann. Im Mythos nähert sich der Hörer selbst dem Geschehen oder der Gestalt der Vergangenheit als einer Wirklichkeit, von der er herkommt. Im Mythos versteht er sich selbst und erfährt, woher er kommt und wohin er unterwegs ist. Ohne Mythos bleibe *ich* tot für das vergangene Geschehen, das aber ein ewiges Geschehen war.

Wir können – trotz dieser aufgewiesenen Unterschiede – erahnen, wie eng Historie und Mythos beieinander stehen. Da beide vom Vergangenen erzählen, sich nicht durch Inhalte unterscheiden, sondern durch Geisteshaltungen beim Erzählen und Hören, kann in einem Augenblick ein Umschlag von der Historie zum Mythos eintreten (nicht jedoch umgekehrt). Im selben Augenblick, in dem Historie die Vergangenheit nicht mehr um ihrer selbst willen erzählt, sondern um ihrer Hörer/Leser willen, wird sie zum Mythos, und im selben Augenblick, in dem der Hörer/Leser von der Historie betroffen wird und sich sagt: Darin komme ich vor! Das ist meine Geschichte! erzählt er die Historie als Mythos weiter.

Die Haltung des Erzählens und Hörens machen Historie und Mythos aus. Bei der Historie: Forschen, Suchen, Neugierde, Distanz, Offenheit, Unvoreingenommenheit. Beim Mythos: vorgegebens Wissen, Offenbarung, Wiedererkennen, Erinnern, Nähe, Betroffenheit, Eingenommensein. Die Historie bringt *mir* ein vergangenes Geschehen oder eine Gestalt der Geschichte nahe, der Mythos bringt *mich* einem vergangenen Geschehen oder einer Gestalt der Geschichte nahe. Historie ist gegen das Vergessen gerichtet, der Mythos ist auf das Erinnern und Gedenken ausgerichtet. Die Historie weckt das Vergangene aus ihrem Todesschlaf auf, der Mythos lässt es als ein Vergegenwärtigtes in Erscheinung treten.

Offenbar kann über ein Ereignis oder eine Gestalt der Vergangenheit auf beide Weisen und sogar nebeneinander erzählt werden: als Historie oder als Mythos.

Jan Assmann (Das kulturelle Gedächtnis, München 1992, 75-78) erhellt das Problem auf folgende Weise: „Verinnerlichte – und genau das heißt: erinnerte – Vergangenheit findet ihre Form in der Erzählung. Diese Erzählung hat eine Funktion. Entweder wird sie zum 'Motor der Entwicklung`, oder sie wird zum Fundament der Kontinuität. In keinem Falle aber wird die Vergangenheit 'um ihrer selbst willen` erinnert. Fundierende Geschichten nennen wir 'Mythos` ... Vergangenheit, die zur fundierenden Geschichte verfestigt und verinnerlicht wird, ist Mythos, völlig unabhängig davon, ob sie fiktiv oder faktisch ist... Mythos ist eine Geschichte, die man sich erzählt, um sich über sich selbst und die Welt zu orientieren, eine Wahrheit höherer Ordnung, die nicht einfach nur stimmt, sondern darüber hinaus auch noch normative Ansprüche stellt und normative Kraft besitzt... Nur *bedeutsame* Vergangenheit wird erinnert, nur *erinnerte* Vergangenheit wird bedeutsam. Erinnerung ist ein Akt der Semiotisierung. ... Es handelt sich um die Transformation von Vergangenheit in fundierende Geschichte, d.h. in Mythos. Diese Bezeichnung bestreitet in keiner Weise die Realität der Ereignisse, sondern hebt ihre die Zukunft fundierende *Verbindlichkeit* hervor als etwas, das auf keinen Fall vergessen werden darf ... Mythos ist die zur fundierenden Geschichte verdichtete Vergangenheit."

Der Evangelist Markus erzählt also nicht nur, um ein vergangenes Geschehen in seinem faktischen Abläufen objektiv zu berichten, sondern um an ein vergangenes Geschehen – den Lebensweg des Jesus von Nazaret – in diesem Sinne zu erinnern und so ein gegenwärtiges Geschehen in Gang zu setzen. Die Intention seines Erzählens zielt auf die Gegenwart, auf das aktuelle Erlösungsgeschehen, nicht auf die Vergangenheit, in der ein objektives Erlösungsgeschehen stattgefunden hat. Weil das, was Jesus wirkt, nach dem MkEv erst durch den Glauben bzw. die Nachfolge beim Jünger ankommt, kann Markus kein objektives Geschehen erzählen wollen, das als solches die Erlösung bereits allen gebracht hat. Die Erzählung der vergangenen Ereignisse dient dazu, den Leser in eine Bewegung hinein zu nehmen. Er soll in die Welt Jesu eintreten, selbst ein Teilhaber an der „erzählten Welt" werden und darin Jesus auf seinem Weg begleiten, um derart durch Jesus von Sünden, Angst, Dämonen, Blindheit, Taubheit usw. befreit zu werden. Der Leser soll in der Erzählung erfahren, dass Jesus auch an ihm handelt und ihn belehrt. Darin liegt der Sinn der viel besprochenen Geheimnismotive im MkEv: Die Machttaten Jesu und seine Lehre gelten nicht (nur) den Zeitgenossen und den Zwölf, sondern dem Leser.

Die erzählte Geschichte will den Leser in Bewegung setzen: Auf nach Galiläa, um den Auferstandenen zu sehen! Das was in Galiläa einmal wie erzählt geschehen ist, soll auch dem Leser widerfahren. Erst wenn es dazu kommt, ist das erzählte Geschehen an sein Ziel gekommen, ist das eingetreten und wird erneut zur Wirklichkeit, was damals sich ereignet hat. Es geht im MkEv also um Erinnerung

Das Markusevangelium als Mythos 21

als Vergegenwärtigung. Es erzählt, um Jesu Weg, seine Taten und seine Lehre gegenwärtig zu setzen, um Jesu Welt neu erstehen zu lassen, in die der Leser eintreten kann, um dem in der Erzählung gegenwärtigen Jesus zu begegnen. Der Leser wird im Augenblick des Lesens ein anderer, er lebt in einer anderen Welt, in der die erzählten Ereignisse an ihm wahr werden können; im glaubenden Hören/Lesen wird er befreit und geheilt und erlöst. Die Erzählung eröffnet ihm eine neue Existenz.

2. Welchen Mythos erzählt das Markusevangelium?

Eine Kurzfassung der im MkEv erinnerten „fundierenden Geschichte" erzählt Jesus selbst im Rätsel 12,1-11:

Ein Mann pflanzte einen Weinberg, umgab ihn mit einer Mauer,
hob eine Keltergrube aus und baute einen Turm.
Dann verpachtete er ihn an Winzer und zog weg.
Zur gegebenen Zeit schickte er einen Knecht zu den Winzern,
um von den Winzern von den Früchten des Weinbergs holen zu lassen.
Sie aber ergriffen den, verprügelten ihn
und jagten ihn mit leeren Händen fort.
Und erneut schickte er ihnen einen anderen Knecht.
Diesem schlugen sie den Kopf blutig und beschimpften ihn.
Und einen anderen schickte er, den töteten sie,
und noch viele andere, die sie entweder verprügelten oder gar umbrachten.

Noch einen hatte er, einen geliebten Sohn.
Den schickte er als letzten zu ihnen und sagte sich:
„Vor meinem Sohn werden sie Achtung haben."
Jene Winzer aber sagten zueinander: „Dieser ist der Erbe!
Auf, wir wollen ihn umbringen, und das Erbe wird unser sein!
Und sie ergriffen ihn und ermordeten ihn,
und warfen ihn aus dem Weinberg hinaus.

Was wird der Herr des Weinbergs nun tun?
Er wird kommen und die Winzer vernichten,
den Weinberg aber wird er anderen geben
Oder habt ihr nicht diese Schriftstelle gelesen:
Der Stein, den die Bauleute verwarfen, dieser wurde zum Eckstein.
Vom Herrn her ist das geschehen und ist bewundernswert in unseren Augen.

2.1 Die Situation der Menschen und Israels

In dem Rätsel kommt ausdrücklich die Vorgeschichte zur Sprache: Der „Weinberg" Israel hat durch das Versagen der Weinbergspächter seinem Besitzer keine Frucht gegeben, obwohl dieser durch seine Knechte seit langem immer wieder Frucht eingefordert hat. Ein wenig anders wird derselbe Sachverhalt in 11,13f zum Ausdruck gebracht: Der „Feigenbaum" trägt beim Kommen Jesu keine Frucht. Den Tempel, der ein Haus des Gebetes für alle Heiden sein sollte, haben die für ihn zuständigen Hohenpriester und Schriftgelehrten zur *Räuberhöhle* verkommen lassen (11,17).

Wie wird die Situation Israels vor Gott sonst noch im MkEv ausgedrückt? Israels *Hirten* haben versagt (6,34): Die *Lehre* der schriftgelehrten Theologen, die von Amts wegen Gottes Wort und Gebot im Volk wach halten sollten, ist ohne göttliche Vollmacht (1,22). Pharisäer und Schriftgelehrte haben Gottes Gebot verlassen und lehren anstelle dessen Menschensatzungen (7,7f). Mit Hilfe ihrer Spitzfindigkeiten haben sie z.B. das Elterngebot des Dekalogs außer Kraft gesetzt (7,9-13). Wenn sie Scheidungen zulassen, folgen sie nicht dem eigentlichen Schöpferwillen Gottes, sondern einer Erlaubnis des Mose, die zugleich die Hartherzigkeit der Menschen dokumentiert (10,5ff). So leiten ausgerechnet sie die Menschen an, gegen Gottes Willen zu verstoßen und dadurch zu sündigen.

In der durch die Heilige Schrift gegebenen *Lehre* und Tradition kennen sie sich ebenfalls nicht aus (12,24). Die Schriftgelehrten lesen zwar in Mal 3,21f richtig, dass Elia vor dem Ende wiederkommen wird, aber sie erkennen nicht, dass Johannes der Täufer diesen Part gespielt hat (vgl. 9,11f; 1,2f); deshalb haben sie ihm nicht geglaubt (11,31). Der sadduzäische Priesteradel weiß nichts davon, dass der Gott der Väter ein Gott von Lebenden ist (12,26f). Auch über das *Woher* des Messias sind die Schriftgelehrten ahnungslos, weil sie nicht auf das hören, was ihnen David „*im Heiligen Geiste*" dazu gesagt hat (12,36f). Und entsprechend ihrer Unwissenheit belehren sie das Volk, das auf diese Weise von Gottes Wort und Gebot abgeschnitten und darum „*wie eine Herde ohne Hirten*" ist (6,34).

Über Reinheit und Unreinheit vor Gott haben sie ebenfalls falsche Vorstellungen (7,3f); dass Unreinheit aus dem Herzen kommt und im Sündigen besteht, wissen sie nicht mehr (7,15-23); so weit haben sie sich schon von Gott entfernt (7,7).

Wenn es aber so ist, dass die Priester und schriftgelehrten Theologen Israels die Menschen von Gottes Willen weggeführt haben, wenn im Tempel Gebet und Sühne für die Sünden nicht mehr vollzogen werden, der „Weinberg" Israel die geforderte Frucht nicht erbringt, dann steht Israel nicht unter der Herrschaft Gottes und die Kinder Israels sind vor Gott Sünder (vgl. 2,17). Sie bedürfen der *Sündenvergebung* (1,4; 2,5.10), der Heiligung im „*Heiligen Geist*" (1,8), des *Erbarmens* (10,47) und der *Erlösung* (10,45; 14,24). Das gilt nicht nur von Israel, sondern von allen Menschen. Über die ganze Menschheit herrschen Satan und seine Dämonen (vgl. 1,23ff; 1,32; 3,11f; 3,20-27; 5,1ff; 7,25f; 9,14ff). Satan ist ein

Der Ratschluss Gottes

Starker in seinem Reich (3,24ff.27), der die Menschen als Beute in seiner Gewalt hat. Tod, Krankheit und Leid bedrücken deshalb die Menschen, die sehnsüchtig auf Rettung hoffen (1,37; 2,4f; 3,10; 5,28; 9,22; 10,47); die Schöpfungsordnung ist gestört und wird erst von Jesus wieder hergestellt (7,37).

2.2 Der Ratschluss Gottes

Gott ist der Herr des „Weinbergs" (12,1-9) und der Schöpfer der Welt, die er *grundgelegt* (13,19) und der er eine Ordnung gegeben hat: Er wollte, dass Mann und Frau sich nicht verlassen (10,6ff); den Sabbat hat er zum Wohl der Menschen eingesetzt (2,27), damit an ihm das Gute getan wird (3,4); die Menschen sollten sich vor ihm durch Taten, die aus dem Herzen kommen, reinigen (7,15ff) und nicht durch Riten. Durch das Tun der Gebote sollten sie das *„ewige Leben erben"* (10,17ff). Aber sie haben die Ordnung Gottes durchbrochen; das Herz des Volkes ist fern von Gott (7,7).

Deshalb ist die Menschenwelt zum Untergang verurteilt, wie sie ja auch bereits in der Macht des Satans ist. Das Ende naht (13,7.13), und die Welt wird untergehen, die sie erhaltenden *Kräfte* werden erschüttert werden (13,24f.31), das Gericht steht drohend bevor (8,38; 12,40; 12,9; 14,62). Tag und Stunde des Gerichts sind bei Gott beschlossen (13,32). Die Sünder werden dann in die Hölle und *„in das ewige Feuer"* gehen (9,44.46.47f).

Aber Gott hat sich entschlossen, den Umkehrwilligen ihre Sünden zu vergeben, das Reich des Satans und der Dämonen zu vernichten und die Menschen aus ihrer Not des Leidens und des Todes zu retten. Er will es tun, indem er sein Reich aufrichtet als ein „himmlisches Reich" (1,15; 9,1; 14,25), zu dem es der irdischen Welt nicht mehr bedarf. Dieses Reich wird der *„kommende Äon"* sein (10,30), das *„ewige Leben"* (9,43.45.47), in das diejenigen, die Umkehr vollzogen haben (1,15) und denen die Sünden vergeben wurden (1,4; 4,12), die also wie die Kinder sind (10,14f), eingehen werden.

Der Ratschluss Gottes wird in 1,2f im Medium der Prophetie des Jesaja zur Darstellung gebracht: Gott spricht ein „Du", das vom Propheten *Herr* genannt wird, auf seinen künftigen Weg an und verheißt dabei, einen Boten vorauszuschicken, der diesen Weg durch seine Verkündigung vorbereitet. Mit Johannes dem Täufer (1,4) tritt dieser Bote in der Erzählung auf, und ihm folgt Jesus von Nazaret, der Sohn Gottes und Herr (1,9ff). Der von Gott beschlossene und angesprochene Weg aber ist Jesu Weg ans Kreuz und zur Auferstehung, den er zur Erlösung der Menschenwelt gehen *muss* (8,31; 14,35f) und der in den Schriften angekündigt wurde (9,12f; 14,21). Auf diesem Weg hat der Gottessohn als der *Stärkere* mit Satan einen Kampf zu bestehen (1,12), bei dem er dem Widersacher unter Einsatz seines Lebens die „Beute" rauben wird (3,27); dabei setzt er sein Leben als *Lösegeld* ein (10,45) und sein Blut als *Sühne* für alle (14,24), um in der Auferweckung sein Leben wiederzugewinnen und als der erhöhte *Menschensohn* (12,36) in Kürze das *„Reich Gottes"* und das Gericht heraufzuführen (4,29; 8,38;

9,1; 13,25f; 14,62). Das ist der Ratschluss und Plan Gottes, der dem im MkEv erzählten Kommen des Gottessohnes voraus liegt.

2.3 Die Umsetzung des Planes Gottes durch den Sohn

Um diesen Heilsplan zur Rettung der Menschenwelt Wirklichkeit werden zu lassen, kommt der Sohn Gottes als der Mensch Jesus von Nazaret, wo er zuvor lange Zeit inmitten seiner Verwandtschaft gelebt hat (vgl. 3,20.31; 6,3), an den Jordan, um seinen Vorläufer abzulösen, und geht dann nach Galiläa. Zuvor hat er. Sofort nimmt er den Kampf mit Satan auf (1,12), indem er die Heilswende verkündet und zur *Umkehr* aufruft, die im Glauben an das *„Evangelium Gottes"* besteht (1,15). In ihm und seinem Wirken ist der *Mysterium* des kommenden *„Reiches Gottes"* bereits präsent (4,11), in seiner Verkündigung und in seinen Taten wirkt es sich schon aus (4,1-5,43). Denn in Wort und Tat treibt er Satans Untergebene, die unreinen Geister und Dämonen aus (1,23-27.32f.39 u.a.), er reinigt vom Aussatz (1,40-45) und von den Sünden (2,2-12). Er ruft Sünder hinter sich her (2,14-17) und wendet sich den Kranken zu. Sein rettendes, heilendes Wirken ist naturgemäß zu seinen Lebzeiten auf die engen Grenzen Galiläas beschränkt und kommt durchaus nicht allen zu, die es nötig haben. Aber Jesus selbst macht deutlich, dass auch die Heiden auf Rettung und Heilung durch Gott hoffen dürfen: Zweimal unternimmt er eine Exkursion ins Heidenland (4,35-5,20; 7,24-8,10). Seine Lebenshingabe gilt wirklich *„den Vielen"*, d.h. allen (10,45; 14,24), und ebenso soll sein Evangelium *„in der ganzen Welt"* und *„bei allen Völkern"* verkündet werden (13,10; 14,9).

Dazu rüstet er zwölf Jünger aus. Sie sollen in Zukunft einmal *Menschenfischer* sein (1,17). Jesus will sie zur Verkündigung seines Evangeliums aussenden und ihnen Vollmacht zur Bannung der Dämonen geben (3,14f; 6,7). Dann werden sie wie Jesus unreine Geister austreiben und Kranke heilen (6,12; 9,28f). So wird der Kampf gegen Satan durch sie weitergehen. Sogar die Sündenvergebung wird durch die von ihnen repräsentierte Gemeinschaft der Glaubenden und Betenden vermittelt werden (11,25).

Freilich schlägt die Stunde der Jünger erst, nachdem Jesus seinen Weg vollendet hat und als Auferstandener in den Himmel zurückgekehrt und erhöht worden ist. Zuerst muss Jesus mit seinem Leben das *Lösegeld* bezahlen und sein Blut sühnend für alle hingeben (10,45; 14,24). Diesen Weg verstehen die Jünger zunächst nicht und versagen vor ihm. Erst nach der Auferstehung können sie dem Gekreuzigten folgen (14,28; 16,7). Dann ist ihnen echte Nachfolge möglich, die eben Leidensnachfolge sein muss (8,34f).

Lehrend weist Jesus seine Jünger und durch sie die Leser in den Weg der Kreuzesnachfolge ein (8,27-10,52). In der Auseinandersetzung mit den jüdischen Autoritäten gibt er sodann in einer *„neuen Lehre mit Vollmacht"* (1,22) den wirklichen Willen Gottes kund, der durch die Schriftgelehrten und Priester beiseite geschoben wurde (2,1-3,6; 7,1-23; 12,13-44). In der Gemeinschaft seiner Nachfolger wird Gottes Wille getan werden (3,35).

Die Umsetzung des Planes Gottes durch den Sohn 25

Schließlich vermittelt er durch vier Jünger (13,3) den Lesern auch ein ausreichendes Wissen über das in Kürze hereinbrechende Eschaton, wenn er als der himmlische Menschensohn kommen wird, um seine Auserwählten zu sammeln (13,26f.35f).

Die im MkEv erzählte Geschichte ist nur der *Anfang* (1,1) der Realisierung von Gottes Heilsplan. Das Eschaton dagegen steht noch aus: Das „*Reich Gottes*" und das Gericht, das „*ewige Leben*" (10,30) und die *Feuerhölle* (9,43.45.47), der „*neue Äon*" (10,30) und die Vernichtung der alten Welt (13,24). All dies wird in Kürze durch den erhöhten Herrn und Menschensohn heraufgeführt (8,38; 9,1; 13,25f.35f; 14,62). Das Wissen darum haben die Leser von Jesus; in seinen Worten sind die Endereignisse ständig präsent. Um das geplante Heilswerk Gottes in Kürze zu vollenden, ist der Gekreuzigte von Gott auferweckt (16,6) und an seine Seite erhöht worden (12,36), woher er zur Durchführung des Ratschlusses Gottes auch gekommen war (12,37).

Der Gottessohn hat durch sein irdisches Wirken in Wort und Tat den Grund zur Rettung gelegt, indem er als der Stärkere Satan besiegte und für die Sünden Sühne wirkte. Doch seine Rettungstat kommt nicht *automatisch* bei allen an. *Umkehr* und *Glauben* sind notwendig (1,15). Was das konkret für die Leser bedeutet, entfaltet Jesus in seiner *Lehre*, die er durch Vermittlung der Zwölf und des Autors den Lesern hinterlässt. Er erschließt den Lesern durch sein prophetisches Wissen ihre Gegenwart, die von seiner Abwesenheit geprägt ist (2,18; 13,34). Das Kommen des „*Reiches Gottes*" verzögert sich; Verfolgung und Hass bedrohen die Christen (4,17; 4,37; 9,40.41; 10,30; 13,9-13), ebenso Lauheit und Enttäuschung (4,18; 9,43.45.47); und so gibt es in der Anhängerschaft Jesu Personen, die von ihm abfallen oder ihn verleugnen (4,17f; 8,38), und solche, die den Tod erleiden müssen, bevor sie sein Kommen und das des „*Reiches Gottes*" erlebt haben (8,35; 9,1; 13,13). Durch Jesu *Lehre* sollen die angefochtenen Leser lernen, ihre Situation von Trauer und Not, Ängsten und Sorgen, Hass und Verfolgung, Ablehnung und Verlassenheit wie Jesus selbst zu ertragen und zu bewältigen. Auch Jesus wurde von seiner Familie abgelehnt (3,21.31), von seinen Gegnern bekämpft und verfolgt (2,6f; 3,6.22; 7,1; 8,11; 10,2; 11,18; 12,12; 14,1f u.a.), ja verurteilt und getötet. Am Ende musste er – am Kreuz allein gelassen – die scheinbare Abwesenheit Gottes ertragen (15,34). Sein Leben und Geschick ist beispielhaft für die ersten Leser: An Jesus können sie lernen, wie sie die Anfechtungen und Versuchungen bestehen sollen (14,30f; vgl. 13,13.35ff). Kurz: Ihr Weg zum Leben soll dem Weg des Gottessohnes gleichen (8,34-37). Er ist der Weg der Kreuzesnachfolge, auf dem sie in das „*ewige Leben*", das „*Reich Gottes*" eingehen.

3. Der Autor des Markusevangeliums

Vielleicht war der Autor des MkEv den ersten Lesern bekannt. Für uns bleibt er allerdings anonym. In seiner Schrift gibt er seine Identität nicht preis. Nirgends nennt er seinen Namen, hinter keinem „Ich" oder „Wir" tritt er als Erzähler hervor. Nirgendwo wird von ihm der Anspruch erhoben, authentischer Zeuge der erzählten Ereignisse zu sein, noch behauptet er, auf authentische Zeugen zurückzugreifen. Vielmehr gilt, dass sogar die drei Frauen von dem, was sie am Ostermorgen erlebt haben, gegenüber jedermann geschwiegen haben (16,8). Höchstens die Anweisung Jesu in 9,9, dass die Jünger über das, *„was sie gesehen haben"*, nicht reden sollen, *„bis der Menschensohn von den Toten auferstanden"* ist, und die Hinweise auf die weltweite Evangeliumsverkündigung (13,10; 14,9) deuten an, woher der Autor das weiß, was er erzählt. Jedoch alles kann er von den Jüngern gar nicht erfahren haben, denn die waren nicht bei allen Ereignissen zugegen.

3.1 Der Autor als „allwissender Erzähler"

Der „reale Autor" tritt seinen Lesern nicht als er selbst gegenüber (wie etwa Paulus in seinen Briefen), sondern in der Rolle eines unpersönlichen und allwissenden Erzählers, der den Anspruch erhebt, ihnen das Jesusgeschehen aus der gültigen Perspektive Gottes zu erzählen. Dieser Erzähler weiß alles und ist selbst in den geheimsten Augenblicken und Situationen anwesend, wenn sonst alle Zeugen ausgeschlossen sind. Was allein Jesus nach seiner Taufe gesehen und gehört hat, kann der Autor als allwissender Erzähler seinen Lesern vermitteln (1,10f). In der Einsamkeit des Wüstenaufenthaltes Jesu ist er anwesend und erzählt, wie Jesus von Satan versucht und von Engeln bedient wurde (1,12f). Auch wenn Jesus sich zurückzieht (1,35; 6,46ff), weiß der Autor, was Jesus tut. Er kennt sogar den Wortlaut des Gebetes, das Jesus einsam und verzweifelt an den Vater gerichtet hat (14,30f; vgl. 14,39). Was die Hohenpriester mit Judas beraten haben (14,10f) und was dieser mit den Häschern ausgemacht hat (14,44), ist ihm ebenso bekannt, wie das geheimnisvolle Zeichen im Inneren des Tempels bei Jesu Tod (15,38). Sogar das Wort des Hauptmanns unter dem Kreuz kann er bezeugen (15,39). Und selbst die Ereignisse am Ostermorgen, von denen die Frauen geschwiegen haben, kennt er (16,2-8).

Er lässt die Leser sogar einen Blick in das Innere Jesu tun, denn er kennt dessen Regungen (2,8; 3,5; 6,34; 8,17; 10,21), Motive (1,45; 3,14f; 3,30; 6,5f) und Absichten (3,13; 5,30; 6,48fin; 9,30fin; 7,24). Wie Jesus selbst (8,17f) erkennt auch er das verhärtete Herz der Jünger (6,52), weiß um ihr Erschrecken und ihre Ängste, auch wenn sie sie verborgen halten wollen (9,6; 10,32b; 14,40), er kennt ihre Unwissenheit und Verständnislosigkeit (9,10), aber auch ihre heimlichen Wünsche (9,34).

Das gilt auch hinsichtlich der Gegner Jesu. Der allwissende Erzähler schaut ihnen ebenso direkt ins Herz wie Jesus, erkennt ihre heimlichen Gedanken (2,6 vgl. 2,8; 11,31f) und feindlichen Absichten (3,2.21; 8,11; 10,2; 11,18; 12,12; 12,13 vgl. 12,15; 14,1f; 14,55). Er weiß überhaupt um die inneren Vorgänge im Menschen und was sie bewegt und teilt dies alles dem Leser mit (5,27f; 12,34; 15,10.15; 15,43).

Als Erzähler ist der Autor so allwissend wie Gott selbst oder wie der Jesus seiner Geschichte. Aber er beansprucht diese Allwissenheit nicht aus sich selbst. Er verweist auf die Schriften (1,2f; 4,12; 9,12f; 12,10f.36; 14,21.27), die in Jesu Wirken erfüllt wurden, und sein eigenes Wissen korrespondiert mit dem Jesu. Der Leser soll wohl annehmen, dass dem Autor sein höheres Wissen von Gott und Jesus vermittelt wurde. Seine Allwissenheit als Erzähler ist somit abgeleitet; er partizipiert durch Offenbarung an Gottes eigenem Wissen. Darum kann er auch mit der Autorität Gottes den Lesern gegenüber erklären, dass die rituellen Waschungen der Juden auf Menschenüberlieferung beruhen (7,3ff). Und er kann mit der Jesus eignenden Autorität die Konsequenz aus Jesu Grundsatzwort abweisen (7,19fin) oder die Leser anweisen, Jesu Rede auf sich und ihre Situation zu beziehen (13,14).

Wir können sagen, dass der Autor *als Erzähler* seinen Lesern mit der denkbar höchsten Autorität gegenübertritt, und zwar nicht persönlich, sondern durch sein Werk. Er wagt sogar, dieses ein *Evangelium* zu nennen, genauer den „*Anfang des Evangeliums*" (1,1). Es ist ein Buch, das den Ursprung zurückholt, indem es die Verkündigung des „*Evangeliums Gottes*" durch Jesus selbst erinnernd präsent setzt (vgl. 1,14) und damit an die Stelle des abwesenden Jesus tritt (vgl. 8,35; 10,29; 14,9). Für sein Buch nimmt der Autor in Anspruch, dass es authentisch Jesu eigene Verkündigung in Wort und Tat wiedergibt, und zwar, wie wir oben gesagt haben, als „fundierende Geschichte".

3.2 Der „reale Autor"

Soviel zu der Rolle, die der Autor als Erzähler seinen Lesern gegenüber einnimmt. Doch der Erzähler ist nicht der „reale Autor" in Person, sondern er ist der Autor *als ein anderer*. Allerdings, den „realen Autor" gab es auch! Können wir noch etwas über ihn wissen? Es ist keineswegs ausgemacht, dass er jene Autorität, die er als *Erzähler* des *Evangeliums* beanspruchte, auch tatsächlich bei seinen ersten Lesern innehatte. Aber es spricht vieles dafür, vor allem die Tatsache, dass sein Buch offenbar sehr rasch verbreitet worden ist und sich durchgesetzt hat: Das MtEv und das LkEv, die beide auf dem MkEv beruhen, beweisen es. Der „reale Autor" dürfte ein respektierter Mann gewesen sein, auch über seine Gemeinde hinaus. Dass er aus göttlicher Perspektive erzählt, lässt ihn als einen anerkannten urchristlichen Propheten und Lehrer erscheinen, der ein leitendes Amt in seiner Gemeinde oder Kirchenregion inne hatte.

Sein Name dürfte tatsächlich Markus gewesen sein. Diesen Namen überliefert uns die berühmte Papiasnotiz, und bezüglich des Namens dürfte diese Überlieferung ziemlich sicher sein (vgl. Eusebius, H.E. III 39,15). Der alten Kirche wäre es lieber gewesen, das MkEv unmittelbarer auf Simon Petrus zurückführen zu können. Die jetzige gewundene Anbindung des Markus an Petrus beruht schwerlich auf Tatsachen, sondern auf Wunschdenken. Man hätte für den Autor des MkEv sicher einen berühmteren Namen gewählt, wenn nicht der Name Markus fest mit dem Werk verbunden gewesen wäre. Allerdings war der Name damals sehr verbreitet und lässt für sich genommen wenig Rückschlüsse zu.

Auf keinen Fall gehörte der „reale Autor" zu den Zwölfen, den für ihn entscheidenden urchristlichen Autoritäten. Aber die Bedeutung der Zwölf in seinem Werk könnte ein Hinweis darauf sein, dass er das Christentum in Jerusalem übernommen hat. Nur hier haben die Zwölf in der Frühzeit der Kirche gewirkt. Er erzählt die Jesusgeschichte aus einer Perspektive, die deutlich macht, dass er selbst nicht zum ersten Jüngerkreis Jesu gehört hat, beschreibt und kommentiert er doch das Unverständnis und Versagen der Zwölf von außen (vgl. 6,49.52; 8,16; 9,6.10; 9,32.34; 10,24.26.32; 14,4f.19.40.50). Die Zwölf sind für ihn eine fest umrissene Größe (3,13ff), und er blickt auf sie zurück (10,39).

Die Perspektive auf die Zwölf, die der Autor als Erzähler mit Jesus teilt, sagt aber nicht, dass er selbst *über* den zwölf Aposteln stünde. Das Gegenteil ist der Fall. Denn ihr Versagen lag ja vor Ostern. Bevor Jesus seinen *Weg* gegangen war, war Kreuzesnachfolge nicht möglich. Nach Ostern aber sind die Zwölf nach der Meinung des Autors Jesus nach Galiläa gefolgt und haben ihn dort gesehen (14,28; 16,7), sie haben das Evangelium weltweit verkündet (13,10; 14,9), sind zu Menschenfischern geworden (1,17) und haben ihr Leben um Jesu und des Evangeliums willen verloren (8,35; 10,39; vgl. 13,9). Das MkEv ist die Fortsetzung ihrer Evangeliumsverkündigung, und sein Autor steht auf ihren Schultern.

Einen berühmten Träger des Namens Markus kennen wir aus Apg 12,12.25; 13,5.13: Johannes Markus. Er stammte aus Jerusalem, wo seine Mutter ein Haus besaß, und war zeitweise Mitarbeiter des Paulus und Barnabas. Aber ob der „reale Autor" des MkEv mit diesem Johannes Markus identisch ist, lässt sich kaum sicher erweisen. Dagegen scheint seine geringe Kenntnis der palästinisch-galiläischen Geographie zu sprechen (s.o.) Mit den Jerusalemer Örtlichkeiten scheint er indessen vertrauter zu sein, wenn er im Jerusalemer Teil seines Werkes nicht lediglich die Angaben seiner Tradition wiederholt. Allerdings erwartet man in der Notiz 11,1 die beiden Vororte Jerusalems eigentlich in umgekehrter Reihenfolge, also Bethanien vor Bethphage, entsprechend dem Weg Jesu von Jericho nach Jerusalem.

Doch was kann der topographische Befund für die Frage nach dem „realen Autor" wirklich austragen? Er besagt, dass dieser keine eigene Anschauung von der Lage und Beschaffenheit der meisten Landschaften und Orte hatte, in die er Jesus führt. Allerdings ist solche geographische Unkenntnis Galiläas und der angrenzenden Regionen auch einem Jerusalemer Bürger zuzutrauen. Mancher Jerusalemer dürfte das ca. 100 km entfernte Galiläa oder das aus seiner Sicht abseits gelegene Gebiet der Dekapolis oder die Küstenregion nicht näher gekannt haben. Die geographischen Unkenntnisse des Markus sind daher noch kein Indiz gegen seine Herkunft aus Jerusalem. Falls er ein Jerusalemer Judenchrist war, muss auch bedacht werden, dass er seine Heimatstadt und ebenso Palästina wahrscheinlich seit mehr als dreißig Jahren verlassen hatte, als er das Evangelium niederschrieb.

Denn er schreibt es mit Sicherheit nicht an einem Ort Palästinas und nicht für palästinische Judenchristen. Somit können wir nur sagen: Der Evangelist kennt die Landschaften und Orte Galiläas und seines Umlandes, durch die er Jesus führt, nicht aus eigener Anschauung, und falls er Jerusalemer war, hat er diese Stadt wahrscheinlich seit fast dreißig Jahren nicht mehr gesehen.

Er könnte aber aus Jerusalem stammen. Das legt seine Sprache nahe. Sein Griechisch ist eher als Fremdsprache erlernt, kaum Muttersprache. Freilich beherrscht er es. Aus den zahlreichen aramäischen Zitaten in seinem Evangelium, die zwar auf die übernommene Tradition zurückgehen, aber von ihm übersetzt werden, wird man schließen dürfen, dass er auch Aramäisch sprach (vgl. 3,17-19; 5,41; 7,11.34; 10,46.51; 11,9f; 14,1.32.36.45; 15,22.34). Auch die jüdischen Bräuche, die er den Lesern erklärt, scheinen ihm geläufig zu sein (2,18; 2,24; 7,3f; 7,11; 7,19). Seine jüdische Herkunft wird auch durch seine große Schriftkenntnis nahegelegt. Markus erscheint daher als ein zweisprachiger Judenchrist, der nicht in der hellenistischen Diaspora aufgewachsen ist, zur Zeit der Abfassung seiner Schrift aber schon lange dort gelebt hat.

Im Falle seiner Jerusalemer Herkunft, unabhängig von seiner Identität mit dem oben erwähnten Johannes Markus, könnte auf die schwer deutbare Notiz 14,51f etwas mehr Licht fallen. Weist der Autor hier versteckt auf sich selber hin? Wenn sich der Autor hinter dem Jüngling von 14,51f verbirgt, so muss das nicht bedeuten, dass er ein Augenzeuge der erzählten Ereignisse war. Auch die Renaissancemaler, die sich selbst ins Bild bringen, waren ja keine Zeugen der Szenen, die sie malen. Entweder verweisen sie nur auf sich als den Maler des Bildes, oder sie kommentieren durch ihr (gemaltes) Verhalten die Szene. So könnte der Autor in 14,51f mit Verweis auf sich selbst sagen wollen: Auch ich wäre geflohen! Doch muss dies alles Vermutung bleiben.

4. Die Leser des Markusevangeliums

4.1 Das Leserbild

Das MkEv vermittelt uns ein Bild von seinen Lesern, wie der Autor sie sieht oder sich vorstellt. Die Frage ist, ob die realen Leser diesem Bild tatsächlich entsprachen. Man darf sich Markus zwar nicht als einen modernen Romanautor vorstellen, der für eine anonyme, ihm unbekannte Leserschaft geschrieben hat. Er wirkt im Raum des jungen Christentums, das noch nicht zur Weltreligion geworden ist. Seine Leserschaft ist auf jeden Fall begrenzt. Aber er hat auch nicht nur für die Christen einer bestimmten Region oder für eine Einzelgemeinde geschrieben, die er ganz kannte, sondern zielte mit seinem Werk auf die ganze Christenheit. Dafür spricht die rasche und offenbar weite Verbreitung seines Buches, das Matthäus und Lukas mit ihren Schriften ja ersetzen wollen. Aber auch die Gattung der Schrift kann darauf hinweisen (s.o.). Markus hat eine *Erzählung* verfasst und dabei die Rolle des Erzählers eingenommen (s.o.). „Er musste damit rechnen, dass sein Werk nicht nur nach Tagen und Wochen, sondern auch noch nach Monaten und Jahren gelesen wurde, und zwar von Lesern, mit denen keine persönliche Bekanntschaft mehr bestand" (H.-J. Klauck, Rolle 25). In diesem Fall hat aber das Bild, das der Autor von seinen Lesern zeichnet, eine andere Bedeutung als wenn er für eine konkrete Gemeinde und als deren Repräsentant sein Evangelium verfasste. Im Folgenden soll zuerst das Bild erhoben werden, das sich der Autor von seinen Lesern macht.

Die Leser kommen in den Blick, wenn der Autor aramäische Ausdrücke übersetzt (5,41; 7,34; 15,22.34 u. a.), jüdische Bräuche erläutert (2,19; 7,3f; 14,12; 15,42) oder eine Ortsangabe näher bestimmt (13,3). Er ist also der Auffassung, dass seine Leser kein Aramäisch bzw. Hebräisch verstehen – zumindest nicht alle –, dass sie mit den Riten und Festbräuchen der Juden z.T. nicht vertraut sind und offenbar noch weniger über die Geographie Palästinas wissen als er selbst. Es kann daher nicht bezweifelt werden, dass Markus sich Heidenchristen unter seinen Lesern denkt. Nur diesen müssen die jüdischen Bräuche erklärt werden. Aber auch der Kommentar des Autors in 7,19 lässt das Profil der Leser in Erscheinung treten: Das Problem reiner und unreiner Speisen spielt für sie noch eine Rolle; es wird durch Jesu Wort 7,15 autoritativ entschieden. Die Leserschaft ist nach Meinung des Autors also nicht rein heidenchristlich, sonst wäre diese Frage kein wirkliches Problem. Dieses stellt sich erst in einer aus Juden und Heiden gemischten Gemeinde.

Dass sich Markus die Gemeinden, in denen sein Evangelium gelesen wird, tatsächlich aus Juden- und Heidenchristen zusammengesetzt denkt, wird auch durch andere Beobachtungen erwiesen. Immer wieder geht es im Evangelium um das Verhältnis der vollmächtigen Lehre Jesu zu der von den jüdischen Autoritäten vertretenen Lehre (1,22ff; 2,10; 7,9ff; 11,18.27ff) und um die neue, von Jesus abgeleitete Praxis der christlichen Gemeinschaft im Vergleich zur Frömmigkeitspraxis des Judentums. Die christliche Tischgemeinschaft umfasst Juden und Sünder/Heiden (2,15f; 7,24ff), das christliche Fasten ist neues Fasten (2,19f), christliche Sabbatobservanz ist auf das Tun des zum Leben Notwendigen und des Guten hin offen (2,23-3,5). Jesus, seine Botschaft und die von ihm gegründete Gemeinschaft werden im MkEv im Vergleich zum Judentum dargestellt. Jesus hat das Neue gebracht, das mit dem Alten nicht vermischt und verbunden werden darf (2,21f). Seine Gemeinde ist ein geistiger Tempel (14,58), während der steinerne Tempel, entweiht durch die jüdischen Autoritäten (11,15ff), zerstört wird (13,2; 15,38). So wird das Christentum ständig als eine neue, von Jesus reformierte Gemeinschaft dargestellt, in der Gottes Wille besser aufgehoben ist und echte Frömmigkeit besser gewahrt wird als im Judentum ausserhalb, das von den Schriftgelehrten bestimmt wird. Sie steht in der Tradition Israels, ist aber offen für die glaubenden Heiden. Diese Darstellung wird nur verständlich, wenn Markus sich seine Leserschaft nicht nur heidenchristlich, sondern aus Juden und Heiden gemischt vorgestellt hat.

Einmal werden die Leser vom Autor unmittelbar angesprochen: *„Wer es liest, merke auf!"* (13,14). Auch wenn diese Floskel bereits in der verwendeten Überlieferung stand, hat der Autor sie für seine Leser stehen gelassen, weil er der Meinung war, durch diesen Ruf ihre Aufmerksamkeit wecken zu können. Er kennzeichnet sie damit als Zeitgenossen und Zeugen der in 13,5-23 vorausgesagten Ereignisse des fortschreitenden jüdischen Krieges: Der *„Gräuel der Verwüstung"* (13,14; vgl. Dan 9,27) – die römische Militärmaschinerie? das zelotische Schreckensregiment? – steht dort, wo er nicht sein darf (im Tempel!), und bedroht das Heiligtum. Das erleben die Leser mit. Aber offenbar sind sie nicht direkt davon betroffen; nur *„die in Judäa"* werden aufgefordert, ohne Verzug in die Berge zu fliehen, nur sie haben unmittelbar unter den Kriegsereignissen zu leiden, die schlimmer sein werden, als man sich vorstellen kann, und doch *„um der Auserwählten willen"* von Gott abgekürzt werden (13,19).

Die Mehrheit der Leser ist vom Militäraufmarsch und der Belagerung Jerusalems somit nicht direkt betroffen, aber sie bekommen diese Ereignisse mit. Vielleicht leben sie im Aufmarschgebiet, etwa in der Küstenzone Palästinas, über deren Straßen die römischen Legionen langsam heranrücken. Die Leser verfolgen die Ereignisse mit innerer Betroffenheit. Eine geographische Eingrenzung der realen Leser auf den palästinischen Raum oder seine Grenzgebiete ist jedoch nicht möglich. Die Ereignisse unmittelbar vor und während des jüdischen Krieges, von dem in 13,5-23 gesprochen wird, hatten Auswirkungen für judenchristliche Gruppen im gesamten Mittelmeerraum.

Aus den bisherigen Beobachtungen geht auch hervor, dass Markus seine Leser als Christen anspricht. Er schreibt keine Missionsschrift, um Nichtglaubende für den Glauben an Jesus zu gewinnen. Die Leser haben die christliche Botschaft bereits gehört und aufgenommen (1,15; 8,35; 10,29). Wie in Mk 13 geht es im ganzen MkEv überhaupt immer wieder um die aus dem christologischen Bekenntnis folgende Praxis der Nachfolge. Dazu verweist der Autor seine Leser auf den *„Anfang des Evangeliums"* (1,1), lässt er sie die Auseinandersetzungen Jesu mit den Gegnern und seine Bemühungen um die unverständigen Jünger miterleben. Sie partizipieren dabei am überlegenen Bewusstsein des Autors, lernen die

Dinge mit seinen und Jesu Augen zu sehen und sollen sich und ihre Lebens- und Glaubensprobleme in der Erzählung wieder finden und aus ihr heraus lösen.

4.2 Die Entstehungszeit des Markusevangeliums

Die Entstehungszeit des MkEv wird heute fast allgemein um das Jahr 70 n.Chr. angesetzt. Eine frühere Entstehungszeit lässt sich mit dem Charakter dieser Schrift als „Jesuserzählung" kaum vereinbaren. Aber nicht nur allgemeine Erwägungen weisen das MkEv als Schrift für die zweite Generation aus. In ihm selbst finden sich dafür zahlreiche konkrete Hinweise:

- Autor und Leser blicken auf die Gruppe der *Zwölf* als eine Größe der Vergangenheit zurück. Sie hatte die Bedeutung, das Evangelium Jesu nach seiner Auferstehung authentisch weiter zu verkündigen. In der Gegenwart hat sie offenbar keine Funktion mehr. Judas ist aus ihr als *Verräter* ausgeschieden (14,17-21), die Zebedaiden haben den Märtyrertod erfahren (10,39). Auch der Tod des Petrus dürfte z. Z. des Evangeliums bereits zurückliegen. Das im MkEv gezeichnete Bild von Simon Petrus wäre erträglicher, wenn die Leser darum wüssten, dass Petrus seine in 14,31 eingegangene Selbstverpflichtung tatsächlich eingelöst hat (vgl. 8,34). Die Schar der unmittelbaren Zeugen und Zeitgenossen Jesu stirbt aus, nur noch einige von ihnen werden „*die Basileia mit Macht kommen sehen*" (9,1). Vielleicht zählt sich der Autor zu ihnen (vgl. 14,51f).
- Die von Jesus in 13,10; 14,9 angesagte weltweite Evangeliumsverkündigung ist z.Z. der Abfassung des MkEv offenbar bereits und immer noch in vollem Gang. Sie ist als Heidenmission gedacht, denn der Menschensohn wird bei seinem endzeitlichen Kommen seine Auserwählten „*aus allen vier Himmelsrichtungen vom Ende der Erde bis zum Ende des Himmels*" sammeln lassen (13,27). Die Mission muss erst abgeschlossen sein, bevor das Ende kommt, das aber nahe bevorsteht.
- Der schmerzliche Prozess, dass ein Großteil des jüdischen Volkes und besonders seine Führer sich dem Evangelium versagt haben, ist beendet oder steht unmittelbar vor dem Abschluss. Sie sind *draußen* geblieben (4,11f) und haben ihre Umkehrchance vertan (4,12; 8,12). „*Ewiger Sünde*" sind sie schuldig geworden, weil sie verstockt den Heiligen Geist gelästert haben (3,28f). Sie werden keine Frucht mehr bringen (11,14), ihr Gericht steht unmittelbar bevor (4,12; 11,13f; 12,9), der Menschensohn wird bei seinem baldigen Kommen nicht ihr Retter, sondern ihr Richter sein (14,62).
- Die aus Juden und Heiden zusammengesetzte christliche Gemeinde ist inzwischen vom Judentum der Schriftgelehrten geschieden. Dieses hat seinen als Gebetsstätte für alle Völker gedachten Tempel zur *Räuberhöhle* verkommen lassen (11,17), und statt der Gebote Gottes befolgt es Menschensatzungen (7,1-13). Die christliche Gemeinde ist ein neuer, geistiger Tempel (14,58). Sie hat die Umkehrwilligen aus Israel in sich aufgenommen (12,9; 12,34; 15,42),

verwaltet eine *„neue Lehre mit Vollmacht"* (1,22.27; 12,13-40) und vollzieht in ihrer Praxis nach Jesu Weisung Gottes Willen (2,1-3,6; 7,14-23; 10,1-11).

All diese Punkte weisen das MkEv als Schrift der zweiten urchristlichen Generation aus, die bereits auf längere und kurz vor dem Abschluss stehende Entwicklungen zurückblickt, diese verarbeitet und deutet.

Mit guten Gründen lässt sich die Entstehungszeit des MkEv noch genauer festlegen. 13,5-23 nimmt Bezug auf Zeit und Ereignisse während des Jüdischen Krieges. Der Autor setzt voraus, dass seine Leser Zeitgenossen dieser Ereignisse sind. Allerdings leben sie nicht in ihrem Zentrum. 13,14-20 ist aus der Perspektive eines von außen Beobachtenden abgefasst, der aus nüchterner Erfahrung weiß, dass auch dieser Krieg noch nicht das Ende (13,7), sondern nur eine begrenzte, wenn auch für die direkt Betroffenen schreckliche Leidenszeit herbeibringt.

Die entscheidende Frage ist, ob die Schilderung auf den Jüdischen Krieg, den Fall Jerusalems und die Zerstörung des Tempels als auf abgeschlossene historische Ereignisse zurückblickt. Sie selbst legt diese Annahme nicht zwingend nahe. Ihre Formulierungen sind vage. Der Fall Jerusalems und die Zerstörung des Tempels werden weder erwähnt noch direkt angedeutet. Dennoch wird man aufgrund des Gesamtbefundes des MkEv (vgl. 11,12f; 12,9; 13,2; 14,58; 15,38) daran festhalten müssen, dass der Autor mit beidem im Verlauf des Jüdischen Krieges fest rechnet. Er kann Stadt und Tempel als so gut wie zerstört ansehen (12,9; 15,38).

Auch die Aufforderung zum Gebet (13,18), die Schreckensereignisse möchten nicht in den Winter fallen, spricht dagegen, dass Markus bereits auf den Fall Jerusalems zurückblickt. Der Angriff auf Jerusalem durch Titus begann im April und war im August/September 70 n. Chr. mit der Zerstörung des Tempels und der Einnahme der Oberstadt abgeschlossen. Allerdings lag das römische Heer schon längere Zeit vor Jerusalem in Bereitschaft und erwartete den neuen Feldherrn Titus, der von Ägypten kommend im Frühjahr 70 n. Chr. beim Heer eintraf. Die umfangreichen Vorbereitungen der Belagerung brauchten eben ihre Zeit. Die Gebetsbitte 13,18 könnte sich auf diese Situation beziehen, in der für einen Außenstehenden noch nicht absehbar war, wann der Angriff erfolgen würde.

Was aber ist mit dem geheimnisvollen Ausdruck *„Gräuel der Verwüstung"* (13,14) gemeint, der *„dort steht, wo er nicht sein darf"*? Er ist dem Danielbuch entnommen (Dan 9,27; 11,31; 12,11; vgl. 1Makk 1,54) und kennzeichnet dort die Schändung des Tempels durch die Errichtung eines heidnischen Altarsteines auf dem Brandopferaltar und den an diesem Stein vollzogenen Opferkult. Ein Ereignis von gleicher Art ist für die Kriegsjahre 66-70 n. Chr. nicht belegt. Der Ausdruck kann schwerlich einen bereits erfolgten Zugriff der römischen Kriegsmacht auf den Tempel, er könnte am ehesten eine als Folge des Krieges sicher zu erwartende Schändung des Tempels durch die Römer meinen. Aber er könnte auch auf das blutige Schreckensregiment der Zeloten im Tempel hinweisen. Auf welches konkrete Ereignis Markus mit diesem Ausdruck anspielen wollte, bleibt letztlich unklar.

Es dürfte kaum gelingen, die in 13,14-20 geschilderten Ereignisse zeitgeschichtlich eindeutig zu identifizieren. Nur eines wird klar: Die Schilderung blickt nicht auf den Fall Jerusalems und des Tempels zurück, sondern voraus. Auch wenn Markus hier eine Vorlage verwendet hat, sah er keine Veranlassung, deren vorausblickende Perspektive zu ändern. Dies kann nur bedeuten, dass das MkEv noch vor dem Fall Jerusalems und der Zerstörung des Tempels geschrieben worden ist. In nüchterner Abschätzung der machtpolitischen Verhältnisse und ohne den eschatologischen Enthusiasmus der kämpfenden Juden in Palästina oder sympathisierender Juden in der Diaspora zu teilen, erwartet der Autor den Fall Jerusalems und die Zerstörung des Tempels als erfahrungsgemäß eintretende Folge der absehbaren Niederlage der Juden. Wahrscheinlich ist das MkEv zwischen 66 und 69 n. Chr. abgefasst worden.

Öfter wird darauf hingewiesen, dass auch andere Stellen des MkEv die Zerstörung Jerusalems und des Tempels voraussetzen. Der Wert dieser Argumente ist zu prüfen. Zunächst ist 12,9 heranzuziehen: Der Besitzer des Weinbergs wird kommen und die mörderischen Weinbergspächter vernichten. Dies könnte sich als vaticinium ex eventu auf den bereits erfolgten Fall Jerusalem beziehen. Aber zwingend ist diese Annahme nicht. So konnte auch im Vorfeld des jüdischen Krieges formuliert werden. Angesichts der politischen und militärischen Entwicklungen in Palästina in den Jahren 66-70 n. Chr. und unter realer Einschätzung der römischen Machtinteressen bedurfte es keiner großen Prophetengabe, um den Ausgang des Krieges und das politische Schicksal des Judentums vorauszusehen. Je größer die räumliche Distanz eines Beobachters zu den Ereignissen war, desto nüchterner musste das Urteil ausfallen. Aber auch im Lande war die Beurteilung der Lage außer bei den fanatischen Aufständischen kaum anders, wie die Zahl der Flüchtlinge aus der Stadt nach 66 n. Chr. zeigt. 12,9 kann daher durchaus auf den sicheren Untergang der jüdischen Theokratie vorausblicken und ihn vorweg als Gericht Gottes deuten.

Ähnliches gilt für 13,2, das keineswegs aus rückblickender Perspektive formuliert zu sein braucht. Die Zerstörung des Tempels war bei realistischer Einschätzung als Folge der römischen Machtinteressen und des zelotischen Eifers absehbar. Vielleicht war sie als das Kriegsziel der Römer sogar politisch und militärisch definiert und wurde propagandistisch eingesetzt. Flavius Josephus berichtet uns von einem Jerusalemer Propheten, der ab dem Jahr 62 n. Chr. über Stadt und Tempel das Wehe ausrief (Bell VI 300ff).

Auch in 15,38 braucht die Tempelzerstörung nicht vorausgesetzt zu sein. Markus schildert das Zerreißen des Tempelvorhangs wahrscheinlich als verhängnisvolles Vorzeichen für das von ihm sicher erwartete Ende des Tempelkultes nach der Eroberung Jerusalems. Flavius Josephus (Bell VI, 290ff) berichtet von ähnlichen Vorzeichen am Tempel, die wohl nicht erst nach dessen Zerstörung erfunden und erzählt worden sind.

Unser Fazit lautet: Das MkEv ist wahrscheinlich vor dem Fall Jerusalems geschrieben worden. Spätestens vom Jahr 66 n. Chr. an herrschte in Palästina größte Kriegserregung. Im gesamten Reich aber verfolgte man mit gespannter Aufmerksamkeit, wie sich die Ereignisse entwickeln würden. Die Niederwerfung des jüdischen Aufstandes und die Zerstörung Jerusalems und des Tempels waren für die meisten Beobachter außerhalb Palästinas sicher nur eine Frage der Zeit.

4.3 Die Situation der Leser

Die Lebens- und Glaubenssituation der Leser tritt im MkEv vielfach deutlich hervor. Freilich müssen wir wieder die Einschränkung machen, dass wir nicht sicher wissen können, ob der Autor sich an eine bestimmte Ortsgemeinde oder an die Christen einer bestimmten Region richten oder mit seiner Schrift das Christentum seiner Zeit insgesamt erreichen wollte. Wir sollten seine Hinweise auf die Lebens- und Glaubenssituation der Leser daher besser nicht als Verweise auf konkrete Ereignisse und Vorkommnisse innerhalb einer realen Leserschaft auswerten. Der Autor mag sich lediglich ein Bild von der Situation der Christen seiner Zeit aus ihm zugänglichen Nachrichten gebildet haben oder er will Situationen ausmalen, die er auf die Christen zukommen sieht. Dabei könnte er konkrete Erfahrungen, die er in seinem Lebensbereich gesammelt hatte, verallgemeinert haben.

Die Hinweise zur Situation der Leser finden sich fast ausschließlich in prophetischen Worten Jesu in Mk 13. Diese Prophetie Jesu richtet sich an die zweite christliche Generation. Das macht der Autor dadurch deutlich, dass er Jesus diese Zukunftsansagen nicht an die Zwölf, sondern nur an vier von ihnen richten lässt (13,3). In ihrem Kreis werden sie als apokalyptisches „Geheimwissen" für die zweite Generation aufbewahrt. Die vier Jünger fungieren als Vermittler der Worte Jesu an die Leserschaft. Ausdrücklich macht Jesus dies im Schlusssatz der Rede deutlich: *„Was ich euch sage, sage ich allen: Wacht!"* (13,37). Damit richten sich sämtliche Aufrufe und Hinweise der Rede faktisch an die Christen der zweiten Generation (vgl. 13,5.7.9.11.13.14.18.21.23.28f.33.37). Jesus wendet sich durch die vier Jünger und durch das Medium der Schrift des Autors unmittelbar an sie und stärkt und ermahnt sie in einer schwierigen Lebens- und Glaubenssituation.

Flavius Josephus schildert uns im zweiten und siebten Buch seines „Bellum" anschaulich, welche Wirkungen der Jüdische Krieg und sein Ausgang für das Judentum und für die mit ihm in Verbindung stehenden „gottesfürchtigen" Heiden hatte. In den hellenistischen Städten Palästinas, aber auch im syrischen Grenzland, ja selbst in den weit entfernten Großstädten Alexandrien und Antiochien bis in die Cyreneika hinein kam es zu Pogromen gegen die jüdische Bevölkerung und sogar zu behördlich gesteuerten Verdächtigungen und Verfolgungen. Naturgemäß unterscheidet Flavius Josephus dabei nicht zwischen Juden und Christen, aber es ist kein Zweifel möglich, dass Judenchristen in den sich austobenden Hass gegen das Judentum einbezogen wurden.

Judenchristen könnten unter jenen 630 Jerusalemer Bürgern gewesen sein, die Florus im Jahr 66 n. Chr. als Geiseln aburteilen und kreuzigen ließ (Bell II 305ff), ebenso unter den Opfern der Panik, die durch das drakonische Vorgehen der römischen Truppen wenig später ausbrach (Bell II 325ff). Auch Judenchristen gehörten sicher zu denen, die vor der anmarschierenden Zwölften Legion aus den galiläischen und judäischen Städten *„in die Berge"* geflohen waren oder von den Römern niedergemacht wurden (Bell II 504f.508f).

Viele Fromme in Jerusalem sahen in dem Treiben der Zeloten eine Entweihung und Schändung des Tempels, darunter auch viele Judenchristen. Flavius Josephus lässt den Oberpriester Ananos vor einer Volksversammlung sprechen:

„*Wahrlich, es wäre gut für mich gewesen, ich wäre gestorben, bevor ich das Haus Gottes von solchen Gräueln erfüllt und auf den durch Gebote abgegrenzten heiligen Plätzen die Füße blutbefleckter Mörder herumtrampeln sehen muss*" (Bell IV 163). Ebenso urteilt nach Josephus der Oberpriester Jesus: „*Diese Räuber haben sogar den heiligen Boden entweiht: Man kann jetzt sehen, wie schamlose Gesellen sich im Heiligtum betrinken, den widerrechtlich angeeigneten Besitz der Ermordeten verprassen und ihren unersättlichen Bauch damit füllen*" (Bell IV 242). Josephus selbst gibt rückblickend folgenden Kommentar: „*Aber ich glaube, weil Gott die Stadt wegen ihrer Befleckung zum Untergang verurteilt hatte und den Tempel durch Feuer vollständig reinigen wollte, darum raffte er die hinweg, die diesem Heiligtum in so großer Liebe anhingen*" (Bell IV 323). Diese Sicht dürften viele noch vor dem endgültigen Untergang von Stadt und Tempel geteilt haben. An anderer Stelle weist Josephus nämlich auf ein Orakel hin, nach welchem „*die Stadt dann eingenommen und das Allerheiligste nach Kriegsausbruch den Flammen preisgegeben werden, wenn es durch einen Aufstand heimgesucht werde und einheimische (!) Hände den Bezirk Gottes befleckten*" (Bell IV 388).

In die von Flavius Josephus beschriebene allgemeine Lage vor und nach Ausbruch der Kriegshandlungen passt die Vorhersage Jesu in 13,9-13: „*Gebt aber acht auf euch selbst! Man wird euch nämlich den Gerichten übergeben; in Synagogen werdet ihr gegeißelt werden; vor Statthalter und Könige werdet ihr gestellt werden um meinetwillen, zum Zeugnis für sie. Aber allen Völkern muss zuerst das Evangelium verkündigt werden. Und wenn man euch abführt und ausliefert, so überlegt nicht, was ihr sagen sollt; was immer euch in jener Stunde eingegeben wird, das redet; denn nicht ihr seid es, die reden, sondern der Heilige Geist. Da wird ein Bruder den Bruder in den Tod ausliefern und ein Vater das Kind; Kinder werden gegen ihre Eltern auftreten und sie töten lassen. Und ihr werdet gehasst sein von allen um meines Namens willen; wer aber ausharrt bis ans Ende, der wird gerettet werden.*" Jesu Worte gelten erneut den christlichen Lesern der zweiten Generation(13,9). Zumindest ein Teil davon untersteht der jüdischen Synagogengerichtsbarkeit (13,9). Das bedeutet, dass die judenchristlichen Gemeinden sich von den örtlichen jüdischen Gemeinden noch nicht getrennt, sondern als zum Judentum gehörig angesehen wurden. Das Christentum galt noch als Sonderform des Judentums, und die Synagogenvorstände nahmen auch über Judenchristen eine gewisse Disziplinargewalt in Anspruch. Jesus kündigt den Lesern Verfahren an, in denen es um Fragen der Vereinbarkeit zwischen dem Bekenntnis zu Jesus und der jüdischen Lebensweise gehen wird. Auch vor öffentliche Gerichte werden sie um ihres Christusbekenntnisses geschleppt werden; vor *Statthaltern* und *Königen* werden sie stehen. Verehrten die Christen nicht einen jüdischen Aufrührer, der von einem römischen Gericht zum Kreuzestod verurteilt und hingerichtet worden war, als ihren Heros? Wie stand es dann um ihre Loyalität zum Regiment Roms? Gehörten auch sie den jüdischen Aufständischen an, die außerhalb Palästinas die Lunte der Aufsässigkeit gegen Rom legen wollten? Jedenfalls scheint die Lage für die christlichen Gemeinden in der vergifteten Atmosphäre der Vorkriegszeit schwierig gewesen zu sein. Sie sitzen zwischen allen Stühlen: Den Juden gelten sie, auch weil sie ehemalige Heiden in

Die Situation der Leser

ihren Reihen dulden, als Abweichler und Abtrünnige, von den Behörden und der nichtjüdischen Bevölkerung werden sie als Judenfreunde und Sondergruppe des Judentums mit diesem gleichbehandelt. Auf sie fällt somit doppelter Hass. Mitten durch die Familien kann die von Hass und Misstrauen gezogene Trennungslinie gehen (13,12; vgl. auch 9,40f).

Die Situation der Christen wird in 13,13 zusammengefasst: *„Ihr werdet von allen gehasst werden um meines Namens willen"*. Allerdings weiß diese Formulierung darum, dass die Christen nicht nur wegen ihrer Nähe zum Judentum gehasst werden, sondern auch als Christen. Ob Markus hier Nachrichten über die gegen die römischen Christen gerichtete Verfolgung des Nero aus dem Jahr 64 n. Chr. einfließen lässt, muss offen bleiben. Allerdings ist die Neronische Verfolgung die einzige uns bekannte Verfolgung in dieser Zeit, die sich speziell gegen Christen richtete. Die aber waren wohl überall im Reich in einer verzwickten Lage. In den Hass gegen das Judentum einbezogen können sie dennoch nicht auf die Solidarität der nichtchristlichen Juden rechnen, sondern befinden sich in vielfacher Auseinandersetzung mit diesen. Die jüdischen Synagogengemeinschaften lehnen ihr messianisches Bekenntnis (8,38; 13,9.11) und ihre religiöse Praxis ab (vgl. 2,6f; 2,15f; 2,18; 2,24; 7,2ff). Die nichtjüdischen Mitbürger und römischen Behörden aber beargwöhnen sie, weil sie sich zu einem von den Römern als messianischen Aufrührer Gekreuzigten bekennen. So sind sie dem Verdacht ausgesetzt, den zelotischen Aufstand gegen Rom zu unterstützen. Dagegen wehrt sich die Schrift des Markus. Sie zeigt, dass sich Jesus loyal gegenüber dem römischen Kaiser verhalten und ihm – anders als die Zeloten – das Recht zugestanden hat, Steuern zu erheben (12,13-17).

In 15,2-5 weist der Autor darauf hin, dass der römische Richter das Bekenntnis Jesu, der *„König der Juden"* zu sein, nicht als Verbrechen angesehen hat, sondern Jesus freigeben wollte, aber durch die Intrige der Hohenpriester daran gehindert wurde (15,6-15). Und er lässt Jesus feststellen, dass die jüdischen Verantwortlichen oder die Zeloten den Tempel zur *Räuberhöhle* haben verkommen lassen, statt ihn seiner göttlichen Bestimmung, *„Gebetshaus für alle Völker"* zu sein, zuzuführen (11,17). Darum kündigt Jesus seine vollständige Zerstörung an (13,2), die schon beim Tod Jesu beginnt (15,38).

Trotz dieser Apologetik ist die Lage der Christen so schwierig, dass sie schon den als Freund ansehen müssen, der nicht gegen sie ist (9,40). Himmlischer Lohn wird dem verheißen, der ein noch so geringes Werk der Barmherzigkeit an ihnen tut, weil sie Christen sind (9,41).

Die Gefährdung von außen schließt ein mögliches Martyrium ein. Auf einzelne christliche Martyrien blickt Markus bereits zurück (10,39; 8,35b; 13,12). Der Tod der Zebedaiden (10,39), vielleicht auch des Herrenbruders Jakobus im Jahr 63 n. Chr. und des Petrus (und Paulus) während der Neronischen Verfolgung in Rom dürften ihm bekannt gewesen sein (14,31). Doch werden diese nicht die einzigen ihm bekannten christlichen Märtyrer gewesen sein. Bei den von Flavius Josephus geschilderten Pogromen gegen Juden und den Morden jüdischer Aufständischer an Fremden und Landsleuten kamen zahlreiche Menschen ums Leben. Wir dürfen ohne weiteres annehmen, dass darunter auch Christen waren. Vor diesem Hintergrund ruft Jesus zur Martyriumsbereitschaft auf (8,34ff; 13,13). Dass diese Paränese besonders den Lesern des MkEv gilt, macht nicht nur ihre Einleitung 8,34 deutlich („*er rief das Volk mit seinen Jüngern zusammen...*"), sondern auch die Wendung 8,35: „*Wer sein Leben verliert um meinetwillen und um des Evangeliums willen...*". Der Begriff „Evangelium" weist in die nachösterliche Zeit: Jesus ist nicht mehr in leiblicher Gestalt, sondern in der *Erzählung* in den Gemeinden präsent.

Die Christenheit z. Z. des Markus ist von „*Drangsalen und Verfolgung*" betroffen (4,17; 10,30; 13,19). Diese gehen nicht nur von heidnischen oder jüdischen Behörden aus, sondern auch vom unmittelbaren sozialen Umfeld, von Mitbürgern und Nachbarn. Hass und Auseinandersetzung machen nicht einmal vor den Familien halt. Ein Bruder übergibt den Bruder in den Tod, ein Vater sein Kind, Kinder die Eltern (13,12). Familien werden auseinandergerissen. Um Jesu und des Evangeliums willen müssen die Christen zur Aufgabe der engsten Familienbande bereit sein (10,29f). Sie geraten in Gefahr, aus allen sie bisher tragenden und sozial-ökonomisch sichernden Bindungen herausgerissen zu werden. In der christlichen Gemeinschaft und im kommenden Äon werden sie dafür entschädigt (10,30). Dieses Schicksal trifft Einzelne und ganze Familien. Es scheint auch zu Trennungen von Ehepartnern gekommen zu sein. In diesem Fall wird den Christen eine Wiederverheiratung verboten (10,11f). In solcher Situation leiden wie immer am meisten die Kinder. Ihr Schicksal wird den Lesern besonders ans Herz gelegt (9,36f; 10,13-16).

Die Lebens- und Glaubenssituation der Leser hat ihr Vorbild in Jesu Lebensweg und Schicksal. Seinen Konflikt mit der eigenen Familie (3,20f.31ff), mit seinen Landsleuten (6,1-6), mit den jüdischen Autoritäten (2,1-3,6; 11,27-12,34; 14,53-65) und den römischen Behörden (15,1-39) stellt Markus den Lesern als Beispiel vor Augen.

Der äußeren Gefahr entspricht die innere Gefährdung der Christen. Dem Druck des Hasses und der Verfolgung hält nicht jeder stand. Es gibt Christen, die ihr leibliches Leben retten wollen. Ihnen wird gesagt, dass sie dann ihr „*(ewiges) Leben*" verlieren werden (8,35a). Manche werden um ihres materiellen Besitzes willen Schaden an ihrem *Leben* nehmen (8,36; 4,19). Es gibt Christen, die dem Druck der Verhöre oder dem Sozialdruck der Umwelt nicht Stand halten und sich ihres Bekenntnisses zu Jesus *schämen*. Ihnen wird das himmlische Gericht vor Augen gestellt, bei dem der Menschensohn sich ihrer *schämen* wird (8,38; vgl. 4,17). Eindringlich wird davor gewarnt, dass Glaubensabfall zum Verderben führt (9,42-48). Alle sollen durch das *Feuer* der Verfolgung *gesalzen* werden (9,49f). Naturgemäß sind die Reichen in dieser Situation am meisten gefährdet. Sie haben in der jetzt geforderten konsequenten Jesusnachfolge am meisten zu verlieren (8,36; 10,17-22; 10,23-27). Doch bleibt ihnen keine Alternative (8,37). Gottes besondere Barmherzigkeit wird ihnen gelten (10,27).

Durch Jesu prophetisches Wort ist den Christen z. Z. des Markus ihre Gefährdung vorhergesagt worden (13,23). Darum können sie sich darauf einstellen und sich geistig einüben. Sie dürfen sicher sein, dass sie in den Anfechtungen nicht zugrunde gehen, sondern gerettet werden (8,35b; 4,35-41; 13,27), wenn sie

Die Situation der Leser 39

durchhalten (13,13). Am Beispiel der *Zwölf* wird ihnen gezeigt, dass sie auch noch in ihrem Versagen von Gottes Barmherzigkeit umfangen sind, wenn sie sich nur neu auf den Ruf der Kreuzesnachfolge einlassen. Das Versagen der *Zwölf* vor dem Leiden Jesu und vor dem eigenen Leiden (8,31ff; 10,31; 14,27-42; 14,59; 14,51f) und speziell die Verleugnung Jesu durch Petrus (14,66-72) waren nicht das letzte Wort über die *Zwölf*. Sie wurden eingeholt von der Gnade des Auferstandenen, der ihnen neue Nachfolge ermöglichte (14,28; 16,7).

Die Ereignisse des jüdischen Krieges berühren auch die eschatologischen Erwartungen. Mehrmals werden die Leser davor gewarnt, aus den Ereignissen falsche Schlüsse zu ziehen (13,7: *„noch nicht das Ende"*; 13,8: *„(erst) der Anfang der Wehen"*; 13,13: *„... bis zum Ende..."*; vgl. 13,20). Die Ereignisse des jüdischen Krieges bringen noch nicht das Ende herbei, aber sie zeigen, wie nahe es bevorsteht (13,28f; vgl. 4,38).

Die von Markus intendierten christlichen Leser leben offenbar in angespannter eschatologischer Naherwartung. Obwohl sie zur zweiten christlichen Generation gehören, ist nicht das Ausbleiben der Parusie ihr Problem. Nirgendwo muss Markus die Parusieverzögerung erklären. Die Parusieerwartung ist immer noch unmittelbar und drängend. Zwar müssen die Leser ohne den *Bräutigam* auskommen, der ihnen entrissen ist (2,19f), ohne den *Hausherrn*, der abwesend ist (13,34ff). Im nahen „Reich Gottes" aber wird Jesus neu mit seinen Jüngern essen und trinken (14,25). Doch sind die Christen in Gefahr, ungeduldig zu werden (13,13). Denn Jesus scheint zu schlafen (4,37) und sich um ihre Not nicht zu kümmern (4,38). Sie erwarten dagegen machtvolle Rettung vor dem Ende (6,48). So wirkt der *„Sauerteig der Pharisäer oder des Herodes"* in ihnen (8,15): Sie verlangen nach einem *„Zeichen vom Himmel"*. Diese *Versuchung* können sie nur durch Wachen und Beten bestehen (13,33-37; 14,38), wie auch Jesus sie bestanden hat (14,32-35). Jesu Forderung an sie ist, auszuharren *„bis zum Ende"* (13,13), gegebenenfalls bis zum bitteren Ende.

Der Autor zeigt seinen Lesern aber auch: Die Gegenwart ist keineswegs völlig heilsentleert. Der Auferstandene ist in der Jesuserzählung des MkEv geheimnisvoll anwesend. Durch das *Evangelium* wird er repräsentiert (8,35; 10,29). Im Gebet ereignen sich die wunderbaren Exorzismen weiter (9,28f), die der Irdische gewirkt hat. Durch das Gebet erfolgt auch weiterhin die Vergebung der Sünden (11,25), die der Menschensohn vollmächtig gebracht hat (2,10). Durch die Verkündigung der Gemeinde werden die Dämonen vertrieben und durch das Salben mit Öl werden Kranke geheilt (6,13). *„In Jesu Namen"* nimmt die christliche Gemeinde Kinder auf. Sie repräsentieren den Herrn selbst (9,37). Ebenso können in der Abwesenheit Jesu die Armen an seine Stelle treten (14,7). Auch die Gleichnisse in Mk 4 zeigen, dass die Gegenwart nicht gänzlich vom Heil leer ist. Das „*Reich Gottes"* ist grundgelegt und verborgen anwesend.

So bedarf es auch keines argumentativen Aufwandes des Autors, um die Naherwartung einzuschärfen. Er hält tatsächlich an ihr fest (1,15; 9,1; 13,29.30.36; 14,25.62). Von einer Entapokalyptisierung der Eschatologie im MkEv kann keine Rede sein. Heil oder Gericht stehen unmittelbar und bedrängend bevor (4,24f;

8,38f; 10,29ff u. a.). Nur aus solcher Nah-Eschatologie sind denn auch die Paränesen Jesu im MkEv verständlich (z.B. 8,34-9,1; 10,17-31). Wogegen der Evangelist vorgehen muss, sind vielmehr Erwartungen und Spekulationen, dass die Parusie und der Einbruch der Basileia als Folge des Jüdischen Krieges eintreten werden. Offensichtlich setzt er bei seinen Lesern die eschatologische Hochspannung, die in Palästina – aber auch außerhalb – die Kriegsereignisse begleitete, als wirksam voraus. Zahlreiche apokalyptische Gerüchte liefen um, von messianischen Gestalten hörte man allenthalben, die große endzeitliche *Zeichen* in Aussicht stellten (vgl. Flavius Josephus, Bell IV, 228ff; II 259ff; VII 437ff).

Ähnliche Gerüchte und eschatologische Parolen, die die Christen verwirrten, bekämpfen Jesus und der Autor in 13,5f.21f. Es gab offenbar christliche Charismatiker und Propheten, die *„im Namen Jesu"* (13,6) auftraten und die Christen durch Orakel zur Erwartung der Parusie an bestimmten Orten zusammenriefen (13,21). Diese Gestalten nennt der Jesus des MkEv ausdrücklich *Lügenmessiasse* und *Lügenpropheten*, ihr Wirken nachdrücklich *Verführung* (13,5f). Ihre Wirkung schätzt Jesus als groß ein. Sie könnten, wenn dies nicht von Gott verhindert würde, sogar die Auserwählten verführen (13,22). Nachdrücklich warnt er vor deren Botschaft (13,5.23). Dem angeblich sicheren Wissen dieser Lügenpropheten um Zeit und Ort der Parusie stellt Jesus seine Parusieschilderung 13,24-27 entgegen: Die Parusie wird ein kosmisches Ereignis sein, bei dem der Menschensohn seine Auserwählten aus allen vier Himmelsrichtungen wird zusammenführen lassen. Der Termin aber ist selbst *„dem Sohn"* unbekannt (13,22). Nur der Vater kennt ihn. Darum ist jeder ein Lügner, der den Termin berechnen zu können vorgibt (13,33). Die Parusie kann sich zu jeder Zeit und urplötzlich ereignen (13,35f). Darum ist Wachsamkeit gefordert (13,37; 14,34.38).

Mit 13,10 führt der Jesus des MkEv ein Argument in die innerchristliche Diskussion um den Termin der Parusie ein, das offenbar bei den enthusiastischen Parusiepropheten überhaupt keine Rolle spielte. Er verweist auf die noch in vollem Gang befindliche universale Weltmission des Christentums hellenistischer Prägung, die er Gottes heilsgeschichtlichem Plan zuordnet. Erst in der Verkündigung des *Evangeliums* unter allen Heiden kommt Jesu Heilswerk *„für alle"* (10,45; 14,24) zum Ziel und Abschluss. Schon aus diesem Grund können die Kriegsereignisse in Palästina nicht unmittelbar die Parusie mit sich bringen.

4.4 Der Ort des Markusevangeliums

Die Frage nach dem Ort der Entstehung des MkEv lässt sich nur hypothetisch beantworten. Der Text selbst enthält keine wirklich schlüssigen Hinweise. Gewisse Latinismen könnten die Entstehung des MkEv im lateinischen Westen oder gar in Rom nahe legen (vgl. z.B. 12,42; 15,16). Doch lassen sie sich auch damit erklären, dass Markus seine Schrift einem umfassend gedachten Leserkreis verständlich machen wollte. Lateinisch wurde im ganzen Reich zumindest vom römischen Militär gesprochen, und militärische oder pekuniäre Spezialausdrücke dürften allgemein geläufig gewesen sein.

Positiv ausschließen kann man lediglich die Entstehung des Evangeliums in Palästina. Weder der Autor noch die Leser sind hier zu Hause. Dies braucht nach allem zuvor Gesagten nicht weiter begründet zu werden.

Gewisse Bedingungen für den Entstehungsort des MkEv lassen sich formulieren. Es muss sich um einen Ort oder eine Region handeln, wo es auch für „kleine Leute" möglich war, an Nachrichten, Meinungen und Gerüchte über die militärischen und religiösen Vorgänge in Palästina/Judäa heranzukommen (13,5.7.21f) und sich ein, wenn auch nur ungefähres Bild über die dortige Lage zu verschaffen. Hierfür kommen das syrische Grenzland Palästinas und Syrien insgesamt sicher eher in Frage als Rom oder ein anderer Ort im Westen. Antiochien war Sitz des syrischen Legaten, das syrische Grenzland zu Palästina Aufmarschgebiet der römischen Streitmacht, die von Vespasian an der Küste entlang gegen Galiläa/Judäa geführt wurde.

Es muss sich weiterhin um einen Ort oder eine Region handeln, wo aus Juden- und Heidenchristen gemischte Gemeinden vor dem Jüdischen Krieg relativ unbehelligt existieren konnten. Die religiöse Praxis dieser Gemeinden dürfte an jüdischer Frömmigkeit orientiert gewesen sein (Sabbat; Fasten; Tora). Für diese Zeit kann ein recht gutes Auskommen mit einem relativ liberalen Judentum angenommen werden. Die paulinische Frage nach der Geltung des Gesetzes spielt auffälligerweise im MkEv keine große Rolle, und seine Christologie steht zwar in der Tradition des hellenistischen Judenchristentums, enthält aber auch Elemente des aramäisch-sprechenden Judenchristentums. Der Titel *Menschensohn* wird von den Lesern ebenso verstanden wie „*Christos*" in seiner ursprünglichen messianischen Bedeutung. Markus setzt bei seinen Lesern ein Interesse, ja Freude (12,34; 12,37) an schriftgelehrten Auseinandersetzungen mit jüdischer Tradition voraus (vgl. 2,24ff; 7,6-13; 10,2-12; 12,18-27.28-34.35-37). Ein solches geistiges Klima ist für die Zeit vor dem Jüdischen Krieg für Antiochien oder das phönikisch-syrische Grenzgebiet zu Palästina eher anzunehmen (vgl. Flavius Josephus, Bell VII 43-46) als z.B. für Rom, wo die Atmosphäre zwischen Christen und Juden seit dem Claudiusedikt 49 n. Chr. eher als vergiftet gelten muss und die Christen bereits längere Zeit die Rolle des Sündenbocks zu spielen hatten. Die Situation in Phönikien/Syrien änderte sich dagegen nach Ausbruch des Krieges.

Jetzt könnten auch palästinische Juden, die aus Judäa/Jerusalem geflohen waren, die Auseinandersetzungen zwischen Juden und Christen verschärft haben. Markus spricht betont von Schriftgelehrten und Pharisäern, die „*von Jerusalem gekommen waren*" (7,1; 3,22), um mit Jesus zu streiten. Vielleicht haben auch er und seine Leser mit solchen Schriftgelehrten aus Jerusalem zu tun. Judenchristliche Jesusverwandte und Charismatiker aus Palästina könnten aufgetaucht sein, die unverhohlen die geistliche Führerschaft in den Gemeinden beanspruchten (3,20f.31-35; 13,5f.21f). Diese Überlegungen weisen eher auf den phönikisch-syrischen Raum als Entstehungsort des MkEv hin als auf Rom.

Die Lage des Entstehungsortes muss weiterhin so angenommen werden, dass eine Vermittlung der in diese Schrift aufgenommenen palästinischen Jesustradition ungezwungen erklärt werden kann. Insbesondere das Gewicht der im MkEv weitergeführten „Reich Gottes"-Verkündigung Jesu ist keineswegs durch zufälligen Traditionsaustausch erklärbar, sondern nur, wenn eine gezielte Bewegung von Trägern dieser Tradition angenommen wird. Gleiches gilt für die Vermittlung der judenchristlichen Jesus-Titel „Messias/Christos" und „Menschensohn". Dieses Argument spricht gegen Rom als Entstehungsort und mehr für den phönikisch-syrischen Raum, der bereits früh zum Ziel wandernder Jesusmissionare geworden ist. Antiochien darf dabei nicht ausgeschlossen werden. Das Christentum in dieser Weltstadt war wahrscheinlich nicht einheitlich geprägt, schon gar nicht im Sinne der paulinischen Theologie. Es gab in ihr wohl mehrere christliche Gemeinden.

Vom Abfassungsort des MkEv aus musste sich die in Gang befindliche christliche Weltmission beobachten lassen (13,10; 14,9). Auch unter dieser Rücksicht dürfte der phönikisch-syrische Raum dafür in Frage kommen. Ob Rom z.Z. des Markus schon die Zentrale der christlichen Weltmission war, kann eher bezweifelt werden. Weiter muss der Abfassungsort auch die rasche Verbreitung des MkEv, die das MtEv und das LkEv bezeugen, erklären können. Am ungezwungensten dürfte dies für den unmittelbaren Einflussbereich Antiochiens gelten, da Matthäus wahrscheinlich in Syrien schreibt.

Schließlich muss die oben beschriebene Lebens- und Glaubenssituation der Leser auch für den Abfassungsort des MkEv gegolten haben. Da Markus diese Situation eng mit den Ereignissen des Jüdischen Krieges verbindet, fällt die Neronische Christenverfolgung als unmittelbarer Hintergrund des MkEv wohl aus. Das braucht nicht zu bedeuten, dass Markus von ihr keine Kenntnis hatte. Bei seiner Martyriumsparänese kann er sie mitbedacht haben. Flavius Josephus schildert in eindringlicher Weise, wie sich die vormals gesicherte Position des Judentums in Antiochien mit Ausbruch des Jüdischen Krieges schlagartig änderte und einer Atmosphäre des Hasses Platz machte (Bell VII 41-62.100-111). Dieselbe Atmosphäre wird auch in 13,9-13 beschrieben. Die Christen der Region dürften von diesem sich gegen die Juden austobenden Hass betroffen worden sein.

Berücksichtigt man alle diese Überlegungen, so spricht m. E. mehr für eine Abfassung des MkEv z.B. in Antiochien oder Phönizien/Syrien als in Rom. Dabei muss die Leserschaft nicht nur in einer Stadt (z.B. Antiochien oder Tyrus) gesucht werden. Zwar setzt Markus einerseits voraus, dass die von ihm angesprochenen Christen in einem städtischen Milieu leben, in dem sie dem Hass und dem Druck des sozialen Umfeldes nicht ausweichen können. Die verfeindeten Familien und Parteien wohnen offenbar eng beieinander. Denunziationen und Auslieferung an staatliche Behörden und religiöse Instanzen sind möglich, ohne dass der Betroffene sich durch Flucht den Maßnahmen entziehen kann (13,9.11f). Das Gemeindeleben spielt sich in einer größeren Öffentlichkeit ab und wird zumindest von Seiten der jüdischen Synagogen beobachtet und beargwöhnt. Andererseits aber hat die in das MkEv aufgenommene Jesustradition noch ihr ländlich-bäuerliches Kolorit gänzlich bewahrt. Wo von Reichtümern und Besitz gesprochen wird, ist an Haus- und Landbesitz gedacht (10,21f.29). Markus könnte somit eine Leserschaft vor Augen haben, die in einer Stadt und in deren ländlichem Umfeld lebte, das sprachlich und kulturell jedoch von der Stadt geprägt war, weil Markus griechisch schreibt. Auf dem flachen Land außerhalb der hellenistischen Städte wurde dagegen auch in Syrien aramäisch gesprochen.

Text und Kommentierung

Der Buchtitel: 1,1

1¹ Anfang des Evangeliums Jesu Christi, des Sohnes Gottes

Der gewichtige Inhalt und die prädikatlose Form der Wendung 1,1 sprechen dafür, sie als Überschrift anzusehen. Natürlich nicht nur als Überschrift des Abschnitts 1,2-13, etwa in dem Sinne: Mit den folgenden Episoden fängt das Evangelienbuch an. Warum sollte diese Selbstverständlichkeit derart betont werden? Nein, die Wendung 1,1 muss als Überschrift über das Ganze gelten, geradezu als Buchtitel, den der Autor seinem Werk vorangestellt hat. Die im MkEv vorgelegte Erzählung ist nach Ausweis dieses Titels der *„Anfang des Evangeliums Jesu Christi, des Sohnes Gottes"*.

Ein Buchtitel gehört zwar zum Werk, aber nicht eigentlich zum Text. Er ist selbst ein eigenständiger Text *über* den Text: ein Metatext! Der Autor kommentiert mit ihm seinen Text. Als Metatext existiert er auch außerhalb des Leseaktes. Während der eigentliche Text nur im Vorgang des Lesens zum Text wird, bleibt der Titel auch vor und nach dem Leseakt bestehen. Und beim Lesen begleitet er den Lesenden ständig und sagt ihm, dass sie oder er den *„Anfang des Evangeliums Jesu Christi, des Sohnes Gottes"* liest bzw. gelesen hat.

Was teilt der Autor mittels des Metatextes „Titel" dem Leser vor Beginn, während und nach Ende des Leseaktes über den Text mit? Zunächst einmal, dass es ein *Evangelium*, eine „frohe Botschaft" gibt und dass der Text damit etwas zu tun hat. Doch in welchem Sinn ist das MkEv eine „frohe Botschaft"? Gewiss, der Held der darin erzählten Geschichte, Jesus von Nazaret, ist der *„Sohn Gottes"*, der selbst als das *„Evangelium Gottes"* (1,14f) verkündet, dass Gottes *Reich* nahe herbei gekommen ist, und der auf Erden in göttlicher Vollmacht lehrt und Krafttaten vollbringt. Doch dieser Held scheitert grausam, indem er von seinen Gegnern zu Tode gebracht wird, und endet – von den Gefährten und (scheinbar) von Gott verlassen – am Kreuz. Am Schluss wird von *Schrecken* und *Entsetzen* erzählt (16,8). Worin liegt also das Froh-Machende der Erzählung?

Liegt es darin, dass hier die Frohbotschaft *über* Jesus Christus erzählt wird? Gibt der Genitiv das Objekt an, über das berichtet wird? Soll der Leser aus der Erzählung entnehmen, *dass* Jesus der Messias und Gottessohn ist, und liegt in dieser Erkenntnis die Frohbotschaft? Aber das Werk scheint eine solche christologische Ausrichtung und Zielsetzung nicht zu haben, steht in ihm doch von vornherein unumstritten fest, dass Jesus von Nazaret der Sohn Gottes ist (1,1.11). Dagegen spricht auch 1,14, wo der Begriff *Evangelium* erneut vorkommt. Dort ist

Jesus selbst der Verkünder des *„Evangeliums Gottes"*; diesmal ist der Genitiv eindeutig ein Genitivus subjektivus. Deshalb wird der Genitiv 1,1 wohl ebenfalls im Sinne der Herkunft und Autorschaft zu interpretieren sein: Die in der Erzählung des MkEv zu entdeckende Frohbotschaft geht auf Jesus Christus zurück; er hat sie gebracht, indem er sie gelebt hat. Insofern kann seine Lebensgeschichte als *„Evangelium Jesu Christi, des Sohnes Gottes"* erzählt werden.

Von Anfang an und bereits durch den Buchtitel wird der Leser also darüber informiert, dass Jesus der *„Sohn Gottes"* ist. Das ist sein Ausgangspunkt, von dem aus er die Erzählung wahrnehmen soll. Der Buchtitel gewährleistet, dass der Leser schon weiß, wer Jesus Christus wirklich ist, noch bevor er mit dem Lesen des Textes beginnt, der ihm die Lebensgeschichte Jesu als *Evangelium* erzählt. Alle Figuren der Erzählung dagegen wissen es nicht. Vor den Augen des wissenden Lesers entwickelt sich dann in der Erzählung ein Drama des Erkennens und Missverstehens, der Akzeptanz und Ablehnung Jesu, das im Totalversagen der Jünger und in der Tötung Jesu durch die Gegner endet. Und das soll eine frohmachende Botschaft sein?

Noch haben wir nicht den programmatischen Hauptbegriff der Wendung 1,1, den einzigen Nominativ unter den vielen Genitiven besprochen. Warum lautet der Titel nicht einfach „Das Evangelium...", sondern *„Anfang des Evangeliums..."*?

Das Evangelium des *„Sohnes Gottes"* nimmt in der erzählten Lebensgeschichte Jesu Christi seinen *Anfang*. Was einen Anfang hat, setzt sich fort und findet womöglich ein Ende. Das MkEv erzählt aber nur den Anfang. Fortsetzung und Ende kommen in ihm gleichwohl in den Blick: In 13,10 und 14,9 verweist Jesus auf die nachösterliche Verkündigung des Evangeliums (vgl. auch 8,34; 10,29). Die Leser leben selbst in dieser Zeit der Fortsetzung des Anfangs. Sie können die weltweite Verkündigung des Evangeliums beobachten. Und sie erwarten das Ende: den wiederkommenden *Menschensohn* Jesus Christus und Gottes *Reich*. Lesend erfahren sie nun vom *Anfang*. Nicht in dem simplen Sinn, dass die weltweite Verkündigung des Evangeliums einmal so angefangen hat, sondern so, dass die erzählte Jesusgeschichte selbst die *Archä*: Grund, Ursprung und wichtigster Inhalt des Evangeliums ist, das davon nicht gelöst werden kann. Die erzählte Jesusgeschichte einschließlich des Scheiterns ihres Helden ist die Ur-Sache des *„Evangeliums Gottes"*, das in der ganzen Welt verkündet und im *„Reich Gottes"* sein glückliches Ende finden wird (1,14f). Das *Evangelium* ist also mehr als das Buch, eine umfassendere Größe als die Erzählung. Es ist die andauernde und weltweite Verkündigung und Durchsetzung des Heils *„für die Vielen"*.

Durch den Buchtitel fordert der Autor seine Leser auf, die folgende Erzählung als einen *Anfang*, eben als „fundierende Geschichte", zu lesen. Die hier erzählte Lebensgeschichte des *„Sohnes Gottes"* geht den Leser an; will er die Botschaft des Evangeliums glauben (1,15), muss er sich auf diesen „Grund" stellen, in diese *Archä* eintreten.

Vorspiel im Himmel und auf Erden: 1,2-13

1. Analyse

1.1 Abgrenzung

Der Einsatz der Erzählung in 1,2 mit καθώς und folgendem atl. Zitat ist ungewöhnlich. Doch bedeutet das nicht, dass 1,1 der Vordersatz zu 1,2 ist. Der Sache nach gehört 1,2f vielmehr mit 1,4-8 zusammen: Die Erzählung über Johannes den Täufer ist Erfüllung dessen, was in der Schrift angesagt wurde. Begänne der Text mit 1,4 und das Zitat 1,2f folgte nach, wäre der Anstoß beseitigt; und tatsächlich ist 1,2f wohl in diesem Sinne zu verstehen. Ein Beginn mit καθώς ist aber dann völlig in Ordnung, wenn der Autor Gründe hatte, so anzufangen, wenn er etwa das Schriftwort wie ein Motto an den Anfang stellen *wollte*. Wer will ihm denn verwehren, seine Erzählung so zu eröffnen?

Wo endet der Abschnitt? Unausrottbar scheint die Annahme zu sein, auch die Eröffnungspredigt Jesu in 1,14f gehöre noch mit 1,2-13 zusammen. Dafür wird als inhaltliches Kriterium herangezogen, dass 1,15 die Verkündigung Jesu zusammenfasse. Noch hat der markinische Jesus kein Wort gesagt, da wird ihm bereits eine „Zusammenfassung" zugemutet! Dabei ist 1,15 ein „Fanfarenstoß", der das Wirken Jesu eröffnet.

Im übrigen sind nicht zuerst inhaltliche Gesichtspunkte für eine Textgliederung heran zu ziehen, sondern formale; und die sprechen alle dafür, dass zwischen 1,13 und 1,14 eine kräftige Zäsur liegt:
- In 1,12f wird ein Zeitraum von vierzig Tagen dargestellt. Das Ende der vierzig Tage wird nicht ausdrücklich erwähnt. 1,12f wirken literarisch geschlossen, sie sind auf eine erzählerische Fortsetzung hin offen, aber nicht angewiesen. Der Erzählduktus kommt in 1,13 zur Ruhe.
- 1,14 wird mit einer Zeitangabe betont eingeleitet, doch schließt diese nicht, wie eigentlich zu erwarten wäre, an 1,12f an, sondern blickt auf 1,4-9 zurück. Das Wirken des Johannes ist beendet, als Jesus öffentlich aufzutreten beginnt. 1,14 markiert daher eine deutliche Trennung zwischen 1,2-13 und dem folgenden. Durch nichts wird angedeutet, dass Johannes innerhalb der vierzig Tage des Wüstenaufenthalts Jesu *überliefert* worden ist. Die vierzig Tage von 1,13 haben ihr eigenes Gewicht und mit Johannes nichts zu tun. Jeder unvoreingenommene Leser empfindet, dass in 1,14 ein neuer Erzählabschnitt beginnt.
- In 1,14 wird der Held der Erzählung mit ὁ Ἰησοῦς erneut eingeführt. Das ist ein sicheres Kriterium für einen erzählerischen Neueinsatz (vgl. 3,7; 6,30; 8,27; 10,32).

- 1,14 bildet gemeinsam mit 1,39 eine literarische Klammer (1,14: ἦλθεν... εἰς τὴν Γαλιλαίαν κηρύσσων ; 1,39: ἦλθεν κηρύσσων... εἰς ὅλην τὴν Γαλιλαίαν).

Der erste und eröffnende Abschnitt der Erzählung MkEv umfasst also 1,2-13.

1.2 Was die Leserinnen und Leser schon wissen!
Rückverweise/Wiederaufnahmen/Echos

Der Autor denkt beim Schreiben an seine Leser; er stellt sie sich vor und will mit ihnen in eine Kommunikation eintreten. Dabei knüpft er an ein Vorwissen an, das er bei den Lesern unterstellt oder im Laufe der Erzählung ihnen vermittelt. Dieses vorausgesetzte Wissen bezieht er auch in den Prozess des Erzählens ein. Das geschieht mehr oder weniger unbetont, und wird vom Leser meist unbewusst aufgenommen. Für den kritischen Interpreten ist es dagegen wichtig, sich dieses Vorgangs bewusst zu sein. Darum müssen wir im Verlauf des reflexiven (interpretierenden) Lesens immer wieder danach fragen, was die Leser (nach Meinung des Autors) bereits wissen können und sollen, wenn sie aufmerksam seiner Lenkung durch den Text gefolgt sind. Diese kann durch ausdrückliche Rückverweise (des Autors oder einer erzählinternen Figur, etwa Jesu) erfolgen, aber auch weniger direkt durch Wiederaufnahme von Erzählzügen und Motiven oder lediglich durch Echos.

Rückverweise

- Ein ausdrücklicher Rückverweis – allerdings auf einen anderen Text – ist das Schriftzitat 1,2f. Der Autor knüpft mit seiner Erzählung an die Heilige Schrift an (καθώς), in der Gott selbst einem „Du" gegenüber, das κύριος genannt wird, über einen „Dritten" spricht, einen Boten (ἄγγελος): *„Stimme eines Rufers in der Wüste"*. Das Zitat wird vom Autor dem Prophetenbuch des Jesaja zugeschrieben, obwohl sein erster Teil (1,2) ein Mischtext aus Ex 23,20 und Mal 3,1 ist; nur 1,3 geht auf Jes 40,3 zurück. Ob der Autor selbst diese Manipulation vornahm oder aus einer frühchristlichen Schriftkombination zitierte, kann hier offen bleiben. Jedenfalls verbindet er durch diesen Rückverweis auf die Heilige Schrift die nun folgende Lebensgeschichte des Jesus von Nazaret mit Gottes seit Ewigkeit bestehendem Ratschluss, wie er in der Schrift aufgezeichnet worden ist. Die Leser sollen das MkEv als „Fortsetzung" der Heiligen Schrift lesen.

- Ein interner Rückverweis ist 1,8: Der Täufer selbst weist auf seine Tauftätigkeit zurück, die in 1,4 und 1,5 mehrfach angedeutet und berichtet worden war, und erklärt sie durch die Wahl des Erzähltempus (Aorist: ἐβάπτισα) als für beendet, sobald der kommende „Stärkere", der Geisttäufer, als letzter von ihm getauft sein wird (vgl. 1,9).

Analyse

Echos

- Die Kleidung des Johannes erinnert den bibelkundigen Leser sofort an Elia (vgl. 2Kön 1,8; Sach 13,4), auf den ja auch 1,2 (vgl. Mal 3,1) anspielte.
- Der vierzigtägige Aufenthalt Jesu in der Wüste dürfte ein Echo auf den vierzigjährigen Wüstenaufenthalt Israels sein.

1.3 Worauf die Leserinnen und Leser achten sollen!
Kommentare/Vorverweise/Leerstellen

Die Leserlenkung im Text kann auch dadurch erfolgen, dass sowohl Erzähler wie Erzählfiguren die Handlung kommentieren. Auch durch Vorverweise auf noch ausstehende Ereignisse werden die Leser auf tiefere Bedeutungen und übergreifende Aspekte der Handlung aufmerksam gemacht. Auf subtile Weise wird die Aufmerksamkeit der Leser schließlich durch Leerstellen gefördert: Der Text gibt einen Hinweis, der dem Leser aber noch nicht völlig erschlossen wird; er soll selbst die Lösung finden.

Kommentare

- Fast ein Kommentar ist die Gottesstimme in 1,11; man kann sie schwerlich eine Proklamation nennen, denn es gibt kein Publikum. Die Stimme redet Jesus nach seiner Taufe an und nennt ihn den „*geliebten Sohn*". An wen richtet sie sich sonst? Außer Jesus vernimmt sie nur der Leser; ihm wird mit höchster Autorität gesagt, was schon der Buchtitel (des Autors!) festhielt: Jesus ist der „*Sohn Gottes*" (1,1). Dieses christologische Wissen ist also der Ausgangspunkt, mit dem der Leser die Lektüre des MkEv beginnt.

Vorverweise

- In 1,2f spricht Gott vom *Weg* Jesu. In 8,27; 9,34; 10,17.52 wird dieses Stichwort aufgenommen. Dann wird klar, welcher Weg gemeint ist.
- Innerszenisch ist die Christusbotschaft des Täufers ein Vorverweis. „*Hinter mir her kommt der Stärkere als ich*" (1,7). Johannes weist von sich weg auf einen Kommenden. Er weiß um dessen Hoheit und bereitet seine Hörer und die Leser darauf vor. In der Erzählung wird sich Jesus als dieser *Stärkere* erweisen (vgl. 3,27).

Leerstellen

- Die Täuferbotschaft enthält zugleich eine Leerstelle: Wann wird die Taufe mit Heiligem Geist durch den *Stärkeren* stattfinden? Direkt wird der Autor diese Frage in seinem Werk nicht beantworten. Der Leser ist gefordert, eine indirekte Antwort selbst zu suchen.
- Eine weitere Leerstelle im Text findet sich in 1,13: Worin besteht die Versuchung des Satans noch vor Jesu öffentlichem Auftreten? Eine Antwort auf diese nahe liegende Frage müsste die im Werk des Autors erzählte Lebensge-

schichte Jesu bieten, die nach Satans Meinung wohl anders hätte verlaufen sollen. Der Leser ist aufgefordert, die Antwort zu suchen.

1.4 Aufbau

Die Elemente und einzelnen Szenen des Abschnitts sind eng miteinander verknüpft. Das Schriftzitat am Anfang (1,2f) ist durch καθὼς γέγραπται auf die folgende Szene 1,4-8 bezogen, in der sich die Gottesrede erfüllt. Sie schildert Auftreten, Wirken und Botschaft des Johannes. Sein Hinweis auf den nach ihm kommenden *Stärkeren* bereitet sodann die folgende Situation vor (1,9): Jesus kommt von Nazaret an den Jordan und wird von Johannes getauft. Ausdrücklich wird diese Szene durch die Zeitangabe „*in jenen Tagen*" an die vorausgehende Szenerie zurück gebunden. Mit εὐθύς schließen eng zwei Stücke an (1,10-11; 1,12-13), in denen Jesus (den Lesern) als der himmlische Gottessohn und der *Stärkere* offenbar gemacht wird.

Die formale Kohärenz des Abschnitts ist deutlich erkennbar; aber auch inhaltlich hängt alles miteinander zusammen. In 1,2f wird in einem himmlischen Zwiegespräch über Person und Funktion des Johannes gesprochen: Er wird Bote Gottes (ἄγγελος) und „*Stimme eines Rufers in der Wüste*" genannt. Als solcher tritt er in 1,4-8 auf und verkündet, entsprechend seiner Bestimmung, den „*Weg des Herrn*": „*Nach mir kommt der Stärkere als ich*". Mit der Taufe Jesu ist sein Wirken ans Ziel gekommen. Jesus betritt die Szene, er handelt aber noch nicht, sondern an ihm wird gehandelt: Der Himmel öffnet sich über ihm, der Geist kommt auf ihn herab und Gottes Stimme „*aus den Himmeln*" nennt ihn den „*geliebten Sohn*". Als solcher erweist er sich auch „*in der Wüste*", in die er (anstelle des Johannes: 1,4) vom Geist getrieben wird: Wilde Tiere gefährden ihn nicht, und Engel bedienen ihn. Satan aber tritt als Gegenspieler auf den Plan.

Die Personen der Handlung sind himmlische, irdische und unterirdische Wesen:

- vom Himmel spricht Gott selbst zweimal mit Jesus, seinem Sohn (1,2f.11) und sendet seinen ἄγγελος vor Jesus her (1,2); der Geist kommt in Gestalt einer Taube; die Engel Gottes dienen Jesus.
- auf Erden wirkt Johannes als Bote Jesu, und die wilden Tiere sind bei Jesus.
- aus der Unterwelt kommt Satan als Gegenspieler Jesu.
- Jesus gehört zugleich dem himmlischen und dem irdischen Bereich an. Die Orte der Handlung sind Himmel und Erde, die sich im Verlauf der Szenerie zu vermischen scheinen:
- Das Schriftzitat spiegelt – geradezu virtuell – eine in der Ewigkeit spielende Szene im Himmel in die auf Erden spielende Handlung der Erzählung hinein; ein raffinierter Kunstgriff des Autors.
- Johannes tritt gemäß Gottes Ratschluss „*in der Wüste*" auf (1,3.4) und wirkt am Jordan (1,5).
- Jesus kommt an den Jordan (1,9) und wird von dort „*in die Wüste*" getrieben (1,12).

- Nach der Taufe Jesu bricht die himmlische Welt in die irdische ein: Der Himmel spaltet sich, der Geist kommt herab, Gottes Stimme ertönt.
- *„In der Wüste"* sind dann der irdische Jesus und Engel bzw. Satan beieinander.

Der virtuellen mythischen Szene 1,2f entspricht die mythische Szene 1,12f. Der irdischen Szene 1,4-8, in der Johannes als Bote und Stimme Gottes Jesus ankündigt, entspricht die irdische Szene 1,9-11, in der Gottes Stimme ertönt.

Der in sich kohärente Abschnitt enthält klare Gliederungssignale und -merkmale, so dass Textelemente und Szenen unterschieden werden können. Durch καθὼς γέγραπται ist das Schriftzitat deutlich abgesetzt: Es wirkt wie ein Motto über dem Ganzen. Der Johannes-Teil 1,4-8 wird ebenso wie der Jesus-Teil 1,9-13 mit ἐγένετο eingeleitet.

Der Johannes-Teil enthält drei Elemente: 1. Das Auftreten und Taufwirken des Johannes (1,4-5); 2. Die Beschreibung seiner Wüstenexistenz (1,6); 3. Das christologische Kerygma (1,7-8).

Im Jesus-Teil lassen sich analog drei Szenen unterscheiden: 1. Das Auftreten und die Taufe Jesu (1,9); 2. Die Geistbegabung und göttliche Proklamation Jesu (1,10-11); 3. Die Darstellung der Wüstenexistenz Jesu (1,12-13).

2. Auslegung

1^2 Wie geschrieben steht im Buch Jesaja, dem Propheten:
„Siehe, ich sende meinen Boten vor Dir her, er wird Deinen Weg bereiten.
^{3} Stimme eines Rufers in der Wüste:
Bereitet den Weg des Herrn, macht eben seine Pfade!"

^{4} So geschah es: Johannes war taufend in der Wüste
und verkündigend eine Taufe der Umkehr zur Sündenvergebung.
^{5} Und es wanderte zu ihm hinaus ganz Judäa und alle Jerusalemer,
und sie wurden von ihm getauft im Fluss Jordan,
nachdem sie ihre Sünden bekannt hatten.
^{6} Und Johannes war bekleidet mit einem Kamelhaarmantel
und (hatte) einen ledernen Gürtel um seine Hüfte,
und er aß Heuschrecken und wilden Honig.
^{7} Und er verkündete: „Es kommt nach mir der Stärkere als ich,
dessen Schuhriemen zu lösen ich nicht würdig bin.
^{8} Ich habe euch mit Wasser getauft,
er aber wird euch in Heiligem Geist taufen!"

⁹ *Und es geschah in jenen Tagen: Jesus kam aus Nazaret von Galiläa und wurde im Jordan von Johannes getauft.*
¹⁰ *Und sofort, als er aus dem Wasser stieg, sah er die Himmel geöffnet und den Geist wie eine Taube auf ihn herabsteigend.*
¹¹ *Und eine Stimme kam aus den Himmeln:*
„Du bist mein geliebter Sohn, an dir habe ich Wohlgefallen."
¹² *Und sofort treibt ihn der Geist in die Wüste.*
¹³ *Und er war vierzig Tage in der Wüste – vom Satan versucht –, und er war mit den Wildtieren zusammen, und die Engel bedienten ihn.*

Der Abschnitt ist ein Prolog des gesamten Evangeliums, in dem der Autor dem Leser offen vermittelt, wer Jesus ist: der himmlische Kyrios (1,3), dem die Engel dienen (1,13), der *Stärkere* (1,7), weil Geistträger (1,10), und der geliebte *„Sohn Gottes"* (1,11).

Der Leser wird Zeuge himmlischer bzw. mythischer Szenen, in denen Stimmen ertönen; sie eröffnen die Erzählung, sagen an, wer der Held der Geschichte ist, und sprechen von seinem Weg und Wirken. Zuerst spricht Jesaja, aber in seinen Worten hört der Leser Gott selbst, der mit einem „Du" über Johannes spricht. Der wird die *„Stimme eines Rufers in der Wüste"* sein, der auf Jesus als *Stärkeren* und Geisttäufer hinweist. Dann hört der Leser Gottes eigene *„Stimme aus den Himmeln"*, der Jesus als seinen *„geliebten Sohn"* anspricht.

Neben die offenen Mitteilungen über Person und Wesen Jesu treten verschlüsselte über seinen Weg und sein Wirken: Welchen Weg soll Jesus gehen und wie kann man diesen Weg bereiten (1,3)? Worin wird er sich als der *Stärkere* als Johannes erweisen und mit Heiligem Geist taufen (1,8)? In welche Versuchung führt ihn der Satan (1,13)?

2.1 Das Motto: 1,2-3

Der Autor stellt seiner Erzählung wie ein Motto ein Schriftzitat voran, das er dem Propheten Jesaja zuschreibt. (Tatsächlich bietet er eine Zitatenkombination aus Mal 3,1; Ex 23,20 und Jes 40,3; das Wort des Jesaja mit seinen beiden Imperativen, den *„Weg des Herrn"* zu bereiten, steht für ihn allerdings im Zentrum.) Der Beginn des Textes MkEv ist somit ein anderer Text aus der Heiligen Schrift. Der Autor macht auf diese Weise klar, dass sein eigenes Werk die Fortsetzung, ja die Erfüllung dessen erzählt, was in der Schrift prophetisch angekündigt wurde. Der göttliche Ratschluss, den Jesaja prophetisch in einer himmlischen Szene schaute, wird ab 1,4 ins Werk gesetzt: ἐγένετο.

Die Zitatenkombination enthält in der Tat eine Szene im Himmel. Wann sie stattgefunden hat bleibt offen; aber doch wohl vor Urzeiten, zumindest in der Zeit des Propheten (vgl. 12,35-37). Als Zeugen für diese himmlische Szene führt der Autor Jesaja an. So vermeidet er, selbst der Erzähler eines „Vorspiels im Himmel" zu sein. Der Leser steht durchaus vor einer mythischen Szene, aber ihr Erzähler ist der Prophet aus alter Zeit, der diese Szene damals geschaut und bezeugt hat. Damit kann der Autor die Einheit der „erzählten Zeit" für sein Werk wahren und den Leser dennoch einen Blick in die voraus liegende „himmlische" Zeit werfen lassen. Man sollte nicht bestreiten, dass der Autor überzeugt ist, der Prophet gebe ein erfahrenes Wort Gottes an seinen Sohn wider, so wie es der Erzähler in 1,11 dann ebenfalls tut; 1,2f ist als Gottesrede ebenso real wie 1,11, nur bereits in der Vorzeit gesprochen. Gott spricht zu einem „Du", und kündigt ihm die Sendung eines Vorboten an, der dem „Du" den Weg bereiten wird. Zweimal fällt das Stichwort *Weg*: Der Weg des angesprochenen „Du" ist der *„Weg des Herrn"*, das „Du" ist also der himmlische Kyrios. Noch weiß der Leser nicht, welcher Weg gemeint ist. Aber als christlicher Leser weiß er, wer das „Du" und der Kyrios ist: Jesus Christus (1,1). Und er kann schon ahnen, dass die ihm im Buch erzählte Lebensgeschichte des Gottessohnes Jesus dieser Weg ist, den der Vorbote bereitet, indem er die Menschen zum Wegebau aufruft.

Ganz selbstverständlich scheint der Autor vorauszusetzen, dass der Kyrios sich im himmlischen Thronsaal bei Gott befindet, als Gott ihn anredet. Wenn in 1,9 erzählt wird, dass Jesus in den geschichtlichen Tagen des Johannes von Nazaret in Galiläa an den Jordan kommt, dann ist vorausgesetzt, dass der himmlische Kyrios ein Mensch geworden ist. Das wird aber weder erzählt noch auch nur angedeutet. (Ebensowenig *erzählt* der Autor später die Rückkehr des Auferstandenen in die himmlische Welt: 16,6f). Die Leser scheinen diese Auffassung wie selbstverständlich zu teilen. Ihnen gilt die Aufforderung, den *„Weg des Herrn"* zu bereiten. Dazu müssen sie aber begreifen, welches der Weg Jesu ist und was sie selbst im Blick auf diesen Weg tun müssen.

2.2 Das Wirken des Johannes: 1,4-8

1,4-5: Nachdem der Autor durch das Schriftzitat 1,2f die nachfolgend erzählte Geschichte in den Horizont des ewigen Ratschlusses Gottes gestellt hat, beginnt jetzt die Erzählung: ἐγένετο. Der Vorbote des Gottessohnes, Johannes tritt *„in der Wüste"* (vgl. 1,3) auf. Die Erzählung hängt so eng mit 1,2f zusammen, dass dem καθώς von 1,2 in 1,4 ein οὕτως folgen könnte: Beschluss und Durchführung.

Johannes tritt als Täufer (βαπτίζων) und als Verkünder (κηρύσσων) auf. Er vollzieht im Rahmen seines Wirkens seine Wassertaufe (1,5.8) und verkündet *„eine Taufe der Umkehr zur Sündenvergebung"*. Wie passt das zusammen? Sagt der Text, dass Johannes seine Wassertaufe als *„Taufe der Umkehr zur Sündenvergebung"* verkündete? Von solchem Inhalt der Botschaft des Gottesboten war allerdings in 1,3 nicht die Rede. Die *„Stimme des Rufers"* sollte den Weg des Kyrios zum Gegenstand haben, nicht sein eigenes Wirken. Außerdem wird in 1,7f ausdrücklich das Kommen des *Stärkeren* und dessen wirkungsvolle Taufe in Heiligem Geist als der Inhalt der Verkündigung (ἐκήρυσσεν) des Johannes ausgewiesen. Gegenüber der Person und dem Wirken des Kommenden ist Johannes zweitrangig: Seine Taufe ist lediglich Wassertaufe. Somit kann 1,4 nicht so gemeint sein, dass Johannes hier seine eigene Taufe verkündet, sondern die wirksame Taufe des Kommenden, die in der Umkehr besteht (vgl. 1,15) und Sündenvergebung bewirkt (vgl. 2,1-12; 10,45). Die Taufe des Johannes führt auf diese wirksame Taufe hin, indem sie das Bekenntnis der Sünden voraussetzt (1,5); sie nimmt die kommende Taufe in Heiligem Geist aber nicht vorweg, sie bereitet nur den Boden dafür. Wer seine Sünden bekannt hat, ist bereit zur Umkehr und kann Vergebung der Sünden und den Heiligen Geist empfangen. Doch solche Wirkungen gehen erst von dem *Stärkeren* aus.

Wirken und Botschaft des Johannes haben Erfolg: Ganz Judäa und alle Jerusalemer kommen und lassen sich von ihm im Jordan taufen. Der Leser weiß, dass πᾶσα und πάντες nicht wörtlich zu verstehen sind, aber doch eine umfassende Bußbewegung positiv zum Ausdruck bringen sollen, die von Johannes ausging. Nichts ist zu spüren von Vorbehalten oder Widersprüchen gegen ihn, von denen die anderen Evangelien berichten. Eine Mehrheit der Bewohner des jüdischen Kernlandes bekennt vor Johannes seine Sünden und wird von ihm zur Vorbereitung auf die Geisttaufe des „*Stärkeren*" mit Wasser getauft.

1,6: Johannes ist tatsächlich der endzeitliche Elia, als den ihn die Gottesstimme in 1,2 bereits dem schriftkundigen Leser ausgewiesen hat. In seinem Wirken erfüllt sich die Prophetie Mal 3,23f: „*Er wird das Herz der Väter den Söhnen und das Herz der Söhne den Vätern wieder zuwenden*" und „*alles wieder herstellen*" (vgl. 9,12). Als endzeitlicher Elia wird er auch durch die Beschreibung seiner Wüstenexistenz erwiesen (1,6): Er ist gekleidet wie Elia (vgl. 2 Kön 1,8), und er lebt in der Wüste – wie einst Israel – aus Gottes Hand.

1,7-8: Wie seine Existenz so ist auch die Verkündigung des Johannes ganz auf den Kommenden ausgerichtet. Der wird der *Stärkere* von beiden sein, also bewirken, was Johannes nicht vermag. Worin die Stärke des Kommenden besteht, zeigt die folgende Erzählung. Der Leser ahnt es, denn er weiß ja schon, dass der Kommende der Gottessohn und Kyrios ist (1,1.2f). Mit ihm erscheint Gottes „Dynamis" und „Vollmacht" auf Erden. Die Formel: „*Er wird euch in Heiligem Geist taufen*" umschreibt das gesamte Wirken des kommenden Gottessohnes, *seinen Weg*. Was alles davon umfasst wird, muss die Erzählung zeigen. Obwohl gottgesandter Vorbote, ist Johannes gegenüber dem Kommenden ganz und gar unwürdig.

Für den Autor ist das Wirken des Johannes wesentlicher Bestandteil des „*Anfangs des Evangeliums Jesu Christi*" (1,1). Der Täufer gehört in das Evangelium hinein. Warum? Die Antwort darauf gibt 1,2f: Er ist der Wegbereiter Jesu. Aber nicht nur sein Handeln in Taufe und Verkündigung ist auf Jesus ausgerichtet, sondern seine ganze Existenz. Mit seiner Lebens- und Existenzweise, die ihn als endzeitlichen Elia kennzeichnen (1,6), weist er nicht auf sich, sondern auf den nach ihm Kommenden hin. Er weiß selbst darum, dass seine Sendung dem *Stärkeren* gilt, dass sein eigenes Wirken bei dessen Erscheinen beendet ist (1,8: ἐβάπτισα).

Mit Johannes beginnt schon das Jesusgeschehen, wie es sich später auch in der Jüngernachfolge fortsetzt. Die Täuferaussagen sind christologische Aussagen. Das kommt auch darin zum Ausdruck, dass zwischen Johannes und Jesus quasi

Auslegung 53

eine Wachablösung stattfindet: Mit Jesu Kommen ist einerseits das auf Jesus hinweisende Wirken des Johannes auf dem Höhepunkt und zugleich beendet; andererseits knüpft Jesus an Johannes an: Er ist „*in der Wüste*" (1,12), und sein Wirken ist eine Taufe „*in Heiligem Geist*" (1,8). Genauer: Jesus übernimmt seine eigene Rolle und geht seinen Weg, den Johannes als gottgesandter Vorläufer vorbereitet hat und vorausgegangen ist.

2.3 Wer Jesus ist: 1,9-13

1,9-11: Der Autor erzählt seine in 1,4 begonnene Geschichte weiter: „*Und es geschah in jenen Tagen...*" Das sind die Tage des Johannes; ein umfassenderer, aber unbestimmter Zeitraum wird auf eine Momentaufnahme hin fokussiert. Schon das ἐβάπτισα von 1,8 hatte angedeutet, dass das Wirken des Johannes zu Ende geht, wenn dieser Moment eintritt und der *Stärkere* kommt. Das ereignet sich jetzt: Jesus kommt aus Nazaret von Galiläa und wird von Johannes (als der letzte seiner Täuflinge) getauft. In diesem Kommen geht die Vorhersage des Johannes in Erfüllung: „*Nach mir kommt der Stärkere als ich*". Aber Jesus war vorher als Bürger Nazarets und Galiläas schon da. Nicht sein Kommen in die Welt wird erzählt, sondern sein öffentliches Auftreten. Und dennoch muss hinter der Erzählung für Autor und Leser die Vorstellung der Menschwerdung des ewigen Gottessohnes stehen, dessen irdischer Weg schon seit Urzeiten bei Gott beschlossen war (1,2f).

Dass mit dem Kommen Jesu der Ruf des Johannes in Erfüllung geht, kann aber offenbar nur der Leser feststellen. Ob Johannes weiß, wen er da tauft, geht aus dem Text nicht hervor und scheint eher nicht nahe zu liegen. Jedenfalls identifiziert Johannes seinen Täufling Jesus nicht mit dem angekündigten *Stärkeren*. Jesus empfängt also – zumindest auf der Erzählebene – seine Legitimation nicht von Johannes, und dessen Hörern wird die eigene Glaubensentscheidung nicht abgenommen. Anders geht es dem Leser, der die Zusammenhänge durchschaut.

Ihm allein gilt auch die Erzählung der folgenden Ereignisse, die außer Jesus keine Zeugen hatten. Ausdrücklich sagt hier der Erzähler, dass Jesus – gemeint ist: nur Jesus! – die folgenden Geschehnisse *sah*. Nicht einmal Johannes war ihr Zeuge! Der Erzähler schildert sie als eine Vision Jesu, nicht als „objektive" Geschehnisse. Der Leser jedoch kann sie verfolgen: Die himmlischen Ereignisse gelten ihm. Er sieht sie zwar nicht mit eigenen Augen, aber durch den allwissenden Erzähler werden sie ihm vermittelt.

Die Geschehnisse erfolgen im unmittelbaren zeitlichen Zusammenhang mit Jesu Taufe durch Johannes (καὶ εὐθὺς) und sind doch nicht deren Wirkung. Vielmehr ereignen sie sich, „*als er aus dem Wasser heraufstieg*". Die Taufe des Johannes war eben nur Wassertaufe; sie vermittelte den Heiligen Geist nicht. Warum aber dann die Betonung der Taufe Jesu durch Johannes? Was bewirkt denn diese Taufe bei Jesus? Muss der Leser nicht von 1,2f her annehmen, dass sich in genau dieser Taufe Sendung und Wirken des Johannes erfüllten? Diese waren auf den „*Weg des Kyrios*" ausgerichtet: Hat Johannes Jesus somit auf seinen Weg hin getauft (vgl. 10,38f)? War die Johannestaufe eine geheimnisvolle Vorwegnahme des bei Gott beschlossenen Todesweges des Gottessohnes? Hat sich mit der Taufe Jesu das Gotteswort 1,2f erfüllt? Ist der „*Weg des Herrn*" nun bereitet, und Jesus hat ihn in der Wassertaufe des Johannes angenommen? Der Leser muss dies Rätsel lösen!

Jesus *sieht* (und mit ihm der Leser), wie sich die Himmel spalten (σχιζομένους; vgl. 15,38). Mehr geschieht hier als ein Aufreißen der Wolkendecke: Das Gewölbe, an dem die Sterne befestigt sind und das die irdische Welt von der himmlischen trennt, öffnet sich einen Spalt breit – so sieht es Jesus. Himmlische und irdische Welt vereinen sich – über Jesus! Durch den geöffneten Himmelsspalt fliegt der Geist, offenbar vom Throne Gottes her, wie eine Taube auf Jesus herab. Das εἰς αὐτόν darf nicht konkret genommen werden, denn dass der Geist in ihn hinein geht, könnte Jesus ja nicht *sehen*. Auch will der Erzähler schwerlich die Vorstellung wecken, der Geist sei in Gestalt einer Taube in Jesus eingegangen. Vielmehr ist wohl daran gedacht, dass der Geist wie eine Taube über Jesus schwebt und ihn auf diese Weise als Geistträger ausweist, wie Johannes es bereits angekündigt hatte (1,8). Nicht das Ereignis der (erstmaligen) *Begabung* Jesu mit Geist wird erzählt, sondern in einem Bild, das Jesus *schaut*, wird dem Leser kund getan, wer in Jesus wirklich erschienen ist und welche Bedeutung sein jetzt aufgenommener Weg hat: In Jesus ist der himmlische Kyrios, der *„Sohn Gottes"* auf Erden erschienen – himmlische und irdische Welt vermischen sich –, und die nun beginnende Lebensgeschichte Jesu ist der gottgewollte Kyrios-Weg, auf dem der Heilige Geist empfangen werden kann.

Wie der Geist so kommt auch eine Stimme aus dem Himmelsspalt. Kein Zweifel, dass es Gottes Stimme ist, die sich wie in 1,2f direkt an Jesus richtet („*Du bist mein geliebter Sohn...*") und nur von ihm (und dem Leser) vernommen wird. Der Kontext lässt andere Zeugen nicht zu.

Der Wortlaut der Himmelsstimme erweist sich als eine Kombination von Textsplittern der Heiligen Schrift (vgl. Ps 2,7; Jes 42,1; Gen 22,2.12.16), und denkbar ist, dass der bibelkundige Leser dies realisieren konnte. Was besagt die Kombination? Spricht Gott Jesus als Messiaskönig und Gottesknecht an, der wie Isaak nicht geschont werden wird? Auf keinen Fall jedoch soll die Anrede zum Ausdruck bringen, dass Jesus jetzt durch Gottes Wort zum „Gottessohn" oder gerechten Gottesknecht eingesetzt wird. Die Adoptionsformel aus Ps 2,7 („*heute habe ich dich gezeugt*") wird eben nicht mitgesprochen; der Ton der Anrede liegt auf dem „Du". Die Himmelsstimme macht Jesus nicht zu etwas, sondern identifiziert ihn als den *„geliebten/einzigen Sohn"*, und zwar vor den Lesern! Denn dass Jesus zuvor nicht wusste, wer er ist, dürfte vor dem Hintergrund der Darstellung des Wissens und Bewusstseins Jesu im gesamten MkEv schwerlich die Meinung des Autors sein. Die Anrede an Jesus ist vielmehr hier wie in 1,2f ein Kunstgriff des Autors, der auf diese Weise alle weiteren Zeugen außer den Lesern ausschließen kann.

Auslegung 55

Der Leser weiß von nun an authentisch, wer der Jesus von Nazaret, dessen Geschichte er liest, in Wahrheit ist. Von diesem christologischen Wissen her kann er die folgende Darstellung wahrnehmen: Wirken und Geschick Jesu, das Versagen der Jünger und die Feindschaft der Gegner.

Gott spricht in Jesus also seinen „*geliebten Sohn*" an, der zuvor bei ihm in der himmlischen Welt lebte (vgl. 1,2f) und jetzt als Mensch durch die Taufe des Johannes seinen Weg beginnt. Darauf könnte sich Gottes letztes Wort richten: „*An dir habe ich Wohlgefallen gefunden*". Das Wohlgefallen Gottes ruht ohne Zweifel seit Ewigkeit auf seinem Sohn, aber es wird durch seine gehorsame Aufnahme des *Weges* aktiviert.

1,12-13: Die himmlische Theophanieszene in 1,10-11 ist nicht die einzige, die der Taufe Jesu folgt. Sie wird sogleich fortgesetzt (1,12-13), indem der Geist Jesus *sofort* (εὐθὺς) ergreift und bewegt und ihn „*in die Wüste*" treibt (ἐκβάλλει). Ein Schatten fällt in die Szene, insofern nun nicht nur himmlische Helfer des Gottessohnes auftreten, sondern auch sein Gegenspieler Satan, der ihn während der vierzig Tage in der Wüste in Versuchung führt. Dazu ist Jesus offenbar in die Wüste geführt worden, nicht um zu fasten, sondern um gegen Satans Versuchung zu kämpfen und sie zu bestehen. Worin die Versuchung Satans liegt, wird dem Leser (noch) nicht gesagt. Das lässt sich aus dem MkEv vielleicht erschließen, doch gilt es zu bedenken, dass die Leser gerade erst beginnen, das „Evangelium" zu lesen (anders als der Exeget, der es bereits kennt, wenn er anfängt es auszulegen). Wir können zwar aus dem MkEv die Frage beantworten, worin die Versuchung nach Meinung des Autors besteht, vorher aber soll der Versuch gemacht werden, Funktion und Bedeutung der Darstellung von 1,13 ohne Vorgriff auf das Gesamtwerk zu würdigen.

Der Leser weiß, dass Johannes der Täufer „*in der Wüste*" den Weg Jesu vorbereiten sollte (1,2f) und vorbereitet hat (1,4-8). Er hat auf Jesus als den *Stärkeren* und auf seine Geisttaufe hingewiesen, und er hat Jesus durch die Taufe symbolisch auf den Weg gestellt. Jetzt wird Jesus als Gottessohn selbst „*in die Wüste*" geführt und dort vom Satan versucht. Jesus setzt also die Wüstenexistenz des Täufers fort. Ist das sein *Weg* (1,2b), den er zu gehen hat: in die Wüste und in die Versuchung? Noch kann der Leser nicht ahnen, was dies konkret für Jesu Gottessohnschaft zu bedeuten hat; aber dass der Gottessohn und Geistträger in die Wüste und in Versuchung geführt wird, muss ihm doch etwas Unerwartetes sein. War nicht eigentlich zu erwarten, dass der Geistträger und Gottessohn sich sofort in aller Vollmacht und Überzeugungskraft in der Öffentlichkeit kundtat und durchsetzte? Solche Erwartung des Lesers wird nicht erfüllt. 1,12f haben auch die Funktion, anderslautenden Erwartungen beim Leser einen Riegel vorzuschieben; der Gottessohn trifft bei seinem Weg auf Widerstand.

Von einem Sieg Jesu über Satan, von einem Bestehen der Versuchung steht nichts da; noch nicht, möchte man einschränkend sagen. Das Schweigen des Textes in dieser Hinsicht ist ernst zu nehmen. Natürlich denkt der Erzähler nicht an eine Niederlage Jesu, und auch der Leser erwartet nach 1,11 einen Sieg. Da der

Leser aber nicht – noch nicht – weiß, *worin* die Versuchung Jesu durch Satan besteht, kann er auch nicht wissen, ob und wie Jesus diese Versuchung bestanden hat. Der Text 1,13 bleibt offen und soll das Interesse des Lesers dafür wecken, den im folgenden erzählten *Weg* Jesu als Ergebnis dieses vierzigtägigen Kampfes gegen die Versuchung des Satans zu lesen.

Der mehrmalige Leser – als Kenner des Gesamtwerkes – kann bestätigen: Der bewusste Weg Jesu, des vollmächtigen Gottessohnes, ans Kreuz ist der Sieg über die satanische Versuchung. Am Kreuz wird sichtbar, dass Jesus die Versuchung Satans in der Wüste bestanden hat; diese lag darin, ihn von seinem Kreuzweg abzubringen. Das wird Petrus später auch versuchen und muss sich deshalb von Jesus „Satan" nennen lassen (vgl. 8,32f). Keineswegs soll durch 1,13 das Leben Jesu als ein bleibender Kampf Jesu gegen Satan dargestellt werden. In der Wüste ist dieser Kampf bereits ausgefochten; der Gottessohn geht als Sieger aus diesem Kampf hervor, weil er bei seinem Weg, den Gott von Anfang an vorherbestimmt hat (1,2f), bleibt und nicht davon abweicht. Zwar wird Jesus noch einmal „versucht" werden (vgl. 14,35f.38), aber nicht Satan ist dann der Versucher, sondern die menschliche Schwäche Jesu, seine Todesangst (14,33f). Der Weg ans Kreuz ist also nicht ein Werk Satans, sondern der Kyrios-Weg zum Sieg. Satan will ihn verhindern!

Am Ende der Szene wird der Sieg Jesu über Satan angedeutet: Jesus lebt in der Wüste mit den wilden Tieren zusammen und wird von den Engeln bedient. Ist er ein neuer Adam, der die Versuchung Satans: „Ihr werdet sein wie Gott!" bestanden hat? (Vgl. Jes 11,6-8; Ps 91,11-13; TNaph 8,4)

2.4 Zusammenfassung

Im Mittelpunkt von 1,2-13 steht Jesus von Nazaret, doch nicht als ein Handelnder. Über ihn wird gesprochen und an ihm gehandelt. Der Hauptakteur in diesem Vorspiel ist Gott: Er sendet Johannes vor Jesus her, er öffnet über Jesus seinen Himmel, sein Geist steigt auf ihn herab und bewegt ihn. Die Stimme Gottes spricht Jesus als geliebten Sohn an, und Gottes Engel bedienen ihn. Bevor die Erzählung beginnt, wird dem Leser deutlich gemacht, wer dieser Mensch Jesus eigentlich ist – der himmlische Kyrios, der *Stärkere*, der *„Sohn Gottes"* – und wer hinter seiner Geschichte agiert: Gott selbst! In Jesus erscheint die Kraft Gottes auf Erden, er wird Sündenvergebung und Geistverleihung bewirken, und zwar durch seinen Lebens*weg*, den er geht.

Die Theozentrik dieser Eröffnung muss bedacht werden. Sie strahlt auf die gesamte Jesuserzählung aus. In ihr geht es darum, dass und wie Gottes Macht durch die Lebensgeschichte Jesu auf Erden wirksam wird.

Welcher Gott handelt hier? Es ist der Gott, der schon im Buch Jesaja sein Handeln ankündigen ließ und der auch hinter dem Wirken des Johannes stand (vgl. 9,12f; 11,29ff). Es ist der Gott der Heilsgeschichte, der diese nun vollenden will. Der Leser soll wissen, dass er das Jesusgeschehen geplant und gelenkt hat.

Auslegung 57

Konsequenterweise taucht daher von Beginn an Satan als Gegenspieler Gottes und seiner Engel auf: Er will mit seinen Heerscharen, den Dämonen, den Heilsplan Gottes verhindern.

Der Autor erzählt Geschichte: Person und Auftreten des Johannes sind geschichtliche Fakten, ebenso das Kommen Jesu von Nazaret und seine Taufe im Jordan. Aber der Autor lässt den Leser einen Blick hinter die Fakten tun, dorthin, wo diese Fakten gelenkt werden und sich ihre tiefere Bedeutung ergibt. Dazu bedient er sich mythologischer Elemente. „Der Prolog aus den Himmeln" (1,2-3) ist eine Vision, die Jesaja mitteilt. In ihr zeigt sich die Bedeutung der geschichtlichen Gestalt des Johannes. Die Vision Jesu nach der Taufe erzählt der Autor: Jesus schaut himmlische Vorgänge über ihm. Sie deuten Jesus und seinen Weg. Kein Augenzeuge konnte den geschichtlichen Fakten diese Bedeutung ansehen. Eine mythische Szene ist auch die Wüstenzeit Jesu. Kein Zeuge der Geschichte hat sie beobachtet. Will der Autor durch das Stilmittel des Mythos sagen, dass Gottessohnschaft, Geistbegabung und Kyrios-Weg andere als historische Wirklichkeiten sind? Das menschliche Auge erblickt nur den „Menschen" Jesus von Nazaret und sieht in seinem Lebensweg ein Scheitern. Will der Autor andeuten, dass wir um Jesu Gottessohnschaft gar nicht *wissen* können, sondern sie *glauben* müssen? Kann der Lebensweg des Jesus von Nazaret nur glaubend als Gottes Heilsweg erkannt werden?

Erster Erzählbogen: 1,14-3,6

„In Galiläa"

Der Abschnitt 1,14-3,6 ist ein durchkomponierter Erzählbogen, der als eine gegliederte Einheit gelesen werden soll. Unter zeitlichem Aspekt werden die beiden ersten „Wochen" des Wirkens Jesu erzählt: Nach der zeitlosen Einleitung in das Ganze (1,14f) und der Berufung der ersten Nachfolger (1,16-20) wird in 1,21 der erste Sabbat erwähnt (1,21-34). Am nächsten Tag (1,35), dem „ersten Tag der Woche" (vgl. 16,2), bricht Jessu zu seinem Wirken in *„ganz Galiläa"* auf (1,39), das offenbar mehrere Tage umfasst (vgl. 1,45; 2,1.15.18), bis dann in 2,23 der zweite Sabbat anbricht. Als Raum des Wirkens Jesu werden Galiläa (1,14) oder *„ganz Galiläa"* (1,28.39) bzw. *„einsame Gegenden"* (1,35.45) oder die Saatfelder (2,23) genannt, von wo Jesus mehrmals *„an den See"* kommt (1,16; 2,13) bzw. Kafarnaum und seine Synagoge aufsucht (1,21.29.33; 2,1; 3,1).

Der Erzählbogen ist gegliedert in zwei jeweils konzentrisch aufgebaute Erzählkreise (1,14-39 und 2,1-3,6), die durch ein Scharnierstück (1,40-45) miteinander verbunden sind:

A) Die erste „Woche" (1,14-39): Vollmächtiges Wirken Jesu in Galiläa
B) Scharnierstück (1,40-45)
C) Die zweite „Woche" (2,1-3,6): Widerspruch gegen Jesu vollmächtiges Wirken

A. Die erste „Woche": 1,14-39

Jesus wirkt vollmächtig in Wort und Tat
in ganz Galiläa und beeindruckt die Menschen.

1. Analyse

1.1 Abgrenzung

Der Text setzt mit einer gewichtigen Zeitangabe neu ein: „*Nach der Auslieferung des Johannes...*" Erst nachdem das Wirken des Johannes beendet ist, und zwar gewaltsam, betritt Jesus die Bühne, um sein Wirken aufzunehmen. Von jetzt an ist er der Hauptakteur der erzählten Handlung. Dementsprechend wird er vom Erzähler nochmals mit Namen eingeführt (zuletzt 1,9).

Der in 1,14 begonnene Erzählfaden erreicht in 1,39 ein erstes Ende; nach der Schilderung eines beispielhaften Tages in Kafarnaum kommt Jesus erneut nach „*ganz Galiläa*" und verkündet in den Synagogen. Sein Ruf war ihm schon vorausgegangen und hat ihn angekündigt (1,28). Die Schlussbemerkung 1,39 ist sprachlich in Entsprechung zu 1,14 gestaltet und bildet mit diesem Vers zusammen eine literarische Klammer (inclusio) um den Textabschnitt.

1.2 Was die Leserinnen und Leser schon wissen!
  Rückverweise/Wiederaufnahmen/Echos

Rückverweise
- Ein Rückverweis Jesu ist 1,38: „*Denn dazu bin ich heraus gegangen/heraus gekommen*". Vordergründig scheint Jesus auf sein Verlassen der Stadt Kafarnaum 1,35 zu verweisen. Doch hat der Hinweis vielleicht tiefere Bedeutung und könnte überhaupt das Ziel des öffentlichen Auftretens Jesu (vgl. 1,9.14) oder gar seines irdischen Kommens (vgl. 1,2f) angeben.

Wiederaufnahmen
- Das Wirken Jesu wird dadurch eröffnet, dass Jesus „*das Evangelium Gottes*" verkündet (1,14). Damit wird der Buchtitel 1,1 wiederaufgenommen: Das Buch, das den „*Anfang des Evangeliums Jesu Christi*" erzählt, enthält als Verkündigungswort Jesu auch das Evangelium, das von Gott selbst stammt.

Echos
- Der Täufer hatte in 1,8 indirekt sein Wirken für abgeschlossen erklärt (ἐβάπτισα), sobald der Stärkere auftreten wird. Nun sagt der Erzähler, dass es tatsächlich beendet wurde – durch Auslieferung –, bevor Jesus öffentlich auftrat.

Analyse

- Wenn nun erzählt wird, dass Jesus nach Galiläa kommt und dort „*das Evangelium Gottes*" verkündet, so erinnert sich der Leser, dass Jesus aus Galiläa stammt (1,9). Auch dürfte ihm auffallen, dass Jesu Wirken, anders als das des Täufers, nicht Judäa und Jerusalem zum Ziel hat (vgl. 1,5), sondern das davon entfernt liegende Galiläa.

- In 1,23f tritt Jesus ein „*unreiner Geist*" als Gegenspieler entgegen (vgl. 1,34.39) und will sein Verkündigungswirken durch „Randalieren" verhindern. Ist im „*unreinen Geist*" von 1,23f bzw. in den *Dämonen* von 1,34 Satan wieder am Werk (vgl. 1,13)?

- In 1,35 sucht Jesus einen „*einen einsamen/wüsten Ort*" auf, um dort zu beten – ein Echo von 1,12. Durch das Gebet in der Einsamkeit (vgl. 6,46; 14,32) zeigt der Erzähler, wie Jesus mit Gott in Verbindung bleibt (vgl. 1,2f).

1.3 Worauf die Leserinnen und Leser achten sollen!
Kommentare/Vorverweise/Leerstellen

Kommentare

- Ein Kommentar Jesu ist 1,15, der damit sein Auftreten und seine Botschaft deutet. In beidem erfüllt sich die Zeit; Gott kommt mit seinem Zeitplan ans Ziel (vgl. 1,2f). Zugleich ist das Eröffnungskerygma Jesu ein Vorverweis: Gottes Herrschaft ist nahe herbei gekommen, d.h. sie wird bald da sein. Aber wann wird das sein (vgl. 4,1-34; 9,1; 14,25)? Und Jesu Kurzpredigt enthält Leerstellen: Der Leser muss sich fragen, wie er Umkehr und Glaube an das Evangelium verwirklichen soll. Somit erweist sich Jesu Eröffnungswort als echtes Rätsel, das gelöst werden will. Seine Lösung muss der Leser in der nachfolgenden Jesusgeschichte suchen.

- Durch den Erzählerkommentar 1,22: „*Er lehrte sie nämlich wie einer, der Vollmacht hat, und nicht wie die Schriftgelehrten*" begründet der Erzähler das Erschrecken der Volksmenge über Jesu Lehre. Zugleich bringt er darin auf subtile Weise neue Gegner Jesu ins Spiel, die bisher der Volksmenge als Autoritäten galten und von jetzt an Jesu Wirken feindlich begleiten.

- Ein interner Kommentar durch eine Figur der Handlung ist 1,24: Der „*unreine Geist*" spricht Jesus als „*Heiligen Gottes*" an und beweist damit ein übernatürliches Wissen um Jesu Würde (vgl. 1,11). Zugleich gibt er den Zweck des Kommens Jesu an: die Vernichtung der satanisch-dämonischen Macht. Damit sind die Koordinaten vorgegeben, in denen die folgende Handlung abläuft. Natürlich nimmt der Leser den Ausruf des Dämons ernst, denn das dämonische Wissen stammt von Satan, der durchaus weiß, was geschieht, wenn Jesus *kommt* (vgl. 1,13). In 1,34 verstärkt der Erzähler den internen Kommentar durch einen eigenen.

Vorverweise
- An den Erzählerkommentar 1,16: „*Sie waren nämlich Fischer*" knüpft die Verheißung Jesu in 1,17 an: „*Ich werde machen, dass ihr Menschenfischer werdet*". Der christliche Leser weiß, dass es so gekommen ist, blickt er doch auf die missionarische Tätigkeit des Simon und der anderen Jünger zurück. Aber er wird darauf achten, wann denn Jesus sie dazu gemacht hat. Wird Jesu Verheißung in der „erzählten Zeit" in Erfüllung gehen, oder weist sie über diese hinaus?

Leerstellen
- Der Erzähler deutet in 1,14 an, dass dem Johannes ein gewaltsames Geschick widerfährt, aber er erzählt es (noch) nicht. In 6,14-29 wird er das nachholen. Bis dahin bleibt das genaue Schicksal des Täufers dem Leser noch verborgen.
- In 1,34 verbietet Jesus den Dämonen, ihn bekannt zu machen (vgl. 1,25). Die Frage ist, warum? Sie haben doch ein übermenschliches Wissen über Jesus (vgl. 1,24), das den Lesern bereits durch Gott selbst mitgeteilt worden ist (1,11). Warum dürfen die Dämonen dann nichts sagen?

1.4 Aufbau/Gliederung

Der von 1,14 und 1,39 gerahmte Abschnitt ist klar gegliedert.

Ortsangaben
Es liegt eine geschlossene Ortsstruktur vor: Jesus verkündet in *Galiläa* das Evangelium Gottes (1,14f), beruft am „*See von Galiläa*" die ersten Jünger (1,16-20), geht dann nach Kafarnaum hinein, um dort „*in der Synagoge*" (1,21-27), „*im Haus*" (1,29-31) und „*vor der Tür*" (1,32-34) zu lehren und vollmächtig zu wirken. Von Kafarnaum aus verbreitet sich schon sein Ruf und geht ihm voraus „*überallhin ins ganze Umland von Galiläa*" (1,28). Jesus verlässt Kafarnaum (1,35-38) und verkündet „*in ganz Galiläa*" (1,39).

Die zunächst offenen Ortsangaben verdichten sich in 1,21-34 (Kafarnaum: Synagoge/Haus/vor der Tür) und öffnen sich wieder in 1,35-39. Der Hinweis 1,28 hat die Funktion eines Vorverweises auf 1,39 und hält den Blick dafür offen, dass Jesu Wirken „*in ganz Galiläa*" erzählt werden soll. Die Ortsstruktur zeigt an, dass der Autor allgemeingültige Aussagen über Jesu Wirken in Galiläa machen will, die er an den Einzeltaten Jesu in Kafarnaum veranschaulicht.

Zeitangaben
Ähnliches zeigt sich auch bei den Zeitangaben. In 1,14f und 1,16-20 bleibt die Zeit noch unbestimmt: Jesu Auftreten und Wirken in Galiläa wird lediglich vom Wirken des Täufers zeitlich abgesetzt. Die Ereignisse von 1,21-34 füllen dann den Zeitraum eines Tages (1,21: „*sofort am Sabbat*"; 1,32: „*am Abend, als die Sonne unterging*"). Mit der erneuten Zeitangabe 1,35 („*sehr früh am Morgen*") öffnet sich die Zeit wieder. Auch die Zeitstruktur weist darauf hin, dass der Autor eine

Analyse

allgemeine Darstellung des Wirkens Jesu geben will, die durch die Ereignisse am Sabbat in 1,21-34 konkretisiert wird.

Durch die örtliche und zeitliche Verdichtung gehören die Szenen 1,21-34 eng zusammen: Sie schildern einen beispielhaften Tag des Wirkens Jesu in Kafarnaum. Der Hinweis 1,28 sorgt dafür, dass die übergreifende Perspektive nicht verloren geht.

Personenregie

In 1,14f tritt Jesus allein auf. Die Hörer seiner Verkündigung werden nicht genannt; offen ist, ob der Autor daran denkt, dass z.B. die in 1,16-20 genannten Jünger zuvor Hörer der Basileiabotschaft Jesu waren. In 1,16-20 beruft Jesus vier Jünger, die danach zu seiner Begleitung gehören (vgl. die Pluralformulierungen εἰσπορεύονται: 1,21; ἐξελθόντες ἦλθον: 1,29; ἄγωμεν: 1,38). Auffällig ist aber, dass die Jünger in den Szenen 1,21-28 und 1,32-34 nicht in Erscheinung treten, obwohl sie anwesend sind. In diesen Szenen stehen andere Personen im Vordergrund: die Leute von Kafarnaum und die Dämonen. Dagegen sind die Szenen 1,16-20; 1,29-31 und 1,35-38 nur auf die Jünger beschränkt: Es ergibt sich ein gewisser Rhythmus in den „Jüngerszenen". Aber nur im Mittelstück *„im Haus"* 1,29-31 wirken die Jünger mit. Dadurch scheint der kleinen Szene *„im Haus des Simon"* (1,29-31) besonderes Gewicht zuzukommen.

Strukturen

Wie 1,14 und 1,39 eine Inclusio bilden, so auch die Szenen 1,16-20 und 1,35-38. Die Neuberufenen sollen *Menschenfischer* werden; das weist auf die Zukunft. In 1,35ff wollen Simon und seine Gefährten Jesus in die Stadt zurückholen, weil ihn dort *„alle suchen"*. Diese Rückwärtsbewegung wird von Jesus abgewiesen mit der Aufforderung, auch in die anderen Orte zu gehen, um dort zu verkündigen. Jesus richtet den Blick der Jünger wieder nach vorn aus auf das vor ihnen liegende Verkündigungsgeschehen.

Auch die Szenen 1,21-27(28) und 1,32-34 entsprechen sich literarisch und sachlich: Beide Male liegt der Ton auf dem exorzistischen Wirken Jesu, beide Szenen haben einen christologischen Akzent (1,24; 1,34), der allerdings durch die Schweigebefehle 1,25 und 1,34b blockiert wird.

Die sieben klar abgrenzbaren Szenen des Abschnitts sind symmetrisch um die Mittelszene 1,29-31 herum angeordnet.

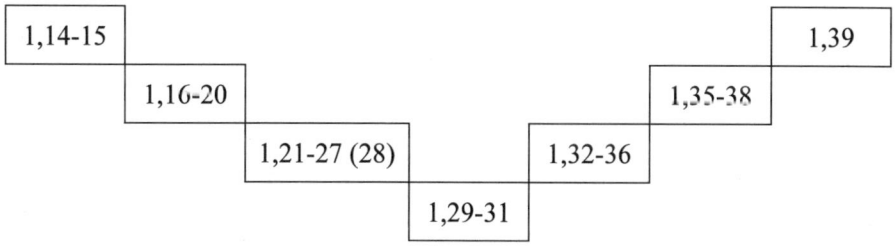

Die kleine Szene 1,29-31 ist der Mittelpunkt des Abschnitts. Sie wird durch folgende Kriterien ausgezeichnet:
- In ihr liegt die größte Verdichtung der Ortsstruktur vor; sie spielt „*im Haus*".
- In ihr wird der Höhepunkt des Tages erreicht: Es findet ein Mahl statt, bei dem die Frau bedient.
- Sie ist die intimste „Jüngerszene", besonders akzentuiert durch die *dienende* Jüngerin.

2. Auslegung

*¹⁴ Nach der Auslieferung des Johannes aber kam Jesus nach Galiläa,
das Evangelium Gottes verkündend.
¹⁵ Er sagte: „Erfüllt ist die Zeit, und nahe gekommen ist das Reich Gottes.
Kehrt um und glaubt an das Evangelium."*

*¹⁶ Und als er am See von Galiläa entlang ging,
sah er Simon und Andreas, den Bruder Simons,
beim Auswerfen der Netze im See. Sie waren nämlich Fischer.
¹⁷ Und Jesus sagt zu ihnen: „Auf, mir nach!
Und ich werde machen, dass ihr Menschenfischer werdet."
¹⁸ Und sofort ließen sie ihre Netze liegen und folgten ihm nach.
¹⁹ Und ein wenig weiter sah er Jakobus, den Sohn des Zebedäus,
und seinen Bruder Johannes, auch sie im Boot beim Richten ihrer Netze.
²⁰ Und sofort berief er sie. Und sie ließen ihren Vater Zebedäus
mit seinen Lohnarbeitern im Boot zurück und gingen weg, hinter ihm her.*

*²¹ Und sie kamen nach Kafarnaum hinein.
Und gleich am Sabbat ging er in die Synagoge und lehrte.
²² Und sie erschraken über seine Lehre,
belehrte er sie doch wie einer, der Vollmacht hat,
und nicht wie die Schriftgelehrten.
²³ Und sofort war da in ihrer Synagoge ein Mann im unreinen Geist,
²⁴ der aufschrie: „Was haben wir mit dir gemein, Jesus von Nazaret?
Du bist gekommen, uns zu verderben!
Ich weiß, wer du bist: Der Heilige Gottes!"
²⁵ Jesus aber fuhr ihn an: „Schweig! Und fahre aus ihm aus!"
²⁶ Und indem der unreine Geist ihn hin und her riss
und mit gewaltiger Stimme schrie, verließ er ihn.
²⁷ Und alle erschraken, und so ratschlagten sie miteinander.
„Was ist das? Eine neue Lehre mit Vollmacht?
Auch den unreinen Geistern gebietet er, und sie gehorchen ihm!"
²⁸ Und sein Ruf ging sofort hinaus, überallhin in das ganze Umland Galiläas.*

*²⁹ Und sie verließen die Synagoge und gingen sofort
in das Haus des Simon und Andreas, gemeinsam mit Jakobus und Johannes.
³⁰ Die Schwiegermutter des Simon aber lag danieder mit Fieber,
und sofort sprachen sie mit ihm über sie.
³¹ Und er trat hinzu, ergriff ihre Hand und richtete sie auf.
Und es verließ sie das Fieber, und sie diente ihnen.*

*³² Als es Abend geworden und die Sonne untergegangen war,
brachten sie zu ihm alle, die krank waren, und die von Dämonen Besessenen.
³³ Und es war die ganze Stadt vor der Tür versammelt.*

*³⁴Und er heilte viele Kranke von ihren vielfältigen Krankheiten,
und viele Dämonen trieb er aus,
und er ließ die Dämonen nicht sprechen, weil sie ihn kannten.*

*³⁵ Und frühmorgens, es war noch dunkel, da stand er auf,
ging hinaus und ging weg an einen einsamen Ort, und betete dort.
³⁶ Und es verfolgten ihn Simon und seine Gefährten,
³⁷ und fanden ihn und sagten zu ihm: „Alle suchen dich!"
³⁸ Er aber sagt zu ihnen: „Lasst uns anderswohin gehen,
in die umliegenden Ortschaften, damit ich auch dort verkünde.
Dazu bin ich nämlich ausgegangen."*

*³⁹ Und er kam nach ganz Galiläa, in ihren Synagogen verkündigend,
und die Dämonen vertreibend.*

2.1 Der Eröffnungsruf: 1,14-15

Wie ein Fanfarenstoß eröffnet Jesu Ruf die Erzählung über das öffentliche Wirken Jesu. Doch gilt das erste Wort des Erzählers zuvor noch einmal Johannes. Sein Schicksal bildet den zeitlichen Rahmen: Erst nach seiner *Auslieferung* tritt Jesus in der Öffentlichkeit auf. *Auslieferung* (τὸ παραδοθῆναι) meint ein gewaltsames Geschick: Gefangennahme *und* Martyrium. Mit dem Ausdruck παραδίδοται wird der Autor später auch das Martyrium Jesu (vgl. 9,31; 10,33; 14,18.42) und das der Jünger (13,9.11.12) umschreiben. Vorerst kann der Leser nur ahnen, dass Johannes vor Jesu Auftreten bereits sein Leben verloren hat; erzählt wird es ihm erst später (vgl. 6,14-29).

Der Autor will mehr zum Ausdruck bringen als eine *zeitliche* Einordnung des Auftretens Jesu. In 1,2f hatte Gott selbst den Weg des Kyrios mit dem Wirken des Johannes verknüpft: Er sollte als *„Rufer in der Wüste"* diesen Weg bereiten, aber auch als Bote (ἄγγελος) *„vor ihm hergehen"*. Schließt dieser Auftrag das Martyrium ein, so dass Johannes nicht schon in 1,7f.9, sondern erst mit der *Auslieferung* seine Aufgabe erfüllt hat? Sollte er durch seine ganze Existenz, Botschaft und Geschick den *„Weg des Herrn"* bereiten? Was hat das Todesgeschick des Täufers mit Jesu Weg zu tun? Das soll sich der Leser an dieser Stelle fragen.

Der Kenner, der – durch den Text angeleitet – die Darstellungsabsicht des Autors erfasst hat, begreift, dass Johannes durch seine ganze Person den Weg Jesu im voraus abgebildet hat, so wie die Jünger ihn durch *Kreuzesnachfolge* nachgehen sollen (vgl. 8,34ff). Paradox formuliert: Der Vorläufer war Jesu erster Nachfolger!

Der Hinweis auf das Martyrium des Täufers ist zugleich eine Zeitangabe für das Wirken Jesu. Dieses folgt dem Zeitplan Gottes (vgl. 1,2f), wie Jesus auch mit seinem folgenden Ruf zum Ausdruck bringt: *„Die Zeit ist erfüllt!"* Neben die Zeitangabe tritt die Ortsangabe: Jesus kommt *„nach Galiläa"*; gemeint ist wohl: von seinem zuletzt erwähnten Aufenthaltsort *„in der Wüste"* (1,12f). Der Täufer

Auslegung 67

wirkte am Jordan „*in der Wüste*"; seine Adressaten waren „*ganz Judäa*" und „*alle Jerusalemer*" (1,5). Jesu Wirkstätte dagegen ist Galiläa (vgl. 1,28.39); aber von Hörern seiner Botschaft wird vorläufig nichts gesagt.

Wohin kommt Jesus, wenn er nach Galiläa kommt? Erst im folgenden werden die Ortsangaben konkret (1,16.21.29); die Eröffnungsnotiz ist ganz allgemein.

Jesus kommt in das Land, aus dem er stammt (1,9), und wirkt (zunächst) in Galiläa. Ohne Zweifel spiegelt diese Notiz das historische Wissen des Autors (und seiner Tradition) über Jesus. Und doch wird damit mehr und Tieferes als bloße Historie zum Ausdruck gebracht, endet doch die gesamte Erzählung damit, dass der auferstandene Jesus seinen Jüngern erneut voran nach Galiläa geht: „*Dort werdet ihr ihn sehen!*" (16,7; vgl. 14,28). Galiläa ist nicht nur das Land des Wirkens des Gottessohnes auf Erden, sondern auch das Land der Begegnung mit dem auferstandenen und erhöhten Gottessohn. Hat Galiläa auch für den Leser Bedeutung? Wird das Buch MkEv, in dem das Kerygma und die Taten Jesu in Galiläa erzählt werden, für den Leser zu *seinem* Galiläa, in dem er dem Erhöhten begegnen kann?

Der Erzähler umschreibt Jesu Wirken in Galiläa mit einem Partizip: „*...verkündigend das Evangelium Gottes*". Auftreten und Verkündigung Jesu sind *ein* Akt (vgl. 1,38f). Inhalt der Verkündigung ist das „*Evangelium Gottes*": eine Frohbotschaft, die von Gott stammt. Der Leser weiß bereits, dass das gesamte Buch der *Anfang* einer Frohbotschaft ist, die Jesus Christus, der Sohn Gottes gebracht hat (vgl. 1,1). Jetzt hört er, dass Jesus dabei selbst das „*Evangelium Gottes*" verkündete. Was haben beide Evangelien, das Buch und das Kerygma Jesu miteinander zu tun? Wie sind sie aufeinander bezogen? In jedem Fall muss das „*Evangelium Gottes*" die umfassendere Größe sein, zu der der Inhalt des Buches als „*Anfang des Evangeliums*" hinzu gehört. Das umfassendere Evangelium aber ist es, dem *geglaubt* werden muss (1,15), wie man Gott glaubt.

Man wird vermuten dürfen, dass die ersten Leser mit dem Begriff *Evangelium* ein Vorwissen verbanden. Sie kannten *Evangelium* als die nachösterliche apostolische Verkündigung von Jesus Christus (vgl. Röm 1,1-4), durch das auch sie selbst den Christusglauben angenommen hatten. Auch das MkEv setzt voraus, dass das *Evangelium* erst nach Ostern weltweit verkündet worden ist; Jesus weist in 13,10 und 14,9 darauf hin. Und in 8,35; 10,29 kündigt er an, dass die Jünger „*um des Evangeliums willen*" ebenso Familie, Häuser und sogar ihr Leben hingeben können, wie um seiner Person willen. Jesus blickt also voraus auf die Zeit, in der er nicht mehr persönlich, sondern in seinem *Evangelium* auf Erden präsent sein wird. Dieses *Evangelium*, das die Apostel nach Ostern weltweit verkündet haben und das Jesus selbst repräsentiert, ist schon vom irdischen Jesus in Galiläa proklamiert worden, so sagt der Autor in 1,14. Die Leser haben in der apostolischen Verkündigung Jesu eigene Botschaft vernommen; zu der gehört als „*Anfang des Evangeliums...*" auch die Erzählung vom Lebensweg Jesu, wie sie der Autor bietet.

Der Inhalt des „*Evangeliums Gottes*", das Jesus verkündet, hat zwei Seiten: die Proklamation des Heils und seine Bedingungen. Jesus proklamiert die angebrochene Zeitenwende. Der von Gott festgesetzte Zeitplan für das Heil ist *erfüllt*, denn mit Jesus ist der Gottessohn, der Bringer des Heils, angekommen (vgl. 1,2f). Damit ist das „*Geheimnis des Reiches Gottes*" (4,11) schon gegeben, und das zuvor ferne *Reich* ist nahe herbei gekommen. Eine spannungsvolle Dialektik des Heilshandelns Gottes wird von Jesus ausgesagt: Gegenwart *und* Zukunft, schon *und* noch nicht! Diese Spannung gilt zunächst für die Hörer Jesu. Sind die Leser des MkEv dagegen dem Heil einen Schritt näher gekommen? Ist für sie das „*Reich Gottes*" etwa schon präsent? Darauf wird zu achten sein; aber 4,26-29.30-32; 9,1.47; 10,23ff u.a. sprechen dafür, dass auch für die Leser die gleiche Spannung noch immer gilt. Sie wissen, dass Jesus mit „*Reich Gottes*" die Hoffnung auf eine große Zukunft zum Ausdruck gebracht hat, und erwarten dieses *Reich* bei seinem Wiederkommen (vgl. 8,38; 9,1; 13,24ff).

Jesus formuliert zwei Bedingungen zur Teilhabe am Heil: *Umkehr* und „*Glaube an das Evangelium*". Mit *Umkehr* knüpft er an die Botschaft des Täufers an (1,4). Beide Bedingungen sind eigentlich nur *eine*; die Umkehr besteht im Glauben an das Evangelium. Mit Umkehr ist ja gemeint, auf seinem eigenen Lebensweg kehrt zu machen und dem *Evangelium*, das Jesu Lebensweg erzählt, zu folgen im vertrauensvollen Wissen, dass Jesu Weg der „*Weg des Herrn*" (1,3) ist.

Jesu Evangeliums-Ruf ist ein Programmwort zur Eröffnung des öffentlichen Auftretens des Gottessohnes. Sein programmatischer Charakter zeigt sich auch darin, dass die Zuhörerschaft Jesu noch ungenannt bleibt. Im Verlauf der Erzählung soll der Leser den kurzen Ruf Jesu für sich mit Bedeutung füllen.

2.2 Erste Berufungen: 1,16-20

Sofort verengt sich die Darstellung hinsichtlich des Ortes: Jesus geht am „*See von Galiläa*" entlang. Er hat sich also aus der Sicht des Erzählers ins Zentrum von Galiläa begeben, das von nun an auch das Zentrum seines Wirkens bildet (vgl. 3,7; 4,1.35; 5,1.18.21; 6,32.45ff.53; 8,10.13.14.22), bis er sich auf den Weg nach Jerusalem macht. Am See beruft er zwei Brüderpaare in seine Nachfolge. Das liegt in der Konsequenz seines Evangeliumsrufes, der ja Proklamation des nahen Heils *und* Umkehrruf zugleich war (vgl. 1,15).

Ob die beiden Brüderpaare zu den Hörern der Evangeliumsverkündigung Jesu gehört haben, wird nicht ausdrücklich gesagt und muss doch vermutet werden. Denn erstens ist dieses Kerygma überall in Galiläa durch Jesus ausgerufen worden, somit auch am „*See von Galiläa*", und zweitens soll der Leser doch wohl nicht annehmen, ausgerechnet die vier ersten Jünger, die in der Erzählung die wichtigste Rolle spielen (vgl. 5,37; 9,2ff; 13,3f; 14,33), hätten das von Jesus verkündete „*Evangelium Gottes*" nicht gehört. Ist dann ihr Nachfolgen für den Leser bereits die erste Illustration dessen, was „*Umkehr*" und „*Glauben an das Evangelium*" meint?

Die Berufungen der beiden Brüderpaare folgen einem festen Erzählschema. In 2,14 wird es nochmals wiederholt, in 1Kön 19,19ff hat es sein Vorbild. Es wäre

Auslegung 69

naiv anzunehmen, Autor und Leser wüssten dies nicht oder nähmen es nicht wahr. Wenn aber der Autor sich dessen bewusst ist, dass er ein Erzählschema benutzt, dann geht es ihm offenbar nicht um die präzise Wiedergabe einmaliger historischer Begebenheiten, sondern um die Typologie der Berufung zum Jünger. Er will erzählend verdeutlichen, was Jüngerschaft bedeutet. Die Initiative dazu geht nicht von den Brüdern aus; sie entschließen sich nicht aus eigenem Antrieb, Jesus nachzufolgen. Voraus geht der erwählende Blick Jesu und dann sein Ruf. Ihm folgen die Brüder in radikaler Weise, indem sie Besitz und Familie hinter sich lassen (vgl. 10,28ff). So werden sie zu einem Modell christlicher Jesusnachfolge und zum Vorbild für den Leser.

Von jetzt an werden sie ständige Begleiter Jesu sein. Sie sind die Zeugen seines Wirkens in Wort und Tat und garantieren damit dem Leser Authentizität. Selbst in den geheimsten Augenblicken der Epiphanie werden sie in Jesu Nähe sein (vgl. 5,37; 9,2ff). Sie sind die Adressaten besonderer Belehrungen Jesu *„im Haus"*, *„im Boot"* und *„auf dem Weg"*. Ihnen vertraut Jesus seine Endzeitprophetie an, die sie den Lesern übermitteln sollen (vgl. 13,3f). Damit werden sie von Jesus auf ihr künftiges Amt vorbereitet, auf das Jesus mit dem Verheißungswort 1,17 hinweist: *„Ich werde machen, dass ihr Menschenfischer werdet"*.

Wann wird das sein? Wann wird Jesus machen, dass sie „Menschen fischen"? Am wahrscheinlichsten ist, dass auf ihre nachösterliche Mission vorausgeblickt wird, in der die Jünger weltweit das Evangelium, das sie von Jesus gelernt haben, verkündigen werden (vgl. 13,10; 14,9). Dazu hat Jesus sie zwar während seines irdischen Wirkens berufen (vgl. 3,14ff); aber die Jünger versagen vor dem Kreuz und fallen von Jesus ab (vgl. 14,27). Wann also werden sie von Jesus zu *Menschenfischern* gemacht? Wer unter dieser Fragestellung das Buch zu Ende liest, stößt auf zwei analoge Verheißungen an die Jünger, die ihr Versagen aufheben können; der Leser weiß, dass es so gekommen ist: Der Auferstandene wird den Jüngern erneut nach Galiläa vorausgehen (14,28) und so neue Nachfolge ermöglichen: *„Dort werdet ihr ihn sehen"* (16,7). Werden sie in dieser Begegnung mit dem Auferstandenen endgültig zu *Menschenfischern* gemacht?

2.3 Der Kampf beginnt: 1,21-28

1,21-27: Raum-zeitlich verdichtet sich die Szene erneut. Nachdem Jesus – wie lange? – irgendwo und überall in Galiläa das Evangelium verkündet hat, dann ins Zentrum des Landes an den *„See von Galiläa"* kam und vier Nachfolger berief, betritt er nun mit seinen neuen Jüngern erstmals eine Stadt: Kafarnaum. Und sobald es Sabbat wird, besucht er dort die Synagoge und *lehrt*. Was er lehrt, wird nicht gesagt; doch soll der Leser ohne Zweifel ergänzen, dass Jesus auch in der Synagoge von Kafarnaum das *„Evangelium Gottes"* verkündete. Zwischen κηρύσσειν und διδάσκειν macht der Autor keinen großen Unterschied, wie 1,39 sofort zeigen wird; immer wieder zeigt er Jesus als *Verkünder* (vgl. 2,2) und *Lehrer* (vgl. 2,13; 4,1f; 6,2.6.34; 8,31; 11,18; 12,38; 14,49).

Der Erzähler stellt im folgenden eine „Lehr"-Szene dar, doch er erzählt einen Exorzismus. Die *Lehre* und die vollmächtige Tat Jesu werden jedoch eng aufeinander bezogen. Man hat den Eindruck, der Exorzismus sei eine Wirkung der *Lehre* und veranschauliche zugleich ihren Inhalt. Jesu Botschaft vertreibt die Dämonen, und sie kündet davon, dass nun die Macht der „*unreinen Geister*", hinter denen Satan steht (vgl. 1,13), gebrochen ist.

Dass die Lehre/Botschaft Jesu und seine exorzistische Machttat durch den Autor bewusst parallelisiert werden, wird auch dadurch deutlich, dass die anwesende Volksmenge auf beides gleich reagiert. In beiden Fällen ist ihre Stellungnahme fast parallel gestaltet: In 1,22 reagieren die Leute auf Jesu *Lehre* wie sonst auf seine Machttaten (vgl. 2,12; 4,41; 6,51; 7,37), und in 1,27 rufen sie *nach* dem Exorzismus die vollmächtige *Lehre* Jesu in Erinnerung.

Gerade daran aber wird erkennbar, dass der Autor eine geprägte Erzählung, die nach dem typischen Muster einer Exorzismusgeschichte gestaltet war, übernommen und seiner Darstellung eingefügt hat. Sie umfasste vermutlich die Verse 1,23-27, und der Chorschluss lautete wohl ursprünglich: „*Wer ist das? Auch den unreinen Geistern gebietet er, und sie gehorchen ihm?*" (vgl. 4,41). Die Antwort auf die hier gestellte Frage hat die Erzählung bereits gegeben: Jesus ist der „*Heilige Gottes*".

Die vom Autor übernommene Erzählung entspricht völlig dem Stil der antiken Exorzismusgeschichten. Der „*unreine Geist*" als Vertreter einer umfassenden Macht des Bösen erkennt in Jesus seinen Bezwinger und setzt sich gegen seine Macht zur Wehr. Das aus 1Kön 17,18 bekannte τὶ ἡμῖν καὶ σοί (vgl. 5,7) ist eine Abwehrformel, die Nennung des Namens Jesu ein Gegenzauber: Wer den Namen kennt, gewinnt Macht über die Person (vgl. 5,7-13). Der Dämon bekennt Jesus als den „*Heiligen Gottes*", mit dessen Kommen das Ende der dämonischen Macht da ist. Darum will der Dämon ihn verjagen. Ein überirdisches Wissen um Jesu Person und Sendung tut sich hier kund. Doch dieses Wissen führt nicht zum Glauben.

Wie Gott selbst *bedroht* Jesus den Dämon; ἐπιτιμάω ist terminus technicus der neutestamentlichen Exorzismusgeschichten; im AT (LXX) wird mit dem Verb Gottes machtvolles und effektives Drohen gegen alle Mächte des Bösen bezeichnet.

Der Ausfahrbefehl Jesu wird mit dem Bannwort φιμώθητι eingeleitet, wiederum terminus technicus der Exorzistensprache (vgl. 4,39): Der Dämon soll verstummen und damit gebannt sein. Der Befehl bezog sich ursprünglich auf den unreinen Geist selbst, weniger auf seinen Ruf. Mit letztem Aufbäumen und großem Geschrei muss der Dämon dem Befehl Jesu gehorchen und seiner Macht weichen.

Der Chorschluss rundet die Erzählung ab; über den vormals Besessenen wird nichts gesagt. Im Mittelpunkt steht nicht er, sondern der Dämonenbezwinger Jesus. Darauf weist auch der Chorschluss hin, der ursprünglich danach fragte, wer dieser Jesus wohl ist.

Der Chorschluss lässt den alten „Sitz im Leben" der Erzählung erkennen. Ihre Hörer sollen zu der gleichen Frage bewegt werden und die glaubende Antwort

Auslegung

geben: Jesus ist der „*Heilige Gottes*", mit dem die befreiende Macht Gottes erschienen ist. Sie will ursprünglich werbend zum Glauben an Jesus führen.

Die Erzählung traf antikes Daseinsgefühl, das geprägt war von Existenzangst. Die Menschen fühlten sich ohnmächtig ausgeliefert an dämonische Mächte, die schaden und vernichten wollten. Körperliche und geistige Krankheiten wurden auf unreine Geister zurückgeführt. Verkrüppelte, Sieche, Epileptiker und Verrückte waren der jedermann sichtbare Kampfplatz der Dämonen, die jeden bedrohten. In Religion und Zauberei suchte man göttlichen Schutz und Rettung. Die Erzählung spricht das Phänomen des Bösen an, insofern es als beherrschende Macht erfahren wird, nicht als freie Tat eines Einzelnen. Die Fremdheit der Erzählung für heutige Menschen scheint überwindbar zu sein, wenn man nicht auf die konkrete Ausdrucksweise, sondern auf das zugrunde liegende Phänomen achtet. Von Dämonen mag man heute mit Recht nicht mehr sprechen, *das Böse* als Macht ist aber da und muss theologisch bedacht werden: Die einzelne böse Tat, die fortzeugend Böses gebiert, wächst sich zu einem machtvollen Wirkzusammenhang des Bösen aus, aus dem man nicht ausbrechen kann. In diesem Sinn kann auch heute noch jemand „besessen" sein.

Die Erzählung richtet sich an Menschen, die darunter leiden, keine Macht über sich selbst zu haben, vielmehr von unkontrollierbaren Mächten bewegt und getrieben zu werden. Auch wir Heutigen machen die Erfahrung, dass in uns Dämonisches steckt, das uns gegen bessere Einsicht das Falsche oder Böse tun lässt, und wir wissen immer noch darum, dass das Böse, einmal in die Welt gesetzt, sich zu einer Macht auswachsen kann, die sich von uns ablöst und weiter wirkt.

Die neutestamentlichen Berichte zwingen nicht dazu, von Dämonen zu sprechen. In diesem Punkt reden sie die Sprache ihrer Zeit, ohne diese theologisch festzulegen. Tatsächlich ist die Rede von Dämonen in Gefahr, das Böse der Verantwortung des Menschen zu entnehmen und sie einer übernatürlichen, gegengöttlichen Macht zuzuweisen. Die Dämonengeschichten zeigen aber: Das Dämonische ist *im* Menschen. Er hat dem Bösen in sich Platz gegeben und ist darum für das Böse, das durch ihn in die Welt kommt, verantwortlich. Doch das von ihm gewirkte Böse hat ihn im Griff. Er kann sich davon nicht selbst lösen, Rettung kann nur von außen kommen. Jesus bringt sie als der „*Heilige Gottes*", so verkündet es die Erzählung.

Der Autor hat die geprägte Überlieferung in sein eigenes Werk integriert, also Aussage und Intention des traditionellen Stückes vollständig übernommen. Dem Leser hat er in seiner Jesuserzählung bereits mitgeteilt, dass in Jesus der *Stärkere* (1,7) angekommen ist, der „*Sohn Gottes*" (1,11) und der *Herr* (1,2f), der mit Satan den Kampf aufgenommen und bestanden hat (1,13). Jetzt verjagt er auch die Heerscharen des Satans, indem er die „*unreinen Geister*" austreibt. Aber der Autor hat zugleich Jesu Kommen als ein Verkündigungsgeschehen dargestellt (vgl. 1,14f; 1,39): In der Verkündigung des „*Evangeliums Gottes*" ist die Macht der Dämonen gebrochen. Die Dämonen weichen vor dem „*Sohn Gottes*" und seiner Vollmacht, und sie weichen vor dem „*Evangelium Gottes*" zurück. Paulus sagt :

„Das Evangelium ist Gottes Dynamis zur Rettung für jeden, der glaubt" (Röm 1,16). So denkt auch der Autor: Die Verkündigung des Evangeliums ist der Erweis göttlicher *Vollmacht* (ἐξουσία), die sich in Dämonenbannungen auswirkt (vgl. 1,39; 3,14f; 6,7.12f). Indem der Autor dem Exorzismus Jesu seine *Lehre* voranstellt (1,22) und beides eng miteinander verzahnt (1,27), zeigt er auf, dass Jesu *Lehre* sich in der Bannung des Dämons als „vollmächtig" erweist. Und umgekehrt: Die Macht Jesu über die unreinen Geister ist bleibend gegenwärtig in seiner *„neuen Lehre mit Vollmacht"*.

Die Machttaten Jesu (δυνάμεις), die im *„Evangelium Jesu Christi"* erzählt werden, treten nicht zum *„Evangelium Gottes"*, das Jesus verkündet, noch hinzu. Wort und Tat sind nicht zwei verschiedene Weisen des Wirkens Jesu. Vielmehr ist Jesu Wort so vollmächtig wie seine Tat, und die vergangenen Krafttaten Jesu erweisen weiterhin ihre Mächtigkeit *als Wort*, wenn sie erzählt werden. Wie das *„Evangelium Gottes"* bewirkte, was es aussagt, so bewirkt auch das *„Evangelium Jesu Christi"*, das der Autor geschrieben hat, was es erzählt. Indem es Jesu Vollmachtstaten erzählt, werden diese zur Wirklichkeit.

Das bedeutet für die Gegenwart der Leser: Mit dem Evangelium besiegt die Gemeinde die Dämonen. Die göttliche Macht zur Überwindung des Bösen verwirklicht sich nicht nur in *Erweisen* von „Wundern", sondern ebenso im *Erzählen* von Wundergeschichten. In ihnen bleibt der Dämonenbezwinger Jesus präsent. Die Geschichten sind symbolische Taten! Wo das Evangelium vom Weg des Gottessohnes verkündet und nachfolgend gelebt wird, da ist Gottes rettende Vollmacht am Werk. Der Sieg Jesu über das Böse vollzieht sich überall dort – verborgen und unscheinbar, aber dennoch wirksam und machtvoll –, wo sich Jünger auf das Evangelium einlassen, indem sie *„an das Evangelium glauben"* (1,15).

Die Interpretation des Autors hilft theologisch weiter. Was er zeigen will, ist ein Kampf zwischen Jesus als dem Helden Gottes und der widergöttlichen dämonischen Macht des Bösen um den Menschen, der bis in die Gegenwart anhält, in der die. Rettung und Befreiung vom Bösen durch das Erzählen des *„Evangeliums Jesu Christi"* geschieht und dadurch, dass dieses Evangelium vom Jünger angenommen und gelebt wird in der Nachfolge.

Der Autor macht noch auf einen weiteren Aspekt der Lehre Jesu aufmerksam – durch einen Kommentar: Jesus lehrt mit Vollmacht, anders als die Schriftgelehrten. Deren Gelehrsamkeit hat nicht die Kraft, Dämonen zu vertreiben. Damit sind Jesu Gegner, ohne bereits anwesend zu sein, ins Spiel gebracht. Sie werden bald auftreten und Jesu *Vollmacht* und *Lehre* bekämpfen (vgl. 2,1-3,6). Die Bemerkung des Autors bereitet die Leser in subtiler Weise darauf vor.

Noch ein Detail haben wir zu bedenken: Nachdem der unreine Geist sein Wissen über Jesus als Selbstverteidigung heraus geschrien hat (1,24), bedroht Jesus ihn und gebietet ihm zu schweigen (1,25). Das übernatürliche Wissen über Jesus, das die Leser ja seit 1,2f.11 teilen, darf nicht bekannt werden. Dass der Autor den Text so versteht, zeigen 1,34 und 3,11f, wo er in diesem Sinne verdeutlicht. Warum dürfen die Dämonen nicht sagen, wer Jesus ist? Gewiss, sie haben es nicht in

Auslegung 73

freundlicher Absicht oder als Glaubende getan. Sie wollen verhindern, dass geschieht, wozu Jesus gekommen ist, nämlich sie zu vernichten. Würde das denn verhindert, wenn bekannt und anerkannt würde – und sei es aus dem Mund der Helfer Satans –, dass Jesus der „*Heilige Gottes*" ist? Was würde dann verhindert? Der Weg des Gottessohnes ans Kreuz? War dies die satanische Versuchung von 1,13, Jesus von diesem Weg abzubringen? Noch steht der Leser vor einem Rätsel.

1,28: Jesu programmatisches Wirken in *Lehre* und Tat geht sofort als *Ruf* hinaus in die ganze Umgebung Galiläas, dem Kommen Jesu voraus (vgl. 1,38f). Der Ruf kündigt Jesus als vollmächtigen Lehrer und Wundertäter an. Seine einmalige Tat ist schon zum Verkündigungswort geworden.

Sicher will der Autor sagen, dass Jesu Wirken Erfolg hat. Immer wieder wird er darauf hinweisen (vgl. 1,33.37.45; 2,2.15; 3,7f u.a.). Dass es auch Widerstand und Verstockung auslöst, macht er an anderer Stelle klar.

Aber 1,28 deutet auch an: Jesu Wirken muss *als Ruf* weiter gesagt werden, um alle zu erreichen. Seine konkreten Taten kann nicht jeder erleben, aber die *erzählten,* symbolischen Taten können an allen wirken. Im Evangelium stehen sie allen offen. Es scheint, dass der Autor den im Evangelium *erzählten* Taten Jesu ebensolche Kraft und Wirkung zuschreibt wie seinen faktischen Krafttaten (δυνάμεις).

2.4 Exemplarischer Jüngerdienst: 1,29-31

Noch einmal verdichtet der Erzähler die Szenerie: Jesus und die Gruppe der vier Jünger betreten *sofort* nach dem Wort-Tat-Geschehen in der Synagoge von Kafarnaum das „*Haus des Simon und des Andreas*". Indem der Autor auch das zweite Brüderpaar „*Jakobus und Johannes*" als Begleiter (μετά) erwähnt, wiederholt er geschickt alle vier Namen der Jünger. Es wird nun eine Jüngergeschichte erzählt.

Zeitlich befinden wir uns auf dem Höhepunkt des Tages, hatte sich doch die Szene in der Synagoge „*sofort am Sabbat*" gewiss am Vormittag abgespielt. Zu welchem Zweck Jesus mit den Jüngern ins Haus geht, wird nicht gesagt. Aber ganz von selbst stellt sich der Eindruck einer intimen Situation ein: Jesus ist mit seinen Jüngern allein, und sein Wort und Tun richtet sich an sie. Nur der Leser ist Zeuge. Von nun an werden sich solche Szenen „*im Haus*" ständig wiederholen (vgl. 2,1.15; 3,20.31-35; 5,40-43; 7,17.24; 9,28.33; 10,10; 14,3), in denen Jesus die Jünger besonders belehrt oder Themen gelungener Jüngerschaft mit ihnen bespricht.

Nicht Jesus ergreift die Initiative, sondern die vier Begleiter sprechen Jesus an. Sie machen ihn auf die fieberkranke Schwiegermutter des Simon aufmerksam. Fieber ist in damaligen Zeiten (auch für die ersten Leser) eine tödliche Gefahr. Die Darstellung ist zurückhaltend. Die Jünger bitten nicht ausdrücklich um eine Heilung, noch hat Jesus ja keine Krankenheilung vollbracht.

Will der Autor die vier Begleiter Jesu bei einer typischen Jüngertätigkeit darstellen: als Fürbittende (vgl. 9,28f; 11,24)? Jedenfalls soll der Leser wohl nicht annehmen, Jesus hätte ohne ihren Hinweis nicht um die Erkrankung der Frau gewusst. Die Jünger setzen sich also bei ihm für die Kranke ein, und er entspricht sofort ihrer stillschweigenden Bitte: Er fasst sie bei der Hand und richtet sie auf. Das Fieber hat sie verlassen.

Damit ist die kleine Geschichte aber nicht zu Ende. Der Autor erzählt noch, was die Frau tut: „*Sie diente ihnen*". Gemeint ist wohl (der durative Imperfekt legt es nahe), dass sie das Essen für ein Mahl Jesu mit den Jüngern bereitet und dabei den Tischdienst übernimmt. Im *Dienen* kommt wahre Jüngerschaft zu ihrem Ziel; diese Lektion werden die Jünger noch von Jesus lernen (vgl. 9,33-37; 10,43-45). Die Frau braucht darüber keine Belehrung. Sie vollzieht den Jüngerdienst ganz selbstverständlich (vgl. 14,3-9; 15,41) und wird darin zum Vorbild für die Leser.

Die unscheinbare Erzählung hat mehr Tiefgang, als ihr auf den ersten Blick anzusehen ist. Zu Recht hat der Autor sie in die Mitte der ganzen Komposition gestellt als Beispiel exemplarischer Jüngerexistenz: In der Fürbitte und im Dienst der Jünger bleibt das Heilswirken Jesu in der Welt (vgl. 9,28f).

2.5 Erneutes öffentliches Wirken: 1,32-34

Der exemplarische erste Sabbat im Wirken Jesu neigt sich dem Ende zu: Es ist spät geworden und die „*Sonne untergegangen*". Das Wirken Jesu ist zeitlich begrenzt, und doch wartet noch alles Elend Kafarnaums und der ganzen Welt auf ihn. In örtlicher Hinsicht öffnet sich die Perspektive wieder: *Alle* Kranken und *Dämonischen* der Stadt sind vor der Tür von Simons Haus versammelt. Jesus heilt *viele* Kranke und treibt *viele* Dämonen aus. Ist wie die Zeit, so auch die Heilandstätigkeit Jesu begrenzt? Will der Autor zum Ausdruck bringen, dass der Gottessohn – den irdischen Bedingungen von Zeit und Raum unterworfen – unmöglich *alles* Leid wenden und *alle* Dämonen vertreiben konnte? Wird solch universales Heil erst durch die weltweite Verkündigung des Evangeliums möglich, zu der die Jünger bestimmt sind? Diese wird eröffnet an jenem Tag, an dem Jesus als der Auferstandene die Jünger erneut nach Galiläa ruft: „*Am ersten Tag nach dem Sabbat..., als eben die Sonne aufging*" (16,2).

Der Autor stellt Krankheiten und dämonische Besessenheiten nebeneinander. Ohne Zweifel teilen er und die ersten Leser die antike Anschauung, dass auch für die körperlichen Krankheiten Dämonen und hinter diesen Satan verantwortlich sind. Jesus vertreibt und besiegt sie, aber doch nicht alle. Der endgültige Sieg über Satan und seine Scharen wird erst durch das Kreuz errungen sein, wenn Jesus sein Leben hingibt als „*Lösegeld für die Vielen/alle*" (10,45). Dieser Sieg darf nicht verhindert werden; darum müssen die Dämonen schweigen und dürfen nicht öffentlich bekannt machen, wer Jesus wirklich ist. Denn nicht seine Anwesenheit als Gottessohn auf Erden rettet schon universal, sondern erst der von ihm gegangene *Weg* wird der „*Weg des Herrn*" (1,3) zur Rettung aller sein. Dieser Weg wird als Evangelium erzählt; auf ihm naht Gott.

Auslegung

2.6 Die Perspektive Jesu: 1,35-38

Die zeitliche und örtliche Perspektive weitet sich wieder: Früh am Morgen verlässt Jesus allein Kafarnaum und geht an einen einsamen (*wüsten*) Ort, um zu beten. Der Rückzug in die Wüste dient hier wie in 1,12f der Vorbereitung Jesu auf sein weiteres Wirken. Es ist, als müsse sich Jesus im Gebet erneut über seinen Weg klar werden (vgl. 6,46; 14,35).

Der Weggang Jesu aus der Stadt wirkt wie ein Rückzug vom Volk, das seine Wunderkraft sucht, aber auch bitter nötig hat. Doch Jesus entzieht sich. Das irritiert, vielleicht auch den Leser, gewiss aber die Jünger. *„Simon und die mit ihm verfolgen"* Jesus daher und wollen ihn mit dem Hinweis: *„Alle suchen dich!"* nach Kafarnaum zurück holen. Ein erster Schatten fällt auf die Jünger: Sie wollen Jesus auf seinem Weg aufhalten, der ihn an ein anderes Ziel führt, als ihnen vorschwebt. Sie möchten wie die Leute, dass er seine Vollmacht und Kraft zu wunderbaren Taten nutzt.

Gerade weil *alle* Jesus suchen und er der Retter *aller* ist, kann er nicht nach Kafarnaum zurückgehen. Er ist kein Lokalheiland, sondern der universale Heilbringer. Rettung durch ihn geschieht nicht durch lokal begrenzte, geschichtlich einmalige Wundertaten, sondern durch seine Verkündigung! In der Verkündigung seines Evangeliums, zu dem auch sein Weg gehört, kommt das durch Jesus eröffnete Heil, die Basileia Gottes, universal an und kann im Glauben an das Evangelium und in der Nachfolge des Weges Jesu ergriffen werden. Die Jünger werden in dieses universale Heilsgeschehen einbezogen sein, zunächst als Begleiter Jesu (ἄγνωμεν), dann aber als gesandte Verkünder und Bezeuger dieses Evangeliums (vgl. 3,14f; 6,7.11f; 13,9ff; 14,9).

Die Schlussbemerkung *„dazu bin ich ausgegangen"* ist im Sinne des Autors nicht nur pragmatischer Rückverweis auf Jesu Aufbruch aus Kafarnaum, sondern hat tiefere Bedeutung: Jesu Kommen in die Welt (1,2f) ist der *„Anfang des Evangeliums"*, das von nun an in der ganzen Welt verkündet wird und das Heil eröffnet.

Die kleine Szene 1,35-38 hat den Charakter einer Jüngerbelehrung, die zugleich auf die Leser zielt. Das Heil, das der Gottessohn gebracht hat, ist kein vergangenes Heil, das lediglich eine frühere Generation erfahren durfte; nicht in seinen einmaligen Wundertaten war das von ihm heraufgeführte Heil für alle präsent. Konstitutiv ist vielmehr seine vollmächtige Verkündigung, die als weltweites Evangelium universal das Heil eröffnet. Inhalt dieser Verkündigung sind seine Heilstaten, die er als der auf Kreuz und Auferstehung zugehende Gottessohn gewirkt hat und die er als Auferstandener an denen wirkt, die sich auf seinen Weg in die Kreuzesnachfolge einlassen. Die Gemeinschaft der Jesusnachfolger ist aufgerufen, dem „vor ihrer Tür" versammelten Elend der Menschheit und aller Not durch die Verkündigung des Evangeliums Jesu und durch ihr Zeugnis der Kreuzesnachfolge den Weg der Rettung zu zeigen.

2.7 Aufbruch: 1,39

Der Satz 1,39 bildet mit 1,14f eine bewusste Inklusion des Gesamtabschnitts. Er geht über 1,14f hinaus durch die Erwähnung, dass Jesus „*in ihren Synagogen*" verkündete und die Dämonen austrieb. Diese neuen Elemente sind 1,21-34 entnommen und zeigen nochmals an, dass der Autor das Wirken Jesu in Kafarnaum als exemplarisch und programmatisch verstanden hat.

Jesus „*kam verkündigend*" nach „*ganz Galiläa*". Sein Kommen und seine Verkündigung fallen zusammen. Der Hinweis auf „*ganz Galiläa*" ist Rückblick und Ausblick zugleich. Wie Jesus als irdischer Gottessohn in ganz Galiläa verkündigend wirkte, so wird er als Auferstandener nach Galiläa zurückkommen, um die Jünger und Petrus erneut in seine Nachfolge zu berufen und sie so zu Verkündern und Zeugen des Evangeliums zu machen (vgl. 1,17; 16,7).

2.8 Zusammenfassung

Der Abschnitt 1,14-39 handelt von der Macht des göttlichen Wortes, das als Evangelium Gottes von Jesus verkündet wird und in seiner *Lehre* vollmächtig präsent ist. Jesus ist gekommen, die Verkündigung des „*Evangeliums Gottes*" zuerst in Galiläa und dann universal in Gang zu setzen.

Der Autor zeigt auf, wie Jesus das Wort der Machttat vorzieht. Sein exorzistisches und heilendes Tun war einmalig. Um universal anzukommen, muss es zum Wort werden. Die geschichtlichen Taten Jesu kamen nur ihren unmittelbaren Empfängern zugute. Als *Erzählungen* im Rahmen des Evangeliums aber werden sie weltweit verkündet und bewirken, was sie erzählen. Das göttliche Wort hat ja die Macht, zu bewirken, was es aussagt. Es ist nicht nur verheißende Botschaft, sondern erfüllende Tat.

Die Leser leben etwa vierzig Jahre nach den im Buch erzählten Ereignissen. Sie partizipieren an der Vergangenheit des Wirkens Jesu als Gottessohn auf Erden allein mittels der Erzählung des Evangeliums, die sie hören bzw. lesen. Im hörenden/lesenden Nachvollzug repräsentiert das Evangelium ihnen das Jesusgeschehen, in ihm vollzieht es sich immer wieder. Der Autor zeigt: Die christliche Existenz gründet im erinnernden Wort, das bewirkt, was es bezeichnet. Darum muss man dem Wort vertrauen, d.h. „*an das Evangelium glauben*" (1,15). In ihm begegnet Jesus selbst als der Auferstandene, der der Weltgeschichte entnommen ist. Mehr als dieses Wort braucht der Jünger nicht, mehr aber hat er vorläufig auch nicht. „*An das Evangelium glauben*" – auch das macht der Autor klar – bedeutet aber: existentielle *Umkehr*, *Nachfolge* Jesu und *Dienst*.

B. Scharnierstück: 1,40-45

1. Analyse

Die kleine Heilungsgeschichte – im Kern ein judenchristliches Überlieferungsstück, wie das Interesse an den Themen „Reinheit/Reinigung", „Reinigungsopfer" und „Rein-sprechung durch den Priester" zeigt – verbindet Jesu Wirken in Galiläa mit dem Jerusalemer Tempel, wohin der Geheilte von Jesus geschickt wird, genauer: mit den dort amtierenden Priestern.

Die Erzählung enthält keine genauen Ortsangaben. Sie spielt irgendwo in Galiläa, während der dortigen Verkündigungstätigkeit Jesu (vgl. 1,39). Wie bereits aus 1,35 hervorging, denkt sich der Autor die galiläischen Städte umgeben von „*wüsten/einsamen Gegenden*", wohin sich Jesus dann in 1,45 erneut zurückzieht (vgl. 1,35).

Irgendwie scheint die Erzählung mit dem vorausgehenden Textabschnitt zusammen zu gehören: Sie stellt offensichtlich eine Episode aus dem in 1,39 erwähnten Verkündigungswirken Jesu in „*ganz Galiläa*" dar, allerdings die letzte (vgl. 1,45); nach ihr kann sich Jesus nicht mehr *öffentlich* in den Städten zeigen (1,45). Die beiden generalisierenden Abschlussbemerkungen 1,39 und 1,45 konkurrieren in gewisser Weise miteinander; insofern kann die Erzählung nicht einfach mit dem vorausgehenden Abschnitt verbunden werden.

Doch zum nachfolgenden Abschnitt besteht ebenfalls keine direkte Verbindung, weil 2,1 ein erzählerischer Neueinsatz ist. In 2,1-3,6 sind zudem fünf Stücke zusammen gestellt, die vom literarischen Schema des „Streitgesprächs" geprägt sind, was für 1,40-45 nicht gilt.

Gleichwohl steht das Stück dem vorausgehenden wie dem nachfolgenden Kontext durch verschiedene Motive und Merkmale nahe. Mit 1,14-39 ist es durch das Stichwort „*verkündigen*" (κηρύσσειν) vgl. 1,14.39), durch den Schweigebefehl (vgl. 1,25.34) und durch Rückzug und Verborgenheit Jesu „*am einsamen Ort*" (vgl. 1,35ff) verbunden. Ein Bezug zum nachfolgenden Kontext besteht darin, dass 1,44 eine Stellungnahme Jesu zu Vorschriften des Gesetzes enthält: Jesus hält am Mosegebot der Reinsprechung durch den Priester und an den Opfervorschriften fest, „*ihnen zum Zeugnis*". Damit scheinen die in 2,1-3,6 dann auftretenden Gegner von vornherein ins Unrecht gesetzt zu werden.

1,40-45 bildet gleichsam ein Scharnier zwischen 1,14-39 und 2,1-3,6. Die beiden Abschnitte werden auf diese Weise einander zugeordnet, was bei der Interpretation zu beachten ist.

Die Erzählung lässt sich in drei Teile gliedern: a) Die „Reinigung" durch Jesus (1,40-42); b) Schweigegebot und Befehl Jesu (1,43-44); c) Ungehorsam des Geheilten und Konsequenzen für Jesus (1,45).

2. Auslegung

*⁴⁰ Und es kommt ein Aussätziger zu ihm und bittet ihn kniefällig:
„Wenn du nur willst, kannst du mich rein machen!"
⁴¹ Und voll Erbarmen streckte er seine Hand aus,
berührte ihn und sagte zu ihm: „Ich will es: Sei rein!"
⁴² Und sofort verschwand der Aussatz an ihm, und er war rein geworden.
⁴³ Und er fuhr ihn heftig an und jagte ihn sofort davon
⁴⁴ und sagt zu ihm: „Sieh zu, dass du niemandem etwas sagst!
Vielmehr, hinweg! Zeige dich dem Priester und bringe dar für deine Reinigung, was Mose befohlen hat – ihnen zum Zeugnis!"
⁴⁵ Der aber ging weg und fing an, eifrig zu verkünden
und die Sache bekannt zu machen,
so dass er nicht mehr öffentlich in eine Stadt hineingehen konnte,
sondern er war außerhalb an einsamen Orten.
Und man kam zu ihm von überall her.*

1,40-42: Offenbar während der Verkündigungstätigkeit Jesu in „*ganz Galiläa*" (1,39) nähert sich ein Aussätziger und bittet Jesus um *Reinigung*. Als Aussatz galten alle Hauterkrankungen, auch solche, die nach heutiger medizinischer Auffassung weder ansteckend noch gefährlich sind. Eiternde oder nässende Hautausschläge machten kultisch unrein, und deshalb mussten daran Erkrankte isoliert werden (Lev 13,45f). Aussätzige gefährdeten die Kultfähigkeit der Gemeinschaft. Jeder Kontakt mit ihnen oder ihrer Kleidung verunreinigte. Aussatz bedeutete daher Abschied vom sozialen Leben: Ein Aussätziger lebte in völliger Isolation. Er war lebendig tot. Die Heilung eines Aussätzigen kam einer Totenerweckung gleich (vgl. 2Kön 5,7; Hiob 18,13). Nur von den größten Gottesmännern Mose und Elia wurden Aussatzheilungen berichtet (Num 12,10-15; 2Kön 5). Indem der Kranke an Jesus herantritt und bittet: „*Wenn du willst, kannst du mich rein machen!*" stellt er ihn über jene Gottesmänner und nimmt ihn als Vertreter der Vollmacht Gottes auf Erden in Anspruch.

Als solcher erweist sich Jesus: Er erbarmt sich mit dem Mitleid des Gottessohnes über den Gottfernen, er berührt ihn in göttlicher Souveränität – der Reine den Unreinen! – und spricht ihm die Reinheit zu: „*Ich will es, sei rein!*" Damit ist dem Ausgestoßenen und Gemiedenen neues Leben eröffnet: Mitmenschlichkeit und Gottesgemeinschaft.

1,43-44: Man könnte meinen, eigentlich sei die Erzählung zu Ende. Denn wenn Jesus Reinheit zugesprochen hat, wer könnte da noch an Unreinheit festhalten (vgl. 7,18f)? Doch zur Heilung vom Aussatz gehört die priesterliche Feststellung der Reinheit, wie sie in Lev 14,2-32 durch Mose geregelt wird. Jesus will unbedingt, dass der Geheilte auf gesetzliche Weise seine Reinheit und damit die wunderbare Heilung feststellen lässt. Deshalb treibt er ihn mit Heftigkeit dazu an, sich in Jerusalem dem Priester zu zeigen und die vorgeschriebenen Opfer darzubrin-

Auslegung 79

gen. Jesus will also, dass der Priester die Wundertat bestätigt: Die wunderbare Reinigung durch Jesus soll in der rituellen Reinsprechung durch den Priester besiegelt werden. Dem durch Mose vorgeschriebenen Gesetz soll Genüge getan werden; es wird von Jesus nicht missachtet und nicht beiseite getan.

Dem Gebot Jesu an den Geheilten geht ein strenges Verbot voraus: *„Sieh zu, dass du niemandem etwas sagst, sondern...!"* Die Fortsetzung mit ἀλλά könnte nahelegen, das Verbot in dem Sinne zu verstehen: *„Niemandem außer dem Priester!"* Sollte die Heilung durch Jesus vor der Öffentlichkeit verborgen bleiben, bis der Priester sie durch die Reinheitsdeklaration kundgegeben hat? Dass der Geheilte dem Priester durchaus sagen soll, *wie* er geheilt wurde, liegt auf der Hand, denn die ganze Prozedur soll nach Jesu Absicht *„ihnen zum Zeugnis"* dienen: nämlich dafür, dass Jesus die Reinheit des Kranken wiederhergestellt und die gesetzliche Reinsprechung durch den Priester respektiert hat. Hätte *nach* der Reinsprechung die wunderbare Tat Jesu bekannt gemacht werden dürfen, vom Priester sowohl wie vom Geheilten? Wäre dann der Weg des Gottessohnes anders verlaufen, weil die religiösen Führer Israels aufgrund seiner in göttlicher Vollmacht vollbrachten Taten ihn als den Christus und *„Sohn Gottes"* anerkannt hätten? Der Leser weiß: So ist es nicht gekommen! Weder die Priester noch die anderen führenden Gruppen des Judentums, Schriftgelehrte und Pharisäer, haben Jesu *Vollmacht* anerkannt, sondern ihn von Anfang an mit Todfeindschaft verfolgt. Das zeigt der Autor sogleich in 2,1-3,6.

1,45: Warum ist es nicht so gekommen, dass die Priester Jesu Heilungstat anerkannt haben? War der Ungehorsam des Geheilten daran Schuld, der nicht wie befohlen nach Jerusalem ging, sondern anderswo *„die Sache"* (τὸν λόγον) lautstark (πολλά) *verkündete* und bekannt machte? Doch der Erzähler sagt nichts davon, dass der Geheilte dem *Gebot* Jesu nicht gefolgt ist, sondern nur, dass er das *Verbot* Jesu nicht beachtete. Wenn er aber wie überall so auch vor den Priestern die Heilung durch Jesus *verkündet* hat, diese daraufhin Jesu Vollmacht aber nicht anerkannt haben (vgl. 11,27-33), dann ist die Verkündigung zum *„Zeugnis gegen sie"* geworden. Der Geheilte hat ihre Verstockung aufgedeckt.

Sein Verstoß gegen das Verbot hat Folgen für Jesus. Er kann nicht mehr öffentlich in eine Stadt hineingehen, sondern muss sich *„an einsamen Orten"* aufhalten. Der Grund dafür dürfte derselbe sein wie in 1,35ff. Er ist gekommen, das Evangelium Gottes zu *verkünden,* die Menschen suchen ihn aber um seiner Krafttaten willen. Doch nicht die in Vollmacht gewirkten Taten sind Rettung für alle, sondern seine *vollmächtige Lehre;* sie allein kann *alle* erreichen.

Ein Wort noch zu dem Geheilten. Sein Verhalten ist für den Leser außerordentlich irritierend. Er verstößt zwar gegen Jesu Verbot, betätigt sich aber als Verkünder seiner Tat. In seinem Wort kommt Jesu Tat zu den Menschen. Wird er damit negativ beleuchtet? Er nimmt ja vorweg, was auch die Jünger einst tun werden (und was der Autor mit seinem Buch tut): Er *erzählt* vom Heilswirken Jesu. Doch offenbar zur Unzeit. Jesus will das noch nicht, weil dieses Erzählen zu falschen Reaktionen führt, solange er noch auf Erden weilt; alle suchen dann bei ihm den *unmittelbaren* Zugang zur heilenden Kraft Gottes. Die wahre Reinheit vor Gott für *alle* wirkt Jesus aber erst durch seinen Tod. Sie kann durch gläubiges Hören auf die nachösterliche Verkündigung erlangt werden. Die von Jesus gewirkte Heilungstat ist Hinweis darauf und Symbol dafür. Nach Ostern darf sie in diesem Sinne erzählt werden, vorher führt sie nur zur Behinderung des Wirkens Jesu. Deshalb verbietet Jesus ihre Kundgabe.

Jesus hat Erfolg, so stellt der Erzähler dar: Von überall her kommen die Menschen zu ihm. Doch Jesus und der Autor machen einen Vorbehalt: Die Führer Israels anerkennen ihn nicht, und die Volksscharen suchen in ihm die auf Erden anwesende Kraft Gottes.

C. Die zweite „Woche": 2,1-3,6

Jesus wirkt weiterhin vollmächtig in Kafarnaum,
aber die jüdischen Religionsführer beschließen,
ihn zu töten.

1. Analyse

1.1 Abgrenzung

Nach dem generalisierenden Abschluss 1,45, der keine genaue zeitliche Vorstellung vermittelt, setzt der Erzähler in 2,1 neu an. Es wird ein Ortswechsel angezeigt: Jesus geht erneut nach Kafarnaum hinein. Und nach einer gewissen zeitlichen Zäsur („*nach Tagen hörte man...*") beginnt die Handlung, wobei sich die Situation von 1,29-33 wiederholt.

Es folgen bis 3,6 fünf Szenen, die Auseinandersetzungen Jesu mit führenden Vertretern des Judentums in Form von Streitgesprächen enthalten. Gegenstand der Debatten ist die *Vollmacht* Jesu (2,10; vgl. 2,28) bzw. das Verhalten seiner Jünger in wichtigen Fragen religiöser Praxis. Das Gefälle dieser Auseinandersetzungen zielt auf 3,6; die Tötungsabsicht der gegnerischen Gruppen wird aber schon in 2,7 vorbereitet.

In 3,7f fängt ein neuer Erzählbogen an. Die erneute Nennung Jesu mit Namen, die Erwähnung der Jünger und der „Sammelbericht" über den Zulauf bei Jesus (3,7f) weisen darauf hin. Somit lässt sich der Abschnitt 2,1-3,6 als kompositionelle Einheit begründen.

1.2 Was die Leserinnen und Leser schon wissen!
Rückverweise/Wiederaufnahmen/Echos

Der gesamte Abschnitt 2,1-3,6 wirkt in szenischer und thematischer Hinsicht wie eine Wiederaufnahme von 1,14-39. Szenisch wiederholen sich die Situationen in Kafarnaum: Jesus befindet sich „*im Haus*" (2,1; vgl. 1,29ff), vor dessen Tür sich eine riesige Volksmenge versammelt (2,2; vgl. 1,32f); später betritt Jesus „*am Sabbat*" erneut die Synagoge (3,1; vgl. 1,21); dazwischen geht er an den Galiläischen See und beruft einen weiteren Jünger (2,13f; vgl. 1,16-20); „*im Haus*" findet ein Jüngermahl mit Jesu Nachfolgern statt (2,15; vgl. 1,29ff).

Auch Themen von 1,14-39 werden wiederaufgenommen: In 2,10 weist Jesus auf seine *Vollmacht* hin (vgl. 1,22.27); dieses Thema klingt dann in 2,28 (κύριος) und 2,24; 3,4 (ἔξεστιν) nach. Jesus *verkündet* (2,2: ἐλάλει αὐτοῖς τὸν λόγον vgl. 1,14.38f) und *lehrt* (2,13; vgl. 1,21f.27), und seine vollmächtigen Heilungstaten haben einen inneren Bezug zu seiner Lehre, ja erweisen ihre Richtigkeit (2,10f; 3,4f; vgl. 1,27).

In diesem Zusammenhang wirkt 2,6 geradezu wie ein Rückverweis: „*Einige von den Schriftgelehrten*", die schon in 1,22 als Antipoden Jesu erwähnt wurden, sind jetzt persönlich anwesend und protestieren innerlich gegen Jesu Lehre und Tun. Hier zeigt sich, unter welcher neuen Perspektive 2,1-3,6 als Wiederaufnahme von 1,14-39 gelesen werden soll.

Eine besondere Art von Wiederaufnahme liegt in 2,21f vor: Jesus greift sprichwörtliches Erfahrungswissen auf, das die Leser ohne Zweifel kennen und im Alltag beherzigen. Wie lässt sich dieses Wissen auf die Thematik des Abschnitts anwenden?

1.3 Worauf die Leserinnen und Leser achten sollen!
Kommentare/Vorverweise/Leerstellen

Kommentare

- Eine kommentierende Bemerkung des Autors liegt in 2,15b vor: „*Denn es waren viele. Und sie folgten ihm nach.*" Damit werden die „*Zöllner und Sünder*", mit denen Jesus Tischgemeinschaft hat, zu den nachfolgenden Jüngern gerechnet. Das Thema Jüngerschaft, das ab 2,13f im Vordergrund steht (vgl. 2,18.23f), wird auf diese Weise betont.

Vorverweise

- In 2,20 verweist Jesus verdeckt auf die künftigen Tage seiner Abwesenheit, in denen die Jünger fasten werden. Für die textinternen Figuren bleibt dieses Wort ein Rätsel. Oder spricht Jesus seine Gegner schon auf ihre geheime Tötungsabsicht an, die der Erzähler den Lesern erst in 3,6 aufdeckt? Diesen ist jedenfalls klar, wann diese Tage sein werden, von denen Jesus spricht. Für ihn ist Jesu Vorverweis eine verdeckte Todesansage.
- Ein Vorverweis des Erzählers ist 3,6: Die Pharisäer und Herodianer (vgl. 12,13) beschließen, Jesus zu töten. Ihre Absicht wird aber erst später verwirklicht (vgl. 14,1f.63f; 15,1). Doch das Thema des unausweichlichen Todes Jesu klingt schon kräftig an.

Leerstellen

- Wie in 1,38 spricht Jesus auch in 2,17b davon, dass er *gekommen* ist. Woher ist er gekommen? Ist 2,17 mehr als eine platte geographische Angabe? Welche Vorstellung soll der Leser hier einsetzen?
- Die rätselhaften Hinweise Jesu auf die Alltagsweisheit in 2,21f sind zugleich Leerstellen, denn eine Lösung wird nicht geboten. Wer kann die Rätselworte Jesu verstehen?

Analyse

1.4 Gliederung

Der Abschnitt ist klar gegliedert. Daraus ergeben sich sachlich-thematische Schwerpunkte.

Ortsangaben

Die beiden Heilungserzählungen 2,1-12 und 3,1-6 spielen in einem Haus in Kafarnaum (2,1f; vgl. 1,21.29) und in der Synagoge, wohl ebenfalls in Kafarnaum (3,1; vgl. 1,21). Der Mittelteil 2,13-28 ist durch 2,13 am See von Galiläa situiert, wo auch das Haus des Levi (2,15) zu denken ist, bzw. seine Handlung findet irgendwo (2,18) auf freiem Feld (2,23) statt. Die vagen Ortsangaben des Mittelteils sind durchaus mit 2,1 vereinbar, weil Kafarnaum am See lag und sich im Umfeld der Stadt genug Getreidefelder denken lassen, durch die ein Sabbatspaziergang gemacht werden konnte.

Zeitangaben

Der Zeitrahmen umfasst mehrere Tage, in denen Jesus sich unbemerkt in Kafarnaum aufhält (2,1), bis seine Anwesenheit wahrgenommen wird und die Handlung beginnt. Sie endet an einem Sabbat (2,23; 3,1; vgl. 1,21). In 2,23 und 3,1 dürfte derselbe Sabbat gemeint sein.

Personenregie

In allen Szenen treten Gegenspieler Jesu auf (2,6; 2,16; 2,18.24; 3,6). Sie äußern direkt oder indirekt Vorwürfe gegen Jesus (2,6f.16; 3,2) bzw. Vorbehalte gegen die Jünger (2,18.24).

Auffällig ist, dass nur im Mittelteil 2,13-28 die Jünger eine aktive Rolle spielen: Sie werden auf Jesu Mahlgemeinschaft hin angesprochen (2,16); ihr Nicht-Fasten muss von Jesus gerechtfertigt werden (2,18-20); für ihren angeblichen Sabbatbruch muss Jesus sich rechtfertigen (2,25-28). Der Mittelteil wird zudem durch eine erneute Berufungsszene eingeleitet (2,14; vgl. 1,16-20). In den beiden Eckstücken 2,1-12 und 3,1-6 spielen die Jünger dagegen keine Rolle, sie werden nicht einmal erwähnt.

Die übrigen Personen – das Volk, die Helfer und Geheilten – sind unbetonte Nebenfiguren.

Handlung und Themen

In den beiden Eckstücken verteidigt Jesus seine *Vollmacht* und demonstriert sie durch eine Heilung. Beide Stücke haben somit eine christologische Ausrichtung. Entsprechend sind die Vorwürfe der Gegner gegen Jesu Person gerichtet. Sie konstatieren Gotteslästerung (2,6f) und wollen ihn wegen Sabbatbruch anklagen (3,2). Ihr Vorgehen ist in beiden Fällen heimlich (2,6.8; 3,2) und verschwiegen (3,4). Am Ende beschließen sie Jesu Tod (3,6).

Im Mittelteil rechtfertigt Jesus die Zusammensetzung seiner Jüngerschaft (2,17), ihre neue Fastenpraxis (2,19f) und ihre freiere Sabbatobservanz (2,25-28). Die neue religiöse Praxis der Jünger, die sich von der pharisäisch-schriftgelehrten

Praxis unterscheidet, gründet in der Vollmacht und Weisung Jesu: Er ist gekommen, Sünder zu berufen (2,17); das neue Fasten der Jünger ist durch seine Abwesenheit motiviert (2,20); er ist „*Herr auch über den Sabbat*" (2,28).

Aufbau
Der formal und sachlich geschlossene Mittelteil 2,13-28 wird durch die beiden Wundergeschichten 2,3-12 und 3,1-5 gerahmt. Im Mittelteil geht es um die neue religiöse Praxis der Jüngerschaft, die im vollmächtigen Wirken Jesu gründet, wie es in den Eckstücken dargestellt und verteidigt wird. Formale und thematische Mitte des gesamten Abschnitts sind die Rätselworte 2,21-22, die eine grundsätzliche Unvereinbarkeit von *Alt* und *Neu* zum Ausdruck bringen.

Der gesamte Abschnitt wird durch 2,1f eingeleitet und durch die Ortsangabe Kafarnaum auf 1,21-34 zurück bezogen. In 3,6 mündet der Abschnitt in den Todesbeschluss der Gegner, der in 2,6f schon durch die Anklage „*er lästert!*" (vgl. 14,64) vorbereitet wird und in 3,2 praktisch schon feststand.

2. Auslegung

2^{1}Als er wieder nach Kafarnaum hineinkam,
wurde nach Tagen bekannt, er sei im Haus.
^{2}Und viele versammelten sich, so dass kein Platz mehr war,
auch nicht vor der Tür, und er sprach zu ihnen das Wort.
^{3}Und sie kommen, um einen Gelähmten zu ihm zu bringen,
getragen von vieren,
^{4}Und weil sie ihn wegen der Menge nicht vor ihn bringen konnten,
deckten sie da, wo er war, das Dach ab,
durchbrachen es und ließen die Tragbahre herab, worauf der Gelähmte lag.
^{5}Als Jesus ihren Glauben sah, sagt er zu dem Gelähmten:
„Kind, deine Sünden sind dir vergeben!"
^{6}Es saßen aber einige Schriftgelehrte dort, und sie dachten in ihren Herzen:
^{7}"Was der so redet! Er lästert!
Wer außer einem, Gott, kann Sünden vergeben?"
^{8}Und gleich erkannte Jesus in seinem Geist, dass sie so bei sich überlegten,
und er sagt zu ihnen: „Was erwägt ihr da in euren Herzen?
^{9}Was ist leichter? Dem Gelähmten zu sagen:
Deine Sünden sind dir vergeben, oder zu sagen:
Steh auf, nimm deine Bahre und geh umher?
^{10}Ihr sollt aber wissen, dass der Menschensohn Vollmacht hat,
auf Erden Sünden zu vergeben, deshalb" – *zu dem Gelähmten sagt er:*
^{11}"Ich sage dir: Steh auf, nimm deine Bahre und geh nach Hause!"

Auslegung

¹²*Und er stand auf, nahm sogleich seine Bahre auf*
und ging vor aller Augen hinaus,
so dass alle außer sich gerieten und Gott verherrlichten und sagten:
„Solches haben wir noch nie gesehen!"

¹³*Und wieder ging er hinaus an den See.*
Alles Volk kam zu ihm, und er belehrte sie.
¹⁴*Und im Vorbeigehen sah er Levi, den Sohn des Alphäus,*
an der Zollstelle sitzen, und er sagt zu ihm:
„Folge mir nach!" Und er stand auf und folgte ihm nach.
¹⁵*Und es geschieht: Er lag in seinem Haus zu Tisch,*
und viele Zöllner und Sünder lagen mit Jesus zu Tisch
und mit seinen Jüngern. Es waren nämlich viele, und sie folgten ihm nach.
¹⁶*Die Schriftgelehrten der Pharisäer aber,*
als sie sahen, dass er mit Sündern und Zöllnern isst, sagten zu seinen Jüngern:
„Er isst ja mit Zöllnern und Sündern!"
¹⁷*Jesus aber hörte es und sagt zu ihnen:*
„Gesunde haben keinen Arzt nötig, aber die Kranken!
Ich bin nicht gekommen, Gerechte zu berufen, sondern Sünder!"

¹⁸*Die Jünger des Johannes und die Pharisäer aber fasteten.*
Und sie kommen und sagen zu ihm:
„Weshalb fasten die Jünger des Johannes
und die Jünger der Pharisäer, doch deine Jünger fasten nicht?"
¹⁹*Und Jesus sagt zu ihnen: „Können denn Hochzeitsgäste fasten,*
während der Bräutigam bei ihnen ist?
So lange sie den Bräutigam bei sich haben, können sie nicht fasten.
²⁰*Es werden aber Tage kommen, wo der Bräutigam ihnen entrissen wurde,*
und dann werden sie fasten, an jenem Tag.
²¹*Niemand näht einen Flicken ungewalkten Tuchs auf ein altes Kleid.*
Sonst reißt das Flickstück ab von ihm,
das neue von dem alten, und ein größerer Riss entsteht.
²²*Und niemand schüttet neuen Wein in alte Schläuche.*
Sonst zerreißt der Wein die Schläuche,
und der Wein ist verloren und die Schläuche dazu.
[Vielmehr: Neuer Wein in neue Schläuche!]"

²³*Und es geschah, dass er am Sabbat durch die Kornfelder ging,*
und seine Jünger fingen unterwegs an, Ähren abzureißen.
²⁴*Und die Pharisäer sagten zu ihm:*
„Schau, was tun sie am Sabbat, was nicht erlaubt ist?"
²⁵*Er aber sagt ihnen: „Habt ihr nie gelesen, was David tat,*
als er in Not war und Hunger hatte, er und die mit ihm?
²⁶*Wie er in das Haus Gottes ging zur Zeit des Hohenpriesters Abiathar*
und die Schaubrote aß, die zu essen nicht erlaubt ist,
außer den Priestern, und wie er auch denen, die bei ihm waren, gab?"

²⁷Und er sagte ihnen:
„Der Sabbat ist um des Menschen willen geschaffen worden,
nicht der Mensch um des Sabbats willen.
²⁸Somit gilt: Der Menschensohn ist auch Herr des Sabbats."

3¹Und er ging wieder in die Synagoge.
Dort war ein Mann mit einer gelähmten Hand.
²Und sie achteten genau auf ihn,
ob er ihn am Sabbat heilen würde, damit sie ihn anklagten.
³Und er sagt zu dem Mann mit der gelähmten Hand: „Stell dich in die Mitte!"
⁴Und zu ihnen sagt er: „Ist es erlaubt,
am Sabbat Gutes zu tun oder Schlechtes zu tun?
Leben zu retten oder zu töten?" Sie aber schwiegen.
⁵Und voll Zorn blickte er sie ringsumher an,
traurig über ihre Herzensverhärtung, und sagt zu dem Mann:
„Streck deine Hand aus!"
Er streckte sie aus, und seine Hand wurde wieder hergestellt.
⁶Draussen aber fassten die Pharisäer mit den Herodianern
sofort den Beschluss gegen ihn, ihn umzubringen.

2.1 Blasphemie oder Vollmacht Jesu: 2,1-12

2,1-2: In 1,45 war ein eigenartiger Eindruck entstanden: Durch Fehlreaktionen des Geheilten und der Leute wird Jesu Wirken behindert. Obwohl er überall seine Botschaft von der Nähe der Basileia Gottes und von Umkehr und Glauben verkünden soll (vgl. 1,38), kann er sich doch nicht offen in den Städten zeigen, sondern muss an einsamen Orten bleiben. Wie soll es dann aber weitergehen?

Ohne nähere Begründung folgt nun ein zweiter Durchgang des Wirkens Jesu *und* der Erzählung. Erneut geht Jesus nach Kafarnaum hinein und sein Wirken dort wiederholt sich (vgl. 1,21-34), jetzt allerdings unter der Perspektive von Kontroverse und Feindschaft.

Jesus hat die Stadt heimlich betreten und hält sich in einem Haus auf. In welchem Haus er gemeinsam mit seinen vier Jüngern wohnt, wird nicht gesagt und ist doch jedem Leser klar: Es ist das in 1,29 erwähnte Haus des Simon und Andreas. Was aber tut er dort in den Tagen, die er unbemerkt in Kafarnaum weilt? Beginnt er schon mit seiner esoterischen Jüngerbelehrung, die für sein weiteres Wirken bestimmend sein wird (vgl. 3,20f.31-35; 7,17; 9,28.33; 10,10)? Jedenfalls wird seine Anwesenheit in der Stadt erst nach Tagen bemerkt, und sofort stellt sich die Situation von 1,32f wieder ein: Die Volksmenge belagert die Haustür. Simon hatte recht: Alle in Kafarnaum *suchen* Jesus. Was erhoffen sich die Leute? Von Kranken und Besessenen wird jetzt nichts gesagt – erst in 2,3 wird *ein* Kranker herbei geschleppt –, und auch nichts davon, dass Jesus heilt und Dämonen austreibt. Jesus wirkt vielmehr so, wie es sein Auftrag ist: Er spricht zu den Menschen *das Wort*; gemeint ist sein spezifisches Wort, das Evangelium (vgl. 8,35.38).

Auslegung 87

Der Autor treibt seine Theologie des Wortes weiter: An das *Evangelium* muss geglaubt werden (1,15); die *„neue Lehre"* Jesu hat *Vollmacht* (1,22.27); die Taten Jesu wirken weiter als *Ruf*, als Erzählung (1,28); nicht einzelne Heilungstaten, sondern universale *Verkündigung* ist Jesu Auftrag (1,38). So ist denn die unscheinbare Wendung: *„Er redete zu ihnen das Wort"* (2,2) nicht nur eine Floskel, mit der der Erzähler die Situation der folgenden Episode plakatieren will, sondern sie zeigt Jesus als Lehrer in seinem eigentlichen Element, und seine Taten sind dem zuzuordnen. Die Wendung ist eine Überschrift über den folgenden Abschnitt, in dem Jesu vollmächtige Lehre von derjenigen der pharisäischen Schriftgelehrten abgesetzt wird. Der Leser soll auch Jesu Taten als *Lehre* begreifen.

2,3-5: Er ist auf diese Weise vorbereitet, die folgenden Ereignisse als *Lehre* aufzunehmen, zumal sie ihm ohnehin im Worteereignis der Erzählung vermittelt werden. Ein Gelähmter soll von vier Trägern vor Jesus gebracht werden, natürlich um Heilung zu erlangen. Wegen des Gedränges gibt es kein Durchkommen, und so entscheiden sich die Hilfesuchenden, den Weg über das Dach zu nehmen. Sie decken es kurzerhand über Jesus ab, *„indem sie es aufgruben"*, und lassen den Kranken mit seiner Bahre vor Jesus hinab.

Zwei Vorstellungen stoßen sich hier: Die Formulierung *„sie deckten das Dach ab"* hat ein Ziegeldach vor Augen, die Formulierung *„indem sie es aufgruben"* ein Lehmdach. Diese Spannung ist ein Indiz dafür, dass eine ursprünglich aramäische Erzählung im westlicheren Milieu weitererzählt wurde.

Der unbeugsame, erfinderische Wille der vier Träger und des Gelähmten (denn der kann, wenn auch nicht körperlich, durchaus an der Aktion beteiligt gewesen sein), unter allen Umständen zu Jesus zu gelangen, wird von Jesus (und vom Erzähler) ganz positiv gesehen: als *Glaube* (vgl. 5,34). Ist das der Glaube, den Jesus in 1,15 gefordert hat? Hier bezieht er sich freilich in erster Linie auf die Person Jesu. Haben auch der Gelähmte und seine Freunde der Verkündigung Jesu zugehört? Ist ihre Bewegung zu Jesus dann die geforderte *Umkehr*, die vorausgehen muss? Das soll der Leser doch wohl annehmen. Denn wie sollte Jesus Sündenvergebung zusprechen, wo keine Umkehr vorausging?

Jedenfalls vergibt Jesus dem Gelähmten die Sünden; die Passivformulierung *„deine Sünden sind vergeben"* muss wegen 2,10 in diesem Sinne verstanden werden. Kommt in der Szene somit zur Anschauung, was Johannes der Täufer als *„Taufe der Umkehr zur Vergebung der Sünden"* (1,4) angekündigt hat? Ist der Glaube jene Umkehr, die Sündenvergebung empfängt?

Der Gelähmte wird von Jesus als Sünder angesprochen; doch muss das nicht bedeuten, Jesus (und der Autor) führe seine Lähmung auf sein persönliches Sündigen zurück. Dass Krankheit und Leid eine Folge der allgemeinen Sünde sind, dürfte beiden gleichwohl feststehen. Deshalb ist Sündenvergebung das höchste Heilsgut, das der Gelähmte empfangen kann, daran darf kein Zweifel bestehen, und der Leser muss (gemeinsam mit dem Gelähmten) die leise Enttäuschung hinunterschlucken, die der Fortgang der Handlung bei ihm auslöst. Der Gelähmte erhoffte von Jesus ein Wunder zur Wiederherstellung seiner Gesundheit, und der Leser erwartete eine Wundererzählung. Beides wird (vorläufig) nicht erfüllt. Statt dessen spricht Jesus die neue Heilswirklichkeit im Wort zu. Bewirkt sein Wort, was es sagt? Der Glaube bleibt aufgerufen.

Wichtig ist dem Autor: Der Glaube geht dem Wunder voraus. Die Taten Jesu erzeugen ihn nicht. Weil die Wunder faktische Ereignisse sind, können sie nur Wissen hervorbringen. Der vertrauende Glaube aber ist auf eine Person und ihr Wort bezogen.

2,6-11: Neben den Glaubenden treten auch heimliche Widersacher in der Geschichte auf. Sie werden erst jetzt durch den Erzähler eingeführt, obwohl sie von Anfang an dabei waren. Der Leser weiß bereits von ihnen, hatte der Autor doch den Gegensatz zwischen Jesu und ihrer Lehre herausgestrichen (vgl. 1,22): Jesu neue Lehre hat Vollmacht, die alte Lehre der Schriftgelehrten ist ohne Legitimation und Kraft.

Auch den Schriftgelehrten ist dieser Gegensatz bewusst, aber sie sehen in Jesu Lehre eine Anmaßung, und als solche beurteilen sie auch sein Heilswort an den Gelähmten: „*Er lästert!*" Mit dieser Beschuldigung nehmen sie das spätere Urteil des Hohenpriesters vorweg, das den Todesbeschluss gegen Jesus begründen wird (vgl. 14,64). Die Schriftgelehrten meinen, Gott gegen Jesu Anspruch in Schutz nehmen zu müssen, weil sie Jesus nicht als legitimen Vertreter Gottes akzeptieren. Natürlich haben sie recht damit, dass nur Gott Sünden vergeben kann, aber der „*Sohn Gottes*" hat diese Macht ebenfalls.

Die Schriftgelehrten stellen Jesu Legitimation nicht offen in Frage, sondern heimlich „*in ihren Herzen*". Ihre Feindschaft ist hinterhältig, womit sich zeigt, dass sie nicht bereit sind, sie aufzugeben. Sie sind voreingenommen und verstockt, Jesus aber deckt ihre unausgesprochenen Gedanken auf. Dass er in ihre finsteren Herzen blicken kann, müsste sie bereits stutzig machen: Vor ihnen steht mehr als ein Mensch, der sich göttliche Rechte anmaßt.

Die Frage Jesu nach dem *Leichteren* und damit auch nach dem Schwereren ist eine Vexierfrage. Welche Antwort erwartet er, und welche Schlussfolgerungen sollen gezogen werden? Sündenvergebung oder Heilung nur zuzusagen, ohne dass etwas geschieht, ist in jedem Fall gleich leicht. Darauf kann Jesu Frage somit nicht zielen. Das Wort von der Sündenvergebung, dessen Wirkung niemand kontrollieren kann, ist gegenüber einem Heilungswort, das bewirkt, was es aussagt, ohne Zweifel das *Leichtere*. Doch geht es Jesus nicht darum, das *Leichtere* lediglich aussprechen zu dürfen, wenn er sich fähig erweist, das Schwerere zu tun, sondern es geht ihm um die *Wirkung* der miteinander verglichenen Worte: Ist Sündenvergebung *leichter* (durch ein Wort) zu bewirken als Heilung? Auf diese Frage muss die Antwort wohl lauten: Das eine ist so schwer wie das andere, und *beides* ist Domäne Gottes! Wer die göttliche Kraft besitzt, Menschen durch ein Wort zu heilen, hat auch die *Vollmacht*, Sünden zu vergeben! Dass Jesus Sündenvergebung wirksam zusagen kann, erweist sich eben daran, dass er heilend wirkt. Sein Wort von der Sündenvergebung ist so wirksam wie sein Heilungswort. Mit seiner Frage nach dem *Leichteren* will Jesus nicht wirklich zu einem „Schluss vom Kleineren auf das Größere" anregen, wie ihn die Rabbinen in ihren Disputen

Auslegung 89

gepflegt haben. Seine vollmächtigen Heilungen sollen nicht als das eigentlich „Größere" ausgewiesen werden. Es geht ihm um sein Wort: Ist sein Heilung zusprechendes Wort wirksam, wie ja durch den Augenschein kontrollierbar war, dann ist es auch sein Wort von der Sündenvergebung. Es ist kein leeres Wort, sondern bewirkt, was es aussagt. Dann aber ist es, weil nur Gott Sünden vergeben kann, ein Wort Gottes in Vollmacht, auf Erden ausgesprochen durch den Gottessohn!

Jesus wendet sich dem Gelähmten wieder zu und spricht sein Wort, das er in 2,5 an ihn gerichtet hatte, nun zu Ende. Man könnte den Eindruck haben, Jesus habe seine Zuwendung zu dem glaubenden Kranken durch ein Beiseitesprechen in Richtung der Gegner nur kurz unterbrochen. Sein sündenvergebendes (2,5) und heilendes Wort (2,11) gehören zusammen; sie sind ein einziges Wort. Mit den Sünden ist auch die Krankheit beseitigt, und die Heilung bestätigt die Wirksamkeit des Vergebungswortes. Die „Enttäuschung", die der Leser (mit dem Gelähmten) in 2,5 erlebte, ist eingeholt und grandios überwunden. Jesus hat seine *Vollmacht* zur umfassenden Heilung der Menschen erwiesen. Er beseitigt die Krankheit und ihre Ursache.

2,12: Jesus hat die machtvolle Wundertat der Heilung vor Glaubenden und Nichtglaubenden gewirkt. Das Wunder folgt dem Glauben, aber es bewirkt ihn nicht: Die Gegner bleiben verstockt. Der Leser liest von ihrer Reaktion nichts, doch der Kontext zeigt, dass sie von ihrer Feindschaft nicht lassen werden. In 3,6 beschließen sie, Jesus zu *vernichten*.

Der glaubende Geheilte reagiert, wie es die Wundergeschichte erfordert: Vor aller Augen erhebt er sich und geht, seine Bahre selbst tragend, weg. Eindrucksvoller kann die eingetretene Heilung eines Gelähmten nicht bestätigt werden: Der von Vieren Getragene (vgl. 2,3) trägt nun selbst seine Liege davon.

Die ausdrucksvollste Reaktion erfolgt von der Volksmenge, die vor der Tür versammelt war und das *Wort* Jesu gehört hat. Die Leute haben begriffen, was vor ihren Augen geschehen ist: In Jesus hat Gott heilvoll eingegriffen; das wissen sie, weil sie etwas Einmaliges gesehen haben. Deshalb preisen sie Gott, und indem sie ihn loben, anerkennen sie auch Jesus.

In 1,44 wollte Jesus die Heilung geheim halten. Nur den Priestern sollte sie *„zum Zeugnis"* gelten. Die Durchbrechung des Schweigebefehls behinderte Jesu Wirken. Jetzt hat Jesus den Gelähmten vor der großen Menge und demonstrativ vor den Gegnern geheilt. Die Frage nach dem Zweck der Schweigegebote stellt sich dem Leser massiv, aber die Antwort muss er sich selbst geben.

Auswertung: Die Erzählung enthält eine eindringliche Botschaft: Jesus hat Sündenvergebung von Gott her dem Menschen zugesprochen und damit die durch die Sünde in ihrem Innern zerstörte Existenz des Menschen wieder geheilt. Das hat keine alttestamentlichen Vorbilder: Kein Prophet hat jemals Sünden vergeben; auch vom Messias wird keine Sündenvergebung erwartet. Sie ist Privileg Gottes. Auch die Erzählung rührt dieses Privileg nicht an, verkündet sie Jesus doch als den Gottessohn, der *Gottes* Sündenvergebung in seinem Wirken herbeibringt.

Die im Hintergrund stehende Vorstellung einer Verbindung von Sünde und Krankheit mutet unaufgeklärt an. Aber man sollte diese alte biblische Denkweise, die Tun und Ergehen des Menschen zusammen bindet, die Sünde als Aufstand gegen den Schöpfer und Verfallenheit der Schöpfung an Krankheit und Not miteinander in Beziehung bringt, nicht einfach beiseite tun. Wichtig ist allerdings, diese Denkweise theologisch nicht dahingehend misszuverstehen, als räche sich Gott am Menschen für die Sünde, indem er ihn mit Krankheit schlägt. Gemeint ist vielmehr, dass der Mensch in seiner Auflehnung gegen den Schöpfer letztlich selbst für das Übel und die Not verantwortlich ist, die ihn treffen. Nicht Gott ist es, der Krankheit oder Tod schafft, sondern Gott will das Heil des Menschen. Der Mensch ist als Sünder für die zerstörte Schöpfung verantwortlich.

Auch unsere Erfahrung spricht dagegen, Krankheit allein als verhängnisvolles Versagen der natürlichen Funktionen des Körpers anzusehen. Längst ist die Rolle erkannt, die der Mensch bei der Entstehung von Krankheiten spielen kann. Wir sprechen von Zivilisationskrankheiten und gestehen damit ein, dass Krankheit etwas mit unserem Verhalten zu tun hat. Noch enger und greifbarer wird uns dieser Zusammenhang, wenn wir an Krankheiten und Gebrechen denken, die Menschen bewusst oder fahrlässig sich selbst und anderen zufügen: durch Krieg, Straßenverkehr, Umweltzerstörung, Sucht.

Unsere Erfahrung ist also gar nicht so weit entfernt von jener alten biblischen Vorstellung vom Zusammenhang zwischen Tun und Ergehen des Menschen. Grundsätzlich fremd kann uns daher die hinter der Wundererzählung stehende Vorstellung nicht sein. Sie ist uns vielleicht deswegen anstößig, weil sie individualistisch erscheint: Persönliche Krankheit und persönliche Schuld des Gelähmten werden aufeinander bezogen, so als ob jede Not und Krankheit in persönlicher Schuld ihre Ursache hätten. Doch muss unser Text so nicht verstanden werden. Der Mensch lebt in einer Schicksalsgemeinschaft des Tuns und Ergehens, er lebt in einer Gemeinschaft der Sünde und des Todes. Sünde ist auch Erbschaft, wie Krankheit ebenfalls Erbe sein kann. Wenn Jesus dem Kranken Vergebung zuspricht, dann ist dieses Erbe von ihm genommen, und es geschieht Neuschöpfung inmitten der alten Schöpfung. Dann werden nicht nur aktuelle Sünden nachgelassen, sondern die Wurzeln trocken gelegt, mit denen der Mensch im Schuldzusammenhang der Menschheit verwurzelt ist.

Die Erzählung berichtet eine solche Neuschöpfung des Menschen durch Jesu Wirken. Der Geheilte, der vor den Augen der Menge sein Bett davon trägt, ist der Prototyp des „neuen Menschen", den Jesus durch sein Wirken schafft.

Im Rahmen des Abschnitts 2,1-3,6 hat die Erzählung eine herausragende Bedeutung. Ihr dürfte gleiches Gewicht für die Darstellung des Wirkens Jesu zukommen wie der Erzählung 1,21-28, mit der sie in vieler Hinsicht parallel geht: Beide spielen in Kafarnaum; dem Machterweis Jesu geht eine Verkündigungstätigkeit voraus; beide handeln von der *Vollmacht* des Gottessohnes, dort als „*Lehre in Vollmacht*", hier konkret als *Vollmacht* zur Sündenvergebung; waren in 1,22 die Schriftgelehrten die Folie zur Charakterisierung der vollmächtigen Lehre Jesu, so treten sie jetzt als Gegner und Ankläger (βλασφημεῖ) auf. Die Verwandtschaft

Auslegung   91

beider Stücke legt nahe, dass der Autor sie auch inhaltlich/theologisch eng aufeinander bezogen hat: Die Befreiung des Menschen aus den Bindungen dämonischer Mächte durch Jesus und sein Evangelium geschieht *als Sündenvergebung*. Die von Gott im Evangelium der Umkehr (vgl. 1,4) ermöglichte Vergebung der Sünden befreit aus den Verstrickungen des Bösen und eröffnet befreites Leben auf die Basileia Gottes hin.

Wieder stellt sich die Frage, wie das vergangene Heilswirken des Gottessohnes „*auf Erden*" in der Gegenwart des Autors und seiner Leser vermittelt wird. Die Antwort ist: durch die Verkündigung des Evangeliums vom Wirken des Gottessohnes. Diese Antwort gibt der Autor durch 2,2: Jesus spricht zur Volksmenge „*das Wort*". Ὁ λόγος ist wie τὸ εὐαγγέλιον terminus technicus der urchristlichen Verkündigungssprache und wird auch im MkEv so verwendet (vgl. 4,14ff.33; 8,32.35). Konkreter Inhalt dieses *Wortes* ist die Vergebungstat Jesu und die Auseinandersetzung um sie, wie sie in 2,3-12 geschildert wird. Die Erzählung 2,3-12 ist also für den Autor nicht nur Mitteilung eines einmaligen, außergewöhnlichen aber vergangenen Ereignisses, sie ist selbst „Wort der Vergebung". In ihr spricht der Gottessohn (als Auferstandener) immer wieder dieses Wort, wo immer das Evangelium auf Glauben und nachfolgende Annahme trifft.

2.2 Die neue Gemeinde der Nachfolger: 2,13-17

2,13: Jesus wechselt den Ort und geht *wieder* am Ufer des Sees von Galiläa entlang. Damit ist vom Autor wohl nicht nur ein Wechsel der Szenerie, sondern auch des Themas angezeigt: Der Leser erinnert sich, dass Jesus am See seine ersten Jünger berufen hat (vgl. 1,16-20). Um Jüngerberufung und um die Praxis der Nachfolge geht es auch im folgenden; die Szenenangabe 2,13 leitet insofern den Mittelteil 2,13-28 insgesamt ein, der vom Einspruch der Gegner gegen die Zusammensetzung und Praxis der Jüngergemeinde und von ihrer Verteidigung und Begründung handelt.

Die „*ganze Volksmenge*" – gemeint sind vielleicht die *Vielen* von 2,2 – kommt zu Jesus, und er *belehrt* sie (vgl. 1,21f; 2,2). Erneut nimmt Jesus sein Lehramt wahr. Die Szenerie bleibt unanschaulich, und erzählerisch ist die Bemerkung über Jesu Lehren eigentlich nicht nötig. Sie dürfte ein Signal des Autors sein, der so alles Folgende zum Inhalt der *Lehre* Jesu macht.

2,14-17: Im *Vorbeigehen* erfolgt die dritte Jüngerberufung durch Jesus. Erzählt wird sie ganz im Stil der beiden ersten (1,16-20): Der erwählende Blick Jesu geht dem Nachfolgeruf voraus, und der Jünger folgt nach, indem er sein Gewerbe zurücklässt. War dieses ein Unrechtsgewerbe, dann ist die Nachfolge *Umkehr* von einem sündigen Leben. Indem Levi dem Ruf Jesu folgt, empfängt er Vergebung seiner Sünden und ist kein Sünder mehr. In diesem Gedanken hat der Autor wohl die geheime Verbindung zur vorausgehenden Erzählung gesehen.

Nach der Berufung findet wie in 1,29ff ein Jüngermahl statt: Jesus begibt sich in Levis Haus und liegt nicht nur mit diesem, sondern mit „*vielen Zöllnern und*

Sündern" und mit den übrigen Jüngern zu Tisch. „Zöllner sind Sünder", das scheint der im folgenden noch zweimal wiederholte Doppelausdruck *„Zöllner und Sünder"* aussagen zu wollen. Doch wenn sie Jesus nachfolgen, weil sie seinen Umkehrruf angenommen haben und seine Jünger wurden, sind dann nicht ihre Sünden vergeben?

Die Gegner Jesu jedoch sehen das anders; sie werden jetzt die *„Schriftgelehrten der Pharisäer"* genannt. An allen Stellen des MkEv, wo sich Jesus mit den Schriftgelehrten auseinandersetzt (3,22ff; 7,1ff; 9,14ff; 10,1ff; 11,18.27ff), dürfte es so gemeint sein: Die Schriftgelehrten gehören der pharisäischen Richtung an. Wahrscheinlich spielen pharisäische Schriftgelehrte noch für den Autor und seine ersten Leser als jüdische Gegner eine wirksame Rolle.

Darauf könnte auch der eigenartige Erzählzug hinweisen, dass die Gegner nicht Jesus selbst, sondern dessen Jüngern gegenüber die Mahlgemeinschaft mit *„Sündern und Zöllnern"* monieren, obwohl Jesus auf den Vorwurf antwortet, als wäre er sein Adressat gewesen. Bringt der Autor so zum Ausdruck, dass noch die Lesergemeinde mit dem Vorwurf konfrontiert ist, Jesus habe sich mit Sündern abgegeben, die Jüngergemeinschaft sei eine Gesellschaft von Gottlosen und notorischen Sündern gewesen, und dies schlage auf Jesus selbst zurück? Vielleicht steht die Gemeinschaft des Autors in Konkurrenz mit einem pharisäisch geprägten Judentum, das sich als die wahrhaft *Gerechten* betrachtet. Deren Vorwurf gegen die Jüngergemeinschaft lautet dann, dass sie eine Gemeinde von Sündern ist bzw. sich wie Jesus selbst mit Sündern einlässt.

Die Antwort Jesu hat zwei Teile, die je für sich den Einwand wirksam zurückweisen könnten. Der erste hat sprichwörtlichen Charakter: *„Gesunde haben keinen Arzt nötig, aber die Kranken!"* Jesus nimmt den Einwand der Gegner somit auf: Die *„Zöllner und Sünder"* in seiner Nachfolge hatten einen Arzt nötig, der sich um ihre Krankheit kümmerte. Den haben sie nun in Jesus gefunden, und in 1,32ff; 1,40ff; 2,11f haben die Leser schon erfahren: Jesus ist wahrhaftig ein Arzt, der Krankheiten heilt. Aber er ist auch der *„Heilige Gottes"*, der die Dämonen vertreibt und die Sünden vergibt (vgl. 1,24ff; 2,5.10). Die „kranken" Zöllner und Sünder sind also durch ihn zu *Gesunden* geworden und keine Sünder mehr.

Sind die *„Schriftgelehrten der Pharisäer"* nun die Gesunden, die den *Arzt* gar nicht nötig haben? Oder sind sie über sich verblendet, halten sich für gesund, sind aber ebenso krank, wie es die „sündigen" Zöllner waren? Warum kommen sie nicht zu Jesus, um Sündenvergebung und Heil zu empfangen?

Der zweite Teil des Wortes Jesu beantwortet diese Frage: *„Ich bin nicht gekommen, Gerechte zu (be)rufen, sondern Sünder."* Wer gesund ist, braucht keine Heilung, und wer gerecht ist, hat Sündenvergebung nicht nötig. Das ist stringent. Wie ein Arzt nicht in die Häuser der Gesunden eintritt, so ergeht Jesu Umkehrruf gar nicht an die Gerechten. Sie brauchen ihn nicht zu ihrem Heil. Das Wort Jesu ist wie das Sprichwort vom Arzt wahr und doch voller Ironie. Wahr ist daran, dass ein Gerechter auf seinem Weg nicht umkehren muss. Somit gilt ihm der Evangeliumsruf Jesu (1,15) nicht. Wer aber wie die sündigen Zöllner auf Jesu Ruf hört und umkehrt, der gibt damit zu, nicht gerecht gewesen zu sein. Die Ironie besteht darin, dass Logik und Stringenz des Wortes Jesu selbst in dem Fall vor-

Auslegung

handen sind, dass die Gesunden und Gerechten gar nicht sind, wofür sie sich halten. Denn auch die angeblich Gesunden, obwohl sie schwer krank sind, rufen nicht nach dem Arzt, und ebenso meinen die Selbstgerechten, Jesu Ruf zur Umkehr sei nicht für sie bestimmt. Schon deutet sich hier das geheimnisvolle Paradox der Verstockung an, das im MkEv noch oft begegnen wird (vgl. 3,28f; 4,10ff; 8,11f): Wer den Ruf zur Umkehr nicht auf sich bezieht und nicht an das Evangelium Jesu glaubt, der ist auch nicht gerufen. Jesu Wirken in Wort und Tat braucht Resonanz, den Glauben und die Nachfolge, sonst bleibt es wirkungslos.

2.3 Das Verhältnis des Neuen zum Alten: 2,18-22

2,18-20: Ohne neue Orts- und Zeitangabe schließt der Autor die nächste Szene an: Sie könnte somit unmittelbar auf 2,13-17 folgen. Jesus und seine Jünger schmausen gemeinsam mit den „*Zöllnern und Sündern*" im Haus des Levi an einem Tag, der für die Jünger des Johannes und die Pharisäer ein Fasttag ist. Das Fasten war nur am Versöhnungstag allgemein vorgeschrieben, galt aber als verdienstvolle Bußübung, weshalb es in Kreisen der Frommen als Wochenfasten an einem bestimmten Tag (donnerstags) geübt wurde (vgl. PsSal 3,8). Die Fragesteller, die sich an Jesus wenden, kommen von dieser frommen Praxis her und werfen ihm vor, dass seine Jünger nicht am Wochenfasten der Frommen teilnehmen. Der Vorwurf ist nicht so zu verstehen, dass die Jünger an einem anderen Tag als alle Frommen fasten, sondern dass sie überhaupt nicht fasten.

Wer die vorwurfsvollen Fragesteller sind, wird nicht gesagt. In den Mund der zuvor genannten „*Schriftgelehrten der Pharisäer*" passt die Frage schwerlich; man würde ein „*wir*" erwarten. Somit sind wohl Außenstehende gemeint, die den Unterschied in der frommen Praxis zwischen den Gruppen der Johannesjünger, der Pharisäer und der Jesusnachfolger beobachtet haben und zur Sprache bringen. Jesus soll den sachlichen Grund für die Differenz nennen. Das Nicht-Fasten der Jünger wird somit nicht als religiöse Laxheit angesehen, sonst wäre eine Antwort Jesu nicht nötig, sondern ebenfalls als Ausdruck einer religiösen Praxis und soll deshalb von Jesus erklärt werden.

Jesus wird für das Tun seiner Jünger verantwortlich gemacht – zu Recht, wie seine Erwiderung zeigt. Es geht hier nicht wie in 2,1-12 und 3,1-5 um das Tun Jesu, sondern um das der Jünger, das aber in der Vollmacht Jesu gründet.

Die Antwort Jesu hat drei Teile. Der letzte (2,20) kündigt ein Fasten der Jünger für die Zeit an, wenn der *Bräutigam* ihnen *entrissen* ist: Das ist dunkle Todesweissagung und Hinweis auf Jesu Erhöhung, der als *Bräutigam* nur für eine kurze Festzeit anwesend war, in einem. Der kurzen Zeit der irdischen Anwesenheit des Bräutigams gegenüber kommt die Zeit der Leser in den Blick; sie fasten wieder, und zwar „*an jenem Tag*" – wohl am Freitag, zur Erinnerung an Jesu Tod. Das Fasten als religiöse Praxis der Buße und Trauer ist also in der Nachfolge Jesu keineswegs abgeschafft, auch wenn die Jünger zu Lebzeiten Jesu auf Erden nicht gefastet haben.

Ihr Nicht-Fasten wird im ersten und zweiten Teil der Antwort Jesu begründet, wobei sich die Frage stellt, wie sich beide Teile zueinander verhalten. Sagen sie einfachhin dasselbe? Oder lassen sie sich sprachlich differenzieren? Zweifellos steuert der zweite Teil (2,19b) bereits auf die neue Fastenansage zu: Den Ton trägt die Zeitangabe „*solange Zeit sie den Bräutigam bei sich haben*". Der *Bräutigam* ist Jesus, und Subjekt des Satzes sind seine Jünger; für die Zeit ihres Umgangs mit Jesus ist das Fasten storniert, denn Fasten ist Ausdruck des Wartens auf ihn als den *Bräutigam* und somit fehl am Platz während seiner Anwesenheit. Das Nicht-Fasten wird ebenso christologisch begründet wie das neue Fasten „*an jenem Tag*" (2,20).

Wie verhält es sich nun mit dem ersten Teil der Antwort Jesu (2,19)? Werden die Jünger hier als „*Söhne des Brautgemachs*" (= Hochzeitsgäste) bezeichnet, die doch nicht fasten können, *wenn* (ἐν ᾧ) der *Bräutigam* bei ihnen ist, also am Hochzeitsfest? Oder ist das Wort Jesu eine sprichwörtliche Alltagsweisheit, die besagt, dass Hochzeit und Fasten nicht zusammengehen? Wie Fasten nicht zu Hochzeitsgästen passt, so können auch Jesu Jünger nicht fasten in der Zeit der Anwesenheit des *Bräutigams* Jesus. Bei diesem Verständnis müsste die Zeit der irdischen Anwesenheit Jesu nicht unbedingt als „Hochzeit" verstanden werden. Diese findet erst statt, wenn der *Bräutigam* Jesus, der den Jüngern wieder *entrissen* wird, erneut kommt. Das „neue" Fasten der Jünger, von dem 2,20 spricht, ist dann Vorbereitung darauf.

Oder will der Autor sagen: Die Zeit der Anwesenheit des Gottessohnes Jesus auf Erden war „Hochzeit", und die geschichtlichen Jünger waren Gäste dabei? Auf jeden Fall bringt er klar eine Differenz zum Ausdruck zwischen den Tagen des irdischen Jesus und der Leser. Deren Tage sind durch die Abwesenheit des Gottessohnes Jesus gekennzeichnet. Den Lesern wird die begrenzte Zeit des Wirkens Jesu auf Erden als prägende Ausnahme vor Augen gestellt, an der die Jünger teilnehmen durften. In dieser Zeit war das Fasten als Ausdruck der Buße und Trauer ausgesetzt; in der Zeit der Leser dagegen ist Fasten als Zeichen nüchterner und sehnsüchtiger Erwartung angemessen. Sie müssen es aushalten, dass der *Bräutigam* Jesus ihnen entrissen und somit abwesend ist.

2,21-22: Jesus hat begründet, warum seine Jünger im Gegensatz zu den Täufer- und Pharisäerjüngern jetzt nicht fasten, später aber fasten werden. Er hat damit zugleich Stellung dazu genommen, warum Täufer- und Pharisäerjünger jetzt fasten: weil sie in Jesus nicht den *Bräutigam* erkannt haben und nicht mit ihm zur Hochzeit unterwegs sind. Sie sind keine Jesusjünger geworden, haben sich von seiner „*neuen Lehre*" (1,22.27) nicht ansprechen lassen und sind vielmehr in der alten Lehre befangen. Darum ist ihr jetziges Fasten eine *alte* religiöse Praxis, die mit dem späteren *neuen* Fasten der Jesusnachfolger nicht vermischt werden kann. Die „*neue Lehre*" Jesu und die *neue* Praxis der Jünger sind von solcher Kraft und Vollmacht, dass sie nicht als *Flicken* auf das alte Kleid genäht und nicht als „*neuer Wein in die alten Schläuche*" geschüttet werden dürfen. Sie müssen als ein *neues* Gewand angezogen und in *neuen* Formen vollzogen werden. Das „*alte*

Kleid" und die *„alten Schläuche"* sind zerrissen und brüchig und haben bald ausgedient. Wohlgemerkt, es geht um Gewand und Schlauch, die hier von Jesus abgetan werden, nicht um die Gestalt und den Inhalt. Jesus weist die äußeren Formen als zerrissen und kraftlos zurück: Weder die Lehre der Schriftgelehrten (vgl. 1,22) noch die religiöse Praxis der Johannes- und Pharisäerjünger können das Neue, das Jesus bringt, fassen und vertragen. Nur wer Jesus nachfolgt, hat das *neue* Gewand angezogen und trägt den *„neuen Wein"* in sich.

2.4 Sabbatobservanz: 2,23-28

Die kleine Szene und die Debatte um das Verhalten der Jünger am Sabbat finden in einem Getreidefeld statt; spätestens jetzt ist das Haus des Levi verlassen. Auch zeitlich wird eine Zäsur vorausgesetzt: Die Szene spielt an einem Sabbat. Damit sind zugleich die äußeren Bedingungen für das beanstandete Tun der Jünger mitgeteilt: Während des Gangs durch die erntereifen Felder rupfen die Jünger Ähren ab, wohl um deren Körner durch Zerreiben zwischen den Händen auszulösen und dann zu essen. Es wird nicht gesagt, dass die Jünger aus Hunger so handeln, obwohl 2,25 dies nahezulegen scheint.

Die Jünger werden bei ihrem (harmlosen) Tun von den Pharisäern beobachtet. Wie in 2,6.16 sind diese ebenfalls anwesend, nicht in Jesu Nachfolge, sondern geradezu als *Verfolger*, die in gegnerischer Absicht genau auf sein und seiner Jünger Verhalten achtgeben. Ihr Einwand nimmt die mechanischen Verrichtungen der Jünger aufs Korn, die sie als am Sabbat verbotene Arbeit einstufen. Das Abrupfen von Ähren galt grundsätzlich als erlaubt und war als „Erntearbeit" nur am Sabbat verboten. Die ganze Szene wirkt ausgesprochen konstruiert. Die ausgefallene Situation ist vom Erzähler offenbar mit der Absicht gewählt worden, die kleinliche Sabbatkasuistik der Pharisäer an einem krassen Beispiel darstellen zu können und der Lächerlichkeit preiszugeben.

Jesus wird von den Pharisäern für das Handeln seiner Jünger verantwortlich gemacht, und seine Antwort lässt keinen Zweifel daran, dass er diese Verantwortung übernimmt: Die Jünger haben nicht nur Jesu Zustimmung bei ihrer „Handarbeit" am Sabbat, sie handeln sogar aufgrund seiner Vollmacht so. Jesu Erwiderung hat drei Teile: Der erste Teil (2,25f) führt ein Gegenbeispiel an, das durch die Heilige Schrift autorisiert ist; der zweite Teil (2,27) betont die Menschenfreundlichkeit des Sabbatgebotes und der dritte (2,28) ist eine zusammenfassende Schlussfolgerung, die *auch* das Sabbatgebot der vollmächtigen Weisung Jesu unterstellt.

Jesus argumentiert zunächst schriftgelehrt, also mit den Mitteln der schriftgelehrten Pharisäer (vgl. 2,6f.16): Er verweist auf die Schrift, die in 1Sam 21,1-7 erzählt, wie David sich in bedrängter Lage mit seinen Gefährten von den Schaubroten des Tempels ernährte, die nach Vorschrift der Tora nur von den Priestern verzehrt werden durften. Ausdrücklich weist Jesus darauf hin, dass David etwas getan hat, was vom Gesetz verboten war. Er durfte aber so handeln, weil er und seine Begleitung in Not waren. Das Kultgesetz findet seine Grenze in der Not des Menschen. Auch die Jünger Jesu durften daher die Getreidekörner essen, um ihren Hunger zu stillen, selbst wenn sie nicht wie David vor Hunger fast umkamen.

Das zweite Argument Jesu beruft sich auf die Schöpfungsordnung (Gen 2,1ff): Gott hat den Sabbat geschaffen (ἐγένετο) zum Wohl des Menschen, damit er nicht in der Sorge um den Lebensunterhalt untergeht und an einem Tag der Woche sorglos müßig sein kann. Der Sabbat soll den Menschen nicht knechten, sondern freimachen. Darum will das Sabbatgebot solch unschuldige „Erntearbeit", wie die Jünger sie verrichten, nicht verbieten.

Das letzte Wort Jesu entwindet die Auslegung des Sabbatgebotes den Pharisäern und weist sie Jesus zu. Er ist „Herr auch über den Sabbat" und kann diesbezüglich vollmächtige Weisung geben. Seine Jüngerschaft hält den Sabbat nach seinen Prinzipien.

Das letzte schlussfolgernde (ὥστε) Wort Jesu setzt einen starken Akzent. Wieso folgt aus den vorausgehenden Hinweisen auf die Schrift (2,25f) und die Schöpfungsordnung (2,27), dass der *Menschensohn* – Jesus verweist auf sich selbst (vgl. 2,10) – „*Herr auch über den Sabbat*" ist? Offenbar ist der Autor der Meinung, dass die Argumente Jesu Teil seiner vollmächtigen neuen *Lehre* sind. Das Beispiel Davids hat mit dem strittigen Fall des Jüngerverhaltens am Sabbat auf den ersten Blick nichts zu tun. Wenn Jesus es trotzdem darauf bezieht, so tut er es mit göttlicher Autorität, die festlegen kann, wie der Wille Gottes auszulegen ist. Gleiches gilt für das Argument 2,27: Dieses vernünftige und menschenfreundliche Prinzip der Auslegung des Sabbatgebotes gilt nicht selbstverständlich; es ist dem Schöpfungsbericht nicht ohne weiteres zu entnehmen. Vielmehr interpretiert Jesus hier in Vollmacht die eigentliche Absicht Gottes. Den Pharisäern der Szene ist somit nicht vorzuwerfen, dass sie – durch das Tun der Jünger am Sabbat irritiert – Jesus nach einer Begründung dafür gefragt haben. Damit haben sie sogar – ironischerweise und ohne Absicht – anerkannt, dass nur er Vollmacht hat, Weite und Grenzen des Sabbats festzulegen. Er allein ist die Lehrautorität, die die Schrift und Gottes Willen kennt und kompetent auszulegen vermag: Also ist er „*Herr auch über den Sabbat*"!

Das letzte Wort Jesu setzt einen christologischen Akzent: Nur durch Jesus ist Erkenntnis des Gotteswillens möglich und einzig in seiner Nachfolgegemeinschaft wird er angemessen vollzogen. Die Pharisäer müssen sich fragen lassen, ob sie bereit sind, die vollmächtige Autorität Jesu anzuerkennen.

2.5 Die Herzensverhärtung der Gegner: 3,1-6

Der Ausflug Jesu mit seinen Jüngern an den See von Galiläa (2,13) und in die Felder (2,23) ist abgeschlossen und damit auch jene Szenenreihe, in der es um die Zusammensetzung und Praxis der Jüngerschaft ging, die in der Vollmacht Jesu begründet ist. Jetzt kehren Jesus und die Erzählung zum Ausgangspunkt zurück, nach Kafarnaum (vgl. 2,1f) und dort wieder in die Synagoge (vgl. 1,21f). Zeitlich

Auslegung

ist die folgende Szene eng mit der vorausgehenden zusammengeschlossen: Noch ist Sabbat (vgl. 2,23).

In der Synagoge trifft Jesus auf einen Behinderten mit einer verkrüppelten Hand, einen Bettler, wie die ersten Leser aus ihrer Lebenserfahrung ergänzen können, der seinen Lebensunterhalt nicht durch Arbeit erwirtschaften kann. Zugleich sind in der Synagoge schon Personen versammelt – Pharisäer und Herodianer, wie der Leser aus 3,6 erfährt –, die beobachten sollen, ob Jesus wohl am Sabbat den nicht lebensgefährlich Behinderten heilt. Ihre geheime Absicht wird auch schon genannt: Sie wollen Jesus wegen bewussten Sabbatbruchs anklagen! Soll der Leser annehmen, die Gegner hätten eine Falle für Jesus vorbereitet, indem sie den Behinderten ins Blickfeld rückten und selbst im Hintergrund warten, dass Jesus darauf hereinfällt?

Jesus tappt nicht in die Falle, und doch nimmt er die Herausforderung an. Die Leser wissen ja (vgl. 2,8), dass Jesus die Herzen und Absichten seiner Gegner durchschaut. Darum ahnen sie von vornherein, warum Jesus den Behinderten aufruft, sich „*in die Mitte*" zu stellen. An ihm will er die Überlegenheit seiner Lehre demonstrieren. Nicht Jesus wird der Verklagte sein, sondern die Gegner!

An diese wendet Jesus sich und stellt ihnen eine Gegenfrage, die nicht nur ihre voreingenommene Feindschaft gegen ihn aufdeckt, sondern die Gegner geradezu in die *Herzensverhärtung* hineintreibt. Man könnte die Frage als unfair empfinden, weil die erfragte Alternative gar nicht besteht: Böses tun und töten ist überhaupt nicht erlaubt, natürlich auch nicht am Sabbat; das Gute aber muss immer getan werden, auch am Sabbat! Hinzu kommt: Lebensrettung hätten auch die Pharisäer am Sabbat zugestanden. Jesu Frage ist somit eigentlich gar keine *Streitfrage*, und indem die Gegner schweigen, geben sie zu, dass sie positiv antworten müssten. Warum schweigen sie dann? Weil sie spüren, dass es Jesus nicht um eine theoretische Frage geht, zu der sie Stellung nehmen sollen, sondern dass sie mit ihrer (positiven) Antwort Jesus anerkennen müssten: Er bewirkt das Gute und rettet Leben, weil er Heilung und Sündenvergebung bringt. Sein Wirken zu behindern oder zu verbieten, bedeutet Böses zu tun und zu töten! Der Sabbat kann keine Grenze für das von Gott stammende Heilswirken Jesu sein.

Das aber wollen die Gegner nicht zugeben. Wie sie schon Jesu Vollmacht zur Sündenvergebung bestritten und als *Lästerung* diskriminiert haben, so werden sie auch das durch Jesus am Sabbat bewirkte Heil als Sabbatbruch anklagen. Dies war von vornherein ihre Absicht, und darum schweigen sie. Sonst müssten sie Jesus geradezu auffordern, den Behinderten von seiner Plage zu befreien.

Wer sich nicht überzeugen lässt, obwohl er überwunden ist und dem Kontrahenten recht geben müsste, der ist verstockt. Und es gibt nichts traurigeres als einen Verstockten, weil alle einschließlich seiner selbst wissen, dass er im Unrecht ist. Kein noch so plausibles Argument und keine überzeugende Tat, nicht einmal ein Wunder können ihn aus der Verhärtung befreien, in die er sich verstrickt hat. Nur er selbst, indem er sich frei macht von der Fixierung auf sich selbst und einlässt auf das Wagnis mit dem anderen. Genau das heißt „glauben". Der Glaube an Jesus und sein Wort wäre die Überwindung der *Herzensverhärtung* der Gegner. Aber weil sie dazu nicht bereit sind, treibt Jesu Wort und Wirken sie nur noch tiefer in die Verstockung hinein. Sie können seine wunderbare Tat gar nicht mehr als solche würdigen. Sie meinen, Gottes Sabbatgebot dadurch zu schützen, dass dieses Tun des Guten durch Jesus aufgeschoben wird, und sie nehmen um dieses Prinzips willen in Kauf, selbst am Sabbat zu töten. Denn sie beschließen Jesu Tod (3,6).

Neben den Pharisäern nennt der Autor noch die Herodianer als Gegner, wohl Parteigänger des Herodes Antipas, also eine staatstragende Gruppierung, die zum eigenen Machterhalt auf „Gesetz und Ordnung" aus ist. In 12,13-17 werden sie erneut gemeinsam mit den Pharisäern gegen Jesus antreten.

Der Autor stellt dar, dass Jesu Tod von Anfang an für die Gegner beschlossene Sache war. Von nun an wird der Leser die Geschichte Jesu unter dieser Perspektive weiterlesen. Wenn er bisher die Erzählung mit geschärftem Bewusstsein gelesen hat, konnte er bereits ahnen, dass Gott seinen Sohn der Todfeindschaft der Gegner aussetzt und ihn den Weg in den gewaltsamen Tod wird gehen lassen (vgl. 1,2f). Die göttliche Vollmacht Jesu in Wort und Tat wird freilich durch sein Martyrium nicht eingeschränkt oder gar widerlegt. Der Kreuzweg ist vielmehr der Weg, auf dem Jesu rettendes Heilshandeln zu seinem Ziel kommt (vgl. 10,45; 14,24).

2.6 Zusammenfassung

Unter biographischem Gesichtspunkt erzählt der Abschnitt 2,1-3,6, wie Jesus aufgrund seiner vollmächtigen Lehre durch die geistigen und politischen Führer des Judentums mit tödlichem Hass verfolgt wurde. Schon früh haben sie seinen Tod beschlossen und diesen Beschluss dann in 14,63f umgesetzt.

Der Abschnitt enthält für die ersten Leser aber nicht nur biographische Nachrichten, sondern sagt ihnen auch etwas über sich selbst. Denn im Mittelteil wird die Zusammensetzung und Praxis der Jesusnachfolger, zu denen auch die Leser gehören, auf Jesu Vollmacht zurückgeführt. Sie folgen der vollmächtigen *Lehre* Jesu, der ihnen als authentischer Interpret des göttlichen Willens gilt. Sie sind eine Gemeinschaft von Sündern, denen Gottes Vergebung durch Jesus vermittelt worden ist. Ihr Fasten ist *neues* Fasten, und ihre Sabbatobservanz folgt den Prinzipien Jesu. Die Jesusgemeinschaft ist nicht einfach ein *neuer* Flicken auf dem alten Kleid der jüdischen Gemeinde, sondern „*neuer Wein in neuen Schläuchen*".

Denkbar, sogar wahrscheinlich ist, dass die durch pharisäische Schriftgelehrte reorganisierten jüdischen Synagogen im Umfeld der ersten Leser versucht haben, auf die Judenchristen unter den Jesusnachfolgern Einfluss zu gewinnen und über sie als innerjüdische Gruppe eine Art Jurisdiktion in Fragen der Toraauslegung auszuüben. Dem entziehen sich diese unter Berufung auf Jesus und seine Lehre. Vielleicht hatten sie deshalb Repressalien und Feindschaft seitens des sie umgebenden Judentums zu erdulden. Wie Jesus müssen auch sie bereit sein, den Weg der voreingenommenen Ablehnung und verhärteten Feindschaft zu gehen, in Treue zum Wort Jesu.

Zweiter Erzählbogen: 3,7-8,26

„Rund um den See von Galiläa"

Topographisch wird der große Erzählbogen durch den *„See von Galiläa"* zusammengehalten, um den herum die einzelnen Szenen angeordnet sind. Die szenische Verbindung wird durch Fahrten der Jesusgruppe mit dem Boot hergestellt.

Jesus macht nun immer mehr deutlich, dass sein Wirken in Wort und Tat nur von denen erkannt und eingesehen werden kann, die „drinnen" sind und ihr Herz nicht verhärtet haben. Er konzentriert sich darum immer mehr auf die Jünger.

Der Erzählbogen wird durch 6,14-29 geteilt, einem rückblickenden Scharnierstück, das den Leser an den Anfang der Erzählung zu Johannes dem Täufer zurückführt. So ergibt sich folgende Gliederung:

A) Die dritte „Woche" (3,7-6,13):
B) Rückblickendes Scharnierstück (6,14-29)
C) Die vierte „Woche" (6,30-8,26):

A. Die dritte „Woche": 3,7-6,13

Jesus wirkt weiter im Zentrum Galiläas, am See,
aber seine Verkündigung ist Rätselwort
– nur wer „drinnen" ist, kann es verstehen –,
und seine Taten sind Geheimnisse
– nur wer glaubt, hat Einsicht in sie.
Die Ablehnenden, die „draußen" bleiben,
dringen nicht zur Lösung und zum Geheimnis vor.

1. Analyse

1.1 Abgrenzung und Kohärenz

Die Abgrenzung zum Vorausgehenden ist eindeutig: Jesus zieht sich in 3,7 vor seinen Gegnern (vgl. 3,6) zurück *„an den See"* (vgl. 1,16). Die Angriffe gegen ihn sind damit jedoch nicht zu Ende, sondern setzen sich verschärft fort (3,20-30; 6,1-6); aber nun wird klar: Die Feindschaft ist schuldhafte Verstockung (vgl. 3,5), ja Blasphemie gegen den Heiligen Geist und wird keine Vergebung erfahren (3,28f; 4,12; 6,5).

Dass ein neuer Abschnitt beginnt, macht auch die Schilderung des mächtigen Zulaufs des Volkes deutlich (3,7f): Aus allen jüdischen Landen und den heidnischen Städten Tyros und Sidon folgt Jesus eine große Volksmenge, die von seinen Taten gehört hat.

Der so begonnene Handlungsstrang scheint allerdings sofort wieder zuende zu sein: In 3,13-19 steigt Jesus *„auf den Berg"* und beruft aus der ihm nachfolgenden Menge *die Zwölf* zu besonderen künftigen Aufgaben (3,13ff), und in 3,20-35 zieht er sich in ein Haus zurück, wo *wieder* eine Volksmenge zusammenkommt, die sich als die wahre Familie Jesu konstituiert (3,31-35), im Gegensatz zur leiblichen Familie und den Jerusalemer Gegnern. Doch in 4,1 nimmt der Erzähler den Faden wieder auf. Die Szene von 3,7ff setzt sich zwar war nicht unmittelbar fort, aber *wieder* ist Jesus *„am See"*, und eine noch größere Volksschar (ὄχλος πλεῖστος; vgl. 3,7f: πολὺ πλῆθος) kommt zusammen. Jetzt endlich benutzt er das Boot, dessen Bereitstellung er in 3,9 befohlen hatte, und zwar zu dem dort angedeuteten Zweck (3,10): Er will zwischen sich und der Menge einen Abstand herstellen. Vom Boot aus belehrt Jesus das am Ufer stehende Volk.

Diese Szenerie, so unanschaulich sie auch ist, hält sich bis 4,34 durch. Nur scheinbar wird sie in 4,10 aufgelöst, in Wirklichkeit lässt sich 4,10 in sie einordnen. Entweder will der Erzähler darstellen, dass Jesus sich nicht allein im Boot befindet, sondern vertraute Personen *„um ihn herum"* sind (vgl. 3,32.34), zusam-

Analyse

men „*mit den Zwölfen*" (vgl. 3,13-19). Diese empfangen im Boot besondere Belehrungen (4,10-25; vgl. 4,34b) und erleben danach – immer noch im Boot – Jesu Machttat (4,36.41). Oder 4,10-25 ist wie 4,34b eine *Prolepse* und weist voraus in eine spätere, schon hier vorweg erzählte Situation zwischen Jesus und seinen Jüngern. Die Szenerie von 4,1 wird jedenfalls erst in 4,35f beendet, wo ausdrücklich auf „*jenen Tag*" von 4,1-34 zurückverwiesen wird, der mit dem Abend nun zu Ende geht. Auch die Situation von 4,1 wird rekapituliert („*wie er in dem Boot war*"), und die Volksmenge wird zurückgelassen, wenn Jesus mit den Seinen „*ans andere Ufer*" fährt.

Ab 4,35 reihen sich die Ereignisse durch Bootsfahrten aneinander (4,35; 5,1f; 5,18.21). Sie spielen alle „*am See*". Das ändert sich erst in 6,1: Jesus kommt am Sabbat in seine Vaterstadt Nazaret (vgl. 1,9). Ab 6,6b wendet er sich vielen „*Dörfern ringsum*" zu (vgl. 1,38f) und sendet *die Zwölf* zu einer ersten Mission aus (6,7-13).

Schwerlich wird man aber vor 6,1 eine Abschnittsgrenze ziehen können. Von den Ortswechseln her wäre das möglich; wie wir jedoch gesehen haben, gehören auch die Stücke 3,13-19 („*auf dem Berg*") und 3,20-35 („*im Haus*") zum Großkontext, und gerade mit ihnen korrespondieren 6,1-6a und 6,6b-13: In der Nazaretszene wird Jesus erneut abgelehnt, jetzt von früheren Nachbarn mit Berufung auf seine Verwandten (vgl. 3,21.31), und in der Aussendungsszene tun die *Zwölf*, wozu Jesus sie in 3,13f ausgewählt hat.

Die Notiz 6,12f ist ein generalisierender, eine längere Zeitdauer andeutender Bericht, der den Abschnitt gut abschließen kann. Und in 6,14ff wird mit der nachgetragenen Erzählung (*Analepse*) über den Tod des Täufers der Erzählfaden des MkEv neu aufgenommen. Alles spricht also dafür, zwischen 6,13 und 6,14 die Abschnittsgrenze zu ziehen. Weitere Hinweise auf die Kohärenz von 3,7-6,13 folgen unten.

1.2 Was die Leserinnen und Leser schon wissen!
   Rückverweise/Wiederaufnahmen/Echos

Rückverweise
- In 3,7f werden die bisherigen Machttaten Jesu indirekt erwähnt: Die Menschen kommen aus allen Gegenden, sogar aus den heidnischen Städten Tyros und Sidon (vgl. 7,24.31) zu Jesus, weil sie von seinen Taten gehört haben. Der Ruf Jesu breitet sich also immer weiter aus (vgl. 1,28: „*in das ganze Umland Galiläas*"; 1,45: „*von überallher*").
- Auch Jesu Nachbarn und Mitbürger in Nazaret erinnern an die *Lehre* und *Machttaten* Jesu, die ihnen bekannt geworden sind (6,2). Sie verweisen dabei auf die ablehnende Verwandtschaft Jesu (vgl. 3,20f.31f) und nehmen wie diese *Anstoß* an ihm (6,3).
- In 3,22 sind erneut die *Schriftgelehrten* als Gegner Jesu auf dem Plan (vgl. 1,22; 2,6). Jetzt heißt es, dass sie aus Jerusalem herabgekommen sind. Der Leser hat den Todesbeschluss der Pharisäer und Herodianer 3,6 noch im Ohr.

Mit dem Vorwurf, Jesus treibe die Dämonen mit Hilfe Beelzebuls aus, weisen die Schriftgelehrten auf die exorzistische Tätigkeit Jesu zurück, die in 1,21-27.33f.39 die Kehrseite seiner Verkündigung war.

- Die Antwort Jesu in 3,27 lässt die Folgerung zu, dass in ihm der *Stärkere* da ist, der Satan bereits gebunden hat. Damit kommt die Verkündigung des Täufers wieder in den Blick, der auf Jesus als den *Stärkeren* hingewiesen hat, der mit „*Heiligem Geist*" taufen wird (1,7f; vgl. 3,28f). Auch die Szene 1,12f steht dem Leser erneut vor Augen: Hat Jesus damals den Satan bereits gebunden?

Wiederaufnahmen

- In 3,11f wird erneut das Verhalten der „*unreinen Geister*" dargestellt, wenn sie auf Jesus treffen: Sie müssen ihn als überlegenen „*Sohn Gottes*" anerkennen; Jesus aber verbietet ihnen, dass sie ihn bekannt machen (vgl. 1,24.34; vgl. 5,7).
- Das in 3,9 bereitgestellte Boot wird ab 4,1 von Jesus benutzt.
- In 4,10 wird von Jesus nahestehenden Personen gesprochen, die „*um ihn herum*" sind, und von den *Zwölfen*: Damit wird die Einsetzung der *Zwölf* (3,13-19) und die Konstituierung der Familie Jesu „*um ihn herum*" (3,31-35) wiederaufgenommen. Diesen Personen, stehen andere gegenüber, die *draußen* sind (4,11); dazu gehören die leiblichen Verwandten Jesu (3,31f) und natürlich seine Feinde.
- In 4,11 spricht Jesus zum zweitenmal innerhalb des MkEv von der „*Basileia Gottes*": In 1,15 hatte er deren Nähe angesagt, jetzt betont er, dass ihr *Mysterion* denen „*um Jesus und den Zwölf*" bereits *gegeben* ist, während die *draußen* Stehenden nur Rätsel erfahren. In 4,13.34 wird deutlicher, wie das gemeint ist: Den Jüngern werden von Jesus auch die Lösungen mitgeteilt, den Außenstehenden bleiben die Rätsel.

Echos

- In 3,7f; 3,20; 4,1; 5,21.24 wird von der immer größer werdenden Volksmenge gesprochen, die sich bei Jesus versammelt, sobald er sich zeigt. Damit werden die Notizen 1,33.35; 1,45; 2,1 fortgesetzt (vgl. 1,28) und gesteigert.
- In 3,28f wirft Jesus den Gegnern vor, gegen den „*Heiligen Geist*" zu lästern. Es klingt der umgekehrte Vorwurf gegen Jesus an, er lästere Gott (2,7). Wer hat Recht?
- Der ehemals Besessene von Gerasa bittet Jesus, „*mit ihm sein*" zu dürfen (5,18), ein Echo von 3,14: Die Aufgabe der *Zwölf* ist, „*mit Jesus zu sein*". Zum Kreis der *Zwölf* wird der Geheilte nicht zugelassen. Trotzdem nimmt er eine Funktion wahr, die die *Zwölf* einmal ausfüllen sollen: Er wird von Jesus in seine heidnische Heimat gesandt, um die Tat *Jesu/des Herrn* zu *verkünden* (κηρύσσειν: 5,19f; vgl. 3,14f; 1,14.39.45).

Analyse

- In 5,27f wird geschildert, wie eine Frau durch glaubende Berührung Jesu die Heilung erlangt. Solche Berührung will sich Jesus aber in 3,9f mittels des Bootes vom Leibe halten. Wie passt das zusammen?
- In 6,2 wird wie in 1,21f.39; 3,1 erwähnt, dass Jesus am Sabbat *„in einer Synagoge lehrt"*, diesmal in Nazaret.
- Die Zwölf rufen in ihrer *Verkündigung* zur *Umkehr* auf, ganz wie Jesus (6,12; vgl. 1,4.14f).

1.3 Worauf die Leserinnen und Leser achten sollen!
Kommentare/Vorverweise /Leerstellen

Vorverweise
- In 3,14f wird die Rolle beschrieben, die die *Zwölf* nach Jesu Absicht wahrnehmen sollen: Sie sollen ständig *„mit ihm sein"* und so darauf vorbereitet werden, dass er sie aussendet zur Verkündigung und zur vollmächtigen Dämonenbannung, kurz, die *Zwölf* sollen einmal die Rolle Jesu übernehmen (vgl. 1,14f.21f.27.39). Wann wird das sein? In 6,7-13 wird zwar ihre Aussendung durch Jesus geschildert, aber diese kann noch nicht als vollwertige Übernahme ihrer Rolle angesehen werden, denn ihr Zusammensein mit Jesus hat ja gerade erst angefangen. Es wird in 3,14f also auf eine *zukünftige* Aufgabe der *Zwölf* verwiesen: Sie sollen Botschaft und Wirken Jesu fortsetzen; ihre Aussendung in 6,7-13 ist dann nur ein „Probelauf".
- In 3,6 sind die Leser schon mit dem Beschluss der Gegner konfrontiert worden, Jesus zu töten. In 3,19 wird ihnen nun mitgeteilt, dass einer der *Zwölf* dabei seine Hand im Spiel haben wird. Erneut kommt damit in den Blick, dass Jesu Wirken ein gewaltsames Ende nehmen wird. Darauf verweist auch 3,22, der mitteilt, die gegnerischen Schriftgelehrten seien *„von Jerusalem"* herabgekommen.
- Die Deutung des Sämanngleichnisses in 4,14-20 beschreibt die Akzeptanz, die Jesu *Wort* bei den verschiedenen Hörern finden wird. Dadurch ist auf das im Buch erzählte Verkündigungsgeschehen ebenso verwiesen, wie auf das zur Zeit der Leser. Wenn nämlich in 4,17 künftige *„Drangsale und Verfolgung"* erwähnt werden, ist offenkundig die Situation der Leser im Blick. Deshalb müssen sie sich fragen, zu welcher Gruppe von Hörern des Wortes Jesu sie zählen.
- In der gesamten Gleichnisrede 4,1-34 wird der Prozess des Kommens der Basileia in den Blick genommen: Sein Anfang ist die Botschaft Jesu von *„Gottes Reich"*, sein Ende ist das endgültige Dasein der Basileia (4,14-20; 4,26-29; 4,30-32). Mitten in diesem Prozess befinden sich die Leser: Gehören sie zu denen, die *„im Schatten"* des Basileia-Baumes wohnen werden (4,32)? Da der Prozess des Kommens der Basileia zugleich ein Verkündigungsgeschehen ist mit einer Dialektik von Rätsel und Lösung, Verborgenheit und Offenbarung, Missverstehen und Begreifen (4,11f.21f.34), sind die Leser

immer wieder gefragt, ob sie zu den wirklich Hörenden (4,3.9.23) zählen, ob sie *Geheimnis* und *Rätsel* verstehen (4,11f.13).

Leerstellen
- In 3,9f fordert Jesus ein Boot an, um dem Andrang des Volkes aus dem Weg zu gehen (vgl. 4,1). Warum eigentlich? Ist das Volk ihm nur lästig, oder ist etwas falsch an dessen Erwartungen? Vor diese Frage sehen sich die Leser gestellt und müssen im Verlauf der Erzählung nach Antwort suchen.
- Warum dürfen die unreinen Geister ihr übernatürliches Wissen über Jesus nicht bekannt machen (3,11f; vgl. 1,25.34)? Wie und durch wen soll denn *offenbar* werden, dass Jesus der „*Sohn Gottes*" ist (vgl. 4,21f)? Wie passt Jesu Befehl dazu, dass die Leser schon seit 1,10f aus Gottes eigenem Mund um Jesu Gottessohnschaft wissen?
- Den Jüngern ist das „*Geheimnis der Basileia*" zwar *gegeben* (4,11), und doch haben sie die Rätselrede Jesu nicht verstanden (4,13). Werden sie nach der Rätselauflösung in 4,14-20 verständiger geworden sein? Wann werden sie von selbst verstehen?
- In 4,34 wird zwar gesagt, dass Jesus den Jüngern alle Rätsel aufgelöst hat, aber außer in 4,14-20 wird diese Auflösung den Lesern nicht mitgeteilt. Wo finden die Leser die Lösungen?
- Wenn auch die engsten Nachfolger Jesu „*noch keinen Glauben*" haben (4,40), stellt sich die Frage, wann es denn endlich so weit sein wird.
- Warum befiehlt Jesus in 5,43, über die Wundertat zu schweigen, obwohl sich die Tatsache, dass das gestorbene Mädchen wieder lebt, doch gar nicht geheim halten lässt? Wie passt Jesu Schweigebefehl damit zusammen, dass die Machttat Jesu dann im MkEv erzählt wird, von den drei anwesenden Jüngern somit nicht geheim gehalten wurde (vgl. 1,45)?

1.4 Wichtige Stichworte und Themen

Rückzug und Zuwendung
Durch den gesamten Abschnitt hindurch stellt der Autor in kaum zu steigernder Weise den Zulauf des Volkes dar: Eine „*große Menge folgt*" Jesus nach (3,7) und strömt zu ihm aus allen Gegenden (3,8); bei der Suche nach Heilung *bedrängt* sie ihn (3,9f); der Massenandrang behindert Jesus und die Jünger beim Essen (3,20), denn das Volk sitzt „*im Haus*" um Jesus herum (3,32.34). Um den ὄχλος πλεῖστος zu belehren, bedarf Jesus des Bootes (4,1); sobald er nach dem Abstecher ins Heidenland „*ans andere Ufer*" zurückkommt, ist auch das Volk wieder da (5,21), rennt hinter Jesus her und *drängt* sich um ihn (5,24.27.31).

Gegenläufig dazu ist die Darstellung, dass sich Jesus, obwohl er heilend und lehrend für das Volk wirkt (vgl. 3,10; 4,1ff; 6,2.6b), mittels des Bootes vor ihm zurück zieht (3,9; 4,1; 4,35) und seine Lehre und sein Wirken rätselhaft gestaltet und geheim hält (3,12; 4,10ff; 4,34; 5,37.40.43). Diese Spannung scheint in 6,7-13 aber aufgehoben zu werden: Jesus sendet die *Zwölf* zur vollmächtigen Verkün-

Analyse

digung aus. Durch sie gelangt Jesu Botschaft und Heilsvollmacht also in Vervielfältigung wieder zum Volk.

Damit ist der Blick auf die *Zwölf* und ihre Funktion gelenkt. In 3,13-19 werden sie aus der Menge der Nachfolger ausgewählt, und ihre Aufgabe wird so umschrieben: Sie sollen *„mit Jesus sein"*, von ihm *„zur Verkündigung ausgesendet"* werden und *Vollmacht* zur Dämonenaustreibung haben. Im Verlauf des gesamten Abschnitts wird dann berichtet, wie die *Zwölf* diese Funktionen auch wahrnehmen: Sie sind bei ihm *„im Haus"* (3,20), sitzen mit anderen *„um ihn herum"* (3,32.34) und werden als Jesu wahre Familie bezeichnet (3,34f); sie sind bei Jesus im Boot und erhalten Sonderbelehrungen (4,10ff.13ff.34); sie fahren mit Jesus vom Volk weg (4,35f); sie sind inmitten der Volksmenge um ihn herum (5,31), und drei von ihnen werden Zeugen der Totenerweckung (5,37.40); sie *folgen* Jesus in seine Vaterstadt *nach* (6,1); in 6,7-13 werden sie schließlich zur Verkündigung ausgesendet und mit Vollmacht zur Dämonenbannung und mit Heilungskraft ausgestattet. Die *Zwölf* werden somit durchgehend dargestellt als Empfänger der Lehre Jesu (4,10ff), als Zeugen seines Heilandswirkens (4,35-5,43) und als seine Gesandten und Beauftragten (6,7-13).

„drinnen" und „draußen"
Der gesamte Abschnitt wird beherrscht durch die Thematik „drinnen/draußen". „Drinnen" sind diejenigen, die sich um Jesus sammeln, *„mit ihm"* im Haus oder im Boot sind (vgl. 3,32.34; 4,10f.36ff; 5,40) oder durch ihn besonders belehrt werden (4,13.34). Dazu gehören die *Zwölf* (3,14; 5,37; vgl. 5,18), aber auch andere Personen, die Jesus nachfolgen (3,20.32.34; 4,10; 4,36; 5,18ff; 5,34.36.40). Sie sind Jesu wahre Familie (3,35), die *Seinen* (4,34), weil sie auf sein Wort hören und Gottes Willen tun wollen (3,34f). Wo sich bei ihnen Unverständnis und Versagen finden (vgl. 4,13; 4,38.40; 5,31), wird Jesus es beseitigen.

Daneben treten im Gesamtabschnitt Gegner auf: Verwandte (3,21.31), Schriftgelehrte (3,22) und Mitbürger Jesu (6,1ff). Ihnen allen ist gemeinsam, dass sie Jesus, seine Machttaten und seine Lehre ablehnen (vgl. 3,21.3,22.30; 6,2.3) und nicht an ihn glauben (6,6). Sie sind *draußen* (vgl. 3,31f; 4,11) und gehören nicht zum Kreis um Jesus; darum bleiben ihnen Jesu Lehre und Taten *Rätsel* (vgl. 3,23; 4,11.34), die sie nicht lösen können. Sie sehen zwar Jesu Wirken und hören seine Lehre und Weisheit, aber sie verstehen beides nicht als Machttaten des *„Heiligen Geistes"* (3,28f). Deshalb wissen sie auch keine Antwort auf die Frage, *woher* Jesu Weisheit und seine Taten sind (6,2). Ihre Unwissenheit und Blindheit ist jedoch selbstverschuldeter Unglaube (vgl. 3,21f.28ff; 4,12; 6,6), durch den sie sich vom Wirken des *„Heiligen Geistes"* (3,28f), vom *„Geheimnis der Basileia Gottes"* (4,11), von der Sündenvergebung (4,12) und vom Heilandswirken Jesu (6,5) selbst abschneiden. Ihnen droht das Gericht (vgl. 3,28f; 4,12; 4,25b.29; 6,11).

Rätsel und Lösung
Dem Thema „drinnen/draußen" läuft das andere von *Rätsel* und *Lösung*, Verborgenheit und Offenbarung parallel, das gleichfalls den Abschnitt bestimmt.

In 3,12 verbietet Jesus den unreinen Geistern, ihn als „*Sohn Gottes*" bekannt zu machen. Dieses Verbot kann nur Sinn haben im Blick auf den im MkEv dargestellten Offenbarungsprozess: Jesus will nicht durch den Mund von Dämonen geoffenbart werden, sondern durch sein eigenes Wirken in Wort und Tat, das Glauben fordert. Jesu Gottessohnschaft kann ohnehin nur erfassen, wer „drinnen" ist. In 5,1-20 sind Jesus und die Jünger unter sich, deshalb ist dort ein Verbot an den Dämon nicht erforderlich (vgl. 5,7). In 4,41 zeigt sich, dass den Jüngern Jesu Gottessohnschaft zwar noch verborgen ist, aber sie beginnen zu ahnen, wer Jesus ist.

Das Thema wird auch in 3,20-30, aber eher indirekt, durchgeführt: Den Verwandten und Gegnern, die Jesu dämonenbannendes Wirken auf widergöttliche Hilfe zurückführen, antwortet Jesus in Rätselsprüchen. Ein Rätsel verdeckt und offenbart zugleich. Wer es löst und seinen Sinn findet, tritt damit in den Innenraum ein. Dem Eingeweihten ist es Offenbarung, dem der *draußen* ist, bleibt es verborgen. So auch hier: Jesu Beispiele offenbaren dem, der „*zu ihm*" gehört, vollkommen plausibel, dass Jesu Kraft zur Dämonenbannung von Gott stammen muss. Dem, der *draußen* bleibt, beweisen sie nichts. Nur wer ihnen zustimmt, erfährt ihre Wahrheit.

Direkt wird das Thema in 4,10-12 und 4,21-23 angegangen. Die Jünger fragen nach Ursache und Zweck der Rede Jesu ἐν παραβολαῖς. Jesu Antwort differenziert: Sinnlose Rätsel bleiben seine Worte nur für die *draußen*. Den Jüngern hingegen ist das „*Mysterion der Basileia*" gegeben. Ihnen zeigt sich in den Beispielen Jesu das tiefsinnige *Geheimnis* der Basileia, zu dem sie Zugang haben. Jesus selbst bietet ihnen die Lösungen (vgl. 4,13-20.34). Aber das Geheimnis wird sich auch von selbst kundtun; das sagt Jesus ihnen in 4,21-23 zu: Wenn sie Ohren haben, also offen sind und hören *wollen*, werden sie hören! Für diejenigen dagegen, die *draußen* bleiben, wird alles dunkel und sinnlos sein.

Das δέδοται in 4,11 kann nicht bedeuten, dass für die Jünger das *Geheimnis* nicht mehr geheimnisvoll sei und sie schon alles durchschauen und begreifen. Im Gegenteil! Auch sie verstehen noch nicht und müssen belehrt werden (vgl. 4,13.34); sie ahnen nur dunkel, wer Jesus ist (vgl. 4,40f) und bleiben voller Unverstand (vgl. 4,38; 5,31). Aber sie sind bei Jesus (vgl. 3,14; 4,10; 5,40) und „*folgen ihm nach*" (6,1). Sie lassen sich auf ihn ein und hören auf ihn, und darum wird ihnen das *Geheimnis* offenbar werden (4,11.22).

In 5,43 gebietet Jesus den Zeugen, dass sie die Auferweckungstat nicht weitersagen dürfen. Da diese im MkEv aber erzählt wird, kann Jesu Befehl nur vorläufig gemeint gewesen sein. Nach Jesu Wort 4,22 soll ja nichts endgültig verborgen bleiben, vielmehr soll alles einmal offenbar werden. Was verbietet Jesus somit weiterzusagen? Das bloße Ereignis, dass das tote Mädchen wieder lebt, kann nicht geheim gehalten werden. Also soll verborgen bleiben, durch wen und auf welche Weise das Mädchen auferweckt wurde. Nur der innerste Kreis der Zwölf (5,37) und die Eltern (5,40) waren Zeugen dafür. Das Geheimnis Jesu ist nur für diejenigen bestimmt, die „drinnen" sind. Nur sie können es erfassen. Wer *draußen* bleibt, sieht zwar Jesu *Krafttaten* und hört seine *Weisheit*, kann ihre Herkunft aber nicht ergründen (6,2f); er nimmt Anstoß und bleibt ungläubig.

Analyse

Wort und Tat – Hören und Sehen
Ein Thema, das die Leser schon aus 1,14-3,6 kennen, wird in 3,7-6,13 weitergeführt: Das gesamte Wirken Jesu wird als *Lehre* aufgefasst. Dreimal steht διδάσκειν/διδαχή betont in 4,1f, nochmals folgt es in 6,2 und 6,6b. Jesu vollmächtige Taten haben Verkündigungscharakter, man kann von ihnen hören und sie hörend verstehen. Sie enthalten eine Botschaft, auf die es ankommt; sie sind „Bilder", die es zu deuten gilt.

Am anschaulichsten wird diese Auffassung in 4,1-5,43, wo Jesu *Lehre* durch die Szenerie mit seinen *Machttaten* zusammengekoppelt wird. Von beiden gilt, dass sie nicht unmittelbar verständlich sind, sondern ein Geheimnis bergen, das offenbar werden soll. Man kann Jesu Worte hören und ihre Lehre doch nicht verstehen, man kann seine Taten sehen und doch nichts erkennen (4,12).

Das *Sehen* muss ins *Hören* münden; darum mahnt 4,24: *„Seht zu, was ihr hört!"* Dass Jesu Taten Wortcharakter haben, zeigt schon die Existenz des MkEv selbst an: In ihm werden Jesu Machttaten *erzählt*. Was für die Leser gilt, traf auch schon für Jesu Zeitgenossen in der Erzählung zu: Sie kamen zu Jesus, weil sie *hörten*, was er tat (3,8). Unter ihnen war auch die blutflüssige Frau (5,27). Auch die ehemaligen Nachbarn Jesu in seiner Vaterstadt haben von seinen Machttaten *gehört* (6,2). Diese drängen aus sich danach, weitergesagt, ja *verkündet* zu werden. Der geheilte Besessene von Gerasa wird von Jesus ausdrücklich dazu ausgesandt (5,18-20), und die blutflüssige Frau muss *erzählen*, was ihr widerfahren ist (5,33). Die Totenerweckung hingegen soll (vorläufig?) nicht weitergesagt werden (5,43).

Die Machttaten Jesu enthalten eine Botschaft. Seine Dämonenbannungen zeigen an, wer in ihm am Werk ist: Der „Heilige Geist" (3,28f). Und aus der Stillung des Seesturms ließe sich erkennen, wer er ist (4,41).

Verkündigung und Exorzismen sind ohnehin lediglich die zwei Seiten einer Medaille, denn wo Gottes Basileia sich Bahn bricht (vgl. 1,15), da hat die Basileia des Satans und seiner Dämonen ein Ende (vgl. 3,23f). Darum müssen, wenn Jesus *verkündet*, die Dämonen weichen (vgl. 1,21-27; 1,39); beim Wirken der *Zwölf* wird es nicht anders sein (3,14f; 6,12f).

1.5 Aufbau

Ortsangaben
Der Aufbau des Abschnitts 3,7-6,13 wird durch Bewegungsnotizen und Ortsangaben angezeigt. Diese sind eindeutig und konsequent, ein Zeichen dafür, dass der Autor durch sie strukturieren und gliedern wollte. Die Chronologie dagegen bleibt blass. Zwar ist der zeitliche Ausgangspunkt wahrscheinlich der Tötungsbeschluss der Gegner an einem Sabbat (3,6), und es wird in 6,2 ein neuer Sabbat erwähnt, die dazwischen erzählten Ereignisse könnten eine weitere Woche im Wirken Jesu darstellen.
Folgende Bewegungsnotizen bzw. Ortsangaben finden sich:

3,7:   „...*an den See*..." (vgl. 3,9)
3,13: „Er steigt auf den Berg..."
3,20: „*Er geht ins Haus*..." (vgl. 3,31.32)
4,1:   „...*am See*" (vgl. 4,10)
4,35f: „...ans andere Ufer"
5,1:   „Sie kamen ans andere Ufer in die Gegend der Gerasener..." (vgl. 5,2.18)
5,21: „...wiederum ans andere Ufer ... er war am Meer..."
6,1:   „Er ging von dort weg und kam in seine Vaterstadt..." (vgl. 6,2)
6,6b: „Er wanderte ringsum in die Dörfer..."
6,12: „Sie gingen weg..."

Durch diese Angaben gelangen wir zu folgender Untergliederung:
1. Die erste Szene wird durch 3,7-12 gebildet. Geschildert wird ein mächtiger Zulauf zu Jesus; von überallher, sogar aus heidnischen Städten, folgen die Menschen ihm nach. Jesus reagiert distanziert und will sich in einem Boot zurückziehen.
2. Die zweite Szene ist 3,13-19: Jesus wählt aus der großen Schar der Nachfolgenden die *Zwölf* aus, die einmal von ihm zur Verkündigung/Dämonenbannung ausgesendet werden sollen.
3. Die dritte Szene ist 3,20-35. Der Autor wendet hier erstmals eine Schachteltechnik an: 3,20f und 3,31-35 umrahmen 3,22-30. Durch diesen Kunstgriff werden die Verwandten Jesu mit den gegnerischen Schriftgelehrten parallelisiert. Das geht auch aus den jeweiligen Vorwürfen 3,21 und 3,22a.b hervor, die in 3,30 „auf einen Nenner" gebracht werden: πνεῦμα ἀκάθαρτον ἔχει. Durch die Szenenangaben *im* und *vor* dem Haus (3,20.32 bzw. 3,31) wird eine symbolische Szenerie geschaffen, in der die Akteure schon durch ihren äußeren Standort in ihrem Verhältnis zu Jesus bestimmt werden.
4. Als vierte Szene muss 4,1-34 angesehen werden, unbeschadet einer weitergehenden komplizierten Binnenstruktur (s.u.). Durch die Situationsangabe 4,1f und die generalisierende Schlussbemerkung 4,33f ist der Abschnitt klar begrenzt. Die 4,1f und 4,10 vorgestellte Szenerie – auch wenn sie die Vorstellungskraft etwas strapaziert – wird in 4,33f als die *ständige* Lehr- und Unterweisungsform Jesu ausgewiesen.
5. Die fünfte Szene ist 4,35-5,20. Obwohl 4,35f eng an 4,1-34 anschließt, ist doch deutlich, dass ein literarischer Einschnitt markiert werden soll. Die Situation von 4,1 wird sowohl aufgegriffen als auch aufgelöst: Das Volk wird zurückgelassen, und Jesus fährt mit den *Zwölfen* und „*anderen Booten*" ans „*andere Ufer*". Diese Fahrt ist ein Abstecher in heidnisches Gebiet (Dekapolis) und endet mit der Aussendung des vormals Besessenen zur Verkündigung dort (5,19f). Zusammengehalten wird der Abschnitt durch die Bootsfahrten (4,35f; 5,1.18). Jesus ist mit den Jüngern allein, das Volk bleibt zurück. Erst in 5,21, wenn Jesus erneut das „*andere Ufer*" erreicht, ist auch das Volk wieder zur Stelle. Es dürfte daher berechtigt sein, nach 5,20 einen Einschnitt vorzunehmen.

Analyse

6. Die Erzählungen 5,21-43 bilden die sechste Szene. Die erneute Anwendung der Schachteltechnik (5,21-24.35-43 umrahmen 5,25-34) erweist den Abschnitt als eine Größe für sich. Das Verschwinden des Bootes als Bewegungsmittel und der erneute Andrang des Volkes sprechen ebenfalls dafür, 5,21-43 von 4,35-5,20 abzugrenzen, auch wenn 5,21 szenisch unmittelbar an 5,18ff anschließt.
7. Jesu Aufenthalt in seiner Vaterstadt (6,1-6a) bildet die siebte Szene; sie schließt damit, dass Jesus dort keine Machttaten wirken kann wegen des Unglaubens der Nazarener.
8. Die achte Szene besteht aus 6,6b-11: Die *Zwölf* werden als Multiplikatoren Jesu ausgesendet. Jetzt sollen sie tun, wozu Jesus sie ausgewählt hat.
9. Die Ausführung ihres Missionsauftrags in 6,12f ist die neunte Szene. Die *Zwölf* sind erstmals und ohne Hilfestellung in Jesu Auftrag tätig. Da sie jeweils zu zweit missionieren, erreichen sie mehr Menschen als Jesus allein. Insofern schließt sich der Erzählbogen, der in der Schilderung des mächtigen Zulaufs zu Jesus 3,7f seinen Anfang nahm.

Die Szenen 4-6 (4,1-5,43) sind durch Bootsfahrten eng miteinander verbunden. Das Boot, mit dem Jesus fährt, spielt schon in 4,1 eine wichtige Rolle und 4,35f greift unmittelbar die Situation von 4,1 auf. In 5,21 wird „*wieder das andere Ufer*" erreicht, von wo die Fahrt ausging.

In Szene 1 findet sich ein Vorweiser auf 4,1-5,43: Nach 3,9 sollen die Jünger für Jesus ein Boot bereithalten. Der Autor deutet an, dass zwischen Szene 1 und den Szenen 4-6 eine Verbindung besteht. Die Szenen 3 und 7 spielen jeweils in geschlossenen Ortschaften und in einem Gebäude (*Haus/Synagoge*). In Szene 8 weitet sich die Geographie: Jesus ist lehrend in der ganzen Umgebung tätig, und auch die Botentätigkeit der *Zwölf* in Szene 9 muss als geographisch umfassend vorgestellt werden (vgl. 6,10f).

Personenregie
Beachtet man die Personenregie des Gesamtabschnitts, ergibt sich ein interessantes Bild. In Szene 1 kommt das Volk in hellen Scharen und aus allen Gegenden zu Jesus. Es wird als extrem heilbedürftig geschildert; doch Jesus kann den Andrang nicht bewältigen.

In Szene 2 werden dann aus der Menge der *Nachfolgenden* von Jesus die *Zwölf* berufen: Sie sollen „*mit ihm sein*" und von ihm zur Verkündigung und zur Dämonenbannung ausgesendet werden.

In Szene 3 bleibt das Volk (zumindest ein Teil von ihm) auf dem Plan; in 3,31-35 sitzt es gemeinsam mit den *Zwölf* als „Familie Jesu" um Jesus herum, und zwar „*im Haus*" (drinnen). Die Verwandten Jesu und seine Gegner aus Jerusalem kommen hinzu. Sie bezeichnen sein Geistwirken aber als Teufelswerk und bleiben *draußen* (ἔξω).

In den Szenen 4-6 ist eine starke Konzentrierung der Tätigkeit Jesu in Wort und Tat auf die „*um ihn mit den Zwölf*" zu konstatieren: Sie sind die Empfänger seiner verborgenen Lehre und die Zeugen seines geheimen Wirkens. Das wird durch 4,10ff.34.35f; 5,37.40.43 hervorgehoben. Dass auch die *Seinen* (4,34) unverständig bleiben (vgl. 4,13; 4,40; 5,31), hebt die Ausrichtung des Wirkens Jesu auf sie nicht auf. Das *Ziel* der Ausrichtung wird aus 4,21ff; 5,18ff und 5,43 erkennbar: Das Verborgene soll einmal offenbar werden (durch die *Zwölf*?); das Heilswirken Jesu soll auch den Heiden (Δεκαπόλει) *verkündet* werden; was gegenwärtig (auf der Ebene der Erzählung) noch dem Geheimnis unterliegt, soll einmal (nach Ostern; vgl. 9,9) offen verkündet werden. Dafür werden die *Zwölf* ausgerüstet.

In Szene 7 wird das Volk nicht mehr erwähnt. Jedenfalls sind die Bewohner Nazarets anders gezeichnet als das Volk in den vorherigen Abschnitten: Sie stehen dem Wirken Jesu verständnislos gegenüber (6,2f) und nehmen Anstoß (ἐσκανδαλίζοντο) an ihm. Ihr Verhalten ist verstockter Unglaube (6,6a). Sie verhalten sich wie die Gegner und Verwandten von Szene 3.

Auch in Szene 8 und 9 ist das Volk nicht anwesend. Doch bereits die einleitende Notiz 6,6b macht die Ausrichtung auf das heilbedürftige Volk deutlich; Jesus selbst wandert ringsum durch die Dörfer. Und er sendet die *Zwölf*, die er dazu in Szene 2 ausgewählt und in Szene 4-6 vorbereitet hat. Als seine Boten erweitern sie das Heilsangebot, das von Jesus ausging (vgl. 1,14f.39). Nachdrücklich hinzuweisen ist auf die wörtlichen Parallelen in den Szenen 2 und 8. Die aus der Menge der Nachfolger Jesu ausgewählten *Zwölf* vollziehen in 6,7-13, wozu Jesus sie bestimmt hat (vgl. 3,14f; 6,7.12f): Sie wirken verkündigend, dämonenbannend und heilend wie Jesus selbst.

Auch die Szenen 3 und 7 stehen parallel zueinander, wenn auch mehr unter thematischen Gesichtspunkten. In beiden Szenen spielen die Verwandten Jesu eine Rolle: Während sie in Szene 3 Jesus für besessen halten und ihn deshalb ergreifen wollen, hindert in Szene 7 die Kenntnis der leiblichen Abstammung die Bewohner Nazarets, in Jesus mehr als einen Menschen zu sehen. Ihre Frage πόθεν τούτῳ ταῦτα entspricht, weil sie in Anstoß und Unglauben mündet, dem Vorwurf von Szene 3: πνεῦμα ἀκάθαρτον ἔχει.

Duktus

Die in 3,7-12 dargestellte Bewegung des heilsuchenden Volkes wird von Jesus zunächst beantwortet mit der Konzentration seines Lehrens und Wirkens auf die *Zwölf*. Aber die Tatsache der Auswahl der *Zwölf* aus der Menge der Nachfolgenden und ihre Bestimmung als Empfänger und Zeugen (vgl. 3,14) mit dem Zweck, zur vollmächtigen Verkündigung und Dämonenbannung ausgesendet zu werden, machen deutlich, dass Jesu Rückzug vom Volk und seine Konzentration auf die *Zwölf* der Vorbereitung eines umfassenderen Heilsangebotes in Lehre und Vollmachtstaten dienten. Die *Zwölf* werden ausgewählt und vorbereitet, damit das Heil schließlich alle erreichen kann, die seiner bedürfen. Ihre Tätigkeit setzt die Jesu fort. Sein geschichtliches Wirken haben ja nur wenige, die ihm nachfolgten (vgl. 3,7.10f) und Glauben hatten (vgl. 5,34.36), erfahren. Erst die Verkündigung der *Zwölf*, die nach Ostern zur weltweiten Verkündigung wird, kann wirklich alle erreichen, die umkehren und glauben wollen (vgl. 6,12f).

Auslegung

Auch den Heiden gilt Jesu Heilsangebot. Schon in 3,8 kommen einige aus „*Tyrus und Sidon*"; dem Autor gelten diese Städte als heidnisch (vgl. 7,24-31). Unter diesem Gesichtspunkt hat vor allem die Szene 5 großes Gewicht; sie steht ohnehin im Zentrum des gesamten Abschnitts: Jesus macht einen Abstecher in heidnisches Gebiet (Gerasa/ Dekapolis) und lässt dort den ersten Heidenmissionar als seinen Boten zurück. Der Geheilte wird nicht unter die *Zwölf* aufgenommen, die „*mit ihm*" sind (5,18; vgl. 3,14), aber hat doch Teil an ihrer Aufgabe, insofern er zum Boten und Verkünder Jesu in der Dekapolis wird.

Die beiden Szenen 3 (3,20-35) und 7 (6,1-6a) betonen sozusagen negativ die Notwendigkeit der Auswahl und Bevollmächtigung der *Zwölf* als Missionare Jesu. Sie erzählen von verstockter Gegnerschaft, von Hass und Gleichgültigkeit gegen Jesus. Die negativ belasteten Termini κρατῆσαι (3,21; vgl. 12,12; 14,1), ζητεῖν (3,32; vgl. 8,11; 11,18; 12,12; 14,1) und ἐσκανδαλίζοντο (6,3; vgl. 14,27), sowie die Tatsache, dass die Schriftgelehrten von Jerusalem herabkommen (3,22), lassen den negativen Ausgang des Wirkens Jesu ahnen.

Die ablehnenden Gegner werden vom Heilsangebot Jesu nicht erreicht; sie haben sich selbst ausgeschlossen, weil sie in Jesus nicht den Geistträger erkennen wollten, seine Taten nicht anerkannt und seiner Lehre nicht geglaubt haben. Die Szenen 3 und 7 lassen das Gericht in den Blick kommen: Die Blasphemie gegen den in Jesus wirkenden Gottesgeist wird nicht vergeben werden (3,28f), weil eben nur Jesu Lehre Sündenvergebung bewirkt (vgl. 2,1-12); vor dieser Lehre haben sie sich verschlossen, darum werden sie Jesu Rätselrede nicht verstehen (3,23). Der Unglaube führt eben dazu, dass man an Jesu Weisheit und seinen Krafttaten keinen Anteil hat (6,5f).

In 4,10ff wird die Verstockung der Gegner reflektiert: Sie gewinnen keinen Anteil an der βασιλεία Gottes, sondern stehen außerhalb (ἔξω; vgl. 3,31f). Dorthin haben sie sich selbst gestellt. Der Weg zu Umkehr, Glauben und Vergebung, den nur Jesus und seine Boten weisen, ist ihnen verborgen und bleibt es, weil sie Jesus ablehnen.

2. Auslegung

2.1 Andrang des Volkes und Auswahl der Zwölf: 3,7-12.13-19

³⁷*Jesus aber zog sich mit seinen Jüngern an den See zurück.*
Und eine große Menschenmenge aus Galiläa folgte ihm nach,
⁸*und aus Judäa und Jerusalem und Idumäa und von jenseits des Jordan*
und dem Umland von Tyros und Sidon,
eine große Schar, hörten sie doch, was alles er tat, und sie kamen zu ihm.
⁹*Er aber sagte zu seinen Jüngern,*
ein Boot solle für ihn bereit liegen wegen des Volkes,

damit die Leute ihn nicht bedrängten.
[10] Denn er heilte viele, mit der Folge,
dass sich alle Kranken auf ihn stürzten, um ihn zu berühren.
[11] Und die unreinen Geister fielen, sobald sie ihn erblickten,
vor ihm nieder und schrien: „Du bist der Sohn Gottes!"

[12] Er aber gebot ihnen streng, ihn nicht öffentlich bekannt zu machen.
[13] Und er stieg auf den Berg und rief herbei,
die er wollte, und sie gingen zu ihm.
[14] Und er setzte die Zwölf ein, die er auch Apostel nannte,
damit sie mit ihm seien und er sie aussende zu verkündigen
[15] und Vollmacht zu haben, die Dämonen auszutreiben.
[16] Und er bestellte die Zwölf, und gab dem Simon den Namen Petrus,
[17] und Jakobus, den Sohn des Zebedäus,
und Johannes, den Bruder des Jakobus,
und ihnen gab er die Beinamen Boanerges, das heißt „Donnersöhne".
[18] Und Andreas und Philippus und Bartholomäus und Matthäus und Thomas
und Jakobus, den Sohn des Alphäus, und Thaddäus und Simon, den „Zeloten",
[19] und Judas Iskarioth, den, der ihn ausgeliefert hat.

Die Szenen 1 und 2 sind vom Autor eng aufeinander bezogen worden: Szene 1 bereitet die Bühne vor, auf der Szene 2 spielt. Die Auswahl der *Zwölf* und ihre Bestimmung sollen vor dem Hintergrund von 3,7-12 gesehen werden.

Wie sieht dieser Hintergrund aus? Blickt man von Szene 2 her zurück, wo die Handlung ganz von Jesus ausgeht, so fällt auf, dass in Szene 1 nur Reaktionen Jesu berichtet werden, die Initiative dagegen auf der Gegenseite liegt: Die Menge kommt aus allen Gegenden zu Jesus und folgt ihm nach; sie bedrängt ihn und stürzt sich auf ihn, um ihn zu berühren und dadurch von ihren Krankheiten befreit zu werden; die Dämonen rufen Jesu Identität hinaus. Jesus reagiert, indem er wegen des Andrangs ein Boot bereitstellen lässt und den Dämonen Schweigen befiehlt. Diese Reaktionen sollen 3,13-19 vorbereiten: Der Andrang des heilsbedürftigen Volkes führt dazu, dass Jesus die *Zwölf* bestellt und sie in 4,1-5,43 auf ihren Dienst vorbereitet.

Der Hintergrund 3,7-12, auf dem 3,13-19 gesehen werden soll, lässt sich also so umschreiben: Die Heilsbedürftigkeit der aus allen Gegenden bei Jesus zusammenströmenden Menschen ist so groß, dass Jesus allein nicht alle heilen kann. Sein Heilandswirken ist notwendig nur auf wenige beschränkt, gilt aber gleichwohl allen. Durch die *Zwölf* und ihren Dienst wird das in Jesus gekommene Heil weltweit zugänglich.

Wahrscheinlich lag dem Autor eine alte Zwölferliste vor, die durch 3,16a (καὶ ἐποίησεν τοὺς δώδεκα) eingeleitet wurde, durchgehend im Akkusativ (abhängig von ἐποίησεν) formuliert war und lediglich die Namen der *Zwölf* auflistete. Andreas dürfte ursprünglich hinter Petrus gestanden haben. Die Betonung der drei ersten Jünger Petrus, Jakobus und Johannes durch das Motiv der Namensgebung ist aus redaktionellem Interesse des Autors erklärbar (vgl. 5,37; 9,2; 14,32f). Er

Auslegung

hat zuvor den Erstberufenen stets Simon genannt (vgl. 1,16f; 1,29f; 1,35f), ab jetzt nennt er ihn konsequent Petrus. Auch der Zusatz zu Judas Iskariot geht auf den Autor zurück (vgl. 14,11f.42).

3,7-8: Der erste Satz 3,7a bildet die Einleitung und setzt einen wichtigen Akzent: *„Jesus aber zog sich mit seinen Jüngern* (gemeint sind die vier Erstberufenen: 1,16-20) *an den See zurück".* Man sollte nicht an eine „Flucht" Jesu denken; nach Auffassung des Autors flieht der Gottessohn nicht vor seinem Leiden. Dieses ist beschlossene Sache bei Gott, bei ihm selbst und bei seinen Gegnern. Das Leiden ist *sein Weg*, den er gehen muss und will. Doch nicht die Gegner bestimmen diesen Weg; sie können erst aktiv werden, wenn der Menschensohn *„ausgeliefert wird"* (vgl. 14,32-42).

Die wichtige Mitteilung von 3,7a ist, dass sich Jesus *„mit seinen Jüngern"* zurückzog. Das Motiv des Rückzugs Jesu und der Konzentration auf seine Jünger bestimmt, wie die Analyse gezeigt hat, den gesamten folgenden Kontext. In 3,9.13 wird dieses Motiv sofort aufgegriffen. Dass Jesus sich *„an den See"* zurückzieht, hat unmittelbar etwas mit diesem Motiv zu tun, da der See bis 8,26 immer wieder Ort besonderer Offenbarungen vor den Jüngern und von Jüngerbelehrungen ist.

Der erste Teil der Szene schildert den größten Zulauf des Volkes zu Jesus in der gesamten bisherigen Erzählung (vgl. 1,33; 1,45; 2,1; 2,13). Zunächst wird gesagt, dass eine *„große Menge"* aus Galiläa Jesus *nachfolgte* (ἠκολούθησεν). Dann wird dargestellt, dass aus allen Gegenden, auch aus dem Heidenland, die Menschen in *„großer Menge"* zu Jesus kamen, weil sie hörten, was er tat. Das setzt voraus, dass der Ruf Jesu sich nicht nur in Galiläa verbreitet hat (vgl. 1,28.45), sondern bereits darüber hinaus gedrungen ist. Nichts spricht dagegen, 3,7b-8 auch im Sinne des Autors als Erfolgsmeldung zu verstehen. Er dürfte den massenhaften Zulauf zu Jesus durchaus positiv bewertet haben. Darauf weist auch hin, dass von der Volksmenge gesagt wird, sie sei Jesus *nachgefolgt* (vgl. 1,16ff; 2,13ff).

Jesu Wirken hat also Erfolg; dieser übertrifft den des Täufers bei weitem (vgl. 1,5). Die Menschen strömen zu Jesus, weil er der einzige ist, der ihnen helfen kann. Er übt eine unwiderstehliche Anziehungskraft aus. Damit ist zugleich die Heilsbedürftigkeit der Menschen zum Ausdruck gebracht. Da unter den zusammenströmenden Menschen offenbar nach Meinung des Autors auch Heiden sind (*„aus der Umgebung von Tyrus und Sidon"*: vgl. 7,24ff; *„von Idumäa"*; von πέραν τοῦ Ἰορδάνου [= Dekapolis?]), ist in 3,7b-8 anschaulich dargestellt: Die ganze Welt wartet auf das in Jesus gekommene Heil.

Diese Feststellung ist dem Autor an dieser Stelle offenbar besonders wichtig, wie durch die formal ungewöhnliche Erfolgsnotiz unterstrichen wird. Denn es entsteht die Frage, wie das in Jesus angekommene Heil die ganze heilsbedürftige Menschheit erreichen wird. Das ἀκούοντες ὅσα ἐποίει von 3,8b könnte bereits eine andeutende Antwort darauf sein: Durch Verkündigung des Wirkens Jesu als Evangelium kommt das Heil weltweit an.

3,9-10: Erst wenn man dies bedenkt, wird deutlich, dass der gesamte folgende Abschnitt 3,13-6,13 und ebenso die vorbereitenden Verse 3,9-10 vom Autor konsequent gestaltet worden sind. Denn das Problem ist ja, wie sich die positive Sicht des Volkszulaufs mit der Tatsache des Rückzugs Jesu von eben diesem Volk und seiner Konzentration auf die *Zwölf* zusammen denken lässt.

In 3,9 beauftragt Jesus die Jünger, ein Boot bereitzuhalten. Der Zweck des Bootes soll sein, dass sich Jesus zurückziehen kann, damit die Leute ihn nicht bedrängen. 3,10 begründet den Befehl: Die Menschen stürzen sich bei Jesu Heilungstätigkeit auf ihn, um ihn zu berühren und so Anteil an seiner Heilssphäre zu erlangen. Vorausgesetzt ist, dass die δύναμις Jesu bei einer Berührung auf die Kranken überströmt und sie heilt. Weil Jesus (und der Autor) später in 5,25-34 eine so „erschlichene" Heilung positiv wertet, ist dies auch für 3,10 anzunehmen: Jesus ist umgeben vom Elend der ganzen Welt, und er will dieses Elend heilen (πολλοὺς ἐθεράπευσεν).

Warum dann die Bereitstellung des Bootes? Im gesamten folgenden Kontext bis 8,22 spielt *dieses* Boot eine wichtige Rolle: Es dient Jesus und den *Zwölfen* dazu, sich vor dem Zulauf des Volkes zurückzuziehen. Aber die Benutzung des Bootes schließt Jesu Heilstätigkeit nicht aus. Immer wieder werden nach den Bootsfahrten Heilungen und Exorzismen Jesu berichtet. Das Boot dient Jesus dazu, sich auf die *Zwölf* zu konzentrieren. Aber selbst das schließt nicht aus, sondern ein, dass Jesus weiterhin Heilungen vollbringt, bei denen die *Zwölf* Zeugen sind.

Der Autor dürfte an dieser Stelle „pragmatisch" denken: Das von ihm gezeichnete Elend und die Bedürftigkeit des Volkes sind so groß, dass Jesus damit nicht fertig werden kann. Als *irdischer* Gottessohn unterliegt er ja den raum-zeitlichen Bedingungen. Seine Heilungen sind geschichtliche Taten, die nur an einzelnen vollzogen werden: *Alle* Menschen können sie nicht erreichen. Der universalen Heilsbedürftigkeit der Menschen muss deshalb die *universale* Heilswirkung Jesu entsprechen. Diese ist aber erst nach Kreuz und Auferstehung Jesu eröffnet, wenn der Auferstandene in der universalen Verkündigung seines Evangeliums durch die Mission der *Zwölf* die ganze Welt in seine Nachfolge ruft.

Diese Deutung wird durch den Text selbst nahegelegt. Der Autor zeichnet Jesus zugleich als Heilenden und als den, der sich vor dem Gedränge schützen muss und sich ihm entziehen will. 3,9f muss also im Blick auf 6,12f und die spätere weltweite Funktion der *Zwölf* ausgelegt werden. In 6,12f werden diese zu einem Wirken ausgesendet, das deutlich dem Jesu parallelisiert ist. So erweisen sie sich als Multiplikatoren des Heilswirkens Jesu. Deshalb muss Jesus sich dem Volk entziehen und den Zwölfen widmen, um so der Bedürftigkeit aller Menschheit gerecht zu werden.

3,11-12: Der dritte Teil der Szene betont das „Messiasgeheimnis". Es folgt sachlich konsequent aus dem bisher zu 3,9f Gesagten, denn es verweist auf das erst *nach* Kreuz und Auferstehung offene Geheimnis Jesu; ebenso kann erst nach Kreuz und Auferstehung durch die weltweite Mission der Zwölf das Heil Jesu universal vermittelt werden.

Auslegung 115

Auffällig ist, dass in 3,11f nicht Jesu exorzistisches Wirken geschildert wird, sondern die Aktionen der Dämonen im Vordergrund stehen. Ihr Ruf ist fast gleichlautend mit dem Gotteswort 1,11 und hat das christologische Glaubensbekenntnis der Leser zum Inhalt. Gleichwohl wird die Kundgabe dieses Wissens von Jesus wie in 1,25.34 (vgl. 8,30; 9,9) verboten. Das Verbot dürfte in dem noch vor Jesus liegenden Leiden, Sterben und Auferstehen begründet sein. Vorher können die textinternen Zeugen des Wirkens Jesu nicht adäquat über ihn als Heilbringer sprechen. Damit ist zugleich gesagt: Das *Wissen* um die Gottessohnschaft Jesu allein reicht nicht aus. Der entscheidende *Glaube* ist, dass der Gottessohn den Weg ans Kreuz gehen musste und dass dieser Weg der Heilsweg auch des Glaubenden ist.

Von 3,11f her fällt somit nochmals Licht auf 3,7ff: Jesus muss sich dem Volk entziehen, weil sein Kreuz, das erst wirklich weltweit das Heil eröffnet, noch aussteht.

3,13: Der erste, *schildernde* Teil der Szene 2 beschreibt die Berufung der *Zwölf*. Trotz der neuen Ortsangabe „auf den Berg" bleibt die Situation von Szene 1 weiterhin wirksam: Vorerst geht allein Jesus auf den Berg, die Volksmenge mitsamt den vier Erstberufenen bleibt am alten Standort. Die Situation wandelt sich aber zu einer „Szene auf hoher Bühne" (J. Wellhausen). Der Berg wird auch in 9,2; 13,3 im Rahmen besonderer Jüngerszenen eine hervorhebende Rolle spielen (vgl. 6,46ff; 14,32ff).

Jesus ruft zu sich, „*die er wollte*"; προσκαλέω hat hier die Bedeutung „*berufen*". Auch sonst setzt der Autor durch dieses Wort bedeutsame Akzente (vgl. 6,7; 7,17; 8,34; 10,42; 12,43; vgl. 3,23; 8,1). Das „*die er wollte*" zeigt wie 1,16-20 die göttliche Souveränität Jesu bei der Indienstnahme der Menschen. Auf Seiten der Gerufenen werden keine besonderen Vorzüge genannt.

Jesus beruft die *Zwölf* aus der Menge der Nachfolgenden. Die Aufgaben, die ihnen vom Autor im Sinne Jesu zugewiesen werden (vgl. 3,14f), zeigen an, dass die übrigen Nachfolger Jesu durch die Berufung der *Zwölf* nicht abqualifiziert werden. Diese sind nicht die „wahren Glaubenden", während Nachfolge und Glaube des Volkes minderwertig wären. Eine solche Deutung verbietet sich schon deshalb, weil die *Zwölf* im Laufe des Evangeliums ebenfalls Missverstehende, Unverständige und schließlich Versager sind.

3,14-15: Durch das in 3,13 geschilderte Berufungsverfahren *macht* Jesus die *Zwölf*. Sie sind für den Autor eine feste Größe, die von nun an in ständiger Begleitung Jesu vorauszusetzen ist (vgl. 4,10; 6,7; 10,41; 14,17ff). Aber sie sind nicht die einzigen, die Jesus *nachfolgen*. Da sind zumindest auch die Frauen, die selbst unter dem Kreuz noch bei ihm sein werden (15,40f), ebenso der blinde Bettler Bartimäus (10,52) und andere (vgl. 2,15; 3,32ff; 4,10; 11,9).

Zweck und Aufgabe der *Zwölf* gibt der Autor in 3,14b.15 an: Sie sollen „*bei ihm sein*", sind also die ständigen Zeugen des Wirkens Jesu und die besonderen Empfänger seiner Lehre. Im Verlauf der Erzählung wird diese Zweckangabe konsequent gefüllt. Aus dem geschichtlichen Zweck der ständigen Begleitung Jesu erwächst die zukünftige Aufgabe der *Zwölf*: Sie sollen von Jesus ausgesendet werden als seine Boten. Gegenstand ihrer Botenschaft ist dann natürlich Jesus selbst, nämlich das, was sie bei ihm gesehen und gehört haben. Als Boten Jesu (*Apostel*) sollen sie in Jesu Auftrag dasselbe tun wie er: verkündigen und Dämonen austreiben. Nach dem exemplarischen und programmatischen Wirken Jesu in 1,14-39 weiß der Leser, dass beides nicht verschiedene Dinge sind, sondern ein Einziges: Wo das Evangelium Jesu verkündigt wird, da ist die Macht des Bösen gebrochen und müssen die Dämonen weichen.

Die sprachlichen Bezüge von 3,14b.15 zu 1,14f.21-27.39 einerseits und zu 6,7.12-13 andererseits sind ins Sachliche zu übersetzen: Die *Zwölf* sind Jesu bleibende Gegenwart; besser: Durch ihr künftiges Wirken als bevollmächtigte Boten vermitteln sie die universale Gegenwart Jesu, aber als des Auferstandenen. Sie verbürgen nach Meinung des Autors „in einmaliger Weise die Identität der nachösterlichen Verkündigung mit der Verkündigung Jesu... Was Jesu tut, ist der Anfang, die Eröffnung. Was daraufhin die *Zwölf* im Auftrag Jesu tun, ist die Durchführung des Werkes Jesu. Offenkundig hat Markus hier das Bild vor Augen, dass die *Zwölf* nach Tod und Auferstehung Jesu in seinem Auftrag sein Werk fortsetzen und dieses durch die Verkündigung des Evangeliums durchsetzen. Die *Zwölf* werden damit in der retrospektiven Schau des Markus zum geschichtlichen Bindeglied zwischen Jesus und der Gegenwart des Evangelisten, in der der Zwölferkreis selbst schon längst der Vergangenheit angehört" (K. Kertelge).

3,16-19: Dieser Teil der Szene 2 bietet eine traditionelle Auflistung der Namen der *Zwölf*. Der Autor hat durch Umstellung und Zusätze in diese Liste eingegriffen. Durch die besondere Namensgebung in 3,16b.17 an Simon, Jakobus und Johannes betont er dieses Dreiergremium, das in 5,37; 9,2ff und 14,32ff als engster Kreis um Jesus in seiner Erzählung eine besondere Rolle spielt. Auch der Namensverleihung an Simon misst der Autor Bedeutung zu; ab 3,16 behält er konsequent den Namen Petrus bei.

Die Hinzufügung des Hinweises auf den Verrat des Judas blickt voraus auf 14,10f.17-21.43-45. Der Hinweis gilt einzig dem Leser und hält seinen Blick dafür offen, dass der Kreis der *Zwölf* nicht „Supernachfolger" Jesu waren, sondern auch bei ihnen Missverständnis, Unverständnis und Versagen herrschten. Nicht ihre menschliche Leistung, sondern die göttliche Erwählung hat sie zu dem gemacht, was sie nach Ostern wurden: Boten Jesu und Verkünder und Garanten seines Evangeliums.

Zusammenfassung: Warum hat der Autor die *Zwölf* in seinem Evangelium so hervorgehoben? Bedeutung und Geschichte der *Zwölf* im Leben Jesu und der Urgemeinde sind und bleiben dunkel. Für den irdischen Jesus hatten die *Zwölf* – falls ihre Einsetzung in die Zeit des irdischen Wirkens Jesu fällt – Zeichencharakter: Sie sollten seinen Anspruch auf die Sammlung ganz Israels dokumentieren. In der frühen Jerusalemer Urgemeinde galten die *Zwölf* als Auferstehungszeugen (vgl. 1Kor 15,3ff) und waren das erste kollegiale Leitungsgremium der Gemeinde. In ihnen ist der Anspruch der Urgemeinde, das eschatologische Zwölf-

Auslegung 117

Stämme-Volk Gottes zu sein, sichtbar repräsentiert. Die *Zwölf* haben auch eine eschatologische Funktion: Sie werden mit dem wiederkommenden Menschensohn auf zwölf Thronen sitzen (vgl. Mt 19,28).

Der Autor bringt aber weder die Bedeutung der *Zwölf* als Repräsentanten Israels noch ihre eschatologische Funktion bei der Wiederkunft des Menschensohnes Jesus zum Ausdruck. Ob er sie überhaupt noch kennt, bleibt unsicher. Hinzukommt, dass für ihn die *Zwölf* eine vergangene Größe sind. Wie lange ihr Kreis überhaupt existierte, ist ebenfalls ungewiss. Wahrscheinlich nur kurz. Für den Autor liegt das alles weit zurück. Anders ist es vielleicht mit Petrus oder weiteren Einzelpersonen aus dem vergangenen Zwölferkreis, deren Wirken der Autor und die Leser noch erlebt haben. Weshalb hat der Autor dennoch ein so eminentes Interesse an den *Zwölf*?

Für ihn sind sie keineswegs exemplarische Christen. Auch sie werden in seiner Erzählung als Unverständige und Versager gezeichnet. Manchmal kann der Leser den Eindruck gewinnen, dass sie geradezu ein warnendes Beispiel für ihn sind. Doch muss bedacht werden, dass Glaube und Nachfolge für den Autor erst *nach* Kreuz und Auferstehung in gültiger Weise verwirklicht werden können. Sein eigentliches Interesse an den *Zwölf* dürfte also nicht gewesen sein, sie als Beispiel oder Warnung seinen Lesern vor Augen zu stellen. Es geht vielmehr aus 3,14f hervor, wo der Zweck ihrer Berufung angegeben wird. Die *Zwölf* sind die Zeugen der Wirksamkeit Jesu. Ihnen gelten seine Lehren und Taten, damit sie ausgerüstet mit dem „Evangelium Jesu Christi" ausgesendet werden können, um dieses Evangelium weltweit zu verkünden. Ihre Aussendung in 6,7-13 ist dann ein „Probelauf", eine Einübung in ihre Missionsaufgabe.

Durch die Vermittlung der *Zwölf* gelangt das Evangelium in die Welt. Sie garantieren die Kontinuität zwischen dem irdischen Gottessohn bzw. seinem Evangelium und der Missionsverkündigung nach Ostern bis hin zum Werk des Autors: Sein *Evangelium* genanntes Buch ist Jesu eigenes Evangelium, vermittelt und garantiert durch die *Zwölf*.

2.2 Verstockte Gegnerschaft und wahre Familie: 3,20-35

²⁰Und er kam in ein Haus. Und wieder versammelte sich Volk,
so dass sie nicht einmal Brot essen konnten.
²¹Und seine Verwandten hörten es und kamen, um ihn zu ergreifen,

sagten sie doch: „Er ist verrückt!"
²²Auch die Schriftgelehrten, die von Jerusalem herabgekommen waren, sagten:
„Er ist von Beelzebul besessen!"
Und: „Durch den Obersten der Dämonen treibt er die Dämonen aus!"
²³Er aber rief sie zusammen und sagte zu ihnen in Rätseln:
„Wie kann denn Satan den Satan austreiben?
²⁴Und wenn ein Reich mit sich selbst im Streit liegt,
dann kann dieses Reich keinen Bestand haben.
²⁵Und wenn eine Sippe unter sich zerstritten ist,

dann kann ein solches Haus nicht bestehen bleiben.
²⁶*Wenn aber Satan sich gegen sich selbst erhebt und zerstritten ist,*
kann er nicht bestehen bleiben, sondern es ist mit ihm zu Ende.
²⁷*Vielmehr kann niemand in das Haus des Starken hineinkommen*
und seinen Besitz rauben, es sei denn, er hat zuvor den Starken gebunden,
dann aber kann er sein Haus ausrauben!
²⁸*Amen, ich sage euch: Alles wird den Menschenkindern vergeben,*
Sünden und Lästerungen, soviel sie auch lästern!
²⁹*Wer aber gegen den Heiligen Geist lästert,*
der hat keine Vergebung in Ewigkeit, vielmehr ist er ewiger Sünde schuldig", –
³⁰*weil sie behaupteten: „Er hat einen unreinen Geist!"*
³¹*Und es kommen seine Mutter und seine Brüder*
und draußen stehenbleibend schickten sie zu ihm, um ihn (heraus) zu rufen.
³²*Um ihn herum aber saß eine Volksmenge, und sie sagen zu ihm:*
„Sieh, deine Mutter und deine Brüder draußen suchen dich."
³³*Er aber antwortet ihnen: „Wer ist meine Mutter*
und wer sind meine Brüder?"
³⁴*Und indem er die um ihn im Kreis Sitzenden anblickte, sagte er:*
„Seht, meine Mutter und meine Brüder!
³⁵*Wer nämlich den Willen Gottes tut,*
der ist mein Bruder, meine Schwester und meine Mutter!"

Struktur: Das Stück erweist sich als literarische Einheit, und zwar in lokaler, zeitlicher und personeller Hinsicht. Das Lokal des gesamten Stückes ist *„ein Haus"* (3,20.31.32. 34); der einheitliche Zeitrahmen wird durch die Verschränkung der Szenen 3,22-30 und 3,31-35 mit Hilfe von 3,21 sichergestellt. Die Personen des Erzählstückes sind auf der einen Seite Jesus mit den nicht genannten, aber vorausgesetzten *Zwölf* (3,20) und das Volk *„um ihn"* (3,32.34), auf der anderen Seite treten als Gegenspieler die Familie Jesu (3,21.31ff) und die Schriftgelehrten (3,22) auf, die literarisch parallelisiert werden: Ihre feindliche Absicht gegen Jesus wird zum einen durch κρατῆσαι αὐτόν (3,21) und zum anderen durch den Zusatz οἱ ἀπὸ Ἱεροσολύμων (3,22) angezeigt. Die Gegenspieler kommen jeweils von auswärts (ἐξῆλθον; καταβάντες), gehören nicht zum „Gefolge" Jesu und erheben den gleichen Vorwurf gegen ihn (ἐξέστη: 3,21; Βεελζεβοὺλ ἔχει; ἐν τῷ ἄρχοντι τῶν δαιμονίων...: 3,22), der in 3,30 zusammengefasst wird (ὅτι ἔλεγον: πνεῦμα ἀκάθαρτον ἔχει).

Das Erzählstück bietet zwei Situationen, die einander entgegengesetzt sind. Die erste besteht aus 3,21-30, der zweite aus 3,31-35. Die Gegenüberstellung beider Situationen erfolgt durch 3,31, der einerseits 3,21 aufgreift und andererseits durch seine Formulierung (καὶ ἔξω στήκοντες) den Kreis um Jesus als wahre Familie Jesu den Verwandten und Gegnern entgegenstellt. Der Kontrast zwischen den beiden Situationen wird dadurch unterstrichen, dass die erste mit einem Drohwort schließt (3,28f), die zweite aber mit einer Verheißung endet (3,35). Die Einleitung des gesamten Abschnitts ist 3,20; wegen 3,31-35 muss der hier geschilderte Zulauf des Volkes positiv gewertet werden.

Auslegung

Die Erzählung als Ganzes stellt also eindrucksvoll *jüdische* Gegner Jesu einschließlich seiner Verwandten der wahren Familie Jesu gegenüber: Diese wird dadurch konstituiert, dass sie sich um Jesus versammelt, seine Lehre hört (vgl. 4,10-34) und so in der Lage ist, den Willen Gottes zu tun, und ihn auch tut. Die Gegenspieler werden demgegenüber als solche gezeichnet, die Jesus nicht als den *Stärkeren* (3,27; vgl. 1,7; 1,24; 3,11f) und „Geistträger" (3,28f; vgl. 1,8), als den sein Wirken ihn ausweist, anerkennen *wollen*. Sie sind verstockt (3,28f; vgl. 3,6; 4,11f).

Ein Blick auf Q (vgl. Mt 12,22-32.46-50; Lk 11,14-23) macht indes klar, dass die zwei in 3,20-35 verknüpften Situationen nicht ursprünglich zusammengehören. Erst der Autor hat sie miteinander verbunden.

3,20: Jesus betritt ein *Haus* (vgl. 1,29; 2,1), natürlich gemeinsam mit den *Zwölf*. Mit diesem Erzählzug signalisiert der Autor, dass Jesus sich in seinem Wirken auf die Jünger konzentrieren will. In welches Haus sich Jesus begibt, wird nicht gesagt; der Leser muss es nicht kennen. Der Autor will die Angabe auch gar nicht historiographisch aufgefasst wissen, sondern – wie öfter noch (vgl. 7,15; 9,28; 9,33; 10,10; 14,3) – als theologisches Signal; ihm steht stets ein Haus zur Verfügung, wo er es im Sinne seiner Erzählkonzeption braucht.

Wieder ist eine Volksmenge da; weil die Situation von 3,7ff noch fortbesteht, kann nur gemeint sein, dass ein Teil der dort erwähnten Menge mit Jesus und den *Zwölf* in das Haus hineingeht. Dadurch entsteht offenbar ein solches Gedränge, dass Jesus und die Jünger nicht dazu kommen, *„Brot zu essen"*, also ein Mahl einzunehmen. Stören die Leute? Doch später werden gerade sie, die im Haus um Jesus herumsitzen, als seine wahre Familie bezeichnet. Die eigenartige Notiz, dass die Menge im Haus das Brotessen Jesu und der Jünger verhindert, darf also nicht als negatives Signal bewertet werden. Wozu aber dient sie? Soll nur der Andrang betont werden (vgl. 1,32; 2,2)? Die Frage kommt beim Leser auf, wann denn wohl das Brotessen der Jünger mit Jesus stattgefunden hat. Eine Auflösung gibt der Autor nicht. Er verstärkt vielmehr diese Frage im Verlauf seiner Erzählung noch, indem er in 6,31-33 und 8,14-21 die Situation wiederholt und verschärft. Wann werden Jesus und die Jünger endlich das *„Brot essen"*?

3,21-27: Die Verwandten Jesu (vgl. 3,31) *hören*, wo er sich aufhält, und machen sich auf (ἐξῆλθον), um ihn in Gewahr zu nehmen. Sie wollen sich seiner bemächtigen und ihn „aus dem Verkehr ziehen". Denn ihr Urteil lautet, offenbar aufgrund seines bisherigen Wirkens: *„Er ist verrückt!"* Die Aktion der Verwandten soll nicht als „Fürsorge" verstanden werden, sondern als Ausdruck des Unverständnisses und der Missbilligung. Sie nehmen ebenso Anstoß an Jesus wie später die ehemaligen Nachbarn von Nazaret (vgl. 6,3).

Neben die Verwandten, die Jesus gewaltsam nach Hause, also nach Nazaret (vgl. 6,1-6) bringen wollen, treten die Schriftgelehrten (3,22). Die Leser kennen sie bereits als Gegner Jesu (vgl. 1,22; 2,6.16). Jetzt wird gesagt, dass sie eigens aus Jerusalem herabgekommen sind. Jerusalem als Ort der Feindschaft gegen Jesus kommt in den Blick. Dort hält sich die Front der Gegner offensichtlich auf und plant feindliche Aktionen (vgl. 7,1; 14,1f).

Der Vorwurf der Schriftgelehrten bestätigt geradezu die Meinung der Verwandten. Ein Blick auf Q (vgl. Lk 11,15) zeigt, dass der Autor an dieser Stelle von Tradition abhängig ist. Allerdings hat er total umformuliert. Der Doppelvorwurf der Schriftgelehrten: *„Er ist von Beelzebul besessen!"* und: *„Durch den Obersten der Dämonen treibt er die Dämonen aus!"* ist aus einem einzigen Vorwurf heraus entwickelt, wie er in Lk 11,15 vorliegt: *„In (durch) Beelzebul, dem obersten der Dämonen treibt er die Dämonen aus"*.

Beide Vorwürfe in 3,22 sind sachlich verschieden. Während der erste auf *Besessenheit* Jesu durch *Beelzebul* zielt (vgl. 3,21.30), hat der zweite ein *Teufelsbündnis* zum Inhalt: Jesu Kraft zur Dämonenbannung stammt nicht von Gott, sondern vom Satan; sein Wirken ist nicht Geistwirken, sondern Zauberei.

Der Vorwurf der Gegner richtet sich nicht wie in Q (vgl. Mt 12,22; Lk 11,14) gegen eine Einzeltat Jesu, sondern gegen sein Gesamtwirken, wie es der Autor bisher dargestellt hat. Die Gegner sehen darin nicht Gottes Geist am Werk (vgl. 1,8.9-11), sondern die Macht Satans, gegen die sich aber in Wahrheit Jesu Wirken richtet.

Es ist nirgends gesagt worden, dass die Verwandten und Schriftgelehrten ihre Vorwürfe an Jesus gerichtet haben. Von 3,31f her ist auch vorauszusetzen, dass sie das Haus nicht betreten haben, sondern sich *draußen* aufhalten. Jesus weiß gleichwohl um die schlimmen Unterstellungen (vgl. 2,6ff; 3,4) und stellt sich ihnen. Dazu kommt er offenbar aus dem Haus und *ruft* Gegner und Verwandte *zusammen*. Der Autor unterstreicht durch diesen Sprachgestus das Gewicht der folgenden kleinen Rede (vgl. 6,7; 7,14; 8,34; 12,43). Jesu Antwort erfolgt ἐν παραβολαῖς: in metaphorischer Rätselsprache. Der erste Teil von Jesu Antwort (3,23-27) lässt sich nur auf den Vorwurf des Teufelsbündnisses beziehen; erst 3,28f geht auf den Vorwurf der Besessenheit ein, wie 3,30 dann nochmals verdeutlicht. Jesus stellt nicht einfach die Gegenbehauptung auf, in ihm wirke der *„Heilige Geist"*, sondern antwortet so, dass die böse Behauptung der Gegner in sich zusammenbricht (vgl. 2,17.19). Nach Jesu Antwort können diese ihren Vorwurf nur noch als Verstockte aufrecht erhalten.

Der Eröffnungssatz 3,23b: *„Wie kann denn Satan den Satan austreiben?"* fasst die Argumentation von 3,24-27 bereits vorweg zusammen und stellt von vornherein fest, dass der Vorwurf des Teufelsbündnisses wider alle Logik ist und deshalb nur aus Böswilligkeit erhoben werden kann. Jesus bringt den Vorwurf der Gegner auf den Punkt: Es geht bei seinen Dämonenbannungen nicht um irgendwelche untergeordnete Dämonen, die durch ihn ausgetrieben werden, sondern um Satan und sein „Reich des Bösen". In Jesu vollmächtiger Verkündigung findet ein Kampf gegen Satan statt (vgl. 1,12f), und man müsste schon den unsinnigen Gedanken fassen, Satan bekämpfe und vernichte sich bewusst selbst, um den Vorwurf des Teufelsbündnisses aufrecht zu halten.

Die „Beispiele", die Jesus zur Unterstützung heranzieht, sprechen aus sich selbst. Die Weltgeschichte ist voll von Fällen, dass Königreiche und Familienclans durch Bürgerkrieg und Verwandtenhader auseinanderfielen und zerstört wurden. Diese Gesetzmäßigkeit würde auch Satan und sein *Reich* treffen. Selbst

Auslegung 121

wenn in Jesu Wirken der Kampf Satans gegen sich selbst stattfinden würde, hätte das zur Folge, dass es mit der Macht des Bösen zu *Ende* wäre (vgl. AssMos 10,1). Dies wäre ein Grund zum Jubeln. Aber die Schriftgelehrten sehen in Jesu Wirken gerade nicht das Ende der Herrschaft Satans, sondern werfen ihm vor, dessen Macht aufzurichten und zu befestigen.

Doch es ist umgekehrt: Wer wie Jesus dem *Starken* eine Beute (die Besessenen) entreißt, muss den *Starken* zuvor gebunden haben. Er ist also der *Stärkere* (vgl. 1,7), der an Stelle der Satansherrschaft eine andere Herrschaft aufrichtet, das „Reich Gottes" (vgl. 1,14f; 4,1-34). Wann *zuvor* hat Jesus den Satan gebunden? Der Leser denkt unwillkürlich an 1,12f zurück. In den Exorzismen entreisst Jesus ihm nun die Beute.

Die Widersinnigkeit ihres Vorwurfs muss den Schriftgelehrten bewusst sein, so evident und einleuchtend ist Jesu Erwiderung. Der Autor deutet an, dass die Gegner somit längst von Jesus überwunden sind (vgl. 2,10; 2,17.19f.27f; 3,4f). Ihr Vorwurf gegen ihn ist Verweigerung und Verstockung. Sie lästern damit gegen den Geist Gottes, der in Jesus am Werk ist (vgl. 1,10f.12). Deshalb kann Jesu Antwort sie gar nicht mehr erreichen; sie bleibt für sie „Rätsel", das nichts bewirkt oder verändert.

3,28-30: Das Gefälle der Rede Jesu läuft auf 3,28f zu, speziell auf 3,29. Durch 3,30 stellt der Autor sicher, dass 3,29 den gegnerischen Vorwurf der „Besessenheit" trifft. Der ist Blasphemie gegen den *„Heiligen Geist"* und deshalb unvergebbar. Ziel von Jesu Rede ist diese Feststellung; sie ist somit Gerichtsrede, die die Gegner bei ihrer Sünde behaftet, nicht Mahnung zu Umkehr und Glauben.

Der erste Teil des Wortes sagt unbedingte und allgemeine Sündenvergebung durch Gott zu. Die Vergebung der Sünden wird aber nicht an Jesus vorbei, sondern gerade *durch* ihn gewährt (vgl. 2,1-12.15-17). 3,28 beschreibt also das eschatologische Heilsangebot, das mit Jesus gekommen ist und sich in seinem Wirken ereignet.

Auf dem Hintergrund dieser christologischen Implikation von 3,28 wird auch die christologische Ausrichtung von 3,29 erkennbar. Sie ist ohnehin durch 3,30 angezeigt. Jesu Wort sagt aus: Wer ihn ablehnt, lehnt die Vergebungsbereitschaft Gottes ab; wer in seinem Wirken nicht das Wirken des Gottesgeistes anerkennt, sondern es als Satanswirken diffamiert, dessen Blasphemie kann nicht vergeben werden, weil er sich demjenigen verschließt, durch den Gott Vergebung der Sünden gewährt.

Zwischen Jesus und den jüdischen Gegnern – Schriftgelehrten und Verwandten – ist das Band zerrissen. Ihr böswilliger, verstockter Vorwurf gegen Jesus ist zugleich Gerichtsurteil über sie selbst, weil sie sich gegen das Wirken des Heiligen Gottesgeistes in Jesus verschlossen haben.

Das stellt der Autor abschließend in einem Kommentarwort fest (3,30): Verwandte und Schriftgelehrte haben mit ihren Vorwürfen behauptet, Jesus habe *„einen unreinen Geist"* und nicht den Geist Gottes (vgl. 1,10.12).

3,31-35: Die szenische Vorstellung war bisher, dass Jesus zur Auseinandersetzung mit Verwandten (3,21) und Schriftgelehrten (3,22) aus dem Haus herausgekommen ist, in das er sich nach 3,20 mit den Zwölf und seinen Anhängern im Volk begeben hatte. Offensichtlich ist er nach dem Gerichtswort 3,28f wieder ins Haus zurückgekehrt; dort sitzt nun „*um ihn herum*" die Volksmenge, die auf seine Lehrrede lauscht, während die Mutter und Brüder Jesu „*draußen stehen*" bleiben und ihn rufen lassen. Auf diese Weise hat der Erzähler eine eindrucksvolle Kontrastszene geschaffen.

Vor dem Hintergrund der Verwerfung Jesu durch seine Verwandten und Gegner erhält die Szene ihr volles Gewicht. Sie ist auf 3,35 als ihren Höhepunkt hin angelegt, in dem das Kriterium für die Zugehörigkeit zur „Familie Jesu", d.h. zur neuen Heilsgemeinschaft in Form eines allgemeinen Verheißungssatzes (ὃς ἂν...) ausgesprochen wird. 3,35 und die gesamte Szene setzen voraus, dass Gottes Wille *durch Jesus* vermittelt wird und darum nur von dem getan werden kann, der sich ihm anschließt und ihn als Lehrer anerkennt. Nicht die Schriftgelehrten garantieren Kenntnis und rechten Vollzug des Gotteswillens, sondern allein Jesus als dessen authentischer Interpret (vgl. 2,1-3,6).

Die Zugehörigkeit zur neuen Heilsgemeinschaft ist damit auf eine neue Basis gestellt, die „Jesus" heißt. An der Stellung zu ihm entscheidet sich, wer dazu gehört und wer nicht. Wer in ihm den Gottessohn und Geistträger anerkennt, wer in seinem Wirken Gottes Vollmacht durch den „*Heiligen Geist*" am Werke sieht und sich von ihm zur Nachfolge und Befolgung seiner Lehre rufen lässt, gehört zur „Familie Jesu".

Dass damit die alten Grenzlinien zwischen Juden und Heiden aufgehoben sind, versteht sich dann von selbst. Die Grenzen der Jesusgemeinde sind nicht mehr die Grenzen des Judentums, vielmehr verläuft die Grenzlinie – wie 3,20-35 zeigt – mitten durch das Judentum hindurch. Maßgebende Kreise des Judentums haben sich dem Wirken Gottes in Jesus verschlossen und stehen *draußen*. Ihre verstockte Ablehnung Jesu ist für sie das Gericht, das sie vom Heil ausschließt.

Die feindselige Haltung der Verwandten Jesu wird durch den Erzähler in keiner Weise relativiert. Autor und wohl auch die ersten Leser stehen somit den Verwandten Jesu einschließlich seiner Mutter offensichtlich reserviert, wenn nicht sogar ablehnend gegenüber, und dies, obwohl der Herrenbruder Jakobus bis 63 n.C. der Gemeindeleiter der Jerusalemer Urgemeinde war. Historische Erinnerung an die Zeit Jesu allein begründet diese Polemik nicht. Es muss zwischen den christlichen Gruppen, zu denen der Autor und die Leser gehörten, und einem eher „judaistischen" Christentum, das sich auf Jesu Verwandte berief, zu einem schweren Zerwürfnis gekommen sein. Bezeichnend ist wohl, dass Jesu Verwandte auf die Seite der jüdischen Schriftgelehrten gestellt werden, deren Einfluss die Jüngerschaft in Lehre und Praxis durch Jesus entzogen wird (vgl. 1,22f; 2,1-3,6). Versuchten etwa im Verlauf des Jüdischen Krieges Verwandte Jesu in leitenden Funktionen der judenchristlichen Kirche Einfluss auf die Gemeinden des Autors zu gewinnen?

Auslegung 123

2.3 Rätsel und Lösung: 4,1-34

4^1 *Und wieder begann er am See zu lehren.*
Und es kommt bei ihm eine so riesige Menge zusammen,
dass er in ein Boot stieg und sich auf dem See niedersetzte.
Das ganze Volk aber befand sich auf dem Ufer zum See hin.
^{2}*Und er lehrte sie Vieles in Rätseln und sagte zu ihnen in seiner Lehrrede:*
^{3}*"Hört! Siehe der Sämann ging aus, um zu säen.*
^{4}*Und beim Aussäen geschah es: Ein Teil fiel auf den Weg,*
und die Vögel kamen und pickten es auf.
^{5}*Und ein anderes fiel auf den felsigen Grund, wo es nicht viel Erde hatte,*
und sofort ging es auf, weil es keinen tiefen Boden hatte,
^{6}*und als die Sonne hochstieg, wurde es versengt,*
und weil es keine Wurzeln hatte, verdorrte es.
^{7}*Und ein anderes fiel unter die Dornen,*
und die Dornen wucherten und erstickten es, und es gab keine Frucht.
^{8}*Die anderen aber fielen auf guten Boden*
und gaben Frucht, indem sie aufgingen und wuchsen,
und brachten hervor eins dreißigfach, eins sechzigfach und eins hundertfach."
^{9}*Und er sagte: „Wer Ohren hat zum Hören, der höre!"*

^{10}*Und als er allein war, fragten ihn die um ihn herum*
zusammen mit den Zwölf nach dem Zweck der Rätsel.
^{11}*Er aber sagte zu ihnen:*
„Euch ist das Geheimnis des Reiches Gottes gegeben!
Denen draußen dagegen wird das alles in Rätseln zuteil,
^{12}*damit (sich erfüllt): sie sehen und sehen und erkennen doch nicht,*
sie hören und hören und verstehen doch nicht,
damit sie nicht umkehren und ihnen vergeben wird!"

^{13}*Und er sagt ihnen: „Versteht ihr dieses Rätsel nicht?*
Wie wollt ihr dann all die anderen Rätsel begreifen?
^{14}*Der Sämann sät das Wort.*
^{15}*Diese sind die auf dem Weg, wo das Wort gesät wird,*
doch sobald sie das Wort hören, kommt sofort der Satan
und nimmt das Wort weg, das in sie gesät wurde.
^{16}*Und diese sind die auf felsigen Grund Gesäten,*
die das Wort, sobald sie es hören, sofort mit Freude annehmen,
^{17}*aber sie haben keine Wurzeln in sich, sondern sind Augenblicksmenschen.*
Wenn es dann Bedrängnis gibt oder Verfolgung um des Wortes willen,
sofort fallen sie ab.
^{18}*Andere wiederum sind die unter die Dornen Gesäten:*
Sie sind zwar Hörer des Wortes,
^{19}*aber die Sorgen der Welt*
und die Verführung durch Reichtum und die Begierden nach allem Möglichen
dringen ein und ersticken das Wort. Und es bleibt ohne Frucht.

*²⁰Dies aber sind die auf den guten Boden Gesäten:
Sie hören das Wort und nehmen es auf und bringen Frucht,
eins dreißigfach, eins sechzigfach und eins hundertfach."*

*²¹Und er sagte ihnen: „Kommt etwa die Leuchte,
um unter den Scheffel gestellt zu werden oder unter das Bett?
Nicht vielmehr, um auf den Leuchter gestellt zu werden?
²²Es gibt nämlich nichts Verborgenes, außer damit es offenbar gemacht wird,
und nichts wird verborgen, außer damit es zur Offenbarung gelange.
²³Wenn einer Ohren hat zu hören, der höre!"
²⁴Und er sagte ihnen: „Blickt auf das, was ihr hört!
Mit dem Maß, mit dem ihr messt, wird euch zugemessen werden,
und es wird euch hinzu gelegt werden.
²⁵Denn wer hat, dem wird gegeben, wer aber nicht hat, dem wird auch das,
was er hat, noch weggenommen werden."*

*²⁶Und er sagte: „So verhält es sich mit dem Reich Gottes,
wie wenn ein Mann Samen auf die Erde wirft.
²⁷Und dann schläft er und wacht, bei Nacht und am Tag,
der Same aber geht auf und wächst, wie, das weiß er selbst nicht.
²⁸Von selbst bringt die Erde Frucht hervor,
zuerst den Halm, dann die Ähre, dann den vollreifen Weizen in der Ähre.
²⁹Sobald aber die Frucht es zulässt,
sofort schickt er die Sichel aus, denn die Ernte ist da."*

*³⁰Und er sagte: „Wie soll ich das Reich Gottes vergleichen,
und in welches Rätselbild es fassen?
³¹Wie bei einem Senfkorn ist es; das ist, wenn es auf die Erde geworfen wird,
kleiner als alle Samenkörner auf der Erde, ³²sobald es aber ausgesät wird,
geht es auf und wird größer als alle Gartengewächse und bildet große Zweige
aus, so dass in seinem Schatten die Vögel des Himmels nisten."*

*³³Und in vielen derartigen Rätselbildern sprach er zu ihnen das Wort,
wie sie es hören konnten. ³⁴Ohne Rätsel aber redete er nicht zu ihnen,
allein aber mit seinen eigenen Jüngern löste er ihnen alles auf.*

2.3.1 Aufbau
Die Szene stellt Jesu Lehrrede vor dem Volk und vor dem inneren Kreis „*um ihn herum zusammen mit den Zwölf*" (4,10) dar.

4,1-2 sind die Einleitung für die *gesamte* Szene. 4,1 klärt zunächst die Szenerie: Jesus besteigt (zusammen mit seinen Anhängern: vgl. 4,35f) das Boot, das seit 3,9 für ihn bereitsteht, und *lehrt* vom Boot aus das Volk, das sich am Ufer befindet. Damit wird eine Trennungslinie weitergezogen, die der Autor bereits in 3,7-12.13-19.31-35 angelegt hat und die seine Erzählung weiterhin bestimmen wird (vgl. 4,35f; 5,37.40; 7,17; 8,34; 9,28.33; 10,10).

4,2 bietet das im folgenden wichtige Stichwort ἐν παραβολαῖς (vgl. 4,10.13.33f). Wichtig ist dabei, dass Jesu Rede in Rätsel-Bildern als *Lehre* ge-

Auslegung

kennzeichnet wird (vgl. 3,23). Die *Rätsel-Lehre* gilt nicht nur dem Volk, sondern auch den Jüngern (4,13; vgl. 7,17), und es geht in der ganzen Szene um die Frage, wem die Möglichkeit und Fähigkeit gegeben ist, sie zu verstehen.

In 4,33f wird 4,2 abschließend wiederaufgenommen. Zusätzlich wird deutlich: Die *Rätsel-Lehre* entspricht dem Hörvermögen des Volkes, sie ist also kein hinterhältiges Versteckspiel, sondern enthält wirklich „*das Wort*" Jesu (4,33.14-20!; vgl. 2,1; 8,32). Das bedeutet: Jesu Verkündigung ist stets rätselhafte Rede. Wer sie verstehen will, muss eingeweiht sein. Die Jünger sind eingeweiht: Ihnen ist „*das Geheimnis des Reiches Gottes*" gegeben (4,11), und sie werden eingeweiht: Ihnen löst Jesus alles auf (4,34). 4,33f ist zwar generalisierender Abschluss der *Rätsel-Lehre* Jesu; aber er hebt die Szenerie von 4,1 noch nicht auf. Das tut erst die neue Szenenangabe 4,35f.

In den szenischen und thematischen Rahmen von 4,1f.33f ist die *Rätsel-Lehre* Jesu eingespannt. Sie besteht aus einzelnen Beispielerzählungen (4,3-9.26-29.30-32) und Rätsel-Sprüchen (4,21-22.24-25), aus Erläuterungen (4,11f) und Auflösungen (4,13-20) und aus gewichteten Ausrufen zum verständigen Hören, die nicht nur an das Volk (4,3.9), sondern auch an die Jünger (4,23.24; vgl. 4,13) gerichtet sind. Die Komposition der Rede Jesu geht auf den Autor zurück, der in ihr eine kleine Gleichnissammlung und ursprünglich isoliertes Überlieferungsmaterial miteinander verknüpft hat. Er hat die Teilstücke als solche sichtbar gelassen, indem er wiederholt Redeeinleitungen selbst dort einfügte, wo die Szene dies nicht fordert (vgl. 4,9.13.21.24.26.30). Sie strukturieren Jesu *Rede*, zur Gliederung der *Szene* eignen sie sich nicht.

Ein szenischer Einschnitt ist in 4,10 angezeigt. Auf den ersten Blick könnte es scheinen, als sei die in 4,1 aufgebaute Szenerie aufgelöst. Irritierend ist vor allem die Formulierung ὅτε ἐγένετο κατὰ μόνας. Da die Szenerie aber faktisch erst in 4,35f aufgelöst wird und Jesus seine in 4,3-9 begonnene *Rätsel-Lehre* an das Volk fortgesetzt hat (vgl. 4,33f), könnte 4,10 eine literarische Parenthese anzeigen und zwar in dem Sinne, dass in 4,10-25 eine Belehrung der Jünger durch Jesus als Prolepse erzählt wird: irgendwann später hat sie stattgefunden (aber wann?). Da auch 4,34b eine solch anachronistische Prolepse sein und auf Belehrungen der Jünger zu einem späteren Zeitpunkt hinweisen könnte, läge diese Erklärung nahe. Dann bestünde die eigentlich dargestellte Szene aus 4,1-9.26-34a, und 4,10-25.34b wären Prolepse: „Irgendwann einmal, als Jesus allein war..."

Gegen eine solche Lösung des mit 4,10 gegebenen Problems spricht, dass mit 4,10-25 und 4,34b der Autor diese Parenthesefigur gleich zweimal angewendet hat, dass in 4,36 vorausgesetzt wird, Jesus sitze nicht allein in dem Boot, und schließlich dass die Szenerie von 4,1-34 in 3,20-35 ein gewisses (dort gewiss plausibleres) Vorbild hat: Vor dem Haus (*draußen*) und im Haus („*um ihn herum*") konstituieren sich Gegner und die wahre Familie Jesu; zu den Gegnern spricht Jesus „*in Gleichnissen*" (3,23), die um Jesus herum verstehen dagegen Gottes Willen (3,34f).

Daher könnte 4,10-25 auch eine Unterweisung Jesu an den inneren Kreis seiner Nachfolger sein, welche die öffentliche *Rätsel-Lehre* eine Zeit lang unterbricht. In 4,26 wird diese dann fortgesetzt. Die Unterweisung an den inneren

Kreis der Jünger bezieht sich zunächst auf den Grund für die *Rätsel-Lehre* Jesu überhaupt (4,10-12), dann auf die Lösung des konkreten ersten Rätsels (4,13-20). Sie blickt schließlich voraus auf ein *Finale* (4x ἵνα), bei dem alle verborgenen Rätsel gelöst (4,21-23) und das Engagement des Hörens, Verstehens bzw. ihre Verweigerung vergolten werden (4,24-24). Der eschatologische Ausblick von 4,21f blickt somit auf 4,10-12 zurück, der von 4,24f greift 4,13-20 auf.

Wir gelangen damit zu folgendem internen Aufbau der *Rätsel-Lehre* Jesu:

A: 4,1-2: Szenische und thematische Einleitung

B: 4,3-9: Öffentliche *Rätsel-Lehre* Jesu vor Volk und Jüngern mit Aufforderung zum richtigen Hören

C: 4,10-25: Interne Unterweisung der Jünger
- Gründe für die *Rätsel-Lehre* (4,10-12)
- Lösung für das erste Rätsel (4,13-20)
- Eschatologischer Ausblick: Alles Verborgene wird offenbar (4,21-22)
- Aufforderung zum richtigen Hören (4,23)
- Eschatologischer Ausblick: Verheißung für den Hörenden (4,24f)

B': 4,26-32: Fortsetzung der öffentlichen *Rätsel-Lehre* Jesu vor Volk und Jüngern

A': 4,33f: Generalisierende Abschlussbemerkung

2.3.2 Einleitung und erstes Rätsel: 4,1-9

4,1-2: Jesus hat sich wieder an das Ufer des galiläischen *Meeres* begeben, wo er bereits in 3,7 (vgl. 1,16) war. Hier „*beginnt er zu lehren*"; eine typische Formulierung, wie wir sie im MkEv so oder ähnlich häufig antreffen (vgl. 6,2.34; 8,31; vgl. 10,32; 13,5). Jesu Verkündigung ist eine *Lehre*, nach der man sich richten muss (vgl. 1,21f.27; 2,13; 6,6; 9,31; 10,1; 11,17f; 12,14.35.38; 14,49). Befremdlich ist, dass der Autor von Jesu Lehre erzählt, bevor er noch die Volksscharen erwähnt hat. Sicher will er nicht sagen, dass die Volksscharen erst kommen, nachdem Jesus bereits zu lehren angefangen hat. Vielmehr ist der erste Satz eine Art Überschrift; und erst in 4,1b folgt dann die szenische Eröffnung der *Rätsel-Lehre* Jesu.

Wo Jesus auftritt, laufen die Leute in Scharen zu ihm; jetzt kommt ein ὄχλος πλεῖστος, eine Riesenmenge zusammen, mehr als in 3,20 und 3,7 (πολὺ πλῆθος) oder in 1,21f.33.45; 2,1f.13. Somit wird hier der bisher größte Zulauf zu Jesus geschildert.

Auslegung 127

Diese Situation erfordert eine neue Strategie Jesu bei seiner Lehre. Bereits in 3,9f hatte er ein Boot bestellt, um dem Andrang der Volksmenge entgehen zu können. Jetzt besteigt er das Boot und fährt ein Stück vom Ufer weg, so dass er „*auf dem See*" sitzt, während sich „*das ganze Volk auf dem Ufer zum See hin*" befand. Hat diese eigenartige szenische Anordnung symbolische Bedeutung? Sollen die Leser in 4,1 die Motivation Jesu von 3,9 mithören? Eine gewisse Distanz Jesu zu den Massen dürfte mitschwingen, zumal sich in 4,10.35f zeigen wird, dass Jesus keineswegs allein im Boot sitzt, sondern einen inneren Kreis von entschiedenen Nachfolgern „*zusammen mit den Zwölf*" um sich herum hat (vgl. 3,13-19.31-35).

Jesu *Lehre* hat Rätselcharakter (vgl. 3,23; 7,17; 12,1.12). Seine Reden in Erzählungen und Bildern haben einen tieferen, verborgenen Sinn, den es herauszuhören und zu entdecken gilt. Das Verstehen der Lehre Jesu erfordert deshalb Engagement: Die Hörer müssen sich auf Jesu Wort einlassen, ihm einen Sinn zutrauen, der nicht auf Anhieb erkennbar ist. Jesu Lehre erfordert also, um sie zu verstehen, von den Hörern bereits eine Entscheidung. Jesus disputiert und argumentiert eben nicht von gleich zu gleich mit seinen Hörern, sondern er *lehrt*: Sein Wort muss angenommen und umgesetzt werden. Erst wer das tut, versteht es. Wer dazu nicht bereit ist, hört nur Rätsel.

Das bedeutet: Auch für die Jünger ist Jesu Wort zuerst rätselhaft. Aber weil sie sich entschieden haben, Jesus nachzufolgen, bekommen Jesu Worte für sie Bedeutung.

4,3-9: Die Rätsel-Erzählung Jesu wird vom Autor nochmals ausdrücklich als *Lehre* bezeichnet: Man soll aus dieser Geschichte etwas lernen. Dafür muss man aber hinhören, und dazu fordert der einleitende Imperativ auf: „*Hört!*" Das ist nicht in dem Sinne „alle mal herhören" gemeint, sondern geht tiefer. Besondere Aufmerksamkeit wird gefordert: „Merkt auf!" Am Ende der Erzählung folgt – durch eine neue Redeeinleitung gewichtet – erneut die Aufforderung zum Hören, diesmal aber eigenartig gewendet; sie richtet sich an denjenigen, der „*Ohren zum Hören*" hat. Hier kann nicht das leibliche Ohr gemeint sein – das hat ja jeder –, sondern die innere Bereitschaft und Fähigkeit zur Annahme der *Lehre* Jesu. Und davon handelt auch die von Jesus erzählte Geschichte, wie sich bald zeigen wird. Wer wirklich hören könnte, dem ginge das jetzt schon auf!

Jesus erzählt in der Tat eine Geschichte; die Erzähltempora sind Aoriste. Er will nicht auf das aufmerksam machen, was immer geschieht, wenn jemand auf einen Acker sät, sondern was einem einzelnen Sämann passiert ist. Sonderbar ist, dass alles in der Geschichte sich zur gleichen Zeit zu ereignen scheint: „*beim Säen*" (4,4). Dabei fallen einzelne Samenkörner so, dass sich keine Frucht bildet, die meisten fallen aber „*auf guten Boden*" und bringen vielfältige Frucht. In der Geschichte ist die Perspektive verkürzt: Der Sämann ist ständig dabei.

Der Blick der Erzählung ist freilich auf das Ende gerichtet, ob nämlich der ausgesäte Same Frucht bringt oder nicht. Dieses Ende ist versöhnlich: Geradezu euphorisch wird die große Frucht herausgestellt, die „*die anderen*" (ἄλλα) bringen, ganz im Gegensatz zu den einzelnen Samenkörnern (ἄλλο), die ohne Frucht bleiben. Soll man von Misserfolg des Sämanns reden? Bei den einzelnen Körnern, die verlorengehen, liegt zwar kein Erfolg vor, aber am Ende überwiegt er. Die Aussaat hat sich gelohnt, und die Intention des Sämanns ist zum Zuge gekommen.

Nun wüssten die Leser gern, was es mit diesem Rätsel auf sich hat. Von welchem Vorgang wird hier erzählt? Wer oder was ist der Same, wer oder was sind die Gegenspieler des Samens (Vögel/Felsen/Dornen), und was bedeuten die unterschiedlichen Böden? Vor allem aber: Wer ist der Sämann?

2.3.3 Interne Unterweisung: 4,10-25

4,10-12: Die szenische Vorstellung hinter 4,10-25 wurde bereits oben erhoben: Es findet ein internes Gespräch zwischen Jesus und dem mit ihm im Boot sitzenden Kreis von Nachfolgern zusammen *„mit den Zwölf"* statt. Das Volk am Ufer bleibt davon ausgeschlossen. Die Jünger fragen Jesus bezüglich *der* Rätsel. Der Plural generalisiert: Gefragt wird nicht nach der Bedeutung des ersten Rätsels, sondern, weshalb und wozu Jesus überhaupt in Rätseln lehrt.

Nochmals ist daran zu erinnern, dass die *Rätsel-Lehre* in 4,3-9 nicht nur dem Volk galt. Auch die Jünger hörten ein Rätsel und werden weiterhin Rätsel hören (vgl. 4,33; 7,17; 13,28). Aber ihnen bleibt Jesu *Rätsel-Lehre* nicht rätselhaft und unverständlich. In diesem Sinne differenziert die Antwort Jesu in 4,11: Den Jüngern ist (mit Jesus) ein *Geheimnis* gegeben worden (Perfekt!), und zwar das *„Geheimnis der Basileia Gottes"*. Wir lösen die Formulierung so auf: In Jesu Wirken in Wort (1,14f) und Tat (vgl. 3,23-27) bricht sich die Basileia Gottes schon Bahn, aber als Geheimnis, das sich nicht offen, sondern in der Lehre und den Machttaten Jesu verborgen kundgibt. Erst in der Endzeit wird die Basileia eine offene Wirklichkeit sein (vgl. 9,1). Jetzt ist sie nur verborgen erfahrbar. Die Jünger als der Kreis der Nachfolgenden partizipieren an dieser geheimnisvollen Wirklichkeit, weil sie Jesu *Rätsel-Lehre* als *„das Wort"* (4,33; vgl. 2,2), als *„Evangelium Gottes"* (1,14f), als Kundgabe des Willens Gottes (vgl. 3,35) akzeptieren und ihm glauben.

Sie haben bereits eine Entscheidung des Glaubens getroffen, indem sie Jesus nachfolgen, und deshalb wird ihnen in Jesu Lehre kein Rätsel im eigentlichen Sinn, sondern ein *Geheimnis* mitgeteilt. *„Denen draußen dagegen wird das alles* (τὰ πάντα) *in Rätseln zuteil"*, ihnen bleibt alles rätselhaft: Die Lehre Jesu verwerfen sie als Blasphemie (vgl. 2,6) und seine Machttaten diskreditieren sie als Teufelswerk (vgl. 3,22.30). Sie nehmen Jesu Wort und Tat zwar wahr als Vollmacht und Kraft, wollen sie aber nicht als göttlich annehmen, und deshalb können sie die Wirklichkeit der göttlichen Basileia, die sich in ihnen zeigt, gar nicht erkennen.

Mit dem Ausdruck *„denen draußen"* ist zurückverwiesen auf 3,20-35, und in der Zusammenschau mit diesem Stück klärt sich Jesu dunkles Wort 4,11: Für die Gegner bleibt Jesu *Rätsel-Rede* (vgl. 3,23) nicht deshalb rätselhaft, weil sie nicht verstehen *könnten*, sondern weil sie es nicht *wollen*. Sie sind verstockt und haben sich der Einsicht verschlossen, dass in Jesus einzig der *„Heilige Geist"* am Werk sein muss. Darum sind sie *„ewiger Sünde schuldig"* (3,29). Gegen entschiedenen

Auslegung 129

Unglauben hilft kein Argumentieren und kein Lehren. Jesu *Lehre* kann eben nur verstehen, wer ihm nachfolgt und sein Jünger ist; nicht, wer draußen steht. Die *Draußen* in 4,11 müssen somit Personen sein, die bereits eine Entscheidung getroffen haben, und zwar gegen Jesus. Jesu *Rätsel-Lehre* behaftet sie bei ihrer Entscheidung. Keineswegs ist mit diesem Ausdruck die gesamte Volksmenge von 4,1 (3,7f), schon gar nicht das jüdische Volk generell gemeint, sondern diejenigen in der Volksmenge, die Jesus ablehnend und feindlich gegenüberstehen.

Für sie wirkt sich die Art der Lehre und des Wirkens Jesu verheerend aus: Weil Gottes Wirklichkeit nur als verborgenes Geheimnis erfahrbar ist, das durch Jesu missverstehbares Wort und missdeutbares Tun repräsentiert wird, vermögen diejenigen, die sich voreingenommen gegen Jesus entschieden haben, das Geheimnis nicht zu ergreifen. Sie könnten es, wenn sie sich wie die Jünger Jesus anschließen würden. Dann öffnete sich auch ihnen durch Jesu *Lehre* das Geheimnis immer mehr. Weil sie aber *draußen* bleiben, sind sie ausgeschlossen. Diese Konsequenz wird in dem horrenden Wort 4,12 im Anschluss an Jes 6,9 (vgl. Joh 12,40; Apg 28,26f; Röm 9,18) zum Ausdruck gebracht. Hatte 3,28f die unvergebbare *Schuld* angesprochen, mit der sich die verstockten Gegner durch ihr Verhalten beladen, so kommt in 4,12 das *Verhängnis* zum Vorschein, in das ihre Schuld sie führt: Die selbstverschuldete Verstockung wirkt sich so aus, dass sie nicht mehr zur Umkehr fähig und von der Vergebung der Sünden abgeschnitten sind, die im Anschluss an Jesus erfahrbar wäre (vgl. 1,15; 2,10). Nachdem sie *draußen* bleiben, haben sie sich vom Wirken Jesu – von *sehen* und *hören* ist die Rede – ausgeschlossen. Das Wort Jesu erreicht sie nicht mehr.

Ein viel diskutiertes Problem ist, ob ἵνα und μήποτε in 4,12 final oder konsekutiv verstanden werden müssen. Sprachlich ist finaler Sinn vorzuziehen; aber man darf 4,12 nicht so verstehen, als würde darin die *Absicht* Jesu bei seiner *Rätsel-Lehre* zum Ausdruck gebracht: Jesus lehrt nicht auf diese Weise, *um* zu verstocken. Das wird schon daraus ersichtlich, dass die Rätsel-Rede Jesu nicht nur an Gegner gerichtet ist (3,23; 12,1.12), vielmehr hilfreich für das Verstehen des Volkes ist (4,1f.33; 7,14f.17) und auch den Jüngern gilt (4,13; 7,17; 13,28). Nicht weil er verstocken will, redet Jesus in Rätseln, sondern weil diese Art des Lehrens der Verborgenheit der Basileia Gottes und ihrer Wirklichkeit angemessen ist, die der Gegenstand der Verkündigung Jesu sind. Die Verstockung folgt nicht der *Rätsel-Lehre* Jesu nach, sondern liegt ihr bereits voraus. Sie hat die schlimme Konsequenz, dass sie das *Verstehen* der *Rätsel-Lehre* Jesu unmöglich macht. Die Schuld dafür liegt im Verstockten; aber die *Rätsel-Lehre* setzt diesen verhängnisvollen Mechanismus von Schuld und Folge in Gang, bei dem sich die Schraube der Verstockung immer fester zuzieht. Nur *Umkehr* könnte sie lösen (vgl. 1,15).

Das wird später an den *Zwölf* demonstriert. Auch sie haben ein „*verhärtetes Herz*" (6,52; vgl. 3,5) und sind noch nicht zur *Einsicht* (6,52; vgl. 4,12; 7,17; 8,21) gekommen. Der Vorwurf Jesu gegen sie ist so scharf wie der gegen jene *Draußen* (vgl. 8,17f). Aber sie sind bei Jesus geblieben bzw. in die Nachfolge zurückgekehrt (vgl. 14,28; 16,7). An ihnen wird sichtbar, wie *Herzensverhärtung* und *Verstockung* gelöst und ein Verstehen der *Rätsel-Lehre* doch möglich wird.

4,13-20: Wie die Nachfolgenden zusammen *„mit den Zwölf"* von Jesus zum Verstehen geführt werden, zeigt dann 4,13-20. Jesus setzt mit seiner Belehrung neu an, indem er nun auf sein erstes Rätsel eingeht. Allerdings ist 4,13 ein sanfter Vorwurf: Die Jünger haben eigentlich die Möglichkeit, die Rätselgeschichte zu verstehen; ihnen ist ja *„das Geheimnis des Reiches Gottes gegeben"*. Wenn sie schon vor dem ersten Rätsel versagen, wie soll das dann weitergehen (vgl. 9,19)? Irgendwann jedenfalls müssten sie aus sich selbst heraus fähig sein, die *Rätsel-Lehre* Jesu zu begreifen – eine Anfrage an die Leser! Werden sie die beiden in 4,26-32 folgenden Rätsel-Geschichten selbst lösen können?

Die Deutung, die Jesus den Jüngern gibt, löst die Rätsel-Erzählung Zug um Zug auf. Fast alle ihre Elemente werden entschlüsselt: Der Same ist das Wort, die Ausgesäten sind verschiedene Gruppen von Hörern des Wortes, die Vögel verkörpern den Satan usw. Nur ein Element bleibt verschlüsselt: Wer ist der Sämann? Haben die Leser die Lösung? Sie wissen bereits, dass Jesus das *„Evangelium Gottes"* verkündete (vgl. 1,14) und zu den Volksscharen *„das Wort"* sprach (vgl. 2,1). Und in 4,33 werden sie erneut lesen, dass Jesus es ist, der in Rätseln *„das Wort"* spricht: Also ist er der Sämann! Die Leser haben damit die erste Probe bestanden: sie sind zur Lösung der *Rätsel-Lehre* Jesu befähigt.

Die Deutung macht klar: Die erzählte Geschichte ist ein Rätsel über das richtige *Hören* des Wortes Jesu, über ein Hören also, das wirklich zur *Aufnahme* des Gehörten und zum *Fruchtbringen* führt (vgl. 4,20). Das Rätsel führt aus, wie die Hörer des Wortes sich verhalten oder auch nicht verhalten müssen, damit das Wort in ihrem Leben Frucht bringt. Es bestätigt sich, dass die Formeln *„Hört!"* in 4,3 und *„Wer Ohren hat zu hören, der höre!"* (4,9) mehr waren als Aufforderungen zur Aufmerksamkeit. Sie sind fast Inhaltsangaben, und die Rätselgeschichte ist geradezu eine Illustration von 4,12.

Die Lösung des Rätsels, die Jesus gibt, ist nicht völlig harmonisch: Zuerst ist der Same das Wort, dann sind die gesäten Samenkörner die verschiedenen Hörer, deren Art durch den unterschiedlichen Ackerboden dargestellt wird. Doch Rätsel gehen nicht immer glatt auf, und wahrscheinlich kommt es der Rätselerzählung vor allem darauf an zu zeigen, wie die verschiedenen Hörer das Wort in sich unterdrücken oder zur Wirkung kommen lassen, weniger aber darauf, das Verkündigungswirken Jesu darzustellen.

Die Leser kennen die dargestellten Hörertypen. Da sind zunächst jene, bei denen das Wort überhaupt keine Chance zum Überleben hat. Sie hören sich zwar die Missionspredigt an, lassen sich das Wort aber durch den Satan sofort wieder rauben. Im Kontext dürften die Gegner von 3,20-30 diesen Hörertyp repräsentieren. Dann werden Hörer vorgestellt, die das Wort freudig aufnehmen. Aber sobald sie um des Wortes willen Drangsal und sogar Verfolgung erleiden müssen, sind sie frustriert und nehmen Anstoß. Gehören im Kontext die *Zwölf* zu dieser Gruppe (vgl. 14,27.50.66-72)? Oder gehören einige aus dem Umfeld der Leser dazu, die vielleicht abgefallen sind und die Gemeinde verlassen haben? Für unser Bild von den Lesern ist jedenfalls wichtig, dass Jesus hier für eine spätere Zeit Drangsal und Verfolgung voraussagt (vgl. 8,34.38; 9,40.42; 10,30; 13,9-13). Der dritte Hörertyp sind diejenigen – Christen, so müssen wir doch wohl sagen –, die das

Wort in einem geschäftigen Alltag beim Jagen nach Reichtum und Genuss allmählich in sich ersticken und darum fruchtlos bleiben. Dieser Typ ist ebenfalls unter den Lesern (bis heute) verbreitet, und die Leser werden gewarnt, nicht solche Hörer zu werden. Und schließlich werden die echten Hörer vorgestellt, die das Wort so in ihr Leben aufnehmen, dass es vielfältige Frucht bringen kann. Die Leser sind gefragt, ob sie dazu gehören.

4,21-23: Jesus setzt wiederum neu an. Seine Rede bleibt weiterhin verschlüsselt, aber verständlich. Als erstes bringt er eine Allerweltsweisheit vor: Ein brennendes Licht gehört nicht unter einen Topf oder ein Bett, sondern auf einen Leuchter! Nur dann erfüllt es seinen Zweck. Doch wie eigenartig wird das formuliert? *„Kommt etwa die Leuchte, um unter den Scheffel gestellt zu werden...?"* Zu erwarten wäre, dass jemand das Licht herbeibringt. Wer oder was ist das Licht, das auf den Leuchter gehört?

Der erläuternde Satz klärt diese Frage nicht, sondern verallgemeinert den Sachverhalt: „Es gibt nämlich nichts Verborgenes, außer damit es offenbar gemacht wird, und nichts wird verborgen, außer damit es zur Offenbarung gelangen (ἔλθῃ εἰς φανερόν)." Warum zwei Sätze, die doch fast das gleiche aussagen? Was steckt dahinter? Eine Regelmäßigkeit wird hier behauptet, die so im Alltag nicht immer zutrifft. Wird hier eine göttliche Regel kundgetan und ausgeblickt auf einen Zeitpunkt, an dem sich alle Rätsel lösen und die verborgenen Wirklichkeiten offenbar geworden sein werden? Die Jünger (und Leser) werden aufgefordert, darüber nachzusinnen (vgl. 4,23).

Sie müssen wohl bei 4,11a ansetzen: Dort hatte Jesus von der Basileia Gottes als einem *Geheimnis* gesprochen, das den Jüngern gegeben ist. Die Basileia Gottes – die das Leben der Menschen ganz und gar einfordernde und erfüllende Wirklichkeit Gottes – ist schon gegeben, aber verborgen im Mysterium des Wortes und Wirkens Jesu. Doch sie und das Wirken Jesu werden nicht verborgen bleiben, sondern offenbar werden. Das Licht wird sichtbar leuchten! Die geheimnisvoll anwesende Herrschaft Gottes wird sich machtvoll zeigen (vgl. 9,1), und die verborgene Wirklichkeit Jesu wird offen erscheinen (vgl. 8,38).

Es kann keine Rede davon sein, dass Jesus hier die Jünger dazu auffordert, *sie* sollten seine verborgene *Rätsel-Lehre* offen verkünden. Auch die spätere Missionsverkündigung der Jünger (vgl. 3,14f; 6,7ff) partizipiert ja an der Rätselart der Verkündigung Jesu: Die Jünger werden Jesu *Wort und Wirken* weitergeben als *Rätsel-Lehre* und darin die Basileia Gottes als *Geheimnis*.

In 4,21-22 blickt Jesus also auf das Eschaton voraus und sagt es an: Schon bald und ganz sicher werden alle Rätsel gelöst und die verborgenen Geheimnisse offenbar. Dieser Trost kann die Hörer bestärken, Jesu Wort zu bewahren und reiche Frucht zu bringen (4,20).

4,24-25: Hat Jesus in 4,21f sein Wort 4,11 durch einen Ausblick auf das Eschaton erweitert, so tut er in 4,24f das Gleiche hinsichtlich der Rätsel-Lösung 4,13-20. Darauf weist schon die erneute paränetische Mahnung: *„Blickt auf das, was ihr hört!"* Sie greift sachlich unmittelbar 4,14-20 auf; dort ging es um das rechte Hören des Wortes Jesu. Dem rechten Hören wird nun eine eschatologische Verheißung zuteil. Da es nur in der Gemeinschaft der Nachfolge Jesu wirklich erfolgt (vgl. 4,11f), gilt die Verheißung einzig den Jüngern (ὑμῖν: 4,11.24). Das Maß ihres Hörens wird das Maß ihrer Einsicht bestimmen und am Ende noch darüber hinausgehen. Ihnen wird also zugesagt, dass sie das *„Geheimnis des Reiches Gottes"*, das sie im Hören auf Jesu Wort aufnehmen, immer mehr erfahren werden, bis die Basileia ihnen zuletzt als offenbare Wirklichkeit geschenkt wird. *„Wer hat, dem wird gegeben werden"* nimmt 4,11a direkt auf und formuliert – ähnlich wie 4,22 – eine göttliche Regel, die im Gericht gilt. Denn auf das endzeitliche Gericht ist zweifellos angespielt, wie der zweite Satz von 4,25 eindeutig macht. In grandioser Paradoxie wird 4,11b.12 weitergetrieben: Die *draußen* sind es, die zwar die *Rätsel-Lehre* Jesu gehört und seine Machttaten gesehen haben – also *haben* sie etwas –, aber selbst das wird ihnen im Gericht genommen werden (vgl. 8,38; 14,62); sie erfahren die Basileia Gottes nicht. Doch nicht nur den Gegnern gilt die Drohung 4,25b, sondern auch denen, die dem Wort Jesu nur eine zeitlang Raum gegeben haben und es dann verkümmern ließen (vgl. 4,16f.18f). Eine Warnung auch für die Leser: Es kommt alles darauf an, die im Wort Jesu sich geheimnisvoll mitteilende Gottesherrschaft im aktuellen Lebensvollzug zu bewahren und fruchtbar werden zu lassen.

2.3.4 Weitere Rätsel
Zwischen 4,25 und 4,26 setzt der Autor stillschweigend die Situation von 4,1f wieder in Kraft: Jesus wendet sich vom Boot aus mit seiner Rätsel-Lehre erneut an das am Ufer stehende Volk. Zugleich sind auch die Jünger Adressaten der Rede Jesu, wie aus 4,34 hervorgeht: Ihnen werden die Rätsel durch Jesus aufgelöst. Allerdings fehlen die Lösungen im Text des Autors, und die Leser sind gefragt, ob sie – in 4,10-25 durch Jesus belehrt – die Lösungen selbst finden können. In 4,26-32 können sie Jesu Verheißung von 4,24 geradezu ausprobieren, dass dem rechten Hören auf Jesu Wort Maß für Maß auch das Verstehen zugeteilt wird.

4,26-29: So viel entschlüsselt Jesus immerhin von vornherein: Die folgende Rätsel-Geschichte handelt von der Basileia Gottes. Sie beschreibt ihr geheimnisvolles Kommen, angefangen von der Aussaat über die Zeit ihres Wachstums bis hin zum Zeitpunkt der Ernte (vgl. Joel 4,13). Nur an der ersten und der letzten Phase ist der Landmann aktiv beteiligt: Er hat ausgesät, und er wird ernten. In der mittleren, am breitesten ausgestalteten Phase hat er sich aus dem Wachstumsgeschehen verabschiedet, er schläft (vgl. 4,38) und wacht und hat die Saat (scheinbar) sich selbst überlassen. Gleichwohl bleibt er an ihr interessiert, denn im richtigen Augenblick – *„sobald die Frucht es zulässt"* (vgl. 4,20) – organisiert er die Ernte. Der Mittelteil 4,27b.28 entspricht sachlich vollkommen dem ersten Rätsel 4,4-8 und seiner Deutung 4,14-20, wo ebenfalls der Prozess des Wachstums und Fruchtbringens der Inhalt war.

Unzweifelhaft ist das Rätsel im Rahmen von 4,1-34 eine Schlüsselgeschichte (Allegorie) und ist vom Kontext her zu lösen. Wer recht zu hören (und zu lesen) versteht, kann ihre verborgene Wahrheit erfassen. Der *Mensch*, der den *„Samen*

Auslegung 133

auf die Erde" wirft, ist wie in 4,14 Jesus, der Same kann nur das *Wort* sein, also die Jesusverkündigung von der „*Nähe des Reiches Gottes*" (vgl. 1,15). Jesus wird auch derjenige sein, der die Ernte – das eschatologische Kommen der Basileia zusammen mit dem Gericht („*die Sichel*") – veranlassen wird, sobald die Frucht reif ist. In 4,29 werden die eschatologischen Andeutungen von 4,12.20.22.24f aufgenommen (vgl. 8,38; 9,1). Die Zeit, in der Jesu Saat aufgeht und der Ackerboden (ἡ γῆ) Frucht bringt, ist die Zeit der Leser, in der Jesus abwesend ist (vgl. 4,38). Same/Wort und Ackerboden/Menschen wirken wie in 4,15-20 bei der Ausbildung der Frucht zusammen.

Das Rätsel nimmt eine Standortbestimmung vor: Der Zeitpunkt der Aussaat/Verkündigung der Basileia liegt zurück (4,26); er hat in Jesu Verkündigung seinen Anfang genommen (vgl. 1,15). Die Hörer/Leser befinden sich in der zweiten dargestellten Phase (vgl. 4,27b.28) und blicken voll Spannung und Erwartung auf den Endpunkt (vgl. 4,29). Tenor ist: Die Basileia wird so sicher kommen, wie die Erde automatisch Frucht bringt! Frucht zu bringen ist allerdings Voraussetzung dafür, bei der Ernte dabei zu sein. Es herrscht, wie in 4,14-20, eine paränetische Grundstimmung.

4,30-32: Einen Grundton tröstender Zuversicht enthält das letzte Rätsel Jesu: Die Wirklichkeit der Basileia Gottes wird mit dem Geschehen verglichen, wie aus einem Senfkorn eine Riesenstaude wird, in deren „*Schatten die Vögel des Himmels wohnen können*". So unscheinbar klein das Senfkorn auch ist, es wird, sobald es in den Ackerboden gesät wird, zu einer mächtigen Pflanze. Durch einen Blick auf das Ende werden mögliche Zweifel, durch die Winzigkeit des Anfangs ausgelöst, überwunden.

Der Leser, der diese Geschichte in den Kontext der Rede Jesu richtig einordnet, hat bereits den Schlüssel zu ihrer Auflösung in der Hand. Wieder ist mit dem Samen, hier dem winzigen Senfkorn, das Verkündigungswirken Jesu gemeint, in dem Gottes Basileia geheimnisvoll anwesend ist. So klein dieser Anfang erscheinen mag und zu Zeiten der ersten Leser immer noch war, am Ende wird die Basileia zum Wohnplatz der Völker (vgl. 13,10; 14,9; vgl. Ez 17,23; 31,6). Die Leser sind gefragt, ob sie zu denen gehören werden, die dann die Basileia Gottes bewohnen.

2.3.5 Abschluss: 4,33f

Der Autor deutet an, dass die *Rätsel-Lehre* Jesu weiter ging und noch mehr umfasste, als im Text notiert ist. In den Rätsel-Geschichten sagt Jesus der Volksmenge „*das Wort*" (vgl. 2,1), womit nichts anderes gemeint sein kann als das *Evangelium* vom nahen „*Reich Gottes*" (vgl. 1,14f; 8,35.38). Die *Rätsel-Lehre* ist dem Hörvermögen der Volksmenge auch durchaus angemessen. Sie ist Anstoß zum Hören; an ihr entscheidet sich, wer Jesu Wort aufnehmen will und wer nicht. Keineswegs soll sie die Volksmenge vom Zugang zur offenen Wahrheit abhalten oder gar zurückstoßen, vielmehr sogar dazu führen, sich durch die Nachfolge in den Kreis um Jesus zu begeben, also nicht *draußen* zu bleiben, und so an der immer tiefer gehenden Einweisung in die Wahrheit durch Jesus teilzuhaben.

2.4 Dämonischer Angriff und Jesu Sieg im Heidenland: 4,35-5,20

4^{35}Und an jenem Tag, als es Abend geworden war,
sagte er zu ihnen: „Lasst uns ans andere Ufer fahren!"
^{36}Und sie verließen die Volksschar und nahmen ihn, wie er war, im Boot mit.
Und andere Boote begleiteten ihn.
^{37}Und es geschah: Ein gewaltiger Sturmwind, –
und die Wellen warfen sich auf das Boot, so dass schon vollschlug das Boot.
^{38}Er selbst aber lag auf einem Kissen schlafend im Heck.
Und sie wecken ihn und sagen zu ihm:
„Lehrer, kümmert es dich nicht, dass wir untergehen?"
^{39}Und aufgestanden schalt er den Wind und sprach zum Meer:
„Schweig, sei gebannt!"
Und es legte sich der Wind, und es geschah: Große Stille.
^{40}Und er sagte zu ihnen: „Was seid ihr furchtsam!
Habt ihr noch keinen Glauben?"
^{41}Sie aber erschraken in großem Schrecken und sagten zueinander:
„Wer ist dieser denn? Auch Wind und Meer gehorchen ihm!"

5^{1}Und sie kamen zum anderen Ufer des Sees in die Gegend der Gerasener.
^{2}Und als er aus dem Boot stieg,
gleich kam ihm aus den Gräbern ein Mann mit einem unreinen Geist entgegen.
^{3}Der hatte seinen Aufenthalt in den Gräbern.
Und nicht einmal mit Ketten vermochte ihn jemand jemals zu fesseln.
^{4}Denn schon öfter war er mit Fußfesseln und Ketten gebunden worden,
aber es waren die Ketten von ihm zerrissen worden
und die Fußfesseln zerrieben,
und niemand konnte ihn bändigen.
^{5}Und jede Nacht und jeden Tag war er in den Gräbern und auf den Bergen,
schrie und schlug sich mit Steinen.
^{6}Als er aber Jesus von weitem sah, lief er hin und fiel vor ihm nieder,
^{7}und schrie mit lauter Stimme:
„Was ist zwischen dir und mir, Jesus, Sohn des höchsten Gottes?
Ich beschwöre dich bei Gott, mich nicht zu quälen."
^{8}Er hatte nämlich zu ihm gesagt:
„Du unreiner Geist, fahr aus diesem Menschen aus!"
^{9}Und er fragte ihn: „Wie heißt du?"
Der aber sagte: „Legion ist mein Name, denn wir sind viele."
^{10}Und er bat ihn dringend, sie nicht aus der Gegend fortzuschicken.
^{11}Es weidete aber dort gerade auf dem Berghang eine große Schweieherde.
^{12}Und sie baten ihn: „Schick uns in die Schweine, dass wir in sie einfahren!"
^{13}Und er erlaubte es ihnen.
Und herauskamen die unreinen Geister und fuhren in die Schweine,
und die Herde raste den Abhang hinab ins Meer,
an die zweitausend, und sie ertranken im Meer.
^{14}Ihre Hirten aber flohen und meldeten es in der Stadt und auf den Dörfern.

Auslegung

Und man kam um zu sehen, was geschehen war.
¹⁵Und sie kommen zu Jesus und sehen den vom Dämon Besessenen bekleidet
und vernünftig dasitzen, den der die Legion gehabt hatte,
und sie fürchteten sich.
¹⁶Und die Augenzeugen berichteten ihnen,
wie dem Besessenen geschehen war,
und die Sache mit den Schweinen.
¹⁷Sie aber begannen ihn zu bitten, ihre Gegend zu verlassen.
¹⁸Und als er ins Boot stieg, bat ihn der Dämonbesessene, mit ihm zu sein.
¹⁹Doch er ließ ihn nicht, sondern sagte zu ihm:
„Geh in dein Haus zu den deinen, und melde ihnen,
was Großes der Herr dir getan und wie er sich deiner erbarmt hat."
²⁰Und er ging weg und fing an in der Dekapolis zu verkünden,
was Großes Jesus an ihm getan hatte, und alle wunderten sich.

Kohärenz: Äußerlich wird in 4,35-5,20 erzählt, wie Jesus mit seinen Jüngern nach der Rätsel-Lehrrede 4,1-34 über den See „*ans andere Ufer*" ins Heidenland fährt (vgl. 4,35f; 5,1) und von dort nach kürzestem Aufenthalt und aufgrund der Ausweisung durch die Landesbewohner (5,17) wieder zum Ausgangspunkt zurückkehrt (vgl. 5,18.21). Die innere Handlung besteht aus zwei Exorzismen: Jesus bezwingt die dämonischen Mächte im „Meer", die sich auf ihn und die Jünger stürzen, und treibt die mächtigen, vielfältigen Dämonen, die sich in einem Bewohner des Heidenlandes festgesetzt haben und nicht aus dem Land weichen wollen, ins „Meer", wohin sie gehören. Am Ende ist der Dämon *Legion* – eine Besatzungsmacht! – aus dem Land gejagt und befindet sich am Aufenthaltsort der Dämonen.

Der Autor hat unter diesen Gesichtspunkten zwei Stücke zusammengefügt, die ursprünglich nichts miteinander zu tun hatten. Die Erzählung war zudem vormals nicht am galiläischen See situiert, sondern im 60 km davon entfernten Gerasa. Nur Missachtung oder Unkenntnis der genauen Geographie Palästinas, die der Autor auch bei seinen Lesern voraussetzt, gestattete die jetzige Verknüpfung mit der Seegeschichte 4,35-41. Offenbar lag dem Autor viel daran, den Dämon „*Legion*" im „Meer" enden zu lassen, aus dem auch die lebensbedrohenden Mächte der Seesturmgeschichte stammten. Die inhaltlich-intentionale Verknüpfung der beiden Stücke geht ihm über die geographisch-historische Wahrscheinlichkeit.

Wenn es also naheliegt, dass die beiden Stücke vor allem aus inhaltlich-theologischen Gründen miteinander verknüpft wurden, dann ist auf weitere Indizien der Intention des Autors zu achten. Der Leser wird sich fragen, mit welchem Ziel Jesus eigentlich über den See fährt. Eine Absicht bei dieser Reise wird nicht erwähnt. Hatte Jesus eine, und kam sie nicht zur Ausführung? Ist sie vielmehr durch seine Ausweisung aus dem Land (vgl. 5,17) zunichte gemacht worden? Oder deckt sich Jesu Reise-Ziel gerade mit dem, was dann erzählt wird: Bannung des Dämons im Heidenland? Das scheint der Fall zu sein: Der Erzähler vermittelt nicht den Eindruck, Jesu Absichten mit seiner Reise seien durch die Dämonen vereitelt worden. Trotz seiner Ausweisung aus dem Land ist Jesus zu seinem Ziel gekommen: Er hat den Dämon „*Legion*" aus dem heidnischen Land gejagt, obwohl der lieber bleiben wollte (vgl. 5,10-13), und Jesus selbst bleibt durch den Geheilten als seinem Boten im Land präsent, obwohl ihn die Bewohner außer Landes schicken (vgl. 5,16f.18ff). Dieses paradoxe Ergebnis hat Jesu Reise, und der Erzähler scheint andeuten zu wollen, dass es von vornherein Jesu Absicht war, dieses Ergebnis zu erzielen. Der ganze Abschnitt 4,35-5,20 stellt dann eine von Jesus intendierte kurze *Exkursion* ins Heidenland dar zu dem Zweck, auch das heidnische Land durch sein Wirken aus dämonischer Macht zu befreien und seine Botschaft dort zu hinterlassen.

Was nach 3,7-4,34 in Galiläa stattgefunden hat, geschieht jetzt auch in heidnischem Land: Jesus entmachtet Satan und seine Dämonen durch sein Wirken in Wort und Tat und hinterlässt einen Jünger als Boten, der seine Tat als wirksame Erzählung weiterverkünden soll.

Wird in 4,35-41 aber erzählt, wie Jesus zum befreienden Wirken im heidnischen Gebiet aufbricht, dann erscheinen Sturm und Wellen als ein lebensbedrohender Angriff der dämonischen Mächte, die Jesus vernichten wollen, um ihm zuvorzukommen. Auf dem Meer findet somit jener Machtkampf statt, von dem 3,27 sprach (vgl. 1,13; 4,15). Deshalb schließt sich auch die Frage 4,41 folgerichtig an: „*Wer ist dieser...?*" und 5,7 gibt die Antwort darauf: Jesus ist „*der Sohn des höchsten Gottes*", also der *Stärkere* als Satan (vgl. 3,27).

Die Szene 4,35-5,20 ist also mehr als eine pragmatische Komposition heterogenen Materials. Sie ist eine theologische Inszenierung des Autors.

4,35-36: Die Situation schließt unmittelbar – enger als sonst im MkEv – an die vorausgehende Szene an: In 4,1 hatte Jesus das Boot bestiegen, mit dem er nun in Begleitung seiner Jünger (vgl. 4,10) ans andere Ufer abfährt. Die Distanz zur Volksmenge – denen, die *draußen* sind –, wie sie in 4,1.10f.33f zum Ausdruck kam, wird jetzt in Bewegung umgesetzt: Jesus fährt mit den Jüngern weg und lässt die Volksschar stehen. Doch ist die Distanz vom Erzähler nicht zu stark betont (vgl. 6,31f.45); Jesus kehrt ja zur Volksmenge zurück, gilt ihr doch sein Heilswirken (vgl. 5,21; 6,6.34.54ff; 7,14; 8,1f). Der Leser soll nicht so sehr eine Abkehr Jesu vom Volk wahrnehmen, als vielmehr wie in 4,10f.34 seine Konzentration auf die *Zwölf*. Die folgenden Ereignisse dienen speziell ihrer Belehrung und Einweisung.

Dieser Perspektive passt sich auch die Bemerkung: „*und andere Boote begleiteten ihn*" (4,36) gut ein. Sie wirkt auf den ersten Blick wie ein Fremdkörper, und es dürfte durchaus zutreffen, dass sie ein Überbleibsel des alten Traditionsstücks ist, das der Autor in 4,35-41 verwendet hat. Aber er hat diesen Zug in seine Inszenierung aufgenommen. Die häufige Auskunft, der Autor habe die Bemerkung einfach stehen lassen, ohne den Widerspruch zu bemerken, kann jedenfalls nicht befriedigen. Also soll der Leser wohl annehmen, die „*anderen Boote*" transportierten über die *Zwölf* hinaus einen größeren Kreis von Anhängern Jesu – jene, die *drinnen* sind – (vgl. 3,34; 4,10). Die Angabe 4,36 schlägt auf die Szenerie in 4,10 zurück: Dort ist dann ebenfalls mit mehreren Booten um Jesus herum zu rechnen.

Auslegung

4,37-39: Auf der Fahrt ans andere Ufer, wohl mitten auf dem See und bereits in tiefer Nacht – Jesus ist inzwischen eingeschlafen –, überfällt ein „*gewaltiger Sturmwind*" (λαῖλαψ μεγάλη ἀνέμου; vgl. TNapht 6,4) die Boote. Es ist – erzählt Markus – wie ein gewalttätiger Angriff: Die Wasserwogen werfen sich „*in das Boot*", in dem Jesus ist und das sich schon gefährlich füllt. Höchste Todesgefahr herrscht. Das erkennen die Jünger, die – wie die Leser wissen – erfahrene Fischer sind, sofort: „*Wir gehen zugrunde!*" Jesus aber liegt im Heck und schläft auf einem *Kopfkissen*. Welch ein Kontrast! Es wird einmal umgekehrt sein: Dann wird Jesus in Todesnot sein, und die Jünger werden schlafen, obwohl sie wachen sollten; vgl. 14,32-42. Die Leser wissen: Nicht Ahnungslosigkeit lässt Jesus schlafen, sondern tiefste Gewissheit seiner selbst. Die gegen ihn kämpfenden Mächte können ihm nichts anhaben, ist er doch der mit Vollmacht ausgestattete „Gottessohn" (vgl. 1,11), der stärker ist als Satan (vgl. 1,7; 3,27), dessen Versuchung er schon zurückgewiesen hat (vgl. 1,13).

Die Jünger haben diesen Glaubensstand noch nicht erreicht. Darum wecken sie Jesus in ihrer „Seenot" mit vorwurfsvollem Hilferuf auf: „*Kümmert es dich nicht, dass wir untergehen?*" Die Frage ist eigenartig: Unterstellen die Jünger, Jesus verhalte sich absichtlich passiv? Wollen sie ihn aus der Reserve locken? Meinen sie, wenn sein Eingreifen sich weiter verzögert, könnte es zu spät sein, und er und sie würden untergehen? Trauen sie ihm jenseits des nassen Todes somit keine Fähigkeiten mehr zu?

Ihr Hilferuf scheint berechtigt zu sein, denn Jesus erhebt sich ja und *bedroht* (ἐπετίμησεν; vgl. 1,25; 3,12) Wind und Meer. Er spricht sie wie lebende Mächte an: „*Schweig, sei gebannt* (πεφίμωσο; vgl. 1,25)!" Die Wirkung der Worte Jesu tritt sofort ein: Dem „*es geschah: ein gewaltiger Sturmwind*" (γίνεται λαῖλαψ μεγάλη ἀνέμου; 4,37) steht das „*es geschah: große Stille*" (ἐγένετο γαλήνη μεγάλη; 4,39) gegenüber. Der Angriff der Mächte ist abgewehrt, und die Geretteten können die Fahrt ans jenseitige Ufer in der anfänglichen Ruhe fortsetzen.

Die Eigenart der Erzählung entspricht dem Verständnis der antiken Hörer, für die ihre Außenwelt nicht einfach unbeseelt war, sondern die in Wind und Wasserwogen das Wirken dämonischer Mächte sahen. Vor allem das Meer und tiefe Seen galten als Tummelplatz urzeitlicher Chaosmächte und Dämonen, die jederzeit dem Menschen wieder gefährlich werden konnten. Ihren religionsgeschichtlichen Ursprung hat diese Vorstellung in den babylonischen Schöpfungsmythen, die Eingang in die poetische Schöpfungstradition des Alten Testaments gefunden haben: Gott hat bei der Schöpfung die Chaosmächte Leviathan und Rahab gebändigt und sie im Meer eingeschlossen (vgl. Ps 74,13f; 89,10ff; Hiob 26,12f; Jes 27,1; 51,9). Wenn Jesus hier durch ein Scheltwort die im Meer hausenden dämonischen Mächte bannen kann, dann wird ihm diese ursprüngliche Macht Gottes zuerkannt (vgl. Ps 18,16; 104,6f; 106,9; vgl. Mk 3,27ff). Dass Gott aus Seenot retten kann, zeigt auch Jona 1,4-16 (unsere Jesusgeschichte ist damit eng verwandt) und Ps 107,23-32; TNapht 6,3-9. Betrachtet man die wörtlichen und inhaltlichen Übereinstimmungen dieser Schilderungen mit 4,35-41, so legt sich die

Annahme nahe, der christliche Erzähler habe diese Darstellungen gekannt und literarisch genutzt.

Aber nicht nur das Alte Testament und das frühjüdische Schrifttum schreiben den großen Gestalten Israels und den Rabbinen die Macht zu, durch Gebet und Beschwörung auf die dämonischen Mächte der Natur und insbesondere des Meeres einzuwirken, die gesamte antike Welt weiß von wunderbaren Rettungen aus Seenot und anderen günstigen magischen Beeinflussungen des Wetters und der Elemente. Die Macht über die Gewalten des Meeres und des Windes, die in klassischer Zeit vor allem den Göttern eignete, ging in hellenistischer Zeit mehr und mehr auch auf die neuen Heilsgötter über. So wusste man von Asklepios, Sarapis und den Dioskuren zu erzählen, dass sie aus Seenot retten konnten. Auch von Kaisern und Königen, von Weisen, Philosophen und allen θεῖοι ἄνδρες überhaupt berichtete man wunderbare Beeinflussungen des Meeres und Rettungen aus Seenot. In 1Makk 9,8 wird von Antiochus Epiphanes gesagt, er habe sich angemaßt, den Meereswellen zu gebieten. Gleiches gilt von Caesar und Caligula. Xerxes lässt das Meer auspeitschen und Pheros schleudert die Lanze in die Fluten des Nils. All das sind Beispiele dafür, welche Macht über die Naturgewalten charismatischen Herrschergestalten zugeschrieben worden ist. Nach volkstümlicher Anschauung ist es überhaupt dem Kaiser zu verdanken, wenn auf dem Meere Ruhe herrscht. Auch von den „göttlichen" Philosophen der Spätantike glaubte man, dass sie die Naturgewalten beherrschen. Von Apollonius von Tyana wird berichtet, dass bei einer gefährlichen Schiffahrt viele sich herandrängten, um in seinem Schiffe mitzufahren, weil man sich dort sicherer fühlte, und für Empedokles ist der Beiname κωλυσάμενος (Windesbezwinger) bezeugt. Ausgeführte Wundererzählungen über Sturmstillungen durch einen θεῖος ἀνήρ, die unserer Erzählung vergleichbar wären, sind allerdings nicht erhalten. Die angeführten Beispiele aus der heidnischen Antike lassen aber die Atmosphäre und populären Vorstellungen erkennen, in denen die Erzählung 4,35-41 entstanden ist und auf die sie einwirken will.

Ein Kennzeichen hat die Erzählung mit den antik-heindnischen Beispielen allerdings gemeinsam: Sie schreibt die Einwirkung auf Wind und Meer dem Wundertäter Jesus unmittelbar zu. Die Bannung der dämonischen Mächte erfolgt nicht durch Beschwörung – das σιώπα, πεφίμωσο ist keine Beschwörungsformel, sondern der hoheitliche Akt der Bannung selbst, die Jesus im eigenen Namen vollzieht – oder Gebet, sondern durch die Jesus innewohnende Macht und Kraft. Kennzeichen der alttestamentlichen und frühjüdischen Geschichten war dagegen, dass Gott das Wunder aufgrund des Gebetes eines Propheten oder Rabbinen wirkt. Jesus ist also im verfügenden Besitz solcher Kraft, die das Alte Testament Gott allein zusprach und die es in Notsituationen anzurufen galt. Die Erzählung 4,35-41 zeigt, dass Jesus durch diese Macht tun kann, was Gott tut. In ihr wird eine Epiphanie erzählt und keine Gebetserhörung.

4,40-41: Die machtvolle Tat Jesu ist mit 4,39 zu Ende, die Erzählung jedoch noch nicht. Es werden noch zwei Reaktionen berichtet, zuerst die Reaktion Jesu auf das

Verhalten der Jünger, dann die der Jünger in den Booten auf das Verhalten Jesu. Die Reaktion Jesu in 4,40 ist befremdlich. Der Leser von 4,38 hat nicht den Eindruck, den Jüngern fehle der Glaube, und zur Todesangst hatten sie doch Grund genug. Auch haben sie sich – das ist durch Jesu Machttat ja bestätigt worden – in ihrer Angst an den Richtigen gewandt, der wie Gott aus Seenot retten kann. Ist das etwa kein Glaube? Freilich, der Hilferuf der Jünger klang vorwurfsvoll: Jesus solle sich endlich, bevor sie zugrunde gingen, um ihre Rettung kümmern, wenn er dazu fähig ist. Nimmt Jesus jetzt diesen leisen Zweifel aufs Korn, und will er sagen, bei wirklichem Glauben hätten die Jünger ihn nicht geweckt, sondern darauf vertraut, dass die dämonischen Mächte ihnen im Beisein Jesu nichts anhaben können? Wo aber ist die Grenze für solches Vertrauen? Im Untergang, im Tod? Müsste der Glaube der Jünger, wenn er vorhanden wäre, die Bereitschaft einschließen, mit Jesus gemeinsam unterzugehen, ohne daran zu zweifeln, dass sie doch noch gerettet werden?

Für die Jünger in der Szene sind alle diese Fragen wie auch Jesu Tadel noch Rätsel. Der Leser, besonders der christliche Leser, kann allerdings mehr verstehen. Er weiß darum, dass Jesus selbst durch den Tod hindurch gerettet worden ist. Und nach wenigen Seiten des Buches wird Jesus von den Jüngern die Bereitschaft zur Kreuzesnachfolge fordern (vgl. 8,34) und ihnen für den Fall des Untergangs und Todes die Verheißung 8,35 zusprechen. An ihr gemessen zeigen die Jünger in 4,38 in der Tat noch keinen echten Glauben. Ihr Zutrauen zu Jesus als vollmächtigem Wundertäter wäre jedenfalls ab dem Augenblick gefährdet, wo Jesus sich nicht erheben und Wind und Wellen gebieten würde. Um wirklich als Jünger in der Nachfolge Jesu bestehen zu können, müssen sie aber einen tieferen Glauben, ein vorbehaltloseres Vertrauen zu ihm entwickeln, die selbst in Untergang und Tod an der Rettung nicht zweifeln.

Tröstlich ist, dass Jesus die Jünger diese Lektion nicht in der erzählten Seenot hat erlernen lassen; sie hätten sie nicht begreifen können, *„bis der Menschensohn von den Toten auferstanden ist"* (9,9). Jesu eigener Weg ist ja die Vorgabe, um das notwendige Glaubens-Vertrauen zu gewinnen. Deshalb rettet Jesus die Jünger auf ihr in 4,38 zum Ausdruck kommendes, noch unvollkommenes Vertrauen hin. Und diese Rettungstat ist wiederum tröstlich für die Leser, die an ihr durch das Medium der Erzählung teilnehmen und so jenen Glauben entwickeln können, der den Jüngern noch fehlt und der sichtbaren diesseitigen Rettungstat Jesu eigentlich nicht mehr bedarf, um als Glaube zu bestehen.

Auf solchen Glauben führt die Reaktion der Jünger hin, die in den *„anderen Booten"* mitfahren und in tiefem Gottesschrecken *nach* der Rettungstat die Frage stellen, wer in Jesus vor ihnen epiphan geworden ist. Die Antwort darauf liegt in der Erzählung bereit: Jesus ist Retter und Heilbringer in der Vollmacht Gottes, der „Sohn Gottes", der alle anderen, angeblichen Retter übertrifft. Die Erzählung entlockt ihren Lesern diese Antwort, und wer sie aus tiefer Überzeugung von innen heraus gibt, kann in solchem Glauben die Kreuzesnachfolge bestehen.

5,1-20: Die Szene spielt im Heidenland, dessen sind sich der Autor und die ersten Leser bewusst. Am *„anderen Ufer"* betritt Jesus das *„Gebiet der Gerasener"*

(5,1). Gerasa ist offenbar auch in 5,14 gemeint. Der Autor weiß, dass Gerasa eine von den „Zehnstädten" war (5,20), einem politischen Verbund hellenistischer Städte im transjordanisch-syrischen Grenzgebiet zu Palästina. Dass sich die Geschichte in nichtjüdischem Gebiet abspielt, geht auch daraus hervor, dass hier Schweinezucht betrieben wird. Allerdings teilen Autor und erste Leser wohl den jüdischen Abscheu vor Schweinen, wird doch ohne jedes Anzeichen von Bedauern die Vernichtung der riesigen Schweineherde erzählt. Die Erzählung ist also aus jüdischer Perspektive geformt.

Autor und erste Leser sehen somit Gerasa und die übrigen „Zehnstädte" ohne weiteres als heidnisches Gebiet an (vgl. 7,24-31). Die Namen sagen ihnen offenbar etwas; also dürften Autor und erste Leser nicht allzu weit davon entfernt gelebt haben. Gleichwohl hat der Autor keine genaue geographische Kenntnis. Ihm liegt daran, die Szene in unmittelbarer Nähe des *„galiläischen Meeres"* spielen zu lassen, in das die besessenen Schweine den Dämon dann transportieren (vgl. 4,37-39). Dabei ist ihm wohl nicht bewusst, dass die Stadt Gerasa ca. 60 km vom See entfernt lag. Das kann nur bedeuten, dass er die erwähnten Orte und Landschaften nicht aus eigener Anschauung kennt (vgl. auch 7,31).

Unter zeitlichem Aspekt weist das Stück einen deutlichen Einschnitt auf. Die Begegnung zwischen Jesus und dem gewalttätigen Besessenen bzw. der *Legion* Dämonen findet unmittelbar nach der Ankunft Jesu am anderen Ufer statt (vgl. 5,2-7). Durch den nachgetragenen Ausfahrbefehl 5,8, der eigentlich hinter 5,2 folgen müsste, wird der Eindruck, dass zwischen der Ankunft Jesu im heidnischen Land und der Bannung und Unschädlichmachung der Dämonen eine denkbar kurze Zeit liegt, noch gesteigert. Die einzelnen Schritte des Geschehens folgen einander Schlag auf Schlag.

Ab 5,14 verändert sich das; durch die Flucht der Hirten in die Stadt, das Kommen ihrer Bewohner zu Jesus und den Bericht der Augenzeugen über das Vorgefallene (vgl. 5,16) wird die Zeit gedehnt. Inzwischen *sitzt* der vormals Besessene bei Jesus (vgl. 5,15). In 5,20 mündet die Erzählung schließlich in einen Bericht über das Wirken des Geheilten als Bote Jesu in der Dekapolis, der sich auf einen noch größeren Zeitraum bezieht.

In beiden Teilen der Erzählung, der Tat Jesu und ihrer Wirkung, setzt sich Jesus am Ende jeweils gegen den Widerstand seiner Gegenspieler durch. Im ersten Teil *beschwören* die Dämonen ihn, sie nicht „*außer Landes*" zu schicken. Lieber wollen sie in die Schweine einfahren, die auf den Hügeln weiden, und so im Land bleiben. Jesus gibt ihrem Wunsch nach, doch gerade dadurch werden sie endgültig aus dem Land gejagt und müssen in den ihnen zustehenden Aufenthaltsort – das Meer – zurück. Die Erzählung mutet hier wie ein Schwank an; die Dämonen haben sich selbst ausgespielt. Nur scheinbar hat Jesus ihnen ein Zugeständnis gemacht, wohl wissend, dass ihr Treiben durch sein Wirken auf jeden Fall ein Ende hat. Der Leser soll über die „betrogenen" Dämonen lachen.

Im zweiten Teil fordern die Bewohner des heidnischen Landes Jesus auf, ihr Gebiet zu verlassen. Er folgt dieser Bitte und steigt wieder in sein Boot, um an das jüdische Ufer zurück zu fahren. Aber er lässt den Geheilten als Boten zurück, der Jesu Tat durch seine Verkündigung in der Dekapolis bekannt machen und

Auslegung 141

präsent halten soll. In seiner Botschaft bleibt Jesus somit gleichwohl im Land. Nur scheinbar setzen sich die Anwohner gegen Jesus durch: Er verlässt persönlich ihr Land. Aber seine heilbringende Wirkung bleibt: Das heidnische Gebiet ist von der *Legion* Dämonen befreit, und der ehemals Besessene ist Zeuge für Jesu rettende Machttat.

Die Leser sollen wahrnehmen, dass die Wirkung Jesu unaufhaltsam ist und sich durchsetzt. Als bezeugende und wirksame Verkündigung (κηρύσσειν: 5,20; vgl. 1,14f.39) ergreift sie auch das Heidenland und reinigt es. Die Betonung liegt auf dem zweiten Teil der Erzählung, der Darstellung der Wirkung der Tat Jesu.

5,1-13: Jesus und die Jünger kommen nach dem nächtlichen Kampf gegen die dämonischen Mächte am anderen Ufer an, wohin sie unterwegs waren. Der Kampf Jesu gegen die Macht der Dämonen geht hier im Land der Gerasener unvermindert weiter. Inzwischen ist es wieder Tag geworden, und unmittelbar nach dem Verlassen des Bootes kommt *sofort* ein Mensch auf Jesus zu, der von einem „*unreinen Geist*" besessen ist (vgl. 1,23; 3,11). In 5,6 wird erläutert, dass der Besessene Jesus schon von weitem gesehen hatte und auf ihn zugelaufen war.

Zwischen 5,2 und 5,6 informiert der Erzähler die Leser über die Schwere des Falles und die Macht des Dämons. Dieser teilt nämlich dem von ihm Besessenen seine Kraft mit, die sich bedrohlich auf den besessenen Menschen selbst und jeden auswirkt, der in seine Nähe kommt. Der Mann haust in den Gräbern; gemeint sind Höhlengräber oder gemauerte Totenhäuser, wie sie im Umfeld antiker Städte (hier Gerasa) anzutreffen sind. Gräber als Orte grauenerregender Unreinheit galten als bevorzugter Aufenthaltsort der Dämonen. Dort hält sich der Mann gewöhnlich auf, weil er durch niemanden und nicht einmal durch Ketten zu bändigen ist. Schon oft wurde er in Handschellen und Fußfesseln gelegt, hat aber beides zerrissen und zerbrochen. So stellt er eine frei herumlaufende Gefahr dar; bei Tag und Nacht schreit er in den Gräbern und auf den Hügeln und bewirft sich (und andere) mit Steinen. Die lebendige Schilderung lässt vor den Lesern ein klares Bild entstehen, wie sie sich den Besessenen vorzustellen haben: als einen schmutzstarrenden, nackten (vgl. 5,15) und gewalttätigen Mann, mehr „wildes Tier" als Mensch.

Dieser kommt auf Jesus zugelaufen, doch nicht in gewalttätiger Absicht, sondern bereits überwunden und gezähmt. Denn er fällt vor Jesus nieder und anerkennt ihn damit als seinen Überwinder. Nicht der besessene Mensch schreit, sondern der mächtige Dämon benutzt ihn als Medium, wenn er mit der Abwehrformel: „*Was ist zwischen mir und dir?*" („was haben wir gemeinsam?" oder „was haben wir miteinander zu schaffen?" vgl. 1,24; 1Kön 17,18) sich Jesus vom Halse halten will. Der Dämon hat ein übernatürliches Wissen, wer Jesus wirklich ist: „*Der Sohn des höchsten Gottes*" (vgl. 1,24.34; 3,12) – eine heidnische Gottesbezeichnung. Er antwortet damit auf die Frage der Jünger von 4,41; aber wird ihnen dieses dämonische Wissen nützen, oder bleibt es ein kaltes Wissen, das nicht dem Glauben entspringt. Auffällig ist, dass Jesus die Kundgabe seines Wesens durch den Dämon diesmal nicht verbietet (vgl. 1,25.34; 3,12), wohl weil außer den Jüngern keine weiteren Zeugen anwesend sind. Der Dämon versucht sogar, Gott selbst für seine Zwecke einzuspannen, indem er Jesus beschwört, ihn nicht zu *quälen*.

Worin soll das Quälen bestehen, wovor sich der Dämon fürchtet? Jedenfalls nicht darin, dass er aus dem besessenen Menschen ausfahren soll. Denn dass er das muss, ist ihm bewusst, wie der Erzähler in 5,8 verdeutlicht: Jesus hat ihm längst den Befehl zum Ausfahren gegeben, wohl sofort bei der in 5,2 geschilderten Begegnung. Das Quälen kann somit nur darin bestehen, dass der Dämon *vernichtet* (vgl. 1,24), unwirksam gemacht wird, indem ihm kein Aufenthaltsort im Land mehr zugestanden wird. Dämonen brauchen ein Lebewesen, um auf Erden – *„im Land"* – existieren zu können, so scheint die Vorstellung zu sein. Und dort existieren wollen sie weiterhin, selbst wenn sie den Menschen verlassen haben.

Es ist in der Tat ein vielfältiger Dämon, mit dem es Jesus hier zu tun hat. Denn auf Jesu Frage hin muss er seinen Namen kundtun und sich so gänzlich Jesus ausliefern. Wer den Namen eines Unholds kennt, hat Macht über ihn. Doch Jesus gewinnt seine Macht über den Dämon nicht erst aus dem Wissen des Namens, sondern hat sie aus sich selbst als *„Sohn des höchsten Gottes"*, und der Dämon anerkennt dies durch die willige Kundgabe seines Namens. Der ist *Legion*; er ist also eine Vielheit, und sie hat wie eine Besatzungsmacht das Land fest in ihrer Gewalt. Die ersten Leser verstehen etwas von Okkupation; in der gesamten antiken Welt sind Legionen stationiert und garantieren den Bestand der römischen Herrschaft. Mancher Bürger eines unterdrückten Volkes – nicht nur in Palästina – wünschte sich zu sehen, dass die römischen Legionen ins Meer gejagt würden. Sollen solche antirömischen Gedanken bei den Lesern hervorgerufen werden? Soll die römische Besatzungsmacht gar „verteufelt" werden? Oder will der Autor sagen, dass die eigentlichen Okkupanten der Welt die dämonischen Mächte sind? Die wirklich menschenfeindlichen Legionen stammen vom Satan (vgl. 3,26), den Jesus überwunden hat? Sollen die Römer so ein wenig in Schutz genommen werden?

Die Dämonen können nur Bitten an Jesus richten, eigene Macht haben sie nicht mehr. Der Kampf zwischen ihnen und Jesus ist längst entschieden. So äußern sie den Wunsch, wenigstens nicht außer Landes zu müssen. Ihre Bitte wird unterbrochen durch einen Seitenblick auf den benachbarten Berg, den der Erzähler die Leser tun lässt: Dort weidet eine riesige Schweineherde, etwa zweitausend Tiere, wie sich später herausstellt. In diesen Schweinen möchten die Dämonen im Land bleiben. Die Dämonen sind also nicht frei, nach ihrem Ausfahren aus dem Besessenen sich eine neue Wohnung zu suchen. Sie müssen Jesus gehorchen, und der gibt ihrem Wunsch tatsächlich nach.

Den Lesern stockt vielleicht der Atem. Wie kann Jesus den Dämonen nur so entgegenkommen? Ist er nicht gekommen, Satans Macht zu brechen, den *„Starken zu binden"* und ihm *„seinen Hausrat"* abzunehmen (3,27)? Warum treibt er die Dämonenlegion nicht ins Meer, wohin sie gehört? Er hat doch in der Nacht zuvor bewiesen, dass er die Macht dazu hat.

Nicht lange müssen die Leser warten, bis ihre Irritation sich auflöst. Jesu Zugeständnis war ein Hinterhalt. Die besessenen Schweine rasen wild gegen sich selbst, stürmen den Berg hinab und ersaufen im Meer. Oder wird an dieser Stelle

Auslegung 143

3,24ff in Erzählung umgesetzt: Das widergöttliche Reich ist in sich geteilt; unreine Geister besetzen mit Gewalt unreine Tiere, und damit ist es mit dem Reich der Unreinheit zu Ende? Die Dämonen sind dort, wohin sie nicht wollten, aber gehören: außerhalb des Landes im Meer, unschädlich und gebunden (vgl. 4,39). Ein Bedauern über den Verlust der beträchtlichen Schweineherde – ein Vermögen! – wird nicht erkennbar, ein sicheres Zeichen, dass aus jüdischer Perspektive erzählt wird. Die Spannung der Leser jedenfalls kann sich entladen im Lachen über die „geprellten" Dämonen.

5,14-20: Begreiflich ist, dass die Hirten der Schweineherde fliehen, um sich vor den rasenden Schweinen in Sicherheit zu bringen. Auch müssen sie in der Stadt und allen Dörfern den Besitzern der Schweine den Verlust melden. Daraufhin kommen die Menschen neugierig aus der ganzen Umgebung herbei, um das Vorgefallene zu sehen. Inzwischen ist Zeit vergangen, und der vormals Besessene wurde bekleidet und sitzt gesittet und vernünftig bei Jesus, offenbar inmitten der Jünger. So finden ihn die Bewohner des Landes vor, wohl wissend, dass er die „Legion" in sich hatte. Verständlich, dass sie in Furcht geraten, vor Jesus natürlich. Welche göttliche Macht begegnet ihnen in diesem Dämonenbezwinger? Von den Zeugen wird ihnen das ganze Geschehen in allen Einzelheiten erzählt (διηγήσαντο). Mit den Augenzeugen sind nicht nur die Hirten gemeint; die können nur „*über die Schweine*" berichten. Aber ausdrücklich wird gesagt, dass den Landesbewohnern auch mitgeteilt wird, „*wie es dem Dämonischen erging*"; also gehören auch Personen aus Jesu Begleitung zu den Augenzeugen. Sie schildern den ganzen Vorgang, so wie die Leser ihn kennen.

Warum bitten daraufhin die Bewohner, dass Jesus ihre Gegend verlässt? Fürchten sie weiteren Schaden von seiner gewaltigen göttlichen Vollmacht? Dann würden sie nicht anerkennen, dass er ihr Land von der Dämonenlegion befreit hat. Jedenfalls weisen sie den „*Sohn des höchsten Gottes*" aus und wollen mit ihm nichts weiter zu tun haben. Jesus hat in heidnischem Gebiet keinesfalls mehr Erfolg als in Galiläa. Noch nicht, wie die Leser wissen. Die Mission der Heiden und die Verkündigung des Evangeliums in der ganzen Welt wird erst später erfolgen (vgl. 13,10; 14,9).

Jesus kommt der Aufforderung zum Verlassen des Landes nach; mehr als eine Exkursion in heidnisches Land lag ohnehin nicht in seiner Absicht. Aber er hinterlässt einen Boten, der seine Tat und das in ihr aufscheinende göttliche Erbarmen präsent halten soll. Denn so ist es zu verstehen, dass er den *Dämonischen* nicht mit sich gehen lässt. Der bittet ihn, „*mit ihm zu sein*"; er möchte einer der Jünger Jesu werden, deren Aufgabe ja ist, „*mit ihm zu sein*" (3,14). Zwar lehnt Jesus das ab, aber er macht ihn dennoch zu seinem Jünger, wenn er ihm aufträgt, „*in deinem Haus und bei den Deinen*" zu verkünden, „*was Großes der Herr dir getan und wie er sich deiner erbarmt hat*". Aufgabe der Jünger soll es ja einmal sein, die Worte und Taten Jesu zu verkündigen (κηρύσσειν: 3,14; vgl. 6,12).

Wer ist „*der Herr*", von dem Jesus hier spricht? Jesus dürfte sich damit selbst bezeichnen, wie 5,20 nahelegt. Der Erzähler jedenfalls lässt den neuen Boten Jesu in der Dekapolis verkünden, „*was Großes Jesus(!) ihm getan hat*". Wie Jesus die

Kundgabe des christologischen Wissens des Dämons in 5,7 („*Sohn des höchsten Gottes*") nicht verboten hat, so redet er hier von sich auch nicht verdeckt als dem *Menschensohn*, sondern nennt sich offen den *Herrn* (vgl. 1,2f). Diese Offenheit dürfte damit zusammenhängen, dass Jesus nur zu einem Abstecher ins Heidenland gegangen ist und die Bewohner des Landes ihn ohnehin abweisen und er das Land verlässt. Deshalb muss kein Geheimnis gewahrt werden, weil ein Missverstehen seiner Person sich gar nicht einstellen kann, ist er doch abwesend.

Der von Jesus Gerettete begreift jedoch, dass Jesus ihn aus der Macht des Bösen und Unreinen befreit hat. Das *verkündet* er im gesamten Heidenland der *Zehnstädte* und nimmt so die spätere Heidenmission vorweg. Wie Johannes der Täufer bereitet er den „*Weg des Herrn*", der in seinem Evangelium kommen wird. Denn Jesu Heilswirken zielt auf *alle*, auch die Heiden (10,45; 14,24).

2.5 Geheimnis und Offenbarung bei Jesu Taten: 5,21-43

5²¹Und als Jesus hinübergefahren war, wieder ans andere Ufer,
versammelte sich viel Volk bei ihm, und er war am Meer.
²²Und es kommt einer von den Synagogenvorstehern, Jaïrus mit Namen,
er wirft sich, sobald er ihn sieht, zu seinen Füßen nieder
²³und bittet ihn dringend: „Mit meinem Töchterchen geht es zu Ende!
Komm doch, damit du ihr die Hände auflegst,
damit sie gerettet wird und lebt!"
²⁴Und er ging mit ihm.
Es folgten ihm aber viele, und sie drängelten sich um ihn.
²⁵Und eine Frau, die zwölf Jahre mit Blutfluss lebte
²⁶und viel von den Ärzten erlitten und ihr ganzes Vermögen aufgewendet hatte,
aber ohne Nutzen, es war ihr vielmehr schlechter gegangen,
²⁷als sie von Jesus gehört und sich in der Volksmenge genähert hatte,
da berührte sie sein Gewand. ²⁸Denn sie hatte sich gesagt:
„Wenn ich auch nur sein Gewand berühre, werde ich gerettet werden!"
²⁹Und sogleich wurde ihr Blutfluss gestillt,
und sie merkte an ihrem Körper, dass sie von ihrer Plage geheilt war.
³⁰Sofort aber spürte Jesus an sich die aus ihm ausströmende Kraft,
und er wandte sich in der Volksmenge um und sagte:
„Wer hat mein Gewand berührt?"
³¹Und seine Jünger sagten ihm: „Schau, wie die Volksmenge dich umdrängt,
und du fragst: Wer hat mich berührt!"
³²Er aber blickte umher, um die zu sehen, die das getan hatte.
³³Die Frau aber, furchtsam und zitternd,
im Wissen darum, was ihr geschehen war,
kam und fiel vor ihm nieder und sagte ihm die ganze Wahrheit.
³⁴Er aber sprach zu ihr: „Tochter, dein Glaube hat dich gerettet.
Geh in Frieden und sei geheilt von deiner Plage!"

Auslegung

³⁵*Während er noch redete, kommen Leute des Synagogenvorstehers und sagen:*
„*Deine Tochter ist gestorben. Was belästigst du noch den Lehrer?"*
³⁶*Jesus aber, der das Gesprochene mitgehört hatte,*
sagt zum Synagogenvorsteher:
„*Fürchte dich nicht! Glaube nur!"*
³⁷*Und er ließ niemanden als Begleitung zu*
außer Petrus und Jakobus und Johannes, den Bruder des Jakobus.
³⁸*Und sie kommen zum Haus des Synagogenvorstehers,*
und er bemerkt den Lärm und die heulenden und laut klagenden Frauen,
³⁹*und nachdem er hineingegangen war, sagte er zu ihnen:*
„*Was lärmt und heult ihr? Das Kind ist nicht gestorben, sondern schläft!"*
⁴⁰*Und sie lachten ihn aus. Er aber warf alle hinaus*
und nimmt nur mit den Vater des Kindes und die Mutter und seine Begleiter,
und geht hinein, wo das Kind lag.
⁴¹*Und er ergreift die Hand des Kindes und sagt zu ihm:*
„*Talitha koum!" Das heißt übersetzt: „Mädchen, ich sage dir, steh auf!"*
⁴²*Und sofort stand das Mädchen auf und ging umher.*
Es war nämlich zwölf Jahre alt.
Und sie gerieten außer sich in großem Staunen.
⁴³*Er aber schärfte ihnen sehr ein, dass niemand das erfahren dürfe;*
und er sagte, man solle ihr zu essen geben.

Kohärenz: Jesus wird als Retter zu einem todkranken Mädchen gerufen, auf dem Weg dahin aber von einer blutflüssigen Frau aufgehalten, die sich – gedeckt durch das Volksgedränge – die Heilung von ihrer Krankheit „erschleicht". Inzwischen ist das junge Mädchen gestorben. Aus der versäumten Krankenheilung wird eine Totenerweckung.

So könnte man den Plot der in 5,21-43 erzählten Geschichte umschreiben, die ihre Dramatik aus dem Gegensatz zwischen der eigentlich erforderlichen Eile und der mutwillig herbeigeführten Verzögerung auf dem Weg bezieht. Die Spannung wird noch dadurch gesteigert, dass die Leser sich fragen müssen, ob die blutflüssige Frau ihre Heilung entsprechend ihrer Absicht tatsächlich verheimlichen kann und ob Jairus trotz des Todes seines Kindes den Glauben an Jesus aufbringt, der offenbar nötig ist, damit Jesus die Tote auferweckt.

Im Blick auf die äußere Szenerie – ausgedrückt in den Orts- und Zeitvorstellungen und in der Personenregie – wirkt die Erzählung sehr geschlossen. Alles ereignet sich auf dem Weg zu Jairus Haus und in diesem; der Zeitrahmen ist trotz der Verzögerung auf dem Weg überschaubar und keineswegs gedehnt; die beteiligten Personen wechseln nicht unvermittelt, neue Personen – etwa die Leute aus oder bei dem Haus des Jairus – werden plausibel in die Erzählung eingefügt. Das Urteil scheint berechtigt, dass wir hier eine Erzählung von dichter Kohärenz mit klarem Duktus vor uns haben.

Doch bei genauer Betrachtung zeigt sich: Die Kohärenz der Gesamterzählung ist künstlich und nachträglich hergestellt; von Haus aus gehören die beiden Geschichten von der Auferweckung des Mädchens und von der blutflüssigen Frau nicht zusammen, jede von ihnen könnte auch ohne die andere erzählt werden und würde dann sogar besser funktionieren. Denn die beiden Grundsituationen passen nicht zueinander. Die Jairusgeschichte ist auf eilige Fortbewegung angewiesen; gleichwohl kommt Jesu Hilfe für die Kranke zu spät, und er muss seinen Einsatz steigern. Zwischen dem Aufbruch des Jairus von zu Hause und seiner Rückkehr mit Jesus dorthin liegt aber ohnehin eine unbestimmte Zeitspanne, die an sich völlig ausreichen könnte, damit plausibel wird, dass das Mädchen inzwischen gestorben ist und die Nachricht darüber durch entgegenkommende Familienmitglieder oder Freunde dem Synagogenvorsteher mitgeteilt wird. Nach der dringenden Bitte des Jairus passt hingegen der Erzählzug schlecht, dass Jesus von der Volksmenge so bedrängt und am Fortkommen gehindert wird, dass sich eine Frau unbemerkt an ihn heranschleichen kann, um sein Kleid zu berühren. Gerade diese Situation, die im MkEv häufiger vorkommt (vgl. 1,32ff; 2,1f; 3,7-10; 6,31ff; 6,53ff), ist jedoch für die Geschichte von der blutflüssigen Frau notwendig. Um ihr Vorhaben unbemerkt ausführen zu können, braucht die Frau eine drangvolle Enge um Jesus.

Der Autor hat insofern einen erzählerischen Fehler in Kauf genommen, um die beiden Geschichten ineinander zu fügen – ein Hinweis darauf, dass sie einmal isoliert voneinander überliefert worden sind; ebenso aber auch ein Hinweis darauf, dass dem Autor viel daran lag, sie zu einem Zusammenhang zu vereinen, und zwar weniger aus literarischem als aus sachlichem Interesse. Denn die literarische Seite ist durchaus gestört: Der Dynamik der Jairusgeschichte steht die Statik der Erzählung von der Blutflüssigen entgegen.

Durch die Geschichte von der blutflüssigen Frau wird das Erzähltempo enorm gedrosselt. Wenn in 5,25-28 mit sieben Partizipien die Vorgeschichte der Krankheit geschildert wird, tritt die Erzählung, die in 5,21-24 mit hohem Tempo begonnen hatte, fast auf der Stelle. Was der Autor auf diese Weise sprachlich vorführt, ereignet sich genauso auf der Ebene der Handlung: Statt sich mit Jairus entschlossen von der Volksmenge abzusetzen und ihr voraus zum Haus der Todkranken zu eilen, bleibt Jesus inmitten der Volksmenge, die ihn geradezu einkeilt. Ja, er nimmt sich sogar noch die Zeit, nach der heimlichen „Täterin" zu suchen. Der Autor will nicht nur eine *unvermeidliche* Verzögerung darstellen, sondern eine *bewusste*: Jesus lässt es darauf ankommen, damit sich ereignen kann, was dann geschieht. Es dürfte nämlich keine Frage sein, dass der Autor die Vorstellung hegt, Jesus wüsste wie in 4,35-5,20 von vornherein, wie sich die Dinge entwickeln und die Sache ausgeht. Der in der Jairusgeschichte von Haus aus angelegte Zug, dass Jesus zu einer Todkranken gerufen wird, die bei seiner Ankunft bereits gestorben ist, wird durch die eingeschobene Heilungsgeschichte vom Autor noch dahingehend zugespitzt, dass Jesus diese Entwicklung selbst steuert.

Auch hat der Autor wohl zwischen beiden Geschichten eine Reihe von Entsprechungen gesehen oder hergestellt, um derentwillen er sie eng zusammenfügte, nicht nur um einen literarischen, sondern einen sachlich-theologischen Zusammenhang zu konstruieren. Die Entsprechungen sind folgende:

- Beide „Patientinnen" sind Frauen. Die eine ist erwachsen, durch ihre nicht aufhörende Blutung seit *zwölf* Jahren unrein und daher unberührbar für einen

Auslegung

Mann. Sie muss als Frau einsam leben, im palästinischen kulturellen Umfeld geradezu ein seelischer Tod. Die andere ist eine junge Frau von *zwölf* Jahren, kein Kind mehr, sondern ein junges Mädchen am Anfang der Geschlechtsreife und damit heiratsfähig.

- Beide Geschichten beziehen ihre Spannung daraus, dass sie hoffnungslose Fälle berichten: Bisher war alle ärztliche Kunst vergeblich bzw. vor dem rettenden Eingriff stirbt die „Patientin".
- Die Zahl *Zwölf* spielt in beiden Geschichten eine – vielleicht symbolische – Rolle, ebenso der Ausdruck *retten* (σώζειν; vgl. 5,23.28). Die Frau wird nach zwölfjährigem Blutfluss von Jesus *gerettet* (5,34), das Mädchen, dessen Leben schon mit zwölf Jahren beendet zu sein scheint, wird von Jesus zurückgerufen und ebenfalls *gerettet* (5,41f).
- Bei der Rettung spielt jeweils der Glaube eine entscheidende Rolle. Das Zutrauen zu Jesus, das die Frau ihre Heilung heimlich suchen lässt, wird von Jesus *Glaube* genannt (5,34), und Jairus wird angesichts der Todesnachricht zum glaubenden Zutrauen aufgefordert (5,36) und bringt es anscheinend auch auf. Die beiden Machttaten Jesu werden durch Glauben erst möglich (vgl. 2,5; 6,5f; 10,52).
- Das Wunder geschieht in beiden Fällen durch Berührung Jesu, passiv und aktiv (5,27f.41), und durch sein Wort (5,34.41). Die Vorstellung ist, dass Jesus mit göttlicher Vollmacht angefüllt ist, die durch Kontakt und Kommunikation auf den Glaubenden übertragen wird.
- Die Jünger spielen in den Geschichten eine jeweils eigenartige Rolle. Nach der Heilung der blutflüssigen Frau bringen sie gegen Jesus einen Einwand vor, der auf der Ebene der Handlung zeigt, dass sie gar nichts mitbekommen haben und insofern verständnislos sind (5,31). Für die Leser ist ihr Einwand von großer Wichtigkeit, macht er doch eindringlich klar, dass Jesu Heilkraft nicht durch *zufällige* Berührung erlangt wurde, sondern einzig durch das glaubende Zutrauen der Frau. In der Jairuserzählung sind drei auserwählte Jünger zwar Zeugen der Auferweckungstat Jesu, aber sie dürfen auf der Ebene der Handlung nichts weitersagen. Gleichwohl können die Leser die Erzählung von Jesu Vollmachtstat nachlesen, offenbar vermittelt durch das spätere Zeugnis dieser drei Jünger. Die Rolle, die die Jünger in der Handlung spielen, nimmt somit die Interessen der Leser wahr.

Es ist noch eine eigenartig gegenläufige Bewegung innerhalb der Gesamterzählung in den Blick zu nehmen, die darin besteht, dass die blutflüssige Frau nach ihrer heimlichen Heilung von Jesus gezwungen wird, ihm „*die ganze Wahrheit*" zu sagen, also ihre verborgenen Gedanken und Handlungen aufzudecken. Die Szenerie ergibt, dass dieses Geständnis auch vor der Jesus umgebenden Volksmenge und den Jüngern erfolgt und somit öffentlich ist (vgl. 4,22). Gegenläufig dazu ist, dass Jesus nach der Auferweckung des Mädchens eine Kundgabe des Geschehens verbietet (5,43), obwohl ihr Tod bereits öffentlich bekannt war (vgl. 5,35.38f) und sich das wiederbelebte Mädchen künftig vor den Nachbarn gar nicht verheimlichen lässt. Wozu dient diese dialektische Spannung dem Autor? Soll anschaulich werden, dass einerseits alles Verborgene einmal öffentlich wird (vgl. 4,22), andererseits aber demjenigen, der keinen Glauben hat, das, was ihm eigentlich vor Augen steht, *„wieder genommen wird"* (4,25), so dass er zwar *„sieht und doch nicht erkennt"* (4,12)?

5,21-24: Das Stück schließt zeitlich und räumlich unmittelbar an Jesu Exkursion ins Heidenland an (vgl. 4,35-5,20): Der Autor will somit einen Erzählzusammenhang herstellen, der zugleich ein Sachzusammenhang ist. Das Verbindende dürfte Jesu Kraftwirken sein; hatte sich Jesus zuvor als der *Stärkere* über die dämonischen Mächte erwiesen, so erscheint er jetzt als mit göttlicher Lebenskraft erfüllt. Mit ihm ist das *„Geheimnis der Basileia Gottes"* da und kann in seinen Taten von denen gesehen werden, die Augen dafür haben und denen es gegeben ist (vgl. 4,10ff).

Nachdem Jesus aus dem *„Land der Gerasener"* ans jüdische Ufer zurückgekehrt ist, stellt sich sofort die alte und häufige Situation wieder ein: Er hält sich *„am See"* auf, und es versammelt sich eine große Volksmenge bei ihm (vgl. 4,1; 3,7f; vgl. 1,16.33.45; 2,2). Damit ist erneut die Szenerie hergestellt, die auch für die Rätselrede Jesu galt (vgl. 4,1-34): Die beiden Wunder ereignen sich vor großer Kulisse und werden doch nur von einem kleinen Kreis von Glaubenden wirklich wahrgenommen und in ihrer Bedeutung erkannt. Und so soll es auch sein!

Mit Jairus tritt *„einer der Synagogenvorsteher"* auf – eine bedeutende und angesehene Person also –, der sich vor Jesus ehrfurchtsvoll bittend niederwirft und ihn anfleht, seine sterbende Tochter zu retten. Jairus gehört offensichtlich nicht zu dem Teil der jüdischen Oberschicht, die Jesus ablehnend gegenübersteht (vgl. 2,6; 3,6.22). Er hat mit den Kreisen, die Jesus zuletzt in der Synagoge von Kafarnaum belauerten (vgl. 3,2.6), nichts zu tun, wie sich im Verlauf der Handlung noch herausstellen wird. Sein Vertrauen in Jesus ist überzeugend. Deshalb geht Jesus auch mit ihm, eine Geste der Zusicherung der Hilfe.

Die Volksmenge folgt ebenfalls nach. Die Leute haben natürlich die dringende Bitte des Synagogenvorstehers gehört und mitbekommen, dass es um Leben und Tod geht. Ein solch schwerer Krankheitsfall ist Jesus bisher nicht vorgetragen worden.

Die Bemerkung des Erzählers, dass die Menschenmenge Jesus bedrängte (und damit beim Fortkommen zu der Schwerstkranken behinderte), ist ein Erzählfehler, weil die Leser der Menge ja keine Absicht unterstellen sollen. Doch nimmt der Erzähler den Fehler in Kauf, um die Szenerie für die Heilung der blutflüssigen Frau vorzubereiten.

5,25-34: Die Jesus bedrängende Volksmenge darf nicht von vornherein negativ bewertet werden, denn inmitten dieser Menge befindet sich ja auch die zweite Hilfesuchende, die sich mit großem Vertrauen Jesus – allerdings heimlich – nähert. Mit außerordentlich retardierender Erzählwirkung wird zunächst die langwierige Krankheitsgeschichte der Frau dargestellt. Zwar geht es in ihrem Fall nicht um Leben und Tod, aber es geht eben doch um alles. Ihre Krankheit hat

Auslegung 149

diese Frau im wahrsten Sinne um ihr Leben gebracht. Sie ist als auf Dauer Unreine eine sozial Ausgestoßene, dazu verarmt und vereinsamt. Seit zwölf Jahren leidet sie an einem Blutfluss; durch die Pfuscherei der Ärzte hat sie nur Schmerzen auszustehen gehabt, aber keine Hilfe erfahren, im Gegenteil, die Ärzte haben alles nur noch schlimmer gemacht und dazu ihr gesamtes Vermögen verschlungen. In dieser Lage hat sie von Jesus gehört (vgl. 1,28), nähert sich ihm, gedeckt durch die drängelnde Volksmenge, und berührt heimlich sein Gewand.

Dem antiken Leser ist vollkommen klar, welche Vorstellung die Frau bei ihrem Tun leitet. Sie ist überzeugt, dass die göttliche Kraft Jesu sich auf die Kleidung an seinem Leib überträgt. Die Leser haben schon zuvor in 3,10 gelesen, dass viele Kranke durch bloße Berührung Jesu Heilung erlangt haben. Sie versuchten freilich offen, Jesus anzufassen, die Frau tut es heimlich. Wie von ihr (und von den Lesern) erwartet, tritt die Heilung unmittelbar (εὐθύς) ein: Die *„Quelle ihrer Blutung versiegt"*, und sie spürt körperlich, dass sie geheilt worden ist. Das alles stellt 5,29 fest, der direkt auf 5,27 folgen könnte, ohne dass der Leser 5,28 vermissen würde. Sachlich hat die Frau die Überlegung, die sie bei ihrem Tun leitete, ohnehin *vor* ihrer Handlung angestellt. Aber der Autor trägt sie nach (vgl. 5,8) und gibt ihr damit eine starke Betonung. Die Frau wird durch diese Überlegung charakterisiert. Sie ist sich in ihrem Vertrauen vollkommen sicher, von Jesus Hilfe zu erlangen. Sie will nicht etwa nur ausprobieren, ob es vielleicht klappt und ein bloßer Kontakt ihr Heilung bringt, sondern sie sagt sich, dass eine Berührung des Gewandes Jesu dazu gewiss ausreicht. Mehr Aufwand ist nicht nötig! Ob der Erzähler voraussetzt, dass die Frau Jesus nicht unnötig aufhalten will, oder ob er ihre Bescheidenheit darstellen will, kann offenbleiben, ist aber naheliegend. Denn von der Art ihrer Krankheit her ist ihr Vorgehen nicht begründbar, weil sie durch Berührung ihre Unreinheit sowohl auf Jesus als auch auf die drängelnde Volksmenge überträgt. Diesen Aspekt der Verunreinigung scheint die Frau jedoch ganz vernachlässigt zu haben; auch der Autor lässt ihn nirgends anklingen, und wahrscheinlich spielt er für ihn keine entscheidende Rolle mehr (vgl. 7,15ff).

In demselben Augenblick (εὐθύς), in dem die Frau am eigenen Leib ihre Heilung bemerkt, spürt Jesus an sich, wie die Heilkraft aus ihm herausströmt. Das hat die Frau in ihrer Überlegung nicht mitbedacht, und deshalb tritt nun ein, was sie mit ihrem Handeln gerade nicht auslösen wollte, eine Verzögerung.

Die in der Erzählung waltende Vorstellung von der Jesus innewohnenden göttlichen Heilkraft (δύναμις) mutet physisch-mechanistisch an: Durch Kontakt fließt sie weiter und ihr Strom ist spürbar. Aber lässt sich göttliche Kraft, die irdisch wirkt, überhaupt anders vorstellen? Wenn es sie gibt, wie sollten wir dann angemessener über sie sprechen? Darum sollten wir vorsichtig sein, Vorstellungsweise und Sprache der Erzählung vorschnell als überholt oder gar magisch abzutun. Wollen wir daran festhalten, dass göttliche Kräfte in Raum und Zeit wirken, bleiben uns kaum andere Denk- und Ausdrucksmöglichkeiten.

Worauf es dem Autor ankommt, ist auszudrücken, dass Jesu Heilkraft nicht unbemerkt „benutzt" und nicht abgelöst vom Glauben manipuliert werden kann. Darum stoppt Jesus die ohnehin stark gebremste Vorwärtsbewegung, indem er sich in der Volksmenge *„umwendet"* und danach fragt, wer sein Gewand angefasst hat. Die Leser dürften voraussetzen, dass Jesus auch ohne Rückfrage die Frau als Täterin identifizieren könnte, wie 5,32 tatsächlich anzudeuten scheint. Also ist seine Frage rhetorisch und als Demonstration gemeint: Jesus bringt mit ihr zur Sprache, was er vorher als einziger an sich gespürt hat. Er will erreichen, dass die Frau sich vor allen Leuten zu ihrem Tun bekennt. Zuvor jedoch provoziert er lediglich einen ruppigen Einwand der Jünger, die ihm – wohl angesichts der Eilbedürftigkeit – die „Unsinnigkeit" seiner Frage vorwerfen. Den Lesern aber wird dadurch noch einmal bewusst gemacht: Die Frau war im Gewühl der Volksmenge nicht die Einzige, die Jesus berührt hat. Doch nur sie hat Jesu Heilkraft erfahren; also hat sie eine besondere Bedingung erfüllt. Ein automatischer Abfluss der Dynamis ist folglich ausgeschlossen und damit jede Möglichkeit magischer Manipulation.

Jesus schaut sich (gezielt?) nach *„derjenigen um, die das getan hatte"*. Die Frau weiß sich durch seinen Blick entdeckt, und sie stellt sich ihm – in doppelter Weise von Jesu göttlicher Kraft und Einsicht getroffen – voll *„Furcht und Zittern"*, indem sie (wie Jairus zuvor, vgl. 5,22) vor Jesus niederfällt und *„die ganze Wahrheit"* sagt. Nun muss sie nachholen, was sie vorher vermeiden wollte; sie muss den Wundertäter ansprechen und ihm (und den Zeugen) ihre ganze Leidensgeschichte erzählen. Nur um Heilung braucht sie ihn jetzt nicht mehr zu bitten.

Zur *„ganzen Wahrheit"* gehört nicht nur ihre Krankheitsgeschichte, die sie vielleicht aus Scham verschweigen wollte, sondern ebenso die erfahrene Heilung und wie sie zu ihr gelangte. Die Frau wird also im Beisein Jesu zur Verkünderin seiner göttlichen Vollmacht und Heilstat. Das verborgene Wunder wird hier (auf Veranlassung Jesu!) öffentlich kundgemacht; in 5,43 dagegen wird später die Kundgabe von Jesus ausdrücklich verboten (vgl. 1,44). Wie passt das zusammen? Vorerst kennen die Leser allerdings das spätere Verbot Jesu noch nicht und dürften es für selbstverständlich und eigentlich angemessen halten, dass die Tat Jesu weitergesagt wird.

Auch Jesus holt nach, was er schon bei der Berührung seines Gewandes durch die Frau (5,27) zu ihr hätte sagen müssen (vgl. 5,8). Im Verborgenen, bei sich muss er es dort bereits gesagt haben, sonst hätte die Heilung nicht eintreten können. Jetzt spricht er es laut aus. Die Haltung, mit der die Frau ihre Heilung durch Jesus erreicht hat, war echter Glaube. Ihr Vertrauen in seine Kraft und Bereitschaft, sie zu heilen, hat sie *gerettet*. Ohne diese Haltung nämlich hätte sie Jesu Heilkraft – obwohl sie in ihm da war – nicht erfahren (vgl. 6,5f).

Das Wort Jesu: *„Sei geheilt von deiner Plage"* wiederholt wörtlich, was die Frau bei der Berührung Jesu am eigenen Leib gespürt hat (5,29: ὅτι ἴαται ἀπὸ τῆς μάστιγος). Somit tritt nicht erst jetzt die Heilung ein, sondern Jesus bestätigt, dass sie geradezu legal und wirksam eingetreten ist. Das Wort konstituiert das Heil. Am Ende der Erzählung werden also zwei Wirklichkeiten vor die Leser gestellt, die auch sie ergreifen können. Das Berühren des Gewandes Jesu ist ihnen nicht mehr vergönnt und die unmittelbare leibliche Erfahrung seiner Heilkraft auch nicht, aber ihnen bleiben der Glaube und Jesu wirksames Wort, die retten und heilen können.

Auslegung 151

5,35-43: Das Gespräch Jesu mit der geheilten Frau, ihr womöglich stockender und umständlicher Bericht über ihre Krankheit und deren Heilung haben Zeit gekostet. Der Leser wird sich vorstellen, wie Jairus händeringend die Verzögerung durchlitten hat. Tatsächlich hat sich inzwischen in seinem Haus die Lage dramatisch verschlechtert, und während Jesus noch mit der Frau spricht, kommen schon Bekannte des Synagogenvorstehers und teilen ihm mit, dass seine Tochter gestorben ist. Resigniert aber realistisch raten sie ihm, den *Meister* nicht weiter zu *belästigen* (σκύλλειν). Zeigt schon manche Krankheit dem Arzt seine Grenzen auf, wie die Krankengeschichte der Frau bewies, so erst recht der Tod. Das soll sich Jairus eingestehen und seine Hoffnung auf Jesus begraben.

Die Boten haben offenbar leise und nur mit Jairus gesprochen, Jesus hat gleichwohl mitgehört, und bevor Jairus dazu kommt, sich resigniert zu verabschieden, spricht Jesus ihn an: *„Fürchte dich nicht, glaube nur!"* Wenn der Glaube als Vertrauen in Jesu Macht und Wille eine Bedingung für das folgende Wunder ist, dann muss der Leser schließen: Jairus hat geglaubt! Der Glaube geht also dem Wunder voraus. Denn Jesu Aufruf würde keinen Sinn machen, wenn der Glaube dem Wunder erst folgte. Das sich anschließende Auferstehungswunder geschieht einem Glaubenden!

Andere Glaubende dürfen mit Jairus Jesus begleiten: die ersten Jünger Petrus, Jakobus und Johannes. Dass nur diese drei „Auserwählten" und nicht die *Zwölf* mitgehen dürfen, deutet an, welch großes *Geheimnis* nun offenbar werden soll. Es ist nur denen zugänglich, die „drinnen" sind (vgl. 4,11), und bleibt vor *„denen draußen"* verborgen. Die Volksmenge muss also zurückbleiben; sie war ohnehin nur nötig für die Szenerie der anderen Geschichte.

Der Tod der jungen Frau ist schon bekannt geworden, und die übliche Totenklage hat bereits begonnen, als Jesus mit seiner Begleitung beim Hause ankommt. Jesus spricht die Klageweiber (κλαίοντας καί ἀλαλάζοντας) an und verweist ihnen ihren „Lärm": *„Das Kind ist nicht gestorben, sondern schläft".* Für Jesus, den Autor und die Leser und wohl auch für den glaubenden Jairus ist klar, dass Jesus damit nicht den eingetretenen leiblichen Tod des Mädchens bestreitet, sondern im Rätselwort zum Ausdruck bringt, dass für seine göttliche Kraft und Lebensfülle dieser Tod nur ein Schlaf ist. Für die an der Handlung beteiligten Aussenstehenden bleibt freilich die Möglichkeit offen, dass Jesus auch im natürlichen Sinn recht hat und das Mädchen nur scheintot ist oder in einem todesähnlichen Koma liegt. Vorderhand erscheint diese Möglichkeit jedoch als unwahrscheinlich; darum lachen die Leute Jesus aus, verstehen sie doch etwas vom Sterben und vom Tod. Doch kann diese Möglichkeit aufleben, nachdem Jesus die Tote „aufgeweckt" hat. Dann kann der Zweifel entstehen, ob das Mädchen wirklich tot war oder Jesus noch einen Funken Leben in ihm angetroffen hat.

Endgültig teilt Jesus jetzt das Publikum in solche, die *draußen bleiben*, und solche, die das Geheimnis schauen dürfen. Draußen bleiben die, die Jesus verlacht haben und damit auf Distanz zu ihm gegangen sind. In die Totenkammer hinein dürfen diejenigen, die glaubendes Vertrauen zu Jesus haben. Das Wunder der Totenauferweckung, das Jesus wirkt, ist also keine Demonstration seiner göttlichen Kraft vor der Öffentlichkeit – die lehnt Jesus ab (vgl. 8,11f) –, sondern ihre

Epiphanie. Denen, die drinnen sind, wird etwas geoffenbart und gezeigt, von dem sie im Glauben schon eine Ahnung hatten. Jesus, der „*Sohn des höchsten Gottes*" und der *Herr* über die dämonischen Mächte erscheint vor den glaubenden Zeugen als Träger göttlicher Lebenskraft.

Durch Jesu Berührung und Wort strömt diese Lebenskraft in die Gestorbene ein. Das Wort ist kein unverständlicher Zauberspruch, sonst könnte es nicht übersetzt werden. Nicht magische Praktik wird hier erzählt, sondern ein souveräner göttlicher Akt der Neuschöpfung.

Das Leben kehrt sofort und mit voller Kraft in die Tote zurück: Das Mädchen erhebt sich und geht umher. Jetzt erst wird sein Alter genannt. Um zu begründen, warum es laufen konnte? Das wäre zu simpel; laufen lernen Kinder schon im zweiten Jahr. Vielmehr wird den antiken Lesern deutlich, dass Jesus einer jungen Frau, die an der Schwelle zum Erwachsenenleben stand, aber tragisch und zu früh sterben musste, ein neues Leben geschenkt hat.

Wo göttliche Kraft in der Welt epiphan wird, muss der Mensch in Furcht und Schrecken geraten. Das ist seine angemessene Haltung vor dem Numinosen (vgl. 1,27; 4,41; 5,15.32; 9,6; 16,8).

Der eindringliche (πολλά) Schlussbefehl Jesu (vgl. 9,9), niemand dürfe *dies* (τοῦτο) erfahren, muss die Leser überraschen. Zwar hat Jesus schon einmal die öffentliche Bekanntgabe einer Heilung verboten (vgl. 1,44), aber da schien der Zweck zu sein, dem Priester nach vollzogenem Ritual im Tempel die offizielle Kundgabe der Reinigung des Aussätzigen und damit die Kundgabe der Tat Jesu zu überlassen. In 2,12; 3,1-5 schien Jesus dagegen überhaupt kein Problem mit der Verbreitung seiner Wundertaten zu haben (vgl. 1,28), in 5,19 hat er den vormals Besessenen sogar aufgefordert, in der Dekapolis zu verkündigen, was Jesus an ihm getan hat, und die blutflüssige Frau musste kurz zuvor noch „*die ganze Wahrheit*" sagen, obwohl sie sie verheimlichen wollte. Warum soll nun niemand von der Totenerweckung erfahren, obwohl der Tod des Mädchens schon bekannt war?

Die Leser stehen vor einem Rätsel, das vor allem für sie Bedeutung hat und nicht auf der Ebene der Handlung. Denn auch wenn sich Eltern und Jünger an Jesu Gebot halten, das wirklich ins natürliche Leben zurückgekehrte Mädchen – was durch den Befehl Jesu, ihm zu essen zu geben, demonstriert wird – lässt sich ja nicht verheimlichen. Nur was in der Totenkammer passiert ist, kann durch Schweigen geschützt werden.

Dient der Befehl Jesu dem gleichen Zweck wie zuvor seine Auswahl der Zeugen (vgl. 5,40)? Die Verkündigung der Auferstehungstat soll keine Demonstration für Jesus sein. Die *Erzählung* über die Tat Jesu setzt genauso wie diese selbst den Glauben voraus. Wie nur die Glaubenden das Geheimnis der Tat *sehen* durften, so können auch nur die, die „drinnen" sind, die *Erzählung* über die Tat verstehen (vgl. 4,11f). Sie ist nur für den Glaubenden wirklich geeignet, dem Nichtglaubenden sagt sie nichts. Sie weckt nicht den Glauben, sondern unterstützt ihn. Niemand von denen, die vorher über Jesus gelacht haben, kann durch die Bekanntmachung der Tat Jesu automatisch dazu bewegt werden, seine Distanz aufzugeben. Wer nicht „drinnen" war, sieht zwar, dass das vorher tote Mädchen lebt.

Auslegung 153

Aber diese Tatsache zwingt ihn nicht, an Jesus zu glauben. Ebenso kann niemand durch die Erzählung über Jesu Tat zum Glauben an Jesus gezwungen werden. Wer *draußen* bleibt, hört zwar die Erzählung, aber sie nötigt ihn nicht zum Glauben. Anders bei denen „drinnen", dem Kreis um Jesus, die auf ihn hören: Bei ihnen bewirkt die Erzählung über Jesu Tat dasselbe wie die Tat selbst; in ihr *erscheint* ihnen Jesus als Träger göttlicher Lebenskraft.

Wie Jesus zuvor seine Erweckungstat nur vor dem engsten Kreis von Glaubenden getan hat, so reserviert er durch seinen Befehl die verkündende Erzählung über seine Tat ebenfalls den Glaubenden. Ihnen ist *„das Geheimnis gegeben"*, denen *draußen* bleibt alles dunkel (vgl. 4,11). Dem Glaubenden wird die Erzählung über Jesu Tat noch dazugegeben, denen, die keinen Glauben haben, wird das, was sie gesehen haben, durch Jesu Schweigebefehl auch noch genommen (vgl. 4,25). Deshalb haben die drei Jünger Jesu Befehl nicht missachtet, als sie seine Tat trotzdem weitererzählten; sonst könnte der glaubende Leser sie nicht im MkEv lesen.

Nun wird auch klar, warum die blutflüssige Frau *„die ganze Wahrheit"* schon auf der Ebene der Handlung sagen sollte. Da ihre Krankheit und ihre Heilung vor der Öffentlichkeit geheim blieben und nur ihr bewußt waren, ist die Tat Jesu und der Bericht darüber nur dem Glaubenden zugänglich. Wer dem bezeugenden Wort der Frau nicht glaubt, findet überhaupt nicht den Weg zur Tat Jesu, und wer nicht an Jesus als den Träger göttlicher Kraft glaubt, kann selbst durch das erzählende Zeugnis der Frau nicht davon überzeugt werden, dass sich Jesus an ihr heilend geoffenbart hat.

2.6 Ablehnung in Nazaret: 6,1-6a

6¹Und er ging weg von dort und kommt in seine Vaterstadt,
und seine Jünger folgen ihm nach.
²Und als es Sabbat wurde, begann er, in der Synagoge zu lehren.
Viele Zuhörer aber waren erstaunt und sagten:
„Woher hat er das? Und: Was ist das für eine Weisheit, die ihm gegeben,
damit auch Machttaten durch seine Hände geschehen?
³Ist der nicht der Zimmermann, der Sohn der Maria,
und der Bruder des Jakobus und des Joses und des Juda und des Simon?
Und leben nicht seine Schwestern hier bei uns?"
Und sie nahmen Anstoß an ihm.
⁴Jesus aber sagte zu ihnen: „Kein Prophet ist missachtet,
außer in seiner Vaterstadt und bei seinen Verwandten und im eigenen Haus."
⁵Und er konnte dort keine Machttat tun.
Nur einige Kranke heilte er durch Handauflegen.
⁶Und er wunderte sich über ihren Unglauben.

Ein geographischer Bogen kommt zur Abrundung: Jesus erreicht wieder Nazaret, seine Heimatstadt, von der er ausgegangen war (vgl. 1,9). Dazwischen hat er in den galiläischen „*Dörfern ringsum*" (1,38), in „*ganz Galiläa*" (1,39) gewirkt und ist überall anerkannt worden (vgl. 6,4), nur noch nicht in Nazaret. Die Szene in der Synagoge von Nazaret setzt somit einen gewissen Schlusspunkt. Das bisherige Wirken Jesu, auf das die Einwohner der Stadt in 6,2 zurückverweisen, kommt an diesem Sabbat zu einem ersten Ruhepunkt.

Jesus geht „*von dort*" weg – das ist das Ufer des Sees von Galiläa und seine Ortschaften, wo er sich seit 1,14 ständig aufgehalten hat –, und kommt in seine Vaterstadt zurück. Wie werden sich die Nazarener zu ihm, dem inzwischen berühmt gewordenen Sohn ihrer Stadt, verhalten? Die Leser erinnern sich jedenfalls, dass Jesu Verwandtschaft, die dort lebt (6,3), ihn aufgrund seines exorzistischen Wirkens für *verrückt* erklärt hatte und zwangsweise heimholen wollte (vgl. 3,21.31f).

Jesus kommt nicht allein, sondern wie überallhin so begleiten ihn seine Jünger auch nach Nazaret. Sie sollen seine Erfahrungen, auch die negativen, teilen und aus ihnen für ihr eigenes Wirken lernen (vgl. 6,11), das bald – zumindest vorläufig – beginnen wird.

Doch zunächst fängt die kleine Erzählung keineswegs negativ an. Sie baut sich vielmehr auf wie eine der vielen „Erfolgsgeschichten", die bisher zu lesen waren. Denn der *Ruf* Jesu, der sich nach 1,28 in ganz Galiläa verbreitet hatte, ist auch bis Nazaret vorgedrungen. Wenn Jesus hier, wie zu Beginn seines Wirkens (vgl. 1,21f), am Sabbat die örtliche Synagoge betritt, um zu *lehren*, ist die Reaktion unter den Zuhörern scheinbar die gleiche wie damals in Kafarnaum: Die Menschen sind tief beeindruckt (ἐξεπλήσσοντο) und fragen sich, *woher* Jesus das hat und „*was das für eine Weisheit ist*", die ihm gegeben wurde, „*damit auch Machttaten durch seine Hände geschehen*" (vgl. 1,27).

Die Nazarener gestehen also zu: Unerhörte Weisheit spricht aus Jesu Mund, und durch seine Hände geschehen Machttaten. Da σοφία und δυνάμεις von Haus aus in den Bereich Gottes verweisen, erübrigt sich eigentlich die Frage nach ihrem *Woher*. Sie ist längst entschieden: Weisheit und Machttaten stammen von Gott! Man sollte meinen, dass es da keinen Zweifel geben kann und die Frage der Nazarener positiv gemeint ist, wie ähnliche Fragen und Rufe sonst auch (vgl. 1,27; 2,12; 4,41).

Nach dem anfänglich positiven Aufbau der Erzählung folgt bald ihr jäher Absturz. Jesu Mitbürger sind nicht bereit, Weisheit und Machttaten als Hinweis auf göttliche Bevollmächtigung anzuerkennen, weil Jesus doch nur einer von ihnen ist. Sie kennen ihn als den Zimmermann/Baumeister – statt des Vaters wird der von diesem erlernte Beruf erwähnt. Umständlich zählen die Nazarener alle in der Stadt wohnenden Verwandten Jesu auf. Das will sagen: Jesus ist nichts besonderes, ein normaler Mensch aus ihrer Mitte. *Woher* aber sind dann seine Weisheit und Machttaten? Die unausgesprochene Antwort der Nazarener kann nur dieselbe wie die der Verwandten Jesu sein: „*Er ist von Sinnen*" (vgl. 3,21). Sie nehmen Anstoß an Jesus (ἐσκανδαλίζοντο; vgl. 14,27), weil sie Person und Wirken voneinander trennen. Richtig wäre es, vom Wirken auf die Würde der Person Jesu zu schließen: Tut er Göttliches, so stammt er auch von Gott! Die Nazarener aber denken umgekehrt: Weil Jesus als Mensch aus ihrer Mitte stammt, können seine

Auslegung

Worte und Taten nicht göttlichen Ursprungs sein. Sie hören Jesu Weisheit zwar und nehmen seine Machttaten wahr, aber zu wirklichem Verstehen gelangen sie nicht, und das *Geheimnis*, das sich im Wirken Jesu erschließt, bleibt ihnen verborgen. So werden sie zu Exponenten derer, die *draußen* bleiben (vgl. 4,11f).

Ob die Landsleute Jesus gegenüber ihre Vorbehalte laut äußern oder er sie ohnehin kennt (vgl. 2,8; 3,4f; 3,23ff), jedenfalls wird er von der Ablehnung in Nazaret nicht überrascht: So ist es schon den Propheten ergangen und wird es stets sein, überall wird ihr Wort gehört und befolgt, nur nicht bei den Landsleuten, Nachbarn und Verwandten (vgl. 3,21.31f). Die Ablehnung bewirkt, dass Jesus keinerlei Machttat wirken konnte (οὐκ ἐδύνατο); gemeint sind Taten, wie sie zuvor erzählt worden sind. Die Erzählungen 5,21-43 haben gezeigt, wie der Glaube ihr Erscheinen geradezu hervorlocken kann. Jetzt ist es umgekehrt; der Unglaube vermag die Epiphanie göttlicher Macht auf Erden zu verhindern. Er ist wie ein Rauhreif, der sich auf die Saat Jesu legt, so dass aus ihr für den, der nicht glaubt, kein Leben entsteht.

Doch der Unglaube ist nicht Herr über Jesu Wirken. Das bleibt souverän: Jesus legt den Kranken – wie er will – die Hände auf und macht sie gesund. Das kann der Unglaube nicht verhindern. Aber er verhindert eine *Machttat* Jesu; der Ungläubige hat sich der Fähigkeit beraubt, zum Geheimnis Jesu vorzudringen und durch ihn wirklich Rettung und Leben zu erfahren. Der ablehnende Unglaube, der *draußen* bleiben will, schneidet sich selbst vom Lebensstrom ab. Darüber wundert sich Jesus.

2.7 Die Sendung der Zwölf: 6,6b-13

Und er zog lehrend durch die umliegenden Dörfer.
⁷Und: Er ruft die Zwölf zu sich, und fing an, sie zu zweien auszusenden,
und er gab ihnen Vollmacht über die unreinen Geister.
⁸Und er gebot ihnen, nichts mit auf den Weg zu nehmen,
außer einem Wanderstab – kein Brot, keine Tasche, kein Geld im Gürtel –,
⁹jedoch Sandalen unterzubinden, aber keine zwei Hemden anzuziehen.
¹⁰Und er sagte ihnen: „Wenn ihr in ein Haus einkehrt,
dann bleibt dort, bis ihr von dort weiter wandert.
¹¹Und wenn ein Ort euch nicht aufnimmt,
und man euch nicht anhört, dann geht hinaus von dort
und schüttelt den Staub von euren Füßen – zum Zeugnis gegen sie."

¹²Und sie zogen hinaus und verkündigten, dass sie umkehren sollten,
¹³und viele Dämonen warfen sie hinaus
und salbten mit Öl viele Kranke und heilten.

Der Unglaube in Jesu Heimatstadt setzt einen starken Akzent, ähnlich dem Todesbeschluss der Gegner Jesu in 3,6: Jesu Wirken bleibt nicht ohne Widerspruch und Ablehnung. Das führt zu einem neuen Anlauf und zu verstärkter Anstrengung: Wieder bricht Jesus von Nazaret aus auf (vgl. 1,9), um in den Orten ringsum zu lehren (vgl. 1,38f). Diesmal beteiligt er seine zwölf Jünger, und es wird im folgenden die erste Missionstätigkeit der Jünger dargestellt; doch ist diese eine Funktion des Wirkens Jesu. Die *Zwölf* sind Multiplikatoren Jesu, und er ist das eigentliche Subjekt hinter ihrem Tun.

Jesus *sendet* die *Zwölf* in Gruppen zu zwei und zwei aus; sie sind nicht wie er authentische Verkünder des Evangeliums Gottes aus eigenem Recht (vgl. 1,14), sondern „Zeugen" für Jesu Kerygma. Darum müssen sie zu zweit auftreten. Doch als übereinstimmende Zeugen bekunden sie die Wahrheit der Botschaft ebenso wie Jesus selbst. Dazu haben sie seine Existenz als Wandermissionar bisher geteilt (vgl. 3,14). Jesus beteiligt sie auch an seiner eigenen *Vollmacht* über die „*unreinen Geister*" (vgl. 3,15). Damit treten die *Zwölf* im Namen Jesu auf, sie verkündigen wie er die Umkehr, und tun, was er tut (6,12f). Sogar Kranke können sie heilen, wenn auch in abgeleiteter und vermittelter Dynamis; sie besitzen nicht die göttliche Lebenskraft unmittelbar in sich wie Jesus, sondern heilen durch Öl, dem Gott die Wunderkräfte übertragen hat. Was die *Zwölf* tun, ist also wirklich das, was Jesus tut: Durch sie wird seine Mission fortgesetzt, schon hier zu seinen Lebzeiten und erst recht nach seinem Weggang, wenn sie zu *Menschenfischern* geworden sind (vgl. 1,17).

Die *Zwölf* treten als der verlängerte Arm Jesu auf. In seinem Auftrag und mit seiner Vollmacht ausgestattet wirken sie wie er. Gleichen sie somit nach Art und Inhalt ihrer Verkündigung völlig Jesus, so fragt sich, ob sie es auch ihrem Erscheinungsbild nach tun. Bisher hat der Erzähler den Lesern nichts über die äußere Erscheinung Jesu auf seiner Wanderung durch die Dörfer und Orte gesagt, im Gegensatz etwa zu Johannes dem Täufer (vgl. 1,6). Jetzt gibt Jesus den in seinem Auftrag tätigen Jüngern Anweisungen für ihre Ausstattung und ihr Verhalten unterwegs (6,8-11). Sollen die Leser sich vorstellen, dass Jesus selbst ebenso ausgestattet von Ort zu Ort gezogen ist?

Jesus gesteht den Jüngern lediglich Sandalen und einen Stock zu, sei es als Wanderstab im unwegsamen Gelände oder als leichte Waffe gegen wilde Tiere. Mehr Ausrüstung ist nicht erlaubt, insbesondere nichts, was über den Augenblick hinaus den wandernden Missionaren Sicherheit geben könnte: Proviant oder Geld oder doppelte Kleidung. Die Jünger sollen völlig abhängig sein, darauf angewiesen, dass sie mit ihrer Botschaft in den Ortschaften in die Häuser aufgenommen werden. Sie sollen nicht auf Bequemlichkeit aus sein und nach besseren Alternativen fürs Quartier suchen. Wo sie gastlich aufgenommen werden, da sollen sie bleiben. Der Leser muss annehmen, dass Jesus es bisher auf seinen Wanderungen ebenso gehalten hat (vgl. 1,29f; 2,1f; 3,20; vgl. 15,41).

Auch im Falle, dass die Jünger in einem Ort nicht gastlich aufgenommen und nicht angehört werden, sollen sie sich verhalten wie Jesus: Sie sollen den Ort verlassen und zum Zeugnis gegen seine Unbußfertigkeit sogar den Straßenstaub von den Füßen schütteln – ein symbolisches Gericht, wie es Jesus gerade an seiner Heimatstadt Nazaret vollzogen hat (6,4ff).

Dem aufmerksamen Leser muss auffallen, dass bei aller Übereinstimmung der Missionstätigkeit der *Zwölf* mit dem Programm und Wirken Jesu doch ein tiefgreifender Unterschied besteht: Sie predigen nicht wie Jesus vom „*Reich Gottes*"

Auslegung

und seiner Nähe (vgl. 1,15; 4,26-32). Insofern kann ihre Mission noch nicht als Verkündigung des „*Evangeliums Gottes*" (1,14) gelten, oder doch nur in einem vorläufigen Sinn: Sie rufen zwar zur Umkehr auf, aber noch nicht wie Jesus zum Glauben an das Evangelium (vgl. 1,15). Will der Autor auf subtile Weise zum Ausdruck bringen, dass die Mission der *Zwölf* vorerst nur ein Probelauf war, eine Einübung in ihr späteres Amt, das die weltweite Verkündigung des Evangeliums (vgl. 13,10; 14,9) zum Inhalt haben wird, zu dem dann auch der Tod und die Auferstehung Jesu gehören werden.

B. Rückblickendes Scharnierstück: 6,14-29

1. Analyse

1.1 Charakter und Abgrenzung

Der Abschnitt ist in mehrfacher Hinsicht auffällig. Er gehört zu den wenigen Stücken im MkEv, in denen Jesus nicht selbst als Akteur auftritt. Zu vergleichen sind 1,4-8 (Johannes der Täufer bereitet auf das Kommen Jesu vor); 16,1-8 (der Engel am Grab weist auf den Auferstandenen hin, der den Jüngern nach Galiläa vorausgeht) und 14,1f.10f (die Gegner beraten über Jesu Tod). Sie markieren allesamt wichtige Schnittstellen im Erzählganzen. 1,4-8 und 16,1-8 begrenzen die Gesamterzählung; beide Male ist Jesus auf dem Weg nach Galiläa. Das Stück 14,1f.10f markiert einen Einschnitt im Jerusalemaufenthalt Jesu: Die Passion beginnt.

Auch 6,14-29 weist auf einen Einschnitt hin. In 6,1-13 endete die dritte „Woche" im Wirken Jesu: Jesus kam am Sabbat nach Nazaret zurück, von wo er ausgegangen war (vgl. 1,9), und die Jünger vervielfältigten ohne ihn sein bisheriges Wirken. Sobald die Jünger von ihrer Mission zu Jesus zurückkehren, wird eine weitere „Woche" beginnen: 6,30-8,26.

Unser Stück steht dazwischen: Es füllt die Lücke zwischen Aussendung und Rückkehr der Jünger aus. Doch kann das nicht sein eigentlicher Zweck im Konzept des Autors sein. Erstens hätte der Autor den folgenden Abschnitt 6,30ff leicht auch ohne ein Zwischenstück an 6,13 anschließen können (etwa: „Nach Tagen kamen die Apostel bei Jesus wieder zusammen ..."), und zweitens ist 6,14-29 gar nicht gut geeignet, die *zeitliche* Lücke erzählerisch zu schließen, denn der Abschnitt ist zum größten Teil ein Rückblick auf ein Ereignis, das noch vor dem öffentlichen Auftreten Jesu stattgefunden hat (vgl. 1,14).

Das bedeutet: Der Erzähler führt den Leser (aber nur ihn!) an den *Anfang* zurück (vgl. 1,4-8.14). Das ist der eigentliche Zweck dieser „Analepse". Johannes der Täufer, der nach Gottes Plan den Weg des Gottessohnes vorbereiten sollte (1,2f), wird dem Leser erneut vor Augen gestellt, jetzt aber als Märtyrer, der mit seinem Leben für seine Sendung und Botschaft einstand. Das Geschick des Täufers wird so zur Exposition des Wirkens und Geschicks Jesu. Die knappe Bemerkung 1,14: „*Nachdem aber Johannes überliefert worden war...*", mit der Jesu öffentliches Auftreten mit dem Abtreten des Täufers zeitlich verknüpft worden war, wird nun ausgefüllt. *Überliefert* bedeutete *enthauptet*, das erfährt der Leser jetzt. Und erneut wird wie in 1,2-8 das Verhältnis des Johannes zu Jesus reflektiert: Jesus ist weder der auferweckte Täufer noch Elia oder ein Prophet, sondern mehr: der „*Sohn Gottes*", dessen Weg aber wie der Lebensweg des Täufers im Martyrium enden wird.

Analyse

Die Abgrenzung ist klar. Mit 6,14 schwenkt der Erzähler von der bisherigen Handlung weg und lässt den Leser einen Blick in den Palast des *Herodes* tun, wo dieser sich Gedanken über Jesu Wirken macht und Jesus mit dem von ihm getöteten Johannes identifiziert (vgl. 6,16). Mit 6,29 ist die „Analepse" beendet; in 6,30 kommen die *Apostel* nach ihrer Mission wieder bei Jesus zusammen. Wieviel Zeit inzwischen tatsächlich vergangen ist, wird nirgends gesagt.

1.2 Was die Leserinnen und Leser schon wissen!
   Rückverweise/Wiederaufnahmen/Echos

Wiederaufnahme
- Johannes der Täufer, den die Leser aus 1,4-8.9 kennen, war als Akteur aus der Erzählung bereits ausgeschieden (vgl. 1,14). Jetzt wird seine Person wieder in sie aufgenommen und gesagt, was man mit ihm gemacht hat (vgl. 9,13), als er *überliefert* worden ist.

Rückverweise
- Die gesamte Erzählung ist ein einziger Rückverweis (s.o.).
- 6,14 weist auf Jesu bisheriges Wirken zurück: Dieses wird als eine Folge von *Machttaten* (δυνάμεις) angesehen (vgl. 5,30; 6,2), die nur erklärbar sind, wenn sie aus der jenseitigen Welt stammen. Deshalb werden sie dem von den Toten auferstandenen Täufer zugeschrieben.

Echo
- Selbst beim Landesfürsten Herodes wird Jesu „*Name offenbar*": Die Taten Jesu sind weitererzählt worden und haben seinen *Ruf* überallhin verbreitet (vgl. 1,28; 3,8; 5,27; 6,2). So entsteht die öffentliche Frage, wer Jesus ist.

1.3 Worauf die Leserinnen und Leser achten sollen!
   Autorkommentare/Vorverweise/Leerstellen

Leerstelle
- Der Leser weiß, dass die Meinungen, die in 6,14-16 über Jesus geäußert werden, nicht zutreffen. Seit 1,1ff.10f ist er darüber informiert, wer Jesus wirklich ist. Aber wenn die Leute und Herodes über die Identität Jesu auch irren –, sie haben gleichwohl darin recht, Jesus mit Johannes dem Täufer in Verbindung zu bringen. Auch das ist dem Leser bewusst: Der Täufer war der Vorläufer und Herold Jesu, der ihm den Weg bereiten sollte (1,2f). Was aber hat sein Märtyrergeschick, das dem Leser (und nur ihm; den Jüngern ist dieses Geschick ja längst bekannt!) jetzt in aller Breite erzählt wird, mit dieser Funktion zu tun? Welche Bedeutung hat der gewaltsame Tod des Johannes für die Frage, wer Jesus ist? Um diese Frage geht es im folgenden.

1.4 Aufbau

Der Abschnitt lässt sich in zwei Teile gliedern. In 6,14-16 wird gleichzeitig zur bisherigen Handlung des MkEv dargestellt, wie die umlaufenden Meinungen über Jesus zum Landesfürsten Herodes gelangen, der sich selbst auf eine davon festlegt: In Jesus ist Johannes der Täufer wieder lebendig geworden, den der König hatte „*köpfen lassen*".

Damit ist die Überschrift für den folgenden Rückblick gegeben (6,17-29), in dem die Vorgeschichte der Einkerkerung (6,17-20), die zum Martyrium führende Intrige (6,21-26) und die Hinrichtung des Johannes (6,27-28) geschildert werden. Den Abschluss bildet der Hinweis auf seine Bestattung durch seine Jünger (6,29).

2. Auslegung

6^{14}Und der König Herodes hörte über ihn,
denn sein Name wurde offenbar, und man sagte:
„Johannes der Täufer ist von den Toten auferstanden,
und deshalb sind die Wunderkräfte in ihm wirksam."
^{15}Andere dagegen sagten: „Er ist Elia."
Wieder andere meinten: „Ein Prophet wie einer der Propheten."
^{16}Herodes aber, der das hörte, sagte: „Den ich habe köpfen lassen,

Johannes, der wurde auferweckt!"
^{17}Denn Herodes selbst hatte Johannes festnehmen
und in Fesseln ins Gefängnis werfen lassen wegen Herodias,
der Frau des Philippus, seines Bruders, weil er sie geheiratet hatte.
^{18}Johannes hatte nämlich dem Herodes gesagt:
„Es ist dir nicht erlaubt, die Frau deines Bruders zu haben."
^{19}Herodias aber grollte ihm und wollte ihn töten lassen,
doch sie vermochte es nicht.
^{20}Denn Herodes fürchtete den Johannes,
wusste er doch, dass er ein gerechter und heiliger Mann war;
und er schützte ihn.
Und wenn er ihm zuhörte, wurde er sehr verlegen,
und doch hörte er ihn gern.
^{21}Als aber ein günstiger Tag kam und Herodes an seinem Geburtstag
seinen Würdenträgern, Offizieren und den vornehmsten Bürgern
von Galiläa ein Gastmahl gab,
^{22}und als seine Tochter Herodias hereinkam und tanzte,
da gefiel sie dem Herodes und den Tischgästen.
Der König sagte zu dem Mädchen:
„Wünsche dir von mir, was du willst, ich will es dir geben!"

²³Und er schwor mehrmals:
„Was immer du von mir verlangst, werde ich dir geben,
bis zur Hälfte meines Königreichs."
²⁴Sie aber ging hinaus und fragte ihre Mutter:
„Was soll ich mir wünschen?"
Die aber sagte: „Den Kopf Johannes des Täufers!"
²⁵Und gleich ging sie eilig hinein zum König und forderte:
„Ich will, dass du mir sofort in einer Schüssel
den Kopf Johannes des Täufers gibst."
²⁶Da war der König bestürzt, aber seiner Schwüre
und der Tischgäste wegen wollte er es ihr nicht abschlagen.
²⁷Und sofort schickte der König den Scharfrichter
und gebot ihm, seinen Kopf zu bringen.
Und er ging und köpfte ihn im Gefängnis.
²⁸Und er brachte seinen Kopf in einer Schüssel
und gab ihn dem Mädchen, und das Mädchen gab ihn seiner Mutter.
²⁹Als aber seine Jünger das hörten,
kamen sie und holten den Leichnam und legten ihn in ein Grab.

6,14-16: Vorausgesetzt ist, dass – wie schon in 1,28; 3,8; 5,27 und 6,2 dargestellt – die Machttaten Jesu weitererzählt werden. Auf diese Weise kommen sie auch dem „*König Herodes*" zu Ohren, der sich über den eindrucksvollen Wundertäter seine Gedanken macht. Den Lesern ist Herodes offenbar bekannt, wenn auch auf eine volkstümlich unpräzise Weise. Den Titel *König*, den er zwar anstrebte, erhielt er nie. Sein offizieller Amtstitel war Tetrarch („Viertelfürst"); mehr gestanden ihm die Römer nicht zu.

Herodes hat wohl seine Leute im Volk, die ihm die Stimmungen und die Meinungen vermitteln. In 3,6 hat der Leser schon von *Herodianern* gelesen, die gemeinsam mit den Pharisäern beschlossen, Jesus umzubringen. Aus dem Umfeld des Fürsten geht für Jesus also durchaus Lebensgefahr aus, hat dieser doch auch Johannes den Täufer hinrichten lassen.

Dem *König* werden verschiedene Auffassungen vorgetragen, mit denen unter den Leuten das Phänomen Jesus beurteilt wird. Manche sagen, Jesus sei der von den Toten auferstandene Täufer – vorausgesetzt ist, dass die Vertreter dieser Meinung entweder den Täufer oder Jesus nicht von Angesicht kennen –, und „*deshalb sind die Wunderkräfte in ihm wirksam*". Dabei wird anerkannt, dass Jesu Taten aus Gottes Sphäre stammen und mithin ihr Täter auch.

Unabhängig von der Frage, ob der Autor in 6,14b.15 auf Tradition zurückgreift, lässt sich sagen: Der Autor setzt voraus, dass die Menschen damals so denken konnten, und beweist damit nicht nur, wie verbreitet die Vorstellung von der Auferstehung der Toten war, sondern auch, dass mit der Auferstehung einzelner Frommer bereits außerhalb des Eschatons gerechnet wurde. Die erste Volksmeinung drückt jedenfalls aus, dass die Tötung des Johannes von Gott nicht hingenommen, sondern rückgängig gemacht worden ist. Der Täufer wirkt jetzt – so ist die Meinung – in der Kraft Gottes Machttaten.

Der Leser weiß: Johannes ist nicht von den Toten auferstanden! Und doch stimmt er dem impliziten Urteil zu, dass der Täufer von Gott gesandt war (vgl. 1,2f) und seine Hinrichtung eine Tat der Feindschaft gegen Gott. Eine andere Meinung ist: In Jesus wirkt der (wiedergekommene) Elia (vgl. Mal 3,23). Wieder wird anerkannt, dass die Krafttaten Jesu vom Himmel stammen. Eine dritte Meinung sagt: Jesus ist ein Prophet „*wie einer von den Propheten*". Auch damit wird die göttliche Autorisierung festgehalten. Man könnte annehmen, die drei Ansichten stellten eine fallende Linie dar. Dann wäre die erste die schwerwiegendste. Dafür spricht auch die Formulierung.

Herodes jedenfalls greift für sich die erste Meinung auf: „*Den ich habe köpfen lassen, Johannes, der wurde auferweckt!*" Das klingt wie eine Anerkennung seiner Schuld. Indem Herodes sich der ersten Auffassung anschließt, gesteht er ein, dass sein feindliches Handeln am Täufer Unrecht war und von Gott aufgehoben wurde. Der Täufer war gerecht, und Herodes ist ein Gottloser.

6,17-29: Die an 6,16 anschließende rückblickende Erzählung ist eine Skandalgeschichte über die sittliche Verkommenheit und gewissenlosen Intrigen am Hof des Herodes. Nur in 6,18 ist der Gottesmann Johannes Akteur in dem Geschehen: In einer erneuten „Analepse" wird berichtet, dass er den jüdischen Herrscher angeklagt hat, Gottes in der Tora festgelegten Willen durch seine Eheschließung missachtet zu haben. Seitdem ist Johannes das Opfer gottloser Verfolgung. Die Schlussbemerkung 6,29 lässt auf die Herkunft der Geschichte schließen: Sie stammt aus Kreisen der Johannesjünger und ist von dort zum Autor gelangt. Durch kein Wort ist sie in sich selbst auf Jesus bezogen.

Ihr Erzählinteresse tritt deutlich hervor: Es soll dargestellt werden, wie die Mächtigen sich gegen Gott **auf**lehnen, indem sie den Gerechten (vgl. 6,20) mit Hass verfolgen und mit List töten. „Hofberichterstattung" liegt freilich nicht vor, denn die Geschichte ist schlecht „recherchiert". Viele Details stimmen nicht, sondern sind erschlossen. So kann die ganze Szene nirgendwo anders spielen als im Palast des Herodes zu Tiberias. Der Täufer wurde jedoch nach Flavius Josephus in der Festung Machärus am Ostufer des Toten Meeres gefangengehalten und hingerichtet (Ant. 18,5,2 §118f). Des weiteren war Herodias nicht die Frau von Philippus, des Herrschers in Nordtransjordanien bis 34 n.Chr., sondern die eines Halbbruders des Herodes, der ebenfalls Herodes hieß. Aus dieser Ehe stammte Salome. Sie war aber mit Philippus verheiratet und kann daher nicht die am Geburtstag des Herodes tanzende Prinzessin gewesen sein, lebte sie doch am Hof ihres Gatten Philippus. Die Tänzerin war vielmehr eine gemeinsame Tochter des Herodes und der Herodias, die offenbar ebenfalls Herodias hieß (so ist die Konstruktion 6,22 aufzulösen).

Zu Beginn erinnert der Autor an den Grund der Gefangensetzung des Johannes durch Herodes: Johannes hat sich nicht gescheut, dem Herrscher vorzuwerfen, dass seine Ehe mit der Frau seines Bruders – nach römischem Recht erlaubt – der Tora widerspricht (vgl. Lev 18,16; 20,21). Wenn die Kritik am Herrscher in 6,18 wörtlich wiedergegeben wird, so scheint vorausgesetzt zu sein, dass der Täufer

Auslegung

dem König in aller Öffentlichkeit, also unter Zeugen, entgegengetreten ist. Die Staatsräson erforderte es, dass der König reagierte. Er ließ den subversiven Kritiker seines Ungehorsams gegen Gottes Gebot in Festungshaft nehmen. An seine Tötung aber denkt er nicht, weil er um die Gerechtigkeit des Johannes und damit um die Richtigkeit seines Vorwurfs sehr wohl weiß (vgl. 6,20). Vielmehr ist es die Königin, die auf den Tod des Gerechten sinnt. Sie hätte freilich auch am meisten zu verlieren, wenn sich Johannes beim Herrscher durchsetzen würde. Vor ihren Nachstellungen scheint der König den „*gerechten und heiligen Mann*" zu schützen, indem er ihn in Haft nimmt. Ist gemeint, dass er ihn so vor Giftmischerei und Meuchelmord bewahrt? Herodes wird als schwacher Charakter gezeichnet, der sich zwar die Bußpredigt seines Gefangenen mit Schaudern immer wieder gerne anhört, doch nicht danach handelt.

Nachdem das Patt zwischen Herodes und Herodias deutlich geworden ist, erwartet der Leser eine Intrige. Sie kann bei „*günstiger Gelegenheit*", dem Geburtstagsbankett des Herodes, eingefädelt werden. Instrument dazu ist die kindliche Tochter (τὸ κοράσιον: 6,22.28; vgl. 5,41f) des Herrscherpaares. Dass eine Prinzessin öffentlich tanzt und dazu so, dass es den Männern gefällt, zeigt die ganze sittliche Verkommenheit der adligen Gesellschaft. Der Tanz dürfte keineswegs harmlos gewesen sein, denn der großsprecherische König vergisst sich: Er gibt der Tochter einen Wunsch frei und bindet sich durch Eid, ihn zu erfüllen. In welch erotisierter Stimmung – durch Trunkenheit enthemmt – sich der König befunden haben muss, wird dem Leser auch dadurch bewusst gemacht, dass Herodes unbesonnen dem Mädchen sein halbes Königreich verspricht, was die Römer gewiss zu verhindern gewusst hätten. Das Mädchen berät sich mit seiner Mutter. Damit ist Herodias an ihrem Ziel: Sie verlangt den Kopf des Johannes.

Das Mädchen steigert die Forderung noch in abartiger Weise: Auf einem Tablett! Der König ist entsetzt, aber aus Prestigegründen *will* er die Forderung nicht zurückweisen. Wie er aus Gründen der Staatsräson Johannes gefangensetzen ließ, so lässt er ihn jetzt wegen seines „Ehrenwortes" hinrichten. Nüchtern, fast geschäftsmäßig vollzieht sich die Erfüllung der Forderung. Am Ende der grausigen Kette nimmt die Königin den Kopf des Täufers in Empfang: Sie triumphiert.

Ein schwacher Lichtschein fällt dadurch in die Szene, dass Johannesjünger den Leichnam des Täufers abholen und bestatten.

Zusammenfassung: Der Autor gibt ein Signal an die Leser. Ihnen allein gilt der Rückblick auf das Geschick des Täufers an dieser Stelle im literarischen Aufriss des MkEv. Zeitgeschichtlich liegen die erzählten Ereignisse hingegen weit zurück, noch vor dem öffentlichen Auftreten Jesu (vgl. 1,14). Den Jüngern und anderen Zeitgenossen Jesu in der „erzählten Welt" sind sie längst bekannt (vgl. 6,14f). Nur den Lesern werden sie erst jetzt mitgeteilt als Eröffnung der folgenden Darstellung.

Damit hat der Autor im Kontext des MkEv einen schweren, düsteren Akzent gesetzt: Der Gerechte und Heilige ist durch Ränke und List der Gottlosen getötet worden. Die Menschen haben „*mit ihm gemacht, was sie wollten*" (9,13). Wenn es dem Vorläufer so ergangen ist, was wird dann mit Jesus geschehen?

C. Die vierte „Woche": 6,30-8,26

Das vollmächtige Wirken Jesu
in Rätsellehre und geheimen Machttaten geht weiter,
aber auch die Jünger begreifen es nicht,
sondern haben ein unverständiges und verhärtetes Herz

1. Analyse

1.1 Abgrenzung

Mit 6,30 beginnt ein neuer Abschnitt des MkEv, der an die Situation von 6,7-13 anknüpft. Aber die Anknüpfung erfolgt nicht unmittelbar; innerhalb der „erzählten Zeit" ist vielmehr seit der Aussendung der Jünger geraume Zeit vergangen, in der die Jünger ihre Mission ausführten und Jesus offenbar allein irgendwo am See auf sie wartete.

Für einen Neueinsatz in 6,30 spricht auch, dass sowohl Jünger – jetzt als *Apostel* – wie Jesus ausdrücklich wieder in die Erzählung eingeführt werden. Wo endet der Abschnitt? Der Leser könnte den Eindruck haben, dass der Erzählbogen in 6,53-56 schon wieder geschlossen wird: Nach der doppelten Bootsfahrt (6,32.45) erreichen Jesus und die Jünger Genesaret. Aber kommt an dieser Stelle wirklich der Erzählduktus zum Ziel? Das scheint nicht der Fall zu sein. Dargestellt wird ja in 6,30-52, wie Jesus gemeinsam mit den Jüngern der Volksmenge entfliehen will, was aber nicht gelingt. In 6,53ff stellt sich die Situation von 6,30-34 wieder ein: Wo Jesus sich zeigt, wird er von der Volksmenge bedrängt. Die Menschen suchen bei ihm die Heilung ihrer Gebrechen. Die Absicht Jesu, mit den Jüngern allein zu sein (6,31), ist also gescheitert, und der Leser erwartet eine Fortsetzung dieser Bemühung.

Diese Erwartung besteht zu Recht. Darauf weist ein eigenartiger Lapsus hin, der dem Autor unterlaufen zu sein scheint: Jesus schickt in 6,45 die Jünger voraus nach Bethsaida, kommt aber, nachdem er in der Nacht auf dem See zu ihnen gestoßen ist, mit ihnen in Genesaret (6,53) an. Erst in 8,22 wird nach mehrfacher Überfahrt endlich Bethsaida erreicht. Dieser szenische „Webfehler" hat die Ausleger immer wieder zu literarkritischen Operationen verleitet. Es muß aber gar kein Fehler vorliegen, sondern die Darstellung könnte Absicht sein, um auf diese Weise anzudeuten, dass weder Jesus bzw. die Jünger noch die Erzählung in 6,53ff ihr Ziel schon erreicht haben.

Freilich, in 7,1 beginnt eine neue Szene. Darauf weist schon die Einführung neuer Personen hin – Pharisäer und Schriftgelehrte –, die von Jerusalem herab kommen, um gegen die Jünger zu polemisieren; die Szenerie dazu muß offenbar

Analyse

aus 6,53-56 ergänzt werden. Das Stück 7,1-23 ist von großer thematischer Geschlossenheit: Jesus nimmt autoritativ Stellung zur Frage von Reinheit und Unreinheit und erklärt dabei „*alle Speisen für rein*" (7,19).

Erst in 7,24 wird die vorausgehende Szenerie aufgehoben: Jesus bricht auf und begibt sich in das Gebiet von Tyrus, also in heidnische Gegenden. Erneut geschieht, was 6,30-34.53-56 geschildert hatte: Obwohl Jesus sich zurückzieht und verborgen bleiben will, gelingt dies doch nicht (7,24). Die folgende Szene 7,24-30 ist darüber hinaus thematisch eng mit 6,30ff verbunden, denn es geht in ihr um das Problem, ob eine *Heidin* am Heilswirken Jesu partizipieren darf. Dabei bezeichnet Jesus im Dialog mit der Frau sein Wirken metaphorisch als *Brot*, womit das wichtigste Stichwort des vorausgehenden Textes aufgenommen wird (vgl. 6,38.41; 7,2). Die Frau dagegen argumentiert mit den vom Tisch fallenden *Brotstücken* (7,28) und greift damit den Erzählzug von 6,43 positiv auf. Diese thematische Verbindung von 7,24-30 mit 6,30-44 spricht dagegen, in 7,24 einen tiefgreifenden Erzähleinschnitt anzunehmen.

Tatsächlich wird die in 7,24 hergestellte Szenerie in 7,31 auch sofort wieder aufgehoben: Jesus kehrt ans „*Meer von Galiläa*" zurück, allerdings an das Ufer des Sees, das zur Dekapolis gehört (vgl. 5,1), also in heidnisches Gebiet. Dort bleibt er, bis er in 8,22 mit seinen Jüngern endlich Bethsaida erreicht hat, von wo dann der Aufbruch in die Umgebung von Cäsarea Philippi erfolgt (8,27). Ab 8,1 wiederholen sich praktisch die Ereignisse von 6,30-52: Eingerahmt von zwei Heilungen (7,32-37; 8,22-26) findet eine weitere Speisung statt (8,1-9; vgl. 6,35-44), an die sich nach einer Überfahrt ans jüdische Ufer in Dalmanutha eine Auseinandersetzung Jesu mit den Pharisäern (8,10-13; vgl. 7,1-13) und während der Überfahrt nach Bethsaida ein schwerer Tadel der unverständigen Jünger (8,14-21; vgl. 6,45-52) anschließen. Erst mit Erreichen Bethsaidas in 8,22 rundet sich der szenische Bogen, und der erzählerische Höhepunkt scheint mit der in 8,22-26 erzählten Blindenheilung erreicht zu sein. Sie hat ohne Zweifel symbolische Bedeutung: Nachdem Jesus in 8,18 den Jüngern vorgeworfen hat, dass sie „*Augen haben und doch nicht sehen*" (vgl. 4,12), kündigt die kleine Heilungserzählung nun den Lesern an, dass Jesus auch die Blindheit der Jünger (stufenweise?) heilen wird.

Überblickt man das Textganze von 6,30 bis 8,26, drängt sich der Eindruck einer Gesamtkomposition auf. Schon die Entsprechung der Szenerie um die beiden Speisungsgeschichten legt das nahe. In dem großen Jüngertadel 8,14-21 blickt Jesus zudem auf beide Speisungen zurück (8,19f) und bindet auf diese Weise die Ereignisse zusammen. Der Gesamtabschnitt ist somit szenisch in sich gerundet, aber auch von außerordentlicher thematischer Geschlossenheit: Wichtigstes Stichwort ist *Brot* (vgl. 6,37.38.41; 7,2.5.27; 8,4.5.6.14.19.20); es geht in ihm um das Essen der Jünger und des jüdischen Volkes (6,31.36.42; 7,2.5), sowie um das Essen der *Hündlein* (7,27f), der Heiden (8,2f.8). Das Thema von 7,14-23 ordnet sich ohne weiteres ein: Alle Speisen sind rein! Ebenso die Warnung Jesu vor dem *Sauerteig* der Pharisäer und des Herodes (8,15). Wir kommen zu dem Urteil, dass der Abschnitt 6,30 bis 8,26 ein vom Autor bewusst komponiertes Erzählganzes ist.

1.2 Was die Leserinnen und Leser schon wissen!
Rückverweise/Wiederaufnahmen/Echos

Rückverweise
- Durch den Rückverweis des Erzählers in 6,30 wird der folgende Abschnitt an 6,7-13 zurückgebunden. Über die Mission der Jünger erfährt der Leser keine Einzelheiten, wohl aber Jesus. Die Jünger haben Jesu Wirken, wie es ihre Bestimmung ist (vgl. 3,14f), vervielfältigt.
- Charakteristisch für den hier zu besprechenden Abschnitt sind interne Rückverweise. Mit ihnen führt der Autor den Lesern (und Jesus seinen Jüngern) vor Augen, dass die folgenden Ereignisse einen engen sachlichen Zusammenhang bilden. Zunächst ist auf 6,52 zu verweisen: Der Autor schlägt vom unverständigen Verhalten der Jünger beim nächtlichen Erscheinen Jesu auf dem See einen Bogen zurück zu ihrem Verhalten bei der Speisung. In beiden Situationen kam ihr verhärtetes Herz zum Vorschein. Auf das verhärtete Herz der Jünger weist in 8,17 auch Jesus selbst hin, um dann die Jünger an beide Speisungen zu erinnern und an die Tatsache, dass einmal zwölf und später sieben Körbe mit Resten übrig geblieben sind (8,19f). Die beiden Speisungen und ihre Umstände vermitteln also eine Einsicht, die den Jüngern jedoch bisher nicht aufgegangen ist. Haben die Leser sie begriffen?
- In 8,15 warnt Jesus die Jünger vor dem *„Sauerteig der Pharisäer und des Herodes"*. Ohne Zweifel weist er damit auf das Verhalten und die Forderungen der Pharisäer im Kontext zurück (vgl. 7,1-13; 8,11-13). In welchem Sinne ist ihre Position ein *Sauerteig*? Vor allem aber: Worin besteht der *„Sauerteig des Herodes"*? Von seiner Auffassung und seinem Verhalten wird in 6,14-29 erzählt. Inwiefern sind sie mit einem *Sauerteig* vergleichbar, der auch die Jünger infizieren kann, und welche Verbindung besteht zum Verhalten der Pharisäer?

Wiederaufnahmen
Vor dem Leser entstehen zahlreiche Situationen und Szenen, die er ähnlich in der bisherigen Erzählung des MkEv bereits kennengelernt hat. Sie sind also typisch, und der Leser soll sie wiedererkennen und miteinander in Beziehung setzen.
- Typisch ist die Situation, die in 6,31ff wieder aufgenommen wird: Der Andrang der Volksmenge bei Jesus ist so groß, dass Jesus und die Jünger nicht zur Ruhe, ja nicht einmal zum Essen kommen (vgl. 1,33; 1,45; 2,1f; 3,7f; 3,20). Darum will sich Jesus mit den Jüngern *„allein an einen einsamen Ort"* zurückziehen (vgl. 1,35; 1,45), wozu er das Boot benutzt (vgl. 3,9; 4,1.35f). Aber wohin Jesus auch aufbricht, die heilsbedürftige Menschenmenge ist schon aus allen Gegenden dort zusammengekommen (vgl. 1,45; 2,1f; 3,7f; 5,21).
- Die Situation von 6,31ff wiederholt sich wenig später in 6,53-56. Anders als in 6,31-34, wo die Volksmenge als hirtenlose Herde durch Jesu *Lehre* „geweidet" wird (vgl. 1,21f; 2,1), liegt der Akzent jetzt auf der Heilungskraft und -tätigkeit Jesu für die Kranken und Siechen im Volk (vgl. 1,33f; 2,3; 3,10; 5,27f).

Analyse

- In 7,1-8 wird eine Szene wiederaufgenommen, wie sie die Leser bereits aus 2,1-3,6 und 3,22-30 kennen: Die Gegner Jesu (und der Jünger) – Pharisäer und Schriftgelehrte – kommen *„von Jerusalem"* (vgl. 3,22), um das Verhalten der Jünger zu kritisieren (vgl. 2,18.24).
- In 7,14f.17ff wiederholt sich eine Situation, die die Leser schon aus 4,1f.10ff kennen: Jesus spricht zur Volksmenge in einem *Rätsel* (7,17), das er dann den Jüngern *„im Haus"* (vgl. 1,29f; 2,1; 3,20.31ff) auflöst.
- Mit der umständlichen und schwer nachvollziehbaren Reisenotiz 7,31 stellt der Autor nach der Exkursion Jesu ins heidnische Gebiet von Tyrus die für Jesu Wirken typische Szenerie wieder her: Jesus wirkt am *„Meer von Galiläa"* (vgl. 1,16; 2,13; 3,7.9; 4,1.35f; 5,21; 6,32.47ff).
- In 7,36 wird der Erzählzug wiederaufgenommen, dass Jesus die Kundgabe seiner Heilungstat verbietet (vgl. 1,44; 5,43). Aber das Verbot nützt nichts, sondern bewirkt sogar das Gegenteil: Jesu Tat wird umso wirkungsvoller *verkündet* (vgl. 1,45).
- In 8,11 wird erneut erzählt, wie die Pharisäer *herauskommen*, um mit Jesus zu streiten. Diesmal liegt der Akzent nicht auf der Kritik am Verhalten der Jünger, sondern auf der Forderung nach einem Beglaubigungszeichen für Jesu Vollmacht (vgl. 2,6ff; 3,1ff; 3,22ff).

Durch Art und Zahl der Wiederaufnahmen wird dem Leser vor Augen geführt, dass nun ein weiterer Durchgang des Wirkens Jesu erzählt wird, in dem sich auch die Jünger, die „drinnen" sind, als verhärtet und verschlossen erweisen.

Echos

Die beiden Brotvermehrungen spielen am *„einsamen Ort"* (6,35; 8,4), wo die Volksmenge Jesus gefunden hat. Jesus bevorzugt die einsame und wüste Gegend (vgl. 1,12f.35.45), wohin er sich vor dem Andrang des Volkes zurückziehen will, diesmal mit seinen Jüngern (6,31).

- In 6,46 wird erzählt, wie Jesus, nachdem er Jünger und Volk entlassen hat, auf den Berg geht, um zu beten. Damit klingt die Situation von 1,35 an.
- Der verhaltene Tadel der Jünger durch Jesus in 7,18 ist ein Echo von 4,13: Obwohl die Jünger mehr wissen und verstehen könnten als die Volksmenge, sind auch sie ohne Verständnis (vgl. 4,40; 5,31). Dieser Tadel gegen die Jünger durchzieht den gesamten Erzählzusammenhang (vgl. 6,52; 8,17).
- In 8,18 wird den Jüngern dasselbe Verstockungswort des Jesaja entgegengehalten, das zuvor denen galt, die *draußen* waren (vgl. 4,12). Die Jünger haben ihr Herz ebenso verstockt wie zuvor die Gegner Jesu (vgl. 3,4f).
- Ein Echo einer früheren Situation ist auch 7,24: Jesus zieht sich in ein Haus zurück und will verborgen bleiben, aber die heidnische Frau „stöbert" ihn auf (vgl. 2,1f; 1,35ff). Es wiederholt sich auf neue Weise die Situation von 6,32f.
- Wenn die heidnische Frau Jesu ablehnende Haltung, den Hunden nicht das Brot der Kinder zu geben, mit dem Hinweis auf die den *Hündlein* zustehenden Brocken, die vom Tisch der Kinder herunterfallen, überwindet (7,28), ist

das für die Leser ein Echo der zwölf Körbe voll Brocken, die nach der ersten Speisung von den Jüngern eingesammelt worden sind (6,43).
- In 7,31 gelangt Jesus wiederum *„mitten in das Gebiet der Dekapolis"*, ein Echo von 5,1-20.

1.3 Worauf die Leserinnen und Leser achten sollen!
Kommentare/Vorverweise/Leerstellen

Autorkommentare
Zahlreiche ausdrückliche Kommentare leiten die Leser zum tieferen Verstehen der Erzählung an.
- In 6,34 vergleicht der Autor die bei Jesus zusammengekommene Volksmenge mit Schafen, die ohne Hirten sind. Jesus erweist sich durch sein Wirken in *Lehre* und *Speisung* als der einzige und legitime Hirte des Volkes. Der bibelkundige Leser hört die Anklänge und versteht, dass in Jesus Gottes Hirtensorge für Israel epiphan geworden ist (vgl. Ps 23,1f; 78,70-72; Hos 13,4-6; Jer 31,10; 23,3; Ez 34,6.23-31). Die Leser verstehen durch den Kommentar des Autors an dieser Stelle mehr als die Jünger in der Szene.
- In 6,52 kommentiert der Autor das Verhalten der Jünger bei der Speisung und beim Seewandel Jesu: Sie sind nicht zur Einsicht gekommen, sondern haben ihr Herz verhärtet. Sie verhalten sich also wie die Gegner (vgl. 3,4f) und diejenigen, die *draußen* bleiben (vgl. 4,12). Die Leser werden auf das Versagen der Jünger durch den Autor aufmerksam gemacht. Begreifen sie aber, worin das Versagen genau besteht? Ist es das Erschrecken der Jünger beim Erscheinen Jesu auf dem See, das der Autor in 6,50 hervorhebt? Rechnen sie nicht mit Jesu göttlicher Macht? Den Jüngern dagegen wird ihre Fehlhaltung erst nach der zweiten Speisung von Jesus selbst aufgedeckt (8,17f; vgl. 7,18).
- In 7,3-4 erklärt der Autor seinen Lesern – wenigstens den Nichtjuden unter ihnen – die Reinheitspraktiken der Pharisäer und *„aller Juden"*; er erläutert dabei aber, dem Wort Jesu 7,8 vorgreifend, dass es sich bei den rituellen Waschungen der Hände und Esswaren um *„Überlieferungen der Alten"* handelt.
- In 7,19 schließlich unterbricht der Autor die Jüngerbelehrung durch Jesus, um seinerseits die Leser auf die Bedeutung dessen aufmerksam zu machen, was Jesus gerade autoritativ festgestellt hat: Er hat alle Speisen für rein erklärt; durch das Essen von Speisen kann man vor Gott nicht unrein werden! Ob die Jünger das Wort Jesu schon in diesem Sinn begreifen, bleibt durchaus zweifelhaft, werden sie doch in 8,14-21 von Jesus selbst als ebenso unverständig und verstockt bezeichnet wie zuvor durch den Autor. Die Leser aber haben durch den Kommentar des Autors die Möglichkeit, aus dem Wort Jesu die offenbar erst für ihre Zeit notwendigen Konsequenzen zu ziehen.

Analyse

Vorverweise
Echte Vorverweise auf die nachfolgende Darstellung des MkEv finden wir nicht, wohl aber verdeckte Hinweise, die über den Zeitrahmen der Erzählung hinausweisen.
- So verlangt Jesus von den Jüngern: *„Gebt ihr ihnen zu essen"* (6,37). Tatsächlich werden die Jünger dann auf Anweisung Jesu die riesige Volksmenge mit ihren Mundvorräten speisen (6,41). Doch hat der Leser nicht den Eindruck, dass dadurch die Aufforderung Jesu wirklich erfüllt ist. Die Frage entsteht: Wann werden *die Jünger* dem Volk zu essen geben? Werden dann die zwölf Körbe voller Brocken eine Rolle spielen (vgl. 6,43)?

Leerstellen
- Eine Leerstelle ist der Autorkommentar 6,52: Welche Einsicht hätten die Jünger bei der Speisung und beim Seewandel Jesu gewinnen sollen? Haben die Leser erkannt, worauf es ankommt? Haben sie ihr Herz geöffnet?
- Die gleiche Frage stellt sich in 8,15: Haben die Leser den Sinn der Warnung Jesu vor dem *„Sauerteig der Pharisäer und des Herodes"* begriffen? Haben sie die Einsicht gewonnen, die den Jüngern noch fehlt? Ist ihnen die Bedeutung der zwölf und der sieben eingesammelten Körbe aufgegangen (8,19f)?

1.4 Aufbau/Duktus/Gliederung

Ortsangaben
Wie generell im MkEv dürften auch in 6,30-8,26 die Ortsangaben strukturierende Funktion haben. Ihr Ausgangspunkt ist der letzte Standort Jesu, an dem er die Mission der Jünger abgewartet hat. Dort treffen die Jünger wieder mit Jesus zusammen. Wie der Kontext (vgl. 6,32) nahelegt, ist das irgendwo am *„Meer von Galiläa"*, dem geographischen Zentrum des Wirkens Jesu (vgl. 1,16; 2,13; 3,7; 4,1.35f; 5,21). Von dort brechen Jesus und die Jünger mit dem Boot auf: *„an einen einsamen Ort"* (6,32).

Nach der ersten Speisung erfolgt erneut ein Ortswechsel: Jesus schickt die Jünger mit dem Boot voraus; er selbst begibt sich auf den Berg, um zu beten. 6,47 konstatiert: In der Nacht sind die Jünger *„mitten auf dem Meer"*, Jesus aber *„auf dem Land"*. Kurz vor dem Morgen kommt Jesus dann zu den Jüngern.

Die nächste Ortsangabe folgt in 6,53: Nach erneuter Überfahrt über den See (6,45-52) gehen Jesus und die Jünger in Genesaret an Land. Die Angabe überrascht, denn Ziel der Überfahrt sollte Bethsaida sein (6,45). Erst in 8,22 wird dieses Ziel erreicht. Ein eigentümlicher Eindruck entsteht: Wie in 6,32ff erreicht Jesus auch in 6,53 zwar einen neuen (einsamen) Ort, aber nicht sein Ziel. In 6,31f wollte er mit den Jüngern allein sein, aber die Volksmenge kam ihm zuvor und verhinderte seine Absicht. Auch in 6,45 entlässt Jesus das Volk und fährt bei Nacht einsam über den See, aber am Ankunftsort kommen die Menschen von überall her zu ihm und suchen Heilung (6,53-56). Das Summarium hat also die gleiche retardierende Funktion wie 6,30-34: Die Erzählung muss neu ansetzen.

Mit 6,56 entsteht der Eindruck, dass Jesus erneut (vgl. 1,38f; 6,6b) durch die Dörfer, Städte und Marktflecken Galiläas wandert.

Der Neueinsatz der Erzählung erfolgt in 7,1. Allerdings findet sich keine ausdrückliche Ortsangabe für die Szene, dagegen wohl für die Herkunft der Gegner: Sie kommen aus Jerusalem und *versammeln* (συνάγονται: vgl. 6,30) sich bei Jesus; gemeint ist am zuletzt auf seiner Wanderung erreichten Standort. Erst in 7,17 wird ein geringfügiger Ortswechsel vollzogen: Jesus geht mit den Jüngern *„ins Haus"*.

Die Ortsangabe 7,24 leitet einen Ausflug Jesu in das heidnische Gebiet von Tyrus ein. Wie in 5,1-20 wird eine Exkursion ins Heidenland geschildert, die nach einem Umweg über Sidon zum *„Meer von Galiläa, mitten in das Gebiet der Dekapolis"* führt (7,31). Jesus befindet sich also wie in 5,1.20 auf der Seeseite, die zur Dekapolis, also zum heidnischen Gebiet gehört.

In 8,10 kommt Jesus mit seinen Jüngern in die Gegend von Dalmanutha (= jüdisches Ufer?). Hier erfolgt lediglich die kurze Abweisung des Verlangens der Pharisäer; sofort bricht Jesus erneut *„ans andere Ufer"* auf (8,13), in Richtung Bethsaida, wo seine Gruppe schließlich in 8,22 ankommt. Endlich hat sich der Erzählbogen geschlossen (vgl. 6,45). Jesus verlässt endgültig die Region des *„Meeres von Galiläa"* und ist ab 8,27, wie er schon in 6,31 wollte, mit den Zwölfen allein.

Zeitangaben

Es finden sich nur wenige Angaben, aus denen sich Vorstellungen über die Dauer der erzählten Ereignisse ableiten lassen.

Am konsequentesten ist der erste Durchgang (6,30-34.35-52) zeitlich durchgestaltet. Die Leser erfahren zwar nicht, welcher Tag es war, als die Jünger sich wieder bei Jesus eingefunden haben, aber dieser Tag und die ihm folgende Nacht stellen dann die „erzählte Zeit" dar. Nach der vergeblichen „Flucht" vor der Volksmenge *belehrt* Jesus die Leute, bis es spät geworden ist (6,35). Danach folgen die erste Speisung, die Abfahrt der Jünger, die Entlassung des Volkes und Jesu Weggang auf den Berg. Bei Einbruch der Nacht (6,47) sind diese Vorgänge abgeschlossen. Aber erst um die vierte Nachtwache begegnet Jesus den Jüngern auf dem See.

Wenn Jesus und die Jünger dann in 6,53 in Genesaret landen, ist es wieder Tag, und in 6,56 dehnt sich die Zeit; mehrere Tage kommen in den Blick. An einem dieser Tage spielt sich die Szene 7,1-23 ab, die zeitlich nicht ausdrücklich gegliedert wird.

Eine – freilich sehr allgemeine – Zeitangabe wird erst wieder in 8,1 gemacht: Die zweite Speisung findet *„in jenen Tagen"* statt. Erneut wird somit die Vorstellung einer zuvor längeren Wirksamkeit Jesu vermittelt (vgl. 6,6b.30.56), und auch der Speisung selbst geht eine dreitägige Anwesenheit der Volksmenge bei Jesus voraus (8,2). Die Ereignisse danach folgen offenbar innerhalb eines Tages, was durchaus plausibel erscheint.

Wir haben oben für das MkEv eine Wochenstruktur vorgeschlagen. In 6,30-8,26 fehlt zwar jeder Hinweis auf einen Sabbat, aber die „erzählten Tage" im Wirken Jesu passen durchaus in dieses Schema und könnten eine „Woche" füllen.

Personenregie
Der Erzählzusammenhang wird damit eröffnet, dass sich Jesus mit den Jüngern vor dem Andrang der Volksmenge allein an einen einsamen Ort zurückziehen will, was aber vorläufig nicht gelingt (6,30-33). Die Leser sollen wahrnehmen, dass sich Jesus von jetzt an mehr auf seine Jünger konzentrieren will. Daher treten diese auch bei der ersten Speisung des Volkes ins Blickfeld: Sie sollen dem Volk zu essen geben, und sie tun es auch, obwohl sie nicht begreifen, wie. Erst nach der Speisung gelingt die Trennung vom Volk, und in der Nacht begegnet Jesus den Jüngern auf dem *Meer* und offenbart sich ihnen: *„Ich bin es!"* Zum ersten Mal wird hier konstatiert, dass die Jünger nicht zur *Einsicht* gekommen sind und ihr *„Herz verhärtet"* ist (6,52).

Das Summarium 6,53-56 spricht nur von Jesus und dem Volk: Wo immer Jesus auftritt, sucht das Volk in Scharen bei ihm Heilung. Die Jünger werden nicht erwähnt, sind aber wie stets als anwesend vorausgesetzt.

Ab 7,1 treten als neue Personengruppe die Pharisäer und Schriftgelehrten auf, die eigens von Jerusalem herabgekommen sind, um gegen die *Jünger*(!) zu polemisieren, weil sie *„mit unreinen, das ist ungewaschenen Händen die Brote essen"*. In 7,6-13 weist Jesus die Gegner zurück: Ihr Herz ist weit von Gott entfernt, weil sie seine Gebote gegen Menschensatzungen eingetauscht haben.

Dem Volk definiert Jesus in einem Rätselwort, wodurch der Mensch vor Gott rein und unrein wird (7,14f). Die Leute sollen *„hören und verstehen"* (vgl. 4,2.9.23.24).

Höhepunkt des Erzählabschnitts ist die besondere Belehrung der Jünger *„im Haus"* über das Rätselwort Jesu (7,17-23). Zum zweiten Mal wird festgestellt – diesmal durch Jesus selbst –, dass den Jüngern Einsicht und Verständnis fehlt (7,18).

Die Exkursion Jesu ins Heidengebiet von Tyrus (7,24-30), wo Jesus (mit den unerwähnten Jüngern) *„im Haus"* verborgen bleiben will, aber nicht kann, bringt die Begegnung mit einer Heidin, die für ihre besessene Tochter um Heilung bittet. Diese Frau überwindet Jesu Zurückweisung mit einem verständigen Wort.

In dem um die zweite Speisung gelagerten Erzählbogen wiederholen sich die Auftritte. Durch die Jünger werden die Leute von Jesus wieder gespeist (8,1-9), die Pharisäer werden erneut zurückgewiesen (8,10-13), und die Jünger erweisen *„im Boot"* zum drittenmal ihre Uneinsichtigkeit und Herzensverhärtung (8,14-21). Davor und danach treten zwei Kranke auf und werden von Jesus geheilt, die an den gleichen Symptomen wie die Jünger leiden: Der eine ist ein Tauber, der nicht *hört*, der andere ein Blinder, der nicht *sieht* (vgl. 8,18), die beiden Kranken sind zweifellos Stellvertreter der Jünger, und ihre Heilungen sind symbolische Akte Jesu an diesen.

Motive

Das Wortfeld *sehen/hören*, *Einsehen* und *verstehen* ist in 6,30-8,26 ständig präsent. In 7,31-37; 8,22-26 ermöglicht Jesus durch symbolische Handlungen das *Hören* und *Sehen* (vgl. 7,37), woran es im Kontext besonders den Jüngern mangelt. In 6,49f wird zweimal betont, dass sie Jesus „*auf dem Meer*" gesehen haben, aber nicht zu *Einsicht* oder *Verstehen* gelangt sind (6,52). Die Leute werden in 7,14 von Jesus ausdrücklich zum *Hören* und *Verstehen* aufgefordert, aber selbst den Jüngern fehlt es daran (7,18). In 8,18 schließlich wirft Jesus den Jüngern vor, sie hätten „*Augen und sehen nicht und Ohren und hören nicht*": Bei beiden Speisungen und bei Jesu Belehrung hätten sie eigentlich schon zur *Einsicht* und zum *Verstehen* kommen können.

Ein zweites Wortfeld, das durchgehend aktiviert wird, ist: *Essen, Brote, Speisen*:
- Jesus und die Jünger kommen wegen des Gedränges der Leute nicht zum *Essen* (6,31; vgl. 3,20).
- Die Jünger schlagen vor: Die Leute wegzuschicken, damit sie sich etwas zu *essen* kaufen (6,36). Dagegen fordert Jesus, die Jünger sollen ihnen zu *essen* geben (6,37).
- Bei der zweiten Speisung haben die Leute seit Tagen nichts zu *essen* (8,2), und die Jünger sind ratlos, woher man *Brote* in der Einsamkeit besorgen soll (8,4).
- Das Volk wird von den fünf/sieben *Broten* aus dem Mundvorrat der Jünger gespeist (8,38.41; 8,5.6).
- Ausdrücklich stellt der Autor in 6,52 fest, dass die Jünger „*bei den Broten*" nicht zur Einsicht gekommen sind.
- In 7,2.5 werfen die Gegner den Jüngern vor, ihre *Brote* mit unreinen Händen zu *essen*.
- Der Autor erläutert in 7,3-4 die rituellen Essgewohnheiten der Juden.
- Jesus erklärt in 7,19-20 den Jüngern autoritativ, warum das *Essen* von *Speisen* nicht unrein machen kann. Damit erklärt er alle Speisen für rein.
- Jesus verweigert der Heidin in 7,27 die Heilung ihrer Tochter mit dem Argument, das *Brot* der Kinder dürfe nicht den *Hunden* vorgeworfen werden. Die Frau widerlegt Jesus mit dem Hinweis, dass die *Hündlein* unter dem Tisch die Brocken *essen*, die vom Tisch der Kinder herabfallen.
- In 8,14 wird einleitend erwähnt, dass die Jünger vergessen haben, *Brot* auf die Überfahrt mitzunehmen (bis auf eines). Jesus warnt sie vor dem *Sauerteig* der Pharisäer und des Herodes, was sie auf das vergessene *Brot* beziehen. Daraufhin erinnert sie Jesus daran, wieviel *Brotbrocken* bei den Speisungen übriggeblieben sind.

Dreimal taucht im Erzählzusammenhang das Motiv vom vergeblichen Rückzug auf: Jesus will sich mit seinen Jüngern von der Volksmenge zurückziehen, was aber nicht gelingt. Er wird „aufgespürt" und muss fürsorglich für die Volksmenge wirken. Zum erstenmal findet sich dieser Zug in 6,30-34, der Eröffnung des gan-

Auslegung

zen Abschnitts. Dann begegnet er in 6,53-56 – in Verbindung mit 6,45f –, einem Zwischenstück, das zu 7,1-23 überleitet. Sodann haben wir diesen Zug in 7,24f, dem Zwischenstück über Jesu Wirken an einer Heidin, das ein Scharnier zwischen 6,30-7,23 und 7,31-8,26 bildet.

2. Auslegung

2.1 Der erste Durchgang: 6,30-52

6^{30}*Und es versammelten sich die Apostel bei Jesus,*
und sie erzählten ihm alles, was sie getan und was sie gelehrt hatten.
^{31}*Und er sagt zu ihnen: „Kommt, ihr für euch allein,*
an einen einsamen Ort und ruht ein wenig aus."
Denn es war ein ständiges Kommen und Gehen,
und sie fanden nicht einmal Gelegenheit zum Essen.
^{32}*Und sie fuhren im Boot weg an einen einsamen Ort für sich allein.*
^{33}*Aber man sah sie wegfahren, und viele erkannten es,*
und zu Fuß liefen sie von allen Städten dort zusammen
und kamen vor ihnen an.
^{34}*Und als er ausstieg, sah er viel Volk, und er hatte Mitleid mit ihnen,*
denn sie waren wie Schafe ohne Hirte; und er fing an, sie Vieles zu lehren.

^{35}*Und als es spät geworden war, kamen seine Jünger zu ihm und sagten:*
„Der Ort ist einsam und es ist schon spät.
^{36}*Entlasse sie, damit sie in die umliegenden Höfe und Dörfer gehen*
und sich etwas zu essen kaufen."
^{37}*Er aber antwortete ihnen: „Gebt ihr ihnen zu essen!"*
Und sie sagen ihm: „Sollen wir gehen
und für zweihundert Denare Brot kaufen und ihnen zu essen geben?"
^{38}*Er aber sagt ihnen: „Wieviel Brote habt ihr? Geht, schaut nach!"*
Und nachdem sie es festgestellt haben, sagen sie:
„Fünf, und zwei Fische."
^{39}*Und er gebot ihnen, alle sollten sich lagern –*
in einzelnen Tischgemeinschaften – auf dem grünen Gras.
^{40}*Und sie lagerten sich Gruppe um Gruppe, zu hundert und zu fünfzig.*
^{41}*Er aber nahm die fünf Brote und die zwei Fische,*
blickte auf zum Himmel, sprach den Lobpreis
und brach die Brote und gab sie seinen Jüngern,
damit sie sie ihnen austeilten;
auch die zwei Fische ließ er an alle verteilen.
^{42}*Und alle aßen und wurden satt.*
^{43}*Und sie hoben zwölf Körbe von Brotstücken und Fischresten auf.*

⁴⁴Es waren aber, die gegessen hatten, fünftausend Männer.
⁴⁵Und sofort drängte er seine Jünger,
ins Boot zu steigen und schon ans andere Ufer
nach Bethsaida vorauszufahren, während er selbst das Volk entließ.
⁴⁶Und nachdem er sie verabschiedet hatte,
 ging er weg auf den Berg, um zu beten.
⁴⁷Und als es Abend geworden, war das Boot mitten auf dem See,
er aber allein an Land.
⁴⁸Und als er sieht, wie sie sich beim Rudern abquälten,
denn der Wind kam ihnen entgegen,
da kommt er um die vierte Nachtwache zu ihnen,
auf dem Meer einherschreitend. Und er wollte an ihnen vorbeigehen.
⁴⁹Als sie ihn aber auf dem Meer wandeln sahen,
meinten sie, er sei ein Gespenst, und sie schrieen auf.
⁵⁰Alle hatten ihn nämlich gesehen und entsetzten sich.
Er aber redete schnell mit ihnen und sagte:
„Seid ruhig, ich bin es! Fürchtet euch nicht!"
⁵¹Und er stieg zu ihnen ins Boot, und der Wind legte sich.
Sie aber waren über die Maßen sehr erschrocken,
⁵²waren sie doch nicht zu der Einsicht gekommen bei den Broten,
sondern es war ihr Herz verhärtet.

2.1.1 Vergeblicher Rückzug: 6,30-34

6,30-32: Nach dem Rückblick von 6,14-29 nimmt der Erzähler in 6,30 den 6,12f fallengelassenen Faden wieder auf: Die Jünger kehren nach ihrer Mission zu Jesus zurück und berichten darüber. Jesus blieb also während der Jüngermission untätig und hat auf sie, die seine Rolle übernommen hatten, gewartet. Jetzt will er an einem „*einsamen Ort*" eine „intime" Situation für sie schaffen, damit sie von ihrer apostolischen Arbeit „*ein wenig ausruhen*" können: Das missionarische Wirken der Jünger ist ganz ernst genommen; darum werden sie hier auch *Apostel* genannt. Es war die erste, anstrengende Vervielfältigung des Wirkens Jesu, eine Probe ihrer weltweiten Evangeliumsverkündigung (vgl. 13,10; 14,9). Deshalb haben sie ein Recht auf Ruhe.

Dort, wo Jesus ist, können sie diese Ruhe aber nicht finden, denn wie immer ist eine Menge Menschen um Jesus herum und es herrscht ein ständiges „*Kommen und Gehen*" (vgl. 1,32f; 1,45; 2,2; 3,7f; 4,1; 5,21f), das die Jünger nicht einmal Gelegenheit zum Essen finden lässt (vgl. 3,20). Deswegen fahren Jesus und die Jünger „*im Boot weg an einen einsamen Ort für sich allein*".

Nach der erneuten Erwähnung des Johannes des Täufers in 6,14-29 beginnt also eine neue Phase des Wirkens Jesu, und der Leser soll von vornherein wahrnehmen: Es geht dabei vor allem um die Jünger. Waren sie schon bisher der engere Kreis um Jesus (1,29f.35ff; 2,15; 3,31-35; 4,10f.33f; 5,37.40), dem das Wirken und die Belehrungen Jesu galten, so will sich Jesus ihnen jetzt offenbar noch intensiver zuwenden. Seine Absicht dabei ist nicht, sich der Volksmenge zu entziehen zugunsten eines inneren Gemeindekreises, sondern im Sinne des missionarischen Probelaufs der Jünger sie für ihre spätere Verkündigungstätigkeit vorzubereiten. Jesu Rückzug dient eben stets der Vorbereitung seiner umfassenderen Wirksamkeit, die schließlich *allen* gilt; das haben die Jünger (und Leser) schon in 1,35-38 gelernt.

6,33-34: Der Rückzug Jesu von der Volksmenge und die Konzentration auf die Jünger scheitern (vorläufig). Die Menschen sehen die Jesusgruppe abfahren und viele *erkennen*, wohin sie unterwegs ist. Und so laufen die Leute „*zu Fuß...von allen Städten*" am Zielort zusammen, noch bevor Jesus und die Jünger angekommen sind. Beim Aussteigen *sieht* Jesus die große Volksmenge; die alte Situation hat sich wieder eingestellt (6,31; vgl. 1,32f; 2,1f; 4,1; 5,21). Kommen die Jünger weiterhin nicht zum Essen? Nicht Ärger oder Frustration sind Jesu Reaktion, sondern mitleidiges Erbarmen; der Rückzug vom Volk war ebenfalls darin begründet und keine Ablehnung oder Zurückweisung. Die Menschen sind „*wie Schafe ohne Hirte*", ohne Führer und Fürsorge. Ihre angeblichen Leiter, die Schriftgelehrten und Pharisäer sind ja ohne Vollmacht (vgl. 1,22). Indem Jesus sich der Volksmenge annimmt, erweist er sich als der verheißene Hirte, der an Gottes Stelle und in seinem Auftrag das Volk leiten soll (vgl. Hos 13,4-6; Jer 31,10; 23,3; Ez 34,6; 34,23-41; PsSal 17,40). Er tut es, indem er sie *belehrt*. Jesu Lehre wird in 6,34 vom Autor ebenso betont wie in 1,21f.27. Besser als die Lehre passt zweifellos die folgende Speisung zum Bild vom Hirten, zumal der Hinweis auf das „*grüne Gras*" in 6,39 ein deutlicher Anklang an den bekannten Hirtenpsalm 23,1f ist. Erneut ordnet der Autor die Taten Jesu seiner *Lehre* zu; sie haben lehrhaften Charakter, wie sich auch sofort zeigt: Man könnte durch sie zur *Einsicht* gelangen (6,52); das gilt gleichermaßen für die Jünger als Augenzeugen wie für die Leser, die Jesu Tat nur im Medium der lehrhaften Erzählung erfahren.

2.1.2 Die Speisung der Volksmenge: 6,35-44

Jesus hat das Volk *vieles* zu lehren (6,34; vgl. 4,2); deshalb scheint er darüber die Zeit zu vergessen, so dass die Jünger sich bei ihm zugunsten des Volkes einsetzen. Als die Tageszeit voranschreitet, appellieren sie an seine Hirtensorge und fordern ihn auf, die Leute in die umliegenden Dörfer und Weiler zu entlassen, „*damit sie sich etwas zu essen kaufen*". Die Leser erinnern sich: Auch das Essen der Jünger (6,31) steht noch aus.

Die Jünger erscheinen hier als Anwälte des Volkes (vgl. 1,29; 5,31); auch sie haben Mitleid mit ihm und nehmen so an Jesu Hirtensorge teil. Genau dazu hat Jesus sie auch auserwählt (vgl. 3,14f) und probehalber schon einmal ausgesandt (vgl. 6,7-13). Darauf spricht er sie jetzt auch an: „*Gebt ihr ihnen zu essen!*" (6,37). Jesus weiß also genau, was zu tun ist, und die erinnernde Mahnung der Jünger war eigentlich überflüssig (vgl. 14,12-16).

Wie ist Jesu Aufforderung gemeint? Ist sie eine Provokation? Womit sollen die Jünger die Volksmenge denn speisen? Die Jünger sind ratlos, und wenn die Leser nicht die Möglichkeit hätten, rasch drei oder vier Zeilen zu überspringen und weiterzulesen, müssten auch sie es sein. Die Jünger fragen, ob Jesus etwa meine, statt der Volksmenge sollten *sie* in die umliegenden Dörfer und Weiler gehen und für zweihundert Denare Brot zusammenkaufen. Was wäre damit gewonnen? Die Jünger würden, wenn zweihundert Denare überhaupt reichen, einen großzügigen Dienst an der Volksmenge leisten und ein gemeinsames Mahl organisieren.

Doch so hat Jesus seine Aufforderung gar nicht gemeint. Er will, dass die Jünger die Menschen mit ihren eigenen Mundvorräten ernähren: Das immer noch ausstehende *Essen* der Jünger (6,31) „*am einsamen Ort*" soll mit dem notwendigen *Essen* der Volksmenge „*am einsamen Ort*" (6,35) zusammenfallen. Die fünf Brote und zwei Fische aus dem Vorrat der Jünger sollen den Leuten ausgeteilt werden: Auf diese Weise partizipieren die Menschen am Jüngermahl.

Ein feierliches, heiliges Mahl soll vorbereitet werden; dazu müssen sich auf Jesu Befehl hin die Menschen „*im grünen Gras*" lagern, und zwar in Mahlgemeinschaften. Was Jesus in 6,31f mit dem engeren Jüngerkreis tun wollte, wird jetzt mit der ganzen Volksschar vollzogen: Hirt und Herde lagern sich „*auf grüner Aue*" (Ps 23,1f), in Gruppen „*zu hundert und zu fünfzig*". Eine heilige Ordnung wird hergestellt, wie sie im Lager Israels in der Wüstenzeit herrschte (vgl. Ex 18,13-27) und ebenso für das Mahl der Endzeit erwartet wurde (1QS 2,21f; 1QSa 2,11ff). Das erzählte Mahl erscheint als Vorwegnahme des messianischen Endzeitmahles (vgl. Jes 25,6; äthHen 62,13f). Die Gemeindewirklichkeit der Leser kommt in den Blick: Die nachösterlichen Gemeinden hielten gleichfalls gemeinsam Mahl „in den Häusern", ihr Herr war geheimnisvoll dabei anwesend und die Zahl der Teilnehmer dürfte von ähnlicher Gruppengröße gewesen sein.

Der Erzähler schlägt jetzt einen feierlichen Ton an: Jesus *nimmt* die fünf Brote, „*blickt zum Himmel*" empor, betet den *Lobpreis* und *bricht* die Brote und gibt sie den Jüngern. Die Leser, sofern sie aus dem Judentum sind, kennen Ton und Gestus von jedem feierlichen Gemeinschaftsmahl zu Hause und von den christlichen Eucharistiefeiern „in den Häusern". Genauso wird Jesus später das letzte Mahl mit seinen Jüngern eröffnen (14,22). Dann werden allein die Zwölf es sein, die mit Jesus essen (vgl. 14,17-25); jetzt sollen sie – bevor sie selbst endlich zum Essen kommen – die empfangenen Brote und Fische den zum Mahl gelagerten Menschen *vorlegen*. Die Jünger also sind es, die „*ihnen zu essen geben*", wie Jesus in 6,37 gefordert hatte. So war es gemeint. Hätten die Jünger Jesu Aufforderung verstehen können, ihr blind folgen sollen? In 6,52 wird der Autor ihnen vorwerfen, sie seien bei den Broten noch nicht zur *Einsicht* gekommen. Macht er seinen Vorwurf daran fest, dass sie nicht von sich aus auf Jesu Wort hin ihre Mundvorräte an die Menge verteilt haben, damit alle satt werden?

Denn das tritt ein: Alle aßen von dem wenigen und wurden satt! Wie sich das Wunder ereignet hat, wird hier so wenig erzählt wie sonst im MkEv; der Segen Jesu genügt, damit Brot und Fisch nicht ausgehen. Dass keine symbolische Speisung stattfand, wird an dem Umstand deutlich, dass „*zwölf Körbe voll*" Speiseresten am Ende aufgehoben werden, mehr als anfangs zur Verfügung stand. Wer hebt die Reste auf? Die Zahl *Zwölf* verweist auf die Jünger; tatsächlich wird Jesus sie später nach diesen Resten fragen (8,19ff). Die Jünger nehmen somit die Speisereste in Verwahrung. Die Frage ist: wozu?

Auslegung 177

2.1.3 Die Epiphanie Jesu: 6,45-52

6,45-47: Was nun geschieht, mutet wie eine Inszenierung an: Jesus bereitet die folgende Szene vor, indem er die Jünger mit dem Boot über den See vorausschickt nach Bethsaida, während er das Volk verabschiedet. Die Absicht, sich vom Volk zu trennen, besteht also nach wie vor; das Wirken Jesu gilt jetzt den Jüngern. Die Trennung von ihnen gehört dazu: Jesus möchte offenbar die Jünger wie bei der Speisung erproben, indem er sie allein und bei Nacht dem Meer und seinen dämonischen Bedrohungen aussetzt (vgl. 4,35-38). Darum geht er nach der Entlassung der Volksmenge zuerst *„auf den Berg, um zu beten"* (vgl. 1,35). Er kehrt symbolisch für eine Weile zu seinem Vater zurück. Damit ist folgende Situation entstanden: *„Am Abend"* (ὀψίας γενομένης) sind die Jünger mit dem Boot *„mitten auf dem Meer"*, Jesus aber befindet sich *„allein an Land"*. Wie geht das aus? Wie kommen Jesus und die Jünger wieder zusammen? Ahnen die Leser etwas?

6,48-50: Erst *„um die vierte Nachtwache"* (vgl. 13,35) – erzählt Markus – kommt Jesus zu den Jüngern, indem er *„auf dem Meer"* wandelt. Nicht früher! Fast die ganze Nacht ist Jesus den Jüngern also fern geblieben, obwohl er vom Berg herab sah, wie sie sich beim Rudern gegen den Wind abmühen mussten. Wir betonen nochmals: So erzählt Markus! Denn die dargestellte Szene ist für die Leser bestimmt, eine symbolische Geschichte. Die Jünger bekommen von all dem nichts mit, außer dass ihnen der Wind ins Gesicht bläst. Die Leser aber „sehen" Jesus am Ende der Nacht den Berg herabsteigen und auf dem Meer den Jüngern zu Hilfe kommen. Sie wissen: Derjenige, der da im Morgengrauen über das Meer schreitet, ist der *„Sohn Gottes"* (1,11), der *„Wind und Wellen gebietet"* (4,41; vgl. Ps 46,4-6; Jes 17,12-14).

Wir haben es nicht eigentlich mit einer Wundererzählung, sondern mit einer Epiphaniegeschiche zu tun. Das erweisen die zahlreichen aus dem Alten Testament zu erhebenden Epiphaniemotive, die sich in der Erzählung finden. So gehört zur alttestamentlichen Gattung der Theophanie ebenso hinzu, dass Gott „vom Berge her" erscheint (vgl. Dtn 33,2, Ri 5,4f; Hab 3,3), wie dass er über das Wasser schreitet (Ps 77,20; vgl. Hiob 9,8; 38,16). Mit dem Motiv des Seewandels wird Jesus ganz auf die Seite Gottes gestellt: In ihm hat sich Jahwe selbst geoffenbart. Ein weiteres alttestamentliches Theophaniemotiv liegt in 6,48 (καὶ ἤθελεν παρελθεῖν αὐτούς) vor, in dem Ex 33,19.22; 34,5f; 1Kön 19,11 anklingen, wo der „Vorübergang" der Herrlichkeit Jahwes an Mose und Elia erzählt wird. Dass die Jünger Jesus für ein φάντασμα halten, könnte an einen Gestaltwandel Jesu denken lassen (vgl. Mk 9,2f; Lk 24,15f; Joh 20,15). Es ist ebenfalls als Epiphaniemotiv anzusehen; als solches muss auch die Anrede Jesu an die erschrockenen Jünger μὴ φοβεῖσθε gelten. Vor allem aber gehört die Verwendung der Offenbarungsformel ἐγώ εἰμι (vgl. Ex 3,14; Jes 43,1-3.10f) hierher.

Die Erzählung in 6,45-52 ist also ganz im Stil alttestamentlicher Theophanien und neutestamentlicher Christophanien gehalten. Von den übrigen Wundererzählungen unterscheidet sie sich vor allem dadurch, dass Jesus sich hier nicht in einer

Wunder*tat* offenbart, sondern im Offenbarungswort ἐγώ εἰμι. Gattungsgeschichtlich ist sie wohl am ehesten mit 9,2-8 und den Osterepiphanien zu vergleichen, wo ebenfalls das offenbarende Wort und die Überlegenheit Jesu über die irdischen Bedingungen eine Rolle spielen. Man hat daher die Seewandelerzählung als eine ins Leben Jesu zurückdatierte ursprüngliche Ostergeschichte angesehen. Das dürfte sich kaum verifizieren lassen; besser wird man die Erzählung als Ausdruck einer frühen christologischen Reflexion verstehen, die damit beginnt, den irdischen Jesus und seine Bedeutung im Lichte des Osterglaubens zu beschreiben. Dabei ist zu beachten, dass in der ursprünglichen Fassung der Erzählung das Motiv des Seewandels Jesu nicht nur einfachhin als Bestätigung der wesenhaften Göttlichkeit Jesu verstanden wurde, sondern dazu dient, dem Leser das Überragende der *Person* und *Sendung* Jesu erst noch vor Augen zu stellen. Die Erzählung hat werbenden Charakter. Ihre ursprüngliche Absicht ist, werbend die einmalige Hoheitsstellung und Würde Jesu mit Hilfe der Theophaniemotive aufzuzeigen. In Jesus hat sich Gott als Sieger über die chaotischen Wasser des Todes geoffenbart. Die Epiphaniegeschichte ist also, wenn auch kein österlicher und ins Leben Jesu zurückdatierter Erscheinungsbericht, so doch aus der Ostererfahrung der Urgemeinde geboren. In ihr spricht sich der Glaube aus, dass Jesus Christus Chaos und Tod überwunden hat und der von Gott eingesetzte Herr über Leben und Tod ist.

Als Jesus „*an ihnen vorbeigehen wollte*", *sehen* auch die Jünger ihn „*auf dem Meer einherschreiten*", aber sie halten ihn für ein *Gespenst* und schreien vor Furcht auf. Obwohl ihn alle gesehen haben, wie der Erzähler nochmals betont, erkennen sie ihn nicht, doch wohl, weil sie nicht mit ihm gerechnet haben. Noch ist ihnen nicht aufgegangen, wer Jesus wirklich ist (vgl. 4,41): In ihm erscheint Gott, er ist der „*Sohn Gottes*".

Als solcher offenbart sich Jesus den verängstigten Jüngern, indem er sie *sofort* anspricht und sich zu erkennen gibt: „*Ich bin es!*" – mit der Offenbarungsformel Gottes (vgl. Ex 3,14; Jes 43,1-3.10f). Das Kommen Jesu hatte das Ziel, den Jüngern zu helfen. Indem er zu ihnen ins Boot steigt, legt sich auch der Wind, gewiss durch seine Vollmacht (vgl. 4,39).

6,51-52: Der Autor wird nicht müde, mit starker Betonung das Entsetzen der Jünger hervorzuheben: Sie erschrecken *übermäßig*. Diese Reaktion ist angemessen, wenn der Mensch Gott begegnet (vgl. 16,8). Ahnen die Jünger jetzt – nach dieser Epiphanie –, mit wem sie es zu tun haben? Das muss offen bleiben; der Kontext wird zeigen, ob es so ist. Doch macht der Autor in einem rückblickenden Kommentar klar, dass die Speisung des Volkes mit Broten bei ihnen keine *Einsicht* bewirkt hat, „*sondern ihr Herz war verhärtet*" (6,52). Dieser harte Vorwurf, der die Jünger mit den Gegnern Jesu auf eine Stufe stellt (vgl. 3,5), deutet das Jüngerverhalten in 6,37 und 6,49ff: Die Jünger könnten längst zur *Einsicht* gekommen sein, dass ihnen in Jesus Gott begegnet, wenn sie nur ihr Herz sprechen ließen. Aber sie haben ihr „*Herz verhärtet*". Deshalb nahmen sie Jesu Aufforderung: „*Gebt ihr ihnen zu essen*" nicht bedingungslos ernst (6,37), und deshalb erwarteten sie Jesu Hilfe nicht „*mitten auf dem Meer*".

Auslegung 179

Haben die Leser dagegen ihr Herz geöffnet? Wissen sie, was die *Erzählung* für sie bedeutet? Auch sie sind, wie die Jünger damals, von Jesus getrennt, der inzwischen als der *Menschensohn* bei seinem Vater weilt. Ihn erwarten sie zur baldigen Parusie, damit er sie rettet; denn auch ihnen steht der Wind entgegen. Begreifen sie, dass die Rettung mit Gewissheit erfolgen wird, auch wenn sie vielleicht bis zum Anbruch des Morgens darauf warten müssen (vgl. 13,35)? Sind sie auf seine Ankunft vorbereitet und werden sie ihn erkennen, wenn er kommt?

2.2 Der zweite Durchgang: 6,53-7,23

⁵³Und als sie hinübergefahren waren ans Land,
kamen sie nach Gennesaret; und sie legten an.
⁵⁴Und sogleich, als sie aus dem Boot stiegen, erkannte man ihn.
⁵⁵Und überall im Land lief man herum und fing an,
auf Bahren die Kranken herbei zu tragen dahin, wo sie hörten, dass er ist.
⁵⁶Und in welches Dorf oder welche Stadt
oder welchen Flecken er auch kam,
dort legten sie die Schwachen auf den Marktplatz,
und sie flehten ihn an, die Quaste seines Mantels anfassen zu dürfen.
Und alle, die ihn berührten, wurden geheilt.

7¹Und es versammeln sich bei ihm die Pharisäer
und einige der Schriftgelehrten, die von Jerusalem gekommen waren.
²Als sie sahen, dass manche seiner Jünger mit unreinen,
das ist mit ungewaschenen Händen ihr Brot essen,
– ³die Pharisäer und alle Juden essen nämlich nur,
wenn sie sich die Hände mit einer Handvoll Wasser gewaschen haben;
so halten sie sich an die Vorschriften der Alten.
⁴Und was vom Markt kommt, essen sie nicht, ohne es abgespült zu haben.
Und noch vieles andere gibt es, das sie einzuhalten übernommen haben:
Waschungen von Bechern, Krügen, Kupfergeschirr und Betten –
⁵da also fragten ihn die Pharisäer und Schriftgelehrten:
„Weshalb richten sich deine Jünger nicht
nach den Überlieferungen der Alten,
essen vielmehr das Brot mit unreinen Händen?"
⁶Er aber sprach zu ihnen:
„Treffend hat Jesaja über euch Heuchler geweissagt,
wie geschrieben steht: Dieses Volk ehrt mich mit den Lippen,
sein Herz dagegen hält es weit weg von mir;
⁷Vergeblich verehren sie mich,
lehren sie doch als Lehre Gebote von Menschen.
⁸Ihr haltet euch an Menschensatzung und missachtet so Gottes Gebot."
⁹Und er sagte zu ihnen: „Fein macht ihr das!
Ihr beseitigt Gottes Gebot, um eure Überlieferung aufzurichten.
¹⁰Mose sagt zwar: Ehre deinen Vater und deine Mutter,

und: *Wer Vater und Mutter verflucht, soll mit dem Tod bestraft werden.*
¹¹*Ihr dagegen sagt: Wenn jemand seinem Vater oder seiner Mutter sagt: Korban – das heißt: Weihegabe – sei,*
was du von mir an Unterstützung zu erhalten hast,
¹²*so lasst ihr ihn nichts mehr für Vater und Mutter tun,*
¹³*und setzt auf diese Weise das Wort Gottes außer Kraft*
durch eure Überlieferung, die ihr weitergebt.
Und solcherart Dinge tut ihr noch viele."

¹⁴*Und er rief erneut das Volk zusammen und sagte ihnen:*
„Hört alle auf mich und begreift!
¹⁵*Nichts, was von außerhalb des Menschen in ihn hinein kommt,*
kann ihn unrein machen.
Vielmehr das aus dem Menschen Herauskommende
macht den Menschen unrein."

¹⁷*Und als er ins Haus hineinging, weg von dem Volk,*
fragten ihn seine Jünger nach dem Rätselwort.
¹⁸*Und er sagt ihnen: „Seid auch ihr derart verständnislos?*
Wisst ihr nicht, dass alles, was von außen in den Menschen hineinkommt,
ihn nicht unrein machen kann?
¹⁹*Geht es doch nicht in sein Herz, sondern in seinen Bauch,*
und dann hinaus in die Grube" – *damit erklärte er alle Speisen für rein.*
²⁰*Er sagte aber: „Was aus dem Menschen herauskommt,*
das macht den Menschen unrein.
²¹*Von innen heraus nämlich, aus den Herzen der Menschen,*
kommen die bösen Gedanken, Unzüchtigkeiten, Diebereien, Morde,
²²*Ehebrüche, Habgier, Bosheiten, Betrug, Ausschweifung,*
ein neidisches Auge, Verleumdung, Stolz, Torheit.
²³*All dies Böse kommt von innen heraus*
und verunreinigt den Menschen."

2.2.1 Zuwendung zum Volk: 6,53-56

Die Jesusgruppe kommt am anderen Ufer an, doch nicht in Bethsaida, wohin Jesus die Jünger vorausgeschickt hat (6,45), sondern in Gennesaret. Wenn der Leser diesen Lapsus auf Anhieb erkennt, dann muss auch der Autor ihn bemerkt haben. Er hat ihn wahrscheinlich bewusst produziert, damit der Leser stutzt; er soll wissen, dass der Autor weiß, dass der Leser die Unstimmigkeit festgestellt hat. Also soll er darüber nachdenken, welches Signal der Autor ihm geben will.

Dem Leser steht noch vor Augen, dass sich Jesus mit den Zwölf vor dem Andrang der Volksmenge zurückziehen wollte (vgl. 6,31), obwohl diese *„wie eine Herde ohne Hirte"* ist (6,34). Der Rückzug gelingt zunächst nicht (6,33), und Jesus gibt gemeinsam mit den Jüngern den bedürftigen Menschen reichlich zu essen. Nach der Speisung inszeniert Jesus erneut einen Rückzug vom Volk; dazu sollen die Jünger nach Bethsaida vorausfahren (6,45), während Jesus das Volk entlässt (6,46). Wenn die Gruppe nun gar nicht am Zielort ankommt, sondern in

Auslegung

Gennesaret, dann signalisiert diese Spannung, dass Jesu Absicht fehlschlägt. Der geplante Rückzug vom Volk und die Konzentration auf die Zwölf ist erneut nicht gelungen. Erst wenn die Gruppe Bethsaida erreichen wird (8,22), kann sich Jesus um die besondere Belehrung der Zwölf kümmern.

Sobald Jesus und die Jünger angelegt und das Boot verlassen haben, wird Jesus von den Leuten *erkannt* (vgl. 6,33), und in der *„ganzen Gegend"* laufen die Menschen zusammen (vgl. 3,7f; 6,33). Und wenn sie hören, wo Jesus sich aufhält, fangen sie an, *„auf Bahren"* ihre Kranken dorthin zu schleppen (vgl. 1,32). Jesus ist also unterwegs, hier und dort, und wird dabei verfolgt von der heilungsbedürftigen Volksmenge. Wo immer er in *„einer Ortschaft, einer Stadt, einem Flecken"* auftaucht, legen sie die Kranken *„auf den Marktplatz"*, und Jesus geht offenbar durch ihre Reihen und lässt *„sein Gewand berühren"*, und wer es berührt, wird gesund (vgl. 3,10; 5,27f). Kein Wort davon, dass Jesus sich dem Andrang und der Berührung entziehen will. Dass die Kranken ihn zuvor darum bitten, ihn berühren zu dürfen, zeigt wie in 5,28 ihren Glauben an, dem die Heilung folgt.

Die Szene ist ganz und gar positiv gezeichnet: Jesus wird als Heiland anerkannt, und er heilt alle, die auf ihn vertrauen. Nochmals muss dem Leser klar werden: Wenn Jesus sich zurückziehen will, dann nicht aus einem Vorbehalt gegen die heilsuchenden Menschen heraus, sondern aus anderen Gründen. Weshalb?

2.2.2 Auseinandersetzung mit den Gegnern: 7,1-13

7,1-2: Wir haben oben gesagt, dass in 6,30 nach der erneuten Erwähnung des Martyriums des Johannes (6,14-29; vgl. 1,14) das Wirken Jesu quasi in eine neue Phase geht. Dementsprechend treten wieder die Gegner Jesu auf den Plan, Pharisäer und Schriftgelehrte (vgl. 1,22; 2,6f; 2,15f; 2,24; 3,6; 3,22). Sie kommen erneut extra von Jerusalem herab (vgl. 3,22) und protestieren gegen das unrituelle Verhalten der Jünger. Denn sie beobachten, dass die Jünger ihr Brot – ihre Mahlzeiten – essen, ohne sich zuvor die Hände rituell durch eine Waschung gereinigt zu haben. Allerdings vermeidet der Autor den Terminus Reinheit und banalisiert so das Problem, indem er lediglich auf ein Händewaschen abhebt. Doch den Gegnern geht es nicht um Hygiene und Körperpflege – darüber ließe sich reden –, sondern um Heiligkeit vor Gott. Sie sind der Auffassung, dass die Hände zwangsläufig durch ihre mannigfachen täglichen Verrichtungen und Berührungen mit unreinen Dingen, etwa toten Tieren, Leibesausflüssen oder Exkrementen verunreinigt werden, ihre Unreinheit auf die Speisen übertragen, die sie zum Munde führen, und dass die unreinen Speisen die Unreinheit ins Innere eines Menschen transportieren, so dass er ganz unrein und damit unheilig wird. Diese verhängnisvolle Kette lässt sich unterbrechen, wenn man vor dem Essen seine Hände mit Wasser wäscht. Im Alten Testament findet sich eine Vorschrift zum Waschen der Hände in Lev 15,11 nur für den speziellen Fall von Ausflusskrankheit. Aus diesem Text in Verbindung mit Lev 20,7 wurden von den Rabbinen die Vorschriften zum Waschen der Hände vor und beim Essen abgeleitet (vgl. Bill I 695ff).

7,3-4: Das Verhalten der Jünger fällt den Pharisäern und Schriftgelehrten deswegen auf, weil es sich von ihrem eigenen entschieden unterscheidet. Dieses erläutert der Autor seinen Lesern in einem ausführlichen Kommentar, aber offensichtlich nur solchen Lesern, die keine Juden sind, wie die die Außenperspektive berücksichtigende Bezeichnung οἱ 'Ιουδαῖοι in 7,3 erweist. Doch bedeutet ihre Verwendung nicht, dass der Autor selbst kein Jude war. Den judenchristlichen Lesern ist die Problematik von 7,2 wohl bekannt.

Die Informationen, die der Autor gibt, sind (wenn man sie etwa mit dem Material bei Billerbeck vergleicht) einigermaßen korrekt und detailliert, außer in dem einen Punkt, dass die beschriebene Praxis ständiger ritueller Waschungen *allen* Juden zugeschrieben wird. Das Programm der Pharisäer jedenfalls scheint der Autor durchaus richtig, wenn auch ironisch und mit deutlichem Vorbehalt, wiederzugeben: Sie essen nicht, wenn sie nicht (wenigstens) *„mit einer Handvoll Wasser"* (πυγμῇ) sich die Hände gewaschen haben; wenn sie vom Markt kommen, waschen sie die Waren, bevor sie sie essen (oder: ... nehmen sie vor dem Essen ein Vollbad); sie waschen (βαπτισμούς) Trinkgefäße, Krüge, Essgeschirr und sogar die Schlaflager – dies alles zur *rituellen* Reinigung, was der Autor jedoch (bewusst?) verschweigt. Er wertet die Praxis der Waschungen ab, indem er feststellt, dass damit lediglich *„die Überlieferung der Alten"* befolgt wird (7,3). In 7,4 ist sein Ton leicht süffisant, wenn er äußert: *„Und vieles andere haben sie zur Beobachtung übernommen"*.

Wie der Autor könnte auch ein Sadduzäer oder ein erklärter Nicht-Pharisäer über die rituelle Praxis der Pharisäer urteilen: Auch die Sadduzäer lehnten die Überlieferung der Alten als nicht verbindlich ab; rituelle Reinheit war vom Gesetz nur den Priestern geboten. Insofern ist es unkorrekt, die dargestellte Praxis der Waschungen *„allen Juden"* zuzuschreiben. Kommt darin eine Unkenntnis des Autors über das Judentum zum Vorschein? Wie ernst muss man seine Erläuterung nehmen, alle Juden praktizierten die ständigen Waschungen, die einem Außenstehenden fast zwanghaft anmuten konnten? Man darf die Formulierung *„alle Juden"* wohl nicht pressen. Sie meint in jedem Fall: alle außer Jesus und den Jüngern! Doch die sind auch Juden. Dann dürfte sie in dem Sinne generalisieren, wie wenn wir sagen: „Alle Bayern trinken gerne Bier". Freilich soll ein unterscheidendes Charakteristikum im Verhalten bezeichnet werden. Die Erzählung zeigt jedenfalls, dass die Jünger – obwohl auch Juden – sich nicht so verhalten, wie die Pharisäer und Schriftgelehrten sich wünschen, dass *„alle Juden"* sich verhalten sollen: nämlich entsprechend der *„Überlieferung der Alten"*, indem sie Waschungen vor dem Essen praktizieren. Ist vom Autor mehr gemeint, als dass *„alle Juden"*, die der pharisäisch-schriftgelehrten Richtung folgen, sich der beschriebenen Waschungen unterziehen? Schimmert hinter dem Text durch, dass auch die Judenchristen unter den Lesern des MkEv von pharisäischen Schriftgelehrten (aus Jerusalem?) gedrängt werden, nach den Weisungen der Alten rituelle Waschungen zur persönlichen Heiligung vorzunehmen, und wird diese „Zumutung" in der Parenthese 7,3f den nichtjüdischen Christen erklärt?

7,5-8: Die Gegner werfen Jesus das nichtkonforme Verhalten seiner Jünger vor: Er ist als ihr Lehrer für sie verantwortlich. Die Frage: *„Weshalb..."* ist als Vorwurf zu verstehen, denn die Jünger setzen sich offenbar mit Billigung Jesu über die „*Überlieferung der Alten*" hinweg. Jesus stellt somit seine eigene Meinung in Bezug auf die jüdische Ritual-Praxis gegen die der *Alten*.

Die Antwort Jesu dreht den Spieß um: Sie begründet nicht, wie gefordert, das Verhalten seiner Jünger, sondern greift mit dem Propheten Jesaja (29,13 LXX) die religiöse Praxis der Pharisäer und Schriftgelehrten und der ihnen folgenden Juden an. Der Vorwurf ist scharf; über seine Berechtigung können wir hier so wenig urteilen, wie im Fall des Propheten, da wir nicht wissen, welche Erfahrungen ihn ausgelöst haben. Halten wir den Autor für ernsthaft, muss auch der Vorwurf ernst genommen werden. Er geißelt eine religiöse Praxis, die nach seiner Meinung nur äußerlich bleibt – wie die Waschungen; darum ist sie *Heuchelei*. Wie eine Waschung noch gar nichts über Reinheit/Heiligkeit eines Menschen aussagt, so auch nicht ein „Lippenbekenntnis" zu Gott, in dem das Herz nicht mitspricht. Es kommt Jesus auf den Schlusssatz des Propheten an: Diese Art der Gottesverehrung ist deshalb unwirksam und vergeblich, weil sie nicht dem Wunsch Gottes entspricht, sondern eine menschliche Erfindung ist: Sie lehren „*als (göttliche) Lehren*" in Wirklichkeit Vorschriften von Menschen.

In 7,8 wendet Jesus das Wort des Jesaja auf den diskutierten Fall an: Die „*Überlieferung der Alten*" über die erforderliche Waschung der Hände beim Essen ist *menschliche* Überlieferung zu Lasten des „*Gebotes Gottes*". Durch die rituelle Praxis der Pharisäer und Schriftgelehrten wird Gottes Gebot *preisgegeben*. In welchem Sinne? Sagt Gottes Gebot, dass man sich nicht die Hände waschen soll? Von Jesus kann doch nur gemeint sein, dass die Propagierung ritueller Reinheit – etwa der Hände – die eigentliche Forderung Gottes nach der Reinheit des Herzens zurückdrängt und vergessen lässt. Das sieht Jesus (und der Autor) bei den Pharisäern und Schriftgelehrten gegeben.

7,9-13: Jesus setzt neu an, nimmt seinen letzten Vorwurf auf, verschärft ihn noch und belegt ihn mit einem Beispiel: Die Gegner *verlassen* um der Überlieferung der Menschen willen nicht nur das Gebot Gottes (7,8), sie *schaffen* es sogar *ab*, um an seine Stelle ihre eigene Überlieferung zu stellen. Jesus spricht mit beißender Ironie (καλῶς), was bedeuten könnte, dass er den Pharisäern und Schriftgelehrten zwar nicht die Absicht unterstellt, Gottes Gebot zu beseitigen – sie wollen Gott ja „*mit den Lippen*" verehren (7,6) –, wohl aber, dass ihre kasuistische Praxis tatsächlich diese Wirkung hat. Das Beispiel zeigt: Wer sich an ihre Überlieferungen hält, dem wird faktisch unmöglich gemacht, das vierte Gebot des Dekalogs zu beachten.

Jesus zitiert das Dekalog-Gebot (Ex 20,12; Dtn 5,16) und die entsprechende Strafandrohung der Tora (Ex 2,17; Lev 20,9) und schreibt sie Mose als Gesetzgeber zu. Mose wird hier von Jesus ganz positiv in Anspruch genommen (vgl. 9,4; 10,4f): Er hat „*Gottes Wort*" kundgemacht (7,13). Das Wort des Mose bzw. Gebot Gottes zur Elternverehrung kann nun durch die Korban-Bestimmung der Pharisäer und Schriftgelehrten ausgehebelt werden, wenn nämlich ein bestimmter Fall eintritt: Jemand könnte aus Wut oder Unachtsamkeit einen Teil seines Besitzes, der der Versorgung seiner Eltern dienen soll, zur Tempelweihgabe erklären. Dann bliebe ihm persönlich zwar das Nutzungsrecht unbenommen, nicht aber seinen bedürftigen Eltern. Nachträglich gibt es keine Möglichkeit mehr, die Zueignung an den Tempel aufzuheben, selbst wenn der Sohn seiner Sohnespflicht nachkommen wollte. Zwar beruht das Korban-Institut auf Tora-Bestimmungen (vgl. Num 30,3; Dtn 23,22-24), doch findet es sich selbst nicht in der Tora, sondern ist eine schriftgelehrte Satzung, die im Konfliktfall das höhere Recht des Dekalogs außer Kraft setzt. „*Gottes Wort*" wird also durch die *Überlieferung* der Schriftgelehrten „*außer Geltung gesetzt*".

Von Jesus wird ein halachischer Konflikt fachgerecht diskutiert. Seine Intention ist nicht, das Korban-Institut abzuschaffen, sondern er besteht auf einer Rangordnung: Gottes Gebot und Menschensatzung stehen nicht auf einer Stufe, sondern das Wort Gottes bricht im Konfliktfall die menschliche Rechtssatzung. Der markinische Jesus scheint sich dafür einzusetzen, dass der in der Tora fixierte Gotteswille einen höheren Rang hat als die mündliche Halacha. Der schriftlichen Tora scheint er Offenbarungswert zu geben – Mose hat „*Gottes Wort*" aufgeschrieben –, der mündlichen Halacha der Schriftgelehrten dagegen nicht.

2.2.3 Jesu Rätselwort: 7,14-15

Jesus hat bisher auf die Frage der Pharisäer und Schriftgelehrten nur Gegenvorwürfe erhoben und damit lediglich indirekt ihren ersten Teil beantwortet: „*Warum wandeln deine Jünger nicht nach der Überlieferung der Alten?*" Diese Überlieferung ist menschliche Satzung, nicht Gottes Gebot und Wort, daher eindeutig nachrangig. Vor allem anderen aber muss Gottes Gebot beachtet werden. Bedeutet das nun, dass die Jünger Gottes Gebot beachten, wenn sie die rituellen Waschungen beim Essen, die die Pharisäer für alle Juden als verbindlich proklamieren, vernachlässigen? Haben diese Waschungen mit Reinheit/Heiligkeit vor Gott vielleicht gar nichts zu tun, und ist derjenige, der sie zum Zweck der Reinheit/Heiligung vor Gott praktiziert, in Gefahr, Gottes eigentliches Gebot, rein und heilig vor ihm zu sein, beiseite zu lassen? Jedenfalls beantwortet Jesus den zweiten Teil der Gegnerfrage: „*Weshalb essen sie (deine Jünger) das Brot mit gemeinen (unreinen) Händen?*" erst ab 7,14. Er ruft *erneut* das Volk zusammen (προσκαλεσάμενος; vgl. 3,23; 8,34; 12,43); die Auseinandersetzung in 7,1-13 fand also abseits vom Volk statt. Diese Geste unterstreicht die Wichtigkeit des folgenden Wortes Jesu; während Pharisäer und Schriftgelehrte nur menschliche Satzungen propagieren, interpretiert Jesus authentisch Gottes *Gebot* und *Wort*. Darum hat der Autor die Verkündigung Jesu auch immer wieder als *lehren* und *Lehre* bezeichnet. Nicht die „*Überlieferung der Alten*", sondern die *Lehre* Jesu garantiert Übereinstimmung mit Gottes Willen (vgl. 3,35).

Jesus ruft *alle* zum Hören seines Wortes, zur *Einsicht* und zum Verstehen auf (vgl. 4,3.9.23. 24; 6,52), das Volk und die Jünger: Nicht was von außen in den Menschen *hineingeht*, macht ihn *gemein*/unheilig, sondern was aus ihm *herauskommt*! Also sind Waschungen von Speisen für die Reinheit vor Gott ohne Bedeutung. Zu Recht haben die Jünger sie beim Essen vernachlässigt.

Auslegung 185

Jesu Satz ist wie ein Rechtssatz gestaltet. Wer kann ihn verstehen und richtig anwenden? Die einleitende Aufforderung zum Hören hält fest, dass er verstehbar ist: Wer richtig hört, findet zur Einsicht! Begreifen die Leser, dass der Begriff *gemein* im Vordersatz rituell gemeint, im Nachsatz moralisch verwendet ist? Wer hat verstanden?

2.2.4 Die Lösung des Rätsels: 7,17-23

7,17-19: Es zeigt sich, dass jedenfalls die Jünger Jesu Wort nicht begriffen haben: „*Im Haus*" (vgl. 1,29f; 2,1; 3,20) und abseits vom Volk (vgl. 4,10f) fragen sie ihn nach der Bedeutung seines *Rätsels* (vgl. 3,23; 4,2.33f). Der heftige Tadel Jesu unterstreicht: Eigentlich hätten sie verstehen können. Doch auch sie sind immer noch ohne Einsicht (vgl. 4,13; 4,40; 6,37.52); also haben sie nicht richtig zugehört. Darum erläutert ihnen Jesus sein Wort nun im Einzelnen, und die Leser lernen mit.

Jesu Sprache wird drastisch, der Ton sarkastisch: „*Von außen*" gehen Speisen in den Menschen ein, indem er sie isst. Wir sind beim Thema von 7,2ff. Aber Speisen *können* (7,15) nicht *gemein*/unheilig machen, weil sie durch den Magen in den Verdauungstrakt gelangen und das Unverdauliche wieder ausgeschieden wird; sie berühren nicht das *Herz*, die Personmitte, bleiben letztlich *außerhalb* und werden kein Teil des Menschen. Daher wird die Stellung eines Menschen vor Gott durch das Essen mit reinen oder unreinen Händen und von reinen oder unreinen Speisen überhaupt nicht tangiert.

Da nicht nur die Jünger, sondern auch die Leser durch Jesu Wort belehrt werden, kann der Autor in einem Kommentar für letztere eine klare Konsequenz ziehen: Jesus hat mit dieser Definition „*alle Speisen für rein*" erklärt. Der Status vor Gott hat mit dem Essen oder Meiden bestimmter Speisen nichts zu tun. Jetzt endlich fällt der Begriff der *Reinheit*, der schon in 7,2ff im Hintergrund stand, und mit ihm das Problem einer Scheidung der Menschheit in Reine und Unreine, Gerechte und Sünder (vgl. 2,15ff), Juden und Heiden. Wenn alle Speisen rein sind, lässt sich solche Differenzierung nicht mehr durch das Essen von Speisen definieren.

Jesus (und der Autor) appelliert an die Vernunft: Die Erläuterung des Rechtssatzes 7,15 und die daraus gezogene Konsequenz sind jedem vernünftigen Menschen einleuchtend. Es kann doch nicht Gottes Intention und Wille sein, Menschen wegen ihrer Speisepläne oder äußerlich anhaftender Unreinheit, die durch Waschungen beseitigt werden kann, von seinem Heil auszuschließen. Also sind die in 7,3f beschriebenen Praktiken der Pharisäer und Schriftgelehrten unvernünftig; die Jünger halten sich zu Recht nicht daran.

7,20-23: Jesu Rede wird nach dem Autorkommentar neu eingeleitet: „*Er sagte aber...*". Der wichtigste Teil der Antwort Jesu folgt erst jetzt. Jesus interpretiert die Unreinheit ganz ethisch. *Unrein* wird der Mensch durch das, was von ihm ausgeht, durch seine Gedanken, Worte und Taten. Aus der Personmitte – dem Herzen – kommen die „*schlechten Gedanken*", die zu Taten gegen die Mitmenschen werden. Es folgt ein Katalog von zwölf *Schlechtigkeiten* (κακοί) und *Bos-*

heiten (πονηρά), je sechs im Plural und im Singular: Unzucht, Diebstahl, Mord, Ehebruch, Habgier, Schlechtigkeit, Hinterlist, Ausschweifung, Neid (böser Blick), üble Nachrede (Lästerung), Hochmut (Dünkel), Unvernunft.

Der letzte Satz (7,23) fasst den Katalog mit „*all dies Böse*" zusammen und unterstreicht nochmals die Aussage von 7,15b.20, dass nur „*all dies Böse*", das im Menschen entsteht und, indem es aus ihm herauskommt, Gestalt annimmt, den Menschen vor Gott *gemein*/unheilig macht.

2.3 Der dritte Durchgang: 7,24-8,26

7²⁴Von dort brach er auf und ging weg in das Gebiet von Tyrus.
Er betrat ein Haus und wollte nicht, dass es bekannt würde,
doch konnte er nicht verborgen bleiben.
²⁵Vielmehr hörte sogleich eine Frau von ihm,
deren kleine Tochter einen unreinen Geist hatte;
sie kam und fiel ihm zu Füßen nieder.
²⁶Die Frau war aber eine Heidin, Syrophönikierin von Geburt.
Und sie bat ihn, den Dämon aus ihrer Tochter herauszuwerfen.
²⁷Und er sagte zu ihr: „Lass zuerst die Kinder satt werden!
Denn es ist nicht richtig, das Brot der Kinder zu nehmen
und es den Hunden vorzuwerfen."
²⁸Sie aber entgegnete ihm: „Herr, die Hündlein unter dem Tisch
essen doch auch von den Brotkrumen der Kinder."
²⁹Und er sagte ihr: „Um dieses Wortes willen, geh!
Herausgefahren ist der Dämon aus deiner Tochter."
³⁰Und sie ging weg in ihr Haus und fand das Kind
auf dem Bett liegend und den Dämon herausgefahren.

³¹Und nachdem er aus dem Gebiet von Tyrus weggegangen war,
kam er über Sidon an den See von Galiläa,
mitten in das Gebiet der Dekapolis.
³²Und sie bringen zu ihm einen Taubstummen,
und bitten ihn, ihm die Hand aufzulegen.
³³Und nachdem er ihn beiseite genommen hatte,
weg von der Volksmenge, allein,
da stieß er seinen Finger in seine Ohren
und berührte mit Speichel seine Zunge,
³⁴und er blickte aufseufzend zum Himmel und sagt zu ihm:
„Ephphata!", das heißt: Öffne dich!
³⁵Und sofort öffneten sich seine Ohren,
und gelöst wurde die Fessel seiner Zunge, und er sprach richtig.
³⁶Und er befahl ihnen, dass sie es niemandem sagten.
Je mehr er es ihnen aber befahl, um so mehr verkündeten sie es.
³⁷Und über die Maßen erschraken sie und sagten:

*"Gut hat er alles gemacht: die Tauben macht er hören
und die Stummen reden."*

8^1 *In jenen Tagen, als wieder viel Volk da war und sie nichts zu essen hatten,
rief er die Jünger zusammen und sagt zu ihnen:*
^{2} *"Mich erbarmt des Volkes,
denn schon drei Tage harren sie bei mir aus und haben nichts zu essen.
^{3} Wenn ich sie aber ohne Nahrung nach Hause schicke,
dann werden sie unterwegs zusammenbrechen.
Denn manche von ihnen sind von weit her gekommen."
^{4} Die Jünger aber antworteten ihm:
„Woher kann jemand diese mit Broten satt machen, hier in der Wüste?"
^{5} Und er fragte sie: „Wie viele Brote habt ihr?" Sie aber sagten: „Sieben."
^{6} Und er befahl dem Volk, sich am Boden zu lagern.
Und nachdem er die sieben Brote genommen
und das Dankgebet gesprochen hatte,
brach er sie und gab sie seinen Jüngern, damit sie austeilten,
und sie teilten sie dem Volk aus.
^{7} Sie hatten noch einige Fischlein.
Er sprach den Lobpreis über sie und trug auf, auch sie auszuteilen.
^{8} Und sie aßen und wurden satt
und hoben auf an übriggebliebenen Brocken sieben Körbe.
^{9} Es waren aber an die viertausend Personen. Dann entließ er sie.*

^{10} *Und sogleich stieg er in das Boot, gemeinsam mit seinen Jüngern,
und kam in die Gegend von Dalmanutha.
^{11} Und die Pharisäer kamen heraus und fingen an mit ihm zu streiten,
indem sie von ihm ein Zeichen vom Himmel forderten,
um ihn auf die Probe zu stellen.
^{12} Er aber stöhnte auf bei sich und sagte:
„Was fordert dieses Geschlecht ein Zeichen? Amen ich sage euch,
diesem Geschlecht wird kein Zeichen gegeben werden."^{13} Und er ließ sie stehen, stieg wieder ein und fuhr ans jenseitige Ufer.*

^{14} *Und sie hatten vergessen, Brote mitzunehmen,'
und hatten außer einem Brot nichts bei sich im Boot.
^{15} Und mit Nachdruck sagte er ihnen:
„Seht zu, hütet euch vor dem Sauerteig der Pharisäer
und vor dem Sauerteig des Herodes!"
^{16} Und sie machten sich Gedanken darüber,
dass sie keine Brote dabei hatten.
^{17} Er aber wusste das und sagt zu ihnen:
„Was macht ihr euch Gedanken, dass ihr keine Brote habt?
Begreift ihr noch nicht und habt noch keine Einsicht?
Habt ihr ein verhärtetes Herz?
^{18} Habt ihr Augen und seht nicht, und Ohren und hört nicht?*

Und erinnert ihr euch nicht?
¹⁹Als ich die fünf Brote brach für die fünftausend,
wieviel Körbe voll Brocken habt ihr da aufgehoben?"
Sie sagen ihm: „Zwölf!"
²⁰"Und bei den sieben für die viertausend,
wieviel Körbe habt ihr mit Brocken gefüllt?"
Und sie sagen: „Sieben!"
²¹Und er sagte ihnen: „Habt ihr noch keine Einsicht?"
²²Und sie kommen nach Bethsaida.
Und sie bringen ihm einen Blinden und bitten ihn, dass er ihn berühre.
²³Und er ergriff die Hand des Blinden und führte ihn aus dem Dorf hinaus,
und er spuckte ihm auf die Augen,
legte ihm die Hände auf und fragte ihn: „Was siehst du?"
²⁴Und aufblickend sagte er: „Ich sehe die Menschen,
wie Bäume sehe ich sie umhergehen."
²⁵Da legte er nochmals die Hände auf seine Augen,
und er sah scharf, und er war wiederhergestellt
und er erkannte alles ganz deutlich.
²⁶Und er schickte ihn nach Hause und sagte:
„Dass du ja nicht ins Dorf hineingehst!"

2.3.1 Aufbruch ins Heidenland: 7,24-30

Jesus begibt sich (mit seinen Jüngern) in „*das Gebiet von Tyrus und Sidon*" (so die am besten bezeugte Lesart); das ist heidnisches Gebiet. Zum zweitenmal nach 4,35-5,20 wird eine Exkursion ins Heidenland dargestellt, nachdem der Autor schon in 3,7f berichtet hat, dass in der großen Volksmenge um Jesus auch Menschen aus Tyrus und Sidon waren.

Wieder scheint Jesu Absicht zu sein, sich zurückzuziehen (vgl. 6,31f.45f), denn er betritt ein Haus und möchte nicht, dass es jemand erfährt (vgl. 1,29; 2,1f), aber „*er kann nicht verborgen bleiben*" (vgl. 6,33.53ff). Der dritte Durchgang des Erzählzusammenhangs beginnt wie die beiden ersten.

Eine Frau, die zu Hause ein besessenes Kind hat, hört von Jesu Anwesenheit; sie kommt und fällt ihm zu Füßen. So geht es immer dort zu, wo Jesus sich aufhält (vgl. 2,1f; 5,27; 6,55). Das Besondere ist: Diese Frau ist keine Jüdin (7,3), sondern Heidin (Ἑλληνίς), von der Abstammung her *Syrophönikerin*. Die heidnische Welt leidet ebenso unter der Macht Satans und seiner Dämonen wie die jüdische (vgl. 1,21-28; 1,32-34; 3,11f). Jesus aber ist als der *Stärkere* gekommen, die Herrschaft des *Starken* zu brechen und Gottes Basileia zu verkünden (vgl. 3,27). Gilt sein Wirken auch den Heiden?

Grundsätzlich schien diese Frage schon entschieden zu sein. Die Leser erinnern sich daran, dass Jesus bereits im Gebiet der Dekapolis den Dämon *Legion* ausgetrieben hat (vgl. 5,1-20), dort allerdings nicht aufgrund einer Initiative der Landesbewohner (eher gegen sie), sondern im Rahmen seines Kampfes gegen Satan. Jetzt richtet die heidnische Frau eine Bitte um heilvolle Zuwendung an Jesus: Er möge den Dämon aus ihrer Tochter austreiben. Und Jesus lehnt ab, weil sie Heidin und nicht Jüdin ist! Das weiß er, denn anders würde seine Ablehnung nicht verständlich: *Zuerst* (πρῶτον) sollen die *Kinder* satt werden! Die *Kinder*, das sind die Kinder Israels; sie haben ein vorläufiges Vorrecht.

Jesu Ablehnung ist nicht grundsätzlich. Auch die Heidin soll das Heilswirken erfahren, aber erst, nachdem die *Kinder* satt sind. Sie vorher schon am Mahl zu beteiligen, hieße, „*das Brot der Kinder zu nehmen und es den Hunden vorzuwerfen*". Ein hartes Wort, in dem, auch wenn es bildlich gemeint ist, die Heiden mit Hunden verglichen werden, ganz im Sinne geläufiger jüdischer Polemik!

Jesus fasst sein Wirken als das *Brot* auf, von dem die *Kinder* satt werden. Die Leser müssen unwillkürlich an die Speisung 6,35-44 zurückdenken, in der Jesus die große Volksmenge mit den Broten satt gemacht hat (vgl. 6,42). Die Frage war, wem die nach der Speisung eingesammelten Körbe voll Brocken zugedacht sind (vgl. 6,43). Wer wird aus ihnen satt gemacht werden? Sollten sie für die Heiden sein, die später und getrennt essen werden? Von Jesu ablehnender Antwort in 7,27 her gelesen, könnte das gemeint sein. Will Jesus zum Ausdruck bringen, dass die Basileia Gottes, die sich in seinem Wirken als Geheimnis ereignet, *zuerst* für Israel aufgerichtet wird und die Heiden erst später hinzukommen – das alte Konzept von der Teilhabe der Völker am eschatologischen Heil Israels (vgl. Jes 2,2; Mi 4,1-4; Sach 2,14; 8,22)?

Die Frau widerlegt Jesus. Sie greift sein Bild auf und weist nach, dass die „*Hündlein (Haushunde) unter dem Tisch*" gleichzeitig mit den *Kindern* essen, ohne dass damit das Vorrecht der *Kinder* aufgehoben und ihnen etwas genommen würde. Das *Brot* reicht für *Kinder* und *Hunde*; auch für die *Hunde* fällt genug ab, und die *Kinder* kommen nicht zu kurz. Dafür ist die Speisungsgeschichte ebenfalls Beleg: Das Heilswirken Jesu reicht aus für Juden und Heiden, und beide könnten auch gemeinsam essen.

Jesus gibt sich geschlagen; das Argument der Frau hat ihn überwunden. Er nimmt seine Ablehnung zurück. Der Dämon ist aus ihrer Tochter ausgefahren; diese Heidin hat zugleich mit den *Kindern* schon jetzt das Heil als Befreiung aus der Herrschaft Satans (vgl. 3,27) erfahren.

Was sollen nun die Leser von dieser Geschichte halten, in der Jesus wie ein Verlierer aussieht? Doch Vorsicht: In 5,1-20 war es ähnlich, aber am Ende hatte Jesus sich durchgesetzt. Und auch hier ist durch ihn Satans Macht erneut gebrochen worden; darauf allein kommt es an. Über die schlaue Heidin wird der Leser vielleicht schmunzeln: Da sie Jesu Argument so leicht ausgehebelt hat, wird dieses für die Leser ebenfalls kein großes Gewicht mehr haben. Den Vorrang der *Kinder*, das πρῶτον Israels hat die Frau auch gar nicht in Frage gestellt; sie hat nur bestritten, dass der Vorrang sich konsequent *zeitlich* auswirken muss. Jesu Heilswirken, das in Galiläa – im jüdischen Land – begonnen hat, reicht auch für die mit den *Kindern* zusammenlebenden Heiden aus. Wie Kinder und Hunde im Haus gemeinsam vom Brot essen, so können Juden und Heiden gemeinsam am Heil, das Jesus bringt, partizipieren, wenn sie zusammen wohnen. Sieht so die Situation bei den Lesern aus? Jesu Argument – den Lesern vielleicht als judenchristlicher Einwand gegen die Tischgemeinschaft von Juden- und Heidenchristen bekannt – hat keinen Bestand. Souverän hat er selbst es zurückgenommen, und zwar nicht nur ausnahmsweise, sondern grundsätzlich. Juden und Heiden steht das Heil spätestens zur Zeit der Leser gleichzeitig offen, kein zeitlicher Abstand trennt sie. Doch was heißt dann *zuerst* (πρῶτον)? Es hält an der ursprünglichen Bestimmung und Berufung der Juden für das Heil der Basileia fest. Sie sind die *Kinder* des Hauses; aber die Heiden dürfen auch hinzutreten. Und wenn, wie Jesus in 7,15.18f gesagt hatte, alle Speisen *rein* sind, dann hindert nichts mehr daran, dass Judenchristen und Heidenchristen gemeinsam Mahl halten, in einer Gemeinde zusammen leben.

2.3.2 Jesus heilt Taub-Stummheit: 7,31-37

Jesus verlässt die Gegend von Tyrus wieder – die Reise dorthin war nur eine kurze Exkursion – und kehrt nach einem Umweg über das heidnische Sidon im Norden an das *„Galiläische Meer"* zurück, *„mitten in das Gebiet der Dekapolis"*. Diese Mitteilung des Erzählers irritiert, wenn man eine Landkarte vergleicht. Aber der Autor hatte keine vor sich, und er besaß wohl auch keine persönlichen Kenntnisse der geographischen Verhältnisse. Das war schon 5,1.20 festzustellen, wo er das *„Land der Gerasener"* und damit die Dekapolis an den See angrenzen ließ. Nach seiner Vorstellung hat der See von Galiläa ein jüdisch-galiläisches und ein heidnisch-dekapolitanisches Ufer, und an letzteres begibt sich Jesus nun erneut. Somit spielt auch die folgende Szene (und die anschließende Speisung) offenbar wie 5,1-20 in heidnischem Gebiet.

Man bringt einen Taubstummen zu Jesus und bittet darum, ihn durch Handauflegung zu heilen. Zum erstenmal lesen wir im MkEv, dass Jesus wie ein antiker Wunderheiler eine regelrechte Manipulation vornimmt: Er bohrt (βάλλει) seine Finger in die tauben Ohren des Behinderten, berührt dessen stumme Zunge mit Speichel, blickt zum Himmel empor, stößt einen Seufzer aus und spricht ein unverständliches aramäisches *Ephphata*, das dem Leser übersetzt werden muss: „*Öffne dich!*"; erst danach tritt die Heilung ein.

All diese Züge sind dem Autor mit der Tradition übermittelt worden, aus der er die kleine Erzählung geschöpft hat. Sie sind typisch für antike Heilungserzählungen. Der Autor behält diese Züge bei; aber wer ist Zeuge für die geheimnisvollen Berührungen und Worte? Denn ausdrücklich wird erzählt, dass Jesus den an Ohren und Sprache Behinderten *„von der Volksmenge wegnimmt"* und *„allein"* (κατ' ἰδίαν) behandelt (vgl. 4,34; 6,31f). Also die Volksmenge bekommt Jesu Handlungen, die zur Heilung führen, nicht mit, jedoch wohl die eingetretene Heilung (7,36f). Zeugen sind vielleicht die Jünger, die ja ständig *„mit Jesus"* sind (vgl. 3,14), vor allem aber der Erzähler und durch ihn die Leser, denen das unverständliche Wort Jesu übersetzt wird. Gelten die Manipulationen Jesu womöglich auch diesen Zeugen, den Jüngern und den Lesern, sein Seufzer und vor allem die Aufforderung *„Öffne dich"*? Sollen sie ebenfalls *hören*, um dann *„richtig reden"* zu können? Bei der Vielzahl der Aufforderungen Jesu zum (richtigen) Hören (vgl. 4,3.9.23.24; 7,14) liegt dieser Gedanke nahe, besonders im Vorausblick auf den Vorwurf Jesu gegen die Jünger in 8,17f: *„Ohren habt ihr und hört nicht"* (vgl. 4,12). Die Erzählung ist also wohl eine symbolische Handlung Jesu an Jüngern

Auslegung 191

und Lesern. Wie bei dem Behinderten will Jesus ihnen die Ohren öffnen und die Zunge lösen, damit sie seine *Lehre* aufnehmen und weitersagen.

Nach dem eingetroffenen Wunder treten stillschweigend wieder diejenigen auf den Plan, die den Behinderten zu Jesus gebracht haben, und wohl auch die Volksmenge. Zu ihnen kehrt Jesus mit dem Geheilten zurück. Denn nur ihnen kann Jesu Schweigebefehl gelten, der nicht eingehalten wird: Sie sollen niemandem die Tat Jesu berichten (vgl. 1,44; 5,43)! Der Schweigebefehl kann sich nur auf die Ohrenöffnung beziehen, nicht auf Jesu Praktiken, weil die Menge von ihnen gar nichts mitbekommen hat. Aber die Leute halten sich nicht an Jesu Befehl, vielmehr – so kommentiert der Autor: *„Je mehr er es ihnen aber befahl, um so mehr verkündeten sie es"*. Das war in 1,45 nicht anders, und auch in 5,43 konnte Jesu Schweigebefehl schwerlich gehalten werden. Warum also verbietet Jesus die Kundgabe seiner Tat? Da das Schweigegebot offensichtlich unwirksam bleibt, wird es für den Leser ausgesprochen sein. Nicht als ob der Leser die Tat Jesu nicht weitersagen dürfte – der Erzähler hat es ja gerade auch getan –, sondern er soll sich fragen, warum Jesus seine Tat geheim halten wollte, obwohl das unmöglich war. Dieselbe Frage stellte sich ihm bereits anders: Warum wollte sich Jesus zurückziehen und verborgen bleiben, ist aber immer wieder „aufgestöbert" worden und hat dann heilvoll gehandelt? Soll dem Leser bewusst werden, dass die Taten Jesu noch nicht sein eigentliches und letztgültiges Werk waren, zu dem er gekommen ist? Das steht vielmehr noch aus, und zu ihm hin ist er unterwegs. Erst wenn das abgeschlossen sein wird, sollen Jesu Taten erzählt werden. Sie werden dann zu symbolischen Handlungen des gekreuzigten und auferstandenen Gottessohnes.

Zu recht ist die Volksmenge über Jesu Tat *„über die Maßen erschrocken"* (ἐξεπλήσσοντο; vgl. 1,22). Denn wo Taube zum Hören kommen und Stumme zum Sprechen, da ist Gott selbst als Schöpfer eschatologisch heilschaffend am Werk. Das bringen die Menschen preisend zum Ausdruck. In ihrem Chorschluss nehmen sie Gen 1,31 (LXX) auf: *„Gott sah, dass alles gut war, was er gemacht hatte"* und lassen die Endzeitvision Jes 35,5 (LXX) anklingen: *„Die Ohren der Tauben werden hören und laut werden (klingen) die Stimmen der Stummen"*. Diese Erwartung hat Jesus erfüllt.

2.3.3 Die zweite Speisung: 8,1-9

Seit 7,24.31 befindet sich Jesus auf heidnischem Gebiet, zuletzt an dem Ufer des „Galiläischen Meeres", das zur Dekapolis gehört (vgl. 5,1ff) – so jedenfalls die (freilich unzutreffende) Vorstellung des Erzählers. Erst in 8,10 fährt Jesus mit seinen Jüngern an das andere Ufer zurück. Somit erfolgt die Speisung, die nun erzählt wird, für Heiden.

Dass Menschen aus heidnischen Städten und Gebieten zu Jesus kommen, war schon in 3,7f und in 7,24f erzählt worden. Auch jetzt ist wieder – schon seit drei Tagen (8,2) – eine große Volksmenge bei Jesus versammelt, und zwar irgendwann *„in jenen Tagen"*. Der Erzähler erwähnt von Anfang an, dass die Menschen nichts (mehr?) zu essen haben: Die Leser sind sensibilisiert. Die Jünger dagegen – eine stupide Gesellschaft!

Jesus versucht, die Jünger aus ihrer Herzensverhärtung (vgl. 6,52) herauszulocken. Er *„ruft sie zusammen"* (vgl. 3,13; 6,7; vgl. 3,23; 7,14): So signalisiert er (und der Erzähler dem Leser), dass die folgende Speisung eine Bedeutung hat, die es zu erfassen gilt. Jesus verweist auf sein *Mitleid* mit den Menschen (σπλαγχνίζομαι; vgl. 6,34), die schon drei Tage bei ihm ausharren. Offenbar hat er sie wieder belehrt (vgl. 6,34). Nach drei Tagen aber sind alle Vorräte aufgebraucht, und sie haben nichts mehr zu essen. Nun müssten auch die Jünger sensibilisiert sein. Hatten sie nicht bei der ersten Speisung im Judenland selbst Jesus auf die mögliche Notlage hingewiesen und eine Entlassung der Menge vorgeschlagen, damit sie sich auf den umliegenden Gehöften mit Nahrung versorge? Damals hatte Jesus die Jünger angeleitet, die Volksmenge aus ihren eigenen Vorräten zu speisen. Nicht irgendwo, sondern bei den Jüngern sollen die Leute *Brot* erhalten. Jetzt ist die Lage noch zugespitzter: Eine Entlassung der Menge ohne Nahrung verbietet sich, weil die Menschen auf dem Weg nach Hause schlapp machen würden, zumal manche von weit her – aus entfernten heidnischen Städten (?) – sind.

Der Leser erwartet nach der Erfahrung der ersten Speisung von den Jüngern als einzig mögliche Antwort: In dieser Notlage kann nur Jesus die Menschen speisen. Ihre Reaktion muss ihn daher geradezu schockieren: *„Woher kann jemand diese mit Broten satt machen, hier in der Wüste?"* Jedes Wort ein Unverständnis! Das τίς ist eine Ungeheuerlichkeit angesichts ihrer Erfahrungen mit Jesus (vgl. 4,41; 6,50); der Zweifel an der Möglichkeit, die Menge zu *sättigen*, ist eine Unverschämtheit nach 6,43! Die Jünger bestätigen den Autor, der in 6,52 ihr Verhalten als *Herzensverhärtung* kommentiert hatte.

Jesus stellt ihnen die gleiche Frage wie in 6,38: *„Wie viele Brote habt ihr?"* Diesmal brauchen sie gar nicht nachzuforschen: Ihr Vorrat beträgt sieben Brote (und wenige Fische: 8,7). Die Leute sollen sich lagern – von Tischgemeinschaften ist jetzt nicht die Rede, wohl weil es nicht um die eschatologische Lagerordnung Israels, sondern um Menschen aus den Heiden geht –, und es vollzieht sich der gleiche Ritus wie in 6,41 mit noch deutlicheren Anklängen an die Eucharistie als dort (εὐχαριστήσας: vgl. 14,22). Die Jünger müssen den Leuten die Brote *vorlegen*; die Fische bilden einen eigenen Gang. Diesmal werden sieben Körbe von Broten am Ende der Mahlzeit aufgehoben, nachdem die Menschen – es waren viertausend – satt geworden sind. Insgesamt fällt das Wunder also etwas geringer aus als bei der ersten Speisung, aber darauf dürfte wohl kein Ton liegen. Die Spannung wird vielmehr durch die unwillkürliche Frage der Leser erzeugt: Ob die Jünger nun endlich begriffen haben?

Bei dieser Frage sind die Leute nicht mehr nötig, und Jesus kann sie – gesättigt – *entlassen* (8,9). Der Rest der Geschichte spielt sich zwischen ihm und den Jüngern ab (8,14-21). Darauf zielte sein Wirken seit 6,30.

2.3.4 Die Zeichenforderung: 8,10-13

Erneut besteigt Jesus mit seinen Jüngern ein Boot; jetzt lassen sie das Volk endgültig zurück. Aber sie kommen nach erfolgter Überfahrt immer noch nicht in Bethsaida an (vgl. 6,45), sondern gelangen erst noch in das Gebiet von Dalma-

Auslegung 193

nutha. Kein Exeget weiß mit diesem Namen etwas anzufangen, denn der Ort ist uns heute völlig unbekannt; doch dürfte die Gegend am westlichen Seeufer zu suchen sein und somit in jüdischem Land.

Hier sind dann auch sofort wieder die Pharisäer präsent (vgl. 7,1), die Jesus natürlich ins Heidenland nicht gefolgt waren. Sie „*kamen heraus*" und „*fingen an, mit ihm zu streiten*" – wie immer (vgl. 2,24; 3,2.6; 7,1). Sie verlangen von Jesus ein „*Zeichen vom Himmel*". Er soll sich durch ein eindeutiges und für jedermann evidentes Beglaubigungszeichen ausweisen und legitimieren. Die *Machttaten* Jesu (δυνάμεις) sind ihnen nicht eindeutig genug; zwar lässt sich nicht bestreiten, dass sich darin eine *Dynamis* auswirkt, aber die könnte auch vom Satan sein; so jedenfalls hatten die Schriftgelehrten argumentiert (vgl. 3,22.30). Das *Zeichen*, das die Pharisäer verlangen, soll hingegen eine offenkundige Tat Gottes sein.

Der Erzähler sagt, dass sie mit dieser Forderung Jesus in Versuchung führen wollten (vgl. 10,2; 12,13); offenbar rechnen sie von vornherein damit, dass Jesus ihr nicht entspricht oder nicht entsprechen kann. Ist sie dann ernst gemeint? Könnten die Pharisäer wissen, dass es ein ihre Verstockung und Verweigerung überwindendes „*Zeichen vom Himmel*", das den Glauben erzwingt, nicht gibt und niemals geben wird? Nicht einmal am Kreuz, im Augenblick seines scheinbaren Scheiterns, wird der „*Sohn Gottes*" zu dem Mittel eines *Zeichens* greifen, um Glauben an sich durchzusetzen (vgl. 15,31f).

In diesem Sinne antwortet Jesus; er weist die Forderung der Pharisäer strikt zurück. Ein „*Zeichen vom Himmel*", das den Menschen die eigene Glaubensentscheidung abnimmt, wird es nicht geben. Natürlich könnte Gott so handeln, aber er tut es nicht! Warum nicht? Es wäre doch so einfach: Wenn in Jesus Gott am Werk ist, dann muss er eigentlich die Fähigkeit haben, jeden Zweifel und jede Ablehnung zu überwinden, öffentlich seine Präsenz zu demonstrieren und alle Welt in die Knie zu zwingen! Und wenn er solche Macht hat, dann sollte er sie auch ausüben und sich gegen alle Gegner durchsetzen! Die Pharisäer verlangen, Gott soll ihren Widerstand gegen Jesus brechen. Was sie nicht bedenken ist, dass dieser Sieg Gottes, das unabweisbare Glaubwürdigkeitszeichen „*vom Himmel*" der endgültige Einbruch des Eschatons wäre, bei dem Heil und Gericht entschieden sein werden. Denn mit der endgültigen Offenbarung Gottes wird auch die Haltung des Menschen endgültig an den Tag gebracht, entweder als Glaube oder als Unglaube. Gott wird siegen, und Jesus wird endgültig anerkannt werden (vgl. 4,22f), davon ist auch der markinische Jesus überzeugt. Das wird dann aber der Anbruch der Basileia „*in Vollmacht*" (vgl. 9,1; 14,25) und das Kommen des „*Menschensohnes in der Herrlichkeit seines Vaters*" (vgl. 8,38) und „*auf den Wolken des Himmels*" (vgl. 13,26) sein. Dabei werden zwar *Zeichen* geschehen (13,24f), aber sie fallen mit dem Kommen des *Menschensohnes* und der *Basileia* zusammen und geben keine Gelegenheit mehr zu Umkehr und Glauben. Wenn Gottes Sieg epiphan wird, ist für jeden die Entscheidung gefallen, ob er auf der Seite des Siegers steht oder Verlierer ist.

Im Sinne der Forderung der Pharisäer wird es somit kein „*Zeichen vom Himmel*" geben, weil sonst kein Glaube mehr möglich wäre, „nur noch eine logische Schlussfolgerung, die man letztlich unbeteiligt ziehen könnte" (E. Schweizer).

Das verborgene Wirken Jesu in Wort und Tat erschließt sich jedoch nur dem Glaubenden, das hat Jesus/der Autor immer wieder gezeigt. Um Jesus zu verstehen, muss man mit ihm sympathisieren. Damit er sich offenbart, muss man sich selbst geöffnet haben.

Weil die Pharisäer aber verschlossen bleiben und sich nicht öffnen, deshalb *seufzt* (ἀναστενάξας) Jesus vor seiner Antwort auf, wie er vor der *Öffnung* des Taubstummen geseufzt hatte (7,34). Warum jedoch spricht er sie als „*dieses Geschlecht*" an? Was meint der Ausdruck? Die ganze Generation Jesu, für die die Pharisäer nur Repräsentanten sind? Oder meint er die Art von Menschen, die wie die Pharisäer verhärtet sind und sich nicht öffnen wollen, bis sie „*Zeichen vom Himmel*" gesehen haben? Die folgende Szene wird zeigen, dass auch die Jünger anscheinend gefährdet sind, von der Art der Pharisäer angesteckt zu werden. Sind die ersten Leser es auch?

Sie haben wie die Jünger die größten Wundertaten Jesu, die im MkEv erzählt werden, erfahren. Verlangen sie trotzdem weiterhin nach dem unwiderlegbaren „*Zeichen*"?

2.3.5 Jüngertadel: 8,14-21

Es folgt eines der rätselhaftesten Stücke des MkEv. Jedoch, um das Rätsel zu lösen, muss man nicht Literarkritik oder Traditionsgeschichte bemühen. Die Rätselhaftigkeit geht auf den Autor selbst zurück, der sie bewusst hergestellt, nicht durch divergierendes Material nur in Kauf genommen hat. Der Leser soll nachdenken und den Kontext befragen. Denn es gibt etwas zum Nachsinnen; darauf weist Jesus die Jünger nachdrücklich hin: „*Versteht ihr noch nicht und habt noch keine Einsicht?*" (8,17); „*erinnert ihr euch nicht?*" (8,18); „*habt ihr noch keine Einsicht?*" (8,21). Jesus belegt die Jünger mit einem schweren Tadel (8,17f) wegen ihres Unverständnisses, ja er wirft ihnen Herzensverhärtung vor und stellt sie so auf eine Stufe mit den Gegnern (vgl. 3,5) und denen *draußen* (vgl. 4,12).

Was aber hätten die Jünger verstehen sollen? Sie sollen sich an die beiden Speisungen 6,35-44 und 8,1-9 *erinnern* (μνημονεύετε: 8,18) und aus den jeweils eingesammelten Brotresten ihre Schlüsse ziehen (8,19f). Doch welche? Darüber schweigt Jesus, und der Autor ergänzt ihn nicht. Die Leser sollen es selbst herausfinden.

Zunächst werden sie an die erste Speisung und nächtliche Überfahrt zurückdenken, als Jesus den Jüngern vom Berg her auf dem Wasser erschien und sich ihnen mit der Gottesformel „*Ich bin es*" offenbarte. Damals hatte der Autor die erschrockene Reaktion der Jünger als Herzensverhärtung getadelt, weil sie „*bei den Broten nicht zur Einsicht*" gekommen waren (6,52). Sie haben Jesus bei der Speisung nicht als den „*Sohn Gottes*" erkannt und deshalb mit seinem Kommen im Morgengrauen auf dem Meer nicht gerechnet, hielten ihn vielmehr für ein *Gespenst*. „*Bei den Broten*" hätten sie die Einsicht gewinnen können, dass Jesus sie nicht im Stich lassen, sondern zu ihnen kommen wird, selbst am Ende der langen Nacht auf dem Meer. Was die Jünger auf der Ebene der Handlung noch nicht gelernt haben, das können die Leser aus der Erzählung über Speisung und Seewandel erfassen.

Auslegung 195

Was können Jünger und Leser nach Jesu Meinung aus beiden Speisungen, an die Jesus in 8,19f erinnert, noch lernen? Jesus verweist ausdrücklich auf die nach den Speisungen übriggebliebenen Brocken. Die Jünger haben jeweils mehr Körbe davon eingesammelt, als sie zuvor an Essvorrat bei sich hatten. Daraus müssten sie (und die Leser) die Einsicht gewinnen, dass Jesus auch aus wenigen Broten, ja sogar aus einem einzigen mehr Nahrung schaffen kann als nötig ist, um die Jünger (und Leser) zu ernähren. Deshalb brauchen die Jünger sich keine Gedanken und Sorgen darüber zu machen, dass sie vergessen haben, Brot mit zu nehmen, bis auf ein einziges (8,14.16). Sie und die Leser können darauf vertrauen, dass Jesus ihnen Brot – und nicht nur im wörtlichen, sondern im metaphorischen Sinn (vgl. 7,27) – geben wird. Er sorgt für sie und wird ihnen das „Brot des Heiles" verschaffen.

Die Jünger sollen im Vertrauen auf Jesus und im Glauben an ihn durchaus ein weiteres Brotwunder erwarten – mit dem *einen* Brot (vgl. 14,22-25)! Doch dürfen sie es nicht fordern und verlangen, um erst danach zu glauben. Denn Jesu Machttat (*Dynamis*) erfährt nur, wer an ihn glaubt; ihm wird das Wunder hinzugegeben (vgl. 4,25; vgl. oben zu 5,23-41). Wer nicht glaubt, sieht auch kein *Zeichen* (vgl. 6,1-6a; 8,12).

Die Jünger aber sorgen sich, dass sie keine Brote bei sich haben (8,14), und machen sich deshalb Gedanken (8,16), obwohl sie doch Jesu Macht zu speisen zweimal erfahren konnten. Damit haben sie die Basis glaubenden Vertrauens zu ihm noch gar nicht erreicht. Sie besitzen *„Augen und haben doch nichts gesehen"*. Ihr Herz ist verstockt (8,17f). Sie verhalten sich noch wie die Gegner (vgl. 3,5), wie diejenigen, die *draußen* bleiben (vgl. 4,11f). Damit sind sie anfällig für den *„Sauerteig der Pharisäer und den Sauerteig des Herodes"* (8,15).

Worin der *Sauerteig* – die infizierende, sich ausbreitende Gefahr – der Pharisäer zu suchen ist, dürfte sich aus 8,11f ergeben: Die Pharisäer wollen erst glauben, nachdem Jesus sich durch ein *„Zeichen vom Himmel"* legitimiert hat. Das heißt, sie wollen überhaupt nicht glauben, wenn Glauben ein freies, wagendes Vertrauen in die Macht Jesu ist. Sie wollen sich nur beugen, wenn ihre Verweigerung durch Jesus vom Himmel her überwunden wird. Ohne diese Demonstration akzeptieren sie Jesu göttliche Vollmacht nicht.

Der *Sauerteig* des Herodes dürfte sich aus 6,14-16 inhaltlich füllen: Herodes hört von Jesu *Vollmachtstaten*, will aber nicht an Jesu göttliche Vollmacht glauben, sondern bietet eine spiritistische Deutung auf, um sie zu erklären: Jesus ist der von den Toten auferstandene Johannes der Täufer, der seitdem über göttliche Kräfte verfügt. Jetzt erst – nachträglich – scheint Herodes bereit zu sein, den Täufer anzuerkennen – zu spät! Aber nicht an den Täufer sollte er glauben – *wegen* der Wunder –, sondern an Jesus, den der Täufer angekündigt hat.

Vor solcher Haltung sollen die Jünger sich hüten: Sie sollen im Glauben das wunderbare Vollmachtswirken Jesu erwarten und darauf vertrauen, dass es ihnen zugute kommt, sie dürfen aber nicht danach verlangen und ihren Glauben davon abhängig machen, dass es Erfolg hat. Das können sie aus den beiden Speisungen lernen: Jesus wird weiterhin an ihnen handeln und sie ernähren, wie er es zweimal getan hat. Auch ein Mangel an Broten – ein einziges Brot ist ja wenig für die Jüngergruppe – kann ihn nicht hindern. Er wird helfend in den Bedrängnissen der Nacht zu den Jüngern kommen, auch wenn er zu zögern scheint. Sie brauchen nichts zu tun, als im Mangel und in der Bedrängnis vertrauensvoll auszuharren und glaubend seine Hilfe zu erwarten. Das hätten sie „*bei den Broten*" lernen können. Noch haben sie es nicht begriffen, aber das „*noch nicht*" (8,17.21) ist zugleich tröstlich: Die Jünger werden zu der Einsicht gelangen.

Das wissen auch die Leser: Petrus und die übrigen Jünger haben schließlich begriffen und ihre Herzensverhärtung aufgegeben. Nach Ostern sind sie zu Aposteln Jesu und zu Vorbildern der Leser in Nachfolge und Glauben geworden. Warum erzählt dann der Autor diese Episode? Doch um der Leser willen! Eigentlich werden sie vor dem *Sauerteig* der Pharisäer und des Herodes gewarnt und angewiesen, aus den Erzählungen über die beiden Speisungen ihre Lektion zu lernen: Im Vertrauen auf Jesu Kommen Bedrängnis und Mangel auszuhalten und dabei im Glauben nicht nachzulassen, damit sie nicht in Gefahr geraten, um ihres Glaubens willen nach einem „*Zeichen vom Himmel*" zu verlangen.

2.3.6 Jesus öffnet Augen: 8,22-26

Die letzte Überfahrt Jesu mit den Jüngern über den „*Galiläischen See*", die im MkEv erzählt wird, endet mit der Frage an die Jünger: „*Habt ihr noch keine Einsicht?*" (8,21). Die anschließende Erzählung über eine Blindenheilung Jesu wirkt wie eine tröstende Verheißung darauf. Sie hat ähnlich wie die Heilung eines Taubstummen (vgl. 7,31-37) symbolischen Gehalt: Wie an dem leiblich Blinden wird Jesus auch an den *blinden* Jüngern, die „*Augen haben und nicht sehen*" (8,18), handeln. Stufe um Stufe werden sie von ihm zum *Sehen* der Wirklichkeit Jesu und der Basileia Gottes gebracht. Das MkEv wird im Folgenden davon erzählen; und was in der erzählten Handlung an den Jüngern geschieht, vollzieht sich durch den Text genauso an den Lesern.

Die Jesusgruppe kommt nun endlich in Bethsaida an (vgl. 6,45): Hier erfolgt die Blindenheilung. Soll man das so lesen: Der Punkt ist erreicht, von dem an Jesus die Augen öffnet? Am Ende des ab 8,27 folgenden Erzählbogens wird erneut eine Blindenheilung stehen (vgl. 10,46-52); dort wird der geheilte Blinde als Jünger die Konsequenzen ziehen und Jesus „*auf seinem Weg*" nachfolgen (10,52).

Die Heilung des Blinden erfolgt in Stufen, Schritt für Schritt (8,23ff). Der Autor hat diesen Zug, der als fester Topos antiker Wundererzählungen bereits Bestandteil der überlieferten Erzählung war, wohl ebenfalls zugleich symbolisch ausgewertet: Schon sehen die Jünger undeutlich; von 8,27 an wird Jesus sie auch in seinen *Weg*, den er gehen muss, einführen; am Ende werden sie ihn sehen (16,7) und ihm nach Galiläa nachfolgen.

Rätselhaft bleibt der Befehl Jesu am Schluss der Heilung: „*Dass du ja nicht ins Dorf hineingehst!*" (8,26). Jesus hatte ihn von dort herausgeführt (8,23). Wohnt der Geheilte nach Auffassung des Erzählers gar nicht im Dorf und soll das Wunder dort geheim bleiben (vgl. 7,36)? Aber weshalb? Wird durch diesen Zug die Symbolik der Erzählung unterstrichen: Jesus hat das Wunder zur Belehrung der Jünger (und Leser) gewirkt?

Dritter Erzählbogen: 8,27-10,52

„Auf dem Weg"

Im vorausgehenden zweiten Erzählbogen 3,7-8,26 war Jesus ständig um den See von Galiläa herum lehrend und Machttaten wirkend unterwegs. Verbindendes szenisches Mittel war das Boot (vgl. 3,9; 4,1.35f; 5,2.18.21; 6,32.45.54; 8,10.13f), mit dem Jesus und die Jünger jeweils von einem Ufer „*an die Jenseite*" fuhren (vgl. 4,35; 5,1.21; 6,45; 8,13).

Diese Szenerie endet jetzt; das Boot taucht von nun an nicht mehr auf. Eine andere szenische Vorstellung beherrscht von jetzt an die Darstellung: Jesus wandert mit seinen Jüngern zielgerichtet nach Jerusalem. Ausgangspunkt ist die Gegend um Cäsarea Philippi im Norden Palästinas (8,27); die Wanderung führt dann durch Galiläa (9,30) in die Gegend Judäas „*jenseits des Jordan*" (10,1) und von dort über Jericho (10,46) nach Jerusalem (11,11). Wichtiges szenisches Stichwort ist „*auf dem Weg*" (vgl. 8,27; 9,33; 10,17.32. 46.52). Dieser Weg Jesu hat nicht nur szenisch-geographische Bedeutung, sondern auch eine theologisch-christologische Dimension: Er ist der für den Gottessohn auf Erden vorgesehene Weg durch Leiden und Kreuz in seine Herrlichkeit (vgl. 1,2f). Jesu offene Ankündigungen seines Jerusalemer Geschicks, die jetzt in beständigem Rhythmus erfolgen, machen dies klar (vgl. 8,31; 9,9.12; 9,31; 10,32-34).

Damit dürfte genügend deutlich sein: Mit 8,27 beginnt in der Erzählung des MkEv ein neuer dritter Erzählbogen. Die Szenenangabe 8,27 führt geographisch zum Startpunkt der Wanderung Jesu in Richtung Jerusalem und theologisch zum Ausgangspunkt der Einweisung der Jünger in das schwer begreifliche Geheimnis des Leidensweges Jesu. Mit 10,52/11,1-11 wird das Ziel Jerusalem erreicht und zumindest bei einem, der Jesus nachfolgt, auch das Ziel der Kreuzesnachfolge.

Der dritte Erzählbogen gliedert sich wieder in zwei „Wochen":
A) Die fünfte „Woche" (8,27-9,29):
B) Die schste „Woche" (9,30-10,52):

A. Die fünfte „Woche": 8,27-9,29

Jesus beendet sein öffentliches Wirken
und nimmt nun mit den Jüngern seinen Weg nach Jerusalem auf.
Am Startpunkt des Weges belehrt Jesus die Jünger über sein Leiden
und führt sie in die Forderungen der Kreuzesnachfolge ein;
jedoch die Zwölf begreifen davon nichts.

1. Analyse

1.1 Abgrenzung

Das Ende des „Weges" wird eigentlich erst mit Jesu Ankunft in Jerusalem erreicht (11,1-11; dazu unten). Wir fragen hier jedoch nach einer vom Autor angezeigten Untergliederung. Geographisch gesehen hängen 8,27-9,29 eng zusammen: Alle Szenen spielen bei Cäsarea Philippi, zuerst „*auf dem Weg*" zu den umliegenden Dörfern, danach „*auf einem hohen Berg*" (9,2) und beim Abstieg (9,9); dann wieder bei einem Dorf („*im Haus*"; 9,28f). Erst in 9,30 wird der Aufbruch „*von dort*" erzählt, und es beginnt die Wanderung nach Süden durch Galiläa auf Jerusalem zu.

Chronologisch setzt 9,2 mit der Zeitangabe „*nach sechs Tagen*" eine Markierung. Durch sie wird der gesamte Abschnitt geteilt in ein Doppelbild: 8,27-9,1 und 9,2-29.

1.2 Was die Leserinnen und Leser schon wissen!
Rückverweise/Wiederaufnahmen/Echos

Rückverweis

- 9,9b und 9,12b sind indirekte Rückverweise auf die Leidensankündigung 8,31 im gleichen Abschnitt. Dabei nimmt 9,9b die Auferstehungsaussage auf, verstärkt sie aber durch ἐκ νεκρῶν, und 9,12b fasst die Leidensansage zusammen und erläutert dabei das δεῖ von 8,31 durch den Hinweis auf die Schriftgemäßheit des Leidens und Sterbens des Menschensohnes: Wie Elia nach göttlichem Plan kommen *muss* (9,11) und die Schrift dies angekündigt hat (vgl. Mal 3,23f), so erfolgt mit gleicher Unabwendbarkeit das Leiden des Menschensohnes nach der in der Schrift dokumentierten Voraussicht Gottes. Also ist 9,12b auch ein direkter Rückverweis auf die Heiligen Schriften.

Analyse

Wiederaufnahmen

- Die Jünger geben auf Jesu Anfrage hin in 8,28 Meinungen über Jesus wieder, wie sie schon in 6,14-16 geäußert worden waren. Die Jünger selbst sind zu einer anderen Einschätzung gekommen, die Petrus dann in 8,29 ausspricht. Diese Wiederaufnahme fasst somit den vorausgehenden Kontext 3,7-8,26 zusammen, der von der Frage bestimmt war, wer Jesus ist, und eröffnet einen neuen Abschnitt im Wirken Jesu.

- Petrus tituliert in 8,29 Jesus als *„den Christus"*, eine richtige Bezeichnung, wie der Leser seit 1,1 weiß. In 9,7 wird Jesus vor den Jüngern durch Gottes Stimme als *„mein geliebter Sohn"* bekannt gemacht; der Leser weiß um Jesu Würde schon seit 1,11. Durch beide Wiederaufnahmen wird klar, dass jetzt im MkEv der Punkt erreicht ist, an dem die Jünger in ihrer Jesuserkenntnis die Leser eingeholt haben. Heißt das, dass von jetzt an Jünger und Leser *gemeinsam* lernen müssen?

- Das den Jüngern verordnete Verbot, über Jesus zu reden (8,30), lässt an die ganz ähnlichen Verbote zurückdenken, durch die den Dämonen von Jesus untersagt wurde, ihr übernatürliches Wissen über ihn auszuposaunen (1,25: ἐπετίμησεν; vgl. 1,34; 3,12: ἐπετίμα). Ein weiteres Verbot folgt in 9,9. Es betrifft nicht das *Wissen* der Jünger, sondern *„was sie gesehen haben"*, und nimmt damit die Verbote Jesu nach seinen Wundertaten wieder auf (vgl. 1,44; 5,43; 7,36: διεστείμησεν). Neu ist jetzt, dass das Verbot zeitlich limitiert wird: Nach der Auferweckung Jesu dürfen die Jünger das Gesehene erzählen und haben es auch getan; davon gibt das MkEv Zeugnis! Dann gilt diese Limitierung ebenso für das Erzählen von Jesu Machttaten: Nach Ostern sollen sie kundgemacht werden und wurden es auch. Weshalb dann überhaupt das Verbot?

- In 8,31.38; 9,12 nimmt Jesus den Titel *Menschensohn* wieder auf, mit dem er sich in 2,10.28 selbst bezeichnet hatte. Auf der Ebene der Darstellung ist völlig klar, wer damit gemeint ist; es gibt ja auch keinerlei Rückfragen. Die Leser wissen ebenfalls um die Identität Jesu mit dem *Menschensohn*. Es kommen aber neue Dimensionen hinzu: War in 2,10.28 die *Vollmacht* (ἐξουσία) des Menschensohnes *„auf Erden"* betont worden, so wird nun in 8,38 auf seine richterliche Vollmacht und *Herrlichkeit* (δόξα) verwiesen, die sich bei seiner zukünftigen Ankunft *„mit den heiligen Engeln"* zeigen wird. Beidem steht jedoch konträr entgegen, dass der Menschensohn leiden, verworfen werden, sterben und auferstehen *muss* (vgl. 8,31; 9,12). Wie sind alle diese Aussagen über Jesus, den Menschensohn, miteinander zu vermitteln?

- Wiederaufgenommen wird auch das bestimmende Thema der Verkündigung Jesu: Das *„Reich Gottes"* (vgl. 9,1). In 1,15 hatte Jesus das *Nahegekommensein* des Reiches verkündet, in 4,11 sogar gesagt, dass das *„Geheimnis des Reiches Gottes"* den Jüngern bereits *gegeben* sei. Die beiden Rätsel 4,26-29.30-32 hatten dann das Paradox der geheimnisvollen Anwesenheit und Ausständigkeit des Reiches verschlüsselt zur Sprache gebracht. In 9,1 sagt Jesus nun an, dass das endgültige Kommen der Basileia *„in Vollmacht"* ganz

- nahe bevorsteht, so nahe, dass von den Zeitzeugen Jesu einige dann noch am Leben sein werden. Was bedeutet das für die Leser?
- Auch eine Situation wird wieder aufgenommen, die im MkEv bereits häufig vorkam: die Auseinandersetzung mit den Schriftgelehrten (vgl. 2,6f.16; 3,22; 7,1). In 9,11 müssen sich die Jünger mit einer Lehrmeinung der Schriftgelehrten herumschlagen, und in 9,14 streiten sie mit ihnen. Die Gegner Jesu sind auch die der Jünger. Haben womöglich die Leser gleichfalls noch mit den Schriftgelehrten zu kämpfen?
- Die Sonderbelehrung „*im Haus*" (9,28) ist ebenfalls eine Wiederaufnahme. Erstmals wurde diese Situation in 7,17 (vgl. 1,29; 3,20; 7,24) erwähnt; in 9,33; 10,10f wird sie erneut eintreten. Wichtige Probleme, die auch die Gemeinde der Leser noch angehen, werden darin jeweils zur Sprache gebracht und gelöst. Die Situationsangabe „*im Haus*" stellt somit einen Wink für die Leser dar.

Echos
- Wie ein kräftiger Glockenschlag wirkt das gewichtige Stichwort in 8,31: „*Er begann sie zu lehren*". Es ruft dem Leser die Situationen 1,21f.27; 4,1f; 6,34 in Erinnerung (vgl. 6,2.6), in denen Jesu Tätigkeit als *Lehren* und „*Sagen des Wortes*" (8,32; vgl. 2,2; 4,33) beschrieben wurde. Lehrte Jesus bisher „*in Rätseln*" (3,23; 4,2.33; 7,17), so erfolgt seine *Lehre* jetzt „*in Offenheit/Freimut*" (8,32). Ihr Inhalt ist die Gewissheit und Unabwendbarkeit (δεῖ) des Leidensgeschicks und der Auferstehung Jesu. Darüber will Jesus den Jüngern Klarheit verschaffen und ihnen ein Einsehen ermöglichen.
- Der Rückruf des Petrus in die Nachfolge (ὀπίσω μου) in 8,33 ist ein Echo auf die Erstberufung des Petrus in 1,16f. Mit seiner Reaktion gegen Jesu Leidenslehre ist Petrus nämlich aus der Nachfolge ausgebrochen und geradezu zum Gegenspieler Jesu, zum *Satan* geworden. Auch diese Bezeichnung für Petrus ist ein Echo. Sie lässt den Leser an Jesu Versuchung durch Satan zurückdenken (vgl. 1,13). Noch ist durch die Darstellung des MkEv nicht geklärt worden, worin diese bestand. Liegt sie in dem Versuch, Jesus vom Leidensweg abzubringen? Das Leiden zu vermeiden entspricht jedenfalls menschlichem Denken, der Leidensweg Jesu dagegen ist Gottes Plan (vgl. 8,33): ein Echo auf 1,2f, wo Gott die Vorbereitung des *Weges* Jesu durch Johannes den Täufer voraussagt.
- Die in 8,34 dargestellte Situation, wonach Jesus das Volk und die Jünger zusammenruft und beide gemeinsam über die Bedingungen der Nachfolge sowie die Aussichten der Nachfolgenden im Eschaton unterweist (8,34-38), ruft vergleichbare Szenen in Erinnerung (vgl. 3,32ff; 4,10ff; 7,14). Festzuhalten ist hier, dass die Nachfolgeforderungen Jesu an alle gerichtet sind. Sollen durch diese Darstellungsweise die Leser deutlich angesprochen werden?
- In 8,35 werden die Person Jesu und sein Evangelium einander gleichgestellt: Im Einsatz für beide kann man „*sein Leben*" verlieren und so retten. Das Stichwort *Evangelium* ist Echo auf 1,1.14f; zum *Evangelium* gehört auch das

Analyse

vorliegende Buch des Autors, in dem Jesu *Worte* (8,38; vgl. 2,2; 4,14.33) und Taten niedergeschrieben worden sind.

- In 9,2 sondert Jesus aus dem Kreis der *Zwölf* drei Jünger aus, vor denen *allein* (vgl. 4,10.34; 6,31) er als himmlischer Gottessohn erwiesen wird. Die aufmerksamen Leser denken zurück an die Totenerweckung 5,21-43, bei der neben den Eltern ebenfalls nur diese drei Jünger Zeugen waren. Sie allein werden somit ins innere Personengeheimnis Jesu eingeweiht. Zweck dieser Darstellung ist aber nicht, das Geheimnis endgültig zu wahren, sondern es zur gegebenen Zeit zu offenbaren (vgl. 4,21f). Damit nach Jesu Auferstehung (9,9) über das Wesen des Gottessohnes Zeugnis gegeben werden kann, dürfen zumindest die drei wichtigsten Jünger das Geheimnis schon zu Lebzeiten Jesu wahrnehmen.

- In 9,19 werden die erfolglosen Jünger, die ja die Vollmacht zur Dämonenbannung schon empfangen (vgl. 6,7) und angewendet haben (vgl. 6,13), als *„ungläubiges Geschlecht"* angesprochen. Ihr Misserfolg beruht auf Unglauben, denn *„dem Glaubenden ist alles möglich"* (9,23). Das Scheltwort *„ungläubiges Geschlecht"* ist ein Echo von 4,40, wo der noch nicht vorhandene Glaube der Jünger ebenfalls ausdrücklich festgestellt wurde.

1.3 Worauf die Leserinnen und Leser achten sollen!
Kommentare/Vorverweise/Leerstellen

Kommentare

- Mehrmals verlässt der Autor seine Rolle als Erzähler und kommentiert die erzählten Ereignisse. Zum erstenmal in 8,32a: *„Und ganz offen sprach er das aus"*. Das Engagement des Autors bei dem in 8,31 von Jesus angekündigten Leidensweg wird dadurch deutlich. Er will dem Leser die Wichtigkeit dieses Themas vor Augen stellen.

- Zum zweitenmal gibt der Autor in 9,6 einen Kommentar, indem er – vielleicht entgegen der Lesererwartung – die Äußerung des Petrus als Unsinn beurteilt: Die *Zelte* können die Himmlischen nicht fassen und nicht halten; der Epiphaniecharakter der Szene wird so hervorgehoben. Zurück bleibt *„Jesus allein"* als der auf Verwerfung und Tod zugehende *Menschensohn* (vgl. 8,31).

- Zum drittenmal kommentiert der Autor in 9,10: Er weiß um die inneren Gedanken der Jünger. Auf diese Weise macht er deutlich, dass die Jünger das Wort Jesu von 8,31 nicht aufgenommen haben. Der Leser dagegen begreift mehr oder kann zumindest mehr begreifen.

Vorverweise

- In 8,31; 9,9.12 (vgl. 9,31; 10,32-34) kommt das Ende der Erzählung des MkEv in den Blick: Passion und Auferstehung Jesu. Jesus weist die Jünger (und Leser) ausdrücklich und freimütig darauf hin. Schon in 2,20 hatte Jesus geheimnisvoll darauf angespielt, und in 3,6 haben die Leser – aber nur sie, nicht die Jünger! – vom Beschluss der Gegner gelesen, Jesus zu vernichten. Jetzt wird außerdem deutlich, dass Jesus um sein Geschick weiß, es in Einzelheiten vorhersagen kann und seinen Weg dahin bewusst geht.

- In 8,35 weist Jesus auf eine Zeit voraus, die nach seiner Auferstehung liegen wird, die Zeit seiner leiblichen Abwesenheit, in der von ihm nur sein *Evangelium* (seine *Worte*: 8,38) bleiben wird. Es ist dies die Zeit der Leser. Und wenn das *Evangelium* (seine *Worte*) im Vollzug der Nachfolge die Stelle Jesu einnehmen kann, so sind die Leser nicht schlechter daran als die Jünger: Auch ihnen ist dann Nachfolge *Jesu* möglich.
- Eine ähnliche Funktion für die Leser hat Jesu Jüngerschelte in 9,19. Erneut kommt in den Blick, dass die leibliche Anwesenheit Jesu auf Erden nicht ständig dauern wird. Wird dann, wenn Jesus abwesend sein wird, der Glaube bei Jüngern und Lesern endlich eingekehrt sein?
- Auf die Zeit der Leser verweist auch 8,38: Die Leser werden in die Lage kommen, sich Jesu und seiner Worte zu *schämen*, etwa vor einem staatlichen oder religiösen Gericht. Zugleich weist 8,38 noch weiter voraus bis ins eschatologische Gericht, in dem der *Menschensohn* bei seiner Parusie sich nicht zum versagenden Jünger bekennen wird.
- Auf das Eschaton – das endgültige Kommen des *„Reiches Gottes in Vollmacht"* – weist 9,1 voraus: Dieses Endereignis ist für die Leser ganz nahe, denn zu ihrer Zeit ist eingetreten, dass nur noch *„einige der Dabeistehenden"* – gemeint sind die Zeitzeugen Jesu – am Leben sind. Wir haben in 9,1 einen Ausdruck höchster Naherwartung im MkEv vor uns und keinen Hinweis auf eine eschatologische Entspannung.

Leerstellen
- Das Schweigegebot in 8,30 steht in Spannung zu 3,14f: Aufgabe der Jünger soll es sein, zu verkündigen! Alles Verborgene soll einmal offenbar werden (4,21f)! Diese Spannung wird in 9,9 gelöst: Auch das Verbot von 8,30 gilt wohl nur, *„bis der Menschensohn von den Toten auferstanden ist"*. Um so massiver bricht die Frage auf: Warum wird das Redeverbot auf der Ebene der Handlung gegeben?
- Worüber Elia und Mose in 9,4 mit Jesus reden, wüsste der Leser gern. Offenbar weiß es nicht einmal der Autor. Soll der Leser raten?
- Eine echte Leerstelle, geradezu ein Rätsel, das Jünger wie Leser lösen sollen, ist 9,13: Wer war Elia?
- In 9,29 bricht in Verbindung mit 9,19.23 die Frage auf: Wann werden die Jünger diese Art von Dämon bannen können? An wen werden sie dann *glauben*? Zu wem werden sie dann *beten*?

1.4 Thematischer Duktus/Gliederung

Auf Anhieb ist zu erkennen, dass in 8,27-9,29 in zwei parallelen Durchgängen analoge Themen behandelt werden. Es geht um das richtige Wissen über Jesus

Analyse

("Wer ist er und welchen Weg muss er gehen?") und um gelungene oder misslungene Nachfolge. Durch die Zeitangabe von 9,2 wird der Abschnitt geteilt, so dass zwei Unterabschnitte entstehen, die zunächst in sich betrachtet werden sollen, ehe sie miteinander formal und thematisch verglichen werden.

1.4.1 Der erste Durchgang: 8,27-9,1

Unter Beachtung der Angaben zu Orts-, Personen- oder Situationswechsel lassen sich vier Szenen unterscheiden.

1. Szene: 8,27-30: Nach der Generaleinleitung 8,27a, die den Gesamtabschnitt in der Gegend von Cäsarea Philippi lokalisiert, bietet 8,27b eine weitere geographische Angabe: *„auf dem Weg"*. Sie bestimmt den folgenden Dialog zwischen Jesus und den Jüngern über die Frage, wer Jesus ist. Dieser Dialog, der zu einem christologischen Bekenntnis der Jünger führt, das ihr Sprecher Petrus vorträgt, wird durch das Schweigegebot 8,30 abgeschlossen.

2. Szene: 8,31-32a: Ein Orts- oder Personenwechsel erfolgt nicht, wohl aber ein Wechsel der Situation: Jesus *belehrt* die Jünger. Die Intensität der Lehre Jesu wird durch den Autorkommentar 8,32a unterstrichen. Inhalt der Lehre ist das unabwendbare Leidensgeschick Jesu und seine Auferstehung.

3. Szene: 8,32b-33: Petrus nimmt Jesus *beiseite* und lehnt seine Lehre heftig ab. Diese Reaktion bringt ihm und den Jüngern, deren Sprecher Petrus ja ist, einen scharfen Tadel ein. Er hat mit ihr die Nachfolge Jesu verlassen.

4. Szene: 8,34-9,1: Das Volk wird hinzu gerufen, und Jünger und Volk werden von Jesus in gelingende und misslingende Nachfolge eingewiesen. Die Rede Jesu ist eine durchgehende Argumentation (4x begründendes γάρ). Durch eine szenisch unnötige neue Redeeinleitung wird die Verheißung 9,1 ein wenig abgesetzt, lässt sich aber nicht als eigene Szene verstehen. Vielmehr trägt sie wegen ihrer gesonderten Stellung einen starken Akzent.

Duktus: Achten wir auf den Zusammenhang der Szenen und ihr Verhältnis zueinander, so lässt sich ein Gefälle feststellen. Die erste Szene bietet ein Bekenntnis der Jünger zu Jesu Hoheit: Er ist der Messias! Diese Szene scheint vom Thema her die wichtigste zu sein, durch das Schweigegebot wird sie hingegen unter Vorbehalt gestellt. Erst am Ende der vierten Szene wird durch den doppelten Hinweis auf das eschatologische Kommen des Menschensohnes *„in der Herrlichkeit seines Vaters"* und das Kommen des *„Reiches Gottes in Vollmacht"* das Jüngerbekenntnis von 8,29 bestätigt.

Die zweite Szene bildet den Kontrast zur ersten: Dem christologischen Hochbekenntnis der Jünger wird Jesu *Lehre* vorgeordnet, in der es um das Geschick dessen geht, den die Jünger als Messias anerkannt haben. Die beiden ersten Szenen hängen durch ihre christologische Thematik eng zusammen: Es geht in ihnen um Hoheit und Erniedrigung des Messias Jesus.

Die dritte Szene bringt, indem Petrus als Sprecher der Jünger die Christologie Jesu ablehnt, einen thematischen Wechsel. Durch die Ablehnung sind Petrus/die Jünger aus der Nachfolge Jesu herausgefallen und müssen neu auf ihren Platz *„hinter Jesus"* gerufen werden.

In der vierten Szene wird das Volk hinzugerufen; dadurch erhält sie das größte rhetorische Gewicht. Das Thema echter Nachfolge wird jetzt vor dem Hintergrund der *Lehre* Jesu über sein notwendiges Leidensgeschick entwickelt. Das *Wort* Jesu über seinen Weg (8,32a) bleibt für den Jünger bedeutsam und hat Konsequenzen für die Nachfolge; der Jünger darf sich der *Worte* Jesu nicht *schämen* (8,38).

Das Gefälle des Unterabschnitts läuft auf die vierte Szene zu. Sie bietet mit den beiden eschatologischen Ausblicken auch die *Lösung* für die scheinbare christologische Diskrepanz (vgl. 8,38: Der verworfene Christus wird der kommende *Menschensohn* sein) und für das Dilemma der Nachfolge (vgl. 9,1: Wer sich der *Worte* Jesu nicht schämt, wird das „*Reich Gottes*" in Kürze erleben).

1.4.2 Der zweite Durchgang: 9,2-29
Wieder lassen sich aufgrund der Szenenangaben vier Szenen unterscheiden.

1. Szene: 9,2-8: „*Nach sechs Tagen*" sondert Jesus drei Jünger von den übrigen Jüngern (und dem Volk) ab und steigt mit ihnen allein auf einen Berg. Hier wird er vor ihnen als ein Himmelswesen erwiesen und durch die Gottesstimme als „*Sohn Gottes*" kund gemacht.

2. Szene: 9,9-13: Beim Abstieg erteilt Jesus den drei Jüngern einen befristeten Schweigebefehl, der einen Dialog zwischen den Jüngern und Jesus auslöst. Sein Thema ist der scheinbare Widerspruch zwischen dem *Wort* Jesu und der Auffassung der Schriftgelehrten über das Wirken des Elia vor dem Eschaton (vgl. 8,38; 9,1). Der Widerspruch wird von Jesus aufgelöst durch einen erneuten Hinweis auf das notwendige Leiden des *Menschensohnes*, „*wie geschrieben steht*".

3. Szene: 9,14-27: Die Rückkehr zu den übrigen Jüngern und zum Volk eröffnet die nächste Szene. In ihr wird zunächst ein Versagen der Jünger erzählt, das sich während der Abwesenheit Jesu ereignet hat: Sie konnten – obwohl dazu mit Vollmacht ausgestattet (vgl. 6,7) – einen Dämon nicht austreiben, weil sie keinen Glauben hatten (9,19.23). Dementsprechend erfolgt eine heftige Schelte Jesu: „*Oh ungläubiges Geschlecht!*" Jesus vollzieht dann den Exorzismus.

4. Szene: 9,28-29: „*Im Hause*" unterweist Jesus die Jünger, wie sie diese Art von Dämon hätten austreiben können: „*durch Gebet*".

Duktus: Alle Szenen sind durch die Szenerie Aufstieg/Abstieg einerseits und Trennung/Wiedervereinigung andererseits eng miteinander verknüpft. Außerdem spielt sich die dritte Szene sich z.T. zeitlich parallel zur zweiten ab: Während des Disputs beim Abstieg versagen die zurückgebliebenen Jünger.

Ein Gefälle des gesamten Unterabschnitts ist aber nicht so einfach auszumachen. Die erste Szene scheint wegen ihrer Hochchristologie die wichtigste zu sein: Die drei Jünger dürfen Jesu wahres Wesen erkennen; er ist der himmlische Gottessohn. Sie wollen seine Hoheit auf Erden in Zelten festhalten, was aber nicht geht.

Wiederum wird das gesehene Geschehen mit einem Schweigegebot belegt: Jesu himmlische Hoheit soll verborgen bleiben; über sie darf erst geredet werden, wenn er seine himmlische Stellung wiedereinnimmt, also nach seiner Auferstehung. Dieser Schweigebefehl führt zum Disput, der die zweite Szene ausfüllt. Die Jünger denken so: Wenn doch Elia vor dem Eschaton „*alles wiederherstellt*", wie kann es dann (zum Tod und) zur Auferstehung des Menschensohnes „*von den Toten*" kommen? Jesu Lösung besteht einzig in dem Hinweis, dass Tod und Auferstehung der schriftgemäße Weg des *Menschensohnes* sind. Die christologische Diskrepanz zwischen Hoheit und Niedrigkeit, die in der ersten und zweiten Szene zur Sprache kommt, wird vorläufig nicht aufgelöst.

Die dritte Szene hat das inzwischen eingetretene Versagen der Jünger in der Nachfolge zum Thema. Grund dafür ist ihr Unglaube. Mit der christologischen Thematik der ersten und zweiten Szene ist diese Szene insofern verbunden, als indirekt gesagt wird, dass Jesus nur vorübergehend („*wie lange noch...?*") auf Erden anwesend ist, bis er den Jüngern das Glauben beigebracht hat.

Die vierte Szene blickt voraus auf die Zukunft, in der echte Nachfolge gelingen kann. Nicht das Eschaton ist gemeint, weil dann keine Dämonen mehr auszutreiben sind, sondern die Zeit nach Jesu Auferstehung. Erst dann kann Jesus „*im Gebet*" von den Jüngern um Hilfe angerufen werden.

Der Zusammenhang und das Gefälle der Szenen besteht in der Durchführung des Gedankens, dass der himmlische Gottessohn Jesus nur vorübergehend auf Erden anwesend war, um durch sein Todesgeschick die dauernde Erfahrbarkeit seiner Kraft bei seinen Nachfolgern zu bewirken, und zwar im Hören auf sein Wort (vgl. 9,7), im Glauben (vgl. 9,19.23) und im Gebet (vgl. 9,29).

2. Auslegung

2.1 Der erste Durchgang: 8,27-9,1

8^{27}*Und Jesus und seine Jünger zogen hinaus*
in die Dörfer bei Cäsarea Philippi.
Und auf dem Weg fragt er seine Jünger:
„Was sagen die Leute, wer ich bin?"
^{28}*Sie aber sagten zu ihm: „Johannes der Täufer.*
Und andere (sagen): Elia! Andere sodann: Einer der Propheten!"
^{29}*Da fragte er selbst sie: „Ihr aber, was sagt ihr, wer ich bin?"*
Petrus antwortet ihm: „Du bist der Christus!"
^{30}*Er aber befahl ihnen, mit niemandem über ihn zu reden.*

^{31}*Und er fing an, sie zu belehren:*
Der Menschensohn müsse viel leiden
und verworfen werden von den Ältesten
und den Hohepriestern und den Schriftgelehrten,
und er müsse getötet werden und nach drei Tagen auferstehen.
^{32}*Und ganz offen sprach er das aus.*

Petrus aber nahm ihn beiseite und begann ihn zu schelten.
³³Er aber wandte sich um, sah seine Jünger an und herrschte Petrus an:
„Geh weg, hinter mich, Satan!
Denn du denkst nicht Gottes Gedanken, sondern die von Menschen."

³⁴Und nachdem er das Volk mit seinen Jüngern zu sich gerufen hatte,
sprach er zu ihnen:
„Wenn jemand hinter mir hergehen will, so verleugne er sich selbst
und nehme sein Kreuz auf sich und folge mir nach.
³⁵Denn wer sein Leben retten will, wird es verlieren.
Wer aber sein Leben um meinetwillen
und um des Evangeliums willen verliert, wird es retten.
³⁶Denn: Was nützt es dem Menschen, die ganze Welt zu gewinnen,
aber sein Leben einzubüßen?
³⁷Denn: Was könnte der Mensch wohl als Gegenwert für sein Leben geben?
³⁸Denn: Wer sich meiner und meiner Worte schämt
vor diesem ehebrecherischen und sündigen Geschlecht,
dessen wird sich auch der Menschensohn schämen,
wenn er kommt in der Herrlichkeit seines Vaters mit den heilien Engeln."
9¹Und er sagte zu ihnen: „Amen, ich sage euch:
Einige der hier Stehenden werden den Tod nicht kosten,
bis sie das Reich Gottes haben in Vollmacht kommen sehen."

2.1.1 Das Messiasbekenntnis der Jünger: 8,27-30

Mit der lapidaren Feststellung: *„Und Jesus und seine Jünger zogen hinaus..."* wird der bisherige Wirkungsbereich Jesu verlassen. Im vorausgehenden Kontext tauchte immer wieder die Frage auf, wer Jesus eigentlich ist und woher die Kräfte stammen, die in ihm wirken (vgl. 4,41; 6,2f.14ff;). Es wurden auch schon Antworten angedeutet; aber sie blieben unwirksam (vgl. 3,11f; 5,7) oder waren falsch (6,14ff), oder sie wurden von den Jüngern und vom Volk nicht tiefer bedacht (vgl. 6,50; 7,37). Jedenfalls schienen die Jünger bisher nicht besonders sensibel zu sein für die wahre Dimension der Person Jesu. Der hatte Grund, ihnen *Unglauben* (vgl. 4,40) und *Herzensverhärtung* vorzuwerfen (vgl. 8,17-21; 6,52; vgl. 4,12), und die Leser mussten sich fragen, wann den Jüngern endlich die Augen aufgehen werden. In der jetzt zu besprechenden Szene scheinen sie einen Fortschritt gemacht zu haben. Hat Jesus ihre Augen ein wenig öffnen können (vgl. 8,22-26)?

Jesus geht mit den Jüngern in die Dörfer, die zu Cäsarea Philippi gehören. Es ist dies die nördlichste Stadt im alten Land Israel, am Fuß des Hermon gelegen. Wenn Jesus in 9,30 von dort nach Jerusalem aufbricht, muss er somit ganz Israel von Nord nach Süd durchqueren. Symbolisch wird damit der Weg des Gottessohnes ans Kreuz dargestellt. Die dargestellte Szene spielt *„auf dem Weg"*; man wird nicht fragen dürfen, ob auf dem Weg nach Cäsarea Philippi oder auf einer Wanderung dort zwischen den Dörfern. Wichtig ist dem Autor das Stichwort *Weg*, das von nun an die Szenerie bis zur Ankunft in Jerusalem bestimmen wird (vgl. 9,33; 10,17; 10,32; 10,46.52). Damit wird ein Signal gegeben: Jesus bewegt sich auf

Auslegung 207

sein Leiden und Sterben zu. Die aufmerksamen Leser haben das Stichwort seit 1,2f im Ohr und mussten sich fragen, worin der von Jesus zu gehende Weg besteht. Jetzt erhalten sie Aufklärung: Es ist der Weg Jesu von Cäsarea Philippi nach Jerusalem, oder: von seiner Hoheit als himmlischer Gottessohn durch die Erniedrigung seines Kreuzestodes zur Auferstehung und herrlichen Wiederkunft. Die Jünger dagegen – vom Autor nicht so fein gelenkt – haben noch keine Ahnung von diesen Zusammenhängen.

Auf Jesu entsprechende Frage geben sie die über Jesus umlaufenden Meinungen wieder. Sie greifen damit 6,14ff auf. Wie die Einschätzung Jesu durch Herodes und andere zu ihnen gelangt sind, wird angedeutet: Es sind die unter den Leuten verbreiteten Auffassungen. Sie haben ihren Haftpunkt in Jesu Machttaten; das hatte 6,14.16 ausdrücklich herausgestellt. Ob Jesus die über ihn umlaufenden Meinungen nicht kannte, darf man nicht fragen, weil es ihm in dem kleinen Dialog darauf ankommt, die davon abweichende, aber richtigere Einschätzung seiner Person durch die Jünger zu erfragen.

Schon die Einleitung der entscheidenden Frage: „*Ihr aber...*" macht klar, dass die Volksmeinung nicht zutreffend ist. Sie anerkennt zwar eine gewisse Hoheit Jesu, spricht ihm aber doch nur den Status eines dem Eschaton *vorausgehenden* Herolds oder Bußpredigers zu, nicht aber, der erwartete Heilbringer selbst zu sein, der das eschatologische Drama in Gang setzt. Darin aber besteht die Christuserkenntnis der Jünger, die Petrus als ihr Sprecher vorträgt.

Die Jünger haben mit dieser Erkenntnis die Leser endlich eingeholt, die schon seit der Bucheröffnung durch den Autor wissen, dass Jesus der „*Christos/Messias*" ist. Das Petrusbekenntnis trifft also zu, wie sich spätestens in Jesu eigenem „Geständnis" vor dem Hohenpriester zeigen wird (vgl. 14,61f; vgl. 12,35f). Wir müssen hier nicht über die frühjüdische Messiaserwartung reflektieren, denn weder ihre Genese noch ihre Topoi interessieren den Autor und Jesus. Der Autor kann die Titel „*Messias/Christos*" und „*Sohn Gottes*" auf einer Ebene verwenden (vgl. 1,1; 12,35f), und Jesus identifiziert hier (vgl. 8,38) und in 14,61f den Messias mit dem kommenden *Menschensohn*. Eine religionsgeschichtliche Differenzierung würde daher an der Intention vorbeigehen. Petrus als Sprecher aller Jünger hat somit Jesus als den eschatologischen Heilbringer anerkannt.

Das muss in aller Deutlichkeit herausgestrichen werden: Der Autor stellt dar, dass die Jünger schon zu Lebzeiten Jesu diesen als den „*Messias/Christos*" erkannt haben. Die Rede von einem „Messiasgeheimnis" im MkEv (W. Wrede) ist also durchaus problematisch. Geheim ist Jesu Messianität keineswegs. Sie kann vielmehr aus den Machttaten Jesu klar erkannt werden, und die Jünger haben, nach anfänglichem Missverstehen und Fehlverhalten, diese Erkenntnis jetzt endlich vollzogen, und zwar vor den Augen der Leser, die von ihr herkamen. Das bedeutet aber, dass sich die Jünger vor dem Hintergrund der bisher dargestellten Ereignisse zur Hoheit Jesu bekennen. Der Leser mag durch manche Züge der Erzählung, in denen das Leidensgeschick Jesu anklang (vgl. 1,2f.13.14; 2,20; 3,6.19), vielleicht nachdenklich sein, ob sich die Hoheit Jesu durchsetzen wird – er blickt ja ohnehin auf die Geschichte Jesu zurück –, für die Jünger jedenfalls ist ihr jetziges Bekenntnis zu Jesus durchaus angemessen. Sie geben in 8,29 die ihnen mögliche und von ihnen zu erwartende Antwort auf das bisherige Wirken Jesu (2,1-12; 4,35-41; 5,1-43; 6,30-44.45-52; 8,1-9).

Jesus gebietet (ἐπετίμησεν) den Jüngern (!) streng, mit niemandem über ihn (als Messias) zu sprechen. Die Formulierung ist gewichtig (vgl. 1,25; 3,12; 4,39); so fuhr Jesus bisher die Dämonen an, ihn nicht als „Sohn Gottes" bekannt zu machen. Der Grund für dieses Verbot ist niemals, dass die über Jesus gemachte Aussage nicht zutrifft, im Gegenteil: Sie trifft zu, aber aus irgendeinem anderen Grund soll sie (vorläufig) verschwiegen werden. So auch hier. Dass das Verbot nicht auf Dauer gilt, beweist 14,61f, wo Jesus sich offen dazu bekennt, der Messias zu sein – aber man muss bedenken, in welcher Situation er sich dann befindet. Auch das Buch des MkEv beweist es, wird doch bereits in seiner Überschrift die Messiaswürde Jesu offen beansprucht: Vom Verworfenen und Leidenden kann paradoxerweise gesagt werden, dass er der „*Messias/Christos*" ist, und nach seiner Auferstehung soll seine Würde offen verkündet werden.

Das Verbot Jesu richtet sich nicht gegen den Inhalt des Jüngerbekenntnisses, wohl aber gegen seine Kundgabe. An dem Bekenntnis der Jünger fehlt nichts, doch es macht von Jesus, der „*auf dem Weg*" zu seinem Leiden und Sterben ist, zur Unzeit eine Hoheitsaussage. Sie trifft bisher zu und wird wieder zutreffen, aber dazwischen – für den Weg nach Jerusalem und die Ereignisse dort – muss sie ausgesetzt werden. Darum sollen die Jünger mit niemandem darüber sprechen.

2.1.2 Die „Lehre" Jesu über sein Geschick: 8,31-32a

Im Kontrast zur Hoheitsaussage des Petrus konfrontiert Jesus in seiner *Lehre* die Jünger mit der Unumgänglichkeit (δεῖ) seiner Verwerfung und seines Sterbens. Auch dieses vor ihm liegende Geschick gehört zu ihm wie die großartigen Machttaten, aus denen die Jünger abgeleitet haben, er sei der „*Messias/Christos*". Jesus spricht von sich als dem *Menschensohn*; wenn aber die Titel *Menschensohn* und *Christos* ihn korrekt bezeichnen, dann müssen beide Titel austauschbar sein (vgl. 8,38; 14,61f). Jesus vermeidet hier, so dürfen wir annehmen, den Titel „*Messias/Christos*" aus eben dem Grund, aus dem er ihn den Jüngern zuvor verboten hat.

Den Lesern (und Jüngern) ist der Titel *Menschensohn* bereits bekannt. Jesus hat sich in 2,10.28 selbst so bezeichnet, als er Gottes Vollmacht zur Sündenvergebung und über den Sabbat beanspruchte. Der *Menschensohn* wird zudem in göttlicher Herrlichkeit beim endgültigen Anbruch des Eschatons wiederkommen (vgl. 8,38; 13,26f; 14,62). Jesus negiert also weder seine gegenwärtige noch seine künftige hoheitliche Funktion; trotzdem benutzt er *Menschensohn* wie einen Decknamen.

Jesus macht die Jünger in seiner *Lehre* mit etwas Neuem bekannt, das sie bisher nicht wissen konnten, das aber seit Ewigkeit feststeht (vgl. 1,2f): Der Weg des Gottessohnes auf Erden führt entgegen der dem Titel „*Messias/Christos*" anhaftenden Erwartung der Menschen nicht unmittelbar zum Triumph und zur Herrlichkeit, sondern schließt das scheinbare Scheitern ein. Durch Ablehnung, Verwerfung und Tod zu Sieg und Herrlichkeit – das ist der Königsweg des Messias. Darüber kann gar nicht *offen* genug gesprochen werden, und erst, wer diese Lektion annimmt und bejaht, darf von Jesus als dem „*Messias/Christos*" reden. Wer

Auslegung 209

vom „*Messias/Christos*" verkünden wollte, ohne Jesu *Lehre* zu akzeptieren und einzubeziehen, würde – obwohl er nichts Falsches sagte – gleichwohl sich und seine Hörer täuschen. Denn er würde nur menschliche Erwartungen und Spekulationen über den Messias vortragen und nicht die Sache und Wahrheit Gottes. Wer sich zu Jesus als dem „*Messias/Christos*" bekennt, muss sich auch zu seinem Weg bekennen. Man kann nicht sagen, in Jesus hat Gott vollmächtig gewirkt, wenn man nicht auch bereit ist, den Leidensweg Jesu als Gottesweg zum Heil gehorsam zu akzeptieren, wie Jesus ihn angenommen hat (vgl. 1,2f).

2.1.3 Der Einspruch des Petrus: 8,32b-33
Petrus akzeptiert die neue *Lehre* Jesu nicht, sondern macht ihm ihretwegen heftige Vorwürfe. Wie er sich äußert, müssen die Leser aus dem Zusammenhang und der Reaktion Jesu ergänzen. Er ist wohl der Meinung, nur das Beste für Jesus zu wollen, wenn er gegen Jesu Wort Stellung bezieht. Wer sieht schon gerne seinen Messias scheitern und das Martyrium erleiden? Später wird Jesus selbst einmal schwach werden und Gott bitten, den Kelch doch an ihm vorbeigehen zu lassen (14,35f). Aber sein Nachsatz ist dann wichtig: „*Nicht wie ich will, sondern wie du willst!*" So denkt Petrus offenbar nicht, und deshalb ist seine Einrede – wie gut gemeint auch immer – der Versuch, Jesus zum Ungehorsam gegen Gottes Weg zu verleiten. Petrus hetzt gegen Gottes Plan. Darum wird er zu Recht *Satan* genannt.

Doch Petrus steht mit seinem Einspruch nicht allein. Die anderen Jünger denken offenbar wie er; darum blickt Jesus alle an, wenn er Petrus zurechtweist. Petrus ist hier Repräsentant aller Jünger. Mit ihm werden alle wieder auf die Position gerufen, die ihnen angemessen ist. Ihr Platz ist nicht Jesus *gegenüber*, um mit ihm über Heilswege zu diskutieren (vgl. 1,2f), sondern „*hinter ihm*", um auf seinem Weg, den er vorausgeht, nachzufolgen. Das ist ihre Aufgabe; und wenn sie es gehorsam tun, sind sie mit Gott in Übereinstimmung und trachten nach dem, was er will. Das Leiden und Scheitern tunlichst vermeiden zu wollen, ist menschlich; es in Auflehnung gegen Gottes Willen zu verhindern trachten, ist „satanisch".

In Petrus tritt der Satan nach 1,13 erneut an Jesus heran und versucht ihn. Bestand schon seine erste Versuchung darin, Jesus vom Leidensweg abzubringen?

2.1.4 Die Bedingungen der Nachfolge: 8,34-9,1
Die vierte Szene, die eine gegliederte und mehrfach begründete Unterweisung Jesu über die Bedingungen der Nachfolge und ihren Gewinn bietet, wird durch eine gesonderte und schwerfällige Einleitung von der vorausgehenden Auseinandersetzung getrennt. An sich ist diese nicht nötig, und Jesu Nachfolgeworte könnten unmittelbar an 8,33 anschließen, zumal sie nach wie vor den Jüngern gelten. Durch die umständliche Einleitung wird das Volk hinzugerufen und damit der Hörerkreis um Jesus erweitert (vgl. 3,32ff). Wozu dient solche Regie? Soll die Volksschar die Leser repräsentieren? In der Tat nahmen die Leser bis hierher eine Position außerhalb der Erzählung ein; weder das Messiasbekenntnis des Petrus noch die Leidensbelehrung der Jünger galten ihnen, weil sie aus nachösterlicher Perspektive für sich längst den Widerspruch zwischen beiden Positionen gelöst haben. Vom Versuch des Petrus, Jesus das Leiden und Sterben ausreden zu wol-

len, konnten sie sich daher innerlich distanzieren. Nun aber zieht der Autor sie in die Szene hinein, sie müssen sich beteiligen. Die folgenden Worte Jesu gelten nicht nur wie 8,33 den historischen Jüngern, sondern allen. Und an ihrer Annahme oder Ablehnung entscheidet sich Leben und Tod, Gericht und Heil (vgl. 8,38; 9,1). Die vierte Szene bildet deshalb den Höhepunkt des ersten Erzähldurchgangs: Sie wendet das christologische Thema von 8,27-33 auf die Jüngerschaft an.

Der Aufbau der kleinen Rede Jesu in 8,34b-38 ist eindrucksvoll. Am Anfang steht der Obersatz über die Bedingung der Nachfolge (8,34b: εἴ τις θέλει...), dessen apodiktische Kompromisslosigkeit durch die folgenden Sätze begründet wird, und zwar so, dass zunächst in kaufmännischer Rechnung Verlust und Gewinn bilanziert werden (8,35.36.37) und schließlich die negative Konsequenz der Verweigerung der Nachfolge im Endgericht dargelegt wird (8,38). Die von der übrigen Rede leicht abgesetzte Verheißung 9,1 steigert die Dringlichkeit und setzt einen tröstenden Akzent.

8,34: Der eröffnende Bedingungssatz ist scheinbar tautologisch. Er greift den vorausgehenden Ruf an Petrus auf. Lässt man den Mittelteil weg, ergibt sich: *„Wer hinter mir hergehen (mir nachfolgen) will..., der folge mir nach"*. Aus 1,17f.20 geht hervor, dass der Autor zwischen den Ausdrücken *„hinter Jesus hergehen"* und *„nachfolgen"* nicht differenziert. Das gesamte Gewicht des Bedingungssatzes liegt somit auf dem Mittelteil. In ihm werden von Jesus nicht zwei Bedingungen für die Nachfolge aufgestellt, sondern eine einzige: *„Sich selbst Verleugnen"* ist *„das eigene Kreuz auf sich nehmen"*. Jesus fordert unabdingbar die Bereitschaft des Nachfolgers, auch im Lebensgeschick mit ihm gleichförmig zu werden, also die ständige Bereitwilligkeit, in der Nachfolge – wenn gefordert – sein Leben einzusetzen, wie Jesus es tun musste. Als Bedingung wird nicht formuliert, dass der Jünger das Martyrium suchen soll. Vielmehr: Nachfolge ist ein „Gehen hinter Jesus her" geradezu mit dem Kreuz auf dem Rücken, stets in der Gefahr, gekreuzigt zu werden. Der Nachfolger darf also dem Kreuz nicht aus dem Weg gehen. So verstanden ist der Satz keine Tautologie: Wer Jesus nachfolgen will, muss innerlich bejahen, dass Jesu Weg ans Kreuz kein Verlust, sondern Gewinn war; er muss die Konsequenzen daraus zu tragen bereit sein. Nur in diesem Bewusstsein kann er die Nachfolge antreten.

8,35: Die Nachfolge Jesu ist der Weg zum ewigen Leben (vgl. 10,17-21); das wissen die Leser. Deshalb gehören sie ja zur Gemeinde Jesu, weil sie *„ihr Leben retten wollen"*. Der erste Begründungssatz erläutert 8,34 durch ein Paradox: *„Wer sein Leben retten will, wird es verlieren"*. Vor dem Wort von der Bedingung der Nachfolge kann *„sein Leben retten wollen"* nur bedeuten, dem eigenen Kreuz aus dem Wege gehen, nicht bereit sein, es aufzunehmen und bis zum bitteren Ende zu tragen. Man kann offenbar das leibliche Leben retten, indem man die Nachfolge Jesu verlässt. Doch die Konsequenz ist, dass man damit das *„ewige Leben"* (10,17) verloren hat. Das ist die negative Seite. Auf der anderen gilt: *„Wer aber sein Leben um meinetwillen... verliert, wird es retten"*. Der Jünger ist im Blick, der auf dem Weg hinter Jesus her zum Märtyrer wird. Er ist gehorsam unter sei-

Auslegung

nem Kreuz geblieben, er hat „*sich selbst verleugnet*", sich also an Jesus und seinen Königsweg gehalten; darum hat er, obwohl sein leibliches Leben verloren ging, sein ewiges Leben gerettet.

Auch die Leser können in Jesu Abwesenheit „*um seinetwillen*" ihr leibliches Leben verlieren. Denn an Jesu Stelle tritt sein Evangelium; gemeint ist Jesu eigene Verkündigung (vgl. 1,14f) und die Darstellung seines Wirkens im MkEv (vgl. 1,1). Im Buch ist Jesus selbst und seine Lebensbotschaft präsent.

8,36f: Zwei rhetorische Fragen schließen sich begründend an, greifen aber nur den negativen Fall von 8,35a auf und bilanzieren Gewinn und Verlust. Es gibt auf Seiten des Menschen keinen Ausgleich für den Verlust des ewigen Lebens. Wer es durch Verlassen der Nachfolge verloren hat, könnte die ganze Welt als Ausgleichszahlung für den Verlust aufbieten. Sie würde nicht akzeptiert.

8,38: Im letzten Begründungssatz, der ebenfalls den in 8,35a genannten negativen Fall aufgreift, schimmert durch, wo denn der Ort der Bilanz über Gewinn und Verlust sein wird: beim endzeitlichen Gericht, zu dem der Menschensohn am Ende kommen wird. Damit wird die rigorose Apodiktik von 8,35-37 erklärt. Das Gericht ist der Ort, an dem es für den Menschen zu spät ist zu handeln. Vorher kann er durch konsequente Nachfolge und getreues Bekenntnis zu Jesus und seinem Wort sein ewiges Leben retten. Im Gericht ist es für jeden Ausgleich zu spät, und es herrscht strenge Vergeltung.

Im Vordersatz 8,38a werden die vorausgehenden Sätze aufgegriffen: Wie der Jünger um Jesu und seines Evangeliums willen sein leibliches Leben verlieren kann, so kann er sich auch Jesu und „*seiner Worte schämen*", d.h. ihn verleugnen und ihm abschwören, und so sein Leben retten. Als Situation ist ein Gerichtsprozess oder die öffentliche Anprangerung „*vor diesem ehebrecherischen und sündigen Geschlecht*", der gottlosen Gesellschaft, vorausgesetzt. In solch peinliche und gefährliche Situationen können die Jünger Jesu kommen, und in ihnen entscheidet sich alles, Gewinn des Lebens oder Verlust, Rettung oder Gericht. Denn der Menschensohn/Richter wird sich an das halten, was derjenige sich selbst erwirkt hat, der die Nachfolge verlassen und vor dem Forum der Menschen Jesus und seinem Wort abgeschworen hat.

Wie man sich der Worte Jesu *schämt*, hat Petrus in 8,32b vorgemacht. Um der Hoheit des von ihm anerkannten Messias/Christos willen protestierte er gegen den Weg Jesu ans Kreuz. Bliebe er bei diesem Protest, bekäme er es im Gericht gerade mit dem hoheitlichen Menschensohn „*in der Herrlichkeit seines Vaters mit seinen heiligen Engeln*" als Richter zu tun, für den er sich so eingesetzt hat. Noch einmal zeigt sich, wie recht Petrus mit seinem Bekenntnis hatte: Jesus ist der „Messias/Christos" und der kommende Endzeit-Richter. Aber er wird erst im Eschaton als solcher in Erscheinung treten. Davor führt sein Weg durch den Tod in das Leben. Diesen Weg müssen die Jünger anerkennen und bereit sein, mitzugehen.

9,1: Wie der Versager in der Nachfolge, weil er an seinem irdischen Leben festhielt, im Eschaton scheitern wird, ebenso wird der treue Jünger, der den Weg der Selbstverleugnung bis zum Ende ging, im Eschaton sein Leben gewinnen. Auch dabei wird der kommende hohe Menschensohn Jesus mitwirken. Das wird in 8,38 zwar nicht ausdrücklich gesagt – dort ist nur der negative Fall im Blick –, aber in 9,1 vorausgesetzt. Denn das gewonnene Leben des Nachfolgers wird nichts anderes sein als die Teilnahme am „Reich Gottes", das Jesus herbeibringen wird. Seine Nähe und sein *Geheimnis* ist ja der Inhalt des *Evangeliums* Jesu (vgl. 1,14f; 4,10f.26-32). Durch sein irdisches Wortwirken hat Jesus das „Reich Gottes" geheimnisvoll verborgen ausgesät; erst im Eschaton wird es *vollmächtig* offenbar, wenn der Sämann die Ernte eröffnet (vgl. 4,29). Wie der Menschensohn „*in der Herrlichkeit seines Vaters*" kommen wird, so kommt dann auch „*Gottes Reich in Vollmacht*" als Rettung und Heil für die Nachfolger.

Wann wird das sein? Der markinische Jesus sagt, dass *einige* seiner Zuhörer dann den Tod noch nicht *gekostet* haben werden. Also sagt er das Kommen des Eschatons noch in seiner Generation an (vgl. 8,38). Nicht unwichtig ist auch, dass er trotz 8,34f offenbar keineswegs damit rechnet, alle seine Nachfolger müssten vorher das Martyrium erleiden. Aber wer nachfolgen will, muss dazu bereit sein. Von den Zuhörern Jesu, auf der Ebene der dargestellten Zeit werden somit zumindest Einzelne das Kommen der Basileia zu Lebzeiten erfahren. Das bedeutet aber für die Leser etwas viel Aufregenderes: Wenn sie an der Grenze zur zweiten urchristlichen Generation anzusiedeln sind, dann ist für sie der Zeitpunkt da, an dem nur noch einige der Zuhörer Jesu am Leben sind. Das bedeutet: Für sie ist das angekündigte Eschaton ganz nahe. Das MkEv hält an der Naherwartung fest (vgl. 13,30).

2.2 Der zweite Durchgang: 9,2-29

9² Nach sechs Tagen aber nimmt Jesus
den Petrus und den Jakobus und den Johannes mit
und führt sie auf einen hohen Berg, sie ganz allein.
Und es wandelte sich vor ihnen seine Gestalt.
³und seine Kleider glänzten so strahlend weiß,
wie kein Bleicher auf Erden sie weiß machen kann.
⁴Und es erschien ihnen Elia mit Mose,
und sie waren mit Jesus im Gespräch.
⁵Petrus aber ergreift das Wort und sagt zu Jesus:
„Rabbi, es ist gut, dass wir hier sind.
Wir wollen drei Hütten bauen,
dir eine, und dem Mose eine und dem Elia eine."
⁶Er wusste nämlich nicht, was er sagte, waren sie doch erschrocken.
⁷Und eine Wolke überschattete sie,
und eine Stimme kam aus der Wolke:
„Dieser ist mein geliebter Sohn, auf ihn sollt ihr hören!"

Auslegung

⁸*Und auf einmal, als sie sich umblickten,*
sahen sie niemanden mehr bei sich außer Jesus allein.

⁹*Und als sie vom Berg herabstiegen, gebot er ihnen,*
dass sie niemandem erzählen dürften, was sie gesehen hatten,
bis der Menschensohn von den Toten auferstanden sei.
¹⁰*Und sie griffen das Wort auf und stritten miteinander darüber,*
was „Auferstehen von den Toten" bedeute.
¹¹*Und sie wandten sich mit der Frage an ihn:*
„Warum sagen die Schriftgelehrten, Elia müsse zuerst kommen?"
¹²*Er aber sagte ihnen: „Elia kommt zwar zuerst und stellt alles wieder her.*
Wieso ist aber über den Menschensohn geschrieben,
dass er viel leiden und verachtet werden muss?
¹³*Vielmehr sage ich euch: Auch Elia ist (bereits) gekommen,*
und sie haben mit ihm gemacht, was sie wollten,
wie über ihn geschrieben steht."

¹⁴*Und als sie zu den Jüngern kamen, sahen sie,*
dass viele Leute um sie herum waren
und die Schriftgelehrten mit ihnen stritten.
¹⁵*Und sofort erkannte ihn die Menge und geriet in Erregung,*
und sie liefen zu ihm hin und begrüßten ihn.
¹⁶*Er aber fragte sie: „Weshalb streitet ihr mit ihnen?"*
¹⁷*Und einer aus der Volksmenge antwortete ihm:*
„Lehrer, ich brachte meinen Sohn zu dir; er hat einen stummen Geist.
¹⁸*Und immer, wenn der ihn packt, reißt er ihn zu Boden,*
und er schäumt und knirscht mit den Zähnen und wird ganz starr.
Und ich habe deine Jünger gebeten, dass sie ihn hinauswerfen,
aber sie konnten es nicht."
¹⁹*Er aber antwortete ihnen:*
„Oh ungläubiges Geschlecht, wie lange noch soll ich bei euch sein?
Wie lange soll ich euch noch ertragen? Bringt ihn zu mir!"
²⁰*Und sie brachten ihn zu ihm. Und als der Geist ihn sah,*
gleich schüttelte er ihn, und er fiel zu Boden,
und schäumend wälzte er sich hin und her.
²¹*Und er fragte seinen Vater: „Wie lange geht es schon so mit ihm?"*
Der aber sagte: „Von Kind an!
²²*Und oft hat er ihn auch ins Feuer geworfen oder ins Wasser,*
um ihn umzubringen. Doch wenn du etwas vermagst,
hilf uns und erbarme dich unser!"
²³*Jesus aber sagte ihm: „Wie: Wenn du etwas vermagst?*
Dem Glaubenden ist alles möglich!"
²⁴*Da schrie der Vater des Knaben auf und sagte:*
„Ich glaube! Hilf meinem Unglauben!"
²⁵*Als Jesus aber sah, dass die Menge zusammenlief,*
da schalt er den unreinen Geist und sagte zu ihm:

„*Du stummer und tauber Geist, ich gebiete dir, fahre aus ihm aus
und kehre nie mehr in ihn zurück!*"
²⁶*Und mit viel Geschrei und Schütteln fuhr er aus.*

Und er wurde wie tot, so dass viele sagten: Er ist gestorben.
²⁷*Jesus aber ergriff seine Hand und richtete ihn auf. Und er stand auf.*

²⁸*Und nachdem er ins Haus gegangen war,
fragten ihn seine Jünger für sich allein:
„Weshalb konnten wir ihn nicht hinauswerfen?"*
²⁹*Und er sagte ihnen:
„Diese Art kann durch nichts ausgetrieben werden, nur durch Gebet!"*

2.2.1 Die Epiphanie der wahren Identität Jesu: 9,2-8

Die Zeitangabe „*nach sechs Tagen*" signalisiert neben den anderen Szenenangaben (Mitnahme von nur drei Jüngern auf einen hohen Berg) einen so deutlichen literarischen Einschnitt, dass es sich schon von daher verbietet, die Verklärungsszene als Erfüllung der Verheißung von 9,1 auszulegen. Dabei käme ohnehin für 9,1 nur Unsinn heraus, denn sechs Tage später sind nicht nur *einige* der Zuhörer noch am Leben, sondern doch wohl alle. Zudem will der Autor in 9,2-8 schwerlich das Gekommensein „*des Reiches Gottes in Vollmacht*" darstellen, weil er in 9,6 das Bauen von Hütten, das in diesem Fall ja sinnvoll wäre, zum Missverständnis erklärt. Wie wir gezeigt haben, hat Jesu Verheißung 9,1 vielmehr im Kontext von 8,34ff die Funktion, den treuen Nachfolgern das *nahe* „*Reich Gottes*" als den Ort ihres Lebensgewinnes anzusagen.

Ob die Zeitangabe, durch die das Ereignis auf den siebten Tag datiert wird, eine symbolische Bedeutung hat, muss offenbleiben. Am nächsten liegt es, auf Ex 24,16 zu verweisen. Die Darstellung der Sinai-Theophanie könnte Modell für die Verklärungsszene gewesen sein. In wichtigen Erzählzügen entsprechen sie sich: Der Berg (vgl. Ex 24,12), die Begleiter (vgl. Ex 24,1-9.13), die Wolke (vgl. Ex 24,15f), Gottes Stimme aus der Wolke (vgl. Ex 24,16). Hinzu kommt, dass die Aufforderung der Himmelsstimme an die drei Jünger „*auf ihn sollt ihr hören!*" (9,7) ein Zitat von Dtn 18,15 ist, Jesus somit als „Prophet wie Mose" erwiesen wird. Dennoch darf man den Vergleich mit der Sinai-Theophanie nicht pressen. Zu gewichtig sind die Differenzen:

- In Ex 24 gilt die Erscheinung Gottes dem Mose, in Mk 9 den Jüngern.
- In Mk 9 erscheint Jesus in himmlischer Gestalt vor den Jüngern, und die Stimme Gottes weist ihn als den geliebten Sohn aus, in Ex 24 erscheint die Herrlichkeit Gottes.
- In Ex 24 bleibt die Wolke sechs Tage, ehe am siebten die Gottesstimme spricht, in Mk 9 erfolgt die Besteigung des Berges am siebten Tag.
- In Ex 24 ist Mose 40 Tage lang in der Wolke, in Mk 9 entzieht sich die Wolke und Jesus bleibt allein zurück.

Der Bericht Ex 24 bietet das Repertoire von Motiven und Zügen für 9,2-8 und bildet die Folie, vor der die Verklärungsszene gelesen werden soll.

Auslegung 215

Wie in 5,37.40 (vgl. 14,32ff) dürfen nur drei Jünger Zeugen des Geschehens sein. Es sind Petrus, Jakobus und Johannes. In 9,9 verpflichtet Jesus sie bis Ostern zum Schweigen über das Gesehene; sie dürfen somit auch den übrigen Jüngern nichts mitteilen. Die Erscheinung Jesu als Himmelswesen ist also eigentlich gar nicht für die Augen der Jünger bestimmt. Sie dürfen sie schauen als Repräsentanten der Jünger nach Ostern – eben der Leser –, denen das Gesehene dann im Medium der Erzählung vermittelt werden wird. Die Leser erinnern sich an die vergleichbare Szene 1,10f, für die kein Mensch Zeuge war außer Jesus selbst und der Erzähler, durch den die Leser von ihr erfuhren. Jetzt sind auch die drei erwählten Jünger Zeugen, die damit im Wissen um Jesu Person mit den Lesern gleichziehen.

Warum werden ausgerechnet diese drei Jünger von Jesus mitgenommen? Das ist für Petrus leicht zu beantworten: Er gilt dem Erzähler und den Lesern als Primus und Sprecher der *Zwölf* (vgl. 1,16f.29.36; 3,16; 8,29.32f). Unwahrscheinlich ist, dass die Leser nicht längst über seinen Märtyrertod in Rom unter Nero informiert sind. Nur wenn die Leser auf die gelungene Jesusnachfolge des Petrus im Sinne von 8,34f zurückblicken können, erklärt sich die Zeichnung seiner Person im MkEv nicht als Polemik: Petrus ist nicht bei seinem Widerspruch (vgl. 8,32f) geblieben, er ist nicht in der Nachfolge Jesu gescheitert (vgl. 14,27-31.66-72), sondern nach Ostern den Weg Jesu nachgegangen (16,7).

Jakobus und Johannes gehören ebenfalls zu den Erstberufenen (vgl. 1,18f.29.36), und auch über ihren Märtyrertod wissen die Leser schon (vgl. 10,39). Werden die drei Jünger hier deswegen als Zeugen ausgewählt, weil ihr künftiger Lebensweg den Lesern anzeigt, dass sie die Schau der himmlischen Herrlichkeit Jesu letztlich nicht dahingehend falsch verstanden haben, als seien sie dadurch von jeglichem Leiden und Sterben in der Nachfolge freigemacht? Die Wahl der drei Zeugen, von deren späteren Martyrien die Leser wissen, würde dann von vornherein signalisieren, dass die Schau der himmlischen Herrlichkeit Jesu seine in 8,34f formulierten Nachfolgebedingungen nicht aufhebt.

Dass die Szene „*auf einem hohen Berg*" stattfindet, entspricht dem erzählten Ereignis einer Offenbarung himmlischer Gestalten und Stimmen. Von hier fällt Licht auch auf andere Bergszenen im MkEv, in denen Jesus hoheitliche Akte der Erwählung vollzieht (vgl. 3,13ff), zu Gott betet (vgl. 6,46; 14,26.32ff) oder die Zukunft ansagt (vgl. 13,3ff). Vom Berg her ist er seinen Jüngern schon als ein Überirdischer erschienen und hat sich ihnen mit dem Selbsthinweis „*Ich bin es*" geoffenbart (vgl. 6,47ff).

Auf dem Berg geschieht als erstes, dass sich vor den Jüngern (!) Jesu „*Gestalt wandelt*" (μετεμορφώθη). Der Erzähler ist sehr zurückhaltend; über das leibliche Aussehen Jesu sagt er weiter nichts und beschreibt nur das überirdische Leuchten seiner Kleider. Weiße Kleider dieser Art tragen allein himmlische Gestalten (vgl. 16,5), und als eine solche erscheint hier Jesus.

Die Leser haben in 8,31 aus Jesu Mund gehört, dass er von den Toten auferstehen, und in 8,38, dass er in der „*Herrlichkeit seines Vaters zusammen mit den heiligen Engeln*" kommen wird. Sollen sie 9,2f so verstehen, dass Jesus hier schon seine *künftige* Herrlichkeit antizipiert? Wird Jesus in seine Auferstehungsleiblichkeit hinein gewandelt? Ist die Szene somit eine Prolepse, in der bereits der

Auferstandene erscheint? Mir kommt eine solche Interpretation, die häufig – fast durchweg – vertreten wird, nicht plausibel vor. Sie wäre eine Konterkarierung der *Lehre* Jesu von 8,31. Wie kann Jesus in seine Auferstehungsleiblichkeit oder in seine künftige Herrlichkeitsgestalt hinein verwandelt werden, ohne zuvor sein Todesgeschick noch erlitten zu haben? Wie sollen sich die Leser den österlichen Jesus vorstellen, wenn sie ihn nicht zuvor als den Gekreuzigten vor Augen hatten? Eine andere Erklärung liegt viel näher: Jesus, der irdische Menschensohn, wird für einen Augenblick in seine wahre Gestalt gewandelt, die er schon vor seinem Erdendasein hatte, und die er unter seiner irdischen Erscheinung verborgen immer noch trägt. In seinen großen Wundern ist sie vor den Jüngern aufgeblitzt (vgl. 4,35-41; 6,45-50), und den Dämonen blieb sie unter der Verhüllung stets sichtbar (vgl. 1,24.34; 3,11; 5,7). Die Leser wissen bereits aus 1,2f.10f von der himmlischen Herkunft Jesu. Auf dem Berg wird für einen Moment die Hülle weggenommen, und die drei Jünger dürfen ihn in seiner wahren Gestalt sehen, die er freilich nach seiner Auferstehung wieder unverhüllt tragen wird.

Als zweites erscheinen den Jüngern (αὐτοῖς!) mit Elia und Mose zwei himmlische Gestalten, von denen die jüdische Tradition zu erzählen wusste, dass sie in den Himmel entrückt worden waren, um vor dem Ende der Zeit selbst oder in Vertretung wiederzukommen (vgl. 2Kön 2,10ff; Mal 3,23f; Dtn 18,15-18). Schon in 8,28 (vgl. 6,14ff) war diese Tradition angeklungen, und in 9,11ff wird sie erneut besprochen werden. Dass Elia in 9,4 – entgegen 9,5 – vor Mose genannt wird, dürfte seinen Grund darin haben, dass er im Kontext die größere Rolle spielt. Das Erscheinen der beiden Gestalten in der Epiphanieszene zeigt an, dass sich die alttestamentlich-jüdische Erwartung ihres Wiederkommens auch im wörtlichen Sinn erfüllt hat. Zugleich aber wird dadurch auch deutlich, dass ihre für die Endzeit erwarteten Funktionen nicht von ihnen selbst in Person wahrgenommen werden – sie bleiben Himmelsbewohner! –, sondern von anderen geschichtlichen Gestalten. Die Funktion des „Propheten wie Mose" hat Jesus inne, auf den „*ihr hören sollt*", die des Elia ist von Johannes dem Täufer erfüllt worden, wie 9,12f zu denken geben wird.

Worüber sich die beiden Himmelsbewohner mit Jesus unterhalten, wüsste der Leser gern. Wenn die obige Interpretation richtig ist und Elia und Mose in Jesus den präexistenten Gottessohn treffen, mit dem sie schon vor seiner irdischen Existenz im Himmel zusammen waren, dann liegt es nahe, dass sie mit Jesus über seinen irdischen Weg, der in Verwerfung und Tod führt (vgl. 8,31), reden. Vielleicht will der Autor den Lesern diese Gedankenkombination nahelegen.

Die Jünger reagieren. Petrus als ihr Sprecher schlägt vor, sie könnten für die Himmelsgestalten *Hütten* oder Wohnzelte errichten. Die Jünger wünschen, die himmlischen Erscheinungen auf Erden festzuhalten. Sie wähnen, dass der Gestaltwandel Jesu und das Offenbarwerden von Elia und Mose von Dauer sind und daher die Endzeit bereits angebrochen ist, in der Gott selbst und die Himmlischen mit den Erwählten gemeinsam wohnen werden (vgl. äthHen 39,3f.7f). Ähnliche Gedanken bewegten sie in 8,29, als sie Jesus als den „*Messias/Christos*" bekannten. Petrus protestierte deswegen gegen den Kreuzweg Jesu, weil er an der endzeitlichen Hoheit des „*Messias/Christos*" festhalten wollte (vgl. 8,32b). So auch

Auslegung 217

hier! Diesmal weist aber nicht Jesus das Ansinnen des Petrus zurück – die Szene ließe das nicht zu –, sondern der Autor, jedoch ganz im Sinne Jesu: Petrus *„wusste nämlich nicht, was er sagte"*; er hat also Unsinn geredet! Obwohl er die *Lehre* Jesu (vgl. 8,31.34-9,1) gehört hat, begreift er immer noch nicht, dass das Eschaton zwar nahe bevorsteht, aber noch nicht endgültig da ist. Bevor Jesus als der Messias/Menschensohn *„in der Herrlichkeit seines Vaters"* kommt, muss er den Weg in die Verwerfung und in den Tod gehen, und bevor *„das Reich Gottes in Vollmacht"* ankommt, müssen die Jünger auf dem Kreuzweg Jesu nachfolgen.

Der Autor erklärt, warum nicht nur Petrus, sondern auch die beiden anderen Jünger nichts begriffen haben: *„Sie waren erschrocken"*. Wovor sind sie erschrocken? Vor der himmlischen Erscheinung oder vor dem Leidensweg, zu dem auch sie bereit sein sollen (vgl. 10,32)?

Die Stimme Gottes sagt den Jüngern, worauf es ankommt. Sie erschallt aus der Wolke, die als letztes himmlisches Phänomen die Jünger (αὐτοῖς!) einhüllt. Die Wolke ist Zeichen der Präsenz Gottes (vgl. Ex 24,16f; 34,5; 40,34f; Num 11,24f; 12,5f; Dtn 31,15f), der jetzt den drei Jüngern Jesus als seinen geliebten Sohn kundmacht, wie in 1,11 den Lesern. Jesus *ist* es, so wie er der *„Messias/Christos"* bereits ist (vgl. 8,29); er wird es nicht erst werden. Das Messiasbekenntnis der Jünger und der von ihnen geschaute Gestaltwandel Jesu wird durch Gottes Deklaration voll bestätigt. Ebenso die Inanspruchnahme Gottes als seines Vaters durch Jesus (vgl. 8,38). Doch genauso gewichtig ist, dass Jesu Lehre über seinen notwendigen Kreuzweg und seine Einweisung aller in die Kreuzesnachfolge durch die Gottesstimme zur verbindlichen göttlichen Lehre (*Evangelium Gottes*: 1,14; *das Wort*: 2,2; 4,14) erklärt wird: *„Auf ihn sollt ihr hören!"* Jesus ist der *„Prophet wie Mose"* (vgl. Dtn 18,15.18), der neue Offenbarer des Willens und Wirkens Gottes (vgl. 4,2.9.13.23.24), der aber als der *„geliebte Sohn"* weit über Mose steht.

Nach dem Erschallen der Stimme Gottes ist die Epiphanie vor den Jüngern plötzlich zu Ende. Die Vorstellung ist, dass mit dem Verschwinden der Wolke auch Elia und Mose nicht mehr sichtbar sind und Jesus wieder seine alte Gestalt innehat. Allein der *Menschensohn* Jesus in seiner irdischen Leiblichkeit und Gestalt bleibt von all den himmlischen Erscheinungen bei den Jüngern zurück. Auf ihn und sein Wort sind sie verwiesen, und mit ihnen die Leser. Sie haben vorläufig nur Jesu *Wort* und *Evangelium* (vgl. 8,35.38), und erst das Eschaton wird ihnen den himmlischen Jesus offenbar machen.

Ein Grundfehler vieler Auslegungen ist, dass sie zu sehr betonen, was in der Szene mit und an Jesus geschieht: Von Verwandlung und Entrückung Jesu ist da die Rede, und die Gottesstimme soll gar eine Inthronisation und Proklamation darstellen. Der Text selbst sendet hingegen andere Signale aus. Betont wird, dass das Geschehen sich *für die Jünger* ereignete: *„Vor ihnen"* wird Jesu Gestalt gewandelt, *ihnen* erscheinen Elia und Mose, *sie* wollen aktiv reagieren, *sie* werden von der Wolke eingehüllt und *ihnen* gilt die Stimme Gottes: *„Hört auf ihn"*. Selbst der Schluss ist aus ihrer Perspektive erzählt (vgl. 9,8).

Wenn man von Antizipation und Prolepse sprechen will, dann nur im Blick auf die Jünger. Das folgende Redeverbot (vgl. 9,9) zeigt, dass sie vor der Zeit etwas *gesehen* haben, über das sie deshalb nicht sprechen dürfen. Sie wurden schon jetzt einer *visio beatifica* gewürdigt, über die sie nach Ostern sprechen dürfen, die aber erst im Eschaton dem treuen Nachfolger geschenkt werden wird (vgl. 8,38; 9,1).

2.2.2 Gespräch beim Abstieg: 9,9-13

Während des Abstiegs vom Berg gebietet Jesus den Jüngern Schweigen über ihre Schau, „*bis der Menschensohn von den Toten auferstanden*" sei. Man kann die Szene durchaus symbolisch sehen: Die Jünger sind wieder mit dem Menschen Jesus allein, und der holt sie auf den Boden der Tatsachen zurück. Sie dürfen ihre selige Vision erst mitteilen, nachdem die Ereignisse eingetreten sind, die sie nicht begreifen wollen. Jesus setzt als limitierendes Datum seine Auferstehung von den Toten; erst danach wird das Geschaute wieder der Wirklichkeit entsprechen, denn die Auferstehung von den Toten wird für Jesus einen erneuten Gestaltwandel bedeuten. Dann werden ihn nicht nur die drei, sondern alle Jünger in seiner himmlischen Herrlichkeit *sehen* (vgl. 16,7). Nicht jedoch die Leser; sie müssen mit den Erzählungen darüber vorlieb nehmen (9,2-8; 16,1-8).

Auch wenn Jesus nur von der Auferstehung des Menschensohnes von den Toten spricht, ist doch das ihr vorausgehende Verwerfungs- und Todesgeschick nicht ausgeklammert. Wer von den Toten aufersteht, muss zuvor gestorben sein. Verkürzt wiederholt Jesus hier seine Leidensansage von 8,31 (vgl. 9,12b). Es liegt aber durchaus eine literarische und theologische Feinheit darin, dass in 9,9 kein ausdrücklicher Hinweis auf das Kreuz gegeben wird. Dadurch ist nämlich angedeutet, was der Verkündigung der Jünger fehlen würde, wollten sie jetzt schon über das Geschaute reden. Sie würden Leiden und Tod des Gottessohnes als unwesentlich aus ihrem Kerygma ausklammern und sich allein darauf beschränken zu sagen, wer Jesus ist, nicht aber, welchen Weg er seinen Nachfolgern vorausgegangen ist. Sie würden so wie die Dämonen eine „kalte" Christologie produzieren, jedoch nicht den von Gott gewollten Heilsweg zur Rettung aller verkünden.

Die Jünger verstehen wieder nicht. Immerhin beschäftigen sie sich untereinander – offenbar in einer kleinen Debatte ohne Jesus – mit dessen Wort (vgl. 8,32a.38). War es in 8,32b eher der Aspekt des Sterbens Jesu, der den Protest des Petrus auslöste, so begreifen die Jünger jetzt nicht, was „*Auferstehung von den Toten*" bedeutet. Dass ihnen die Rede von der Auferstehung der Toten überhaupt unbegreiflich wäre, wird man bei der Verbreitung dieser Anschauung nicht annehmen dürfen. Derart allgemein hatte sich Jesus ja auch gar nicht geäußert. Was bleibt ihnen dann fremd an dem Gedanken, dass Jesus als der *Menschensohn* von den Toten auferstehen wird? Fürchten sie, dass Jesu Auferstehung erst in einer fernen Endzeit stattfinden wird, nämlich bei der allgemeinen Auferstehung von den Toten? Dann hätten sie Jesu Ankündigung von 8,31, so intensiv er sie auch belehrt hat, gar nicht wahrgenommen: „*nach drei Tagen wird er auferstehen*". Oder überlegen sie, dass in diesem Fall der Termin der Endzeit (und damit der der allgemeinen Auferstehung von den Toten) *der dritte Tag* nach Jesu Tod sein wird?

Dass die Gedanken der Jünger offenbar in die letzte Richtung gehen, macht die Frage deutlich, mit der sie sich an Jesus wenden. Viele Interpreten empfinden

Auslegung 219

zwischen 9,10 und 9,11 einen literarischen Bruch, den sie mit Schere und Leimtopf zu heilen versuchen (9,11-13 habe ursprünglich an 9,1 angeschlossen). Doch ist eine solche Vorgeschichte des Textes, auch wenn sie möglich bleibt, für die Auslegung des jetzigen Textes völlig unerheblich, es sei denn, man hält den Autor des vorliegenden Textes für einen „Deppen". Im jetzigen Zusammenhang ist jedenfalls vorausgesetzt, dass die Frage der Jünger die Frucht ihres Nachdenkens über Jesu *Wort* ist. Als Gegenargument tragen sie eine Meinung der Schriftgelehrten vor: „*Zuerst* (πρῶτον) *muss Elia kommen*" (vgl. Mal 3,23f; Sir 48,10). Im Sinne der Schriftgelehrten bezieht sich das *Zuerst* auf die Eschata; wenn diese mit der Auferstehung Jesu von den Toten einsetzen, wie soll sich dann das Kommen des Elia noch vorher vollziehen? Ist nicht die von den Gelehrten der Schrift entnommene Meinung ein starkes Argument gegen Jesu Ankündigung seiner Auferstehung von den Toten, die ja zweifellos als eschatologisches Ereignis begriffen werden müsste? Und ist das vorherige Kommen des Elia nicht unvereinbar mit dem von Jesus *gelehrten* Verwerfungsgeschick des Menschensohnes? Denn wie könnte der Messias verworfen werden, wenn Elia ihm vorausgeht? Pikant ist: Nicht die gegnerischen Schriftgelehrten selbst zwingen hier Jesus eine Debatte über ihre Anschauungen auf (vgl. 2,6ff; 3,22ff; 7,1ff), sondern die Jünger, die sich mit Hilfe der Argumente der Gegner gegen die Konsequenzen der *Lehre* Jesu wehren (vgl. 3,21.30, wo die Verwandten Jesu dasselbe tun). Ihr Verhalten ist keineswegs harmlos; würden sie auf Jesus *hören*, müssten sie ihn anders befragen. So meinen sie, den in der Schrift festgehaltenen Willen Gottes (δεῖ; vgl. 8,31) gegen Jesus ausspielen zu können, scheinen sie doch mit ihrem Argument nach dem zu *trachten, was Gottes ist* (vgl. 8,33).

Nur scheinbar bestätigt Jesu Antwort die schriftgelehrte Anschauung: „*Elia kommt zwar zuerst* (πρῶτον) *und stellt alles wieder her!*" Auffälligerweise übernimmt Jesus nicht das δεῖ von 9,11; somit bleibt offen, ob das Kommen des Elia noch aussteht. Sodann legt Jesu Antwort mehr Wert auf die Funktion des Elia als darauf, aus seinem angekündigten Kommen einen endzeitlichen Fahrplan zu entwickeln. Aufgabe des Elia bei seinem Kommen ist, „*alles zu erneuern*" (vgl. Mal 3,23f). Dieses der Schrift gemäße Wirken des Elia kann aber nicht gegen die Schrift ausgespielt werden, insofern sie vom Leiden und von der Verwerfung des *Menschensohnes* spricht. Die Schrift widerspricht sich nicht, also müssen beide Schriftaussagen zusammen gedacht werden. Das geht nur so, dass Elia schon vor dem Wirken des *Menschensohnes* da war und seine gottgewollte Aufgabe abgeschlossen hat; aber sein Wirken stieß auf Ablehnung, wie auch der Messias/Menschensohn abgelehnt werden wird. Das Schriftwort über das Kommen des Elia enthält keine Ankündigung eines sicheren Erfolges seiner Mission, durch den das Verwerfungsgeschick des Messias ausgeschlossen würde.

Genau in diesem Sinne setzt Jesus seine Antwort fort: „*Elia ist bereits gekommen!*" Er war schon da, aber die Schriftgelehrten haben es gar nicht gemerkt. Dass Jesus nicht die Erscheinung des himmlischen Elia auf dem Berg meinen kann, macht der Nachsatz sofort klar: „*Sie haben mit ihm gemacht, was sie wollten*". Auch die Jünger haben – erstaunlicherweise – trotz der himmlischen Erscheinung noch das Elia-Dogma der Schriftgelehrten vorgetragen. Sie hätten zu mindest stutzig werden müssen. In Jesu Konzeption dagegen macht das Erscheinen des Elia auf dem Berg Sinn, denn wenn sein irdisches Wirken bereits beendet ist, kann er als himmlische Gestalt erscheinen.

Jesus denkt an eine geschichtliche Gestalt, die unerkannt als Elia gewirkt hat. Jünger (und Leser) stehen vor dem Rätsel, wen er meint. Die Jünger fragen nicht zurück: Haben sie vielleicht begriffen? Die Leser können zurückblättern und stoßen dann auf Johannes den Täufer. Mit seinem Wirken begann das Buch, es gehört also zum *„Anfang des Evangeliums Jesu Christi, des Sohnes Gottes"* (1,1). Der Täufer wurde von Gott dazu bestimmt, als Bote vor Jesus her den *Weg* zu bereiten (vgl. 1,2f). Er verkündete eine *„Taufe der Umkehr zur Vergebung der Sünden"* (1,4); *„ganz Judäa"* und *„alle Jerusalemer"* wurden von ihm getauft (vgl. 1,5); er lebte und war gekleidet wie Elia (vgl. 1,5). In ihm wurde also die Elia-Erwartung erfüllt. Das ist die eine Seite.

Auf der anderen hat er das gleiche Geschick erlitten, wie es Jesus bevorsteht. *„Nachdem Johannes ausgeliefert worden war"* (1,14), begann Jesu eigenes Wirken. Der Täufer ist einer feindlichen Intrige zum Opfer gefallen und wurde aus Hass und Missgunst getötet (vgl. 6,14-29), wie es auch Jesu Schicksal sein wird. Dem leidenden *Menschensohn* ist also der leidende Elia vorausgegangen. Beider Geschick ist vollkommen parallel. Damit ist das abgeschlossene Wirken des Elia/Täufers selbst ein Hinweis auf die Unabwendbarkeit des Verwerfungsgeschicks des Messias/Jesus. Beides ist in der Schrift angekündigt.

Weder hier noch an anderer Stelle weisen Jesus oder der Autor auf bestimmte Stellen der Schrift hin. Wahrscheinlich kennen die Leser aus anderen Zusammenhängen – dem Gottesdienst? – genügend Schriftstellen, in denen vom Leiden der Gerechten und von der Tötung der Propheten gesprochen wird. Für Autor und Leser steht fest, dass Leiden, Sterben und Auferstehung Jesu *„gemäß den Schriften"* (1Kor 15,3f) erfolgten. Neu könnte für die Leser sein, dass das Geschick des Täufers ebenfalls von der Schrift bestimmt wurde. Das hat Folgen für die Jünger: Wie der Vorläufer den Weg Jesu bereitet hat, indem er dessen Geschick im Voraus erlitt, so müssen auch die Nachfolger Jesu Schicksal abbilden, indem sie auf seinem Weg folgen.

2.2.3 Das Versagen der Jünger: 9,14-27

Während der Abwesenheit Jesu und fast gleichzeitig mit seiner Metamorphose in einen Himmelsbewohner vor den drei Jüngern, hat sich bei den zurückgelassenen Jüngern am Fuß des Berges ein Drama des Versagens und der Enttäuschung abgespielt. Dieses wird im folgenden zuerst besprochen (9,14-19), ehe der zurückgekehrte Jesus den schwierigen Fall selbst in die Hand nimmt (9,20-27).

9,14-19: Die Zurückkehrenden bekommen zunächst nur die Auswirkungen des Versagens mit: Als sie sich den Jüngern nähern, sehen sie – wohl schon von weitem – eine große Menschenmenge bei ihnen versammelt und Schriftgelehrte mit ihnen in heftigem Streit (συζητοῦντας; vgl. 12,28). Schon einmal hatten sich die Schriftgelehrten nicht nur als Gegner Jesu, sondern ebenso der Jünger erwiesen

(2,16; vgl. 2,24; 7,2.5). Auch die Leser könnten noch mit jüdischen Schriftgelehrten als Gegner der christlichen Gemeinde zu tun haben.

Jesu Rückkehr wird bemerkt. Doch nur von der Volksmenge wird eine positive Reaktion darauf erzählt: Sie ist beim Anblick Jesu *erschrocken* (vgl. 1,27) – Ehrfurcht ist gewiss gemeint – und begrüßt ihn höflich, indem sie ihm entgegengeht. Der Leser wird ergänzen dürfen, dass die feindlichen Schriftgelehrten solche Höflichkeiten nicht austauschen (eine Ausnahme wird uns in 12,28 begegnen). Gegen sie wendet sich Jesus mit der Frage: *„Weshalb streitet ihr mit ihnen?"* Damit nimmt er die Jünger in Schutz und ihre Sache in die Hand.

Nicht ein Schriftgelehrter oder einer der Jünger antworten, sondern ein Betroffener – der Auslöser des Streits –, *„einer aus der Menge"*. Wann immer die Volksmenge sich bisher bei Jesus einfand, haben die Menschen ihre Kranken mitgebracht (vgl. 1,32; 2,3; 6,55f; 7,32; 8,22), damit Jesus sie heile. So auch dieser Mann, der Vater eines besessenen (epileptischen) Knaben. Er spricht Jesus wie ein Jünger als *Lehrer* an (vgl. 4,38) und erzählt mit knappen Worten die Vorgeschichte: Die Jünger konnten während Jesu Abwesenheit den *„stummen Geist"*, der den Knaben immer wieder überfällt, nicht austreiben. Die Anfälle des Kindes werden anschaulich beschrieben: Die Ergreifung durch den Geist geschieht so, dass der Knabe *zerrissen* zu werden scheint, ihm *Schaum* vor dem Mund steht und seine *„Zähne knirschen"*; die Muskelverkrampfung des Mundes macht ihn und mit ihm auch den Dämon *stumm*. Jeder Arzt diagnostiziert aus dieser Beschreibung: Epilepsie. Diese Krankheit wurde in der Antike als „heilige Krankheit" angesehen, gleichwohl wird sie hier auf einen unreinen Dämon zurückgeführt. Obwohl von Jesus ausgewählt, Vollmacht über die Dämonen zu haben (vgl. 3,14f) und schon einmal erfolgreich dazu ausgesendet (vgl. 6,7.12f), haben die Jünger bei diesem Fall als Vertreter Jesu völlig versagt. Sie haben den Dämon nicht austreiben können, und das hat zum Streit mit den Schriftgelehrten geführt. Schwerlich haben diese damit gerechnet, dass die Jünger Erfolg haben würden, und machen ihnen nun aus Enttäuschung Vorwürfe. Vielmehr bestreiten sie doch wohl, dass die Jünger überhaupt Vollmacht über die Dämonen haben, obwohl diese sie für sich beanspruchten, als sie sich auf die Bitte des Vaters hin vergeblich daran machten, den Dämon zu vertreiben. Somit sind die Schriftgelehrten in einem gewissen Recht. Auch der Leser muss sich ja fragen, wo denn die Vollmacht der Jünger geblieben ist, die ihnen von Jesus gegeben wurde, und ist deshalb mit dem Vater über ihr Versagen wirklich enttäuscht.

Auch Jesus ist enttäuscht, und seine Reaktion zeigt an, dass der Misserfolg der Jünger ein Versagen war. Sie hätten den Dämon austreiben können, wenn sie Glauben hätten. Die ihnen von Jesus gegebene Vollmacht steht eben nicht zu ihrer eigenen freien Verfügung, sondern bleibt *göttliche* Vollmacht, an der sie durch Glauben partizipieren. Ihr Versagen signalisiert also, dass sie ein *„ungläubiges Geschlecht"* sind.

Es kann vom Kontext her keinen Zweifel geben, dass der Ausruf Jesu den Jüngern gilt. Zwar hat Jesus zuvor schon die Pharisäer (und ihren Anhang) als *Geschlecht* bezeichnet (vgl. 8,12) und kann überhaupt die den Jesusanhängern gegenüber feindliche Gesellschaft ein *„ehebrecherisches und sündiges Ge-*

schlecht" (vgl. 8,38) nennen, aber die Gegner hat er jetzt nicht im Visier, sondern seine Jünger, insofern sie sich durch Unglauben und Herzensverhärtung von den Gegnern nicht unterscheiden (vgl. 4,40; 6,52; 8,14-18; 8,33). Noch immer sind die Jünger nicht zum Glauben gekommen, und Jesus fragt seufzend, *„wie lange"* er noch bei ihnen aushalten und ihr Unverständnis ertragen muss. So fragt der Jesus, der vor den drei ausgewählten Jüngern gerade als der himmlische *„Sohn Gottes"* erwiesen worden ist, der als der *Menschensohn* auf der Erde weilt und seinem Verwerfungsgeschick entgegen geht (vgl. 9,12). Die Begrenztheit der irdischen Anwesenheit Jesu kommt erneut zur Sprache. Noch können die Jünger auf ihn hören (vgl. 9,7) und seinem Wort glauben.

9,20-27: Mit der letzten Bemerkung seines resignierten Ausrufs hat sich Jesus wieder dem bittenden Vater zugewendet: *„Bringt ihn zu mir!"* Der besessene Knabe wurde bisher offenbar im Hintergrund gehalten, so dass der Dämon Jesus nicht wahrnehmen konnte. Sobald er nun vor Jesus geführt wird und der Dämon Jesus *sieht*, überfällt er den Knaben mit einem neuerlichen Anfall, wohl um durch eine Demonstration seiner Macht den Exorzisten abzuschrecken. Jedenfalls tut der Dämon hier nicht wie sonst (vgl. 1,23f; 5,7) seine Unterlegenheit kund, sondern reißt den Knaben zu Boden und lässt ihn schäumend sich hin und her wälzen. Das alles geht stumm vor sich und wirkt darum um so erschreckender.

Wie ein Arzt erfragt Jesus die Krankheitsgeschichte: *„Von Kind an"* – gemeint ist, seit dem Kleinkindalter, also mehr als zehn Jahre lang – hat der Dämon den jungen Mann in seiner Gewalt und versucht, ihm zu schaden, gar ihn zu töten, was auch sicher längst gelungen wäre – soll der Leser ergänzen –, wenn der Vater den Sohn nicht vor Schaden bewahrt hätte. Diese langjährige Leidensgeschichte von Vater und Sohn und die enttäuschende Erfahrung mit den Jüngern lässt den Vater seine Bitte an Jesus einschränken: *„Wenn du etwas (zu tun) vermagst..."*

Der Vater setzt voraus, die Vollmacht Jesu könnte ebenso begrenzt sein wie die der Jünger. Sein Vertrauen in Jesus ist gedämpft. Aber Jesus hatte ja schon indirekt zum Ausdruck gebracht, dass auch die Jünger gegen den Dämon Erfolg gehabt hätten, wenn sie Glaubende wären. Ein Zweifel an der Vollmacht Jesu ist somit ein Zweifel an seiner Verbundenheit mit Gott. Wer überzeugt ist, dass Jesus ganz auf die Seite Gottes gehört und darum in göttlicher Vollmacht handelt, kann nicht daran zweifeln, dass Jesus etwas gegen den Dämon zu tun vermag. Zu Recht kann er um Hilfe und Erbarmen gebeten werden. Aber jeder wirklich Glaubende vermag ebenso wie er den Dämon zu bannen: auch die Jünger, wenn sie nur endlich glaubten. Das hält Jesus dem bittenden Vater entgegen: *„Dem Glaubenden ist alles möglich!"* Deshalb, weil Gott alles möglich ist (vgl. 14,36)! Der Glaubende partizipiert an der Vollmacht Gottes.

Es kann keine Frage sein: Jesu Satz *„Dem Glaubenden ist alles möglich!"* bezieht sich auf ihn selbst, dessen Vermögen durch den Vater ja in Zweifel gezogen wurde. Das wird auch dadurch gesichert, dass er vor diesem Grundsatz die Einschränkung des Vaters wiederholt: *„Wieso: Wenn du etwas vermagst..."* Die Jünger vermochten nicht zu helfen, weil sie ein *„ungläubiges Geschlecht"* waren, Jesus aber kann helfen, weil er glaubt. Jesus, der himmlische *„Sohn Gottes"* wirkt somit als *Glaubender*, der in vollkommener Weise auf Gottes Macht vertraut und darum diese Macht auf Erden repräsentiert. Damit ist er ein Vorbild für die Jünger. An ihn könnten sie sich halten, wie ja überhaupt sein Lebensweg der vorbildliche Lebensweg der Jünger ist (vgl. 8,34ff). Das Thema Nachfolge klingt an. Wird durch Jesu Feststellung seine Gottessohnschaft und Vollmacht eingeschränkt, wie sie in der Verklärungsszene zum Ausdruck kamen?

Der Vater bezieht Jesu Wort allerdings auf sich, als fordere Jesus ihn dazu auf, er solle nicht an Jesu Vollmacht zweifeln, sondern fest darauf vertrauen, also glauben. Deshalb wird seine verzweifelte Bitte um Hilfe für seinen Sohn zugleich zur Bitte um Hilfe für seinen verzweifelten Glauben, der noch Unglauben ist: *„Ich glaube! Hilf meinem Unglauben!"* Er spricht ein ergreifendes Paradox aus, das für alle Zeiten seine Gültigkeit behält. So wird er neben Jesus ebenfalls zum Vorbild für die Jünger. Würden sie wie der „ungläubige" Vater glauben, so hätten sie Vollmacht über den Dämon gehabt.

Die Doppelrolle Jesu als Glaubender und als Vollmächtiger soll auch die Doppelrolle der Jünger – im Glauben haben sie Vollmacht über die Dämonen – und die aller Anhänger Jesu sein, für die der Vater steht. Jesus hilft dem Unglauben des Vaters auf, echter Glaube zu werden, indem er den Sohn rettet, und so bewahrheitet sich auch an dem Vater der Grundsatz Jesu: *„Dem Glaubenden ist alles möglich!"*

Offenbar soll sich der Leser vorstellen, dass das Geschehen sich bisher abseits der Volksmenge abgespielt hat (vgl. 7,33; 8,23): In stummem Krampf wälzte sich der Knabe auf dem Boden, und in verzweifeltem Ringen kämpfte der Vater um seinen Glauben und Jesu Hilfe. Jetzt nähert sich die neugierige Volksmenge, und das treibt Jesus zur Tat: Er fährt den *„unreinen Geist"* an (ἐπετίμησεν; vgl. 1,25; 4,39; 8,33) und befiehlt ihm, auszufahren. Das geschieht auch, aber unter nochmaligen heftigen Schüttelkrämpfen. Danach liegt der junge Mann so ruhig da, als sei er tot (vgl. 4,37ff und mit dem unreinen Geist überhaupt sein Leben gewichen. Jesu Auferweckungsgeste (vgl. 5,41f) aber demonstriert, dass er das Leben neu gewonnen hat.

2.2.4. *Jüngerbelehrung im Haus: 9,28-29*
Die folgende Szene spielt *„im Haus"*. Man darf nicht fragen, in welchem Haus, vielmehr signalisiert die Szenerie, dass es jetzt um eine Frage geht, die auch und ganz besonders die Lesergemeinde angeht (vgl. 1,29ff; 2,1ff; 3,20.31ff; 7,17ff; 7,24ff; 9,33ff; 10,10ff; 14,3ff). Warum die Jünger den Dämon nicht austreiben konnten, ist eigentlich schon geklärt (vgl. 9,19), und die Antwort Jesu scheint auch gar nicht mehr darauf einzugehen. Sie fällt genereller aus und fasst nicht so sehr den abgeschlossenen Fall ins Auge – Jesus hat ja nicht gebetet –, sondern scheint eher eine Anweisung für die Zukunft zu geben. Doch in der Zeit der irdischen Anwesenheit Jesu kommen die Jünger nicht mehr in die Gelegenheit, Jesu „Rezept" anzuwenden, wie der Fortgang der Erzählung des MkEv zeigt. Also ist Jesu Antwort an die Lesergemeinde gerichtet und sagt ihr, wie sie in der Zeit der Abwesenheit Jesu *„diese Art"* unreiner Geister zu vertreiben vermag: *„durch Gebet"*. Gebet ist angewandter Glaube, wie am Beispiel des gläubig-ungläubigen

Vaters erkannt werden kann: Sein Glaube drückte sich in dem Stoßgebet aus, Jesus möge doch seinem Unglauben zu Hilfe kommen. Wenn Glaube und Gebet aber so zusammen hängen, dann gilt Jesu Grundsatz über den Glaubenden ebenso vom Betenden: „Dem Betenden ist alles möglich!" (vgl. 11,22ff). Auf diesem Weg des Betens partizipiert die Lesergemeinde an der göttlichen Vollmacht. Wie die himmlische Herrlichkeit des Gottessohnes Jesus auf Erden nicht manifest ist (vgl. 9,2-8), sondern nur im Paradox des Kreuzes und der Verborgenheit der Auferstehung erscheint (vgl. 9,9-13), so steht der Jüngerschaft die göttliche Vollmacht und Kraft über die Dämonen nicht einfach zur Verfügung; sie ist ihr zwar gegeben, aber sie hat sie nur in der Ungesichertheit des Glaubens, des Hörens und des Gebetes.

B. Die sechste „Woche": 9,30-10,52

*Jesus geht den Weg ans Kreuz voraus,
die Jünger müssen nachfolgen!
Worin Kreuzesnachfolge für alle besteht,
versucht Jesus an vielen Beispielen klarzumachen*

1. Analyse

1.1 Abgrenzung

Es soll nicht bestritten werden, dass der Textabschnitt 9,30-10,52 literarisch und thematisch eng mit 8,27-9,29 zusammengehört: Die dritte (9,31) und vierte (10,33f) Leidensankündigung Jesu nehmen die beiden ersten (8,31; 9,12) wieder auf und gliedern die folgende Erzählung; ebenso taucht das wichtige Stichwort „*auf dem Weg*" (vgl. 8,27) mehrmals erneut auf (9,33; 10,32; 10,52; vgl. 10,17.46).

Die Unterschiede von 9,30-10,52 zu 8,27-9,29 im literarischen Charakter und im Inhalt sind dem aber gegenüber zu stellen:

- Spielten die Begebenheiten von 8,27-9,29 „*auf dem Weg*" nach Cäsarea Philippi und in dessen Umgebung, so beginnt von 9,30 an eine zielgerichtete Wanderung, die zunächst quer durch Galiläa (9,30) nach Kapharnaum (9,33) führt, von dort in das Land Judäa „*jenseits des Jordan*" (10,1) geht und schließlich – immer weiter in Richtung Jerusalem (10,32) – Jericho erreicht (10,46). In 11,1 kommen Jesus und die Jünger dann in das Umland der Stadt Jerusalem, die Jesus in 11,11 nach feierlichem Einzug schließlich erstmals betritt.

- Die erzählten Begebenheiten ereignen sich als Episoden auf dieser Wanderung. Ihr Thema ist nicht mehr primär die Spannung zwischen der Hoheit Jesu und seinem Leidensgeschick, sondern vor dem Hintergrund seines Kreuzweges werden von Jesus Verhaltensweisen der Jünger und offensichtlich Probleme der Gemeindepastoral für die Leser besprochen.

- Der Textabschnitt 9,30-10,52 weist eine durchgestaltete Binnenstruktur auf, die unten näher betrachtet werden soll. Für unsere jetzige Fragestellung nach der Abgrenzung ist besonders von Bedeutung, dass in 9,30-50 und 10,32-45 zwei formal und inhaltlich gleichgestaltete Erzählstücke vorliegen, die 10,1-31 rahmen. Diese Beobachtung spricht dafür, den Abschnitt 9,30-10,52 von 8,27-9,29 abzugrenzen und als eigenen Erzählbogen anzusehen.

Die Frage nach dem Ende des Textabschnitts ist damit fast mitentschieden. Abgesehen von der internen Struktur ist 9,30-10,52 als Einheit zu nehmen. Jesus erreicht zwar auf seiner Wanderung einzelne Landschaften und Stationen, doch ist sein *Weg* auf Jerusalem als Ziel ausgerichtet (vgl. 10,32f), das erst in 11,1-11 erreicht wird. Allerdings kann die Einzugsgeschichte nicht mehr zu 9,30-10,52 gerechnet werden: Sie bildet eine kleine Einheit für sich, gibt mit 11,11 dem folgenden Erzählabschnitt in Jerusalem das formale Schema vor und muss somit als Scharnierstück zwischen den Großabschnitten des MkEv angesehen werden (vgl. 1,40-45; 6,14-29; 14,1-11).

Die symbolische Heilung des blinden Bettlers Bartimaios „*auf dem Weg*" von Jericho nach Jerusalem (10,46.52) dürfte dagegen noch zum Vorausgehenden gehören und den Abschluss des Erzählbogens 9,30-10,52 bilden, der damit in Analogie zu 6,30-8,26 mit einer Blindenheilung endet.

1.2 Was die Leserinnen und Leser schon wissen!
Rückverweise/Wiederaufnahmen/Echos

Rückverweise

- Wenn der Autor in 10,1 sagt, dass Jesus „*nach seiner Gewohnheit*" das Volk *lehrte*, so verweist er auf die bisherige entsprechende Darstellung (vgl. 1,21f; 2,2; 2,13; 4,1f.33; 6,2.6.34).
- In 10,28 verweist Petrus als Sprecher der Jünger zurück auf ihre Nachfolgeentscheidung (vgl. 1,16-20; 2,14; 3,13): Die *Zwölf* haben tatsächlich damals „*alles verlassen*", und Jesus verheißt ihnen dafür vollwertigen Ersatz im gegenwärtigen und zukünftigen Äon, dem „*Reich Gottes*" (10,29f). Dieser Rückverweis des Petrus und Jesu Verheißung bilden im Drama des immer mehr zunehmenden Unverständnisses der Jünger eine tröstliche Perspektive: Ihr Versagen war vorübergehend. Am Ende haben sie „*ewiges Leben*" (10,30) gewonnen.
- In 10,32 verweisen der Erzähler und in 10,33 Jesus selbst darauf zurück, dass Jesus seit 8,27; 9,30 „*auf dem Weg*" nach Jerusalem ist, um dort „*sein Leben hinzugeben als Lösegeld für alle*" (10,45).
- In 10,38 weist Jesus zurück auf seine Taufe (1,9), durch die Johannes der Täufer „*den Weg des Herrn*" (1,3) bereitet hat.

Wiederaufnahmen

- In 9,31f wird die Szene von 8,31ff wieder aufgenommen; ebenso in 10,33f: Jesus *belehrt* wiederholt seine Jünger über das Schicksal, das ihn in Jerusalem erwartet. Doch die Jünger verstehen es nicht, sondern sind in Furcht und Schrecken davor (vgl. 10,32), trauen sich aber nicht, ihn zu fragen (9,32).
- Anfangssituationen des MkEv werden in 9,33f wieder aufgenommen: Jesus kommt mit seinen Jüngern nach Kapharnaum (vgl. 1,21) und zieht sich dort „*in das Haus*" (vgl. 1,29; 2,1) zurück, um mit ihnen zu sprechen (vgl. 1,31; 10,43-45).

Analyse

- Auch die bekannten Gegner Jesu treten erneut auf den Plan (10,2), nämlich die Pharisäer (vgl. 2,16.18.24; 3,6; 7,1; 8,11f). Sie wollen Jesus mit ihrer Anfrage zur Ehescheidung eine Falle stellen (vgl. 3,2; 12,13), wohl um gegen ihn vorgehen zu können. Jesus zieht sich vor ihnen mit den Jüngern zur internen Belehrung „*ins Haus*" zurück (10,10; vgl. 3,20.32; 7,17).
- Die Heilung des blinden Bettlers (10,46-52) nimmt die Blindenheilung von 8,22-26 steigernd wieder auf. Wie jene dürfte sie symbolische Bedeutung haben, jetzt im Blick auf die Nachfolge der Jünger „*auf dem Weg*" (vgl. 8,34f). Die Schlussbemerkung 10,52 ist geradezu die Umkehrung von 10,32.

Echos

Der Abschnitt ist überzogen von einem Netz von „Echos" auf die bisherige Darstellung. Darin zeigt sich, dass der Autor ihn bewusst im Anschluss an die vorausliegende Erzählung und als ihre Fortsetzung gestaltet hat.

- Wenn der Erzähler in 9,30 sagt, dass Jesus „*durch Galiläa*" wandert, aber nicht will, dass es bekannt wird, so muss der Leser an die Anfänge zurückdenken, als Jesus öffentlich predigend „*ganz Galiläa*" durchzog (1,39; vgl. 1,14.28), aber mehr und mehr der Volksmenge zu entgehen suchte, um sich auf seine Jünger zu konzentrieren (vgl. 1,45; 2,1; 3,9f; 4,1; 6,31f; 7,24). Jetzt bleibt die Menge ganz ausgeschlossen – aber nur in Galiläa (vgl. 10,1) –, und Jesus wendet sich einzig seinen Jüngern belehrend zu.
- Der Apostel Johannes erinnert in 9,38 indirekt daran, dass eigentlich einzig den *Zwölf* von Jesus die Vollmacht übertragen wurde, gegen die Dämonen vorzugehen (vgl. 3,14f; 6,7.13).
- In 9,47 wird das „*Reich Gottes*" mit dem „*(ewigen) Leben*", also dem Eschaton gleichgesetzt: Jesus setzt hier seine bisherige „*Reich Gottes*"-Botschaft fort (vgl. 1,15; 4,10f.26-32; 9,1). Auch in 10,14f schlägt er das Thema vom „*Reich Gottes*" an und formuliert Einlassbedingungen (vgl. 1,15; 10,21.23ff.30).
- Bisher waren die Menschen aus Judäa und „*jenseits des Jordan*" zu Jesus gekommen (vgl. 3,7f), jetzt betritt Jesus selbst auf dem Weg nach Jerusalem diese Landschaften und belehrt die Menschen.
- Erneut nach 1,14f; 8,35 (vgl. 8,38) wird in 10,29 gesagt, dass das *Evangelium*, also die Heilsbotschaft in Wort und Tat, deren *Anfang* im Buch MkEv aufgeschrieben ist, in der Zeit der Leser die Person Jesu repräsentieren wird.

1.3 Worauf die Leserinnen und Leser achten sollen!
Kommentare/Vorverweise/Leerstellen

Kommentare

- In 9,34 kommentiert der Autor das Schweigen der Jünger: Es ist ihnen offenbar peinlich, auf Jesu Frage zu antworten, weil sie angesichts des bevorstehenden Leidensgeschicks Jesu (vgl. 9,31) unterwegs eine völlig unangemes-

sene Unterhaltung geführt haben. Natürlich weiß auch Jesus darum, wie sich in 9,35 sofort zeigt.
- Einen weiteren Erzählerkommentar finden wir in 10,22: „*Er besaß nämlich viele Reichtümer*".
- In 10,32 blickt der Autor den Jüngern ins Herz und weiß um ihre *Furcht*. Wovor? Vor der Nachfolge auf dem Weg, den Jesus entschlossen vorangeht?
- In 10,45 kommentiert Jesus sein Wirken und seinen Tod, den er in 8,31; 9,12.31; 10,33f vorausgesagt hat (insofern ist 10,45 zugleich ein weiterer Vorverweis!): Sein Leben ist Dienst, und sein Sterben wird stellvertretender und erlösender Tod für alle sein (vgl. 14,24).

Vorverweise
Der Abschnitt 9,30-10,52 ist wie kein zweiter im MkEv gekennzeichnet durch eine Reihe von Vorverweisen Jesu auf das „*Reich Gottes*", das „*ewige Leben*", kurz das Eschaton, in das Jünger (und Leser) eingehen werden, wenn sie die hier formulierten Einlassbedingungen erfüllen. Daran zeigt sich, dass der gesamte Abschnitt in besonderer Weise durch Paränese geprägt ist.
- In 9,41 verheißt Jesus *Lohn* für alle, die den Jüngern, weil sie zu Christus gehören, auch nur den geringsten Liebesdienst tun. Um welchen Lohn handelt es sich? Doch wohl um das *Leben* und die Teilnahme am „*Reich Gottes*", wovon im unmittelbaren Kontext (9,43.45.47) gesprochen wurde. Auch in 10,14f verweist Jesus voraus auf das „*Reich Gottes*" und nennt Bedingungen für das Hineingehen. Ebenso in 10,21, wo dem sympathischen jungen Mann, der das „*ewige Leben*" gewinnen will (10,17), ein „*Schatz im Himmel*" versprochen wird, wenn er sein Vermögen zu Almosen macht. Von den Hindernissen auf dem Weg in das „*Reich Gottes*" spricht Jesus in 10,23ff, die aber durch Gottes eschatologische Möglichkeiten überwunden werden (10,26). In 10,29f verweist Jesus auf den Lohn der Nachfolge: „*ewiges Leben*", und stellt in 10,31 die dann geltende Rangordnung vor, die in 10,40 (vgl. 10,37) noch einmal präzisiert wird.
- Dass Jesus auch die Zeit der Leser im Blick hat, macht sein unscheinbarer Hinweis 10,30 (vgl. 4,17) deutlich, in dem er auf spätere Verfolgungen hinweist, denen seine Anhänger ausgesetzt sein werden (vgl. auch 9,40).
- Zwei weitere Vorverweise auf das Geschick Jesu neben 8,31; 9,12 sind 9,31; 10,33f.
- In 10,39 sagt Jesus den Tod der Zebedaiden voraus, auf den die Leser offenbar schon zurückblicken.

Leerstelle
- Eine Leerstelle findet sich in 9,50: Was ist „*Salz*"? Wer kann das Rätsel lösen?

Analyse

1.4 Gliederung/Aufbau

1.4.1 Kohärenz

Dass 9,30-10,52 ein kompositionell einheitlicher Großabschnitt ist, erweist sich an formalen und thematischen Merkmalen. Äußerlich kommt eine Wanderung Jesu mit seinen Jüngern vom Norden Galiläas (Cäsarea Philippi) aus (vgl. 9,30) über Kapharnaum (vgl. 9,33) ins judäische Land „*jenseits des Jordan*" (10,1), dann über Jericho (vgl. 10,46) in Richtung Jerusalem (vgl. 10,32f) zur Darstellung. Bis auf die einleitenden Verse und die Stücke 10,2-9.17-22.46-52 werden nur Jünger*belehrungen* durch Jesus geboten; aber auch die Ehescheidungsdebatte mit den Pharisäern (vgl. 10,2-9) und das Gespräch über den Weg „*zum ewigen Leben*" mit dem jungen Reichen (vgl. 10,17-22) münden in Jüngerbelehrungen ein; dadurch werden die Themen „Ehescheidung" und „Weg zum ewigen Leben" jeweils aus einer Außen- und einer Innenperspektive verhandelt. Und die kleine Wundererzählung am Schluss des Abschnitts (vgl. 10,46-52) ist ohnehin an die Jünger/Leser gerichtet und stellt ihnen einen glaubenden Nachfolger Jesu vor (vgl. 10,52), während die Jünger voll Furcht und Angst sind (vgl. 9,32; 10,32).

Thematisch ist der Abschnitt ebenfalls eine einheitliche Komposition. Zahlreiche Themen werden doppelt behandelt:

- Zweimal belehrt Jesus die *Zwölf* wie in 8,31 über sein künftiges Todesleiden und seine Auferstehung (vgl. 9,31; 10,32b-34). In 10,45 fasst er dies als seinen Dienst der Lebenshingabe für alle zusammen.

- Zweimal ermahnt Jesus die Jünger – nachdem jeweils ein Fehlverhalten geschildert worden ist (9,34; 10,35f) –, ihre Aufgabe nicht als *Herrschen* oder *Vorstehen* mit Anspruch auf Ehrenplätze aufzufassen, sondern als *Dienen* und *Zurückstehen-hinter-allen* (vgl. 9,35; 10,42-44).

- Zweimal nimmt Jesus Stellung zu den Kindern; zunächst scheint es um „fremde" Kinder zu gehen, die von den Jüngern/Lesern aufgenommen werden sollen (vgl. 9,36f), dann um die Kinder in der Gemeinde, denen die Basileia Gottes zugesprochen wird (vgl. 10,13-16).

- Das Thema Nachfolge wird mehrmals diskutiert, und zwar aus unterschiedlicher Perspektive. In 9,38-40 wird der fremde Exorzist, der nicht zur Jüngerschaft gehört, von Jesus anerkannt. In 10,17-22 wird am Beispiel des reichen Mannes aufgezeigt, wie Reichtum die Nachfolge behindern kann (vgl. 10,23-26). In 10,28-31 wird den historischen Jüngern der Lohn der echten Nachfolge im kommenden Äon verheißen. Doch auch für fromme *Reiche*, die nicht zur konsequenten Jesusnachfolge gelangen, gibt es noch eine göttliche Heilschance (vgl. 10,27).

- Das Thema Ehescheidung wird in doppelter Perspektive behandelt: Die Scheidungspraxis des Judentums ist zwar eine legale Konzession (vgl. 10,4f), aber gegen den eigentlichen und ursprünglichen Willen Gottes (vgl. 10,6-9); in der Jüngergemeinschaft darf es deshalb keine Scheidung geben (vgl. 10,10-12).

- In 9,42-50 geht es schließlich um den inneren Frieden, aber auch um Disziplin in der Gemeinde der Jünger. Wer Anstoß zum Abfall oder Ärgernis gibt, soll *abgeschlagen* werden, damit das Ganze im Eschaton gerettet wird.

Einheitlich ist auch die eschatologische Ausrichtung im gesamten Abschnitt: Durchgehend wird vom „*Eingehen in die Basileia*" (vgl. 9,43-47; 10,14.15.23-25) oder vom „*Erben des ewigen Lebens*" (vgl. 10,17), aber auch umgekehrt vom Gericht bzw. der *Feuerhölle* (9,43.45.47.49f) gesprochen. Der eschatologische Lohn ist in 9,41; 10,29-31 im Blick, die Ehrenplätze rechts und links des verherrlichten Jesus in 10,37-40.

1.4.2 Gliederung

Obwohl eine Komposition von großer thematischer Einheitlichkeit ist der Abschnitt 9,30-10,52 doch klar gegliedert. Allerdings können als Gliederungskriterien nur die Ortsangaben herangezogen werden. Eine ausdrückliche Strukturierung auf der Zeitebene fehlt ganz. Unter den Ortsangaben, die durchgängig den Abschnitt bestimmen (vgl. 9,30.33; 10,1.10.17.32.46), ragen 9,30; 10,1 und 10,32 heraus:

- 9,30: Jesus bricht mit seinen Jüngern „*von dort*", d.h. von Cäsarea Philippi (vgl. 8,27) im Norden Galiläas auf und durchwandert Galiläa nach Süden hin.
- 10,1: Sie erreichen das Land Judäa, indem sie den Jordan überqueren (die hier zum Vorschein kommende Vorstellung von einer gemeinsamen Grenze zwischen Galiläa und Judäa beweist die schlechte geographische Ortskenntnis des Autors [vgl. 7,31]).
- 10,32.33: Ziel der Wanderung ist Jerusalem, wo Jesus sterben und auferstehen wird (vgl. 8,31; 9,12.31).

Dadurch wird der gesamte Abschnitt in drei Untereinheiten gegliedert, in denen die Thematik durchgeführt wird. Die übrigen (kleineren) Ortsangaben situieren die einzelnen Stationen dieser drei Durchgänge.

Erster Durchgang: 9,30-50

9,30 bildet die Einleitung und gibt an, dass Jesus jetzt seine Wanderung nach Jerusalem zu seinem Leiden, Sterben und Auferstehen aufnimmt (vgl. 8,31). Dazu muss er zunächst von Nord nach Süd Galiläa durchwandern. Dabei will er unerkannt bleiben.

Die erste Szene bilden 9,31-32: Jesus belehrt seine Jünger nach 8,31; 9,9-12 nochmals über sein bevorstehendes Sterben und seine Auferstehung, erneut ohne Erfolg (vgl. 8,32; 9,10): Die Jünger begreifen nicht.

Vor diesem Hintergrund ist die zweite Szene zu sehen, die vier Unterabschnitte hat. Sie findet in dem Haus in Kapharnaum (vgl. 1,21.29; 2,1f) statt. Im ersten Unterabschnitt wird ein Fehlverhalten der Jünger untereinander „*auf dem Weg*" verhandelt: Die Jünger sollen jedoch *dienen* (9,33-35). Im zweiten Unterabschnitt wird ein Beispiel dafür gegeben: *Dienen* kann bedeuten, ein Kind aufzunehmen (9,36-37). Im dritten Unterabschnitt wird die Frage entschieden, wie die Jünger sich zu denen stellen sollen, die sich ihnen nicht anschließen, aber gleichwohl Anteil an ihrer Vollmacht zur Dämonenbannung („*in meinem Namen...*") und an

Analyse 231

ihrem Glauben („*weil ihr zu Christus gehört*...") nehmen (9,38-41). Im Mittelpunkt steht der – offenbar auch noch für die Leser – wichtige Satz: „*Wer nicht gegen uns ist, ist für uns.*" Der vierte Unterabschnitt gibt im Blick auf Heil und Gericht Anweisungen zur Gemeindedisziplin: Verführer zum Glaubensabfall (vgl. 4,17; 8,38) sollen *abgehauen* werden (9,42f.45.47), und die Jünger werden zum Frieden untereinander ermahnt (9,49f).

Zweiter Durchgang: 10,1-31
10,1 ist Einleitung: Jesus kommt erstmals nach Judäa. Hier lässt er wieder die Öffentlichkeit zu und belehrt das Volk. Dementsprechend sind alle folgenden Szenen geprägt von einer doppelten Perspektive: Das Verhalten der Jüngergemeinde soll sich vom Verhalten der Außenstehenden unterscheiden.

Das gilt in der Frage der Ehescheidung, die in der ersten Szene verhandelt wird. Diese besteht aus zwei Teilen, dem Streitgespräch mit den Pharisäern (10,2-9) und der Jüngerbelehrung „*im Haus*" (10,10-12). Die jüdische Scheidungspraxis wird als Konzession an die Bosheit des Menschen gewertet, die in der Jüngergemeinde nicht in Anspruch genommen werden darf.

Die zweite Szene ist 10,13-16, in der gerade den Kindern die Basileia Gottes zugesprochen wird (10,14). Wer in sie eingehen will, muss sie daher „*wie ein Kind*" annehmen (10,15).

Die dritte Szene ist dreiteilig: Es geht in ihr erneut um die Frage, wie der Mensch das „*ewige Leben*" erlangt. Der erste Unterabschnitt (10,17-22) spricht allen Außenstehenden, die Gottes Gebote halten, eine Chance auf „*ewiges Leben*" zu, obwohl die Aufgabe des Besitzes in der Nachfolge Jesu der „*bessere Weg*" ist. Im zweiten Unterabschnitt (10,23-27) bespricht Jesus das Heilsgeschick der Reichen: Für sie, die Jesus nicht arm nachfolgen, ist es unmöglich, in Gottes Basileia einzugehen; nur durch Gottes Barmherzigkeit gibt es für sie doch noch eine Möglichkeit. Der dritte Unterabschnitt (10,28-31) umschreibt den Lohn, den die Jünger als Jesusnachfolger schon jetzt und hier und im „*kommenden Äon*" erlangen werden: „*ewiges Leben*"!

Dritter Durchgang: 10,32-52
10,32a ist die Einleitung: Jerusalem als Ziel der Wanderung und des Wirkens Jesu kommt in den Blick. Die Nachfolger Jesu sind voll Furcht.

Die erste Szene (10,32b-34) gilt erneut der Belehrung durch Jesus über sein künftiges Geschick in Jerusalem. Die zweite Szene ist zweigeteilt (10,35-40.41-45). Im ersten Teil wird der eschatologische Lohn der Jüngerschaft zu einem Streitfall: Zwei Jünger fordern im Eschaton Ehrenplätze für sich. Sie werden von Jesus auf die harten Notwendigkeiten der Nachfolge verwiesen (10,35-40). Im zweiten Teil (10,41-45) ermahnt Jesus die Jünger wieder, ihr Amt nicht als *Herrschaft*, sondern als *Dienst* aufzufassen (vgl. 9,35) und sich am Beispiel Jesu auszurichten (10,45; vgl. 10,32b-34). Die dritte Szene (10,46-52) zeigt, wie ein Blinder in Jesus den „*Sohn Davids*" erkennt und ihn auf seinem Königsweg (im Leiden) sehend-glaubend nachfolgt (vgl. 10,32).

2. Auslegung

2.1 Erster Durchgang: 9,30-50

⁹³⁰*Und von dort brachen sie auf und durchzogen Galiläa,
und er wollte nicht, dass jemand es erfahre.
³¹Denn er belehrte seine Jünger und sagte zu ihnen:
„Der Menschensohn wird in die Hände der Menschen überliefert,
und sie werden ihn töten,
und nachdem er getötet wurde, wird er nach drei Tagen auferstehen."
³²Sie aber verstanden die Rede nicht und hatten Angst, ihn zu fragen.*

³³*Und sie kamen nach Kafarnaum.
Und als er im Haus war, fragte er sie:
„Über was habt ihr euch auf dem Weg miteinander Gedanken gemacht?"
³⁴Sie aber schwiegen, hatten sie doch auf dem Weg diskutiert,
wer der Größte sei.
³⁵Er aber setzte sich nieder, rief die Zwölf und sagte zu ihnen:
„Wer Erster sein will, werde Letzter von allen und Diener aller!"
³⁶Und er nahm ein Kind, stellte es in ihre Mitte,
nahm es in den Arm und sagte zu ihnen:
³⁷"Wer eins von diesen Kindern in meinem Namen aufnimmt,
nimmt mich auf.
Wer aber mich aufnimmt, nimmt nicht nur mich auf,
sondern den, der mich gesandt hat!"*

³⁸*Da sagt Johannes zu ihm:
„Lehrer, wir sahen einen, der in deinem Namen Dämonen austrieb,
wir aber versuchten, ihn daran zu hindern, weil er uns nicht nachfolgt."
³⁹Jesus aber sagte: „Hindert ihn nicht, denn niemand kann eine Machttat
in meinem Namen vollbringen und mich so bald schmähen.
⁴⁰Wer nicht gegen uns ist, ist für uns!
⁴¹Denn wer euch einen Becher Wasser zu trinken gibt,
deswegen weil ihr zu Christus gehört,
Amen, ich sage euch, er wird nicht um seinen Lohn kommen.*

⁴²*Und wer einen von diesen Geringen, die an mich glauben, zu Fall bringt,
für den wäre es besser, ein Eselsmühlstein wäre um seinen Hals gelegt
und er ins Meer geworfen.
⁴³Und wenn deine Hand dir zum Anstoß zum Sündigen wurde, schlag sie ab!
Besser du gehst verstümmelt in das Leben ein
als mit zwei Händen in die Gehenna zu fahren,
in das unauslöschliche Feuer.
⁴⁵Und wenn dein Fuß dich verführt, hau ihn ab!
Besser dass du lahm in das Leben eingehst,*

als mit zwei Füßen in die Gehenna geworfen zu werden.
⁴⁷Und wenn dein Auge dir Ärgernis gibt, reiß es aus!
Besser du gehst mit einem Auge in das Reich Gottes ein,
als mit zwei Augen in die Gehenna geworfen zu werden,
⁴⁸wo der Wurm nicht stirbt und das Feuer nicht erlischt.
⁴⁹Denn jeder wird mit Feuer gesalzen.
⁵⁰Gut ist das Salz!
Wenn aber das Salz schal wird, womit wollt ihr es wieder würzen?
Habt Salz in euch, und haltet Frieden untereinander!"

2.1.1 Erneute Ankündigung des Leidens: 9,30-32

Die Jesusgruppe bricht „*von dort*" auf, das meint von der Gegend und den Ortschaften bei Cäsarea Philippi (vgl. 8,27). Wenn Jesus von da an „*durch Galiläa*" wandert, so verläuft sein Weg von Nord nach Süd. Der Leser weiß, dass Jesus nun seinen Weg aufnimmt (vgl. 1,2f), der ihn nach Jerusalem in den Tod und die Auferweckung führen wird. Und eigentlich müssten die Jünger das nach 8,31; 9,9ff ebenfalls wissen.

Der Zweck der Wanderung Jesu durch Galiläa ist somit ein anderer als bisher. In 1,14.(28.)39; 3,7; 4,1; 5,21; 7,31 war Jesus in Galiläa unterwegs gewesen, um das „*Reich Gottes*" in Wort und Tat zu verkünden, und dazu kehrte er dorthin auch stets wieder zurück. Zwar fanden wir öfter Hinweise darauf, dass Jesus dem Andrang des Volkes aus dem Weg gehen wollte (vgl. 1,45; 3,9; 6,31f; 6,45f), aber er hat sich nicht grundsätzlich vom Volk zurückgezogen (im Gegenteil vgl. 3,7f; 4,1f; 5,21; 6,54ff; 7,14; 8,1f). Vielmehr gelang es der Volksmenge immer wieder, Jesus zuvor zu kommen (vgl. 2,1f; 6,33f), und er wandte sich ihr dann erbarmungsvoll zu. Jetzt aber will Jesus, dass niemand von seiner Wanderung durch Galiläa erfährt, und – ebenso wichtig – sie bleibt tatsächlich verborgen.

Welche Absicht verfolgt Jesus? Der Leser erinnert sich, ähnliches kurz zuvor bereits gelesen zu haben: Im heidnischen Land um Tyrus wollte Jesus in einem Haus verborgen bleiben, doch eine Syrophönizierin/Heidin „stöberte" ihn auf (vgl. 7,24f). Der Ausflug Jesu nach Tyrus 7,24-31 stellte (wie 5,1-20) einen Abstecher in heidnisches Gebiet dar, und Jesu Wunsch, von niemanden bemerkt zu werden, sollte wohl unterstreichen, dass er das heidnische Gebiet nicht aufgesucht hat, um dort in größerem Ausmaß zu wirken; die Heilung der Tochter der Heidin war eine Ausnahme. Ähnlich ist 9,30 zu verstehen: Da Jesus in Galiläa bekannt und berühmt ist (vgl. 3,7f; 6,54ff u. ö.), will er das Gebiet heimlich durchqueren, damit er nicht bei seinem Weg nach Jerusalem aufgehalten wird. Denn seit 8,27 hat er bei seinem Wirken nur noch dessen Ausgang im Blick, sein Sterben und Auferstehen, und die Einführung der Jünger in die Kreuzesnachfolge.

In diesem Sinne begründet 9,31 den vorausgehenden Satz: Um sich auf seine Jünger zu konzentrieren, will Jesus den Andrang der Volksmenge vermeiden. Er *belehrt* (vgl. 8,31) die *Zwölf* erneut über seine bevorstehende Auslieferung, seine Tötung und seine Auferstehung nach drei Tagen. Das angekündigte Geschehen hat drei Subjekte und erweist sich damit als ein geheimnisvoll notwendiges Geschehen: Im Passiv παραδίδονται dürfte in Aufnahme des δεῖ von 8,31 die Mitwirkung Gottes ausgesagt sein; Gott lässt Jesu Auslieferung zu, die durch Judas vollzogen wird (vgl. 10,33; 14,41.42; 14,21). Subjekt des Tötens sind die *Menschen*, in deren Hände der *Menschensohn* fallen wird, Subjekt der Auferstehung ist er selbst (vgl. 8,31; 9,9f; 10,34).

Jesus spricht von sich als dem *Menschensohn*. Jünger und Leser kennen diese Selbstbezeichnung. Sie wissen, dass Jesus damit auf sich als irdischen Menschen verweist, der zwar Vollmacht hat (vgl. 2,20.28), aber auch leiden und sterben kann. Sie identifizieren den *Menschensohn* mit dem Messias/Christos (vgl. 8,29) und dem „*Sohn Gottes*" (vgl. 1,1.11; 9,7), der unter ihnen auf Erden lebt (vgl. 9,19). Seit 8,38 wissen sie auch, dass der irdische *Menschensohn* Jesus verherrlicht werden und bald mit den heiligen Engeln zum Gericht kommen wird. Nun erfahren sie erneut, dass dieser *Menschensohn*, in dem der „*Sohn Gottes*" und der künftige Richter präsent ist, auf dem Weg zum Sterben und zur Auferstehung ist. Eigentlich ist es verständlich, dass die Jünger dieses Paradox nicht begreifen (vgl. 8,32f). Begreifen es denn die Leser, die immerhin auf die Auferweckung Jesu zurückblicken? Verständlich ist auch, dass die Jünger sich davor fürchten, näher nachzufragen: Sie müssten sonst ihr Gottesbild revidieren. Sie müssten danach fragen, was es für sie und ihren Glauben bedeutet, dass der Gottessohn den Weg der Ohnmacht und des tödlichen Scheiterns geht, anstatt seine Vollmacht zu gebrauchen. Es ist die Angst um sich selbst, die Furcht vor der herben Wahrheit der Kreuzesnachfolge (vgl. 4,40; 8,34f), die sie vom Fragen abhält.

2.1.2 Belehrungen über die Jüngerschaft: 9,33-50

9,33-35: Jesus und die Jünger kommen erneut nach Kapharnaum, der ersten Station Jesu in Galiläa (vgl. 1,21.29). Entsprechend seinem Wunsch, unerkannt zu bleiben, zieht Jesus sich „*in das Haus*" zurück; gemeint ist wohl jenes Haus des Petrus, das schon in 1,29-31 (vgl. 2,1f) dem Rückzug Jesu offenstand. Ob die Leser sich an jene unscheinbare Szene erinnern, in der vom *Dienst* der genesenen Schwiegermutter des Petrus erzählt worden ist? Den Jüngern auf der Erzählebene, die damals Augenzeugen und Bediente waren, sollte die Szene in jedem Fall vor Augen stehen, sobald sie das Haus betreten.

Im Haus fragt Jesus die Jünger, was sie „*auf dem Weg*" beschäftigt hat; offenbar haben sie miteinander diskutiert und dabei die Nähe Jesu gemieden. Jesus fragt um der Leser willen; er selbst kennt die Überlegungen der Jünger längst, wie seine Mahnung 9,35 dann beweist (vgl. 2,8; 8,17). Welche Thematik kann die Jünger auf diesem Weg, auf dem sie Jesus nun begleiten, wohl beschäftigt haben? Können sie denn über etwas anderes miteinander gesprochen haben als über das von Jesus angekündigte Geschick? Nachdem Jesus sie zum Reden auffordert, könnten sie jetzt eigentlich die Fragen stellen, zu denen sie in 9,32 den Mut nicht hatten.

Doch sie schweigen, und der (wie Jesus) allwissende Erzähler muss den Lesern mitteilen, um welches Problem die Gedanken der Jünger „*auf dem Weg*" wirklich kreisten. Es ging ihnen – wohl im Streit – um ihre interne Rangordnung. Dies allermenschlichste Problem innerhalb einer Gesellschaft, in der jeder seinen Platz hat, auf dem er sich einordnen muss, auf dem er aber auch besteht, haben sie

Auslegung

untereinander diskutiert, nachdem ihnen Jesus zum drittenmal nach 8,31; 9,12 angekündigt hat, dass er von den Menschen auf den letzten Platz gesetzt werden wird und diesen freiwillig einnimmt.

Indem die Jünger schweigen, geben sie zu, dass ihre Rangdiskussion unterwegs der Nachfolge Jesu unangemessen war. Mag es in der menschlichen Gesellschaft notwendigerweise eine Rangordnung und Hierarchie geben, in der die „Ersten" auch die Privilegierten und Bevorzugten sind, in der Jesusgemeinde hat diese Gesellschaftsordnung keine Geltung.

Um das klar zu machen, nimmt Jesus eine autoritative Haltung ein: Er setzt sich (als Lehrer der Jünger) nieder und ruft die *Zwölf* zu sich. Dargestellt wird eine Geste Jesu, die vor allem die Leser zur Aufmerksamkeit aufruft (vgl. 7,14; 8,34); von der Szene her ist diese Regiebemerkung eigentlich unnötig.

Die Mahnung Jesu ist einigermaßen paradox. Offenbar bestreitet Jesus nicht, dass es auch innerhalb der Jüngerschaft und Gemeinde Personen geben muss, die in der Rolle der *Ersten* sein müssen, wohl aber, dass diese Position vorgegeben ist. Er spricht deshalb nicht diejenigen an, die *Erste* sind und fordert von ihnen ein besonderes Dienstethos, sondern er sagt an, wie man zum *Ersten* wird: *„Wenn jemand Erster sein will..."* Dem entspricht, dass nach Jesus die Position des *Letzten* in der Jüngerschaft nicht von vornherein besetzt ist, wie es automatisch der Fall wäre, wenn es in ihr bereits *Erste* gäbe. Wer der *Erste* werden will, soll zum *Letzten* werden, indem er zum *„Diener aller"* wird. Der Diener nimmt den gesellschaftlich letzten Rang ein. Aber Diener sind nötig, wie *Erste* nötig sind. Jesus fordert nicht dazu auf, dass die *Ersten* mit den *Letzten* die Rollen *tauschen*, sondern dass sie ihre Rolle *einnehmen*, den Dienst an allen damit konstituieren und erst auf diese Weise zu *Ersten* werden. Ein Paradox! Denn, wer anerkennt einen *Ersten* als *Ersten*, wenn er als Diener doch *Letzter* ist? Es kann somit in der Jüngerschaft nur die Rolle des *Letzten* und *Dieners* besetzt werden, und die Anerkennung als *Erster* erfolgt allein als eschatologischer Lohn. Hierarchie ist ausgeschlossen, oder Jesu Wort würde aufgehoben und der Dienst an allen zum symbolischen Spiel mit Worten: „Servus servorum Dei".

9,36-37: Jesus macht vor, wie man zum Diener auch des Letzten, also aller wird: Er stellt ein Kind *„in die Mitte"* des Jüngerkreises und umarmt es, d.h. er nimmt es in Schutz und in seine Obhut; es geht nicht um ein nichtssagendes „Herzen" des Kindes. Es dürfte sich wohl um ein Kind handeln, das sonst niemanden hat, der sich um es kümmert. Die Jünger fordert Jesus durch sein Vorbild auf, genauso zu handeln und damit zu *„Dienern aller"* zu werden (vgl. 10,45): Sie sollen elternlose Kinder – im wahrsten Sinne die Letzten in jeder Gesellschaft, ob in der Antike oder der Moderne – bei sich aufnehmen. Eigentlich sind die Leser angesprochen, zumindest die Gemeinden nach Ostern, denn auf die wandernde Existenz des irdischen Jesus und seiner Jünger passt die Empfehlung schlecht.

Elternlose Kinder gab es damals wie heute in großer Zahl. Wir finden sie im aidsverseuchten Afrika und in den fernen (und nahen!) Kriegsregionen der Welt, die Gemeinde des Markus traf sie in ihrer Mitte an als Opfer früher Sterblichkeit oder des Jüdischen Kriegs. An ihnen konnte sich der Wille zum Dienst in der Erinnerung und Nachfolge Jesu bewähren.

„*Um meines Namens willen*", also um Jesu willen sollen die Christen bedürftige Kinder bei sich aufnehmen. Dann können sie sicher sein, mit den Kindern (den erhöhten) Jesus aufgenommen zu haben und mit ihm Gott, der ihn gesandt hat. In den Waisenkindern begegnet Gott selbst, ein ungemein fruchtbarer Gedanke, wenn er nicht dahin pervertiert wird, dass man die Kinder aufnimmt, *um* Jesus und Gott aufzunehmen. Doch ist Jesu Verheißungssatz so nicht gemeint. Die Zuwendung soll nicht zuerst auf Jesus oder Gott gerichtet sein und nimmt dann mit Waisenkindern vorlieb, sondern umgekehrt: Der ehrliche und absichtslose Dienst an diesen Letzten ist die innigste und tiefste Jesusverehrung und wahrer Gottesdienst. Wer Kinder aufnimmt, bei dem ist Gott zu Hause.

9,38-41: Johannes, den Lesern als einer der Zebedäussöhne und engster Vertrauter Jesu bekannt (vgl. 1,19f.29; 5,37; 9,2), schlägt ein neues Thema an: Die Jünger sind – wann? bei ihrer eigenen Mission 6,7-13 oder jetzt unterwegs? – auf einen Exorzisten getroffen, der unter Verwendung des Namens Jesu wirkungsvoll Dämonen austrieb. Sie hinderten ihn daran (oder versuchten es nur: beachte das Imperfekt!), „*weil er uns nicht nachfolgte*". Die *Zwölf* haben ja von Jesus exklusiv die *Vollmacht* empfangen, Dämonen auszutreiben (vgl. 3,14f; 6,7.13), und können diese Vollmacht offenbar auch so einsetzen, dass sie Dämonenaustreibung durch fremde Exorzisten verhindern. Freilich nehmen sie dann in Kauf, dass die Dämonen weiter die Menschen schädigen und vernichten.

Auffällig ist die Formulierung: „*...weil er uns nicht nachfolge*". Sie passt nicht in die Zeit des irdischen Jesus, denn in ihr bezieht sich die Nachfolge auf Jesus. Die Redeweise verweist in die nachösterliche Gemeinde, in der die Jünger durch Zulassung zur Gemeinde oder zum Stand der Exorzisten die Dämonenbannungen im Namen Jesu legitimieren konnten oder nicht (vgl. 9,28f). Wahrscheinlich ist sich der Autor der anachronistischen Ausdrucksweise bewusst und verwendet sie absichtlich, um die Aufmerksamkeit der Leser zu gewinnen. Es geht um ihr Problem: Wie sollen sie mit Wundertätern oder Wanderpropheten umgehen, die bei ihnen im Namen Jesu wirken, ohne sich der Gemeinde anzuschließen?

Jesus plädiert für eine großzügige und weite Sicht: Die Jünger sollen den fremden Wundertäter nicht behindern – also könnten sie es wohl –, sondern ihn im Namen Jesu wirken lassen. Der Grund dafür ist nicht, dass die Jünger sich eines aufgeklärten Geistes der Liberalität und Toleranz befleißigen sollen, sondern ihre bedrängte Lage. Wer im Namen Jesu exorzistisch und wundertätig wirkt, wird diesen Namen nicht „*so bald schmähen*" (vgl. 8,38). Er ist, auch wenn er der Jüngergemeinde nicht beitreten will, ein Freund und Sympathisant, und solche hat die Gemeinde nötig. In einer Zeit, in der fast alle gegen sie stehen, ist jeder, der sich nicht gegen die Christen stellt, ein Freund (vgl. 9,40). Wir tun einen Blick in die angespannte Situation der markinischen Gemeinde.

Der Verheißungssatz 9,41 geht noch weiter, ob er nun wörtlich zu nehmen ist oder nicht. Schon eine freundliche Geste – ein Becher Wasser – gegenüber den Christen erscheint als etwas Bemerkenswertes, so sehr sind sie dem Hass und der

Auslegung 237

Verachtung ausgesetzt. Wer ihnen freundlich begegnet, weil sie *„zum Christos gehören"*, wird im Eschaton dafür belohnt. Christen scheinen inzwischen auch von der Umwelt als eine besondere Gruppe ausgemacht worden zu sein. Offenbar werden sie nicht mehr einfach mit den Juden zusammen gesehen. Ihnen begegnet Misstrauen und Ablehnung von allen Seiten (vgl. 13,13).

9,42-48: Der Verheißung für Außenstehende 9,41 folgt in 9,42 ein Drohwort gegen denjenigen, der einem „Gläubigen", und sei es auch dem kleinsten und geringsten unter ihnen, Anlass und Anstoß zum Glaubensabfall (σκανδαλίζειν; vgl. 4,17; 14,27) gibt; es geht wohl nicht um ärgerliche Provokationen im Alltag, sondern um ein Verhalten, das bei anderen die Verleugnung der Zugehörigkeit zu Christus (vgl. 14,66-72) oder den Austritt aus der Gemeinde zur Folge hat.

Möglicherweise wird auf Außenstehende verwiesen, die Christen amtlich oder gesellschaftlich dazu zwingen, ihren Glauben an Jesus zu verleugnen oder aufzugeben (vgl. 8,38). Wahrscheinlicher jedoch richtet sich die schwere Drohung gegen (ehemalige) Mitchristen, die durch ihr Verhalten andere zum Glaubensabfall provozieren oder ermuntern, um unangenehme und gefährliche Konsequenzen zu vermeiden. Vor allem die Fortsetzung mit 9,43ff spricht dafür, dass in 9,42 eine innergemeindliche Problematik angesprochen wird. Die zu erwartende Strafe für den Verführer oder Provokateur zum Glaubensabfall ist so schwer, dass dagegen die überaus schändliche Todesstrafe durch Ertränken, selbst wenn sie durch den nur von einem Esel mechanisch bewegbaren Mühlstein grotesk verschärft würde, leicht zu ertragen wäre. Dem Verführer in den eigenen Reihen wird also wie in 9,43.45.47f die ewige Verdammnis in der Gehenna angedroht. Von 9,42 her bestätigt sich, dass Jesus in 9,39 zu Recht vorsichtig formuliert hatte. Wenn es schon in der Gemeinde durch Glaubensabfall zu Verleugnung und Abkehr von Jesus kommt, könnte auch ein „fremder" Exorzist Jesu Namen irgendwann verfluchen, aber nicht *„so bald"* und solange er in diesem Namen wirkt.

Die folgenden, sich steigernden Empfehlungen 9,43.45.47f richten sich an die Gemeinde und fordern zu der disziplinarischen Maßnahme der Bannung von Verführern zum Glaubensabfall auf. Sie müssen dann metaphorisch verstanden werden. Ein anderes Verständnis scheint auch ausgeschlossen zu sein, zumal ein wörtliches und auf ein Individuum bezogenes. Auslegungen, die hier letzte Radikalität gegen sich selbst oder ein böses Begehren im Menschen oder eine „Absage an die unheilbringenden Vitalinteressen des Menschen" (R. Pesch) gefordert sehen, nehmen die Metaphorik nicht ernst; es wird eben vom „Abschlagen" eines Körpergliedes gesprochen. Im Hintergrund des Bildes dürften archaische Gerichtspraktiken stehen, die ursprünglich aber immerhin zur Vermeidung der Todesstrafe dienen sollten: Besser ist es, nur eine Hand, einen Fuß oder ein Auge zu verlieren als das Leben. Das Bild des Leibes wird auf die Gemeinde angewandt. Bevor ein (Mit-)Glied die anderen mit ins Verderben reißt, soll sich die Gemeinde lieber entschlossen von dem verführenden (Mit-)Glied trennen und es seinem schlimmen Geschick überlassen, um selbst – wenn auch verstümmelt – in die künftige Basileia Gottes (vgl. 1,15; 4,10ff; 9,1) einzugehen. Vorausgesetzt ist eine Situation, wie sie in 4,17 anklingt.

9,49-50: Die Rede Jesu bleibt rätselhaft. Die Lösung hängt davon ab, was hier mit *Feuer* gemeint ist; das *„unauslöschliche Feuer"* der Gehenna von 9,48 ist es auf keinen Fall. Denn Jesus sagt ja, dass *jeder* mit dem jetzt angesprochenen *Feuer* in Berührung kommt und dadurch *gesalzen* wird. Dieses *Salz* nennt er gut und wünscht es allen Jüngern, und zwar als kräftiges, würzendes und vor Verderbnis schützendes Salz, das nicht schal, ausgelaugt und kraftlos ist. Das *Salz* ist somit eine Kraft, die die Jüngerexistenz frisch und unverdorben erhält und durch das *Feuer* hervorgerufen wird.

Zu dem Rätsel Jesu tritt ein letzter Aufruf an die Jünger hinzu, untereinander Frieden zu halten. Damit wird zweifellos 9,34f wiederaufgenommen, wo durch den Streit um die Rangfolge der Frieden in der Jüngerschaft gefährdet schien und Jesus eine neue Rollenregel für die Gemeinde eingeführt hat. Wo die *Ersten* freiwillig die Rolle der *Letzten* einnehmen und allen dienen, da herrschen Frieden und Freundschaft. Dort bleibt Jüngerschaft auch frisch und kräftig. Ist das *„gute Salz"*, das die Jünger in sich haben sollen, ihre Bereitschaft, sich in den Dienst aller, auch der *Letzten* zu stellen? Solche Bereitschaft wächst erfahrungsgemäß, wenn der äußere Druck auf eine Gemeinschaft zunimmt, bei Verfolgung und Unterdrückung, und wenn es notwendig wird, nicht nur geistig eng zusammenzurücken, sondern auch physisch und wirtschaftlich. Elternlose Kinder bei sich aufzunehmen war ein Beispiel für solchen durch das *Feuer* der Bedrängnis ausgelösten Jüngerdienst, die gegenseitige Stärkung im Festhalten am Bekenntnis zu Jesus Christus könnte ein weiteres Beispiel sein, Vertrauen und Frieden untereinander wären ein drittes.

2.2 Zweiter Durchgang: 10,1-31

*10¹ Und von dort bricht er auf und kommt in das Gebiet von Judäa
jenseits des Jordan. Und wieder kommen Volksscharen bei ihm zusammen,
und wieder belehrte er sie, wie es seine Gewohnheit war.
²Und Pharisäer kamen hinzu und fragten ihn,
ob ein Mann seine Frau entlassen dürfe
– sie wollten ihm damit eine Falle stellen.
³Er aber antwortete ihnen: „Was hat euch Mose geboten?"
⁴Sie aber sagten: „Mose hat gestattet,
einen Scheidebrief zu schreiben und zu entlassen."
⁵Jesus aber sagte zu ihnen:
„Wegen eurer Hartherzigkeit hat er euch dieses Gebot schriftlich gegeben.
⁶Von Anfang der Schöpfung an aber (gilt):
Als Mann und Frau erschuf er sie.
⁷Deswegen wird der Mann seinen Vater und seine Mutter verlassen
und sich seiner Frau fest anschließen,
⁸und die beiden werden zu einem Fleisch werden.
Deshalb sind sie nicht mehr zwei, sondern ein Fleisch!
⁹Was Gott nun zusammengefügt hat, soll der Mensch nicht trennen."
¹⁰Und im Haus befragten ihn wieder die Jünger darüber.*

*¹¹Und er sagt ihnen: „Wer seine Frau entlässt und eine andere heiratet,
der bricht gegen sie die Ehe.
¹²Und wenn sie ihren Mann entlässt und einen anderen heiratet,
bricht sie die Ehe!"*

*¹³Und sie brachten Kinder zu ihm, damit er sie berühre.
Doch die Jünger herrschten sie an.
¹⁴Jesus aber sah es, wurde unwillig und sagte ihnen:
„Lasst die Kinder zu mir kommen, hindert sie nicht,
denn solchen gehört das Reich Gottes.
¹⁵Amen, ich sage euch: Wer das Reich Gottes nicht wie ein Kind annimmt,
der wird niemals in es hineingehen!"
¹⁶Und er nahm sie in die Arme, legte ihnen die Hände auf und segnete sie.*

*¹⁷Und als er sich auf den Weg machte, da lief einer herbei,
warf sich auf das Knie und fragte ihn:
„Guter Lehrer, was muss ich tun, um das ewige Leben zu erlangen?"
¹⁸Jesus aber sagte zu ihm: „Was nennst du mich gut?
Niemand ist gut außer einem, Gott!
¹⁹Die Gebote kennst du!
Du sollst nicht töten, nicht ehebrechen, nicht stehlen,
nichts Falsches aussagen, nicht betrügen,
ehre deinen Vater und deine Mutter."
²⁰Er aber sagte zu ihm:
„Lehrer, das alles habe ich von meiner Jugend auf beachtet."
²¹Jesus aber blickte ihn an und gewann ihn lieb,
er sagte zu ihm: „Eines fehlt dir noch!
Geh hin, verkaufe, was du besitzt und gib es den Armen;
so wirst du einen Schatz im Himmel haben.
Und dann folge mir nach!"
²²Der aber wurde betrübt über dieses Wort und ging traurig weg,
denn er besaß viele Güter.*

*²³Jesus aber wandte seinen Blick um und sagt zu seinen Jüngern:
„Wie schwer ist es für die, die Reichtum besitzen,
in das Reich Gottes hineinzugehen."
²⁴Die Jünger erschraken über seine Worte.
Jesus aber sagte noch einmal zu ihnen:
„Kinder, wie schwer ist es, in das Reich Gottes einzutreten.
²⁵Leichter ist es, dass ein Kamel durch ein Nadelöhr hindurchgeht,
als dass ein Reicher ins Reich Gottes hineingeht."
²⁶Sie aber erschraken noch mehr und sagten zueinander:
„Und wer kann dann gerettet werden?"
²⁷Jesus schaute sie an und sagte:
„Den Menschen ist es unmöglich, aber nicht Gott,
denn Gott ist alles möglich."*

²⁸*Da sagte Petrus zu ihm:*
„Siehe, wir haben alles verlassen und sind dir nachgefolgt."
²⁹*Jesus sagt: „Amen, ich sage euch:*
Es gibt keinen, der Haus oder Brüder oder Schwestern
oder Mutter oder Vater oder Kinder oder Äcker verlassen hat
um meinetwillen oder um des Evangeliums willen,
³⁰*ohne dass er Hundertfaches empfängt,*
jetzt in dieser Weltzeit Häuser und Brüder und Schwestern
und Mütter und Kinder und Äcker – freilich unter Verfolgung –,
und im kommenden Äon ewiges Leben.
³¹*Viele Erste aber werden Letzte sein und die Letzten Erste."*

2.2.1 Keine Ehescheidung: 10,1-12

Wir können drei Teile unterscheiden: 10,1 als allgemeine Einleitung, 10,2-9 als Besprechung und Bewertung der jüdischen Scheidungspraxis und 10,10-12 als Weisung Jesu für die Jüngerschaft.

10,1: Die Szene schließt eng an 9,33-50 an: Jesus *„bricht auf"* (vgl. 9,35) und verlässt (mit seinen Jüngern) Galiläa und kommt nach Judäa *„jenseits des Jordan"*. Ein zeitlicher Abstand wird nicht angezeigt, Zeichen für die sachlich enge Zusammengehörigkeit der folgenden Szenen mit dem Vorausgehenden.

Die Ortsangabe ist schwierig. Soll gesagt werden, dass Jesus nach Judäa *und* nach Peräa/Transjordanien kommt (so Sin, B, C*, L, Ψ)? Dann wären *zwei* Ziele, dazu in der falschen Reihenfolge angegeben. Oder soll *„jenseits des Jordan"* die Landschaft Judäa näher bestimmen (so C¹, D, W, Δ, H)? Dann wäre fälschlich vorausgesetzt, Judäa oder zumindest Teile davon lägen *„jenseits des Jordan"*. Diese Lesart ist wohl die schwierigere und steht zudem damit in Einklang, dass der Autor auch sonst keine präzisen Ortskenntnisse Palästinas zeigt (vgl. 7,31; 5,1.13).

Die geographische Hauptaussage besteht dann darin, dass Jesus auf seinem *Weg* nach Jerusalem inzwischen bereits Judäa erreicht hat. Er ist seinem Lebensziel somit erheblich näher gekommen. Die Leser werden an 8,31; 9,31 erinnert. Die Angabe *„jenseits des Jordan"* macht dabei nur deutlich, dass Jesus dazu den Jordan überqueren muss.

Auch in Judäa ist Jesus bereits bekannt (vgl. 1,45; 3,7f), so dass sich wie immer eine Volksmenge bei ihm versammelt (vgl. 1,45; 2,1; 3,7f; 4,1; 5,21; 6,31ff.55f; 8,1) und Jesus sie wie gewohnt *belehrt* (vgl. 1,21; 2,2; 4,2; 6,34; vgl. 11,18; 12,35.38). Damit sind die folgenden Stücke als Lehre Jesu für das Volk gekennzeichnet, zumindest ihr öffentlicher Teil, zu der dann die interne Weisung für die Jüngerschaft noch hinzutritt (vgl. 10,10-12.23-31). Beide Arten der Lehre und Weisung Jesu verhalten sich nicht alternativ, sondern verkörpern gemeinsam die *eine* Lehre Jesu, die eine äußere und eine innere Wahrheit hat (vgl. 4,10f.33f). Wer zur inneren vorstößt und sie bewahrt, gehört zur Familie Jesu (vgl. 3,35), zu seiner Jüngerschaft. Das wird im folgenden deutlich.

Auslegung 241

10,2-9: Nicht nur die jüdische Volksmenge ist zur Stelle, wenn Jesus sich zeigt, sondern auch seine Gegner: die Pharisäer (vgl. 2,16.18.24; 3,6; 7,1f; 8,11). Sie ziehen Jesus in eine Auseinandersetzung über die Frage der Ehescheidung hinein. Jesus muss in seiner Lehre wieder zu einer Frage der Toraauslegung kontrovers Stellung beziehen (vgl. 2,15ff; 2,18ff; 2,24ff; 3,1ff; 7,1ff).

Allerdings wollen die Pharisäer Jesus „*eine Falle stellen*" (vgl. 8,11; 1,13), ihn bei einem Selbstwiderspruch ertappen. Ihre Frage, ob es dem Mann gestattet sei, eine Frau zu entlassen, ist gar nicht ernst gemeint. Sie wissen, dass die jüdische Scheidungspraxis durch die Tora gedeckt ist, also nicht gänzlich unerlaubt sein kann. Wenn sie Jesus trotzdem so fragen, setzen sie wohl voraus, dass er hingegen eine Scheidung ablehnt. Sie wollen ihn in einen Konflikt zwischen der Tora und seinem eigenen Ethos bringen.

Würde Jesus antworten – wie die Pharisäer es erwarten –, Scheidung sei nicht erlaubt, könnten sie ihm die Tora entgegenhalten, die in Dtn 24,1.3 zur Ehescheidung Stellung nimmt. Aber Jesus durchkreuzt ihre Taktik durch seine Rückfrage: „*Was hat Mose euch geboten?*" Nun müssen sie sich ihre Scheinfrage selbst beantworten, und das eigentliche Problem ist nicht auf der Ebene der Tora zu lösen, sondern auf der Ebene des Herzens.

Letzteres deutet sich schon darin an, dass die Pharisäer nicht zu antworten wagen, Mose habe die Scheidung *geboten* (ἐνετείλατο), sondern sie müssen eingestehen, dass er lediglich einen Scheidebrief auszustellen *gestattet* (ἐπέτρεψεν) hat, was sie allerdings als Freibrief für Scheidung ansehen. Jesus stellt klar: Das *Gebot* des Mose dokumentiert nicht den Willen Gottes zur Scheidung, sondern nur die Herzenshärte der Menschen, die es wegen ihrer Bosheit nicht miteinander aushalten. Weil die Herzen nun einmal hart sind, hat Mose konzediert, dass sich Mann und Frau wieder trennen, und hat die Scheidung geregelt. Der vom Mann auszustellende „Scheidebrief" ermöglicht der Frau, sich wieder zu verheiraten, ohne als Ehebrecherin zu gelten. Aber wann immer diese Regelung greift, kommen mit ihr zugleich menschliche Bosheit und Scheitern zum Vorschein. Die gesetzliche Regel des Mose ist – obwohl Konzession – zugleich Anklage, dass zwei Menschen nicht dem Willen Gottes gerecht geworden sind. Damit wird sie nicht gering geachtet oder außer Kraft gesetzt. Solange die Herzenshärte unter Menschen verbreitet ist, muss es die Möglichkeit zur Scheidung geben, weil sie gnädiger ist, als zwei böse Herzen aneinander zu ketten. Wird die Konzession des Mose aber als Freibrief zur Scheidung genommen, so wird sie zu einem Gebot, das nicht zur Umkehr und zum Leben führt (vgl. Ez 20,25).

Gottes Wille zielte jedoch seit der Schöpfung in eine andere Richtung. Jesus liest die Schöpfungsordnung aus Gen 1,27 und 2,24 heraus: Gott hat den Menschen männlich und weiblich geschaffen, aufeinander verwiesen und angewiesen. Nur gemeinsam und in der Ehe verbunden werden sie zu einem vollkommenen Ganzen, zu einer Einheit, zu „*einem Fleisch*". Dazu müssen sie ihr Elternhaus und die Einbindung in die Familien verlassen und einander *anhängen* (in Qumran [CD 4,21; 7,1-3] wird Gen 1,27 angeführt, um die Monogamie einzufordern).

Der markinische Jesus sieht in der Ehe Gott am Werk, der die Menschen geschlechtlich verschieden geschaffen hat, damit Mann und Frau in der Ehe zu einer

Einheit werden. Daher sind nicht sie es, die sich zusammentun, sondern Gott verbindet sie. Wäre die Ehe allein Wahl und Tun der beiden Partner, könnten sie sich auch wieder voneinander lösen. Weil aber Gott es ist, der sie verbindet, darf kein Mensch von sich aus die Verbindung lösen.

Damit hat Jesus klargestellt, dass Scheidung dem eigentlichen Schöpfungswillen bei der Ehe widerspricht und sich für denjenigen von selbst verbietet, der dem Willen Gottes entsprechen will. Aber hat Jesus damit auch die Scheidungsregelung des Mose aufgehoben? Das dürfte nicht der Fall sein. Er anerkennt offenbar stillschweigend das jüdische Scheidungsverfahren als legale Möglichkeit, endgültig gescheiterte Ehen zu trennen. Gottes Forderung an den Menschen ist jedoch, Ehen nicht endgültig scheitern zu lassen.

10,10-12: Nur wenn Jesu Äußerungen in dieser Weise dialektisch sind, haben die Jünger noch etwas zu fragen. Nur wenn er die Scheidung nicht von vornherein verboten hat, können sie nachfragen, was seine Antwort an die Pharisäer für sie bedeutet.

Jesu Weisung für die Jüngerschaft ist ein klares Verbot der Scheidung und Wiederverheiratung. Beides sind die zwei Seiten eines einzigen Geschehens, denn Scheidung geschieht um der Wiederverheiratung willen. Es ist also keineswegs so, dass Jesus die Scheidung zulässt und nur die Wiederheirat verbietet. Der tiefere Grund für Jesu Sicht steckt in dem Satz: „*...der bricht die Ehe gegen sie*", der in 10,12 analog ebenfalls zu ergänzen ist. Weil Gott in der Ehe zwei Menschen verbunden hat, hat dieses Band nach einer Trennung gleichwohl Bestand. Wer sich aus eigenem Willen in einer weiteren Ehe neu bindet, bricht die noch bestehende Ehe. Scheidung ist Untreue, also Schuld! Sie ist eben keine simple Vertragsauflösung in gegenseitigem Einvernehmen, sondern berührt die Mitte des Menschen, sein Herz, wo Treue und Zuneigung ihren Platz haben sollen, aber oft Bosheit und Untreue regieren. In der Jüngerschaft Jesu gilt es aber, Herzenshärte zu überwinden (vgl. Dtn 10,16; Jer 4,4; Sir 16,10) und zur Treue zum Partner zurückzufinden. Schon die Propheten haben diese Forderung erhoben (Mal 2,14ff). In der Jüngerschaft Jesu kommt sie zur Geltung.

Dabei berücksichtigt die Weisung Jesu im MkEv nicht allein das jüdische Eherecht, nach dem nur der Mann die Möglichkeit hatte, eine Scheidung zu vollziehen, sondern ebenso die römisch-hellenistischen Rechtsverhältnisse, die grundsätzlich monogam waren und auch der Ehefrau das Recht einräumten, sich scheiden zu lassen. Das muss nicht bedeuten, dass hier eine Weisung für Heidenchristen gegeben wird. Im hellenistischen Milieu sind die römisch-hellenistischen Rechtsverhältnisse auch von Juden bzw. Judenchristen übernommen worden.

Jesus zieht mit seiner in apodiktische Regeln gefassten Weisung die Konsequenzen aus dem in 10,6-9 entwickelten Grundsatz. Der lautete, dass der Mensch nicht trennen darf, was Gott verbunden hat. Das bedeutet keineswegs, dass Mann und Frau an der Verbindung nicht ebenfalls mitgewirkt haben: Sie haben sich Zuneigung und Treue versprochen. Wenn sie an ihrer Ehe schuldig werden können, müssen sie auch bei ihrem Zustandekommen mitgewirkt haben. Aber auch Gott war beteiligt, und deswegen begeht Ehebruch, wer seine Ehe scheidet und sich wieder verheiratet.

2.2.2 Die Stellung der Kinder in der Gemeinde: 10,13-16

Nachdem in Jesu Lehre zuerst von der Ehe die Rede war, kommen jetzt die Kinder zur Sprache, die daraus hervorgehen, dass Mann und Frau *„ein Fleisch"* werden. Die Szene bleibt unanschaulich; dem Autor liegt in erster Linie am Thema, nicht an der *Erzählung*. Wahrscheinlich befindet sich Jesus immer noch in dem Haus, das in 10,10 eingeführt wurde; erst in 10,17 wird die Szenerie aufgelöst.

Mütter (an sie ist sicher mit dem einleitenden unpersönlichen Plural gedacht) bringen ihre Kinder zu Jesus, doch wohl Kleinkinder, die entweder getragen oder an der Hand geführt werden müssen. Jesus soll sie *berühren*, denn seine Berührung bewirkt Heilung, das wissen die Mütter (und Leser; vgl. 3,10; 5,28f; 6,56). Ebenso wissen sie, dass Jesus sich nicht von Kindern abwendet; die Heilung von zwei Kindern ist im Mk-Ev schon erzählt worden (vgl. 5,35-43; 7,24-30). Die Jünger waren dabei anwesend. Also müssten auch sie darum wissen. Ihnen hat Jesus ohnehin aufgetragen, sich der Kinder – besonders der verlassenen oder elternlosen – anzunehmen (9,36f). Was veranlasst sie, die Mütter heftig *anzufahren* und in ihrem Tun zu *behindern* (vgl. 10,14)?

Sie erweisen sich bezüglich der Belehrung Jesu über seinen Weg nach Jerusalem und sein dortiges Leidensgeschick als verständnislos und unwillig zur Einsicht. Aber einfachhin ungehorsam gegen Jesus sind sie nun doch nicht. Also dürften sie Jesu Weisung von 9,36f nicht mit dem jetzigen Fall in Verbindung gebracht haben; tatsächlich geht es ja auch gar nicht um die Aufnahme von Kindern, sondern um ihre Zulassung zur Nähe Jesu. Was die Mütter für ihre Kinder erreichen wollen, geschieht denn auch am Ende der Erzählung: Jesus umarmt die Kinder und segnet sie (vgl. 10,16). Sie werden zu seinem Kreis, seiner Familie (vgl. 3,35) zugelassen.

Die Leser erinnern sich, dass Jesus dabei ist zu *lehren* (10,1) und seiner Jüngerschaft *„im Haus"* Weisungen zu erteilen. Diese Situation wirkt wie eine Vorabbildung späterer Gemeindegottesdienste. Der *Segen* Jesu am Schluss der Erzählung wirkt fast wie ein liturgisches Element. Sind die Jünger der Meinung, wenn Jesus lehrt und segnet, hätten Kleinkinder dabei nichts zu suchen? Halten sie es gar für eine magische Praxis, unmündige Kinder durch Handauflegung segnen zu lassen?

Wie der Leser nach 9,36f nicht anders erwartet, schreitet Jesus *ärgerlich* gegen die Jünger ein. Seine starke emotionale Reaktion ist zu beachten (vgl. 1,43; 3,5); sie macht die harmlos wirkende Episode zu einer wichtigen Szene. Die Kinder dürfen und sollen zu Jesus kommen, denn für solche wie sie (τοιούτων) ist die Basileia Gottes, also nicht nur für Kinder, aber auch für sie! Sie stehen den Jüngern in gar nichts nach (vgl. 4,10). Den Jüngern hatte Jesus gesagt, dass ihnen das *„Geheimnis des Reiches Gottes"* schon gegeben ist, unabhängig davon, ob sie die Rätsel-Lehre Jesu begriffen haben oder nicht (vgl. oben zu 4,10-25). Wenn sie bei Jesus, bei seinem Evangelium (vgl. 8,35), in seiner Familie (vgl. 3,35) bleiben, werden sie auch in das kommende *„Reich Gottes eingehen"*. So auch die Kinder und alle, die wie sie sind. Die Bedingung, um die Basileia Gottes zu erfahren, ist das Kommen zu Jesus.

Das Amen-Wort Jesu (10,15) weitet die Bedeutung der Szene aus: In ihr ist die Bedingung zur Teilnahme am „*Reich Gottes*" für alle abgebildet. Um in das endzeitliche Reich hinein zu gelangen, muss man „*Gottes Reich annehmen wie ein Kind*". Das „*Reich Gottes*" hat also einen gegenwärtigen und einen zukünftigen Aspekt (vgl. 4,1-34). Es ist – als *Geheimnis* (vgl. 4,10f) – in Jesus und seinem Wirken, in seinem Evangelium und in seinem Weg gegenwärtig. Dies alles kann man annehmen, indem man Jesus im Vertrauen auf Gottes Fähigkeit, sein Reich endzeitlich durchzusetzen, nachfolgt: wie ein Kind. Kinder müssen fremde Wege gehen, sich auf fremde Gedanken einlassen, anderen Kräften als ihren eigenen vertrauen. Das ist auch die Haltung des Jüngers, der Gottes Gedanken denken (vgl. 8,33), hinter Jesus hergehen soll (vgl. 8,34) im Vertrauen auf Gottes Macht, Leben zu retten (vgl. 8,35). Die erwachsenen Jünger müssen freilich erst mühsam erlernen, was die Kinder in der Gemeinde aus sich selbst heraus können. Darum sind sie ein Beispiel für die Jünger und gehören zu Jesus. Wahrscheinlich reflektiert die kleine Szene den im Gegensatz zum damaligen Judentum ganz anderen Umgang der christlichen Gemeinden mit den Kindern in ihr, oder sie fordert ihn ein. Nicht eigene Fähigkeiten und Einsichten eröffnen den Zugang zur endzeitlichen Basileia, sondern geschenkte. Der Jünger muss sie annehmen, indem er der Spur Jesu folgt.

2.2.3 Weitere Bedingungen für das Eingehen ins ewige Leben: 10,17-31
Die Szene ist in sich dreifach gegliedert: In 10,17-22 wird der Fall eines Reichen erzählt, der seiner Güter wegen nicht in die Nachfolge Jesu eintritt. Durch den in 10,22 geschilderten Weggang des Mannes wird der Fall abgeschlossen. Er wird aber zum Anlass für außerordentlich strenge Worte Jesu über die Heilschancen der Reichen (10,23-27), deren Bedeutsamkeit durch den doppelten „Blick" Jesu auf seine Jünger unterstrichen wird (vgl. 10,23.27). In 10,28-31 wird der Lohn für diejenigen betrachtet, die – anders als der Reiche von 10,17-22 – Haus und Familie, materiellen Besitz und soziale Sicherungen verlassen haben, um Jesus nachfolgen zu können.

Die drei Unterabschnitte hängen szenisch und thematisch eng zusammen: Der reiche Mann von 10,17-22 ist Beispiel und Folie für beide Gesprächsgänge. Es geht um die materielle und soziale Sicherung in der Großfamilie, die ein Jünger in der Nachfolge Jesu aufzugeben bereit sein muss. Die Szene führt insofern konsequent die Thematik von 10,1-12 (Ehe) und 10,13-16 (Kinder) weiter.

10,17-22: Jesus nimmt wieder (begleitet von den Jüngern) seinen Weg auf (vgl. 8,27; 9,30.33; 10,1). Dabei sucht ein Mann die Begegnung mit ihm, der am Ende (vgl. 10,22) als sehr reich gekennzeichnet wird. Zunächst erfährt der Leser davon nichts. Auffällig ist, mit welcher Sympathie der Mann dargestellt wird: Er läuft eilig herbei und begrüßt Jesus durch einen Kniefall (προέδραμον), und als er Jesus wieder verlässt, ist er traurig (στυγνάσας) und betrübt (λυπούμενος). Er erscheint als ein Jude, der ehrlich um den Weg zum ewigen Leben bemüht ist. Mit dieser Frage tritt er an Jesus heran, den er offenbar als ethische Autorität hoch schätzt und ehrlich in Anspruch nehmen will. Durch seine Anrede „*guter Lehrer*"

Auslegung

(10,17) und *Lehrer* (10,20) bringt er diese Hochachtung zum Ausdruck. Auf Seiten Jesu herrscht ebenfalls Sympathie, obwohl Jesus die erste Anrede korrigiert. Auch den selbstbewussten Hinweis des jungen Mannes, die Gebote Gottes von Jugend an gehalten zu haben, kritisiert Jesus keineswegs, sondern beantwortet ihn mit liebender Zuneigung.

Die gesamte Darstellung ist deswegen so bemerkenswert, weil hier ein Mensch auftritt, der zwar mit Jesus sympathisiert, aber dann doch nicht in seine Nachfolge eintritt. Als Typ dürfte er auch den Lesern bekannt sein und ihnen häufiger begegnen in solchen Personen, die aus wirtschaftlichen oder gesellschaftlichen Rücksichten und aus Sorge vor materieller und sozialer Unsicherheit nicht den Eintritt in die Gemeinde wagen.

Der reiche Mann fragt Jesus, was er tun soll, um *„ewiges Leben zu erben"*. Damit ist dasselbe erfragt, um das es in 10,14f ging: *„Eingehen in das Reich Gottes"* (vgl. 9,43.45.47). Jesus weist diese Frage allerdings zurück: Nicht er stellt die Bedingungen für die Teilnahme am ewigen Leben auf. Wäre es so, dann stünde ihm die Bezeichnung *„guter Lehrer"* wohl zu. Vielmehr hat Gott, der einzig Heilige, die Lebensbedingungen schon längst kundgetan: in den Geboten. Ganz positiv spricht der markinische Jesus von den alttestamentlichen Geboten, die den Weg zum ewigen Leben weisen. Davon wird in der Erzählung nichts zurückgenommen, auch wenn es vordergründig so scheinen mag. Die Dialektik, die in 10,23.25 und 10,27 voll zum Zuge kommt, waltet auch schon in 10,17-22: Das Halten der Gebote eröffnet Teilhabe am ewigen Leben. Damit bleibt denen, die nicht in die Nachfolge Jesu eintreten, ein Weg zum Leben und in das Reich durch Gott selbst eröffnet (vgl. 10,27; 9,38-41).

Jesus zitiert Teile des Dekalogs, und zwar die Gebote der zweiten Tafel in geänderter Reihenfolge: Das Gebot der Elternverehrung steht am Schluss und erhält so eine besondere Betonung (vgl. 7,8-13). Warum? Vielleicht hängt dies mit 10,29 zusammen, wo vorausgesetzt wird, dass Jünger um der Jesusnachfolge willen Vater und Mutter manchmal unfreiwillig verlassen müssen (vgl. 13,12) und so Gottes Gebot nicht erfüllen können.

Der reiche Mann ist auf dem guten Weg des Gottesgebotes *„von Jugend an"*, wie er selbstbewusst und ein wenig stolz erwidert. Das wird von Jesus nicht in Frage gestellt, sondern anerkannt. Jesus blickt ihn voll Zuneigung an – wie später die Jünger (vgl. 10,23.27) – und ruft ihn in seine Nachfolge (δεῦρο ἀκολούθει μοι; vgl. 1,17; 2,14). Dieser Ruf ist jedenfalls Pointe und Höhepunkt der zweiten Antwort Jesu; alles zuvor Gesagte führt auf ihn hin. Die Nachfolge Jesu ist das *Eine*, das dem Mann neben der Gebotserfüllung noch fehlt. Damit ist Gebotserfüllung nicht als defizitär erklärt, wohl aber kann sie durch eine auf Jesus bezogene Entscheidung ergänzt und geradezu vervollkommnet werden; schließlich hatte der Mann nach dem Weg *Jesu* zum ewigen Leben gefragt. Jetzt erhält er die Antwort, aber nicht in dem Sinne, dass dieser Weg der *einzige* wäre, sondern dass er der *sichere* und *gewisse* ist. Wer Jesus auf seinem Weg nachfolgt, findet ewiges Leben und wird in das *„Reich Gottes"* eingehen (vgl. 8,34f; 9,1; 10,14f).

Nicht die Bedingung, wohl aber die Konsequenz der Nachfolge Jesu ist, dass der Jünger verlässt, was bisher sein Leben ausmachte (vgl. 1,18.20; 2,15). So soll auch der reiche Mann, was er hat, „*verkaufen und den Armen geben*", um frei von Bindungen an Liegenschaften und Grundbesitz (nur darum kann es sich bei seinen Gütern handeln) in die Nachfolge Jesu als dem sicheren Weg zum Leben einzutreten. Es geht Jesus bei seiner Forderung nicht so sehr um freiwillige Armut, als um Freiheit. Der Reiche soll ja reich bleiben; er soll sozusagen seine Güter umbuchen. Indem er sie hier auf Erden den Armen zukommen lässt, verschafft er sich einen „*Schatz im Himmel*", einen ewigen Lohn, der ihm sicher ist.

Doch den Weg Jesu will (oder kann) der reiche Mann – darüber selbst traurig und betrübt – nicht gehen. „*Er besaß nämlich viele Güter*", weiß der Erzähler zu berichten. Dieser Reichtum hindert ihn daran. Ob er Angst davor hat, arm zu sein, wird nicht gesagt. Auch Verantwortungsbewusstsein oder Familientradition könnten ihn davon abhalten, dem Rat Jesu zu folgen. Seine Motive nennt der Erzähler nicht. Er verlässt die Szene, nach wie vor gezeichnet als ein sympathischer Mensch.

10,23-27: Nach dem Weggang des reichen Mannes stellt Jesus geradezu resignierend fest, wie schwer es für die ist, die etwas besitzen, in „*Gottes Reich*" einzugehen. Damit sind die Frage des Reichen (vgl. 10,17) und Jesu Rat (vgl. 10,21) wieder aufgenommen. Wer die Erzählung genau wahrgenommen hat, wird aber bedenken, dass Jesus hier nicht von einem glatten „Unmöglich" redet, obwohl seine Wiederholung in 10,24f dem nahezukommen scheint. Doch den Reichen bleiben die Gebote Gottes (vgl. 10,19). Die sind jedoch der enorm schwere Weg zum „*ewigen Leben*". Entsprechend der zuvor erzählten Szene will Jesus somit nicht sagen, dass die Reichen überhaupt vom „*Reich Gottes*" abgeschnitten sind, sondern Reichtum und Besitz behindern sie, den *sicheren* (leichteren?) Weg zum ewigen Leben zu wählen, der in der Nachfolge Jesu besteht.

Auffällig ist das starke Engagement der Jünger, von dem der Erzähler zu berichten weiß. Jesus *blickt* sie bei seiner Feststellung an, und sie erschrecken über seine Worte. Aber sie sind doch von ihnen nicht betroffen, wie 10,28 sofort klarstellt. Ihr Erschrecken steigert sich sogar noch, als Jesus sein resigniertes Wort wiederholt und verschärft (vgl. 10,24f). Geradezu beschwörend spricht er die Jünger (!) an: „*Kinder...!*" Man könnte den Eindruck gewinnen, Jesus halte den Zugang zur Basileia Gottes generell für schwer, weil er bei der Wiederholung zunächst nicht mehr auf die Reichen und Besitzenden verweist. Aber das kann von ihm nicht gemeint sein, denn 1. spricht der verschärfende Nachsatz 10,25 sofort wieder von den Reichen, und 2. hält Jesus das Hineingehen in Gottes Reich doch für „kinderleicht" (vgl. 10,14f). In der Nachfolge Jesu (dazu mit einem „*Schatz im Himmel*") ist der Eintritt dahinein *sicher*. Außerhalb (und ohne den Schatz) ist er allerdings fast unmöglich. Jesus benutzt ein groteskes Bild – man sollte es so stehen lassen und nicht zu erklären versuchen –, um die geringe Chance auf Teilhabe am „*Reich Gottes*" für alle, die sich abhalten lassen von der Nachfolge Jesu, zum Ausdruck zu bringen.

Auslegung

Die Jünger stellen daraufhin entsetzt die Frage: *„Und wer kann dann (überhaupt) gerettet werden?"* Da sie auf gar keinen Fall zu den Reichen und Besitzenden zählen, können sie sich bei ihrer Frage nicht einschließen. Ebensowenig zielt sie auf diejenigen in der Jüngerschaft Jesu und bei den Lesern, die wie die geschichtlichen Jünger in der Nachfolge Jesu stehen. Allerdings dürfte es in den nachösterlichen Gemeinden, für die der Autor schreibt, auch weniger konsequente Christen gegeben haben, die es mit der Nachfolge Jesu nicht so ernst nahmen und die sich mehr um ihre Äcker und Häuser kümmerten (vgl. 4,19). Doch das Erschrecken der Jünger könnte sich auch auf die große Zahl der Menschen richten, die wegen materieller und sozialer Rücksichten sich Jesus nicht anschließen wollen (oder können). Der begüterte Mann von 10,17-22 war ein Beispiel dafür. So wie er sympathisch gezeichnet war, könnte auch der Ausruf der Jünger von einer erschrockenen Sympathie für diejenigen getragen sein, die aus menschlich verständlichen Gründen nicht in die Jüngerschaft eintreten, sondern *draußen* bleiben (vgl. 4,11f). Werden sie nicht gerettet? Den Jüngern geht es – wie in 10,17-22 Jesus auch (vgl. 9,38-41) – um die Möglichkeit der Rettung außerhalb der Nachfolge Jesu.

Mit ihrer erschrockenen Frage haben die Jünger den Höhepunkt des Dialogs vorbereitet, das entscheidende Wort Jesu in 10,27. Erneut sagt der Erzähler, dass Jesus die Jünger *anblickt*, und akzentuiert damit das abschließende Wort Jesu: Gott, der aus dem Tode retten kann (vgl. 14,36), vermag auch die Reichen zu retten, obwohl sie keinen *„Schatz im Himmel"* haben. Ihnen bleibt die Gnade Gottes, die ihnen unverdient zukommen kann. „All das, was vorher in scheinbarer Absolutheit gesagt ist, gerät in diesen Worten noch einmal in eine letzte, offene Dimension... Dem souveränen Gott ist auch das Geschick des Reichen noch einmal ganz offen anheimgegeben" (K. G. Reploh, Markus – Lehrer der Gemeinde, Stuttgart 1969, 198; vgl. 10,17-19).

Besitz und Reichtum können die Nachfolge Jesu verhindern und so zu einer ungeheuren Erschwerung der Erlangung ewigen Lebens in der kommenden Basileia Gottes führen. Für den Reichen liegen die Chancen dafür bei Null, wenn nicht Gottes Gnade hilft. Die Jünger können in ihrer sympathisierenden Sorge getrost sein: Was Gott möglich ist, wird er auch tun.

Jesus will gar nicht in erster Linie zum Verzicht auf Reichtum, zur Askese oder zu selbstgewählter Armut aufrufen, wohl aber dazu, sich von Bindungen frei zu machen, die die Nachfolge Jesu, den sicheren Weg in *„Gottes Reich"*, behindern.

10,28-31: Diesen Gedanken greift Petrus als Sprecher der Jünger auf und verweist darauf, dass sie *alles* zurückgelassen haben und Jesus nachgefolgt sind (vgl. 1,16-20; 2,13f); was der reiche Mann von 10,17-22 nicht tun wollte (oder konnte), haben sie getan. Mehr erfragt Petrus nicht, aber der Tenor ist: Was werden wir anstelle dessen zurückbekommen? Denn eines ist bereits klar: Wenn sie auf der Spur Jesu bleiben, werden sie *„das ewige Leben erben"* (10,17.21) und in die Basileia Gottes eingehen (vgl. 8,34-9,1; 10,14f). Das wird in 10,30 auch für den *„kommenden Äon"* konkret zugesagt. Aber es geht Petrus darüber hinaus darum, den Ersatz für das Aufgegebene, eben ihren *„Schatz im Himmel"* kennenzulernen.

Jesus weist den Hinweis des Petrus nicht zurück, sondern greift ihn positiv auf: Was die Jünger um Jesu willen – so die geschichtlichen Jünger in der unmittelbaren Nachfolge Jesu – oder „*um des Evangeliums willen*" (vgl. 8,35) – so die nachösterlichen Jünger (und Leser), die in die Jesusgemeinde eingetreten sind – aufgegeben und zurückgelassen haben, wird ihnen *hundertfach* ersetzt. Also haben sie einen guten Tausch gemacht, und von Askese und Selbstverleugnung kann keine Rede sein. Freilich sind die Verluste, die Jesusjünger bei Eintritt in die Nachfolge machen, sehr konkret und massiv: Sie können Häuser und den dazugehörigen Grundbesitz sowie ihre Großfamilie einschließlich der eigenen Kinder verlieren. Vorausgesetzt ist, dass der Eintritt in die christliche Gemeinde und das Bekenntnis zu Jesus familiäre Trennungsprozesse (vgl. 13,12) bis hin zu Enterbungen und Ausschluss aus dem Familienclan auslösen. Ein Jesusjünger kann – wie Jesus selbst (vgl. 3,21.31f) – seine ganze bisherige Familie und damit soziale Absicherung verlieren. Sogar die eigenen Kinder können aberkannt werden und unter der Potestas des Familienoberhauptes verbleiben.

Auffälligerweise fehlt in der Verlustaufzählung Jesu die Ehefrau bzw. der Ehemann. Ist die in 10,11f von Jesus erteilte Weisung so streng, dass ein Jünger seine Frau, selbst wenn sie den Schritt in die Jesusnachfolge nicht mitvollzieht, nicht entlassen, oder umgekehrt eine Jüngerin nicht die Scheidung von ihrem nichtchristlichen Mann betreiben darf?

Jesus verheißt solchen Jüngern hundertfachen Ersatz an Geschwistern, Müttern, Kindern (vgl. 9,36f) und Häusern mit Äckern. Mit ihrem Eintritt in die Jüngerschaft Jesu werden sie geradezu in eine andere Art von solidarischer Großfamilie aufgenommen, die das Aufgegebene vielfach übersteigt: die Familie Jesu (vgl. 3,34f). Das dürfte die Erfahrung sein, die der Autor und viele seiner Leser in der Gemeinde bereits gemacht haben. Zugleich wird hier eine Aufgabe der Jünger formuliert: Sie sollen Heimat und Familie werden für viele Christen, die durch ihren Religionswechsel alles verloren haben, oder für die elternlosen Kinder (vgl. 9,36f).

Die Situation der markinischen Gemeinden wird auch in dem „Wermutstropfen" aufscheinen, den Jesus seiner Verheißung beimischt: „*mit Verfolgungen*". Was einzelnen Jüngern durch ihr soziales Umfeld an Verlusten zugefügt wird, trifft auch die Gemeinde als Ganzes (vgl. 4,17; 8,38; 13,9-13). Um ihres Bekenntnisses willen wird sie verfolgt. Um so wichtiger ist, dass die Jünger einander stützen und helfen und untereinander wie eine Familie sind.

Aber wer ist darin der Vater? Den Jüngern wird für den Verlust des Vaters „*in diesem Äon*" kein Ersatz geboten. Statt dessen wird von Jesus – wie schon in 9,35 – eine paradoxe Hierarchie aufgestellt: „*Viele Erste werden Letzte sein und die Letzten Erste*" (10,31). In der Gemeinde soll die Rangordnung des Dienens herrschen; daher gibt es nur Geschwister und Mütter, die einander dienen, doch keine Väter, die herrschen.

2.3 Der dritte Durchgang: 10,32-52

10^{32} Sie waren auf dem Weg hinauf nach Jerusalem,
und Jesus ging ihnen voraus:
Sie aber waren erschrocken, ja die Nachfolgenden waren voller Furcht.
Und er holte die Zwölf wieder heran und fing an,
ihnen zu sagen, was mit ihm geschehen werde:
^{33} "Seht, wir gehen hinauf nach Jerusalem, und der Menschensohn
wird den Hohenpriestern und Schriftgelehrten ausgeliefert,
und sie werden ihn zum Tode verurteilen und ihn den Heiden ausliefern,
^{34} und die werden ihn verspotten und anspucken und ihn geißeln und töten,
aber nach drei Tagen wird er auferstehen."

^{35} Da treten Jakobus und Johannes, die Söhne des Zebedäus,
an ihn heran und sagen zu ihm:
„Lehrer, wir möchten, dass du für uns tust, was wir von dir erbitten."
^{36} Er aber sprach zu ihnen: „Was wollt ihr, dass ich euch tue?"
^{37} Sie aber sagten zu ihm:
„Gib, dass wir einer rechts und einer links von dir
sitzen in deiner Herrlichkeit."
^{38} Jesus aber sprach zu ihnen: „Ihr wisst nicht, was ihr erbittet.
Könnt ihr den Kelch trinken, den ich trinken werde?
Oder mit der Taufe, mit der ich getauft werde, getauft werden?"
^{39} Sie aber sagten ihm: „Wir können es!"
Jesus aber sprach zu ihnen: „Ihr werdet den Kelch trinken, den ich trinke,
und mit der Taufe, mit der ich getauft werde, getauft werden.
^{40} Das Sitzen zu meiner Rechten und Linken aber,
das zu vergeben ist nicht meine Sache, sondern es kommt denen zu,
für die es bereitet ist."
^{41} Und als die Zehn es hörten, fingen sie an,
sich über Jakobus und Johannes zu ärgern.
^{42} Und Jesus rief sie zusammen und sagt ihnen:
„Ihr wisst, dass die, die als Herrscher der Völker gelten,
diese unterdrücken, und dass ihre Mächtigen sie unterjochen.
^{43} So soll es unter euch nicht sein!
Sondern wenn einer bei euch groß sein will, so sei er euer Diener.
^{44} Und wer bei euch Erster sein will, sei der Sklave aller.
^{45} Denn auch der Menschensohn ist nicht gekommen,
um bedient zu werden, sondern zu dienen
und sein Leben als Lösegeld für alle hinzugeben."
^{46} Und sie kommen nach Jericho.
Und als er aus Jericho herausging mit seinen Jüngern und viel Volk,
saß da ein Blinder, der Sohn des Timäus – Bartimäus –, am Weg
und bettelte.
^{47} Und als er hörte, dass es Jesus der Nazarener ist,
fing er an zu schreien: „Sohn Davids, Jesus, erbarme dich meiner!"

⁴⁸*Und viele herrschten ihn an, er solle schweigen.*
Er aber schrie um so lauter: „Sohn Davids, erbarme dich meiner!"
⁴⁹*Und Jesus blieb stehen und sagte: „Ruft ihn her!"*
Und sie riefen den Blinden und sagten ihm: „Nur Mut, auf, er ruft dich!"
⁵⁰*Der aber warf seinen Mantel ab, sprang auf und kam zu Jesus.*
⁵¹*Und Jesus sprach zu ihm: „Was willst du, dass ich dir tun soll?"*
Der Blinde aber sagte ihm: „Rabbuni, dass ich wieder sehe!"
⁵²*Und Jesus sagt zu ihm: „Geh hin, dein Glaube hat dich gerettet."*
Und sofort konnte er wieder sehen, und er folgte ihm nach auf dem Weg.

2.3.1 Nochmalige Leidensankündigung: 10,32-34

Erstmals wird als Ziel des Weges Jesu und der Jünger ausdrücklich Jerusalem genannt. Vor den Lesern entsteht ein beeindruckendes Bild über den Zug der Jesusgruppe: Jesus geht an der Spitze, im klaren Wissen um das, was ihn erwartet (vgl. 8,31; 9,12.31). Seine Entschlossenheit erschreckt die Begleitung (καὶ ἐθαμ-βοῦντο), die als *Nachfolgende* voller Angst sind. War in 9,32 die Furcht der Jünger noch auf das Geschick Jesu bezogen, nach dem sie nicht weiter zu fragen wagten, so nistet die Angst jetzt in ihnen und behindert ihre Nachfolge. Offenbar haben sie inzwischen – nach 10,28ff – begriffen, dass in Jesu Nachfolge auch ihnen Bitteres und Schmerzvolles abverlangt werden kann, und davor haben sie Angst.

Zum dritten Mal (vgl. 8,31; 9,31; vgl. 9,12) ruft Jesus die *Zwölf* zu sich und weist sie auf sein kommendes Leidensgeschick hin, zu dem sie „*hinauf nach Jerusalem*" unterwegs sind. Noch deutlicher als bisher treten die einzelnen Stationen seines Leidens und Sterbens vor Augen, wie sie später ab 14,43 erzählt werden.

2.3.2 Weitere Belehrungen über die Bedingungen der Jüngerschaft: 10,35-45

Das Stück ist klar gegliedert, seine beiden Teile sind aber aufeinander bezogen. In 10,35-40 geht es um das Anliegen der Zebedaiden, das sich auf das Eschaton bezieht. Ihre Bitte wird dann in 10,41-45 zum Anlass für eine erneute Weisung Jesu an die Zwölf (vgl. 9,35) über ihren Dienst in diesem Äon. Wieder geht es darum, dass die Jünger nicht richtig begreifen (vgl. 8,32f; 9,5f; 9,9ff.19.33f; 10,13.32). Doch wird der Leser auf Nuancen achten müssen. Gibt es eventuell doch Fortschritte bei ihnen? Jedenfalls sollte die Bitte der Zebedaiden und ihre Zurückweisung durch Jesus vor dem Kontext und nicht isoliert gelesen werden; sie bekommt dann eine andere Note.

10,35-40: Jakobus und Johannes, zwei der vier erstberufenen Jünger (vgl. 1,19f) und neben Petrus die Intimfreunde Jesu (vgl. 5,37; 9,2), treten an Jesus mit einem selbstbezogenen Wunsch heran. Sie formulieren ihn nicht gleich, sondern möchten ihn frei haben. Damit haben sie die Aufmerksamkeit der Leser geweckt: Um welche Bitte wird es sich handeln? Die Leser erinnern sich noch: In 9,33f hatten die *Zwölf* nach Jesu dritter Leidensansage über ihre interne Rangfolge gestritten. Dabei haben die beiden Zebedäussöhne aufgrund ihrer bisherigen Bevorzugung durch Jesus gewiss vordere Ränge beansprucht. In ähnliche Richtung geht ihre jetzige Bitte – aber doch nicht ganz!

Auf den ersten Blick könnte der Leser annehmen, die beiden hätten die Lektion Jesu nicht begriffen. Aber Jesu Wort in 9,35 bezog sich auf die *irdische* Rangordnung in der Gemeinde. Hier werden jedoch Ehrenplätze im Eschaton erbeten, wo ja auch Jesus, der Diener „*für alle*" (10,45), „*in seiner Herrlichkeit*" auf einem Thron sitzen wird. Es geht den beiden nicht um irdische Macht, sondern um himmlische Ehre. Hatte Jesus in 10,29f nicht den Jüngern, die alles verlassen haben, hundertfachen Lohn und das „*ewige Leben*" versprochen? Außerdem sollte bei der Beurteilung der Bitte bedacht werden: Jesus lehnt das Ansinnen der Zebedaiden gar nicht rundweg ab, sondern nennt Bedingungen dafür, die sie sogar erfüllen werden. Und nach 10,40 wird es die himmlischen Ehrenplätze durchaus geben, nach denen die beiden streben. Also ist ihre Bitte so abwegig nicht!

Noch ein Fortschritt ist zu verzeichnen: Jesu letztes Wort vor der Bitte war der Hinweis auf seine Auferstehung (vgl. 10,34fin). Wenn die Zebedaiden jetzt die Ehrenplätze neben Jesus „*in seiner Herrlichkeit*" erbitten, haben sie offenbar inzwischen (vgl. 9,9f) begriffen, was Jesus ihnen nahebringen wollte: dass er erst nach seinem Leiden und Sterben wieder „*in seine Herrlichkeit*" erhöht werden wird (vgl. 8,38; 9,5f).

Jesus weist die Bitte der beiden Jünger nicht zurück, wenngleich in seiner Antwort ein Vorbehalt, vielleicht ein Tadel mitschwingt: „*Ihr wisst nicht, was ihr erbittet!*" Was wissen sie nicht? Dass es im Eschaton auf Ehrenplätze nicht ankommt, sondern „*viele Erste Letzte und die Letzten Erste sein werden*" (10,31)? Oder: dass wer mit Jesus „*in der Herrlichkeit*" sein will, zuvor Jesu Geschick teilen muss (vgl. 8,34ff)? Darauf spricht Jesus sie an. Der *Becher*, den er trinken muss, ist sein Leiden, das ihm bevorsteht (vgl. 14,36; TestJes 5,13), und die *Taufe* ist sein Tod, den er sterben wird (vgl. 8,31; 9,31). Das versteht jeder christliche Leser sofort, und die Fortsetzung zeigt, auch Jakobus und Johannes verstehen Jesus so. Der fragt sie nämlich, ob sie beides ebenfalls auf sich nehmen können. Sie antworten – selbstbewusst, doch mit Recht wie sich zeigt –, dass sie es *können*, was doch das *Wollen* einschließt. Offensichtlich haben sie verstanden, welchen Weg Jesus geht, und dass sie auf diesem Weg nachfolgen müssen. Sie stimmen ihm zu, wenn auch mit Furcht (vgl. 10,32). Somit denken sie inzwischen – anders als Petrus in 8,32f – göttliche Gedanken.

Jesus kennt nicht nur sein eigenes Schicksal voraus, sondern auch das seiner Jünger und bestätigt, dass die beiden den Leidensbecher tatsächlich trinken und die Todestaufe wirklich auf sich nehmen werden. Ihr selbstbewusstes: „*Wir können es!*" war keine Anmaßung. Aber dennoch ist ihre Bitte an Jesus verfehlt, denn nicht er verfügt über die Plätze zu seiner Rechten und Linken, sondern ein anderer. Gott hat darüber bereits entschieden, und niemand weiß, wer für die erbetenen Plätze vorgesehen ist, bis das Eschaton da ist. Und wenn es da ist – so darf der Leser nach 10,31 ergänzen –, ist es gleichgültig, ob jemand zur Rechten und Linken Jesu sitzt, denn im „*Reich Gottes*" gibt es keine Ränge mehr. Das ist der Grund, warum die Zebedaiden nicht wussten, was sie erbaten. Ihre Bitte war überflüssig.

Das MkEv setzt voraus, dass die Söhne des Zebedäus den Märtyrertod gestorben sind. Kirchengeschichtlich ergibt sich ein Problem, weil nur das Martyrium des Jakobus in Apg 12,2 bezeugt ist, vom Tod des Johannes aber nirgends berichtet wird. Wir haben in 10,39 jedoch trotzdem ein wirkliches *vaticinium ex eventu* vor uns: Die Leser blicken auf das Martyrium der Zebedaiden bereits zurück, das der Autor Jesus hier ankündigen lässt.

10,41-45: Die übrigen zehn Jünger ärgern sich – verständlicherweise, wie man meinen könnte –, über Jakobus und Johannes; scheinen die beiden sich doch über die Zehn erheben zu wollen. Denn wer die Zusicherung verlangt, im Eschaton auf Ehrenplätzen zu sitzen, könnte auch auf Erden bereits einen höheren Rang als die anderen beanspruchen (vgl. 9,33f). Freilich, indem sich die übrigen Jünger ärgern, zeigen sie nur, dass auch sie noch im Rangdenken befangen sind. Denn sie fürchten doch, dass die Zebedaiden ihnen den Rang streitig machen wollen, den womöglich jeder von ihnen selbst beansprucht. Der alte Rangstreit ist noch längst nicht beigelegt.

Deshalb kann Jesus seine Weisung von 9,35 hier wiederholen. Wie es bei den irdischen (Gewalt-)Herrschern zugeht, weiß jeder. Sie missbrauchen ihre Macht, indem sie über die Völker mit Zwang und Gewalt herrschen (κατακυριεύειν/ καταεξουσιάζειν). Dabei haben sie gar keine „echte" Herrschaft inne, sondern *scheinen* nur die Herren zu sein. Auch die Leser haben ihre Erfahrungen, sind sie doch Untertanen der römischen Kaiser und haben das Regiment des Nero – wenn auch nicht in Rom – gerade erst miterlebt. Weltliche Herrschaftsformen sind aber kein Modell für die Jüngerschaft und Gemeinde. In ihr soll es keine Strukturen geben, die sich von oben herab aufbauen, in denen die einen befehlen und andere gehorchen. Sondern die Strukturen der Nachfolgegemeinschaft Jesu sollen sich von unten gestalten: Der Führende soll *dienen*, und der im Rang Erste soll „*Sklave aller*" sein. Gemeint ist nicht, dass wer an die Spitze will, zuerst gedient haben muss. Jesus empfiehlt nicht die „Ochsentour", durch die man allmählich zu den höheren Rängen aufsteigt. Sondern wer im führenden Amt *ist* und den höchsten Rang *einnimmt* – auf Erden muss es diese Hierarchie geben –, darf sein Amt und seinen Rang nur durch Dienen ausfüllen. In der Jüngerschaft Jesu gibt es kein Amt, das nicht Dienst, und keinen Dienst, der nicht Amt ist.

Ein weiteres *Menschensohn*-Wort (10,45) schließt Argumentation und Szene ab. Es begründet Jesu Forderung nach dem Dienst der Jünger füreinander und setzt den wirkungsvollen Schlusspunkt unter den Gesamtabschnitt 8,27-10,45, ja überhaupt unter das gesamte, bisher erzählte und besprochene Wirken Jesu. Jesus interpretiert es zurückblickend als Dienst und auf sein Martyrium vorausblickend als „*Lösegeld für Alle*" (vgl. Jes 53,10ff). Erstmals nimmt er Stellung zum Sinn und Zweck seines Sterbens: Sein Tod wird alle *erlösen* (doch wohl von der Sünde; vgl. 2,10) und *freikaufen* (doch wohl aus der Knechtschaft des Satans; vgl. 3,27). Das ist Jesu Dienst für alle. Wie jeder Dienst ist er stellvertretend, denn ein Diener tut ja etwas, was der Bediente nicht tun will oder kann.

Nur hier (und in 14,24) deutet Jesus seinen Tod als stellvertretende Sühne für *alle*. Doch bedeutet das nicht, dass dieser Aspekt dem Autor unwichtig gewesen

Auslegung

wäre. Im Gegenteil! Die exponierte Stellung des Wortes Jesu 10,45 am Schnittpunkt des Buches, kurz bevor Jesus sein Ziel Jerusalem erreicht und sein Leiden und Sterben dort beginnen, macht deutlich, dass hier ein entscheidender Gedanke ausgesprochen worden ist.

2.3.3 Ein Beispiel gelungener Jüngerschaft: 10,46-52

Die Jesusgruppe erreicht Jericho, die bekannte Stadt am Jordan. Aber Jericho ist nicht ein Ziel auf dem Weg Jesu, sondern nur Durchgangsstation. Das macht der Erzähler deutlich: Kaum ist Jesus nach Jericho gelangt, zieht er mit seinen Jüngern und viel Volk wieder hinaus, natürlich in Richtung Jerusalem.

Am Weg sitzt ein blinder Bettler. Der Autor kennt seinen Namen: *Bartimäus*, der Sohn des Timäus. Die Ehre der Namensnennung, die neben den *Zwölf* nur wenigen Personen im MkEv zuteil wird (vgl. 5,22; 15,21; 15,41; 15,43), hebt ihn von vornherein aus der Schar der Jesus nachfolgenden Menge heraus. Was tut er Besonderes? Anders als in 8,22-26 führt niemand ihn zu Jesus. So muss er am Straßenrand sitzen bleiben. Doch er bekommt mit, dass *„Jesus der Nazarener"* mit großem Gefolge vorbeigeht. Als Blinder kann er von Jesu Taten nur gehört haben, und er hat sich – wie Petrus und die Zwölf (vgl. 8,29) – darauf einen Reim gemacht: Jesus muss der *„Sohn Davids"*, also der Messias sein! Wie Petrus in 8,29 bekennt sich der Blinde hier zu Jesus als Messias. Aber Petrus versagte trotz seines Bekenntnisses vor dem Leiden Jesu (vgl. 8,31-33). Wie wird sich Bartimäus verhalten? Weil niemand ihn zu Jesus hinausführt, ruft er selbst ihn laut um Erbarmen und Hilfe an.

Viele wollen verhindern, dass der Blinde derart schreit, unter ihnen wohl auch die Jünger. Haben sie ihre Lektion von 8,30 gelernt, zu niemandem über Jesus als Messias zu sprechen? Oder warum gebieten sie dem Blinden, still zu sein? Die Szene ist nicht ohne Komik, denn die Vorhaltungen nützen nichts, der Blinde schreit nur *„umso mehr"*. Weil Jesus den Blinden dann ja erhört und zu sich ruft, wird der Leser bei den Mahnern des Bettlers nur „blinden Eifer" vermuten können. Warum gebieten sie ihm, zu schweigen? Wollen sie seine Heilung verhindern? Das dürfte schwerlich der Fall sein, denn sie scheinen selbst erleichtert zu sein, als Jesus den Blinden schließlich doch zu sich ruft, und sie muntern ihn auf: *„Nur Mut, auf, er ruft dich!"* Ob die Mahner – einschließlich der Jünger (?) – eine Provokation vermeiden wollen, die vom Titel „Sohn Davids" ausgehen könnte? Doch auch das ist wenig wahrscheinlich, zumal sie selbst kurz darauf Jesus als Bringer des *„Reiches unseres Vaters David"* (11,10) begrüßen werden. Vielleicht will der Erzähler nur noch einmal die Orientierungslosigkeit und Unsicherheit der Jesus nachfolgenden Menge mit den Jüngern unterstreichen (vgl. 10,32).

Jesus korrigiert den Ruf des blinden Bettlers nicht – später wird er richtig stellen, dass der Messias als „Sohn Davids" noch nicht wirklich richtig erfasst ist (vgl. 12,35ff). Aber das Verhalten des Blinden war insgesamt richtig; in ihm kam sein Glaube zum Ausdruck (10,52). Wenn Jesus den Blinden fragt: *„Was willst du, dass ich dir tun soll?"* und ihm dann zusagt: *„Dein Glaube hat dich gerettet!"*, so macht er hier noch einmal deutlich, dass die göttliche Kraft in ihm und der

Glaube zusammenwirken (vgl. 5,28f.34; 5,36); dem Glaubenden ist eben alles möglich (9,23), weil Gott alles möglich ist (9,27; 14,36).

Durch Jesu Vollmacht und die Kraft seines Glaubens ist der Mann *gerettet*; das zeigt sich darin, dass er *sieht*. Sein „Sehen" aber ist mehr als Überwindung natürlicher Blindheit; er *sieht* tiefer, und deshalb folgt er Jesus *„auf dem Weg"* nach. Bartimäus tut sehend, wozu die Jünger kaum in der Lage sind (vgl. 10,32): Er geht furchtlos und einsichtig mit Jesus auf dem Kreuzweg, ein Vorbild für Jünger und Leser. Die Geschichte seiner Rettung hat symbolischen Wert.

Vierter Erzählbogen: 11,1-15,47

Die siebte „Woche" in Jerusalem

Die Gliederung des Erzählbogens ist von 15,42; 16,1 nach rückwärts genau nachzuvollziehen: Am Sabbat ruht der Leichnam Jesu im Grab. Am Freitag (15,1-42) und Donnerstag (14,12-72) ereignen sich das Leiden und Sterben des Gottessohnes; am Mittwoch (14,1-11) wird es vorbereitet. Am Dienstag (11,20-13,2) und Montag (11,12-19) wirkt und lehrt Jesus vollmächtig im Jerusalemer Tempel, den er am Sonntag (11,1-11) erreicht und erstmals betritt.

Die Stücke 11,1-11 und 14,1-11 bilden Scharniere, die eine Gliederung nach Sachgesichtspunkten nahelegen. Dadurch lassen sich zwei Blöcke unterscheiden. Im ersten Block (11,1-13,2: vollmächtiges Wirken Jesu im Tempel) kommen Situationen und Themen zur Darstellung, wie sie die Leser aus 1,14-3,6 (Erster Erzählbogen) kennen, im zweiten (14,1-15,47: Leiden und Sterben Jesu) wird Jesu Geschick erzählt, auf das er seine Jünger auf dem Weg nach Jerusalem 8,27-10,52 (Dritter Erzählbogen) vorbereitet hat.

Die große eschatologische Rede Jesu (13,3-37), die eigentlich an die Leser gerichtet ist, nimmt eine Sonderstellung ein. Vom Tagesschema her findet sie zwar noch am dritten Tag (Dienstag) statt, aber örtlich und personell ist sie davon getrennt: Jesus hat den Tempel endgültig verlassen und befindet sich außerhalb Jerusalems auf dem Ölberg, und die Rede richtet sich nur an vier Jünger als den Repräsentanten der Leser. Formal und inhaltlich lässt sich die Rede Jesu in 13,3-37 mit 4,1-34 vergleichen. Sie weist also auf den Zweiten Erzählbogen (3,7-8,26) zurück.

Die siebte „Woche" des MkEv nimmt somit Elemente der drei vorausgehenden Erzählbögen auf und lässt sich selbst in drei Abschnitte gliedern:

A) 11,1-13,2: Vollmächtiges Wirken Jesu im Jerusalemer Tempel
B) 13,3-37: Rede Jesu über das Eschaton an die Leser
C) 14,1-15,47: Leiden und Sterben Jesu in Jerusalem

A. Ankunft und vollmächtiges Wirken Jesu im Jerusalemer Tempel (11,1-13,2)

Jesus betritt in Jerusalem den Tempel, aber er findet ihn ohne „Frucht" vor. Die für ihn zuständigen Führer Israels verweigern die Frucht, darum droht ihnen und dem Tempel das Gericht. Seine Funktion geht über an die Gemeinde Jesu.

1. Analyse

1.1 Abgrenzung

11,1-11 hat Scharnierfunktion und leitet zu den Ereignissen in Jerusalem über. Jesus ist mit seiner Begleitung der Stadt ganz nahe gekommen, zu der er seit 8,27 (vgl. 10,1.32. 46) hin unterwegs war. Die Ortsangaben *Jerusalem, Bethanien, Ölberg* in 11,1 werden die folgenden Abschnitte des MkEv bis zu seinem Ende hin beherrschen, ehe in 16,7 erneut Galiläa in den Blick kommt. In 11,1-10 spielt die Handlung allerdings *vor* der Stadt; erst in 11,11 betritt Jesus sie und geht in den Tempel.

Diese Situation wiederholt sich an den nächsten beiden Tagen noch zweimal (11,12.20): Insgesamt kommen drei Tage zur Darstellung (11,1-11; 11,12-19; 11,20-12,44), wobei der zweite Tag zwei Symbolhandlungen Jesu bietet (11,12-19) – eine *vor* der Stadt und eine *im Tempel* –, die am dritten Tag ausführlich und lehrmäßig expliziert werden (11,20-12,44), und zwar ebenfalls *vor* der Stadt und *im Tempel*.

12,44 ist kein wirklicher Abschluss des Erzählzusammenhangs; noch fehlt eine Bemerkung über das Verlassen des Tempels bzw. der Stadt (vgl. 11,11.19). Diese folgt in 13,1-2: Jesus kündigt beim Hinausgehen aus dem Tempel angesichts der gewaltigen Bauwerke die völlige Zerstörung des Tempels an. 13,1-2 korrespondiert mit 11,11. Hatte Jesus sich in 11,11 im Tempel alles angeschaut, so fällt er in 13,1-2 sein Urteil über ihn: Der Tempel wird keinen Bestand haben. Dazwischen wird ausgeführt, warum das so sein wird.

Man könnte auch die eschatologische Rede Jesu 13,3-37 noch zum Erzählabschnitt rechnen. Sie findet ebenfalls am dritten Tag (am Abend?) statt, und zwar *„auf dem Ölberg gegenüber dem Tempel"* (13,3). Die in 11,1 eingeführte Geographie wird also aufgegriffen. Auch thematisch ist diese Rede Jesu eng auf den vorausgehenden Kontext bezogen, geht es doch in ihr um die theologische Bewertung der Tempelzerstörung (13,14-20), womit die Tempel- und Israelaussagen (11,14.17; 12,9) aufgenommen werden, und um das eschatologische Kommen des

Analyse

Menschensohnes (und mit ihm des „*Reiches Gottes*"; 13,24-27), womit das eschatologische Thema von 11,9f; 12,10f und 12,36f anklingt. Trotzdem dürfte die eschatologische Rede Jesu vom Autor als eine Einheit für sich angesehen worden sein (wenn auch nicht als eine isolierte Einheit): Sie wendet sich nur an vier Jünger; ihnen werden Jesu Mahnungen für die Zeit der Leser anvertraut.

1.2 Was die Leserinnen und Leser schon wissen!
Rückverweise/Wiederaufnahmen/Echos

Rückverweise

- In 11,30 ruft Jesus seinen Kontrahenten das Wirken Johannes des Täufers ins Gedächtnis: Sie sollen sagen, ob dessen Taufe (vgl. 1,4) von Gott kam, also wirksam war, oder menschliche Anmaßung. Die Leser erinnern sich nicht nur an die Darstellung des Täufers in 1,4-9 (vgl. 6,17-29; 9,12f), sondern wissen auch aus Gottes und Jesu eigenem Mund, wie eng das Wirken des Täufers auf Jesus bezogen war. Wer den Täufer als gottgesandten Propheten ansieht, muss auch die Vollmacht Jesu anerkennen. Wer die Taufe des Täufers aber ablehnt, verweigert die Umkehr und bleibt in Sünde. Als solche sollen die Leser Jesu Gegner einschätzen (vgl. 2,6ff; 3,22-30).
- In 11,32 erinnert der Autor an den Erfolg, den der Täufer hatte (vgl. 1,5), nur nicht bei den führenden Gruppen des jüdischen Volkes: Das Volk jedoch hält Johannes für einen Propheten.
- Ein Rückverweis auf die Schrift, die die Gegner doch kennen müssten, ist 12,10f: „*Oder kennt ihr diese Schrift(stelle) nicht...?*" Jesus nimmt in Anspruch, dass das Rätselwort der Schrift vom verworfenen Stein, der zum *Eckstein* geworden ist, sein eigenes Geschick der Verwerfung und Erhöhung ansagt (vgl. 8,31; 9,12.31; 10,33f).

Wiederaufnahmen

- Zu den Hauptgegnern Jesu, den Schriftgelehrten (vgl. 1,22; 2,6ff; 3,22ff; 7,1ff), stoßen jetzt in Jerusalem auch die für den Tempel zuständigen Oberpriester. Ihre Todfeindschaft wird erneut erwähnt (11,18; 2,12): Sie wollen Jesus *vernichten* (ἀπολέσωσιν; vgl. 3,6) und *festnehmen* (κρατεῖν; vgl. 3,21) und werden ihre feindlichen Absichten auch verwirklichen, wie Jesus in der Rätselerzählung 12,1-9 andeutet. Damit nimmt er seine Leidensweissagungen wieder auf (vgl. 8,31; 9,12f.31; 10,33f).
- Auch die Pharisäer und Herodianer (3,6; vgl. 8,11f.15) treten erneut als Feinde Jesu auf. Sie lassen sich von den Oberpriestern und Schriftgelehrten dafür „einspannen", Jesus eine Falle zu stellen (12,13; vgl. 10,2).
- Wie schon in 1,22 ist das Volk – im Gegensatz zu den Gegnern – über die *Lehre* Jesu *erschrocken* (ἐξεπλήσσετο: 11,18; vgl. 12,37). Die Gegner sind jedenfalls in Sorge, die Leute könnten für Jesus Partei ergreifen, und fürchten sich deshalb, offen gegen ihn vorzugehen (11,18; 12,12; vgl. 11,32).

- In 12,1 wiederholt sich die Situation, dass Jesus ἐν παραβολαῖς zu den Gegnern spricht (vgl. 3,23; 4,11f) und damit trotz 11,33 seinen Vollmachtsanspruch in verdeckter Weise gleichwohl zum Ausdruck bringt: In ihm steht der Erbe des Weinbergs vor den Winzern und fordert Anerkennung. Es ist nicht so, dass die Gegner die Rätselerzählung nicht hören könnten. Sie begreifen sehr wohl, dass sie selbst in ihr vorkommen. Wieder zeigt sich, dass Jesu Rätselrede nicht die Verstockung *bewirkt*, sondern *aufdeckt*; das Unverständnis folgt aus der Verweigerung.

Echos
- In 11,8 klingt das „Weg"-Motiv an (vgl. 1,2f; 8,27; 9,33f; 10,32; 10,52): Die Menschen benutzen ihre Mäntel wie Teppiche, um Jesu Weg zu einem Königsweg zu machen. Sie partizipieren also an der Aufgabe des Täufers (1,2f). Wissen sie darum, dass dieser Weg in den Kreuzestod führen wird?
- Das muss der Leser bezweifeln, wenn er die Reaktionen der Begleiter Jesu vernimmt (11,9f): Sie begrüßen in Jesus zwar richtig den *„im Namen des Herrn Kommenden"* (vgl. 1,2f), halten aber das kommende Reich für eine weltlich-politische Größe und missverstehen damit den transzendenten Charakter des Reiches Gottes (vgl. 1,15; 4,10f; 9,1). Sie begreifen also (noch) nicht, dass die von Jesus verkündete Basileia nicht irdischer, sondern himmlischer Art ist und mit ihrem Kommen diese Weltzeit endet. Wohl zieht Jesus als der eschatologische König in Jerusalem ein, aber sein Herrschaftsantritt wird ganz anders sein, als seine Begleitung erwartet.
- Die Gegner Jesu fragen nach seiner *Vollmacht*, die ihn legitimiert (11,28; vgl. 8,11). Er hat sie längst erwiesen (vgl. 1,27; 2,10; 3,27), und die Gegner müssten sie anerkennen, wenn sie nur offen wären.

1.3 Worauf die Leserinnen und Leser achten sollen!
Kommentare/Vorverweise/Leerstellen

Kommentare
- Einen eigenartig „kontraproduktiven" Kommentar gibt der Autor in 11,13: *„Es war nicht die Zeit für Feigen"*. Hat Jesus somit zur unpassenden Zeit nach Feigen gesucht, und macht er nun in seiner Enttäuschung den Baum erst unfruchtbar: *„Niemand soll in Ewigkeit (Zukunft) mehr von dir Frucht essen"*? Will der Autor zum Ausdruck bringen, dass der Baum gar nicht unfruchtbar war, aber ohne Frucht und deshalb zur Unfruchtbarkeit *verflucht* (11,21) worden ist?
- Auch die ausdrückliche Bemerkung des Autors in 11,14, dass die Jünger Jesu Fluchwort *hörten*, muss beachtet werden. Sie weist der problematischen Szene eine symbolische Bedeutung für die Jünger und damit auch für die Leser zu.
- Die Charakterisierung der Gegner ist ebenfalls Kommentar des Autors. Er teilt den Lesern mit, dass die Gegner aus Furcht vor dem Volk Jesus nicht offen entgegentreten (11,18.32; 12,12), sondern Pharisäer und Herodianer vorschicken, um ihm eine Falle zu stellen (12,13).

Analyse

Vorverweise

- Der ganze Abschnitt ist durchzogen von Weissagungen Jesu, die für die christlichen Leser und ihr Verhältnis zum jüdischen Volk Bedeutung haben. So sagt Jesus in 12,8f im Rätsel sein eigenes Todesgeschick und das Schicksal der *Winzer* und des *Weinbergs* voraus: Die Winzer werden bestraft werden und die Verfügung über den Weinberg verlieren, der an andere – die christliche Gemeinde – übergeht. In 12,40 kündigt Jesus erneut das Strafgericht über die Schriftgelehrten an, und in 13,2 sagt er die völlige Zerstörung des Tempels, Grundlage des Opferdienstes der Jerusalemer Oberpriester (vgl. 12,33), voraus. An die Stelle des Tempels wird ein neues „geistiges" Gotteshaus gebaut werden, die Gemeinschaft der Christen, deren *Eckstein* Jesus sein wird (12,10f).
- All diese Vorverweise erfüllen sich in der Zeit der ersten Leser. Der weitestgehende und dramatischste Vorverweis Jesu reicht hingegen „*bis in die Ewigkeit*" und kündigt eine dauernde Fruchtlosigkeit des *Feigenbaums* an (11,14). Welche Bedeutung hat dieses Wort, das ganz die Strenge von 3,28f und 4,12 atmet?

Leerstellen

- In 11,11 wird gesagt, dass Jesus den Tempel bis zum Abend des ersten Tages besichtigt. Eine Reaktion Jesu auf das, was er dort sieht und erlebt, wird jedoch nicht erzählt, obwohl der Leser sie erwartet. Diese Erwartung wird erst im weiteren Verlauf der Erzählung erfüllt (11,15ff; 13,2).

1.4 Struktur/Aufbau/Duktus

Orts- und Zeitangaben

Der gesamte Abschnitt ist durch Orts- und Zeitangaben in drei Tage gegliedert. Der erste Tag erzählt die Ankunft Jesu bei Jerusalem, seine Begrüßung als „*Kommender im Namen des Herrn*" vor der Stadt, den Eintritt in die Stadt und die (erste) Inspektion des Tempels (11,1-11). Der zweite Tag umfasst 11,12-19 und schildert zwei symbolische Handlungen Jesu, sein Gerichtswort über den fruchtlosen Feigenbaum vor der Stadt und seinen Tadel gegen den geschäftlichen Missbrauch des Tempels. Es wird noch ein längeres *Lehren* Jesu im Tempel erwähnt, inhaltlich aber nicht gefüllt (11,18). Der dritte Tag (11,20-13,2) ist dagegen ausgefüllt mit Jesu *Lehre*, zunächst im Angesicht des verdorrten Feigenbaums vor der Stadt, sodann in Auseinandersetzung mit den führenden Gruppen des Judentums im Tempel. Durch die einzige detaillierte Ortsangabe für das riesige Tempelareal in 12,41 wird das Stück 12,41-44 – eine Jüngerbelehrung – vom Kontext deutlich abgesetzt. Beim Verlassen des Tempels sagt Jesus dann dessen völlige Zerstörung voraus (13,1-2). Auf diese Ansage bezieht sich dann außerhalb der Stadt „*auf dem Ölberg dem Tempel gegenüber*" die Endzeitrede (13,3-37).

Personenregie
Am ersten Tag hat es Jesus vor allem mit seinen Jüngern und anderen Anhängern zu tun, die ihn auf seinem Weg nach Jerusalem begleiten. Zwei seiner Jünger besorgen das Reittier (11,1-7), die „*Vorausgehenden und Nachfolgenden*" bereiten ihm einen triumphalen Empfang (11,8-10), und die *Zwölf* besichtigen mit ihm den Tempel und begleiten ihn zurück nach Bethanien (11,11). Von den jüdischen Gegnern Jesu tritt niemand auf.

Am zweiten Tag werden zuerst die Jünger beim Weg nach Jerusalem Zeugen des Gerichtsworts Jesu gegen den fruchtlosen Feigenbaum (11,12-14). In der Stadt wendet sich Jesus gegen die Händler und Geldwechsler, die den Tempel seiner eigentlichen Bestimmung entfremdet haben (11,15-17). Oberpriester und Schriftgelehrte wollen ihn umbringen, trauen sich aber nicht in die Öffentlichkeit, sondern bleiben offenbar noch im Hintergrund (11,18). Die Volksmenge im Tempel dagegen ist von Jesu *Lehre* angetan (ἐξεπλήσσετο; vgl. 1,22).

Der dritte Tag beginnt mit einer Belehrung der *Zwölf*, deren Sprecher Petrus das Gespräch eröffnet (11,20-25). Dann treten die „*Oberpriester, Schriftgelehrten und Ältesten*", die Jesus *vernichten* wollen (vgl. 11,18) und auch tatsächlich umbringen werden (vgl. 8,31; 9,31; 10,33), gegen ihn an und wollen ihn verhören. Jesus antwortet ihnen aber nur in verdeckter Rede (vgl. 3,23) und kündigt ihnen das Gericht an (11,27-12,11). Sie suchen danach, wie sie ihn festnehmen können (12,12), und schicken deshalb „*Pharisäer und Herodianer*" (vgl. 3,6) zu ihm, um ihn zu einer politisch-antirömischen Agitation zu verleiten (12,13-17), was nicht gelingt. Sadduzäer versuchen, seine Gottesanschauung lächerlich zu machen (12,18-27); das führt jedoch zur Sympathiebekundung eines Schriftgelehrten, mit dem Jesus in der Gotteslehre (Monotheismus) und in der Ethik vollkommen übereinstimmt (12,28-34). Daraufhin bestimmt Jesus selbst den eigentlichen Differenzpunkt zu den Schriftgelehrten (12,35-37), er warnt vor ihrer Lebenspraxis und droht ihnen das Gericht an (12,38-40). Damit wird die Auseinandersetzung mit seinen Gegnern abgeschlossen. Am Ende belehrt Jesus „*gegenüber dem Opferkasten*" seine Jünger (wie in 11,20-25) über wahre Frömmigkeit und Hingabe an Gott (12,41-44). Den Jüngern gilt schließlich auch die Ansage der völligen Zerstörung des Tempels (13,1f; vgl. 11,12-14).

Thematischer Duktus
Im gesamten Abschnitt geht es um die Beziehung Jesu zum konkreten Judentum, zu dessen Gottesglauben und eschatologischen Erwartungen, die von dessen führenden Gruppen verraten oder missdeutet worden sind, bei Jesus und in der Gemeinschaft seiner Jünger aber in schriftgemäßer Authentizität bewahrt und ausgelegt werden.

In zwei Symbolen kommt das konkrete Judentum (und seine Repräsentanten: Tempel/Jerusalem) bzw. Israel im Text vor: im fruchtlosen Feigenbaum (11,12-14.20) und im Weinberg (12,1-9; vgl. Jes 5). Der *Feigenbaum* trägt beim Kommen Jesu keine Frucht, und deshalb wird/soll er niemals mehr Frucht tragen. Die Gott würdige Frucht – Glaube, Gebet und Versöhnung – wird statt dessen die Jüngerschaft Jesu einbringen (11,22-25). Die Frucht des *Weinbergs* wird dem

Analyse

Sohn bei seinem Kommen von den Winzern – den Führern Israels – verweigert, er wird sogar von ihnen getötet, und deshalb werden die *Winzer* von Gott vernichtet und der *Weinberg* anderen – der Jüngerschaft – gegeben. In beiden Fällen ist klar: Jesus ist „*der im Namen des Herrn Kommende*" (11,9f), der Frucht einfordern darf. Weil ihm die Frucht – der Glaube – verweigert wird, ist sein Kommen zugleich das Gericht über die Verweigerer (11,14; 12,9; 12,40).

Das Gericht, das die *Winzer* und den Teil des Judentums trifft, der sich Jesus nicht anschließt, wird ebenso den Tempel treffen. Er sollte ein Haus des Gebetes für alle Völker sein, aber die für ihn verantwortlichen (vgl. 11,27) „*Oberpriester, Schriftgelehrten und Ältesten*" haben ihn zur *Räuberhöhle* verkommen lassen (11,17); deshalb wird er vollständig zerstört werden (13,2). Ein geistiges *Gebetshaus* für alle Völker – neu aufgebaut auf dem *Eckstein* Jesus (12,10f) – wird dagegen die Gemeinde der Jesusjünger sein (11,20-25).

Wie der Tempel als Ort der Gottesverehrung so ist nach Jesus auch das Gottesbild durch die führenden Schichten des Judentums nicht rein bewahrt worden. Sie missverstehen Gottes Reich als eine irdisch-politische Größe und rufen deshalb zum Kampf gegen Rom auf. Jesus wollen sie in diesen Kampf hineinziehen, um ihn zu vernichten (12,13-17). Ihre „Theologie" missachtet die „*Macht Gottes*" und die *Schriften*, wenn sie die Auferstehung von den Toten leugnen (12,18-27).

Es gibt aber auch einen sympathisierenden Schriftgelehrten; er bestätigt, dass er mit Jesus im jüdischen Gottesglauben und bezüglich der Auslegung des Willens Gottes vollkommen übereinstimmt (12,28-34). Jedoch bezüglich des eschatologischen Handelns Gottes irren die Schriftgelehrten. Sie haben die Taufe des Johannes nicht als „*von Gott kommend*" und damit den Täufer nicht als wiederkommenden Elia anerkannt (11,30ff; vgl. 9,11ff). Und im Messias erwarten sie den „*Sohn Davids*" als irdischen Herrscher, nicht als himmlischen „*Sohn Gottes*" (12,35-37).

Das Urteil Jesu über das Judentum ergeht keineswegs global. Der sympathisierende Schriftgelehrte ist ausgenommen, aber auch die Vielen, die Jesu *Lehre* mit Staunen und Freude hören (11,18; 12,37) und vor denen die Führer sich fürchten (11,32; 12,12). Ein Beispiel echter Frömmigkeit aus dem Volk stellt Jesus den Jüngern ausdrücklich in einer armen Witwe vor Augen (12,41-44).

Der gesamte Abschnitt erweist sich somit als eine Bestimmung des Verhältnisses zwischen Jesus, seiner Anhängerschaft und dem Judentum und dürfte aktuelle Bedeutung für die Leser gehabt haben.

Struktur
Probleme macht eine Gliederung nur beim dritten Tag (11,20-13,2), der stoffmäßig sehr umfangreich ist. Der erste Tag (11,1-11) eröffnet den Erzählbogen. Da er bis auf den Schluss 11,11 noch außerhalb Jerusalems spielt, bildet er einen Übergang vom vorausgehenden Kontext zum Jerusalem-Teil des MkEv (vgl. auch 10,46-52).

Der zweite Tag (11,12-19) wiederholt die Bewegung des Vortags und bietet zwei symbolische Handlungen Jesu, eine vor der Stadt und eine im Tempel.

Der umfangreiche dritte Tag (11,20-13,2) enthält einige Hinweise auf eine interne Gliederung. Zunächst orientiert sich die Handlung am Ablauf des zweiten Tages und an den beiden Symbolhandlungen Jesu: Fluch über den Feigenbaum und „Reinigung" des Tempels, die jetzt von Jesus mit den Jüngern und den Gegnern besprochen werden. In der Bemerkung, dass die Gegner Jesus verlassen und weggehen, findet der erste Abschnitt einen deutlichen Abschluss (12,12).

Es folgen in 12,13-17.18-27.28-34 drei Stücke, in denen die bisherigen Gegner Jesu – das Synedrium – nur noch mittelbar beteiligt sind: Sie *schicken* andere vor (12,13), die Jesus über theologische Grundprobleme befragen und in Widerspruch zur führenden Meinung bringen sollen. Aber Jesus erweist sich als der Überlegene, und seine Theologie stimmt vollkommen mit der jüdisch-schriftgelehrten überein. Den Abschluss dieses Unterabschnitts aus drei Szenen bildet die Bemerkung, dass niemand mehr Jesus zu fragen wagte (12,34).

Der nächste Unterabschnitt wird durch eine Szenenangabe eingeleitet („*Jesus erwiderte bei seiner Lehre im Tempel*": 12,35), die an sich erzählerisch unnötig ist. Sie hat gliedernde Funktion. Jetzt ergreift Jesus selbst die Initiative und erweist die Messiasdogmatik der Schriftgelehrten mit Hilfe der Schrift als falsch (12,35-37a). Damit ist auf die entscheidende Differenz zu ihnen hingewiesen. Außerdem tun die Schriftgelehrten nicht, was sie lehren, und darum trifft sie das Gericht (12,37b-40). Am Ende erfolgt wieder eine Jüngerbelehrung, in der Jesus den Jüngern eine Witwe als Beispiel echter Glaubenshingabe an Gott vor Augen führt (12,41-44).

13,1-2 schließt den Gesamtabschnitt ab: Jesus verlässt endgültig den Tempel, den er in 11,11 erstmals betreten hatte, und sagt dessen völlige Zerstörung an.

2. Auslegung

2.1 Der erste Tag: Jesus kommt nach Jerusalem (11,1-11):

11^{1}Und als sie in die Nähe von Jerusalem kamen,
nämlich nach Bethphage und Bethanien am Ölberg,
da sandte er zwei seiner Jünger aus
^{2}und sagt zu ihnen: „Geht in das vor euch liegende Dorf hinein,
und sofort, wenn ihr hineinkommt, trefft ihr auf ein angebundenes Füllen,
auf dem noch niemand gesessen hat.
Bindet es los und bringt es her!
^{3}Und wenn jemand zu euch sagt: Was macht ihr da?,
so sprecht: Der Herr braucht es,
und er schickt es sofort wieder hierher."
^{4}Da gingen sie und fanden das Füllen,
angebunden bei der Tür, draußen am Weg, und sie binden es los.

Auslegung

> ⁵*Einige, die dort standen, sagten zu ihnen:*
> *„Was macht ihr da, dass ihr das Füllen losbindet?"*
> ⁶*Sie aber sagten zu ihnen, wie Jesus gesprochen hatte,*
> *und man ließ sie gewähren.*
> ⁷*Dann brachten sie das Füllen zu Jesus,*
> *und man warf die Mäntel darüber, und er setzte sich darauf.*
> ⁸*Und viele breiteten ihre Mäntel auf dem Weg aus,*
> *andere aber streuten Laubzweige, die sie auf dem Feld abschlugen.*
> ⁹*Und die Vorausgehenden und die Nachfolgenden riefen:*
> *„Hosanna! Gepriesen sei der kommt im Namen des Herrn!*
> ¹⁰*Gepriesen sei das kommende Reich unseres Vaters David.*
> *Hosanna in der Höhe!"*
> ¹¹*Und er ging nach Jerusalem hinein, in den Tempel.*
> *Und nachdem er sich alles angeschaut hatte,*
> *zog er, als es schon spät war, nach Bethanien hinaus mit den Zwölf.*

11,1-6: Schon seit langem bewegt sich Jesus zielgerichtet auf Jerusalem, den Ort seiner Verwerfung und seines Todes, zu (10,32.33; vgl. 8,27.31; 9,30.31; 10,1). Dabei begleiten ihn die unverständigen *Zwölf* und andere Anhänger (10,32.46; 15,41), zu denen sich zuletzt ab Jericho auch der geheilte Bartimäus gesellt hat (10,52). Er hatte Jesus offen als *„Sohn Davids"*, also als Messias proklamiert – zweimal! –, ohne dass Jesus ihm zu schweigen befahl (anders in 8,27-30; 9,2-9); so kurz vor Erreichen des Ziels seines *Lebensweges* braucht Jesu geheime Würde nicht mehr vor Missverständnissen geschützt zu werden.

In 11,1 kommt der Zug Jesu nun in die unmittelbare Nähe Jerusalems; nur der Ölberg trennt Jesus noch von der Stadt. Dem Leser wird spätestens ab 13,3 klar, dass man vom Ölberg aus auf Stadt und Tempel herabblicken kann (vgl. 14,26). Neben dem Ölberg werden zwei Ortschaften, Bethphage und Bethanien genannt, von denen die zweite im Kontext als Nachtquartier Jesu weiterhin eine Rolle spielt (vgl. 11,11; 14,3); Bethphage hingegen wird nur hier erwähnt, und die Archäologen rätseln über seine Identität. Im folgenden Erzählzusammenhang ist wohl die Vorstellung, dass man von Bethphage aus das Dorf Bethanien sehen kann, wohin Jesus zwei der Jünger ausschickt, um ein Reittier für ihn zu besorgen (11,2).

Jesus kann den Jüngern genaue Anweisungen geben, denn in göttlicher Perspektive kennt er nicht nur die Örtlichkeit, ohne sie zuvor betreten zu haben, sondern nimmt auch den späteren Ablauf der Ereignisse und die Reaktion der Augenzeugen vorweg. Jesus setzt in Gang, was längst von Gott zur Erfüllung der Prophetie von Sach 9,9 eingeleitet worden ist: Das dafür notwendige *„Füllen, auf dem noch niemand gesessen hat"*, steht schon abholbereit angebunden an der Dorfstraße. Wem auch immer der junge Esel gehört, der Jesus nach Sach 9,9 (vgl. Gen 49,11) als königliches Reittier dienen soll, letztlich verfügt Jesus darüber als der *„Herr"*, wenn er den Esel auch nur vorübergehend benötigt und ihn sofort zurückschicken wird. Jesus ist der König Israels und er weiß auch darum, und deshalb führt er Regie, damit sich alles so erfüllt, wie es angekündigt worden ist.

11,7-10: Nachdem Jesus die Inszenierung seiner Ankunft als messianischer König bei Jerusalem in Gang gebracht hat, setzen seine Anhänger sie fort: Mit ihren Mänteln dekorieren sie das Reittier, breiten ihre Obergewänder wie Teppiche auf dem Königsweg aus und akklamieren dem königlichen Reiter, indem sie ihm mit grünen Zweigen zuwinken und einen Vers aus Ps 118,25f zitieren. Sie verhalten sich und antworten, als hätten sie Jesu Anspielung auf Sach 9,9 völlig verstanden, und begrüßen in Jesus den verheißenen, jetzt in seiner Stadt ankommenden Messiaskönig. Der Ruf *Hosanna* hat hier wohl seine Eigenbedeutung verloren („*Herr, hilf doch*") und ist nur noch Jubelruf. Er gilt zuerst dem Messias Jesus und dann Gott (ὡσαννὰ ἐν τοῖς ὑψίστοις), der Jesus gesandt hat. Die Begleiter Jesu, Jünger und Anhänger, bringen damit die traditionelle jüdische Messiashoffnung zum Ausdruck (vgl. 8,29).

Sollen die Leser diese Reaktion als ein Missverständnis ansehen? Das erscheint angesichts der göttlichen Inszenierung der ganzen Szene als eher unwahrscheinlich. Der Ruf der Anhänger Jesu und ihr Enthusiasmus treffen ebenso zu, wie Bartimäus recht hatte, Jesus als „*Sohn Davids*" um Hilfe anzurufen. Der Autor will zum Ausdruck bringen, dass die Anhängerschaft Jesu ihn richtig als Messiaskönig begrüßt und nach Jerusalem begleitet. Er ist wirklich der verheißene und erwartete Messias, der jetzt in Jerusalem ankommt. Die *Zwölf* (und die Leser) müssten allerdings wissen, was Jesus dort wirklich erwartet; er hat es ihnen mehrfach angekündigt. Doch scheinen sie das verdrängt zu haben.

Denn der zweite Teil ihres Rufes, der dem ersten parallel läuft und seine inhaltliche Fortsetzung ist, enthält doch wohl ein Missverständnis (11,10). Er bejubelt das mit Jesus „*kommende Reich unseres Vaters David*". Auch damit wird eine traditionelle messianische Erwartung zum Ausdruck gebracht (vgl. PsSal 17), die irdisch-politische Restauration des alten davidischen Königreiches und die weltpolitische Überlegenheit des jüdischen Volkes über alle Weltherrschaften, insbesondere Rom. Der Leser soll sich gewiss wundern, woher diese Erwartung bei Jesu Anhängern auftaucht, weiß er doch, dass Jesus selbst zwar das kommende „*Reich Gottes*" angesagt (1,15; 4,10.26ff.30ff; 9,1) und dessen Überlegenheit über die Basileia des Satans betont (3,23f), nicht aber vom Reich *Davids* gesprochen hat. Gottes Reich ist eine transzendente Größe (8,38; 9,1), mit ihrem Kommen endet die Weltzeit (vgl. 9,43.45.47f). Das „*Reich unseres Vaters David*", dessen Aufrichtung die Jesusanhänger vom „*Sohn Davids*" erhoffen, kann dagegen nur ein Reich der Weltgeschichte sein. Hier sind Jesu Anhänger deshalb in schwerem Irrtum befangen; dazu nähert sich Jesus Jerusalem nicht. Die Jünger haben immer noch nichts von Jesu „Königsweg" begriffen, geschweige denn, dass sie ihn schon bewusst nachgehen könnten. Der Leser aber kann erfassen und für sich realisieren, dass Jesu Sendung nicht war, die politische Weltherrschaft zu erringen. Sein Triumph wird endzeitlich sein; durch Verwerfung und Untergang hindurch wird er als der wiederkommende *Menschensohn* Gottes Reich heraufführen (8,38; vgl. 13,26f).

11,11: Die ganze messianische Demonstration Jesu und seiner Anhänger hat sich noch außerhalb Jerusalems abgespielt. In der Stadt Jerusalem aber, der sie gilt,

Auslegung

scheint davon nichts wahrgenommen worden zu sein. Niemand kommt etwa heraus, um den König zu begrüßen. Dass sich der Jubelzug in den Toren und Straßen Jerusalems fortsetzt, wird nicht erzählt und vom Autor auch nicht vorausgesetzt. Die ganze Aktion ist auf die um Jesus gescharte Gruppe beschränkt. Man könnte sagen: Der König Israels kommt nach Jerusalem, und in der Stadt nimmt es niemand wahr.

So jedenfalls wirkt die Fortsetzung der Darstellung: Öffentlich unbemerkt betritt Jesus Stadt und Tempel. Unerkannt schaut er sich alles an, doch schweigt der Autor noch darüber, was er zu sehen bekommt; keinerlei Reaktion Jesu wird geschildert. Unerkannt verlässt er am Abend die Stadt wieder und geht nach Bethanien, wo er offenbar angesehener ist (vgl. 11,2-6). Nach der enthusiastischen Szene in 11,7ff wirkt 11,11 außerordentlich ernüchternd – ein vom Autor erwünschter Effekt. Ausdrücklich werden die *Zwölf* in Jesu Begleitung erwähnt: Ihrer (und der Leser) Orientierung gelten alle Handlungen und *Lehren* Jesu in den nächsten beiden Tagen.

2.2 Der zweite Tag: Symbolische Handlungen (11,12-19):

¹²*Am nächsten Tag, als sie von Bethanien heraus kamen, hungerte ihn.*
¹³*Und von weitem sah er einen Feigenbaum voll Blätter,*
und er ging hin, ob er an ihm wohl etwas zu essen fände,
und als er hinkam, fand er nichts an ihm außer Blätter.
Es war nämlich nicht die Zeit der Feigen.
¹⁴*Und er wendete sich an ihn und sagte:*
„Niemals mehr, in Ewigkeit, soll jemand von dir Frucht essen."
Und seine Jünger hörten es.
¹⁵*Dann kommen sie nach Jerusalem hinein.*
Und er ging in den Tempel und fing an,
die Händler und Käufer im Tempel hinauszuwerfen,
und die Tische der Wechsler
und die Stände der Taubenverkäufer stieß er um.
¹⁶*Und er ließ nicht zu, dass jemand etwas durch den Tempelbezirk trug.*
¹⁷*Und er belehrte sie und sagte: „Steht nicht geschrieben:*
Mein Haus soll Haus des Gebetes für alle Völker heißen?
Ihr aber habt es zu einer Räuberhöhle gemacht."
¹⁸*Das hörten die Hohenpriester und die Schriftgelehrten,*
und sie suchten danach, wie sie ihn umbrächten,
sie fürchteten ihn nämlich, weil alles Volk
außer sich geriet wegen seiner Lehre.
¹⁹*Und als es spät geworden war, gingen sie aus der Stadt hinaus.*

11,12-14: Am nächsten Morgen wiederholt sich die Szene: Jesus geht erneut von Bethanien aus nach Jerusalem, diesmal nicht im Triumphzug, aber in Begleitung seiner Jünger. Hauptaussage (verbum finitum) des Erzählers ist, dass Jesus Hunger hatte. Wie die ganze nachfolgende Szene symbolische Bedeutung hat, so auch dieser Erzählzug. Jesus sieht von weitem einen bereits grünen Feigenbaum, der Frucht erwarten lässt, doch beim Näherkommen findet er nichts als Blätter vor. Dass er an dem Baum die hängengebliebenen Feigen der Vorernte gesucht hat, kann eigentlich nicht gemeint sein; zweimal weist der Erzähler darauf hin, dass der Baum im vollen Blätterschmuck dasteht. Er verspricht somit frische Feigen, hat sie aber nicht. Der Erzähler sagt auch nichts von unreifen, noch ungenießbaren Feigen. Der Baum ist vielmehr augenblicklich ohne Frucht und hat außer Blättern nichts zu bieten. Er ist eine Enttäuschung für Jesus. Vollends paradox wird die Darstellung durch die Bemerkung des Erzählers, dass gar nicht die Zeit für Feigen war. Das mindert freilich nicht die Enttäuschung Jesu, der Frucht sucht und keine findet. Er hat offenbar jederzeit ein Recht auf Feigen von dem Baum. Außerdem stellt die Bemerkung des Erzählers sicher, dass der Baum nicht unfruchtbar, also keineswegs unfähig zur Ausbildung von Früchten ist. Er könnte Frucht bringen.

Die Enttäuschung Jesu äußert sich in einem Fluch (vgl. 11,21): Der Baum wird zur Unfruchtbarkeit verdammt. Da er im Augenblick, als Jesus nach seinen Früchten hungerte, fruchtlos war, wird niemand jemals mehr von seinen Früchten essen, d.h. er wird keine Frucht mehr bringen. Jesus spricht zum Feigenbaum selbst, und bedeutungsschwer fügt der Erzähler an, dass die Jünger ihn gehört haben. Und mit ihnen haben die Leser Jesu hartes Wort vernommen und können nun über seinen Sinn und seine Berechtigung nachdenken. Denn das Eine spüren sie: Die ganze Szene hat tiefere Bedeutung, und Jesu Fluch gegen den Feigenbaum ist eine symbolische Handlung.

Doch für wen steht der Feigenbaum? Bildet er Israel ab, und Jesu Fluch über ihn wäre ein Fluch über Israel? Ausschlaggebend für eine Lösung kann allein der Kontext des MkEv sein, und in diesem verbietet sich eine solche Lösung. In der nachfolgenden Rätselgeschichte 12,1-9, in der Jesus bewusst das Weinbergslied von Jes 5,1ff aufnimmt, wird Israel mit einem anderen Symbol bezeichnet: Es ist der *Weinberg*, dessen Frucht der Sohn einholen soll. Dort sagt Jesus aber nicht dem *Weinberg* das Gericht an, sondern den *Winzern*, die die Frucht verweigern und den Sohn töten. Ihnen wird der *Weinberg* genommen, und er wird *anderen* gegeben. Der *Weinberg* (= Israel) bleibt also Gottes Besitz, und *andere* als die bisherigen Winzer werden dafür sorgen, dass der *Besitzer* (= Gott) Frucht einholen kann. Diese Zukunftssicht über Israel verbietet es, den verfluchten Feigenbaum ebenfalls mit Israel zu identifizieren.

Ein Blick auf Hos 9,10 und Mich 7,1ff, die wohl im Hintergrund der Szene stehen, kann weiterhelfen. Dort werden die Feigen, nicht der Baum, mit den Israeliten verglichen: Die Väter waren für Gott wie köstliche Frühfeigen, doch zur Zeit der Propheten gibt es keine *Feigen* mehr, denn alle Frommen und Redlichen sind verschwunden.

Auch Jesus findet bei seiner Ankunft in Jerusalem keine *Feigen* vor: In der Szene 11,12-14 wird auf symbolischer Ebene wiederholt, was sich in 11,1-11 schon ereignet hat, und es wird in ihr vorweggenommen, was in 11,27-12,40 noch geschehen wird: Fruchtlose und enttäuschende Auseinandersetzungen für Jesus, den „*im Namen des Herrn Kommenden*", in Jerusalem und im Tempel. Steht so-

Auslegung

mit der Feigenbaum als Symbol für Jerusalem und sein fruchtloses Heiligtum? Dafür spricht, dass Jesus in 13,2 – beim endgültigen Verlassen des Tempels – die vollständige Zerstörung des fruchtlosen Tempels ansagt – offensichtlich eine Entsprechung zu 11,14. Noch mehr aber spricht für diese Deutung, dass Jesus in 13,28 erneut einen (belaubten) Feigenbaum erwähnt und in einen didaktischen Zusammenhang mit Jerusalem und dem Tempel bringt, deren Zerstörung bevorstehen.

Nicht Israel als Ganzes, sondern Jerusalem und sein Heiligtum sind also mit dem *Feigenbaum* gemeint. Dort findet Jesus keinerlei Frucht, nur verbohrte Feindschaft und falsche Frömmigkeit. Und darum bedeutet sein Kommen das Gericht über Stadt und Heiligtum und über diejenigen, die als führende Gruppen im Judentum die Frucht verweigern. Jerusalem und der Tempel werden untergehen, Israel und sein Gottesglaube und seine Gottesverehrung werden in der Gemeinschaft Jesu aufgehoben sein.

11,15-17: Im Tempel beginnt Jesus damit, die unheiligen Zustände, die er auch schon am Vortag beobachtet haben muss, zu beseitigen. Der Erzähler sagt nichts über Art und Mittel des Vorgehens Jesu und darüber, wie ein einzelner Mann die Händler, Geldwechsler, Taubenverkäufer und ihre Kunden gewaltsam von ihren Plätzen zu vertreiben vermochte, indem er Tische und Stühle umwarf. Die Vorstellung ist wohl, dass von Jesus eine unwiderstehliche Kraft ausging, die alle Gegenwehr zunichte machte. Wer Dämonen auszutreiben vermag (vgl. 1,23-27; 5,1-20; 9,14-27), überwindet auch Menschen. Immerhin wäre dann bei der Aktion Jesu an eine Wirkung göttlicher Kraft zu denken.

Verkäufer und Geldwechsler waren nötig, um den traditionellen Opferbetrieb möglich zu machen; die Tempelsteuer, aus der die Gemeinschaftsopfer finanziert wurden, konnte nur in alter tyrischer, weil bildloser Währung entrichtet werden. Wie störend die Verkaufsstände für Opfertiere und die „Wechselstuben" in dem riesigen Areal des Vorhofs der Heiden (ca. 4ha) tatsächlich waren, kann dahingestellt bleiben. Jesu Vorgehen richtet sich gegen den Opferkult und den Missbrauch des Tempels als Finanzplatz. Handel und Geldgeschäfte sind eine Profanierung des Heiligtums; deshalb lässt Jesus auch nicht zu, dass der Tempelhof als Abkürzungsweg zur Beförderung von Geräten und Waren benutzt wird.

Die Aktion Jesu ist eine symbolische Handlung. Sie zeigt, wie der Tempel aussähe, wenn er nicht missbraucht worden wäre: ein „heiliger Ort" und ein *„Haus des Gebetes für alle Völker"*, wie Jes 56,7 und Sach 14,21 ihn zeichnen. Doch er wurde missbraucht und hat seine Heiligkeit verloren: *„Ihr aber habt es zu einer Räuberhöhle gemacht"* (vgl. Jer 7,11). Jesus stellt durch sein Tun nicht die Heiligkeit des Tempels (wieder?) her, sondern dokumentiert seine Profanität. Darum wird es auch ein Ende mit ihm haben (vgl. 11,14; 13,2).

Räuberhöhle ist ein starker Vorwurf. Für die ersten Leser des MkEv gewinnt er noch mehr Anschaulichkeit vor dem Hintergrund, dass in der letzten Phase des jüdischen Krieges ab 66 n.Chr. der Tempel in den Händen aufständischer Priesterzeloten war, die in ihm ein blutiges Regiment führten, das auch Flavius Josephus (Bell II 430-456) beklagt. Die ersten Leser sind Zeitzeugen, wenn auch wohl nur von ferne.

Jesus (und mit ihm der Autor) sieht die göttliche Bestimmung des Tempels nicht im Opferdienst, sondern darin, ein gewaltiges Haus des Gebetes zu sein, geradezu eine Großsynagoge, die auch für Heiden offen ist. In 12,33 wird sich zeigen, dass mit dieser Einschätzung auch ein jüdischer Schriftgelehrter übereinstimmt.

11,18-19: Die für den Tempel Verantwortlichen haben zugehört. Zum erstenmal im MkEv treten die Oberpriester auf und mit ihnen die schon bekannten Schriftgelehrten, die ständigen Gegner Jesu (vgl. 1,22; 2,6ff; 3,22ff; 7,1ff; 9,14). In 3,22; 7,1 waren sie von Jerusalem herabgekommen, um mit Jesus zu streiten. Jetzt lauern sie ihm in ihrem Jerusalemer „Hauptquartier", dem Tempel, auf. Sie suchen nach einer Möglichkeit, ihn auszuschalten. Denn seine *Vollmacht* untergräbt nicht nur ihre Autorität (vgl. 1,22), sondern beseitigt auch die Grundlage ihrer Existenz, den Opferkult mit allen Begleiterscheinungen händlerischer und monetärer Art. Doch sie trauen sich nicht, gegen Jesus vorzugehen, weil sie ihn fürchten. Sein kraftvolles, unwiderstehliches Wirken hat offenbar auch ihnen Eindruck gemacht. Vor allem jedoch die Volksmenge ist von Jesu *Lehre* stark beeindruckt (vgl. 1,22.27), und die Gegner fürchten, dass das Volk bei einer Festnahme für ihn Partei ergreifen könnte (vgl. 11,32; 12,12; 14,1f).

So endet dieser Tag wie der vorige: Jesus verlässt mit den Jüngern am Abend wieder die Stadt, offenbar erneut in Richtung Bethanien.

2.3 Der dritte Tag: Auseinandersetzungen (11,20-13,2)

2.3.1 Erster Abschnitt (11,20-12,12)

²⁰Als sie am frühen Morgen vorbeigingen, sahen sie,
dass der Feigenbaum verdorrt war bis in die Wurzeln.
²¹Und Petrus erinnerte sich und sagte:
„Rabbi, siehe, der Feigenbaum, den du verflucht hast, ist verdorrt."
²²Jesus antwortete ihnen: „Wenn ihr Glauben an Gott habt,
²³Amen, ich sage euch, wer dann zu diesem Berge sagt:
Erheb dich und stürze ins Meer,
und wenn er nicht zweifelt in seinem Herzen, sondern glaubt,
dass geschieht, was er sagt, dann trifft es für ihn ein.
²⁴Deswegen sage ich euch: Alles, um was ihr betet und bittet,
glaubt, dass ihr es empfangt, und es wird euch zuteil.
²⁵Und wenn ihr hinsteht, um zu beten,
verzeiht, wenn ihr etwas gegen jemanden habt,
damit auch euer Vater im Himmel euch eure Sünden vergibt."

²⁷Und sie kommen wieder nach Jerusalem hinein,
und als er im Tempel umherging,
kommen zu ihm die Hohenpriester und Schriftgelehrten und Ältesten
²⁸und sagten zu ihm: „In welcher Vollmacht tust du das?
Oder wer hat dir diese Vollmacht gegeben, dass du das tust?"
²⁹Jesus aber sagte ihnen: „Ich will euch eine Frage stellen,

*und ihr sollt mir antworten, und dann werde ich euch sagen,
in welcher Vollmacht ich das tue:
³⁰Die Taufe des Johannes, war sie vom Himmel oder von Menschen?
Antwortet mir!"
³¹Sie aber überlegten und sagten zueinander:
„Wenn wir sagen würden: Vom Himmel!, dann wird er sagen:
Warum habt ihr ihm dann nicht geglaubt?
³²Wenn wir allerdings sagen: Von Menschen..."
Sie fürchteten das Volk, denn alle hielten den Johannes
für einen wirklichen Propheten.
³³Und so antworteten sie Jesus und sagten: „Wir wissen es nicht."
Jesus aber sagt ihnen: „Und ich sage euch nicht,
in welcher Vollmacht ich das tue."*

*12¹Und er fing an, zu ihnen in Rätseln zu reden:
„Ein Mann pflanzte einen Weinberg, umgab ihn mit einer Mauer,
hob eine Keltergrube aus und baute einen Turm.
Dann verpachtete er ihn an Winzer und zog weg.
²Zur gegebenen Zeit schickte er einen Knecht zu den Winzern,
um von den Winzern von den Früchten des Weinbergs holen zu lassen.
³Sie aber ergriffen diesen, verprügelten ihn
und jagten ihn mit leeren Händen fort.
⁴Und erneut schickte er ihnen einen anderen Knecht.
Diesem schlugen sie den Kopf blutig und beschimpften ihn.
⁵Und einen anderen schickte er, den töteten sie,
und noch viele andere, die sie entweder verprügelten oder gar umbrachten.
⁶Noch einen hatte er, einen geliebten Sohn.
Den schickte er als letzten zu ihnen und sagte sich:
„Vor meinem Sohn werden sie Achtung haben."
⁷Jene Winzer aber sagten zueinander:
„Dieser ist der Erbe! Auf, wir wollen ihn umbringen,
und das Erbe wird unser sein!"
⁸Und sie ergriffen ihn und ermordeten ihn,
und warfen ihn aus dem Weinberg hinaus.
⁹Was wird der Herr des Weinbergs nun tun?
Er wird kommen und die Winzer vernichten,
den Weinberg aber wird er anderen geben.
¹⁰Oder habt ihr nicht diese Schriftstelle gelesen:
Der Stein, den die Bauleute verwarfen, dieser wurde zum Eckstein.
¹¹Vom Herrn her ist das geschehen
und ist bewundernswert in unseren Augen."
¹²Und sie suchten ihn zu ergreifen,
fürchteten aber das Volk, erkannten sie doch,
dass er dieses Rätsel im Blick auf sie erzählt hatte.
Und sie verließen ihn und gingen weg.*

11,20-25: Gespräche und Auseinandersetzungen am anderen Morgen beziehen sich auf die Symbolhandlungen vom Vortag zurück. Angesichts des Feigenbaumes, der inzwischen von der Wurzel an verdorrt ist, spricht Petrus Jesus an und macht ihn darauf aufmerksam, dass sein *Fluch* eingetroffen ist: Der Feigenbaum ist unfruchtbar geworden. Petrus nennt Jesu Wort gegen den Baum vom Vortag einen Fluch, also ein machtvolles Gebet, das bewirkte, was er ausgesprochen hat.

Jesus kommentiert seine Symbolhandlung vom Vortag indirekt, wenn er den Jüngern zusagt, sie vermöchten ähnlich spektakuläre Wunder zu wirken, wenn sie *„Glauben an Gott"* haben und *„nicht zweifeln in ihrem Herzen, sondern glauben, dass geschieht, was sie (im Gebet) sagen"*. Der Glaubende wirkt nicht aus eigener Macht, sondern sein unbeugsamer und überzeugter Glaube bewirkt, dass Gott in seinem Sinne handelt. Kann der Glaube Gott geradezu zwingen? Könnte er Gott auch dazu bewegen, gegen sich selbst und seinen Willen zu handeln (vgl. 14,35)? Dann wäre er aber kein *„Glaube an Gott"* mehr! Ein solcher Glaube kann doch nur nach dem trachten, was im Sinne Gottes ist. Das Beispiel vom Berg, das Jesus gewählt hat, ist deshalb übertrieben; allerdings wenn es mit dem Glauben an Gott vereinbar ist, „Berge zu versetzen", wird Gott es tun, wenn man ihn darum vertrauensvoll bittet.

In 11,24 verknüpft Jesus den Glauben mit dem Bittgebet: Dieses ist die Weise, wie sich der Glaube an Gott ausdrückt (vgl. 9,29). Das Bittgebet trägt Gott keine fremden Wünsche vor, sondern ist das Vertrauen, mit der Bitte in Gottes eigenen Willen einzustimmen und das zuversichtlich zu wünschen, was Gott selbst will.

An der Sündenvergebung zeigt Jesus, wie der Mensch und Gott im Bittgebet zusammenwirken. Gott will vergeben, und er will, dass wir um Vergebung bitten. Wenn wir aber um das bitten, wozu Gott längst bereit ist, dann müssen wir uns so in Gottes Willen hineinversetzen, dass wir selbst tun, was Gott tun soll: Wir müssen bereit sein, selbst zu vergeben. Dann stimmen wir mit Gott überein, und es geschieht, um was wir bitten.

Glaube an Gott, vertrauensvolles Gebet und Vergebung der Sünden: Sind das die „Früchte", die Jesus im Jerusalemer Tempel gesucht und nicht gefunden hat? Der Tempel ist durch Missbrauch nicht zu einem Haus des Gebetes für alle Völker geworden. Die Jüngergemeinde Jesu aber kann es werden, wenn sie sich an Jesu Weisung hält. So wird sie zu einem fruchtbaren Feigenbaum, zu einem *„nicht mit Händen gemachten Tempel"* (14,58).

11,27-33: Im Tempel treten die Mitglieder des Synedriums, die am Vortag sich nicht gegen Jesus vorzugehen getraut hatten, an ihn heran und beginnen mit ihm eine Disputation. Sie beziehen sich auf seine Aktion vom Vortag (ταῦτα): Jesus soll ihnen sagen, *„in welcher Vollmacht"* er das getan hat und woher diese stammt. Damit anerkennen sie, dass Jesu Tat die Wirkung einer Vollmacht war und wollen ihre Art und Herkunft wissen.

Wenn sie aber anerkennen, dass sich in Jesu Handeln eine Vollmacht auswirkte, warum fragen sie dann nach deren Herkunft? Wollen sie sich etwa der Antwort Jesu beugen und seine Vollmacht als göttlich anerkennen, wenn er sie als solche ausgibt? Für die Leser ist die Frage der Herkunft von Jesu Vollmacht längst gelöst

Auslegung

(vgl. 1,22.27), und für die Gegner müsste es eigentlich auch so sein (vgl. 2,10.28; 3,22-30). Doch haben sie bisher nicht anerkannt, dass Jesus in göttlicher Vollmacht handelte, im Gegenteil, sie haben ihn mit Satan in Verbindung gebracht (vgl. 3,22). Ist ihre jetzige Frage wirklich ernst gemeint, oder nur ein Vorwand, um gegen Jesus vorzugehen?

Jesus weiß, dass die Gegner ihn nicht gefragt haben, um sich von ihm *belehren* zu lassen, und er kennt ihre Verhärtung. Mit seiner Gegenfrage deckt er sie auf: War die Taufe des Johannes „*vom Himmel*", also von Gott legitimiert, oder lediglich menschliche Anmaßung? Wenn sie das beantworten, will auch er ihre Frage beantworten. Doch wenn sie wahrheitsgemäß darauf antworten – weiß der Leser –, könnten sie sich ihre Frage sparen. Denn das Wirken des Täufers und das Jesu hängen eng zusammen. Der Täufer wurde von Gott gesandt, um Jesu Weg vorzubereiten und auf ihn als den *Stärkeren* hinzuweisen (1,2f.7f), der mit „*Heiligem Geist*" taufen wird. Diese Taufe bewirkt „*Vergebung der Sünden*" (1,4), die folglich auch für den Täufer nicht mehr im Tempel zu erlangen ist, weil dieser nicht zum Haus des Gebetes und der Vergebung geworden ist (vgl. 11,17.24f). Aus der Taufe des Johannes folgt somit konsequent die Aktion Jesu; hält man die Taufe des Johannes für „*vom Himmel*" legitimiert, dann muss auch Jesu Vollmacht als von Gott stammend angesehen werden.

Das wissen *auch* die Gegner. Sie haben dem Wirken des Johannes nicht geglaubt und sich nicht taufen lassen. Sie haben die Taufe des Johannes nicht als „*vom Himmel*" angeordnet angesehen und werden auch Jesu Vollmacht nicht als göttlich anerkennen. Ihre Frage war nur Schein, und sie verharren in verstockter Feindschaft (vgl. 3,28ff; 4,12).

Jesus hatte angeboten, ihnen eine Antwort zu geben, wenn sie seine Frage offen beantworten. Konsequenterweise müssten sie sagen, dass sie die Taufe des Johannes für menschliche Anmaßung halten, weil sie ihm nicht geglaubt haben. Aber aus Furcht vor dem Volk, das Johannes als Propheten ansieht, antworten sie nicht. Ihr „*Wir wissen es nicht*" ist keine Antwort. Das Gespräch mit Jesus scheitert, nicht weil Jesus sich verweigert, sondern sie.

12,1-11: Jesus antwortet seinen Gegnern doch noch, aber ἐν παραβολαῖς, in einer Rätselgeschichte (vgl. 3,23). So entspricht es dem Prinzip, das er in 4,11f aufgestellt hat, dass „*denen draußen alles in Rätseln geschieht*". Doch was genau ist das Rätselhafte an der Geschichte, die Jesus erzählt? Er beginnt, indem er Jes 5,1f aufgreift: Der Weinberg ist Israel, und die Erzählung geht über Gottes Geschichte mit seinem Volk. Die *Knechte*, die der Besitzer sendet, um die ihm zustehende *Frucht* einzutreiben, sind die Propheten (vgl. Jer 7,25ff), die Gott zu Israel gesandt hat. Und wer sind die *Winzer*, die den Weinberg bearbeiten? Da der Weinberg selbst Israel als Ganzes darstellt, das Frucht bringen muss, können die *Winzer* nur die geistlichen Führer Israels sein, die „*Hohenpriester, Schriftgelehrten und Ältesten*" von 11,27. Obwohl die Erzählung Jesu ein Rätsel ist, begreifen die Gegner sehr wohl, dass sie in ihr als die *Winzer* vorkommen und die Drohung von 12,9 ihnen gilt (12,12). Was also ist das Rätselhafte daran?

Für die christlichen Leser, die „drinnen" sind, hat Jesu Erzählung jedenfalls nichts Rätselhaftes. Ihnen ist auch klar, wer der „*geliebte Sohn*" ist, der als letzter gesendet und von den *Winzern* umgebracht wird. Aber weil Jesu Gegner erkennen, dass sie in der Geschichte als die *Winzer* vorkommen, und weil sie doch darum wissen, dass sie Jesus umbringen wollen (11,18), dürften auch sie verstehen, dass sich Jesus mit dem „*geliebten Sohn*" selbst bezeichnet. Das bedeutet: Die Erzählung Jesu ist nicht deshalb ein Rätsel für die Gegner, weil Jesus absichtlich unverständlich redet, sondern sie wird für sie zu einem Rätsel, weil sie ihre Prämissen nicht teilen, sondern verstockt ablehnen. Sie akzeptieren nicht, dass in Jesus der „*geliebte Sohn*" vor ihnen steht, dem sie als dem Gesandten des Besitzers des *Weinbergs* verantwortlich sind. Und deshalb bleibt ihnen ihre gegen Jesus gerichtete Tötungsabsicht in ihrer wahren Dimension verborgen: nämlich als Tötung des „*geliebten Sohnes*" Gottes. Ihr beabsichtigtes Tun am Sohn, das Jesus mit der Geschichte ihnen jetzt voraussagt (vgl. 8,31; 9,12f.31; 10,32ff), bleibt ihnen rätselhaft. Sie meinen, dadurch den *Weinberg* an sich reißen zu können, dass sie den Erben umbringen, und werden ihn gerade deswegen an andere verlieren. Ihre Verstockung bewirkt, dass ihnen ihr Handeln, das Jesus ihnen vorauswissend erzählt, zum Rätsel wird. Sie können ihr eigenes Tun und seine Folgen nicht einschätzen: Sie suchen ihren Vorteil und bewirken ihr Verderben.

Mit einer Schriftanspielung hatte Jesus seine Rätselgeschichte begonnen, mit einem Schriftwort schließt er ab. Ausdrücklich verweist er seine Gegner auf Ps 118,22f (LXX; vgl. 11,9). Der „*verworfene Stein*" ist der getötete und aus dem Weinberg hinausgeworfene Sohn der Erzählung, das versteht jeder und somit können es auch die Gegner verstehen. Jesus kündigt nicht nur die Rehabilitierung des „*verworfenen Steines*" an, sondern seine Einsetzung zum *Hauptstein* (Eckstein) eines neuen Gebäudes, das Gott, „*der Herr*", bauen wird. War 12,8 eine in der Erzählung versteckte Todesweissagung Jesu an die Gegner, so ist 12,10f eine verdeckte Ansage seiner Auferstehung und Erhöhung. Das von den *Winzern* zu verantwortende Todesgeschick des Sohnes wird für sie zum Gericht. Der *Verwerfung* des Steines durch sie folgt ihre eigene *Vernichtung*. An *Weinberg* und „Neubau" sind sie nicht mehr beteiligt.

12,12: Zum zweitenmal erwähnt der Autor, dass die Gegner Jesus *ergreifen* wollen (vgl. 3,21), natürlich um ihn zu *vernichten* (11,18), sich aber aus Angst vor dem Volk nicht trauen, offen gegen ihn vorzugehen. Da sie durchaus erfassen, dass diese Rätselerzählung gegen sie gerichtet war, wird ihre Aggression noch gesteigert: Sie wollen Jesus zum Schweigen bringen, finden aber (noch) kein Mittel gegen ihn. Ohnmächtig verlassen sie ihn und gehen weg, was aber nicht heißt, dass sie mit ihren feindlichen Nachstellungen aufhören.

2.3.2 Zweiter Abschnitt (12,13-34)

¹³Und sie schickten zu ihm einige von den Pharisäern und Herodianern,
um ihn mit einem Wort zu fangen.
¹⁴Und sie kamen und sagen zu ihm:
„Lehrer, wir wissen, dass du wahrhaftig bist

Auslegung

*und es dir um niemandes Meinung geht,
denn du blickst nicht auf die Person,
sondern lehrst wahrheitsgetreu den Weg Gottes:
Ist es erlaubt, dem Kaiser Steuern zu zahlen oder nicht?
Sollen wir zahlen oder nicht zahlen?"
[15] Er aber wusste um ihre Heuchelei, und er sagte:
„Warum stellt ihr mir eine Falle?
Bringt mir einen Denar, damit ich ihn anschaue."
[16] Sie aber reichten ihm einen.
Und er sagt ihnen: „Wessen Bild ist das, und wessen Aufschrift?"
Sie aber sagten: „Des Kaisers."
[17] Da sprach Jesus zu ihnen:
„Dann gebt, was dem Kaiser gehört, dem Kaiser, und was Gottes ist, Gott!"
Und sie wunderten sich sehr über ihn.

[18] Und es kommen Sadduzäer zu ihm, die sagen,
es gäbe keine Auferstehung, und fragen ihn:
[19] "Lehrer, Mose hat uns vorgeschrieben:
Wenn der Bruder von jemandem stirbt,
und er lässt eine Frau zurück, hinterlässt aber kein Kind,
dann soll sein Bruder die Frau nehmen
und seinem Bruder einen Nachkommen zeugen.
[20] Es waren nun sieben Brüder. Und der erste nahm sich eine Frau,
aber als er starb, hinterließ er keinen Nachkommen.
[21] Auch der zweite nahm sie, und er starb,
ohne einen Nachkommen zurückzulassen.
Und der dritte ebenso.
[22] Die Sieben hinterließen keinen Nachkommen.
Als letzte von allen starb auch die Frau.
[23] Bei der Auferstehung – wenn sie denn auferstehen –,
wessen Frau wird sie sein? Denn die Sieben hatten sie zur Frau gehabt."
[24] Jesus sagte zu ihnen: „Ihr irrt nicht nur deshalb,
weil ihr die Schrift nicht kennt, sondern auch nicht die Macht Gottes.
[25] Wenn sie von den Toten auferstehen,
so heiraten sie weder noch werden sie geheiratet,
sondern sind wie die Engel im Himmel.
[26] Was aber die Toten betrifft, dass sie auferstehen:
Habt ihr nicht im Buch des Mose – beim Dornbusch – gelesen,
wie Gott zu ihm spricht:
Ich bin der Gott Abrahams und der Gott Isaaks und der Gott Jakobs?
[27] Er ist aber kein Gott von Toten, sondern von Lebenden!
Ihr seid sehr im Irrtum!"

[28] Und hinzu trat einer von den Schriftgelehrten,
und als er hörte, wie sie stritten, und bemerkte,
dass er ihnen treffend antwortete, da fragte er ihn:*

„Welches ist das erste Gebot vor allen?"
²⁹Jesus antwortete: „Das erste ist:
Höre, Israel, der Herr, unser Gott, ist einziger Herr,
³⁰und du sollst den Herrn, deinen Gott, lieben
aus deinem ganzen Herzen und aus deiner ganzen Seele
und mit deinem ganzen Verstand und aus deiner ganzen Kraft.
³¹Ein zweites ist dieses: Du sollst deinen Nächsten lieben wie dich selbst.
Kein sonstiges Gebot ist größer als diese."
³²Da sagte der Schriftgelehrte zu ihm:
„Sehr gut, Lehrer, wirklich wahr hast du gesprochen:
Einer ist er, und es gibt keinen anderen außer ihm.
³³Und: Ihn zu lieben aus ganzem Herzen und aus voller Kraft
und: Den Nächsten zu lieben wie sich selbst,
das ist viel mehr als alle Brand- und Schlachtopfer."
³⁴Da Jesus sah, dass er verständig antwortete, sagte er ihm:
„Du bist nicht weit weg vom Reich Gottes."
Niemand aber wagte mehr, ihm eine Frage zu stellen.

12,13-17: Die Gegner Jesu bleiben im Hintergrund aktiv. Sie streiten nicht selbst mit Jesus, sondern schicken andere vor; zunächst *„einige von den Pharisäern und Herodianern"*. Die Leser kennen beide Gruppen als Todfeinde Jesu von Anfang an (vgl. 3,6; 8,11f.15). Sie sollen Jesus in der Diskussion eine Falle stellen; er soll sich als illoyaler Untertan des Kaisers erweisen, indem er um der Herrschaft Gottes willen die Steuer verweigert, wie es die Zeloten zur Zeit der Leser forderten. Eine solche Stellungnahme erwarten sie von Jesus, wohl aufgrund seiner Verkündigung von der Nähe des Reiches Gottes.

Der Leser wird vom Autor von vornherein über die wahren Absichten der Fragesteller informiert und kann darum – wie Jesus selbst (12,15; vgl. 2,8) – ihre *Heuchelei* erkennen, wenn sie Jesus als *Lehrer* ansprechen, als wollten sie seine *Lehre* (vgl. 1,22.27 u.a.) annehmen, wenn sie ihn als einzig der Wahrheit und der Sache Gottes verpflichtet loben. Jeder Satz ihrer Anrede ist wahr und doch sind ihre Worte nichts als Lüge, weil sie sich selbst der Wahrheit verschlossen haben. Sie wollen Jesus in Sicherheit wiegen, er könne in ihrem Beisein wie im Kreis seiner Jünger ohne Rücksicht frei heraus sagen, was er über das Regiment des römischen Kaisers denkt.

Wenn sie fragen, ob es *„erlaubt ist, dem Kaiser Steuern zu zahlen"*, so ist gemeint: Ist dies einem Juden erlaubt, der nur Gott als wahren König der Welt anerkennt? Muss man als Jude nicht um der Königsherrschaft Gottes willen die Steuerzahlungen an den römischen Kaiser verweigern? Seit den Anfängen des jüdischen Aufstandes bis in die Tage des MkEv bei Ausbruch des Jüdischen Krieges war diese Frage virulent. Die Zeloten propagierten die Verweigerung der Zahlung von Steuern an den römischen Staat, um nicht den Kaiser anzuerkennen. Die Leser könnten somit – anders als die Fragesteller – an der Antwort Jesu wirklich interessiert sein. Jesus macht von Anfang an klar, dass er die Frage als *Versu-*

Auslegung 275

chung durchschaut hat; sie soll ihn entweder als Aufwiegler auf die Anklagebank bringen oder zum Selbstwiderspruch verleiten und so unglaubwürdig machen.

Wenn Jesus sich einen Denar bringen lässt, dann nicht, weil er noch nie einen gesehen hätte. Wohl demonstriert dieser Erzählzug, dass Jesus kein Geld bei sich trägt, anders als die Gegner. Sie erweisen sich damit als inkonsequent, denn sie benutzen das Geld des Kaisers. Bild und Aufschrift dokumentieren, dass die Münzen sein Eigentum sind. Sie dem Kaiser auf Verlangen nicht zurückzugeben, wäre Diebstahl. Mit Gottesverehrung und Frömmigkeit hätte solche Verweigerung nichts zu tun, im Gegenteil. Gott will, dass dem Kaiser gegeben wird, was ihm gehört, Gott selbst aber, was Gott zusteht. Nach dem Kontext kann kein Zweifel sein, was das ist: *Frucht* aus Glauben, Gebet und Versöhnungsbereitschaft (vgl. 11,23ff; 12,2).

Die Forderung Jesu, Gott zu geben, was Gottes ist, steht betont am Ende und geht über die Anfrage der Gegner hinaus. Auf ihr liegt der Ton. Die Frage der Kaisersteuer ist zweitrangig. Gott und seine Forderung gehen vor, sie werden durch das Steuerregiment des Kaisers nicht tangiert. Solange der Kaiser nur das einfordert, was ihm gehört und zusteht, können auch Gottes „Untertanen" loyale Steuerzahler sein. Jesus erweist sich als politisch zuverlässig – eine den Lesern offenbar wichtige Feststellung angesichts behördlicher Verdächtigungen subversiver Tendenzen in den christlichen Gemeinden. Er hat nicht wie die Aufständischen im Tempel und die übrigen Zeloten zur Verweigerung und Rebellion gegen Rom aufgerufen.

Die Gegner können ihr Staunen über Jesu Antwort nicht unterdrücken. Sie haben gegen ihn nichts in der Hand; vielmehr sind sie selbst von ihm (und den Lesern) als inkonsequente Heuchler durchschaut. Jesus ist nicht in ihre Falle getapt und hat sich ihrer Frage doch nicht entzogen. Seine Antwort hat Gültigkeit für alle politischen Theologien: Im Namen der Herrschaft Gottes darf kein Mensch Politik betreiben. Wenn Gott aber seine Herrschaft antritt, ist alles menschliche Regiment am Ende.

12,18-27: Als nächstes treten Sadduzäer an Jesus heran. Setzt der Autor voraus, dass die Leser diese jüdische Gruppe einordnen können? Wissen sie, dass die Sadduzäer die Partei der konservativen Priesterschicht waren? Ob die Leser das wissen, lässt sich nicht mit Sicherheit sagen, doch vom Kontext her können sie sich zumindest denken, dass die Sadduzäer etwas mit den *„Oberpriestern, Schriftgelehrten und Ältesten"* zu tun haben. Der Autor gibt dem Leser noch eine zutreffende Information: die Sadduzäer glauben nicht an die Auferstehung von den Toten. Bei Jesus setzen sie diesen Glauben allerdings voraus; in der Tat macht Jesu Ankündigung 12,10f und seine Erwartung von Gottes Reich (vgl. 12,17; 8,35-9,1) nur Sinn, wenn er an eine Auferstehung von den Toten glaubt.

Die Gegner wollen diesen Glauben Jesu lächerlich machen. Dazu verweisen sie auf die Gesetzesvorschrift Dtn 25,5ff, durch die der Bruder eines kinderlos Verstorbenen gehalten ist, die Witwe seines Bruders zu heiraten, um ihm Nachkommenschaft und damit einen bleibenden Namen in Israel zu verschaffen. Sie konstruieren, dass dieser Fall siebenmal hintereinander eintritt, wobei es ihnen nicht auf die Zeugung von Nachkommenschaft, sondern auf das Faktum der Ehe der einen Frau mit sieben Brüdern ankommt. Wessen Ehefrau soll sie aber nach der Auferstehung der Toten sein, wenn es sie gibt? Der Leser kann sich das Grinsen und Feixen der Gegner lebhaft vorstellen, mit dem sie diesen Fall vortragen, um die Unsinnigkeit einer Auferstehung der Toten zu erweisen. In der Tora des Mose ist sie nicht vorgesehen, meinen sie.

Jesu Antwort widerlegt den konstruierten Fall mit einem Satz: Die Auferstehung der Toten ist keine Wiederherstellung der irdischen Existenz mit Heiraten und Gebären, sondern die Eröffnung einer himmlischen Existenz. Die Gegner zeigen, dass sie weder ihre eigene Tradition – die Schrift – wirklich kennen, noch ein angemessenes Gottesverständnis haben. Ihr gesamtes theologisches Denken ist *Irrtum*. Indem sie den Glauben, dass Gott die Toten auferwecken wird, lächerlich zu machen versuchen, verspotten sie Gottes *Macht*. Kann denn der Gott, der sich Mose am Dornbusch als der Gott der Väter geoffenbart hat (Ex 3,6.15), ein Gott der Toten sein? Der Glaube an einen lebendigen Gott hat seine eigene Rationalität; er führt von sich aus zum Glauben an die Auferstehung der Toten. Denn wenn Gott einen Menschen beim Namen nennt, so ist dieser lebendig, auch wenn er zuvor gestorben ist. Darum ist der *Irrtum* der Sadduzäer im tiefsten Sinne Verweigerung des Glaubens.

12,28-34: Die Front der Gegner Jesu weicht auf; wenigstens *ein* Schriftgelehrter, der dem Streitgespräch Jesu mit den Sadduzäern beigewohnt hat, ist von Jesu Argumenten beeindruckt (vgl. 12,17). Der Leser lernt (oder weiß es ohnehin), dass die jüdischen Gruppen theologisch durchaus zerstritten sind, insbesondere in der Frage der Totenauferstehung. Zustimmend wendet sich der sympathisierende Schriftgelehrte mit einer Frage an Jesus, wohl um zu testen, wieweit die Übereinstimmung trägt. Seine Frage lautet, welches das allen anderen vorgehende und somit *erste*, alles umfassende Gebot sei. Ein Hinterhalt ist diesmal nicht zu spüren, die Frage ernst gemeint: Lässt sich eine Quintessenz des Willens Gottes formulieren? Diese Frage beschäftigte die theologische Diskussion im (hellenistischen) Judentum zur Zeit der ersten Leser sehr, und der Schriftgelehrte lockt Jesu Stellungnahme dazu hervor.

Jesus geht auf die Anfrage ohne Vorbehalte ein. Offenbar ganz im Sinne des Fragestellers (vgl. 12,32) zitiert er als Quintessenz des Willens Gottes das Zentralstück jüdischen Gottesglaubens und Gehorsams überhaupt, das berühmte *schemá Jisrael* (Dtn 6,4f). Keinen Zweifel soll es daran geben, dass Jesus (und mit ihm Autor und Leser) am Monotheismus festhält und die Liebe zu Gott auch seiner Auffassung nach das Fundament allen Gehorsams ist. Er ergänzt die drei anthropologischen Kategorien (Herz, Seele, Kraft), die schon in Dtn 6,4f die Gottesliebe in der Personmitte verankern, durch eine vierte: „*mit deinem ganzen Verstand*". Die Dimension des Verstandes wird nachdrücklich einbezogen. Wie der Gottesglaube die Grundlage alles theologischen Nachdenkens ist (vgl. 12,26f), so ist die Gottesliebe Fundament allen Gehorsams. Einzig deshalb rangiert die Nächstenliebe an *zweiter* Stelle. Wichtig ist, dass Jesus sie – über die Frage des Schriftgelehrten hinausgehend – ausdrücklich nennt (vgl. Lev 19,18),

Auslegung 277

und das „Erstens-Zweitens" wird durch seine Zusammenfassung: *„Kein sonstiges Gebot ist größer als diese!"* ein wenig relativiert. Jesus hat geradezu ein Doppelgebot als den Kern des Gottesgehorsams ausformuliert, das wie die zwei Seiten einer Medaille funktioniert: Das *erste* Gebot kann gar nicht anders gehalten werden als dadurch, dass man das *zweite* tut. Aber die Erfüllung des *zweiten* wird nur vom *ersten* her überhaupt möglich.

Geradezu überschwenglich stimmt der Schriftgelehrte zu. Er teilt nicht nur Jesu Auffassung, sondern bezeugt, dass sie *gut* und *wahr* ist. Darum kann er Jesus wirklich als *Lehrer* anerkennen. Denn jetzt wird deutlich, dass er schon beim Stellen seiner Frage genauso gedacht hat. Der Leser soll realisieren, dass Jesus mit wohlmeinenden Schriftgelehrten in den wichtigen Fragen des Monotheismus und des Gottesgehorsams übereinstimmt. Es gibt also kein wesentliches Hindernis für Juden, sich ihm anzuschließen.

Der Schriftgelehrte stimmt eigentlich sogar der Tempelaktion und dem Tempelwort Jesu (11,15ff) zu, wenn er die Gottes- und Menschenliebe mit der gesamten Schrifttradition (vgl. 1Sam 15,22; Ps 51,18f; 40,7; Spr 21,3; Hos 6,6; Jes 1,11) für wichtiger ausgibt als alle Brand- und Schlachtopfer. Selbstverständlich geht Jesus (und der Autor) in diesem Punkt mit dem Schriftgelehrten einig. Er anerkennt den weitgehenden Konsens mit diesem verständigen Vertreter des Judentums: *„Du bist nicht weit weg vom Reich Gottes"*. „Nicht weit weg" bedeutet jedoch: noch nicht darin! Was fehlt dem Schriftgelehrten? Da die Basileia Gottes durch die Verkündigung Jesu proklamiert (vgl. 1,14f; 4,11.14.26-29) und durch den wiederkommenden *Menschensohn* heraufgeführt wird, fehlt dem Schriftgelehrten wohl nur der Anschluss an Jesus (vgl. 10,21). Das macht die folgende *Lehre* Jesu sofort deutlich.

Der Autor betont nach 12,17.28 noch einmal, dass Jesus die Disputation überlegen für sich entschieden hat. Keiner wagt mehr, ihn etwas zu fragen.

2.3.3 Dritter Abschnitt (12,35-13,2)

³⁵Da ergriff Jesus das Wort und sagte, im Tempel lehrend:
„Wieso sagen die Schriftgelehrten, der Christus sei Sohn Davids?
³⁶David selbst sprach doch im Heiligen Geist:
Es sprach der Herr zu meinem Herrn:
Setze dich zu meiner Rechten,
bis ich dir deine Feinde unter deine Füße lege!
³⁷David selbst nennt ihn also Herr, und woher ist er dann sein Sohn?"
Und die große Menge hörte ihm gerne zu.

³⁸Und bei seiner Lehre sagte er: „Hütet euch vor den Schriftgelehrten;
sie lieben es, in langen Talaren herumzugehen
und auf dem Markt gegrüßt zu werden,
sie erwarten für sich in den Synagogen die besten Plätze
³⁹und die Ehrenplätze bei den Gastmählern,
⁴⁰sie, die die Häuser der Witwen auffressen

und zum Schein lange Gebete verrichten.
Sie werden ein umso härteres Gericht erfahren!"
⁴¹Und gegenüber dem Opferstock sitzend sah er zu,
wie die Leute Kupfermünzen in den Opferstock warfen.
Und viele Reiche warfen viel hinein.
⁴²Es kam auch eine arme Witwe und warf zwei Lepta hinein,
das ist soviel wie ein Pfennig.
⁴³Und nachdem er seine Jünger zu sich gerufen hatte, sagte er zu ihnen:
„Amen, ich sage euch, diese arme Witwe warf mehr hinein als alle,
die in den Opferstock geworfen haben.
⁴⁴Denn alle haben von ihrem Überfluss hinein geworfen,
sie aber hat trotz ihrer Bedürftigkeit alles, was sie besaß, hineingetan,
ihren ganzen Lebensunterhalt."
13¹Und als er aus dem Tempel hinausging, sagt einer von seinen Jüngern:
„Lehrer, sieh doch, welch große Steine und welch gewaltige Bauten!"
²Jesus aber sagt zu ihm: „Siehst du diese großen Gebäude?
Nicht ein Stein wird hier auf dem anderen verbleiben,
der nicht zerstört wird!"

12,35-37: Die eigentlich unnötige szenische Einleitung: *„Da ergriff Jesus das Wort..., im Tempel lehrend"* signalisiert, dass ein neuer Unterabschnitt beginnt: Jesus übernimmt nun selbst die Initiative. Entsprechend hatte der vorausgehende Satz zusammengefasst: *„Niemand aber wagte mehr, ihm eine Frage zu stellen"*. Die vorausgehenden Disputationen hatten gezeigt, dass Jesus theologisch auf die Seite des frommen Judentums gehört. Seine Erwartung des Reiches Gottes schließt nicht wie bei den Zeloten die Rebellion gegen die politische Herrschaft des römischen Kaisers ein, sie bezieht sich vielmehr mit der Mehrheit des frommen Judentums auf eine eschatologische Zukunft, die Gott durch die Auferweckung der Toten herbeiführen wird. Jesus hält am Monotheismus und an den Fundamenten jüdischen Glaubens fest: Gottes- und Nächstenliebe. Und selbst seine Kritik am Tempel und seinem Opferdienst wird von verständigen jüdischen Gelehrten geteilt. Jesus und mit ihm Autor und Leser stehen also ganz auf dem Boden des frommen Judentums.

Was unterscheidet sie? Es ist die Christologie; das macht Jesus in seiner *Lehre* deutlich. Er führt als „Dogma" der Schriftgelehrten an, der Messias sei Sohn Davids. Diese Auffassung, in der Nathanweissagung an David begründet (2Sam 7,12-16) und in PsSal 17,21-25 belegt, wird von Jesus hinterfragt und von vornherein als inkorrekt gekennzeichnet: *„Wieso (mit welchem Recht) sagen die Schriftgelehrten..."* (vgl. 9,11). Die Frage ist somit: *Woher* stammt der Christos? Die Schriftgelehrten sagen: Aus der Nachkommenschaft Davids. Schon durch die Eröffnungsformulierung bestreitet Jesus, dass diese Auffassung die ganze Wahrheit sein kann. Will er damit sagen, dass der Christos/Messias aus einem anderen menschlichen Geschlecht als dem Davids stammt? Im MkEv wird tatsächlich nirgends auf eine Herkunft Jesu aus dem Geschlecht Davids verwiesen. Das einzige, was wir hören, ist, dass Jesus aus Nazaret ist, wo seine Mutter und seine

Auslegung 279

Verwandten leben. Bedeutet das, dass Autor und Leser das frühchristliche Wissen um Jesu Abstammung von David nicht teilen (vgl. Röm 1,3; Mt 1,6; 1,20; Lk 2,4.11), ja geradezu ablehnen? Dann wäre allerdings kaum verständlich, warum der Autor den Blinden von Jericho zweimal Jesus als „*Sohn Davids*" anrufen lässt, ohne dass Jesus das zurückweist. Und auch der Heilsruf der Anhänger Jesu in 11,10 ist von ihm trotz eines gewissen Vorbehaltes durchaus positiv gewertet worden.

Es ist mithin gar nicht ausgemacht, dass Jesus in 12,35ff die irdische Abstammung des Christos/Messias von David bestreiten will. Worin unterscheidet sich dann aber seine *Lehre* von der Meinung der Schriftgelehrten? Zunächst einmal darin, dass er nicht theoretisch über den Messias spekulieren muss: Er ist es selbst. Das haben inzwischen auch seine Jünger erkannt (vgl. 8,29). Ihnen hat Jesus auch schon mitgeteilt, dass er einst als der erhöhte *Menschensohn* wiederkommen wird (vgl. 8,38). Und aus Gottes eigenem Mund hat zumindest der innerste Jüngerkreis gehört, dass Jesus Gottes „*geliebter Sohn*" ist (vgl. 9,7), der nur eine begrenzte Zeit auf Erden anwesend ist (vgl. 9,19). Das alles wissen auch die Leser, und zwar von Anfang des Buches an (vgl. 1,1.2f.10). Jünger wie Leser wissen gleichwohl, dass Jesus ein Mensch von Fleisch und Blut ist und aus einer menschlichen Familie stammt. Worum es in Jesu *Lehre* geht, ist folgendes: Die Abstammung aus dem Geschlecht Davids sagt noch gar nicht das Wesentliche über die Herkunft des Messias aus.

Um dies deutlich zu machen, zitiert Jesus Ps 110,1 als eine prophetische Schau Davids. In einer Vision hat David die Erhöhung des Christos gesehen und dabei Gottes Stimme gehört. Er gibt diese Vision im Lied so wieder, dass er Gott als den *Kyrios* bezeichnet und den Messias als „*seinen Kyrios*". *Woher* kann der Christos dann „*sein Sohn*" sein? Selbst wenn Jesus somit seiner menschlichen Abstammung nach aus Davids Geschlecht ist, so war und ist er doch seiner wahren Herkunft nach nicht Davidide, sondern Gottes „*geliebter Sohn*" (vgl. 12,6). Die Christologie der Schriftgelehrten ist unzureichend. Sie müssten Jesus als den Christos anerkennen und seine Herkunft aus der Sphäre Gottes bekennen. Die entscheidende Differenz zwischen Jesus und selbst dem gutwilligsten Schriftgelehrten, zwischen der Gemeinde und dem verständnisvollen Judentum ist damit bezeichnet.

Wenn der Autor abschließend sagt, dass die *Volksmenge* Jesus *gerne* hört, so wird nochmals klar, welche Grenzlinie hier gezogen worden ist. Mit der von Jesus gelehrten Christologie ist die Grenze zu den jüdischen Schriftgelehrten bezeichnet, nicht die zum jüdischen Volk. Die Jüngergemeinde bleibt zum Judentum hin offen.

12,38-40: Trotz der Sympathie, die Jesus dem *verständigen* Schriftgelehrten ausgesprochen hat (vgl. 12,34), folgt nun eine außerordentlich scharfe Polemik und Kritik an den Schriftgelehrten, dieser wichtigsten, weil bis in die Gegenwart der Leser wirksamen Gegnergruppe Jesu (vgl. 1,22; 2,6f; 3,22ff; 7,1ff; 9,14). Die Warnung vor ihnen („*Hütet euch vor...*"; vgl. 8,15) ist Gegenstand der *Lehre* Jesu und geht an die jüdische Volksmenge von 12,37, nicht nur an die Jünger (Leser).

Die Leser erinnern sich an die Szene 1,21f, den ersten Lehrvortrag Jesu in der Synagoge von Kapharnaum, als die Volksmenge schon die Vollmacht der Lehre Jesu im Gegensatz zu derjenigen der Schriftgelehrten erkannte. Daraus sollen die Leute die Konsequenz ziehen, sich dem Einfluss der Schriftgelehrten entziehen und an Jesu Vollmacht halten.

Jesus formuliert eine beißende „Klerikerkritik". Die Schriftgelehrten beanspruchen eine Würde und Ehrerbietung, die ihnen nicht zukommt. Sie fühlen sich als die Honorationen der Gesellschaft und bringen dies in der Art ihrer Kleidung zum Ausdruck. Sie möchten erkannt und gegrüßt werden, überall „in der ersten Reihe" sitzen und auf allen Festen als Ehrengäste dabei sein. Sie nutzen ihren Status und Einfluss als Rechtsgelehrte im öffentlichen Leben schamlos aus, um sich zu bereichern, indem sie den Eindruck erwecken, fromme Biedermänner zu sein.

Jesu Polemik ist pauschal und dürfte doch zu belegen sein. Warum soll es in den jüdischen Synagogengemeinden der Antike besser zugegangen sein als in Klerikerkreisen des Spätmittelalters oder bei „christlichen" Politikern unserer Tage? Die Warnung vor den heuchlerischen und korrupten Schriftgelehrten soll die jüdischen Hörer auf die Alternative aufmerksam machen: die Jüngerschaft Jesu. Am Ende steht eine weitere, abschließende Gerichtsdrohung (12,40; vgl. 11,14; 12,9). Sie richtet sich gegen die führenden Schriftgelehrten, nicht gegen das jüdische Volk. Das muss beachtet werden.

12,41-44: Nach der scharfen Polemik und Gerichtsdrohung gegen die Schriftgelehrten folgt noch das Lob Jesu für eine arme jüdische Witwe. Er stellt sie seinen Jüngern als ein Muster der Hingabe an Gott und der Liebe zum Nächsten vor. Sie opfert ihren ganzen Lebensunterhalt, damit noch Ärmeren geholfen werden kann. Mit ihren zwei „Pfennigen" (*Lepton* ist die kleinste griechische, *Quadrans* ist die kleinste römische Münzeinheit) hat sie mehr als alle anderen gegeben, weil sie *alles* gab, was sie besaß.

Wie Jesus sehen konnte, wieviel die „*arme Witwe*" in den Opferkasten warf, wird nicht gesagt und darf auch gar nicht gefragt werden. Wahrscheinlich konnte man der Frau ansehen, dass sie arm und ihre Gabe entsprechend gering war. Mit der szenischen Bemerkung, dass Jesus die Jünger zusammenrief (vgl. 7,14; 8,34), betont der Autor die Wichtigkeit des folgenden Wortes auch für die Leser: Nicht vor den jüdischen Honorationen sollen sie Respekt haben, sondern vor solchen armen Witwen des Volkes und wirklichen Frommen. Diese empfiehlt Jesus der Pastoral seiner Jüngergemeinde.

13,1-2: Jesus verlässt mit seinen Begleitern den Tempel, den er in 11,27 zum letzten Mal betreten hatte. Ein Jünger macht ihn auf die gewaltigen Steinquader und die großartigen Gebäude des Tempelbereichs aufmerksam. Das heißt aber nicht, dass Jesus diese nicht selbst wahrgenommen hätte; er hat ja den Tempel bereits am Tag seines Einzugs nach Jerusalem besichtigt (11,11). Der Hinweis des Jüngers ist vielmehr der Auftakt für Jesu Ansage der vollkommenen Zerstörung des Tempels: Von den gewaltigen Steinen und Gebäuden wird nichts Bestand haben. Jesu Wort entspricht seinen Scheltworten gegen den Tempel in 11,14.17 und zieht die Konsequenz aus dem Versagen der für den Tempel Verantwortlichen, um dass es in 11,27-12,40 ging.

B. Jesu Rede an die Leser: Mk 13,3-37

*Jesus sagt den Lesern ihre Gegenwart und Zukunft voraus:
Das Ende der Weltzeit steht zwar nahe bevor, aber man kann
seinen Termin nicht an gegenwärtigen Ereignissen ablesen.
Die Gegenwart ist Zeit der Bewährung und des Wachens
in Erwartung des bald kommenden Menschensohnes.*

1. Analyse

1.1 Abgrenzung

Die Szene 13,1f gehört noch zum Vorausgehenden und schließt die Auseinandersetzungen Jesu im Tempel ab (11,27-12,44); beim Verlassen des Tempels ergibt sich der kleine Dialog zwischen einem ungenannten Jünger und Jesus über das Geschick des Tempels (vgl. 11,15-17). Dieses Thema leitet zur eschatologischen Belehrung über, die Jesus ab 13,5 den vier namentlich genannten Jüngern gibt. Diese nehmen Jesu Wort über die Tempelzerstörung zum Anlass, um nach Termin und Zeichen der Vollendung zu fragen (13,3f).

In 13,3 wird ein neuer Ort genannt: Jesus setzt sich auf dem *Ölberg* (vgl. 11,1) *„gegenüber dem Tempel"* nieder. Auch eine neue Situation beherrscht nun die Szene: nicht mehr lehrhafte Auseinandersetzung mit Volk und Gegnern (vgl. 11,18; 12,32.35. 38), sondern eine apokalyptische Mahnrede Jesu an vier Jünger, die die Zukunft erschließt. Diese Rede endet ohne eine Unterbrechung in 13,37 mit Jesu Aufforderung an alle (!), wachsam zu sein. Die Rede an die vier Jünger richtet sich im eigentlichen Sinn an die Leser.

In 14,1 liegt ein klarer Erzähleinschnitt vor: Es wird eine neue Zeitangabe gegeben, und andere Personen bestimmen die Handlung.

*1.2 Was die Leserinnen und Leser schon wissen!
Rückverweise/Wiederaufnahmen/Echos*

Rückverweise

- Die Ortsangabe 13,3: *„auf dem Ölberg, dem Tempel gegenüber"* weist zurück auf den vorausgehenden Kontext (11,1.11.15-17.27; 12,35.41; 13,1). Die eschatologische Mahnrede Jesu wird so mit diesem zusammengeschlossen, in dem mehrfach das Thema des Eschatons angeschlagen worden ist (vgl. 11,9f.14; 12,10-11.18-27.40). Die Lokalisierung in 13,3 ist somit hintersinnig.

Analyse

- In 13,10 wird auf das Evangelium verwiesen, das Jesus selbst verkündet hat (vgl. 1,14f). Es ist dazu bestimmt „*bei allen Völkern*" bekannt gemacht zu werden. Damit ist aus der Perspektive Jesu ein weiter Bogen in jene Zukunft geschlagen, in der die Leser leben (vgl. 8,35; 14,9).

- In 13,14 verwendet Jesus den rätselhaften Ausdruck „*Gräuel der Verwüstung*", auf den der Autor die Leser eigens aufmerksam macht. Kennen diese den Ausdruck aus einem anderen Kontext – etwas aus dem Buch Daniel (vgl. 9,27; 11,31; 12,11) –, auf den hier zurückverwiesen wird? Was ist der „*Gräuel der Verwüstung*"?

Wiederaufnahmen

- Die Eröffnungssituation 13,3 nimmt eine Szenerie auf, die schon in 5,37; 9,2 begegnete: Nur bestimmte Jünger und nicht alle erhalten von Jesus eine besondere Belehrung. Die hier genannten vier sind die Erstberufenen (vgl. 1,16-20.29.36). Sie *allein* sind die Offenbarungsempfänger und somit die Vermittler der Worte Jesu an die Leser.

Echos

- In 13,9.11 wird den Jüngern/Lesern angekündigt, dass sie um Jesu willen vor „geistlichen" und weltlichen Gerichten stehen werden. Für diese Situation gilt, was Jesus schon in 8,38 angekündigt hat: Der treue Bekenner wird im Eschaton durch den Menschensohn gerettet werden. Auch auf den Hass der Umwelt und auf ein mögliches Martyrium, die in 13,12f den Jesusbekennern vorausgesagt werden, hat Jesus bereits in 8,34ff (vgl. 4,17; 10,29) vorbereitet.

- Im Hinweis der Pseudochristoi und Pseudopropheten, der *Christos* sei hier oder dort, (13,21f) klingt das Messiasbekenntnis des Petrus 8,29 nach. Wie dieses verfrüht war, weil es das Verwerfungsgeschick Jesu nicht einbezog, so verführen jene Parolen dazu, aus der geduldigen Leidensnachfolge auszubrechen und es nicht „*bis zum Ende*" durchstehen zu wollen (13,13).

- In 13,26f wird nach 8,38 erneut eine Aussage über das endzeitliche Kommen des Menschensohnes „*in Macht und Herrlichkeit*" gemacht. War in 8,38 damit eine Drohung verbunden, so jetzt die Verheißung der Sammlung der Auserwählten.

- In 13,30 wird „*dieser Generation*" das Eschaton angekündigt; das ist die Generation der Zeitgenossen Jesu. Damit wird die Nahaussage von 9,1 wiederaufgenommen und verstärkt: Aus der Perspektive der Leser, die ca. 35 Jahre später am Ende der Jesusgeneration leben, ist somit das Eschaton ganz nahe gerückt.

- In 13,31 sagt Jesus an, dass seine Worte ewigen Bestand haben werden; darum sind sie zu achten (vgl. 8,38). Sie sind der Samen, der aufgehen soll (vgl. 4,14ff). Im Evangelium (vgl. 1,14f) liegen sie vor und repräsentieren ihn selbst (vgl. 8,35).

1.3 Worauf die Leserinnen und Leser achten sollen!
Vorverweise/Kommentare/Leerstellen

Vorverweise

Die ganze Rede, die auf die Jüngerfrage nach dem Termin und dem künftigen *Zeichen* des Eschatons antwortet, ist ein einziger Vorverweis auf Ereignisse, die noch ausstehen. Sie liegen allesamt jenseits der im MkEv erzählten Geschichte Jesu, wenn Jesus die Jünger verlassen haben wird, und sie münden ein in seine Wiederkunft als himmlischer Menschensohn (13,26). Es lassen sich bei den Zukunftsereignissen allerdings verschiedene Zeitebenen unterscheiden:

- Jesus kündigt Ereignisse an, die für die angeredeten Jünger Zukunft sind, für die Leser dagegen möglicherweise bereits in der Vergangenheit liegen. Dazu gehören wahrscheinlich die Kriege und Kriegsgerüchte, von denen 13,7 spricht; ebenso die Aufstände, Erdbeben und Hungerkatastrophen von 13,8. Die Leser blicken darauf zurück und können sie durch Jesu Hinweise in den göttlichen Zeitplan einordnen: Diese Ereignisse sind „*noch nicht das Ende*", sondern nur „*der Anfang der Wehen*".

- Auch die universale Weltmission, auf die Jesus in 13,10 vorausweist, dürfte für die Leser längst begonnen haben und in der Gegenwart noch andauern. Sie blicken wohl auf die abgeschlossene Missionsarbeit des Paulus zurück. Auf das Wirken und Schicksal des Paulus und anderer Missionare könnte sich auch 13,9.11 beziehen; aber die eigenen Erfahrungen der Leser in Vergangenheit und Gegenwart könnten ebenfalls angesprochen sein.

- Weiterhin verweist Jesus auf Ereignisse, die für die angeredeten Jünger Zukunft, für die Leser aber Gegenwart sind. Dazu gehört in jedem Fall das in 13,14 in verdeckter Weise geschilderte Geschehen, auf das die Leser ausdrücklich aufmerksam gemacht werden. Es handelt sich offenbar um ein auf Judäa/Jerusalem begrenztes Ereignis, das noch nicht abgeschlossen ist: Seine Auswirkungen – vor allem, wenn sie in den Winter fallen –, werden für die Betroffenen furchtbar sein.

- Auch die warnenden Hinweise auf das Auftreten von Pseudopropheten und Pseudomessiassen in 13,5f.21f dürften die Gegenwart der Leser betreffen. Diese werden durch Parolen und Prophezeiungen verunsichert, nach denen sich das endzeitliche Kommen des Messias/Menschensohnes jetzt und an bestimmten Orten ereignen soll.

- Schließlich weist Jesus auf Ereignisse voraus, die für Jünger und Leser zur Gänze in der Zukunft liegen, nämlich die kosmischen Erschütterungen und das endzeitliche Kommen des Menschensohnes (13,24f.26f). Erst sie werden „*das Ende*" (vgl. 13,8.13) bringen, und alle anderen Fakten, auf die Jesus verwiesen hat, haben mit dem Eschaton nur insofern zu tun, als sie darauf hinführen und mit seinem Eintreffen selbst zu Ende sein werden.

Analyse

Kommentare

- Da das ganze Kapitel fast ausschließlich aus einer Rede Jesu besteht, sind Autorkommentare eigentlich nicht zu erwarten. Und doch findet sich einer in 13,14, wenn man das Sätzchen „*Wer es liest, der merke auf!*" als eine Parenthese versteht, mit der sich der Autor in die Rede Jesu einmischt. Unwahrscheinlich ist jedenfalls, dass Jesus sich selbst hier an die Leser seiner Rede wendet. Der Autor macht die Leser seiner Schrift an dieser Stelle besonders aufmerksam. Sie sollen Jesu rätselhafte Ankündigung auf Ereignisse ihrer Gegenwart beziehen.
- Im übrigen finden wir in der Rede zahlreiche Kommentare Jesu, die den eschatologischen Terminplan betreffen, nach dem die Jünger in 13,4 gefragt haben. In 13,7f stellt er fest, dass Kriege und Katastrophen „*noch nicht das Ende*", sondern lediglich „*der Anfang der Wehen*" sind. In 13,10 weist er kommentierend darauf hin, dass *zuerst* (vor dem Ende) das Evangelium in der ganzen Welt verkündet werden muss. In 13,20 kommentiert er, dass die mit den Geschehnissen in Judäa/Jerusalem verbundene Notzeit von Gott abgekürzt wird, also nicht unmittelbar in das Eschaton einmündet (vgl. 13,24: „*nach jener Drangsal*").
- Besondere Bedeutung haben Jesu kommentierende Feststellungen 13,30.32: Sie halten einerseits an der Nähe des Eschatons fest, das noch in dieser Generation eintreten wird, weisen aber andererseits jedes sichere Wissen um seinen Termin zurück.

1.4 Duktus/Gliederung

Die apokalyptische Rede Jesu antwortet auf zwei Fragen, die von den vier Jüngern (im Namen der Leser) gestellt werden. Sie beziehen sich auf den Termin der Tempelzerstörung und das *Zeichen* für Anbruch und Vollendung der Endzeit. Die Jünger setzen freilich voraus, dass auch die Tempelzerstörung Teil der Endzeit sein wird, und insofern fragen sie auch nach dem Termin des Eschatons. Diese Fragen werden in Jesu Rede differenziert abgearbeitet.

Es lassen sich in ihr verschiedene Bauelemente ausmachen, die sich zum Teil ergänzen und aufeinander aufbauen und so eine Geschehensabfolge in Etappen anzeigen:

- Dreimal ruft Jesus zu besonderer Achtsamkeit auf: βλέπετε (13,5.9.23). Der erste Aufruf (13,5) warnt vor apokalyptischer Verführung, der letzte (13,23) mahnt, sich einzig auf Jesu Prophetie zu verlassen. Die mittlere Mahnung (13,9) verweist die Hörer/Leser auf sich selbst und ihr Geschick, das es geduldig zu bestehen gilt.
- Zweimal verweist Jesus auf christliche Verführer und Falschpropheten, die mit ihren Parolen und Prophezeiungen für Verwirrung sorgen könnten (13,6.21f). Wer sich allerdings an Jesu Weisung hält, wie die Rede sie bietet, ist immun gegen solche Verführung. Die beiden Hinweise ergänzen sich, handeln sie doch wohl vom selben Phänomen. Jesus greift in 13,21ff seine Anfangswarnung (13,5f) wieder auf und vertieft sie. Damit kommt eine ringförmige Anordnung des ersten Teils seiner Rede in den Blick.

- Zwei Redeteile werden charakteristisch eingeleitet: ὅταν δὲ ἀκούσητε (13,7f); ὅταν δὲ ἴδητε (13,14-20). Im ersten Fall wird auf Kriege, Aufstände und Katastrophen verwiesen, von denen die Leser aber offenbar nicht direkt betroffen sind. Sie hören davon und sollen wissen, dass sie nicht das *Zeichen* für das *Ende* sind, obwohl sie eschatologische Bedeutung haben: Sie sind der „*Anfang der Wehen*". Im zweiten Fall sind die Leser näher am betreffenden Ereignis; sie können es beobachten (ἴδητε). Aber direkt betroffen sind doch nur „*die in Judäa*", und die folgenden Anweisungen gelten nur ihnen und keineswegs allen Lesern. Freilich haben auch diese Ereignisse eschatologische Bedeutung, bringen sie doch eine nie dagewesene und nie mehr folgende Bedrängnis mit sich. Aber sie sind nicht das Ende, sondern gehen vorüber (13,20). Somit ist auch das hier geschilderte Geschehen nicht das *Zeichen* für das Eschaton.
- Wieder ist eine gewisse Symmetrie zu beobachten. Wie sich die Mahnungen Jesu in 13,5f und 13,21-23 entsprechen, so auch die Voraussagen 13,7f und 13,14-20. In der Mitte dieser korrespondierenden Redeteile steht der Abschnitt 13,9-13, der die Hörer/Leser auf sich selbst und ihr Geschick verweist. Er wird wie 13,5f mit βλέπετε eingeleitet (13,9) und wie 13,7.14 mit einem ὅταν-Satz fortgesetzt (13,11). Von den hier prophezeiten Tatbeständen sind die Leser wirklich betroffen; sie erleben Verfolgung und Hass, ja das Martyrium am eigenen Leib. Aber auch diese Ereignisse sind nicht das *Zeichen* für das Ende, vielmehr müssen sie „*bis zum Ende*" durchgehalten werden.

Durch diese strukturalen Entsprechungen erweist sich der Abschnitt 13,5-23 als ein erster Teil der Rede Jesu. Er hat folgenden Aufbau:

13,5-6 Redeeröffnung: βλέπετε – Warnung vor Verführern

13,7-8 ὅταν δὲ ἀκούσητε... Der *Anfang* der endzeitlichen Ereignisse, nicht das Ende!

13,9-13 βλέπετε... ὅταν ... Das negative Geschick der Leser; Verheißung

13,14-20 ὅταν δὲ ἴδητε Die nie dagewesene Drangsal. Sie geht aber zu Ende, also ist sie nicht das Ende.

13,21-23 Warnung vor Verführern – Abschluss: βλέπετε...

Analyse

Dieser Teil bietet eine in sich gerundete erste Antwort auf die Jüngerfrage 13,4 in einem negativ abgrenzenden Sinne: Alle geschilderten Ereignisse, die nach innerer Notwendigkeit ablaufen (vgl. 13,7: δεῖ γενέσθαι; 13,10: πρῶτον δεῖ), wobei ein Eingriff Gottes durchaus möglich bleibt (vgl. 13,20), und die für die Betroffenen eine nie dagewesene Notzeit mit sich bringen, setzen gleichwohl das *Ende* (vgl. 13,7.13) nicht aus sich heraus frei. Mit ihrem Eintreten ist über den genauen Zeitpunkt des Eschatons noch nichts gesagt, wenn sie auch als „*Anfang der Wehen*" mit dem Eschaton verbunden, insofern eschatologische Ereignisse sind und Verführer sie als die Eröffnung des Eschatons ausgeben. Auf die Frage nach dem Termin des Eschatons und nach dem *Zeichen* hat Jesus bis hierher nur negativ geantwortet.

Das wird in Abschnitt 13,24-27 anders. Jetzt beantwortet Jesus beide Fragen positiv: Das Eschaton kommt erst „*nach jener Drangsal*", die in 13,14-20 beschrieben wurde. Doch wann ist das? Das *Zeichen* aber wird eine unübersehbare kosmische Erschütterung sein, die von allen Lesern, wo immer sie sich befinden, wahrgenommen wird. Niemand muss dazu irgendwohin gehen, wie Verführer glauben machen (vgl. 13,21). Der Abschnitt 13,24-27 ist somit die eigentliche Antwort auf die Frage der Jünger: Nicht die in 13,5-23 angekündigten geschichtlichen und begrenzten Ereignisse sind die Eröffnung des Eschatons und das *Zeichen* dafür, sondern (ἀλλά) die kosmischen Erschütterungen, denen das allen sichtbare Kommen des Menschensohnes folgen wird.

Ist die Frage des *Zeichens* mit 13,24-26 beantwortet, so noch nicht ausreichend die Frage des Termins. Um ihn geht es in einem lehrhaften (μάθητε) weiteren Abschnitt der Rede Jesu (13,28-37). Er wiederholt Sprachstrukturen aus dem ersten Teil, indem er mit dem ὅταν-Satz von 13,28 die dort vorausgesagten Ereignisse aufnimmt und mit der durch βλέπετε eingeleiteten Mahnung 13,33 paränetische Konsequenzen zieht.

Dieser Abschnitt der apokalyptischen Rede Jesu hat in sich drei Teile:
- Der erste Teil (13,28f) hält fest, was die Jünger/Leser hinsichtlich des Termins aus dem Erfahrenen lernen (γινώσκετε: 13,28.29) können: „*Er steht nahe vor der Tür!*"
- Der zweite Teil (13,30-32) präzisiert zunächst die Nähe des Eschatons: noch in dieser Generation (13,30). Sodann bekräftigt er Jesu Ankündigung als gültiges Wort (13,31), um dann überraschend jede Spekulation über Tag und Stunde definitiv abzuwehren: Außer Gott kennt niemand den genauen Termin (13,32).
- Der dritte Teil sagt an, was die Leser nicht wissen können (οὐκ οἴδατε) und zieht aus beiden vorausgehenden die Konsequenzen: Wenn das Eschaton unmittelbar nahe ist, sein genauer Termin aber unbekannt, dann gilt es, *wachsam* zu sein. Einzig die Haltung des Wachens entspricht der eschatologischen Situation der angesprochenen „Ihr", nämlich der Leser. Mit dem entsprechenden Schlussappell an *alle*, also die Leser, endet die Rede Jesu (13,37). Die Frage nach dem genauen Termin bleibt offen, und doch wird das Eschaton noch für diese Generation angekündigt.

Gesamtaufbau der Rede Jesu

> **13,3-4 Exposition:**
> *auf dem Ölberg – gegenüber dem Tempel*
> Jüngerfrage nach Termin der Tempelzerstörung (vgl. 13,2)
> und dem *Zeichen* des vollendeten Eschatons

> **13,5-23 Negative Antwort:**
> Was alles nicht *Zeichen* für die Vollendung des Eschatons ist und daher für seinen Termin nichts hergibt.

> **13,24-27 Positive Antwort:**
> Das *Zeichen* für die Vollendung und die eschatologische Rettung.
> Doch Termin bleibt offen: *„nach dieser Drangsal"*

> **13,28-37 Dialektische Antwort auf Terminfrage:**
> *„Nahe vor der Tür"*, aber Tag und Stunde bleiben geheim.
> Schlussfolgerung für alle: Wachsamkeit

2. Auslegung

2.1 Die Exposition: Mk 13,3-4

> *13 ³Und als er sich auf dem Ölberg niedersetzte, dem Tempel gegenüber, fragten ihn für sich allein Petrus und Jakobus und Johannes und Andreas:*
> *⁴ "Sage uns, wann wird das sein?*
> *Und was wird das Zeichen sein, wann das alles vollendet werden wird?"*

Die Szenerie hat gewechselt. Jesus befindet sich jetzt nicht mehr im Tempel, sondern auf dem *Ölberg*, der zwischen Bethanien und Jerusalem liegt (vgl. 11,1). Es ist also wie in 11,11.19 ein Verlassen der Stadt in Richtung Bethanien (vgl. 14,3) angedeutet. Auf dem Ölberg lässt sich Jesus nieder und blickt auf Stadt und Tempel herab (κατέναντι τοῦ ἱεροῦ). Dieser dargestellten Szenerie entsprechen die Jüngerfrage und Teile der Antwort Jesu, die das künftige Geschick von Stadt und Tempel zum Thema haben (vgl. 13,4.14ff) und sich auf Jesu Ankündigung der Zerstörung des Tempels in 13,2 zurückbeziehen. Auch die Tempelaktion Jesu 11,15-17 und die symbolische Gerichtsszene 11,12-14.20f müssen noch einmal bedacht werden: Eine abschließende Reaktion Jesu auf beides steht für die Leser noch aus. Die ganze Szenerie muss somit als hochsymbolisch angesehen werden:

Auslegung

Der auf dem Ölberg – Tempel und Stadt gegenüber – Sitzende ist kein anderer als der in Kürze zum Gericht (vgl. 8,38) und zur Vollendung von allem kommende Menschensohn.

Die Künstlichkeit und damit Bedeutsamkeit der Eröffnungsszene wird auch dadurch unterstrichen, dass nur vier der *Zwölf* die Frage nach Termin und *Zeichen* von Tempelzerstörung und endzeitlicher Vollendung an Jesus richten. Von 13,1f her, wo ein ungenannter Jünger das Wort Jesu über den Tempel ausgelöst hatte, muss doch angenommen werden, dass alle Jünger Zeugen des Tempelwortes waren. Somit stellt sich die Frage, warum der Autor nur und ausgerechnet die vier Jünger die Leitfragen des Folgenden nach dem *Wann* und dem *Zeichen* stellen lässt. Will er den Lesern ein bestimmtes Signal geben? Die vier genannten Jünger sind die erstberufenen (vgl. 1,16-20) und vertrautesten Jünger Jesu (vgl. 1,29ff.36; 5,37; 9,2). Nur sie fragen und erhalten Antwort, die übrigen Jünger sind anscheinend ausgeblendet. Und doch gilt Jesu Rede und vor allem seine Mahnung am Ende ausdrücklich *allen* (13,37)! Die Künstlichkeit der Szene ist nicht zu überbieten, spricht doch der erste Satz von 13,37: „*Was ich euch sage...*" eindeutig die vier Jünger an. Wenn nun der zweite Satz: „*Das sage ich allen...*" auch die übrigen Jünger ansprechen soll, warum hat dann der Erzähler diese nicht schon in 13,3f als Hörer Jesu eingeführt? Die Leser sollen annehmen, dass die Rede Jesu gar nicht für die Jünger bestimmt ist, sie im Grunde nicht betrifft und somit nichts angeht und in den *Allen* von 13,37b gerade nicht die übrigen Jünger, sondern die Leser angesprochen sind. Der geschichtliche Jesus redet als der kommende Menschensohn die Leser an und deutet ihnen ihre Gegenwart und Zukunft. Die vier Jünger, die „realen" Hörer der Rede, sind lediglich das Medium. Durch ihre Vermittlung blieb die vergangene Stimme Jesu für die Leser des MkEv erhalten und kann jetzt im Buch ertönen (vgl. 13,31).

Die Einleitung der Frage, die die vier Jünger an Jesus richten, entspricht der feierlich-symbolischen Szenerie: „*Sage uns...*". Sie stellen zwei Fragen, die für sie scheinbar zusammenhängen, von Jesus dann aber sorgfältig unterschieden werden. Die erste Frage bezieht sich auf den Termin der Tempelzerstörung: „*Wann wird das (ταῦτα) sein?*" Damit greifen die Jünger auf 13,2 zurück: Jesus hatte eine vollständige Zerstörung des Tempels angekündigt, ohne einen Zeitpunkt zu nennen oder das Ereignis geschichtlich einzuordnen.

Mit ihrer Frage zielen die Jünger auf solche Einordnung, aber doch in einem spezifischen Sinn. Sie fragen nicht einfachhin nach einem Datum der künftigen Zeitgeschichte, an dem der Jerusalemer Tempel zerstört sein wird, sondern – wie ihre zweite Frage anzeigt – nach dem Datum des Eschatons. Die zweite Frage zielt nämlich darauf, an welchem *Zeichen* erkennbar ist, „*wann das alles (ταῦτα... πάντα) vollendet sein wird*". Ταῦτα... πάντα meint mehr als nur die Tempelzerstörung, aber diese eben auch. Die Jünger haben Jesu Ankündigung der vollständigen Tempelzerstörung als Ansage eines Teilaspektes des Eschatons verstanden, und sehr wahrscheinlich bestand auch für die ersten Leser ein solcher Zusammenhang oder besteht zur Zeit der ersten Lesung des Buches immer noch.

Die Doppelfrage der vier Jünger, die im Text als Vertreter der Leser agieren – die Leser wissen, dass zumindest Petrus, Jakobus und Johannes (vgl. 10,39) längst vor Eintritt des Eschatons den Märtyrertod gestorben sind –, zielt also auf ein sicheres Wissen über Termin und Zeitplan sowie *Zeichen* der endzeitlichen Ereignisse. Jünger und Leser, insofern sie die Jüngerfrage teilen, offenbaren damit, dass sie vom „*Sauerteig der Pharisäer*" infiziert sind (vgl. 8,15), deren Frage nach einem „*Zeichen vom Himmel*" Jesus in 8,11f strikt zurückgewiesen hatte. Dass die Pharisäer mit ihrer Forderung nicht allein stehen, hatte die Antwort Jesu dort auch gezeigt: Sie richtete sich gegen „*dieses Geschlecht*" (vgl. 13,30). Eigentlich müssten die aufmerksamen Leser diese Verbindung der Doppelfrage 13,4 zu 8,11f herstellen. Sollen sie sich erschrocken von ihr distanzieren? Immerhin wird die Jünger- und Leserfrage von Jesus nicht wie in 8,12 empört zurückgewiesen, sondern ausführlich und differenziert beantwortet. Damit ist vorausgesetzt, dass Jünger und Leser aus einer anderen Haltung heraus Jesus befragen, als es die Pharisäer taten (vgl. 8,11: „*um ihn zu versuchen*"). Die Jünger wenden sich an ihn als ihren einzigen *Lehrer* (vgl. 13,1), der sie in die eschatologischen Ereignisse einweisen kann.

2.2 Jesu negative Antwort: 13,5-23

⁵Jesus aber hub an und sagte zu ihnen:
„Gebt acht, dass euch niemand in die Irre führt!
⁶Viele werden in meinem Namen kommen
und sagen: Ich bin es! und werden viele in die Irre führen.
⁷Wenn ihr dann von Kriegen hört oder von Kriegsgerüchten,
erschreckt nicht! Das muss geschehen, ist aber noch nicht das Ende.
⁸Es werden sich nämlich Volk gegen Volk und Reich gegen Reich erheben,
Erdbeben werden sein an verschiedenen Orten,
Hungersnöte werden sein. Das ist erst der Anfang der Wehen!
⁹Gebt aber acht auf euch selbst!

Sie werden euch an die Synedrien ausliefern,
und in Synagogen werdet ihr die Prügelstrafe erleiden
und vor Statthaltern und Königen werdet ihr stehen um meinetwillen,
ihnen zum Zeugnis.
¹⁰Doch muss zuerst bei allen Völkern das Evangelium verkündet werden.
¹¹Und wenn sie euch dann zur Auslieferung vorführen,
so sorgt euch nicht, was ihr sagen sollt,
nicht ihr seid nämlich diejenigen, die reden, sondern der Heilige Geist.
¹²Und es wird ein Bruder den Bruder dem Tod ausliefern
und ein Vater sein Kind,
und Kinder werden aufstehen gegen ihre Eltern und sie töten.
¹³Und ihr werdet von allen gehasst werden um meines Namens willen.
Wer aber ausharrt bis zum Ende, der wird gerettet werden.
¹⁴Wenn ihr dann aber den 'Gräuel der Verwüstung' stehen seht,

Auslegung

wo er nicht sein darf – der Leser merke auf! –,
dann sollen die in Judäa Wohnenden in die Berge fliehen.
¹⁵Wer aber auf dem Dach ist, steige nicht herab und gehe nicht hinein,
um etwas aus seinem Haus herauszuholen,
¹⁶und wer draußen auf dem Feld ist, kehre nicht zurück,
um seinen Mantel zu nehmen.
¹⁷Wehe aber den Schwangeren und Stillenden in jenen Tagen!
¹⁸Und betet ja, dass es nicht im Winter geschieht.
¹⁹Denn jene Tage werden eine solche Drangsal sein,
wie sie nicht gewesen seit Anfang der Schöpfung, die Gott geschaffen hat,
bis jetzt, und wie sie nie mehr sein wird.
²⁰Und wenn der Herr nicht die Tage verkürzt hätte,
so würde kein Mensch gerettet werden.
Doch um der Auserwählten willen, die er auserwählte,
hat er die Tage verkürzt.
²¹Und wenn dann einer zu euch sagt:
'Siehe, hier ist der Christus! Siehe, dort!' Glaubt es nicht!
²²Es werden nämlich Pseudochristusse und Pseudopropheten aufstehen,
und sie werden Zeichen und Wunder tun,
um, wenn möglich, die Auserwählten zu verführen.
²³Ihr aber, habt acht! Ich habe euch alles vorausgesagt.

2.2.1 Warnung vor Verführung: 13,5-6

Jesus beginnt seine Rede mit einem Warnruf. Zum erstenmal ertönt hier das βλέπετε (vgl. 13,9.23.33), mit dem die Leser zu richtigem Verhalten in eschatologischer Zeit aufgerufen werden: Sie sollen sich vor Verführung hüten. Diese Warnung wird in 13,21-23 wieder aufgenommen und damit ihre Dringlichkeit unterstrichen. Verführung ist das Kennzeichen der Zeit der Leser. Offenbar fehlt ihnen deutliche Orientierung und autoritative Weisung. Schon in 13,5f klingt an, dass beides allein in den Worten Jesu zu finden ist, wie sie im MkEv durch Vermittlung der vier hervorragenden Jünger aufgeschrieben sind. Später wird Jesus in 13,23 zusammenfassend feststellen: Er hat in seiner Rede 13,5-23 *alles* vorausgesagt, was die Leser zur Bewältigung der Situation wissen müssen. Alles, was über die Voraussage Jesu hinausgeht, ist Verführung.

Jesus warnt vor *vielen*, die in seinem Namen *kommen* und in der Tat „*viele verführen*" werden. Damit kann nur auf christliche Propheten verwiesen sein, die unter den Christen mit dem, was sie sagen, Verwirrung stiften. Undenkbar scheint, dass hier auf die bei Flavius Josephus erwähnten Messiasprätendenten der Zeit vor dem Jüdischen Krieg verwiesen ist, von denen ja schwerlich gesagt werden kann, sie kämen in Jesu Namen. Aber können christliche Propheten im Namen Jesu sagen: „*Ich bin es*" und sich damit für Jesus ausgeben? Man muss wohl zwei Dinge bedenken: 1. Die Warnungen 13,6 und 13,21f interpretieren sich gegenseitig. 2. In 13,6 ist anders als in 13,21 eine örtliche Ankunft Jesu nicht vorausgesetzt. Die Identifikationsformel „*Ich bin es*" im Munde christlicher Propheten könnte lediglich den Anspruch zum Ausdruck bringen, dass durch den Propheten der erhöhte Jesus redet und (eschatologische) Weisungen erteilt, wann und wo die Parusie stattfinden wird und was die Christen tun müssen, um daran teilzunehmen (vgl. 13,21f).

Jesus setzt voraus, dass solche angebliche „Jesusrede" tatsächlich unter den Lesern Wirkung erzielt hat und weiterhin erzielen könnte: Viele sind verführt worden! Den Lesern muss klar sein, woran Jesus/der Autor denkt. Es könnte sich um eschatologische Parolen und Weisungen handeln, über deren Verbindlichkeit sie bisher im Zweifel waren. Auch sie sind von den „Jesusworten" der christlichen Propheten fasziniert. Nun wird ihnen durch die von den autorisierten Zeugen überlieferte „echte" Jesusrede jeder Zweifel genommen: Jesus hat den Jüngern *alles*, was sie wissen müssen, vorausgesagt. Jede „Jesusrede", die darüber hinausgeht – und erscheint sie noch so geistgewirkt und authentisch –, ist falsch und deshalb Verführung.

2.2.2 Der „Anfang der Wehen": 13,7-8

Jesus spricht jetzt Ereignisse an, die offenbar von vielen Zeitgenossen der Leser und vielleicht auch von den zuvor in 13,5f erwähnten Propheten mit der eschatologischen Wende in Verbindung gebracht wurden. Es handelt sich um Kriege, von denen die Leser aber nicht selbst betroffen sind; sie *hören* nur davon, dass sie stattfinden, oder es gibt schwer oder gar nicht nachprüfbare Gerüchte. Die Leser sind jedenfalls nicht unmittelbar bedroht, doch auch bei ihnen herrscht „Weltuntergangsstimmung".

An welche geschichtlichen Ereignisse denkt Jesus/der Autor? Da erst in 13,14ff der in der Belagerung und Einnahme Jerusalems und des Tempels mündende Jüdische Krieg angesprochen wird, können in 13,7f höchstens die zum Jüdischen Krieg führenden Vorgefechte gemeint sein, vielleicht auch der überaus blutige Bürgerkrieg in Rom nach Neros Tod (9.6.68 n.Chr.), der Aufstand der Bataver und anderer germanischer Stämme, Unruhen in Britannien, in Afrika, an der Donau und anderswo. Nach Neros Tod herrschten im römischen Reich chaotische Zustände. Sie ließen die pessimistische Einschätzung zu, dass sich *„Volk gegen Volk, Königtum gegen Königtum"* erheben würden. Erdbeben und Hungersnöte waren im Mittelmeerraum ohnehin häufig. Wir finden in den antiken Zeugnissen Hinweise auf Erdbeben in Italien im Jahr 68 n.Chr. und Nachrichten über Hungersnöte in Rom gegen Ende der Herrschaft Neros.

Jesus betont, dass sich die Leser von den Kriegsnachrichten und -gerüchten nicht erschrecken lassen sollen. Ihre Angst bezieht sich wohl nicht so sehr darauf, ins Kriegsgeschehen und seine Folgen hineingezogen zu werden, als vielmehr auf das mit diesen Kriegen sich ankündigende Eschaton. Diese Angst ist unbegründet, sagt Jesus/der Autor, denn Kriege gehören zwar zum eschatologischen Szenarium (*„es muss geschehen"*), aber mit ihnen ist das Ende noch nicht da. Zusammen mit den anderen Katastrophen bilden sie im Zeitplan des Eschatons (lediglich) den *„Anfang der Wehen"*.

Auslegung

2.2.3 Das Geschick der Leser: 13,9-13

Die Paränese 13,9-13 bildet den Mittelteil der ersten, negativen Antwort Jesu auf die Jüngerfrage. Sie bezieht sich auf Ereignisse, die nicht nur durch Hörensagen bekannt werden (vgl. 13,7) oder allein die Bewohner von Judäa betreffen (vgl. 13,14), sondern die die Leser am eigenen Leibe erfahren werden. Auch diese Ereignisse sind nicht selbst das Ende, sondern sie dauern „*bis zum Ende*" und müssen bis dahin geduldig ertragen werden (13,13). In ihnen bewähren sich die Auserwählten vor dem Ende. Auf diesem Mittelabschnitt liegt das größte Gewicht: Was hier von Jesus angekündigt und eingefordert wird, geht die Leser wirklich an.

Wie in 13,5 beginnt Jesus mit einer ausdrücklichen Mahnung: βλέπετε. Diesmal warnt Jesus nicht vor einer Überbewertung der angekündigten Ereignisse (Verführung), sondern davor, ihnen in falscher Haltung zu begegnen: „*Gebt aber acht auf euch selbst!*" Die Leser können ihnen nicht ausweichen, denn Verhöre, Martyrium und Hass trifft sie ja um Jesu willen (13,9: ἕνεκεν ἐμοῦ; 13,13: διὰ τὸ ὄνομά μου). Sie sind typisches Jüngergeschick (vgl. 8,34f). Jesus will nicht sagen, dass ein solches Schicksal die Leser treffen *kann*, sondern dass sie es erleiden müssen – mehr oder weniger. Alles kommt darauf an, in welcher Haltung sie die Situation bestehen.

Angekündigt wird ihnen, dass sie sich wegen ihres Bekenntnisses zu Jesus vor jüdischen und heidnischen Gerichten zu verantworten haben. Ihnen geschieht, was Jesus zugestoßen ist (vgl. 8,31; 9,31; 10,33; 14,55ff; 15,1ff). Wenn Jesus bzw. der Autor damit rechnet, dass auch die Leser noch vor jüdische Gerichte gezerrt und mit der Synagogenstrafe der Auspeitschung bestraft werden, müssen sie mehrheitlich Judenchristen sein, und die jüdischen Gemeinden beanspruchen über sie eine geistliche Jurisdiktion. Worum es in den Auseinandersetzungen geht, dürfte klar sein: um Person und Anspruch Jesu (vgl. 8,38; 14,61f). Die Leser bekennen ihn als den Messias und Sohn Gottes, der als Menschensohn/Richter wiederkommen und die Basileia Gottes herbeibringen wird. Wenn sie vor den Gerichten standhaft bei diesem Bekenntnis bleiben (vgl. 8,38), sind sie Jesu Zeugen, und ihr Zeugnis wird ihre Richter entweder überzeugen oder sich gegen diese auswirken.

Der Hinweis auf die Weltmission (13,10), der den Zusammenhang von 13,9 und 13,11 unterbricht, greift die Zweckbestimmung „*ihnen zum Zeugnis*" im positiven Sinn auf: Zweck der Jüngerexistenz in der Welt ist, das Evangelium zu verkünden und leibhaftig Zeugnis von Jesus als dem Christus abzulegen, und zwar „*bei allen Völkern*", was auf der Ebene der Darstellung eine längere Zeitspanne bis zum Ende voraussetzt. Diese muss erst vergangen sein, bevor das Eschaton kommt. Für die Leser allerdings, die auf die weltweite Mission des Paulus und anderer Missionare zurückblicken, bedeutet Jesu Ankündigung, dass der Zeitpunkt des Endes nun ganz nahe gerückt ist. Nur besagt das nicht, dass sie vor der in 13,9.11 angekündigten Gerichts- und Bekenntnissituation bewahrt bleiben. Wann das Ende allerdings kommt, können sie auch der Zwischenbemerkung 13,10 nicht entnehmen und müssen damit rechnen, dass sie ebenfalls – wie andere

Missionare und Bekenner vor ihnen – Züchtigung und Gerichtsverfahren um Jesu willen erleiden müssen. Sie sollen sich darauf einstellen, mit Leib und Leben Zeugnis für Jesus abzulegen.

Doch brauchen sie sich in dieser Situation keine Sorgen zu machen. Auf ihre eigenen rhetorischen Fähigkeiten zur Verteidigung wird es nicht ankommen. Jesus sichert den Lesern zu, die als Bekenner vor ein Gericht geschleppt werden, dass sie „*in jener Stunde*" zu Propheten werden, durch deren Mund der Heilige Geist spricht. Die Wirksamkeit ihres Zeugnisses hängt nicht von ihnen ab, sondern Gott selbst macht durch sie sein Evangelium kund. Indem sie sich vor den Menschen getreu zu Jesus bekennen, treten sie in seine Nachfolge ein und übernehmen seine Rolle. Ihre scheinbare Niederlage als Angeklagte und Vorgeführte ist in Wirklichkeit die höchste Form des Zeugnisses für Gottes Evangelium.

In 13,12 kündigt Jesus den Lesern an, dass ihre Jüngerschaft sie in ihren sozialen Bindungen isolieren wird. Sie werden von Eltern und Geschwistern abgelehnt werden, ja mit dem Tod bedroht sein. Jünger sind Außenseiter, die Konventionen zerbrechen. Um Jesu willen verlassen sie *alles* (vgl. 1,16-20; 10,28ff): alte Familienbande, die traditionelle Religion und die „gute Sitte". Darum droht ihnen die Ächtung durch die Gesellschaft, die selbst vor geheiligten Banden nicht halt macht. So kommt es, dass ein Vater sein „widerspenstiges" Kind in den Tod schickt oder Kinder ihre „verrückten" Eltern denunzieren und dem Martyrium ausliefern. Was Jesus selbst von seiner Familie erfahren musste (vgl. 3,20f), droht auch den Lesern. Sie werden „*von allen*", von ihrer ganzen Umwelt gehasst werden, weil sie sich zu Jesus bekennen. Ihre jüdischen wie auch ihre heidnischen Mitbürger werden sie ablehnen. Jesus/der Autor kündigt keinen Siegeszug des Evangeliums in der Welt an. Die Jünger werden nicht die tragende Schicht der Gesellschaft sein, sondern er rechnet mit ihrem Scheitern. Von aller Welt gehasst, verurteilt und gerichtet, werden die Jünger/Leser ohne Anerkennung, Rechtsschutz, Privilegien und Sympathie sein. Von Menschenrechten und Religionsfreiheit ist noch keine Rede. Verständlich, dass manche Christen diesem Druck nicht standhielten, solche Konsequenzen nicht tragen wollten (vgl. 4,17) und das Bekenntnis zu Jesus widerriefen (vgl. 8,38), um der Ächtung oder gar dem Martyrium zu entgehen. Um so dringlicher ergeht Jesu Mahnung: „*Wer ausharrt bis zum Ende, der wird gerettet werden*" (13,13).

Worin besteht das *Ende*? Ist es das glorreiche Kommen des Menschensohnes, dessen Erleben den treuen Jesusbekennern hier verheißen wird? Fügt sich damit der Vers in die schon beobachtete Naherwartung im MkEv ein? Oder kann das Ende auch das „bittere Ende" meinen, den Märtyrertod. Wenn die Leser ihr Maß an Jesus nehmen, ist letzteres jedenfalls nicht ausgeschlossen (vgl. 15,34): „*Wer sein Leben um meinetwillen... verliert, wird es gewinnen*" (8,35).

2.2.4 Die nie dagewesene Drangsal: 13,14-20

Jesus wendet sich wieder äußeren Ereignissen zu, die auf der Zeitschiene nach denen von 13,7f anzusetzen sind (ὅταν... ὅταν). Sie ereignen sich näher bei den Lesern; diese können sie *sehen*. Aber die Leser sind offenbar nicht direkt von

Auslegung

ihnen betroffen, zumindest nicht alle, sondern nur „*die in Judäa*". Damit dürfte das angekündigte dramatische Geschehen in Judäa zu lokalisieren sein.

Es wird geheimnisvoll „*Gräuel der Verwüstung*" genannt, ein Ausdruck, den die Leser aus dem Buch Daniel (9,27; 11,31; 12,11) kennen konnten; dort wird damit die Entweihung des Tempels durch eine bauliche Veränderung des Brandopferaltars bezeichnet. Von daher liegt es nahe, den Ausdruck auch hier auf ein Geschehen im Tempel zu beziehen. Darauf weist auch der Nachsatz hin, dass der Gräuel dort steht, „*wo er nicht stehen darf*": an geweihtem, heiligem Ort.

Die ersten Leser konnten vielleicht ohne weiteres identifizieren, was der „*Gräuel der Verwüstung*" ist, wir heutigen können es nicht. Oft wird an das römische Heerlager gedacht, das ab 69 n.Chr. Jerusalem eingeschlossen hatte. Oder der *Gräuel* wird mit dem Eindringen der Römer in den Tempel und dessen Zerstörung im Jahr 70 n.Chr. gleichgesetzt. Beide Ereignisse gehören aber zur Endphase des Jüdischen Krieges in Jerusalem, und die Aufforderung an die Bewohner Judäas zur raschen Flucht macht in diesem Fall keinen rechten Sinn mehr. Der Aufmarsch der Legionen durch Judäa auf Jerusalem zu mit all seinen kriegsbedingten Gräueln und Nöten für die Zivilbevölkerung liegt dann bereits weit zurück. Eher verständlich wäre eine Aufforderung an die Bewohner Jerusalems, die Stadt doch noch rechtzeitig zu verlassen.

Wenn man hingegen den „*Gräuel der Verwüstung*" gar nicht auf die römische Militärmaschinerie, sondern auf die ab 65/66 n.Chr. im Tempel errichtete Schreckensherrschaft der Zeloten bezieht, die mit Mord und Totschlag untereinander, gegen den amtierenden Hohenpriester und gegen die römische Kohorte einherging, dann macht die Aufforderung zur Flucht Sinn. Denn ab diesem Zeitpunkt waren die Römer endgültig zur militärischen Niederschlagung des jüdischen Aufstandes entschlossen, und die zwölfte Legion unter dem syrischen Legaten Cestius Gallus bewegte sich von Antiochien aus an der Küste entlang und dann durch Judäa auf Jerusalem zu. Es war dies eine Zeit erregter eschatologischer Erwartungen, in der auch die urchristliche Gemeinde die Stadt Jerusalem aufgrund eines Prophetenwortes verlassen hatte. Mit einer Belagerung Jerusalems und der Zerstörung des Tempels musste gerechnet werden, aber zugleich knüpften Juden und Christen daran die Erwartung des Weltendes und der Ankunft von Gottes Reich.

Solche Erwartung wird jedoch im folgenden durch Jesus bzw. den Autor nicht unterstützt. Zwar werden die Leser ausdrücklich zur Aufmerksamkeit aufgerufen: „*Wer es liest, merke auf!*" Sie sollen in dem apokalyptischen Ausdruck „*Gräuel der Verwüstung*" die zeitgeschichtlichen Ereignisse wiedererkennen. Aber eine Reaktion darauf wird von ihnen nicht gefordert. Wer weit genug entfernt wohnt und den sich abzeichnenden Krieg aus gehörigem Sicherheitsabstand beobachten kann, für den ergeben sich keinerlei eschatologische Konsequenzen. Also dürften die Leser dort zu Hause sein, wo man den Heereszug in Richtung Jerusalem zwar beobachten kann, aber nicht von ihm bedroht ist. Das ist anders für die Bewohner Judäas. Ihre Region wird zum Aufmarschgebiet für das Militär, das alle Zugangswege nach Jerusalem kontrolliert. Wer in dieser Krisenzone wohnt, ist aufs höchste gefährdet und soll eilig fliehen. Die beschwerliche Flucht im unwegsamen Bergland von Judäa wird den Schwangeren naturgemäß am schwersten fallen. Ein Wintereinbruch mit kalten Nächten, Regen oder gar Schnee würde alle Mühsal noch verschlimmern; aus 13,18 wird erkennbar, dass noch nicht absehbar ist, wie sich die Ereignisse entwickeln werden. Jedenfalls erwartet Jesus/der Autor für die Betroffenen eine noch nie da gewesene Drangsal. Und doch ist diese Notzeit nicht das Eschaton, sondern es folgt noch eine Zeit *danach*, in der solche Drangsal *„nicht mehr sein wird"* (13,19). Auch wird die Kriegszeit mit ihren grauenhaften Umständen von Gott um seiner Auserwählten willen abgekürzt werden (13,20); sie ist lediglich eine Episode und nicht *„das Ende"*. Das lokale Geschehen in Judäa/Jerusalem eröffnet nicht die *Endzeit* und betrifft nicht die ganze Welt. Die Zerstörung des Tempels durch die Römer ist in Kürze zu erwarten – damit ist die erste Frage der vier Jünger (vgl. 13,4) beantwortet –, aber sie ist nicht das *Zeichen* für den Anbruch des Eschatons. Sie ist ein historisches, wenn auch unerhörtes Ereignis, aber danach wird die Zeit der irdischen Geschichte bis zum nahe bevorstehenden Ende noch weitergehen.

2.2.5 Erneute Warnung vor Verführern: 13,21-23
Noch einmal – wie in 13,5f – warnt Jesus vor falschen Messiassen und Pseudopropheten. Jetzt wird deutlicher, dass ihr Auftreten und ihre Botschaft mit den in 13,14-20 angesprochenen Ereignissen zusammenhängen: *„Wenn dann* (τότε!) *jemand zu euch sagt..."*. Es muss auch nicht notwendigerweise wie in 13,5f an christliche Propheten gedacht werden. Vielmehr nimmt Jesus hier alle eschatologischen Parolen und Messiasprätendenten aufs Korn, die im Umfeld des Jüdischen Krieges gespannte Aufmerksamkeit beansprucht haben. Flavius Josephus berichtet uns von ihnen (Bell II 258ff; VI 285ff.300ff.312.351; VII 437ff). Herausragender Zug dieser Notizen ist, dass Gruppen eschatologisch hochgespannter Menschen auf Geheiß irgendeines Propheten in die Wüste ziehen (wollen), um dort die Eschata und das Kommen des Messias bzw. – wenn es Christen waren – seine Parusie zu erleben. Jesus schließt zwar aus, dass auch *„die Auserwählten Gottes"* von solchen Propheten verführt werden können (13,22), doch muss diese Zusicherung mit 13,5f zusammengelesen werden: Eine Warnung vor Verführung macht nur Sinn, wenn auch die Leser davor nicht sicher sind. Doch wer sich verführen lässt und damit nicht am Wort Jesu festhält, ist aus dem Kreis der Auserwählten bereits herausgefallen oder hat nie wirklich dazugehört. Die echten Jünger fallen deshalb nicht der Verführung anheim, weil sie Jesu Wort haben, durch das ihnen *„alles vorausgesagt"* worden ist.

Das Wort des irdischen Jesus, das durch die Vermittlung der vier Jünger im Buch des Autors zu den Lesern gelangt, ist Wegweiser durch die Notzeit, die über die Erde (vgl. 13,7f), Judäa (vgl. 13,14-20) und die Jünger/Leser (vgl. 13,9-13) kommen wird. Es garantiert ein ausreichendes Wissen darüber, dass diese Zeit noch nicht das Ende bringt und ihre Ereignisse nicht das *Zeichen* für den Anbruch des Eschatons sind. Die Schlussmahnung 13,23 (βλέπετε), die den in 13,5 eröffneten Bogen schließt, fasst die ganze bisherige Rede zusammen und kennzeichnet sie als Jesu Testament an die Leser, das ihnen klare Orientierung in schwerer Zeit ermöglicht, in der andere durch apokalyptische Parolen und Berichte verwirrt und verführt werden.

Auslegung

2.3 Jesu positive Antwort auf die Frage nach dem „Zeichen": 13,24-27

^{24}*Vielmehr in den Tagen nach jener Drangsal*
wird die Sonne finster werden, und der Mond wird nicht mehr scheinen,
^{25}*Und die Sterne werden vom Himmel fallen*
und die Kräfte im Himmel werden erschüttert werden.
^{26}*Und dann werden sie den Menschensohn sehen,*
kommend in den Wolken mit großer Macht und Herrlichkeit.
^{27}*Und dann wird er die Engel aussenden und seine Erwählten sammeln*
von den vier Winden, vom Ende der Erde bis zum Ende des Himmels.

Erst jetzt beantwortet Jesus die Frage der vier Jünger nach dem Termin und dem Zeichen des Eschatons. Seine Antwort wird mit ἀλλά („*sondern/vielmehr*") antithetisch eingeleitet: Nicht die bisher erwähnten Ereignisse sind das erfragte *Zeichen*, sondern die kosmischen Katastrophen, die Jesus nun aufzählt. Aber die bereits besprochenen geschichtlichen Bedrängnisse, insbesondere der jüdische Krieg, weisen dennoch auf die Nähe des Endes hin: Sie sind der „*Anfang der Wehen*" (13,8).

Das Ende aber kommt erst „*in den Tagen nach jener Drangsal*". Diese Tage stehen auch für die Leser noch aus, erwarten sie doch in Kürze für Judäa jenes in 13,14-20 besprochene Geschehen, zu dem der „*Gräuel der Verwüstung*" am verbotenen Ort hinzugehört. Der in 13,24 mitgeteilte Termin ist vage, und doch drückt er eine akute Naherwartung des Eschatons aus.

Die kosmischen Zeichen – die traditionellen Begleitumstände des Zorngerichts Gottes (vgl. Jes 13,10; Joel 2,10.31; 3,15) – werden unübersehbar sein, denn sie bedeuten den Zusammenbruch der bestehenden Weltordnung (vgl. 13,31; Jes 34,4). Wenn das eintritt, bekommt jeder es mit. Man braucht kein Prophetenwort zu seiner Deutung, man muss sich nirgendwohin begeben. Sobald sich die endzeitliche Erschütterung vollzieht, rollen die Endereignisse planmäßig ab (καὶ τότε...καὶ τότε): Der Menschensohn Jesus kommt als Retter „*auf den Wolken des Himmels*" (vgl. Dan 7,13f) – für alle sichtbar und nicht *hier* oder *dort* (vgl. 13,21) –, und seine Auserwählten (vgl. 13,20), die „*bis zum Ende ausgeharrt*" haben (vgl. 13,13), die von Gott vor dem Untergang in der Drangsal bewahrt wurden (vgl. 13,20) und sich nicht haben verführen lassen (vgl. 13,22), werden dann von überall her gesammelt – niemand wird übersehen – und gerettet werden.

Jesus bzw. der Autor will den Lesern im Gegensatz zu den Parolen und Verführungen der falschen Propheten Sicherheit geben: Der Ablauf des Eschatons wird klar und eindeutig sein. Wann der Menschensohn kommt und wo er zu sehen sein wird, ist nicht Sache einer esoterischen Belehrung, sondern für jeden und überall ersichtlich. Ein Geheimwissen darüber kann es nicht geben. Wer dies dennoch beansprucht, will verführen. Gleichwohl hält der Text fest: Der Zeitpunkt steht nahe bevor (vgl. 9,1).

2.4 Jesu dialektische Antwort auf die Frage nach dem Termin: 13,28-37

^{28} Vom Feigenbaum aber lernt das Beispiel:
Wenn seine Zweige saftig werden und Blätter hervorbringen,
dann wisst ihr, dass der Sommer nahe ist.
^{29} So wisst auch ihr, wenn ihr dieses geschehen seht,
dass er nahe vor der Tür ist.
^{30} Amen, ich sage euch: Dieses Geschlecht wird nicht vergehen,
bis dies alles geschieht.
^{31} Himmel und Erde werden vergehen,
meine Worte aber werden nicht vergehen.
^{32} Über jenen Tag aber oder die Stunde weiß niemand etwas,
weder die Engel im Himmel noch der Sohn, außer der Vater.
^{33} Seht zu, seid wachsam!
Denn ihr wisst nicht, wann der Zeitpunkt da ist.
^{34} Es ist wie bei einem, der auf Reisen ging:
Er verließ sein Haus und übergab seinen Knechten die Vollmacht,
jedem sein eigenes Werk, dem Türhüter aber trug er auf, zu wachen.
^{35} Wacht nun also, denn ihr wisst nicht, wann der Herr des Hauses kommt –
ob spät am Abend oder um Mitternacht
oder beim Hahnenschrei oder am frühen Morgen –,
^{36} damit er nicht, wenn er plötzlich kommt, euch schlafend finde.
^{37} Was ich aber euch sage, das sage ich allen: Wacht!

2.4.1 Am Beispiel lernen: 13,28-29

Erneut muss ein Feigenbaum als Beispiel für die Leser herhalten (vgl. 11,12ff.20f): Das Saftziehen seiner Zweige und das Austreiben von Blättern noch in der kühlen Jahreszeit ist ein sicherer Hinweis auf die Nähe des Sommers. So sollen auch die Leser, „wenn (ὅταν) sie dieses (ταῦτα) geschehen sehen", erkennen, dass er „nahe vor der Tür" ist. Verwiesen wird auf den Menschensohn (vgl. 13,26). In 13,33ff ermahnt Jesus zur Wachsamkeit; dem ankommenden Herrn (κύριος) soll die Tür geöffnet werden.

Worauf verweist das ταῦτα? Die Auflösung von Himmel und Erde (vgl. 13,24) kann schwerlich gemeint sein. Diese kosmische Katastrophe wird das *Zeichen* für das Eschaton sein, nicht aber ein Hinweis, aus dem, wer aufpasst, etwas erschließen und erkennen (γιγνώσκετε) kann. Wenn die Katastrophe sich ereignet, ist das Ende da und nicht erst „*nahe vor der Tür*"! In diesem Sinne ist das Einschießen des Saftes in die Zweige und das Treiben von Blättern beim Feigenbaum kein *Zeichen* für den Sommer, sondern nur eine sichere Vorankündigung seiner Nähe. Dann dürfte Jesus also mit ταῦτα nicht die kosmischen Erschütterungen gemeint haben, sondern alle anderen zuvor geschilderten Ereignisse, einschließlich des Jüdischen Krieges: Sie sind aber kein *Zeichen*, weil mit dem *Zeichen* zugleich das Ende da sein wird, sie aber nicht das Ende sind. Doch sie weisen auf seine Nähe hin. Aus ihrem Geschehen können die Leser *erkennen*, dass bis zur Ankunft Jesu nur noch eine kurze Zeitspanne ist.

Auslegung 299

2.4.2 Der unbekannte Termin: 13,30-32
Es folgen drei gewichtige Worte, die das Thema des Termins, nach dem die vier Jünger in 13,4 gefragt hatten, dialektisch behandeln. Hatte 13,29 schon aufgefordert, bei Eintreten der in 13,14-20 angekündigten Schreckensereignisse durchaus den Schluss zu ziehen, der Menschensohn stehe *„nahe vor der Tür"*, so grenzt 13,30 den mit *nahe* umschriebenen Zeitraum auf *„dieses Geschlecht"* ein. Dabei ist an die Generation Jesu und der Jünger zu denken. Dafür spricht die Logik des Textes, der situationsgebunden Jesus – und nicht in einem Kommentar den Autor – diesen Satz aussprechen lässt. Der Ausdruck *„dieses Geschlecht"* (ἡ γενεὰ αὕτη) kann dann nur die zur Zeit *Jesu* lebende Generation, nicht etwa das Menschengeschlecht allgemein bezeichnen. In 9,1 liegt eine Parallele vor, die eindeutig die Zeitgenossen Jesu meint, von denen bis zum Kommen des Reiches Gottes noch nicht alle gestorben sein werden. Genau das sagt auch 13,30: Die Generation, zu der Jesus und die Jünger gehören, wird bis zur eschatologischen Vollendung (ταῦτα πάντα!) noch nicht (gänzlich) *vergangen,* d.h. ausgestorben sein.

Diese Aussage bedeutet für die Leser, dass das eschatologische Ende in kürzester Zeit hereinbrechen wird, noch bevor der Letzte der Jesusgeneration gestorben sein wird. Wie bedrängend und trotzdem offen diese Terminansage ist, kann sich jeder leicht ausmalen, der sie sich in seine eigenen Verhältnisse übersetzt.

Der nächste Satz Jesu, eine starke Versicherung der Bestandskraft seiner Worte, schließt unmittelbar an. Es liegt mehr als ein Stichwortanschluss vor (οὐ μὴ παρέλθῃ / οὐ μὴ παρελεύσονται); die Worte Jesu überdauern diese Generation und diese Welt (vgl. 13,24f). Wer sie hat und sich an sie hält, der hat Sicherheit, auch in der Frage, wie er sich angesichts des nahen Eschatons verhalten soll. In diesem Sinne hat Jesus die Leser zuvor instruiert (vgl. 13,5-27). Aber auch Jesu Ansage der *Nähe* des Menschensohnes hat Bestand; die Leser können sich darauf verlassen. Der Menschensohn steht *„vor der Tür",* er wird eingreifen, um seine Auserwählten, die treu bis zum Ende ausgeharrt haben, zu retten. Freilich muss das nicht bedeuten, dass alle Jünger vor dem Tod gerettet werden, aber wer als Bekenner oder Märtyrer *„bis zum Ende"* ausgeharrt hat, wird gerettet und gesammelt werden.

Antithetisch schließt 13,32 die Terminfrage ab: Über das hinaus, was Jesus angekündigt hat, kann niemand etwas zum Termin der Vollendung sagen. Sie wird sicher und noch vor dem Vergehen dieser Generation kommen, doch den genauen Tag oder gar die Stunde kennt außer Gott niemand, und Gott bewahrt ihn bei sich. Auch wenn die eschatologische Vollendung sich durch das Kommen des Menschensohnes vollzieht, so kennt dieser dennoch nicht den Termin. Gott erst wird das Zeichen zum Aufbruch geben.

Mit großer Unbekümmertheit spricht Jesus hier auch von seiner eigenen Unwissenheit über den Termin, obwohl er *„der Sohn"* ist. Diese Selbstbezeichnung, mit der sich Jesus an zweiter Stelle des himmlischen Hofstaats vor allen Engeln einordnet, ist ein wichtiger Baustein in der christologischen Anschauung des MkEv, die ganz selbstverständlich mit der Präexistenz Jesu rechnet. Denn unmöglich ist mit 13,32 gemeint, der zur rechten Gottes erhöhte Jesus wisse erst nach seiner Erhöhung nicht um den Termin der Vollendung. Vielmehr ist es eindeutig so, dass der auf dem Ölberg sitzende und zu den vier Jüngern redende Jesus, dessen Worte absolut sicher sind, sich „*den Sohn*" nennt und sein augenblickliches Nichtwissen des genauen Termins des Eschatons feststellt.

Damit wird noch einmal und in höchster Eindringlichkeit den Lesern verdeutlicht, dass jedes beanspruchte Wissen um den Termin des Eschatons Verführung ist (vgl. 13,5f.21f). Mehr als Jesus in der apokalyptischen Rede gesagt hat, kann niemand wissen. Aber was er gesagt hat, ist verlässlich und sicher.

2.4.3 Aufruf zur Wachsamkeit: 13,33-37

Wenn eine Ankunft nahe bevorsteht, aber der genaue Termin unbekannt ist, bleibt nur eine Konsequenz: Man muss wach bleiben, um den Augenblick nicht zu verpassen. Das fordert Jesus nun ein, indem er wie in 13,5.9.23 zur Achtsamkeit aufruft (βλέπετε). Die Leser wissen, dass sie gemeint sind: Sie sollen hellwach sein.

Erneut soll ein Beispiel den Aufruf erläutern (vgl. 13,28). Da den Lesern insgesamt die Rolle zugeordnet wird, Türwächter zu sein, scheint das Gleichnis nicht recht zu passen. Wer sind die anderen Sklaven und welche Aufgaben haben sie? Ein guter Sinn ergibt sich erst dann, wenn die Leser zwischen sich und den Jüngern differenzieren, wie es der Text ja immer wieder nahegelegt hat: Weder die vier genannten Jünger von 13,3 noch die übrigen von Jesus gar nicht angesprochenen *Zwölf* werden im Zusammenhang der Erwartung seiner Wiederkunft von Jesus zur Wachsamkeit aufgerufen. An sie richtet sich Jesu Rede überhaupt nicht. Sie haben während der Abwesenheit ihres Herrn anderes zu tun, z.B. das Evangelium in aller Welt zu verkünden (vgl. 13,10) oder mit ihrem Leben für das Bekenntnis zu Jesus und für sein Wort einzustehen (vgl. 13,9.11; vgl. 10,39).

Die Leser dagegen müssen Wächter sein. Ihre Aufgabe ist es, den wiederkommenden Herrn, der schon nahe „*vor der Tür*" steht (13,29), zu empfangen. Er kommt noch in der Nacht, aber zu einer Stunde der Nachtwache, die niemand kennt (13,35). Das entspricht vollkommen dem Duktus der bisherigen Rede: Die Leser werden das Eschaton erfahren (vgl. 13,7f.20.24.29.30); aber sein genauer Termin ist unbekannt (vgl. 13,32). Es kommt für sie darauf an, sich einerseits nicht durch falsche Terminvorgaben verführen zu lassen (vgl. 13,5f.21f), andererseits nicht aus Ungeduld oder Zweifel in der wachsamen Treue nachzulassen (vgl. 13,13) und infolgedessen von Jesu Kommen überrascht zu werden.

Wachen und *Schlafen* sind in 13,35f zweifellos Metaphern für die in 13,5-23 eingeforderten Haltungen der Leser und für deren Gegenteil.

Mit 13,37 schlägt Jesus den Bogen zurück zur Eröffnungssituation (13,3f) und formuliert nun selbst, dass seine Rede zwar die Frage der vier Jünger beantwortet hat, aber *allen* und somit insbesondere den Lesern gilt.

C. Das Leiden und Sterben Jesu: 14,1-15,47

Die Passion Jesu beginnt, zunächst auf einer symbolischen Ebene: Eine Frau nimmt Jesu Begräbnis vorweg, Jesus gibt seinen Leib und sein Blut als eucharistische Gabe und nimmt bewusst und frei die „Stunde" auf sich. Dann laufen die Stationen der Passion ab: Verhaftung, Verhör, Verurteilung, Hinrichtung, Tod, Begräbnis.

1. Analyse

1.1 Abgrenzung

Die Abgrenzung dieses Abschnitts nach vorne ist klar. Die gewichtige Zeitangabe 14,1 markiert einen deutlichen literarischen Einschnitt und erzählerischen Neubeginn. Die Formulierung weist voraus: Noch zwei Tage bis zum *Pascha*. Freilich steht diese Tagesangabe mit denen von 11,11.12 und 11,19.20 in Beziehung und begrenzt gemeinsam mit den folgenden (14,12; 15,1; 15,42; 16,1; vgl. 15,6) den Aufenthalt Jesu in Jerusalem auf eine Woche. Mit 16,1 beginnt dann eine neue „Woche".

Bei der Abgrenzung nach hinten bleibt kein Spielraum mehr, denn das Ende des MkEv steht bevor. Die Frage kann nur sein, ob der Autor noch vor dem Textende den mit 14,1 eröffneten Erzählbogen zu einem Zwischenabschluss geführt hat. Es zeigt sich, dass die Erzählung trotz einiger gliedernder Zeit- (vgl. 14,12.14.17; 15,1.42) und Ortswechsel (vgl. 14,3.17.26.32.53; 15,1.22.46) die Handlung der Passion Jesu ohne Unterbrechung fortlaufend und mit gesteigertem Pulsschlag darbietet. Eine Szene ergibt sich fast nahtlos aus der anderen (vgl. 14,16/17; 14,42/43; 14,53; 15,1; 15,20/22; 15,47/16,1); zweimal wendet der Erzähler die ihm auch sonst geläufige Schachteltechnik an (vgl. 14,1-11; 14,53-72) und ab 15,25 bringen die Stundenangaben (vgl. 15,25.33.34) einen geradezu pochenden Rhythmus in die Erzählung. Der Leser kann an keiner Stelle ausruhen, außer nach 15,47. Hier ist tatsächlich ein Zwischenabschluss erreicht. Die folgende Szene am leeren Grab 16,1.2-8 hängt zwar mit dem Vorausgehenden eng zusammen, bildet aber zugleich den Epilog zum ganzen Evangelium. Sie soll in der folgenden Analyse mit behandelt werden.

1.2 Was die Leserinnen und Leser schon wissen!
Rückverweise/Wiederaufnahmen/Echos

Die Leser sind auf die Passion Jesu, die in den nächsten zwei Kapiteln erzählt wird, durch den Autor und durch Jesus selbst gut vorbereitet. Wenn sie aufmerksam waren, wissen sie seit Beginn des Buches, dass Jesus diesen Weg in Verwerfung und Tod zur Auferweckung nach göttlichem Ratschluss gehen musste (vgl. 1,2f), dass Johannes der Täufer den Weg vorbereiten sollte und es durch sein Martyrium auch getan hat (vgl. 1,14; 6,17-29; 9,13), dass die Gegner Jesu ihn von Anfang an unter der Anschuldigung der Blasphemie (vgl. 2,7) zu vernichten suchten (vgl. 3,6) und mit Judas Iskariot der *Überlieferer* ständig im engsten Jüngerkreis bei Jesus war (vgl. 3,19). All dies waren Informationen, die der Autor den Lesern im Vorhinein gegeben hat. Das Geschick Jesu überrascht die Leser somit nicht, ja es ist der Höhepunkt der gesamten Darstellung, auf den alles zulief.

Das war für die Jünger in der „erzählten Welt" so nicht der Fall. Sie konnten bis 8,26 durchaus das vollmächtige Wirken in Galiläa (vgl. 1,14-8,26) in *Lehre* (διδαχή) und *Krafttaten* (δυνάμεις) als das einzige Ziel des Wirkens Jesu ansehen. Seit 8,31 sind jedoch auch sie (und mit ihnen nochmals die Leser) durch Jesus selbst über seinen *Weg* nach Jerusalem in die Verwerfung, Passion und Auferweckung informiert. Dabei kann man ihnen durchaus zugestehen, dass sie die dunkle Andeutung 2,18ff – anders als die Leser – beim besten Willen noch nicht verstehen konnten. In 9,9.12.31; 10,33f.45 wiederholt Jesus vor ihnen in offener Rede (vgl. 8,32) seine Ankündigung, und auch das Rätsel 12,8.10f können die Jünger verstehen. Sie wissen, wohin Jesu Weg geht, so wie die Leser wissen, wohin die Erzählung sie führt. Doch die Jünger verstehen nicht; sie widersprechen Jesus (vgl. 8,32), begreifen seine Ankündigung nicht (vgl. 9,10), wagen aber nicht nachzufragen (vgl. 9,32) und fürchten sich vor dem, was auf sie zukommt (vgl. 10,32).

Für beide, Leser und Jünger, kommen die jetzt erzählten Ereignisse also nicht überraschend; beide sind darauf vorbereitet und müssten sie erwarten. Womit beide aber nicht rechnen, ist das totale Scheitern der Jünger angesichts des Leidens und Sterbens Jesu. Zwar deutete sich an, dass die Jünger sich dem Begreifen der Leidensankündigung Jesu widersetzen und jeden Gedanken an Passion und Tod des Messias weit von sich weisen, doch musste das für den Leser nicht von vornherein bedeuten, dass die Jünger beim Eintritt des Faktums Jesus verlassen, ihn verleugnen und von ihm abfallen werden. Das kommt für den Leser völlig überraschend; es ist aber auch für die Jünger das ganz Undenkbare, vollkommen Überraschende, wie 14,19.31 zeigt. Insofern liegt auf dieser Reaktion der Jünger ein starker Akzent des Autors.

Rückverweise
- Obwohl alles im MkEv auf die Passionsgeschichte zuläuft, finden sich in dieser doch nur wenige Rückverweise auf die vorausgehende Erzählung. So kommt das zuvor erzählte Heilungswirken Jesu nur im Spott der Gegner 15,31 und in ironischer Verkehrung in den Blick: „*Andere hat er gerettet, sich*

Analyse

selbst kann er nicht retten". Dass Jesus gar nicht gerettet werden will, wenn dies nicht dem Willen des Vaters entspricht, hatte vorher bereits 14,34ff klar gestellt.
- In 15,41 verweist der Autor auf Jesu vorausgehendes Wirken *„in Galiläa"* zurück, wo ihm die unter dem Kreuz ausharrenden, treuen Frauen schon gedient haben.
- In einem Rückverweis (14,49) auf seine öffentliche *Lehre* im Tempel (vgl. 11,12-12,44) deckt Jesus die Hinterhältigkeit seiner Gegner auf, die sich nicht trauen, ihn in aller Öffentlichkeit zu verhaften (vgl. 14,1f; 11,18; 12,12). Darauf weist der Erzähler auch in 15,10 zurück, wo Pilatus die wahren Motive der Hohenpriester erkennt.
- Bei der Verhandlung vor dem Synedrium weisen Falschzeugen offenbar auf das Tempelwort Jesu zurück (14,58; vgl. 13,2); in 15,29 wird dann diese Falschaussage nochmals aufgegriffen. Der Leser kann anhand von 13,2 kontrollieren, dass Jesu Wort nicht so wiedergegeben wird, wie er es gesprochen hat. Darum kann das Falschzeugnis auch nicht zur Verurteilung Jesu führen. Und dennoch sagen die Falschzeugen das Richtige! Erneut ist die Erzählung voll tiefer Ironie.
- In 16,7 verweist der Engel am Grab ausdrücklich auf Jesu Wort 14,28, das jetzt Wirklichkeit geworden ist: Der auferweckte Gekreuzigte ist auf dem Weg nach Galiläa, wo die Jünger ihn sehen werden. Dort haben sie ihn schon während seines irdischen Wirkens gesehen, das mit diesem Hinweis des Engels somit dem Leser wieder vor Augen steht.

Wiederaufnahmen
Zahlreiche Erzählzüge der Passionsgeschichte nehmen Elemente oder Darstellungsweisen der vorausgehenden Erzählung wieder auf und stellen so Beziehungen her, die der aufmerksame Leser wahrnehmen und nachvollziehen soll. Die Erzählungen der Passionsgeschichte werden so als Höhepunkt und „Erfüllung" der bisherigen Darstellung erwiesen.
- In 14,22-25 wird das vorläufig letzte Mahl Jesu mit seinen Jüngern (vgl. 14,25) erzählt, das der Höhepunkt der vorausgehenden Jüngermahle ist (vgl. 6,31f.40; 8,1-9), wie der Wortlaut beim Segnen, Brechen und Austeilen der Brote ausweist. In diesem letzten Mahl laufen die Linien der markinischen Darstellung zusammen.
- In 14,33 wird durch Jesus die Situation von 9,2ff wieder hergestellt: Die drei Jünger des engsten Jüngerkreises (vgl. 3,16f; 5,37) sind nicht nur Zeugen der Metamorphose Jesu in seine himmlische Gestalt als Gottessohn geworden, sondern werden ebenso Zeugen seiner tiefsten Menschlichkeit (vgl. 14,34). Aber auch den Anforderungen dieser Situation sind sie nicht gewachsen (14,40; vgl. 9,5).
- Die Szene im Synedrium 14,61f ist Höhepunkt und Auflösung der christologischen Bekenntnisszenen des MkEv. Jesus, der bisher die Kundgabe seines Wesens unterbunden hat (vgl. 1,34; 3,12; 8,30; 9,9), bekennt sich vor seinen

Richtern offen dazu, der Christos/Messias (vgl. 8,29), *„Sohn Gottes"* (vgl. 1,10; 9,7) und der kommende *Menschensohn* (vgl. 8,38) zu sein. Aufgrund dieses Bekenntnisses wird er wegen *Blasphemie* (vgl. 2,7) zum Tode verurteilt. Das Synedrium kommt damit seinem Ziel näher, Jesus zu *vernichten* (vgl. 3,6; 11,18; 14,1f).

- In ironischer Brechung wird in 15,35f die Elia-Thematik wiederaufgenommen. Der Leser durchschaut die Ironie. Jesus hat gar nicht um Hilfe gerufen; längst war Elia da und hat mit Jesus auf dem Weg nach Jerusalem gesprochen (vgl. 9,4), und Johannes der Täufer hat die Rolle des Elia-Vorläufers wahrgenommen (vgl. 9,11f).
- Ironie liegt auch vor, wenn in 16,1 die Absicht der drei Frauen mitgeteilt wird, den Leichnam Jesu zu salben. Der Leser weiß seit 14,8, dass Jesu Leib schon zur Bestattung gesalbt war, und er ahnt selbstverständlich, dass der Gekreuzigte längst das Grab verlassen hat. Die Absicht der Frauen, die Totensalbung nachzuholen, geht also ins Leere.
- Auf zwei Wiederaufnahmen zu Beginn der Passionsgeschichte ist noch zu verweisen. In 14,1f schildert der Autor noch einmal nach 3,6; 11,18; 12,12, dass die Gegner Jesus *„mit List"* ergreifen und töten wollen. Sie möchten, dass die Aktion gegen Jesus nicht am Paschafest stattfindet, um einen möglichen Aufruhr im Volk zu vermeiden. Ihre List gelingt zwar, weil Judas sich als *Verräter* zur Verfügung stellt (14,10f; vgl. 3,19), doch Jesus wird ausgerechnet am Festtag hingerichtet – höchste Ironie!

Echos

Durch mehrere Echos erweist sich die Szene im Garten Gethsemane als ein Knoten der Gesamterzählung, in dem die Fäden zusammenlaufen:
- Wie in 1,35 und 6,46 wird Jesus hier als Betender dargestellt, der in enger Verbindung zu seinem Vater steht.
- Wenn er diesen anfleht, den *Kelch* von ihm zu nehmen, so klingt dem Leser noch deutlich Jesu Hinweis auf den *„Kelch, den ich trinken werde"* (10,38) im Ohr.
- Der Leser weiß, dass Jesu Bitte seiner menschlichen Schwachheit entsprang, die sein *Geist* jedoch betend überwunden hat (vgl. 14,38). Jesus hat gewacht und ist der *Versuchung* nicht erlegen. Der Leser erinnert sich, dass schon am Anfang der Erzählung der Gottessohn von Satan *versucht* wurde (vgl. 1,12f). Hat er jetzt diese Versuchung endgültig bestanden?
- Die Aufforderung Jesu an die Jünger, zu *wachen* und zu *beten*, und sein mehrmaliges Kommen zu ihnen ruft 13,35 in Erinnerung. Dreimal hat er die Jünger schlafend angetroffen! Findet er sie auch beim vierten Mal, wenn er plötzlich – beim *Hahnenschrei* kommt, unvorbereitet?

Analyse

1.3 Worauf die Leserinnen und Leser achten sollen!
Kommentare/Vorverweise/Leerstellen

Kommentare
Fünfmal verlässt der Autor seine Rolle als Erzähler und kommentiert die erzählten Ereignisse.
- In 14,40 (vgl. 9,6) begründet er, warum die Jünger eingeschlafen sind: aus purer und banaler Müdigkeit. Deshalb wissen sie auch nicht, was sie sagen sollen, d.h. sie können eigentlich keine Entschuldigung für ihr Versagen vorbringen.
- In 15,10 weiß der Autor, dass Pilatus trotz der Schuldanerkennung Jesu, der „*König der Juden*" zu sein (15,2), diesen freigeben will, weil er die wahren Motive der Hohenpriester durchschaut. Offenbar hält Pilatus das Bekenntnis Jesu nicht für ein todwürdiges Verbrechen.
- In 15,21 kennzeichnet der Autor den mit Namen eingeführten Helfer Jesu, Simon von Cyrene, durch seine Söhne Alexander und Rufus. Diese müssen somit ihm, aber ebenso den Lesern näher bekannt sein.
- In 15,40ff weiß der Autor, dass die Frauen, die von ferne die Kreuzigung beobachtet haben, Jesus von Galiläa an gefolgt sind und ihm gedient haben. Dadurch ergänzt und kommentiert er seine vorausgehende Darstellung des Wirkens Jesu, in der oft mehr Personen als die *Zwölf* um Jesus erwähnt wurden (vgl. 3,34; 4,10.36; 8,34; 10,32.48.52).
- In 15,43 wird der „*vornehme Ratsherr*" Josef von Arimathäa durch den Autor als frommer Mann von den übrigen Mitgliedern des Synedriums abgesetzt: Auch er erwartet – wie Jesus und die Leser – die Basileia Gottes. Hat er an der Verurteilung Jesu nicht mitgewirkt? Oder ist die Liebestat der ehrenvollen Bestattung der Leiche Jesu ein Akt der Wiedergutmachung?

Vorverweise
Wie kaum ein zweiter Abschnitt im MkEv ist die Passionsgeschichte durchsetzt von Vorverweisen, von denen ein Teil nicht in der „erzählten Zeit" in Erfüllung geht, sondern in der Zeit der Leser oder gar im ausstehenden Eschaton. Daran zeigt sich, dass die Erzählung mit Erreichen ihres Erzählendes in 16,8 keineswegs abgeschlossen ist, sondern über sich hinausweist (s.u.).
- Zahlreiche Vorverweise zielen auf die in der Folge erzählten Ereignisse. Sie finden sich alle im Munde Jesu, der durch sie vor den Lesern als jemand erscheint, der nicht nur sein eigenes Geschick in allen Einzelheiten voraus weiß, sondern auch das Verhalten seiner Jünger. In 14,8 deutet er die Salbungstat der Frau als Vorwegnahme der Totensalbung an ihm. Tatsächlich wird sein Leichnam in 15,46 nicht gesalbt, die Absicht der Frauen, ihn nachträglich zu salben (vgl. 16,1), wird ins Leere gehen, weil Jesus das Grab bereits verlassen hat.
- In 14,13-15 sagt Jesus (wie in 11,2f) den Jüngern bis in die Einzelheiten voraus, wie sie den bereits vorbereiteten Raum für sein Paschamahl mit seinen Jüngern finden werden. Genauso trifft es ein (vgl. 14,16).

- In 14,18 kündigt Jesus an, dass er von einem aus dem Zwölferkreis ausgeliefert wird (vgl. 14,44f). Die Absprachen dazu hat Judas schon getroffen (vgl. 14,10f).
- In 14,27 wird von Jesus die Flucht und der Fall aller Jünger angesagt (vgl. 14,50ff), in 14,30 die dreimalige Verleugnung durch Petrus (vgl. 14,66-72). In 14,21a verweist Jesus wie in 8,31; 9,9.12a; 9,31; 10,33f noch einmal generell auf sein Leidensgeschick, das mit seiner Auslieferung beginnen wird (vgl. 14,43ff). An der Schwelle zu diesem Ereignis finden wir seinen letzten Vorverweis (vgl. 14,42). Mit ihm endet sein selbstmächtiges Wirken, und seine Passion beginnt.
- Ein Vorverweis besonderer Art ist 14,24: Jesus deutet seine bevorstehende blutige Lebenshingabe als Sterben *„für die Vielen"*, also als sühnende Stellvertretung (vgl. 10,45).
- Schließlich ist auf 14,28 zu verweisen, wo Jesus den Jüngern voraussagt, nach Ostern – wenn zuvor alle durch Flucht von ihm abgefallen sind –, ihnen nach Galiläa vorauszugehen. In 16,7 nimmt der Engel am Grab diese Verheißung auf und sagt an, dass sie in Erfüllung gegangen ist: Der Auferstandene ist auf dem Weg nach Galiläa. Wenn der Engel fortfährt: „*Dort werdet ihr ihn sehen*", ist allerdings die „erzählte Zeit" verlassen – im MkEv wird davon nichts mehr erzählt – und auf die „Zeit danach" verwiesen, die mit den Erscheinungen des Auferstandenen begonnen hat und an die „Zeit der Leser" heranreicht.
- Die „Zeit der Leser" nimmt Jesus auch in 14,7 und in 14,9 in den Blick: Dann wird Jesus nicht mehr leibhaftig bei ihnen sein, wohl aber die Armen, denen sich die Fürsorge zuwenden soll. Das wird auch die Zeit sein, in der in der ganzen Welt das *Evangelium* und mit ihm die Tat der Frau verkündet wird.
- Drei Vorverweise eröffnen gar den Blick ins Eschaton. In 14,21b kündigt Jesus dem Verräter das Gericht an (*„Wehe"*); dasselbe gilt den Gegnern Jesu im Synedrium: Ihnen erscheint *„mit den Wolken des Himmels"* der Menschensohn Jesus als ihr Richter (14,62) – anders als den Auserwählten, die durch ihn gerettet werden (vgl. 13,26f). Und einen Ausblick auf die in Kürze kommende Basileia Gottes gibt Jesus in 14,25: In ihr wird er nach einer (kurzen) Zwischenzeit die Mahlgemeinschaft mit den Jüngern wiederaufnehmen.

Leerstellen
- In 16,7 finden wir eine außerordentlich gewichtige Leerstelle im Text: Der Auferstandene geht den Jüngern voraus nach Galiläa (vgl. 14,28); dort sollen sie ihn sehen! Diese Leerstelle wird durch 16,8 noch unterstrichen: Die Frauen sagen niemandem etwas von ihrem Erlebnis am leeren Grab, geben also Wort und Auftrag des Engels auch nicht an Petrus und die Jünger weiter. Mit dieser Leerstelle endet zugleich die Erzählung des MkEv. Sie ist insofern hochbedeutsam und geradezu ein hermeneutischer Schlüssel. Haben die Jünger den Auferstandenen in Galiläa gesehen? Und was bedeuten Jesu erneuter Gang nach Galiläa (vgl. 1,14f) und sein geplantes Zusammentreffen mit den gescheiterten Jüngern dort (vgl. 1,16ff) für den Leser des MkEv?

Analyse

- 14,27: Wer ist der Schwertschläger? Einer aus dem Jüngerkreis?
- 14,51f: Wer ist der Jüngling, der nach anfänglicher Nachfolge doch nackt flieht?

1.4 Aufbau/Gliederung

Zeitangaben
Seit 11,11 ist die Erzählung durch Tagesangaben gegliedert (vgl. 11,11.19.20), klarer als sonst im MkEv (vgl. 1,21.32.35; 4,35). Diese Tagesangaben setzen sich jetzt im Text fort. Durch 14,1 wird die Handlung auf den zweiten Tag vor dem Paschafest festgelegt. Die Angabe 14,12 rückt den Kalender nochmals um einen Tag vor auf den „*ersten Tag der ungesäuerten Brote*", den Vortag des Pascha, an dem man im Tempel die Paschalämmer schlachtete, um sie abends beim Paschamahl zu essen (vgl. 14,17). Die Vorbereitung dieses Mahles Jesu mit den Jüngern und bestimmte Ereignisse bei diesem Mahl werden in 14,12-25 erzählt. Von da an läuft die Handlung kontinuierlich und wird nicht durch neue Tagesangaben unterbrochen. Dennoch ist vorausgesetzt, dass in der Nacht ein Datumswechsel erfolgt. Er scheint in 14,41f angedeutet zu sein, wenn Jesus bedeutungsvoll davon spricht, dass nun „*die Stunde*" seiner Auslieferung gekommen sei. Ist das die „Stunde Null" seines Leidens, das in 14,43 beginnt? Sie setzt sich fort in der nächtlichen Verhandlung vor dem Synedrium und der Verleugnung des Petrus, die bis zum „*zweiten Hahnenschrei*" (14,72) dauern.

Am „*frühen Morgen*" des Paschatages (15,1; vgl. 15,6) wird Jesus an Pilatus überstellt. Von da an folgen die Ereignisse in einem „Drei-Stunden-Rhythmus": die Kreuzigung in der dritten Stunde (15,25); die Finsternis in der sechsten bis neunten Stunde (15,33); der Tod Jesu in der neunten Stunde (15,34); seine Bestattung „*als es schon spät geworden war*". Der Paschafesttag ist zugleich Vorbereitungstag des folgenden Sabbats, also ein Freitag.

Der Sabbat, an dem Jesus im Grab liegt, bleibt ohne Handlung; er wird in 16,1 nur rückblickend erwähnt. Am „*ersten Tag der Woche*" – am Sonntag – erfolgt der Gang der treuen Frauen zum Grab und die Auferstehungsverkündigung dort (16,2-8).

Die Handlung seit 11,1 lässt sich somit auf eine Woche verteilen, an deren Anfang (Sonntag) Jesus nach Jerusalem kommt (vgl. 11,1-11) und an deren Ende (Sabbat) der tote Jesus im Grab liegt (15,47; 16,1). In 16,2-8 ist der Auferstandene auf dem Weg zurück nach Galiläa (vgl. 16,7). Eine neue „Woche" beginnt.

Ortsangaben
Die Handlung spielt an genau gekennzeichneten Orten in und außerhalb Jerusalems. Die Koordinaten wurden schon in 11,1 festgelegt: Bethanien/Ölberg/Jerusalem. In 14,1f.10f wird keine Angabe gemacht, aber die Besprechung der Gegner Jesu findet selbstverständlich in Jerusalem in ihrem „Hauptquartier" statt. Die erste auf Jesus als Handelnden bezogene Ortsangabe findet sich 14,3; Jesus hält sich „*in Bethanien im Haus des Simon des Aussätzigen*" auf. Dort wird die

14,1-11: Eröffnung
Vorbereitung der Tötung Jesu
Salbung für sein Begräbnis

Ausblick auf die Evangeliumsverkündigung in aller Welt

Teil 1: 14,12-52

Erste Doppelszene: 14,12-25
in Jerusalem im Paschamahlssaal
am Abend des Donnerstag

14,12-16: *Auffindung des Saales*

14,17-21: *Beim Paschamahl:*
Ansage des Verrats

Ausblick auf das Gericht:
„Wehe"

14,22-25: *Beim Paschamahl*
symbolische Vorwegnahme des
Todes Jesu in Brot und Kelch
Ausblick auf Basileia

Zweite Doppelszene: 14,26-52
am Ölberg im Garten „in der Nacht"

14,26-31: *auf dem Weg*
Ansage des Jüngerabfalls
Ausblick auf Neuanfang in
Galiäa

14,32-42: *in Gethsemane*
Gebetsringen Jesu
und Zustimmung zum Leiden

14,43-52: *in Gethsemane*
Auslieferung Jesu
Abfall und Flucht aller Jünger

Salbung für seine Bestattung vorweggenommen, die daher in 16,1ff nicht mehr erfolgen kann.

Die Handlung zwischen diesen beiden Eckpunkten spielt zunächst in Jerusalem, im Paschamahlsaal (14,17-25), dessen Auffindung in 14,12-16 geschildert wird, danach auf dem Weg zum Ölberg und dort im Garten Gethsemane (14,26-31.32-42.43-52), nach der Gefangennahme Jesu dann wieder in Jerusalem im Haus und Hof des Hohenpriesters (14,53-72), im Palast und Hof des Pilatus (15,1-20a) und auf Golgotha (15,20b-46). In 15,46 wird der tote Jesus in das Grab gelegt, das dann in 16,2-8 Ort der Handlung ist.

Analyse

Teil 2: 14,53-15,47

Erste Doppelszene: 14,53-15,20
in Jerusalem

14,53-72: *„in der Nacht"* im Haus/Hof des Hohenpriesters:	15,2-20: *„am frühen Morgen"* im Palast/Hof des Pilatus:
Verhandlung vor Synedrium und ihr Scheitern Ausblick auf Gericht	Verhandlung vor Pilatus Scheitern der Verhandlung Verurteilung Jesu
Verleugnung durch Petrus	Misshandlung und Verspottung

Zweite Doppelszene: 15,21-47
auf Golgotha

15,21-32: *in der 3. Stunde* Kreuzigung und Verspottung	15,34-41: *in der 9. Stunde* Tod und Bekenntnis
Scharnier 15,33: *6. bis 9. Stunde:* Finsternis	Überleitung 15,42-47: *am Abend:* Bestattung

16,1.2-8: Epilog:
die beabsichtigte Salbung
findet nicht statt

Auferstehungskerygma des Engels
Ausblick auf Neuanfang für die
Jünger in Galilaa

Die beiden Eckstücke 14,3-9 und 16,2-8 sind durch die Ortsangaben vom übrigen Erzählzusammenhang abzugrenzen sind. Die Stücke 14,12-16 und 15,46f bereiten jeweils die folgenden Ortswechsel vor. Dazwischen finden sich vier Doppelszenen, von denen die erste in Jerusalem im Paschamahlsaal stattfindet (14,17-21.22-25); das Scharnier ist 14,22a. Die zweite spielt am Ölberg im Garten Gethsemane (14,26-42.43-52); das Scharnier ist 14,42.43. Die dritte Doppelszene findet in Jerusalem im Haus/Hof des Hohenpriesters und im Palast/Hof des Pilatus statt (14,53-72; 15,1-20); das Scharnier ist 15,1. Die vierte Doppelszene hat Golgotha zum Ort (15,21-32.34-47); das Scharnier ist 15,33.

Personenregie
Die auffälligste Beobachtung ist folgende: Die Hohenpriester, Ältesten und Schriftgelehrten (das „*ganze Synedrium*") beginnen erst ab 14,53 wirklich zu handeln. Bis dahin ist ihre Aggression gegen Jesus gebremst; sie warten auf eine günstige Gelegenheit (vgl. 14,1f.10f; vgl. 11,18; 12,12), die sich durch „*einen der Zwölf*", Judas, ergibt, der in 14,43-46 die *Auslieferung* vornimmt. Jesus hat sich (und die Jünger?) in 14,26-42 auf diesen Moment („*die Stunde*") betend vorbereitet. Und weil er alles Kommende vorausgesagt hat, weiß der Leser, dass er sich freiwillig in die Hände der Gegner begibt. In derselben Szene, in der Jesus durch Judas ausgeliefert wird, scheitern auch alle übrigen Jünger in ihrer bisherigen Jesusnachfolge. Sie „*nehmen Anstoß*" und verlassen Jesus (vgl. 14,27.50), und zwar wirklich *alle*, wie die Rätselszene 14,51f unterstreicht. Das danach noch erzählte *Nachfolgen* des Petrus „*von ferne*" führt nur zu einem noch tieferen Versagen (vgl. 14,66-72). Mit 14,50ff scheiden somit die *Zwölf* aus der Erzählung aus.

Zwischen 14,52 und 14,53 liegt somit ein klarer Einschnitt in der Handlung des gesamten MkEv. Jesus überlässt sich seinen Gegnern, um nun sein ihm von Gott auferlegtes Geschick zu erleiden, stellvertretend „*für die Vielen*". Diese Passion ist, wie in 8,31; 9,31; 10,33f angekündigt, die Zeit des Handelns der Gegner und zugleich, wie in 14,18-21.27-30 vorausgesagt, der Moment des Versagens, ja Abfalls der Jünger. Jesus ist in seinem Leiden völlig allein gelassen, scheinbar sogar von seinem Vater (vgl. 15,34). Erst nach seinem Leiden wird es für die abgefallenen Jünger eine neue Chance zur Nachfolge geben (vgl. 14,28; 16,7), dann zur wirklichen Nachfolge des Gekreuzigten und Auferstandenen.

Unter personeller Rücksicht heben sich die Eckstücke 14,3-9 und 16,1.2-8 deutlich ab: Wie in 14,3-9 eine Frau Jesus vor seinem Leiden auf sein Begräbnis hin salbt und diese Handlung von Jesus selbst zum Inhalt der künftigen weltweiten Evangeliumsverkündigung erhoben wird, so wollen in 16,1.2-8 die treuen Frauen, die Zeugen der Passion Jesu waren, den toten Jesus salben und werden dadurch zu Zeugen der Auferweckungsbotschaft des Engels, durch die die weltweite Evangeliumsbotschaft inauguriert wird (16,5f).

Nochmals bestätigt sich, dass zwischen 14,52 und 14,53 ein Wendepunkt der Handlung liegt. Bis 14,52 wird Jesu Leiden und Sterben symbolisch vollzogen (14,3-9; 14,22-24; 14,35f), ab 14,53 läuft es gemäß dem Willen Gottes (14,36) und den „Schriften" (8,31; 9,12; 14,21a.41) in den einzelnen Stationen „planvoll" ab (vgl. 10,33f).

Aufbau
Wir gelangen auf der Basis all dieser Beobachtungen zu folgendem Aufbau: Die Stücke 14,1-11 und 16,1.2-8 sind Eckstücke, die Einleitung und Abschluss bilden. Sie weisen thematische Entsprechungen auf.

Dazwischen wird die Handlung der Passion in zwei großen Abschnitten erzählt. Im ersten (14,12-52) bereitet Jesus sich und die Jünger auf sein Leidens- und Todesgeschick vor. Beides wird symbolisch vorweggenommen, zum einen im Paschamahl und im Gebet Jesu (vgl. 14,35f), zum anderen in seinen Ankündigung (vgl. 14,18ff.27ff) und im Totalversagen der Jünger (vgl. 14,50ff.66-72).

Auslegung

Der zweite Abschnitt (14,53-15,47) erzählt Station für Station das Leiden Jesu. Beide Abschnitte sind in je zwei Doppelszenen gegliedert, mit entsprechenden Überleitungen und Scharnierstücken.

2. Auslegung

2.1 Die Eröffnung: 14,1-11

14[1]*Noch zwei Tage,*
dann war das Fest des Pascha und der ungesäuerten Brote.
Und die Hohenpriester und die Schriftgelehrten suchten danach,
wie sie ihn mit List ergreifen und töten könnten.
[2]*Sie sagten nämlich: „Ja nicht am Fest,*
damit kein Aufruhr in der Volksgemeinde entsteht!"

[3]*Und als er in Bethanien im Hause Simons des Aussätzigen war,*
da kam, als er zu Tisch lag, eine Frau,
die hatte ein Alabastergefäss mit echtem, kostbarem Nardenöl,
sie zerbrach die Alabasterflasche und schüttete es auf sein Haupt.
[4]*Einige waren da, die ärgerten sich bei sich selbst:*
„Wozu geschah diese Verschwendung des Salböls?
[5]*Dieses Salböl hätte man um dreihundert Denare verkaufen*
und sie den Armen geben können."
Und sie fuhren sie hart an.
[6]*Jesus aber sagte: „Lasst sie in Ruhe!*

Warum macht ihr es ihr schwer? Sie hat ein gutes Werk an mir getan!
[7]*Die Armen habt ihr nämlich stets bei euch,*
und sooft ihr wollt, könnt ihr ihnen Gutes tun,
mich aber habt ihr nicht immer.
[8]*Sie hat getan, was sie konnte:*
Sie hat vorweg meinen Leib zum Begräbnis gesalbt.
[9]*Amen, ich sage euch:*
Wo immer das Evangelium in der ganzen Welt verkündet wird,
da wird auch das erzählt, was sie getan hat, zu ihrem Gedächtnis."

[10]*Und Judas Iskarioth, der eine von den Zwölfen,*
ging hin zu den Hohenpriestern, um ihn an sie auszuliefern.
[11]*Sie aber freuten sich, als sie das hörten,*
und versprachen, ihm Geld zu geben.
Und er suchte danach, wie er ihn bei günstiger Gelegenheit auslieferte.

Das Eröffnungsstück hat drei Szenen. Zwei davon spielen offenkundig in Jerusalem, obwohl keine Angabe gemacht wird (14,1-2.10-11), die Mittelszene in Bethanien „*im Hause Simons des Aussätzigen*" (14,3-9). In den drei Szenen wiederholt sich der Ortswechsel, wie er in 11,1.11.12.19.20 ständig stattgefunden hat. Allerdings ist Jesus nur in der Mittelszene als Akteur anwesend, in den beiden Seitenszenen handeln seine Gegner und der „Auslieferer" Judas. Sie planen Jesu Festnahme und Tötung. Auch in der Mittelszene kommt Jesu Tod in den Blick: Die unbekannte Frau salbt ihn für sein *Begräbnis*. Alle drei Szenen haben somit ein gemeinsames Thema. Sie bereiten den Tod Jesu vor. Die Einbettung der Salbung in die beiden Gegnerszenen soll dem Leser wohl den Eindruck vermitteln, dass die Ereignisse gleichzeitig ablaufen, zumindest die Szenen 14,1f und 14,3-9: Während die Gegner den Tod Jesu planen, nimmt die Frau ihn durch die Salbung symbolisch vorweg.

2.1.1 Der Plan der Gegner: 14,1-2

Der Erzählabschnitt beginnt mit einer Zeitangabe, der ersten im MkEv, die als Datum verwertbar ist: noch zwei Tage bis zum Paschafest. Die Erzählung befindet sich somit am 13. Nisan. Und weil das Paschafest, auf das sich die Zeitangabe bezieht, auf einen Freitag fällt (vgl. 15,42), spielt die jetzt erzählte Szene am Mittwoch davor.

Jedoch ist eine solche Identifizierung des Datums der in 14,1-11 erzählten Ereignisse der Intention des Autors vielleicht gar nicht angemessen. Denn wie die Zeitangabe den Blick des Lesers auf das in zwei Tagen stattfindende Paschafest ausrichtet, so verweisen auch die datierten Ereignisse voraus auf Jesu Auslieferung, Tod und Begräbnis, indirekt auch auf seine Auferstehung; denn die Verkündigung des Evangeliums in der ganzen Welt (vgl. 14,9) setzt die Auferstehung Jesu ja voraus. Durch die Zeitangabe 14,1 gewinnt der Leser den Eindruck: Wie das Paschafest näher rückt, so nähert sich auch der Tag der Passion Jesu unaufhaltsam. Fällt beides gar zusammen?

Die Doppelbezeichnung „*das Pascha und die ungesäuerten Brote*" ist üblich. Zum Paschamahl durfte nur ungesäuertes Brot gegessen werden, und daher mussten alles mit Sauerteig gebackene Brot und alle Sauerteigreste aus der Küche entfernt werden.

Die Hohenpriester und Schriftgelehrten suchen nach Möglichkeiten, wie sie Jesus ergreifen und töten könnten. Die Leser wissen um die feindlichen Absichten der Hohenpriester: Schon seit 11,18; 12,12 wollen sie Jesus festnehmen, trauen sich aber nicht, weil sie fürchten, das Volk könne für Jesus Partei ergreifen. Jetzt wird gesagt, was dem Leser längst klar ist (vgl. 8,31; 10,33f): Sie wollen ihn töten. Über die Schriftgelehrten weiß der Leser, dass sie von Anfang an Jesu Gegner waren (2,6f.16; 3,22; 7,1; vgl. 1,22); soweit sie aus den Kreisen der Pharisäer kommen, haben sie Jesu Tod längst beschlossen (3,6).

Die Gegner scheuen sich, offen gegen Jesus vorzugehen. Deshalb beraten sie über eine List, mit Hilfe derer sie Jesu habhaft werden können. Doch nicht nur bei seiner Festnahme muss eine List helfen, sondern auch bei seiner Tötung. Denn die

Auslegung

Hohenpriester und Schriftgelehrten haben nichts gegen Jesus in der Hand, und sie wissen darum.

Die Begründung für ein listenreiches Vorgehen ist ihre Sorge vor einem Tumult im „*Volk Gottes*" während des Paschafestes. Die Gegner nennen die Volksmenge nicht einfach ὄχλος, sondern geben ihr den Ehrennamen λαός, mit dem die Septuaginta stets das versammelte Bundesvolk Gottes bezeichnet. Die Paschafeier der in Jerusalem versammelten Israeliten soll nicht durch einen Auflauf oder eine Demonstration gestört werden. Nach wie vor nehmen die Gegner an, dass die in Jerusalem weilende Menschenmenge für Jesus Partei ergreifen wird (vgl. 11,18; 12,12; 12,37). Dass sie Grund für solche Befürchtungen haben, hat der Erzähler in 11,8-10 dargestellt.

Von einer Furcht der Hohenpriester, die Römer könnten bei einem Tumult militärisch eingreifen, steht nichts da. Tatsächlich ist ja auch die messianische Demonstration des Volkes in 11,8-10 ohne Reaktion der Römer geblieben. Vielmehr gilt ihre Sorge dem ungestörten Ablauf des Paschafestes und der „Heiligkeit" des den Ritus vollziehenden *Gottesvolkes*. Wollen die Gegner die Festnahme und Tötung Jesu möglichst vom Paschafest fernhalten? Suchen sie nach einer Möglichkeit, erst nach dem Fest und unbemerkt vom Volk Jesus aus dem Weg zu räumen?

Der Leser spürt die tiefe Ironie, die in der Erzählung waltet. Als seien die Gegner die Herren der Ereignisse! Tatsächlich spielen sie nur eine Rolle im göttlichen Plan, den zu erfüllen Jesus sich nach Jerusalem begeben hat (vgl. 8,31; 9,31; 10,32ff), und der jetzt vor den Augen der Leser abrollt. Doch sind sie dadurch nicht entschuldigt. Die folgende Erzählung zeigt, wie entgegen den Plänen der Hohenpriester und Schriftgelehrten Jesus gerade am Paschafest – allerdings nach dem Paschamahl – verurteilt und hingerichtet und wie dabei das Volk in einer tumultuarischen Szene ihn „verraten" wird (vgl. 15,6-15). Kalkül und *List* der Gegner gehen zwar auf, aber anders als sie geplant haben.

2.1.2 Die Salbung: 14,3-9
Während die Hohenpriester und Schriftgelehrten in Jerusalem gegen Jesus listige Mordpläne schmieden, befindet sich Jesus zum Mahl im Haus eines gewissen Simon in Bethanien. Simon hat den Beinamen „*der Aussätzige*" (Lepröse), was nur meinen kann, dass er einmal ein Aussätziger war, jetzt aber von der Krankheit geheilt ist (vgl. 1,40-45). In Bethanien ist Jesus offenbar so gut wie „zu Hause" (vgl. 11,11.19); den Lesern kommen die Szenen in Erinnerung, in denen er mit seinen Anhängern in einem Haus zusammen war (vgl. 1,29-31; 2,1f; 3,20.31ff; 7,17.24; 9,28.33). Diese Situation liegt auch jetzt vor: Jesus ist mit seinen Jüngern und anderen Anhängern beim Mahl zusammen. Dabei tritt eine (nicht mit Namen genannte!) Frau an ihn heran und gießt duftendes, „*echtes, kostbares*" Nardenöl auf sein Haupt, wobei sie das Alabastergefäß, in welchem sich das Öl befand, absichtlich zerbricht. Der Wert des Parfüms/Öls wird von den übrigen Mahlteilnehmern richtig eingeschätzt: dreihundert Denare. Wenn ein Denar der übliche Tageslohn war, dann wendet die Frau mehr als ein durchschnittliches Jahreseinkommen auf. Der Eindruck einer ungemein großzügigen Zuneigung zu Jesus ent-

steht. Oder ist es maßlose Verschwendung? Als solche wird das Tun der Frau in Jesu Umgebung angesehen. Einige sind da, die sich darüber ärgern und bei sich fragen, ob der Gegenwert des Salböls nicht als Almosen für Arme hätte eingesetzt werden können. Wäre das nicht eigentlich im Sinne Jesu (vgl. 10,21) und daher einer Jüngerin angemessen? Deshalb fahren sie die Frau hart an (ἐνεβριμῶντο; vgl. 1,43).

Wer sind die Kritiker? Sie werden vom Erzähler nicht mit den Jüngern identifiziert, doch bedeutet das nicht, dass diese nicht genauso reagieren. In jedem Fall sollen die Leser sich die Jünger beim Mahl anwesend denken, und weil die Kritik die Nachfolgeforderung Jesu offenbar aufnimmt (vgl. 10,21), wird sie als Einwand aus dem inneren Kreis um Jesus durchaus verständlich. Sie kommt nicht von Außenstehenden oder Gegnern.

Wahrscheinlich nennt der Erzähler die Jünger deshalb nicht, weil er voraussetzt, dass auch die Leser durch das sinnlos-verschwenderische Tun der Frau irritiert sind. Ihnen dürfte aus denselben Erwägungen der Einwand durchaus plausibel erscheinen. Und so haben sich die Leser in den Kreis der ungenannten Kritiker eingereiht.

Nicht die Frau muss sich verteidigen. Auch für den Leser unerwartet nimmt vielmehr Jesus sie in Schutz. Man soll sie in Ruhe lassen und nicht durch Kritik beschweren! Hat sie es ohnehin schwer genug? Jesus weiß, was sie mit ihrer Tat wirklich tun wollte und getan hat: ein Liebeswerk an ihm. Denn er ist ein „toter Mann", geht er doch auf seinen Tod zu. Eigentlich müssten auch die Jünger (und Leser) dies wissen und könnten das Tun der Frau in diesem Licht beurteilen. Die Frau hat offenbar als einzige begriffen, welchen Weg Jesus geht, und indem sie ihm so verschwenderisch ihre Liebe erweist, bejaht sie den Todesgang Jesu.

Der Erzähler setzt voraus, dass die Frau weiß, was sie tat, sonst könnte Jesus sie nicht in dieser Weise verteidigen. Sie beschämt damit Jünger und Leser, die solchen Liebesdienst an Jesus kritisieren. Jesus nimmt deren Argumentation auf: Natürlich sollen den Armen Almosen gegeben werden. Die Forderung Jesu (vgl. 10,21) ist durch das Tun der Frau aber gar nicht tangiert. Den Armen können Jünger und Leser nämlich immer helfen, ständig werden Arme in der Gemeinde und in der Welt präsent sein. Wem an ihnen liegt, findet genug Gelegenheit, sie zu unterstützen.

Der Liebesdienst an Jesus jedoch war die einmalige Gelegenheit. Die Jünger und gar die Leser können ihn nicht wiederholen. Wenn Jesus nicht mehr da sein wird, tritt die Armenfürsorge tatsächlich an die Stelle solchen Liebesdienstes. Die Frau dagegen hat die Gelegenheit – den Kairos – ergriffen und am lebendigen Jesus getan, was nur damals möglich war (ὃ ἔσχεν ἐποίησεν).

Mit einer erneuten Weissagung über sein auf ihn zukommendes Geschick erläutert Jesus noch eindringlicher, was die Tat der Frau bedeutet: Sie war ein Liebesdienst, weil durch sie der noch lebendige Leib (σῶμα) für seine Bestattung gesalbt worden ist. Der Leser wird so darauf vorbereitet, dass der tote Jesus (15,43: σῶμα; 15,45: πτῶμα) nicht so liebevoll bestattet werden wird (vgl. 15,46). Wenn später die Frauen am Ostermorgen die Totensalbung nachholen wollen, ist

Auslegung

der Auferstandene schon nicht mehr im Grab. Somit hat die Frau den dem toten Jesus zustehenden Liebesdienst vorweggenommen und damit symbolisch seinen Tod.

Ihre Tat ist gar nicht hoch genug einzuschätzen. Sie ist es wert, im Evangelium erzählt zu werden. So kündigt Jesus es an und weist damit indirekt auf seine Auferstehung hin. Sie wird die weltweite Verkündigung des Evangeliums in Gang setzen. Durch den Autor wird Jesu Ankündigung Realität: Er hat der Tat der anonymen Frau in seinem Buch auf alle Zeit ein Denkmal gesetzt, weil sie die einzige war, die dem Sterben Jesu nicht Unverständnis und Widerstand entgegensetzte, sondern glaubendes Einverständnis. Darin bleibt sie Vorbild gerade auch für die Leser.

2.1.3 Die Absprache zum Verrat: 14,10-11

Die Hohenpriester und Schriftgelehrten suchten nach einer List, wie sie Jesus beseitigen könnten, ohne dass es Demonstrationen der Volksmenge gibt. Judas Iskarioth bietet ihnen die Möglichkeit, Jesus abseits der Festmenge festzunehmen. Die Leser kennen Judas längst: Sie wissen, dass er zu den von Jesus erwählten *Zwölf* gehört (vgl. 3,14f), um immer bei Jesus zu sein, dass auch er von ihm mit Vollmacht zur Verkündigung und Dämonenbannung ausgestattet worden ist (vgl. 6,7.12f). Der Autor hat ihnen ebenfalls schon mitgeteilt, dass Judas Jesus an seine Feinde ausliefern wird (vgl. 3,19). Darum trifft sie die jetzige Mitteilung nicht überraschend. Judas übernimmt nun seine Rolle. Nochmals und eigentlich überflüssigerweise nennt der Erzähler ihn „*der eine der Zwölf*". Diese Bezeichnung wirkt wie ein Ausrufezeichen. Die perfide Tat des Judas ist der absolute Tiefpunkt des Jüngerversagens, aber sie bleibt ein Beispiel für das Versagen der *Zwölf*.

Sollen die Leser voraussetzen, auch Judas sei bei der vorausgehenden Salbungsszene dabei gewesen? Vor diesem Hintergrund bekäme sein Verrat eine besondere Note, müsste Judas doch damit rechnen, dass Jesus, der sein eigenes Geschick voraus weiß, auch das Tun des Verräters durchschaut. Der Erzähler deutet an, was Judas zu seiner Tat treibt. Er ist korrupt und erliegt der Lockung des Geldes. Ihm geht es nicht um die Armen (vgl. 14,5), sondern um sich selbst. Sobald der Preis ausgemacht ist, späht er nach der „*günstigen Gelegenheit*" aus, Jesus an die Gegner auszuliefern.

2.2 Das Paschamahl Jesu: 14,12-25

¹²Dann am ersten Tag des Festes der ungesäuerten Brote,
als man das Paschalamm schlachtete,
sagten seine Jünger zu ihm.
„Wohin willst du, dass wir gehen und Vorbereitungen treffen,
damit du das Paschamahl isst?"
¹³Da sandte er zwei Jünger aus und sagte ihnen:
„Geht in die Stadt, und es wird euch ein Mann begegnen,
der einen Wasserkrug trägt. Ihm folgt.

*¹⁴Und wo er hineingeht, dort sagt zu dem Hausherrn:
Der Lehrer fragt: Wo ist der Raum, wo ich mit meinen Jüngern
das Paschalamm essen kann?
¹⁵Er selbst zeigt euch dann ein großes Oberzimmer,
mit Teppichen fertig ausgestattet.
Und dort bereitet (alles) für uns vor."
¹⁶Und die Jünger zogen los und kamen in die Stadt und fanden es so,
wie er es ihnen gesagt hatte, und bereiteten das Paschamahl vor.*

*¹⁷Und als es Abend geworden war, kommt er mit den Zwölfen.
¹⁸Und während sie beim Mahl lagen und aßen, sagte Jesus:
„Amen, ich sage euch: Einer von euch wird mich ausliefern,
der mit mir isst."
¹⁹Da wurden sie bestürzt und sagten ihm, einer nach dem andern:
„Doch nicht ich?!"
²⁰Er aber sagte zu ihnen: „Einer von den Zwölfen –
der mit mir in die Schüssel tunkt!"
²¹Ja, der Menschensohn geht zwar hin, wie über ihn geschrieben steht,
wehe aber jenem Menschen, durch den der Menschensohn ausgeliefert wird.
Für ihn wäre es besser, wenn er nicht geboren wäre – jener Mensch."*

*²²Und während sie aßen, nahm er Brot, sprach den Lobpreis ,
brach es und gab es ihnen und sagte:
„Nehmt, das ist mein Leib."
²³Und er nahm den Becher, sprach das Dankgebet und gab ihn ihnen,
und alle tranken aus ihm.
²⁴Und er sagte ihnen: „Das ist mein Blut des Bundes,
das für die Vielen vergossen wird.
²⁵Amen, ich sage euch,
ich werde nicht mehr von dem Gewächs des Weinstocks trinken
bis zu jenem Tag, an dem ich es neu trinken werde im Reich Gottes."*

Der Abschnitt in seiner dreifachen Untergliederung wird durch die Szenerie zusammengehalten. Das erste Stück 14,12-16 schildert die Auffindung des Raumes, in dem das geplante Paschamahl Jesu stattfinden soll, in dessen Verlauf Jesus den Verrat ankündigt (14,17-21) und sein Sterben deutet (14,22-25). Das Stichwort *essen* (φάγω/ἐσθίω) beherrscht die Darstellung. Jesus isst das Pascha mit den Jüngern (vgl. 14,12.14); „während des Essens" verweist Jesus auf sein Todesgeschick (vgl. 14,18.22); der Verräter wird gekennzeichnet als einer, „*der mit mir isst*" und „*der mit mir in die Schüssel taucht*"; Brot und Wein symbolisieren Jesu Lebenshingabe (vgl. 14,22.24); das nächste Mahl wird Jesus in der Basileia Gottes als Festmahl halten und dabei Wein trinken (vgl. 14,25).

Dieser szenische Zusammenhang lässt keinen Zweifel daran, wie die Tagesangabe in 14,12 verstanden werden muss. Sie bezieht sich auf den gesamten Erzählzusammenhang (bis 14,42?) und datiert ihn auf den 14. Nisan, der aber als „*erster Tag der ungesäuerten Brote*" (= erster Paschatag; vgl. 14,1) ausgewiesen wird.

Auslegung 317

Die darin liegende Spannung lässt sich auflösen: Am Nachmittag des 14. Nisan wurden im Tempel die Paschalämmer geschlachtet, mit deren Verzehr am Abend das Paschafest begann. Für einen palästinischen Juden war der Sonnenuntergang die Datumsgrenze. Nichts weist jedoch darauf hin, dass der Erzähler in 14,17 einen Tageswechsel andeuten will. Für ihn und seine Leser endete der mit 14,12 eröffnete Tag nicht mit dem Sonnenuntergang am Abend, und deshalb kann dieser Tag in doppelter Weise gekennzeichnet werden: Es ist der Tag, an dem nachmittags die Paschalämmer geschlachtet wurden, und es ist zugleich der erste Festtag, weil an ihm abends das Paschalamm gegessen wurde. Autor und Leser orientieren sich offensichtlich nicht an der jüdischen Tageszählung. Doch muss das nicht zwingend bedeuten, dass der Autor und die Mehrzahl der Leser keine Juden waren, wohl aber, dass sie nicht in Palästina lebten. Bei seiner literarischen Datumsangabe wollte der Autor die jüdischen Sonderregelungen beim Tageswechsel unberücksichtigt lassen.

2.2.1 Die Auffindung des Paschamahlsaales: 14,12-16

Das Datum rückt um einen Tag vor; der erste Tag des Paschafestes ist da (vgl. 14,1), und damit ist der Termin des Leidens und Sterbens Jesu herangekommen. Erst in 15,42; 16,1f wird der Erzähler erneut Tagesangaben machen; die Passionsereignisse dazwischen laufen im Stundentakt ab (vgl. 14,17.68.72; 15,1.25.33.34). Entgegen der Planung der Gegner findet Jesu Auslieferung und Tötung „*am Fest*" statt. Nicht die Gegner sind die Herren über die jetzt folgenden Termine und Ereignisse.

Bedeutungsschwer lautet die Kennzeichnung des „*ersten Tages*" im Text: „*Als man das Pascha(lamm) schlachtete*"! Der kleine Satz ist ein Signal: Das alte Fest, bei dem ein geschlachtetes und verzehrtes Lamm die Erlösung symbolisierte, bildet den Rahmen für die Passion Jesu. Der Griechisch sprechende Leser nimmt im *Pascha* den Anklang an *Passion* (πάσχειν) wahr.

Auch den Jüngern ist die Bedeutung des Tages bewusst. Sie ergreifen die Initiative (vgl. 6,35f) und eröffnen die Handlung, indem sie Jesus fragen, wo sie nach seinem Wunsch alles vorbereiten sollen, „*damit du das Pascha isst*". Das klingt eigenartig distanziert. Wollen sich die Jünger heraushalten und Jesus *sein Pascha* allein feiern lassen?

Nun zeigt sich erneut – wie beim Einzug Jesu nach Jerusalem (11,1-6) –, dass schon alles gefügt ist und Jesus darum weiß. Der Lebensweg Jesu in Passion und Tod ist von Gott genau geplant (vgl. 1,2f; 8,31; 9,12f; 9,31; 10,33f), und Jesus kennt Gottes Plan. In diesem göttlichen Wissen weist er zwei seiner Jünger an, den für sein Paschamahl längst bereit stehenden Raum in der Stadt zu finden und das Mahl für ihn und für sie (ἡμῖν) vorzubereiten. Jesus rückt die distanzierte Formulierung der Jünger (vgl. 14,12) zurecht: Auch sie werden das Pascha essen, als seine Jünger mit ihm! Ein geheimnisvoller Ruf in die Kreuzesnachfolge (vgl. 8,34)?

Jesus hat nicht bereits vor Tagen (vgl. 11,12-12,44) von den Jüngern unbemerkt, geheime Absprachen mit dem Hausbesitzer getroffen; vielmehr hat Gottes

Geist alles genau so eingerichtet, wie Jesus es voraussagt, so dass eigentlich nicht die Jünger das Pascha vorbereiten, sondern Gott selbst.

2.2.2 Der Hinweis auf den Verrat: 14,17-21
Am Abend kommt Jesus „*mit den Zwölfen*". Er braucht natürlich keinen Wasserträger als Führer, sondern findet den Weg zum vorbereiteten Paschamahlsaal in göttlichem Wissen. Hat der Erzähler vergessen, dass Jesus zwei seiner Jünger vorausgeschickt hat? Oder gehörten die zwei nicht zu den Zwölfen, und der Kreis der Teilnehmer am Paschamahl umfasst mehr als zwölf Jünger? Doch ist das als Meinung des Erzählers eher unwahrscheinlich, denn das „*Einer von euch*" (14,18) meint doch wohl: „*Einer von den Zwölfen*" (14,20).

Warum betont der Erzähler so stark, dass Jesus „*mit den Zwölfen*" kam, und nicht „*mit den Zehn*" (vgl. 10,41) oder „*mit den übrigen*"? Will er auf diese Weise verdeutlichen, dass die Zwölf wieder beisammen waren, als Jesus mit den übrigen Jüngern ankam? Will er von vornherein klar stellen, dass Judas, von dem die Leser wissen, dass er die Auslieferung Jesu bereits mit den Hohenpriestern abgesprochen hat, beim Paschamahl Jesu mit seinen Jüngern anwesend war? Denn im Folgenden geht es um die geplante Tat dieses *Einen*.

Während des Mahles sagt Jesus den Verrat voraus. Es ist das Paschamahl, doch über die besonderen Speisen und Riten dieses Mahles sagt der Erzähler nichts. Indem Jesus das alte Paschamahl mit seinen Jüngern einnimmt, konstituiert er es neu. Die alten Riten werden durch die neuen ersetzt, die Speise wird in Zukunft Jesu Leib und Blut in den Symbolen von Brot und Wein sein (vgl. 14,22-24).

Jesu Ankündigung macht den Leser erstaunen, denn was er weiß, muss doch auch Jesus bewusst sein. Dem Leser ist klar, dass Jesus nicht nur die Tatsache des Verrates, sondern auch seinen Verräter kennt. Deswegen ist Jesu Ansage: „*Einer von euch*" so verwunderlich. Offenbar ist für Jesus wichtiger, dass der Verräter aus dem engsten Jüngerkreis kommt, als wer er ist. Er sitzt mitten unter den mit ihm Essenden, im vertrauten Rund.

Der Leser sieht Judas vor sich – er kennt ihn als Verräter Jesu schon seit 3,19 und 14,10f –, wie er, im Kreis der übrigen Jünger versteckt, Jesu Vorhersage hört und längst weiß, dass sie zutrifft. Er sucht nur noch nach einer günstigen Gelegenheit. Das Wort Jesu bewirkt in ihm nichts; weder bekennt er sich schuldig noch entschließt er sich auszusteigen. Um so mehr sind die übrigen Jünger bewegt. Sie geraten in Trübsinn, sind sich ihrer selbst nicht sicher. Erstaunlicherweise fragen sie nicht „*Wer von uns ist es?*", sondern einer nach dem andern fragt Jesus: „*Doch nicht ich?*" Also glauben auch sie, dass Jesus den Verräter kennt. Traut sich jeder von ihnen in ehrlicher Betroffenheit zu, er könnte selbst der Verräter sein? Oder weisen sie den Verrat weit von sich, wie es später nach Jesu Ansage des allgemeinen Jüngerabfalls Petrus tun wird (vgl. 14,29)? Vielleicht soll der Leser sich diese Fragen aber gar nicht beantworten, weiß er doch ohnehin, dass beim Verrat alle Jünger außer einem unschuldig sind. Er soll wohl auf Judas achten, der doch ebenfalls, zwar in gespielter Trauer, aber voll frechem Trotz fragt: „*Doch nicht ich?*"

Auslegung

Die Szene erscheint als unwirklich. Darstellbar ist sie nicht, zumal Jesus auf keine der zwölf Jüngerfragen antwortet, auch nicht auf die Unverschämtheit des Judas. Sie ist literarische Fiktion, die eindrucksvoll verdeutlichen will: Alle Jünger halten sich für fähig zur Tat. Eigentlich wird Judas dadurch ein wenig entlastet. Sein unverzeihliches Versagen war nicht, dass er Jesus verriet, sondern dass er es trotz Jesu Ansage tat und dennoch frech von sich wies.

Nachdem die Zwölf – *„einer nach dem anderen"* – Jesus befragt haben, wiederholt Jesus als Antwort seine Ankündigung mit anderen Worten: Der Verräter ist einer aus dem engsten Jüngerkreis, dazu berufen, mit Jesus zu sein und seine Botschaft und sein Wirken fortzusetzen (vgl. 3,14f). Und dieser *Eine* ist jetzt beim Mahl anwesend, hat *„seine Hand mit mir in die Schüssel"* getaucht. Damit bezeichnet Jesus den Verräter nicht, weil ja alle Anwesenden diesen Gestus vollzogen haben. Es ist, als wolle Jesus das Undenkbare noch einmal eindringlich vor Augen stellen: Er wird – horribile dictu – von einem Intimus verraten und verkauft! Soll Judas die Chance erhalten, doch noch von seinem Vorhaben Abstand zu nehmen? Wird von Jesus seine Verstocktheit und darum Unentschuldbarkeit aufgewiesen?

Das dürfte wohl der Sinn des Gerichtswortes in 14,21 sein. Im Vordersatz sagt Jesus an, dass er freiwillig das über ihn verfügte Leiden und Sterben annehmen wird (vgl. 8,31; 9,12.31; 10,33f.45). Da er um das Faktum des Verrates weiß und seinen Verräter kennt, könnte er dessen Absichten leicht verhindern. Aber er wird sich absichtlich an den Ort der Auslieferung begeben und so die *„günstige Gelegenheit"* für Judas selbst herstellen. Dennoch wird der Auslieferer dadurch nicht entschuldigt. Er könnte seinen Plan auch aufgeben und in der Nachfolge bleiben – noch gehört er ja zu den *Zwölf*! Wenn er trotz der Warnung Jesu den Verrat vollendet und Jesus seinen Gegnern ausliefert, wird es zu spät sein, weil er verstockt bei seiner Ablehnung geblieben ist. Ihm gilt das endzeitliche *Wehe*, denn er hat sich selbst ein elendes Geschick im Endgericht bereitet (vgl. 3,28ff; 8,38). Nicht gelebt zu haben, wäre für ihn besser gewesen.

Warum liegt Jesus (und dem Autor) so sehr daran, das endzeitliche Geschick des Judas auszumalen? Leiten ihn Rachegelüste? Aber das Todesgeschick Jesu war doch von Gott verfügt und ist von Jesus angenommen worden. Warum sollte er sich kleinlich an Judas rächen? Vielmehr ist es doch so, dass hier Schuld ganz ernst genommen wird. Obwohl Jesus seinen Todesweg gehen *musste*, musste Judas ihn nicht an seine Todfeinde ausliefern. Wie Jesus hat auch Judas *freiwillig* gehandelt, in bewusster Feindschaft, und trägt dafür die Verantwortung. Niemand wird so zum Werkzeug Gottes, dass ihm die Würde seiner Freiheit genommen wäre; sein Tun bleibt sein eigenes, für das er verantwortlich ist. Dem Autor liegt daran, dies zu betonen und so für immer jede psychologische Spekulation über einen tragisch-unseligen Judas abzuschneiden.

2.2.3 Die Begründung der Eucharistiefeier: 14,22-25
14,22-24: Der Erzähler berichtet noch eine weitere Episode während des Paschamahls Jesu. Sie wirkt unscheinbar, aber sie ist dem Erzähler wichtiger als das Essen des Paschalammes, über das kein Satz fällt. Das einfache Essen/Trinken

von Brot und Wein durch die Jünger ersetzt auf der Erzählebene das Paschamahl, und alles spricht dafür, dass dies auch in der Lebenswirklichkeit der Leser so ist. Sie erkennen in der Darstellung das Gemeindemahl wieder, das in ihrem Gemeinschaftsleben an die Stelle des Pascha getreten ist, weil es das alte Fest erfüllt. Wie beim jüdischen Paschamahl alle Speisen auf dem Tisch Bedeutung haben und im Verlauf des Mahles gedeutet werden, so auch beim Mahl Jesu. Wies das Paschamahl auf die Erlösung Israels zurück, so symbolisiert das Jüngermahl die Erlösung der *Vielen* (= aller) durch das Sterben Jesu.

Der Autor erzählt von einem wirklichen Jüngermahl, denn es ist klar, dass Jesus selbst nicht von dem Brot isst, das seinen Leib repräsentiert, und nicht mittrinkt von dem Wein, der sein vergossenes Blut ist. Das Stück stellt zweifellos den Höhepunkt, ja Zielpunkt jener Szenen im ganzen Buch dar, in denen Jesus mit seinen Jüngern Mahl hält oder zu halten versucht (vgl. 1,29-31; 2,15; 3,20; 6,31). Auch erinnert sich der Leser an die beiden Speisungen, in denen Jesus das Brot mit gleichem Gestus segnete und es den Jüngern gab, damit sie es austeilten (vgl. 6,41; 8,6). All diese Szenen finden jetzt ihre Erfüllung, wenn Jesus den Jüngern (und Lesern) mit Brot und Wein an seinem erlösenden Leiden und Sterben Anteil gibt.

Jesus deutet das geteilte, zerrissene Brot: *„Das ist mein Leib"*. Das Brot symbolisiert ihn selbst (vgl. 8,14), insofern er sein Leben hingibt. Indem die Jünger es *nehmen* und essen, partizipieren sie an seinem Sterben. Vom Kelch wird ausdrücklich gesagt, dass *alle* aus ihm tranken. Haben die Jünger damit den Kelch getrunken, den Jesus selbst ebenfalls trinken wird (vgl. 10,38ff)? Sind sie in die Leidensnachfolge Jesu eingetreten? Denn der Kelch enthält Jesu eigenes Bundesblut, das er *„für alle"* vergossen hat (!). Die symbolische Handlung des Essens und Trinkens nimmt den Tod Jesu wirksam vorweg, wie die Salbung seine Bestattung (vgl. 14,8). Also nimmt es auch die spätere Leidensnachfolge der Jünger symbolisch vorweg. Und ebenso können die Leser durch Essen und Trinken von Brot und Wein symbolisch am Heilstod Jesu partizipieren.

Neben 10,45 wird in 14,24 zum einzigen Mal im MkEv der Zweck des Sterbens Jesu genannt: Es ist ein stellvertretendes Sühnesterben *„für die Vielen"* (= alle), durch das der Bund erneuert wird. Ohne Zweifel steht der Autor in der Tradition der gesamten Urgemeinde und will sagen, dass Jesus sterbend die Sünden gesühnt hat, durch die der Bund gebrochen war (vgl. Röm 3,24f), und dadurch Sündenvergebung *„für die Vielen"* bewirkt hat, auf die schon Johannes der Täufer verkündigend hinwies (vgl. 1,4). Im Tod Jesu sind den Menschen *„alle Sünden vergeben"* worden, die zu vergeben der Menschensohn Vollmacht hatte (2,10; vgl. 3,28).

Freilich gehört auch Judas zu den Mahlteilnehmern; der Erzähler hat nicht erwähnt, dass er den Raum verlassen hätte. Also isst und trinkt auch er mit den anderen vom Brot und Wein. Doch das *Wehe* über ihn wird dadurch nicht unwirksam, denn Jesus kann nur für den sühnend eintreten, der sich ihm und seinem Evangelium öffnet (vgl. 1,15) und Umkehr und Jüngernachfolge vollzieht (vgl. 1,4). Wer wie die Gegner oder Judas verstockt bleibt, ist *„ewiger Sünde schuldig"* (3,29). Eucharistisches Essen und Trinken wirken nicht magisch.

Auslegung 321

14,25: Das Schlusswort Jesu ist eine starke Versicherung an die Jünger: So sicher dieses Paschamahl das letzte Mahl ist, das Jesus mit seinen Jüngern einnimmt, so sicher wird er in der Basileia Gottes (vgl. 1,15; 4,26-32) am feierlichen Mahl teilnehmen. Er wird dann *„auf neue* [himmlische] *Weise"* (καινόν) Wein trinken. Wer wird an diesem Mahl teilnehmen? Jesus sagt es nicht, aber die Jünger (und Leser) können ergänzen: Jesu Nachfolger (vgl. 9,1) und die Auserwählten (vgl. 13,27)! Waren die Deuteworte beim Brot und Wein verdeckte Todesweissagungen, so ist das Schlusswort die Ansage des Triumphes Jesu, der als auferstandener Menschensohn zur Rechten Gottes sitzen (vgl. 12,36; 14,62) und von dort zur Aufrichtung des Reiches Gottes kommen wird (vgl. 13,26; 14,62; 8,38).

Erst bei diesem endzeitlichen Festmahl im Reich Gottes findet auch das Jüngermahl zur Aneignung der Frucht des Sterbensgeschicks Jesu seine Erfüllung. Das „eucharistische" Mahl, das selbst die Erfüllung der Speisungen und Jüngermahlzeiten der erzählten Jesusgeschichte war, ist noch nicht das eschatologische Heilsmahl. Wenn die Leser es ständig in der Gemeinde feiern, um an der Heilswirkung des Jesusgeschehens zu partizipieren, so müssen sie sich dessen bewusst bleiben, dass das Ziel ihres Weges mit Jesus damit noch nicht erreicht ist. Brot und Wein geben Anteil an Jesu Leidens- und Todesgeschick, sie sind Speise auf dem Weg der Leidensnachfolge (vgl. 8,34-37). Durch sie gelangt man wie Jesus zum Ziel: dem feierlichen Mahl im Reich Gottes. „*Wer sein Leben...* [in der Nachfolge Jesu] *verliert, wird es gewinnen!"* (8,35) und er wird in der Basileia mit Jesus *„neu von der Frucht des Weinstocks"* trinken.

2.3 Die „Stunde" Jesu und das Versagen der Jünger: 14,26-52

[26]*Und sie sangen den Lobpreis und gingen hinaus an den Ölberg.*
[27]*Da sagt Jesus zu ihnen: „Ihr werdet alle abfallen.*
Denn es steht geschrieben: Ich werde den Hirten erschlagen
und die Schafe werden sich zerstreuen.
[28]*Aber nachdem ich auferstanden bin,*
werde ich euch vorausgehen nach Galiläa."
[29]*Petrus aber sprach zu ihm:*
„Auch wenn alle anderen abfallen, so ich doch nicht."
[30]*Und Jesus sagt zu ihm:*
„Amen, ich sage dir: Gerade du wirst heute, in dieser Nacht,
bevor der Hahn zum zweitenmal kräht, mich dreimal verleugnen."
[31]*Der aber sagte nachdrücklich: „Auch wenn ich mit dir sterben müsste,*
ich werde dich nicht verleugnen!"
Ebenso aber redeten alle.
[32]*Dann kommen sie zu einem Landgut mit Namen Gethsemane.*
Und er sagt zu seinen Jüngern:
„Setzt euch hierhin, bis ich gebetet habe."
[33]*Dann nimmt er den Petrus und den Jakobus und den Johannes mit sich*
und fing an zu zittern und vor Angst zu schlottern

*³⁴und sagt zu ihnen: „Meine Seele ist zu Tode betrübt;
bleibt hier und wacht!"
³⁵Dann ging er ein wenig weiter, warf sich zu Boden und betete,
dass, wenn es möglich wäre, die Stunde an ihm vorüberginge.
³⁶Und er sprach: „Abba, Vater, alles ist dir möglich.
Nimm diesen Kelch von mir!
Doch nicht wie ich will, sondern wie du willst!"
³⁷Und er kommt und findet sie schlafend, und er sagt zu Petrus:
„Simon, du schläfst! Konntest du nicht eine Stunde wachen?
³⁸Wacht und betet, damit ihr nicht in Versuchung kommt.
Der Geist ist zwar willig, aber das Fleisch ist schwach."
³⁹Dann ging er wieder weg und betete mit demselben Wort.
⁴⁰Und abermals kam er und fand sie schlafend,
waren ihre Augen doch schwer geworden,
und sie wussten nicht, was sie ihm antworten sollten.
⁴¹Und er kommt zum drittenmal und sagt zu ihnen:
„Schlaft nur weiter und ruht aus! Es ist vorbei!
Die Stunde ist da, siehe,
der Menschensohn wird den Händen der Sünder ausgeliefert.
⁴²Steht auf, lasst uns gehen! Siehe, mein Verräter ist nahe!"
⁴³Und während er noch redete, da kommt Judas herzu, einer der Zwölf,
und mit ihm ein Haufen Leute mit Schwertern und Knüppeln
von den Hohenpriestern und den Schriftgelehrten und den Ältesten.
⁴⁴Der Verräter hatte ihnen aber ein Kennzeichen angegeben und gesagt:
„Den ich küssen werde, der ist es! Ergreift ihn und führt ihn sicher ab!"
⁴⁵Und sofort trat er zu ihm und sagte: „Rabbi!" und küsste ihn.
⁴⁶Sie aber legten Hand an ihn und nahmen ihn fest.
⁴⁷Irgendeiner der Dabeistehenden aber zog das Schwert,
traf den Knecht des Hohenpriesters und hieb ihm ein Ohr ab.
⁴⁸Und Jesus entgegnete ihnen und sagte:
„Wie gegen einen Räuber seid ihr ausgezogen
mit Schwertern und Knüppeln, um mich zu fangen.
⁴⁹Tag für Tag war ich bei euch im Tempel und lehrte,
doch ihr habt mich nicht ergriffen.
Jedoch, die Schriften sollten erfüllt werden."
⁵⁰Da verließen alle ihn und entflohen.
⁵¹Und ein junger Mann – ein bestimmter – folgte ihm,
bekleidet mit einem Leinenhemd auf dem bloßen Leib,
und sie griffen nach ihm.
⁵²Er aber ließ das Hemd zurück und floh nackt.*

Der Abschnitt hat drei Szenen (14,26-31.32-42.43-52), die wie 14,12-25 durch die Szenerie zusammengehalten werden. Sie spielen alle am Ölberg (14,26), speziell im „*Landgut Gethsemane*" (14,32), und zwar in der Nacht nach dem Paschamahl Jesu, und sie führen zeitlich bis an die *Stunde* Jesu heran (14,35.41). Ab 14,43

Auslegung 323

läuft das Geschehen der Passion und des Versagens der Jünger planmäßig ab, wie Jesus es vorausgesagt hat (vgl. 14,18.27.30.41f).

Man könnte erwägen, in 14,41f eine Art „Wasserscheide" der Darstellung zu sehen, bis zu der hin allein Jesus der Aktive ist, die Gegner dagegen in ihrem Planen und Handeln gebremst erscheinen. Ab 14,43 übernehmen dann sie und ihre Helfer die Initiative, und Jesus erleidet – von den Jüngern im Stich gelassen – Passion und Tod. Formal spricht jedoch alles dagegen, nach 14,42 eine literarische Grenze anzunehmen: 14,43 schließt unmittelbar an 14,41f an („*während er noch redete...*"), und 14,50-52 bilden durch die Verdoppelung des Fluchtmotivs einen starken Abschluss. Daher sollte der Abschnitt 14,26-52 als literarische Einheit gelten, in der sich der erwähnte Umschwung ereignet: Jesus ergibt sich in den Willen des Vaters; die *Stunde* ist da; Passion und Jüngerversagen nehmen ihren Lauf.

2.3.1 Die Vorhersage: 14,26-31

Die Szene schließt eng an das erzählte Paschamahl an: Der Hymnus – gemeint ist das „Hallel" (Pss 113-118) – wird noch im Paschamahlsaal gesungen, bevor Jesus und die Jünger aus der Stadt hinaus zum Ölberg gehen. Dem Leser tritt die Situation von 13,3 vor Augen: Der Ort *Ölberg* signalisiert, dass Jesus wie zuvor in 11,11.19; 13,1ff die Stadt verlassen hat, denn er liegt außerhalb auf dem Weg nach Bethanien (vgl. 11,1).

Unterwegs sagt Jesus den Jüngern ihr totales Versagen voraus: Alle werden „*Anstoß nehmen*", „*zu Fall kommen*". Σκανδαλίζεσθαι ist ein starker Terminus, der den Glaubensabfall der Jünger ansagt (vgl. 4,17; 9,42-47). Dieser ist in der Schrift (Sach 13,7) schon vorausgeschaut; er gehört wie der Verrat zu den Notwendigkeiten der Passion Jesu. Doch werden die Jünger dadurch nicht entlastet. Wie Judas für seine Tat verantwortlich bleibt (vgl. 14,21), so auch alle Jünger für ihr Versagen. Wie Schafe sich zerstreuen, wenn der Hirte umkommt, so werden die Jünger ihren Hirten Jesus im Stich lassen, sobald er *geschlagen* wird. Der Vordersatz beleuchtet dies Versagen: Es ist Feigheit, dem leidenden Jesus nicht nachzufolgen (vgl. 4,17), um das eigene Leben zu retten (vgl. 8,35). Darum ist dies Verhalten Aufkündigung der Nachfolge. Die Jünger beenden ihre Beziehung zu Jesus, die in 1,16-20; 3,13ff begonnen hatte. Keineswegs ist Jesu Tod die „natürliche" Trennung der Jünger von Jesus. Jüngernachfolge wäre trotz der Passion möglich gewesen, dann als Kreuzesnachfolge, wie die Frauen unter dem Kreuz ja beweisen (15,40f; vgl. 8,34f).

Erneut hat Jesus indirekt sein Leiden und Sterben angekündigt (vgl. 14,21). Doch nicht darum geht es ihm, sondern um die Ansage des Verhaltens der Jünger während seiner Passion: Die Herde wird sich zerstreuen, wenn der Hirt sie nicht mehr lenken kann. Die in 14,28 folgende Verheißung ist eine direkte Ankündigung der Auferweckung (vgl. 9,9); auch bei diesem Wort ist die Reaktion der Jünger im Blick. Jesus verheißt ihnen, als Auferstandener vor ihnen her zu gehen „*nach Galiläa*". Dann werden sie wieder hinter ihm her gehen können. Die verstreute, vom Hirten abgefallene Herde kann sich wieder sammeln und ihm nachfolgen. Werden die Jünger das Wort Jesu beachten? Ihr allgemeines Versagen hat

Jesus ihnen in 14,27 genau angesagt und gedeutet; ob sie ihm jedoch nach Galiläa nachfolgen werden, sagt er nicht. Sein Vorausgehen wird es erneut möglich machen, und er ruft sie schon jetzt dazu auf. Der Auferstandene überwindet Versagen und Abfall und ermöglicht einen Neuanfang der Jüngerschaft – gnadenhaft.

Dass die Jünger dem Auferstandenen gefolgt sind, weiß der Leser. Von Galiläa ist somit erneut das Evangelium Gottes ausgegangen (vgl. 1,14f). Was das für das Verstehen des Buches bedeutet, werden wir zu 16,7 bedenken. Die Verheißung Jesu und das Wissen der Leser aus nachösterlicher Perspektive schwebt wie ein Hoffnungsschimmer über der düsteren Szene, ohne den die Stupidität und Selbstgerechtigkeit der Jünger für den Leser schwer zu ertragen wäre. Der Leser weiß ja, dass Jesu Vorhersage und Einschätzung zutreffend ist. Insofern ist Jesu Verheißung an den Leser gerichtet.

Die Jünger hingegen weisen die Ansage ihres Versagens weit von sich. Deshalb gehen sie auch auf Jesu tröstende Verheißung überhaupt nicht ein. Als ihr Sprecher äußert sich Petrus. Er spricht das aus, was *alle* denken und sagen (14,31c), und ist sich seiner selbst vollkommen sicher. Er gesteht zu: Alle anderen Jünger könnten Jesus im Stich lassen, von ihm abfallen, er jedoch auf keinen Fall! Und weil alle anderen genau so reden wie Petrus, wiederholt sich das „*doch nicht ich!*" von 14,19. Die Jünger sind von sich selbst vollkommen überzeugt. Bei der Ansage des Verrates wusste der Leser, dass außer Judas alle anderen unschuldig geblieben sind. Jetzt gibt es hingegen keine Ausnahme. Alle werden die Nachfolge Jesu verlassen, auch Petrus. Gerade er – so sagt ihm Jesus – wird noch in dieser Nacht Jesus dreimal verleugnen. Dazu muss er ihm freilich zunächst „*von weitem*" bis in den Hof des Hohenpriesters hinein *nachfolgen* (14,54); dort aber wird er sich aus Feigheit von Jesus lossagen, dreimal – endgültig?

Durch drei Zeitangaben: *heute*, „*in dieser Nacht*" und „*bevor der Hahn zum zweitenmal kräht*" steigert Jesus seine Ansage an Petrus: Gerade er, der so selbstsicher jeden Verdacht eines Glaubensabfalls von sich fernhält, wird schon in wenigen Stunden leugnen, Jesus überhaupt zu kennen, geschweige denn, sein Jünger gewesen zu sein. Des Petrus Versagen ist mehr als nur Flucht, um sein Leben zu retten (vgl. 8,35); es ist bewusstes Verleugnen Jesu (vgl. 8,38).

Trotz eindringlicher Warnung hält Petrus nicht erschrocken inne; er setzt in seiner Überheblichkeit noch eins drauf, weiß er doch, was vom Jünger gefordert ist: „*Sich selbst zu verleugnen und sein Kreuz auf sich zu nehmen*", also mit Jesus zu sterben (8,34). Er ist gewiss, dass er das kann und auch tun wird, bedenkt dabei aber nicht, dass Jesus diese Forderung an diejenigen stellt, die ihm *nachfolgen* wollen. Also muss Jesus zuvor diesen Weg vorausgegangen sein! Petrus dagegen meint, er könne den Königsweg Gottes aus eigener Initiative und Kraft – also heroisch – gehen und brauche dazu das Vorbild Jesu nicht.

Petrus wird nicht der einzige Versager sein; alle reden wie er. Aber sein Abfall ist – von Judas abgesehen – der tiefste von allen.

Der Leser steht fassungslos vor der Szene. Sie muss ihm wie absurdes Theater vorkommen, besonders die Antworten des Petrus und der Jünger, die sich von Jesu düsteren Vorhersagen nicht erschüttern lassen. Doch auch das von Jesus angekündigte Versagen der Jünger, von dem der Leser weiß, dass es sicher ein-

Auslegung

treffen wird, muss ihn erschrecken. Wie war es möglich, dass die Jünger derart versagt haben? Mussten sie, die von Jesus auserwählt waren, „*mit ihm zu sein*" und seine Vollmacht zu teilen (3,14f), nicht in der Passionsstunde bei ihm aushalten, bereit, sein Geschick zu teilen? Steigen im Leser solch kritische Gedanken zum Versagen der Jünger auf, muss er sofort erschrocken innehalten und sich fragen, ob er selbst denn bereit ist, Jüngerschaft so radikal zu leben, wie er es von den Jüngern erwartet hätte. Zu solchen Fragen nach der eigenen Bereitschaft und zu solchem Erschrecken vor dem eigenen Versagen will der Autor den Leser führen.

2.3.2 Die „Stunde" ist da: 14,32-42

14,32-36: Unter solch düsteren Gesprächen kommen Jesus und die Jünger bei ihrem Zielort an, der *Gethsemane* heißt. Wird so ein Flurstück bezeichnet oder eine bestimmte Ölbaumplantage? Wir wissen es nicht. Spätestens jetzt, so muss der Leser ergänzen, hat sich Judas (unbemerkt?) von der Gruppe abgesetzt, denn die „*günstige Gelegenheit*", nach der er suchte (vgl. 14,11), ist gekommen.

Jesus weiß, dass in Gethsemane die *Stunde* seiner Passion kommen wird, die er den Jüngern so oft angekündigt hat (vgl. 8,31; 9,12.31; 10,32ff; 14,18.21). Dort will er sie betend erwarten, und deshalb lässt er die Jünger zurück (vgl. 1,35; 6,45); sie sollen sich *niedersetzen*, also abwarten, mehr wird von den meisten von ihnen vorerst nicht verlangt. Drei Jünger aber nimmt Jesus mit sich; es sind die bekannten drei: Petrus, Jakobus und Johannes. Sie waren Zeugen der Auferweckung der Tochter des Jairus (vgl. 5,37.40) und hatten Jesus auf den Berg der Verklärung begleitet, wo er vor ihnen in seine himmlische Gestalt verwandelt worden war (vgl. 9,2ff).

Jetzt werden sie erneut Zeugen einer dramatischen „Verwandlung" Jesu: Der seiner göttlichen Vollmacht und seines gottgewollten Weges so gewisse „Meister", Christus und Gottessohn wird vor ihnen zu einem „Häufchen Elend", zu einem um sein Leben *zitternden* und *zagenden* Menschenkind. Am ganzen Leib schlotternd und bebend gesteht er den drei Vertrautesten seine Todesangst, er, den sie damals genauso panisch angerufen hatten: „*Kümmert es dich nicht, dass wir untergehen?*" (4,38) und der sie vor dem Schiffbruch rettete! Nun ist er es, der seine Jünger anfleht, in seiner Nähe zu bleiben und ihn nicht zu verlassen, mit ihm zu wachen. Wer sich der Szene aussetzt, wird erschüttert. Der Erzähler hebt den Kontrast zur Verklärungsszene bewusst hervor. Der Leser soll beide Szenen nebeneinander projizieren.

Die Jünger sind lediglich Zeugen der Todesangst Jesu – sie wissen freilich, dass Jesus beten will; wohl aus Todesnot –, die Leser werden darüber hinaus auch noch Zeugen des Gebetskampfes Jesu. Der allwissende Erzähler ermöglicht es. Die emotionale Bewegung Jesu bleibt heftig: Er wirft sich auf die Erde. Die Erzählung vollzieht seine Emotion nach. Zweimal – in indirekter und direkter Rede – wird Jesu Gebet referiert: Die *Stunde* möge an ihm (ἀπ' αὐτοῦ) *vorbeigehen*, sie möge nicht eintreten. Die direkte Rede formuliert dabei nur aus, was die indirekte schon gesagt hat. Diese ist somit ein Kommentar jener. Jesus bittet tatsächlich um die Aufhebung des Planes Gottes (vgl. 1,2f); Gott soll das δεῖ des Leidens Jesu (vgl. 8,31) zurücknehmen, die Ankündigungen der Schrift (vgl. 9,12.31; 14,21) leerlaufen lassen. Er bittet um etwas Unmögliches und weiß darum („*wenn es möglich ist*"), aber er tut es trotzdem! Eigentlich wird durch die Einschränkung εἰ δυνατόν ἐστιν sein Gebet bereits von ihm zurückgenommen, noch ehe es ausgesprochen ist. Will der Erzähler andeuten, dass auch Jesus in seiner Not nicht weiß, was er sagt (vgl. 14,40; 9,6)? Dass er in seinem Beten ein Mensch ist, ebenso wie wir?

Erst nachdem in indirekter Formulierung das Gebet unter einen Vorbehalt gestellt worden ist, gibt der Erzähler es wörtlich wieder. Jesus ruft Gott als seinen Vater an und entspricht damit der zweimaligen Gottesrede, die ihn als den „*geliebten Sohn*" bezeichnete (vgl. 1,11; 9,7; vgl. 1,2f). Zwischen ihm und seinem Vater besteht ein inniges, vertrauensvolles Verhältnis, in dem er aussprechen darf, was er jetzt sagt. Er weiß wie jeder Glaubende, dass Gott alles zu tun vermag; also kann Gott den Kelch des Leidens, den er Jesus zugedacht hat (vgl. 10,38), von ihm nehmen. Jesus möchte lieber den Tod nicht erleiden. Wie jeder Mensch schreckt auch er vor dem Sterben zurück; es bereitet ihm nicht heimliche Lust. Aber sein Gebet endet nicht mit dieser dringenden Bitte, verschont zu werden, sondern er gibt sich ganz dem Willen Gottes hin. Wenn Gott ihn nicht schont, dann muss es so sein. Warum, das hatte Jesus schon gesagt: Sein Sterben ist ein „*Lösegeld für die Vielen*" (10,45; vgl. 14,24).

Das „*wenn es möglich ist*" von 14,35 hängt also nicht von Gottes Durchsetzungsvermögen ab, sondern von seinem Willen, dem Jesus sein eigenes Wünschen unterstellt. Damit schließt der erste Teil der Erzählung. Jesus hat betend der Versuchung widerstanden (vgl. 14,38), das Leiden zu vermeiden und sein Leben zu retten (vgl. 8,35). Er ist wieder grundsätzlich eins mit dem Willen des Vaters. Wenn er im folgenden noch zweimal „*mit dem selben Wort*" betet (14,39.41), dann bedeutet das im Sinne des Erzählers wohl nicht, dass er von neuem schwach geworden wäre, sondern immer intensiver dem Willen Gottes zustimmt bis hin zu jenem „Ja", das in 14,41 zum Ausdruck kommt.

14,37-42: Im Mittelpunkt der Erzählung stehen ab 14,37 die drei Jünger, denen Jesus seine Todesangst eingestanden und die er um wachen Beistand gebeten hat. Sie haben sich aber davon nicht berühren lassen und sind stupide eingeschlafen (vgl. 4,38). Wird der Leser es nun wagen, ihnen deswegen Vorwürfe zu machen? Das Verhalten der drei ist ja das normalste der Welt: Während Menschen sich in Todesnot quälen, haben die nicht betroffenen Nächsten gegen Müdigkeit und Schlaf anzukämpfen.

Jesus äußert seine Enttäuschung: Nicht einmal eine Stunde konnte Simon wach bleiben, der zuvor so groß geredet hatte. Doch es geht jetzt gar nicht mehr um Jesus, sondern um die Jünger selbst. Sie sollen wie Jesus „*wachen und beten*", um die Versuchung, die diese Situation für sie bedeutet, zu bestehen. Auch sie müssten sich betend in den Willen Gottes einstimmen, damit ihnen Jesu Passion und der darin eingeschlossene Anspruch an die Jünger (vgl. 8,34.36) nicht zum

Auslegung

Anstoß wird. Jesus steht vor den Jüngern gefestigt und entschlossen da, wieder ganz ihr *Lehrer*, der sie ermahnen kann. So demonstriert er vor ihnen, wie durch Wachen und Gebet die Versuchung bestanden und die Schwäche des Fleisches überwunden wird, deren Zeugen sie wurden, als er vor Todesangst zitterte. Diese menschliche Schwäche wird die Jünger, die zwar *willig* sind, bei Jesus zu bleiben, und mit ihm sogar sterben wollen (vgl. 14,31), besiegen und zu Fall kommen lassen, weil sie nicht wachen und beten.

Durch sein dreimaliges Gebet stimmt sich Jesus immer tiefer auf den Willen des Vaters ein, durch ihr dreimaliges Schlafen versinken die Jünger immer mehr in ihr Versagen. Diese gegenläufige Dramatik stellt der Erzähler den Lesern vor Augen. Die Jünger erweisen sich als vollkommen ahnungslos. Sie werden der *Versuchung* nicht standhalten, wie Jesus es ihnen in 14,27.30 vorausgesagt hat. So werden sie zum warnenden Beispiel. Denn auch der Leser ist ja von Jesus längst aufgefordert worden, zu *wachen* und den wiederkommenden Herrn zu erwarten (vgl. 13,33-37), auch er kennt die eschatologische *Stunde* nicht (vgl. 13,11.32), in der der Herr kommt, ebensowenig wie die Jünger in Gethsemane erkannt haben, welche *Stunde* angebrochen war.

Bei seinem dritten Kommen macht Jesus der Szene ein Ende: ἀπέχει: „*Es ist genug! Es ist entschieden!*" Öfter muss er nicht mehr beten; er stimmt mit dem Willen des Vaters überein. Jetzt müssen die Jünger wach bleiben, denn die *Stunde* der Passion Jesu ist da. Was Jesus bisher als Zukunft angesagt hat (vgl. 8,31; 9,12.31; 10,33f; 14,21), ist Gegenwart geworden. Der Menschensohn wird „*in die Hände der Sünder*" ausgeliefert (von Gott? Beachte das Passiv!), und zwar dadurch, dass Judas, der Verräter, sich naht, um seine Tat zu vollbringen.

2.3.3 Die Auslieferung Jesu: 14,43-52

14,43-46: „*Und sofort, während er noch redete...*": Enger kann eine szenische Verbindung nicht sein. Die Ereignisse überlagern sich, so dass Jesu Hinweis: „*Siehe, mein Verräter ist nahe*" das Herbeikommen des Judas eher beschreibt als voraussagt. Denn im selben Augenblick – wie auf ein Stichwort hin – tritt Judas mit dem Verhaftungskommando aus dem Dunkel ins Licht der Szene: Die Passion Jesu beginnt.

Nochmals wird Judas „*Einer der Zwölf*" (vgl. 14,10.20) genannt. Der Erzähler kann sich nicht genug tun damit, auf diese Tatsache hinzuweisen. Selbst engste Zugehörigkeit zu Jesus schützt nicht vor dem schlimmsten Versagen. In der Kirchengeschichte wird sich diese Erfahrung wiederholen.

Die Gegner treten nicht selbst auf, sondern haben ein schwer bewaffnetes Kommando geschickt, das von Judas geradezu angeführt wird. Offenbar haben sich die Häscher heimlich, aber nur scheinbar unbemerkt herangeschlichen. Judas hat mit ihnen vereinbart, allein vorzutreten und den im Hintergrund versteckten Fängern durch eine unverdächtige Geste denjenigen aus der Gruppe zu bezeichnen, den sie ergreifen und *sicher* abführen sollen. Und so kommt er – längst erwartet – mit scheinheiliger Miene auf Jesus zu und begrüßt ihn als *Lehrer* mit einem Kuss. Ist diese widerliche Gemeinheit jene *List*, welche die Gegner benötigten, um Jesu habhaft zu werden (14,1)?

14,47-50: Bisher ist nur von der Aktion der Gegner berichtet worden, jetzt wird von der Reaktion Jesu und seiner Jünger erzählt. Denn *„einer der Dabeistehenden"* ist doch wohl einer der Jünger Jesu. Dennoch wundert sich der Leser, dass auch sie bewaffnet gewesen sein sollen. Der Schlag mit dem Schwert trifft den Vertreter des Hohenpriesters so, wie er wohl nicht geplant war, also wurde er „blind" ausgeführt. Will der Erzähler eine absurde, untaugliche Reaktion aus dem Kreis der Jünger darstellen, die sich mit grotesken Mitteln gegen den Plan Gottes stellen? Sollen Wut und Spott der Leser über die hinterhältige Aktion der Gegner aufgefangen werden? Der Erzähler deutet durch nichts an, wie wir den Erzählzug verstehen sollen, vielleicht in hintergründiger Absicht. Die tumultuarische Szene soll lächerlich gemacht werden, und zwar in doppelter Hinsicht: Untauglich ist die Reaktion der Jünger, lächerlich aber vor allem die Aktion der Gegner.

Darauf weist auch Jesus in seiner Stellungnahme hin. Als müssten sie einen gemeingefährlichen *Räuber* in seinem Versteck fangen, so treten die Gegner auf. Dabei hat Jesus sich täglich im Tempel aufgehalten und dort öffentlich gelehrt; doch sie haben nicht gewagt, ihn festzunehmen (vgl. 11,18; 12,12). Jesus spricht die Häscher an, als stünden *„die Hohenpriester, Schriftgelehrten und Ältesten"* selbst vor ihm: als feige, hinterhältige Bande.

Dass dies alles jedoch mit Zustimmung Gottes geschieht, sagt er in seinem Schlusssatz: Er muss durch diese lächerliche Situation hindurch, *„damit die Schriften erfüllt"* werden (vgl. 9,12.31; 14,21).

Auch die Jüngerflucht ist von der Schrift vorhergesagt worden (vgl. 14,27) und findet jetzt statt. Alle fliehen, auch der Schwertschläger; sein Dreinschlagen war nichts als Panik. Wie die Flucht der Jünger zu deuten ist, hat Jesus in 14,27 bereits gesagt: Als *„Im-Stich-Lassen"* Jesu ist sie Glaubensabfall (σκανδαλίζονται) und Ausbrechen aus der Jüngerschaft.

14,51-52: Eine eigenartige Episode folgt noch: Wer ist der Jüngling (νεανίσκος τις), der Jesus gleichwohl *nachfolgt*, nachdem alle Jünger schon geflohen sind? Und warum ist er nur mit einem Leinentuch auf nacktem Leib bekleidet? Hat er in der Nähe die Paschanacht verbracht und ist Zeuge der Szene geworden? Woher weiß der Erzähler überhaupt von ihm? Auch er flieht, als die Häscher ihn greifen wollen. Offenbar haben sie sein Leinentuch schon gepackt, das er daher loslässt, um ganz nackt Fersengeld zu geben. Haben wir wieder eine komische Szene vor uns, mit der der Erzähler die Flucht der Jünger ins Lächerliche ziehen will? Da der Autor die Episode von den Jüngern nicht erfahren haben kann, stellt sich die Frage, woher er von ihr weiß. Deutet er auf diese Weise auf sich selbst hin als einen Zeugen, der damals unerkannt dabei war? Hat er sich selbst in seiner Erzählung verewigt, wie die Maler der Renaissance es in ihren Bildern manchmal getan haben? Immerhin macht er den Lesern nichts vor: Auch er ist geflohen! Also haben wirklich *alle* die Flucht ergriffen.

Auslegung

2.4 Die beiden Gerichtsverhandlungen: 14,53-15,20a

⁵³*Und sie führten Jesus ab zum Hohenpriester, und alle Hohenpriester und die Ältesten und die Schriftgelehrten versammelten sich.*
⁵⁴*Und Petrus war ihm von weitem gefolgt
bis in den Palasthof des Hohenpriesters hinein,
da saß er mit der Dienerschaft und wärmte sich am Feuer.*
⁵⁵*Die Hohenpriester aber und das gesamte Synedrium suchten gegen Jesus ein Zeugnis, um ihn zum Tod verurteilen zu können, doch fanden sie keines.*
⁵⁶*Viele sagten nämlich falsch gegen ihn aus,
und ihre Zeugnisse stimmten nicht überein.*
⁵⁷*Und einige traten auf und bezeugten Falsches, indem sie sagten:*
⁵⁸*"Wir haben ihn sagen hören:
Ich werde diesen von Händen gemachten Tempel niederreißen
und binnen drei Tagen einen anderen,
nicht von Händen gemachten aufbauen."*
⁵⁹*Doch auch so stimmte ihr Zeugnis nicht überein.*
⁶⁰*Da trat der Hohepriester in die Mitte und fragte Jesus:
"Erwiderst du nichts auf das, was diese gegen dich vorbringen?"*
⁶¹*Er aber schwieg und entgegnete nichts.
Erneut fragte ihn der Hohepriester und sagt zu ihm:
"Bist du der Christus, der Sohn des Hochgelobten?"*
⁶²*Jesus aber sagte: "Ich bin es!
Und ihr werdet den Menschensohn sehen sitzend zur Rechten der Kraft und kommend mit den Wolken des Himmels."*
⁶³*Der Hohepriester zerriss seine Kleider und sagte:
"Wozu brauchen wir noch Zeugen?*
⁶⁴*Ihr habt die Gotteslästerung gehört! Wofür seid ihr?"
Sie alle fällten über ihn das Urteil, dass er den Tod verdient habe.*
⁶⁵*Da fingen einige an, ihn anzuspucken und sein Gesicht zu verdecken und ihn dann zu schlagen und zu sagen: "Wahrsage nun!"
Und unter Schlägen übernahmen ihn die Knechte.*

⁶⁶*Und während Petrus unten im Hof war,
kommt eine der Mägde des Hohenpriesters vorbei*
⁶⁷*Und als sie den Petrus sah, wie er sich wärmte, sagt sie zu ihm:
"Auch du warst mit dem Nazarener zusammen, diesem Jesus!"*
⁶⁸*Er aber stritt ab und sagte:
"Ich weiß und verstehe überhaupt nicht, was du sagst."
Und er ging hinaus auf den Vorplatz. [Da krähte der Hahn.]*
⁶⁹*Und die Magd sah ihn und fing wieder an – jetzt zu den Umstehenden –
zu sagen: "Dieser da gehört zu ihnen."*
⁷⁰*Er aber leugnete erneut.
Und kurz danach sagten die Umstehenden zu Petrus:
"Wirklich, du bist einer von ihnen, denn du bist doch ein Galiläer."*
⁷¹*Er aber fing an sich zu verwünschen und zu schwören:*

„Ich kenne den Mann gar nicht, von dem ihr redet."
⁷²Und im selben Augenblick krähte der Hahn zum zweitenmal.
Da erinnerte sich Petrus an das Wort, wie es Jesus zu ihm gesprochen hatte:
Ehe der Hahn zum zweitenmal kräht, wirst du mich dreimal verleugnen.
Und er brach in Tränen aus.

¹⁵¹Und gleich in der Frühe, nachdem die Hohenpriester
zusammen mit den Ältesten und den Schriftgelehrten
und dem ganzen Synedrium einen Beschluss gefasst hatten,
führten sie Jesus gebunden ab und übergaben ihn dem Pilatus.
²Und Pilatus fragte ihn: „Bist du der König der Juden?"
Er aber antwortete ihm: „Du sagst es."
³Und die Hohenpriester klagten ihn heftig an.
⁴Pilatus aber fragte ihn erneut: „Erwiderst du nichts?
Sieh, wie sehr sie dich anklagen!"
⁵Jesus aber gab keine Antwort mehr, so dass Pilatus sich wunderte.
⁶Jeweils zum Fest ließ er ihnen einen Gefangenen frei, wen sie erbaten.
⁷Nun war da ein gewisser Barabbas als Gefangener zusammen
mit den Aufständischen, die bei einem Aufruhr einen Mord begangen hatten.
⁸Und die Volksmenge zog hinauf und fing an zu fordern,
wie er ihnen sonst getan hatte.
⁹Pilatus aber antwortete ihnen:
„Wollt ihr, dass ich euch den König der Juden freigebe?"
¹⁰Er hatte nämlich erkannt,
dass ihn die Hohenpriester aus Neid ausgeliefert hatten.
¹¹Die Hohenpriester aber überredeten das Volk,
dass er ihnen lieber den Barabbas freigeben sollte.
¹²Pilatus aber entgegnete ihnen erneut:
„Was soll ich dann mit dem machen, den ihr den König der Juden nennt?"
¹³Sie aber schrieen zurück: „Lass ihn kreuzigen!"
¹⁴Pilatus jedoch sagte zu ihnen: „Was hat er denn Böses getan?"
Sie aber schrieen noch lauter: „Lass ihn kreuzigen!"
¹⁵Pilatus aber wollte die Volksmenge zufrieden stellen
und ließ ihnen Barabbas frei, Jesus aber übergab er,
nachdem er gegeißelt worden, zur Kreuzigung.

¹⁶Die Soldaten aber führten ihn ab in den Innenhof,
das heißt in das Prätorium, und riefen die ganze Einheit zusammen.
¹⁷Und sie ziehen ihm einen Purpurmantel an
und setzen ihm einen Dornenkranz auf, den sie geflochten hatten.
¹⁸Und sie fingen an, ihm zu huldigen:
„Sei gegrüßt, König der Juden!"
¹⁹Und sie schlugen mit einem Stock auf sein Haupt, sie spuckten ihn an,
und durch Kniebeugen huldigten sie ihm.
²⁰Und nachdem sie ihn verhöhnt hatten,
zogen sie ihm den Purpurmantel aus und seine eigenen Kleider wieder an.

Auslegung

2.4.1 Die Verhandlung vor dem Synedrium: 14,53-72

Die Doppelszene spielt an verschiedenen Schauplätzen. Während Jesus durch das Häscherkommando vor den Hohenpriester gebracht wird (14,53), folgt Petrus in gehörigem Sicherheitsabstand Jesus (ἀπὸ μακρόθεν) bis *„in den Hof"* der hohenpriesterlichen Residenz nach, wo er sich im Schutz der Dunkelheit unter die Dienerschaft mischt (14,54). Auf beiden Ebenen läuft das Geschehen dann gleichzeitig ab, wie aus der Wiederaufnahme der Situationsangabe in 14,66f hervorgeht: Jesus bekennt sich in einem dreifach gegliederten Scheinverfahren offen dazu, der Messias und Sohn Gottes zu sein und wird deswegen zum Tode verurteilt, Petrus aber leugnet in einer ebenfalls dreifachen Befragung, zu Jesus zu gehören, ja ihn überhaupt zu kennen.

14,53-54: Jesus wird abgeführt und vor den Hohenpriester in dessen Palais gebracht. Dort versammelt sich das ganze (πάντες) Synedrium: Oberpriester, Älteste und Schriftgelehrte. Ist dem Erzähler bewusst, dass er von einer illegalen Versammlung berichtet, bei Nacht und in den Privaträumen des Hohenpriesters? Wenn wirklich alle Ratsmitglieder daran teilnehmen, dann auch Josef von Arimathäa (vgl. 15,43)! Das muss hier schon bedacht werden. Der Autor erwähnt die Pharisäer nicht, obwohl sie bereits in 3,6 Jesu Tod *beschlossen* hatten. Doch sind sie für ihn wohl unter den Schriftgelehrten präsent, traten sie doch gemeinsam mit ihnen auf (vgl. 7,1), gehörten ohnehin zu ihnen (vgl. 2,16) oder wurden von den Gegnern bewusst als Agenten eingesetzt (vgl. 12,13).

Alle Jünger sind geflohen (vgl. 14,50), also auch Petrus. Dennoch folgt er als einziger Jesus trotzdem nach, allerdings aus sicherer Entfernung. Sein Nachfolgen darf insofern nicht überbewertet werden: In ihm drückt sich nicht ein inneres „Ja" zum Weg Jesu aus, sondern Skepsis und Sorge um das eigene Leben. Aus der Distanz will Petrus beobachten, wie es mit Jesus weitergeht. In dieser Haltung schleicht er sich in den Hof der Residenz und mischt sich unerkannt unter die Dienerschaft, die sich an einem offenen Feuer wärmt. Der Erzähler hat mit wenigen Strichen eine nächtliche Doppelszene voll eindringlicher Kontraste vorbereitet.

14,55-59: Die gesamte nachfolgende Schilderung der Verhandlung vor dem Synedrium und im Hof ist voll beißender Ironie des Erzählers und unfreiwilliger Komik der Protagonisten. Nachdem die Gegner Jesus endlich durch List (vgl. 14,1f) und Tücke (vgl. 14,10f.44f) in ihrer Gewalt haben, suchen sie nach einer haltbaren Anklage, um ihn scheinbar legal umzubringen, aber sie finden keine. Ihr Vorgehen gegen ihn ist also ein hinterhältiger Mordanschlag (vgl. 14,1; vgl. 3,6; 11,18; 12,12.13), der durch eine auf Zeugen gestützte Anklage nur kaschiert werden soll. Das Urteil steht jedenfalls schon fest. Falschzeugen sind offenbar genügend zur Verfügung, die gegen Jesus auszusagen bereit sind, nur decken sich ihre Aussagen nicht und sind darum nach jüdischem Prozessrecht völlig unbrauchbar.

Als Beispiel gibt der Erzähler ein *Falschzeugnis* wörtlich wieder, das von *einigen* vorgetragen wurde. Aber so wie zitiert kann es nicht vorgebracht worden sein, denn die Zeugenaussagen widersprachen sich auch in diesem Fall. Warum zitiert es der Erzähler dann anscheinend wörtlich und setzt dabei offensichtlich das angebliche Jesuswort aus den unterschiedlichen Aussagen der Zeugen zusammen? Und worin ist das wiedergegebene Jesuswort falsch?

Im bisherigen MkEv finden die Leser nur ein Wort Jesu, das mit dem hier zitierten vergleichbar wäre, nämlich Jesu Ankündigung der völligen Zerstörung des Tempels (vgl. 13,2). Aber Jesus hatte nicht davon gesprochen, dass *er* den Tempel *abreißen* wird. Den Lesern ist somit nachvollziehbar, dass das Zitat ein *falsches* Zeugnis ist. Aber sagt es nicht doch – unfreiwillig und unverstanden – die Wahrheit?

In 11,17 und in der Gleichnishandlung am Feigenbaum (11,13f.20) hatte Jesus zum Ausdruck gebracht, dass der alte, steinerne Tempel seine eigentliche Bestimmung nicht erfüllt hat: Die für ihn Verantwortlichen haben ihn zu einer *Räuberhöhle* verkommen lassen. Seine Funktion, *„Haus des Gebetes für alle Völker"* zu sein, geht auf die Gemeinschaft der Jesusjünger über (vgl. 11,23-25), die auf dem *Grundstein* Jesus als ein geistiger Tempel aufgebaut wird (12,10f), nachdem Jesus „nach drei Tagen" von den Toten auferstanden ist. Also wird dieser *„nicht mit Händen gemachte Tempel"* tatsächlich – durch Jesu Tod begründet (vgl. 14,24) – *„binnen* (διά) *drei Tagen aufgebaut"* (14,58).

Die Falschzeugen und das Synedrium wissen gar nicht, wie richtig das Zeugnis ist, das sie hier gegen Jesus geben und das doch zugleich ein Urteil über sie selbst ist. Denn sie werden nicht zu dem *„nicht mit Händen gemachten Tempel"* gehören. Zur Anklage und zur Verurteilung reicht ihr „wahres" Falschzeugnis aber nicht aus, und so endet die Verhandlung in einem Fiasko. Sie müsste abgebrochen werden.

14,60-61a: Der Hohepriester will die Situation retten und versucht, Jesus in eine Falle zu locken. Er soll sich selbst zu den Zeugenaussagen äußern (vgl. 10,2; 12,13) und dabei vielleicht ein Wort gegen den Tempel aussprechen, das der Anklage dienen könnte. Es ist ein bewusster Hinterhalt, den der Hohepriester als Vorsitzender des Gerichtsgremiums legt. Doch Jesus schweigt, was im jüdischen Prozess sein Recht ist; eine Anklage musste durch übereinstimmende Zeugen erwiesen werden. Sollte er etwa erläutern, worin die verborgene Wahrheit des zitierten Falschzeugnisses lag? Der Leser erkennt sie durch Nachdenken ohnehin. Zum zweitenmal kommt die Taktik der Gegner nicht zum Ziel und die Verhandlung endet ergebnislos.

14,61b-65: Die Erzählung drängt zu ihrem Höhepunkt, die Verhandlung zur Entscheidung. Der Hohepriester stellt die christologische Frage: *„Bist du der Christus, der Sohn des Hochgelobten (= Gottes)?"* Will er es wirklich wissen und von Jesus bestätigen lassen, um dann zu glauben? Oder fragt er so, weil er weiß, dass Jesus der Erfragte ist und zustimmend antworten muss, wenn er sich selbst und seinen Vater nicht verleugnen will? Ist die Frage somit erneut eine perfide Falle, in die Jesus gehen muss, weil er sie nur bejahen kann? Noch nie im MkEv hat Jesus bisher von sich behauptet: *„Ich bin der Christus, der Sohn Gottes"*. Dies

Auslegung 333

war stets von anderen über ihn gesagt worden: Von Gott selbst (vgl. 1,11; 9,7), von den Dämonen (vgl. 1,24; 3,11; 5,7) und von Petrus (vgl. 8,29), und Jesus hat die Veröffentlichung dieses Wissens sogar verboten (vgl. 9,9; 1,34; 3,12; 8,30). Von sich selbst hat er nur als dem *Menschensohn* gesprochen, der allerdings göttliche *Vollmacht* hat (vgl. 2,10; 2,28). Woher nimmt der Hohepriester somit Anlass und Recht zu seiner Frage? Woher weiß er um das Wesen Jesu, wenn der es bisher selbst gar nicht kund getan hat? Er kann seine Fragestellung nur aus dem Wirken Jesu folgern. Seine Frage bedeutet also, ob Jesus sich dazu bekennt, der Messias und Sohn Gottes zu sein, als den ihn sein Wirken (und die Stimme Gottes) ausweist. Aber sie enthält zugleich auch eine Ablehnung Jesu, denn wenn Jesus sich dazu bekennt, wird der Hohepriester ihn wegen Blasphemie zum Tode verurteilen. Die Verstockung und Verhärtung der Gegner Jesu ist auf ihrem Höhepunkt (vgl. 2,6f; 3,5.22.29f; 4,11f; 11,28-33).

Jesus offenbart sich vor seinem menschlichen Richter mit der Gottesformel: „*Ich bin es!*" So hatte er sich schon vor seinen Jüngern auf dem See Genesareth kundgemacht (vgl. 6,50). Doch die Offenbarung bewirkt weder Umkehr noch Glauben; und darum tut sich in ihr der endzeitliche Richter kund. Wonach der Hohepriester und das Synedrium nicht gefragt haben, das müssen sie nun erfahren: Vor ihnen steht der, den sie als den erhöhten Menschensohn „*mit den Wolken des Himmels*" zum Gericht werden „*kommen sehen*". Jesus kündigt seinen verstockten Richtern das Gericht an (vgl. 3,29; 4,12; 8,38).

Der Autor hat den Höhepunkt seiner christologischen Darstellungslinie erreicht. Von jetzt an gilt kein Verbot mehr; Jesus selbst bejaht, der Christus und Sohn Gottes zu sein. Den Umschwung hat die Situation herbeigeführt. Jesu offenes Bekenntnis bringt ihm den Tod ein. Es kann nicht mehr falsch verstanden werden: Der Messias muss leiden und sterben (vgl. 8,31), der Gottessohn den Weg der Lebenshingabe gehen (vgl. 10,45; 14,24).

Auch der Hohepriester ist am Ziel. Er hat Jesus dazu gebracht, eine angebliche Lästerung Gottes (βλασφημία) auszusprechen, indem er mit „*Ich bin es!*" die Frage des Hohenpriesters beantwortete. Der Leser aber weiß, dass Jesu Antwort die Wahrheit ist und der Hohepriester dies wissen könnte, aber verstockt nicht wahrhaben will. Dunkle Ironie waltet in der Darstellung. Das Zerreißen der Kleider – eine Geste der Trauer und des Entsetzens – ist Theater, die erleichterte Bemerkung: „*Was brauchen wir noch Zeugen?*" ist Selbstentlarvung, macht sie doch sichtbar, dass Jesus zuvor ohne Grund festgenommen worden ist.

Das Todesurteil des *gesamten* (πάντες!) Synedriums ist schnell gefunden, haben die Gegner doch nur auf einen Anlass gewartet, den Jesus ihnen nun mit seinem wahren Bekenntnis geliefert hat. Das Führungsgremium verurteilt den erhofften Messias und den von Gott selbst gesandten Sohn zum Tode. Es erwirkt sich damit das Gericht (vgl. 14,62); „*für die Vielen*" aber ist Jesu Lebenshingabe die lebenseröffnende Sühne (vgl. 10,45; 14,24).

Wie um zu unterstreichen, dass nicht Tragik und schicksalhafte Verblendung, sondern Bosheit die Ratsmitglieder bei ihrem Urteil bewegte, erzählt der Autor noch von ihren Ausfällen gegen Jesus. Sie handeln als Gottlose, ohne Ehrfurcht vor der Würde eines Menschen, der ihnen wehrlos ausgeliefert ist. Sie meinen, Jesus mit beißender Ironie verspotten zu können und dabei unerkannt zu bleiben, und stehen doch für alle Zeit bloßgestellt und entlarvt vor dem Leser. Jesus aber, der sogar von den Dienern geschlagen wird, hat jetzt den letzten Platz eingenommen (vgl. 9,35; 10,44).

14,66-72: Während der Verhandlung vor dem Synedrium, die dem bekennenden Jesus das Todesurteil einbringt, spielt sich *unten* im Hof des Hauses ein dreifaches Fiasko für Petrus ab, und zwar genauso, wie Jesus es vorausgesagt, Petrus aber bestritten hat (vgl. 14,30f). *„Eine der Mägde des Hohenpriesters"* tritt zu den Dienern am Feuer und schaut sich Petrus näher an (ἐμβλέψασα): Wahrscheinlich kennt sie die gesamte Dienerschaft und vermutet in Petrus sofort einen Fremden. Ihre Anrede ist eher eine fragende Schlussfolgerung als eine Feststellung: „Da du hier nicht von Haus aus hingehörst, bist du wohl mit dem Jesus von Nazaret hierher gekommen?" Woher sollte die Frau Petrus auch kennen? Die Situation ist also relativ leicht zu meistern, so scheint der Erzähler Petrus denken zu lassen. Er will sich mit einer Ausrede aus der Affäre ziehen: *„Ich weiß nicht und begreife nicht, was du sagst!"*

Doch wie menschlich auch immer sein Verhalten sein mag, es ist Lüge. Der Erzähler nennt es *verleugnen*. Petrus hat ja die Magd sehr wohl verstanden, und er weiß auch, dass er bei Jesus war. Wenn er jetzt davon nichts mehr wissen will, ist er von Jesus schon abgefallen. Er ahnt auch wohl sein Versagen, darum will er verschwinden, ehe es noch schlimmer kommt. Nun kräht der Hahn! Zur Warnung des Petrus oder eher als Signal für den Leser, dass alles eintreten wird, was Jesus angekündigt hat? Ob Petrus den Hahnenschrei wahrgenommen hat, wird nicht erzählt. Für den Leser ist er unüberhörbar!

Die Flucht aus dem Hof in den *Vorhof* rettet Petrus nicht: Die Magd ist auch schon dort, redet aber nicht mehr Petrus an, sondern die Umstehenden. Sie bezeichnet Petrus als *„einen von ihnen"* und setzt voraus, dass die Jesusjünger eine bekannte Größe sind. Ob die ersten Leser solche Situationen kannten, wie Petrus sie hier durchstehen muss, nämlich dass jemand auf sie aufmerksam machte mit den Worten: „auch so einer" und Ablehnung und Hass der Umstehenden auf sie lenkte (vgl. 9,41; 13,13)? Vielleicht fühlen sie mit Petrus, vielleicht überheben sie sich auch über ihn, der sich seiner selbst so sicher war (vgl. 14,31). Er leugnet erneut, ein Jünger Jesu zu sein, und indem er leugnet, gehört er nicht mehr zu ihm.

Alles weitere folgt rasch, denn zwischen dem ersten und zweiten Hahnenschrei liegt erfahrungsgemäß nicht viel Zeit. Die *Umstehenden* – von der Magd auf Petrus aufmerksam gemacht – fangen an, sich für ihn zu interessieren: Weil er als Galiläer zu erkennen ist – ob an seinem Dialekt? –, gehört er sicher *„zu ihnen"*, dem Anhang Jesu (vgl. 11,7-10). Ob ein Bekenntnis des Petrus in dieser Situation negative Folgen hätte, wird nicht gesagt; immerhin wollten die Häscher schon den anonymen Jüngling ergreifen (vgl. 14,51f). Jedenfalls gerät Petrus in Panik. Er fängt an, Verwünschungen auszusprechen (ἀναθεματίζειν) – gegen Jesus? Der

Auslegung

Autor verschweigt sie gnädig – und unter eidlichen Versicherungen sagt er sich von Jesus los: „*Ich kenne diesen Menschen nicht, von dem ihr redet!*"

Nun ist heraus, was Petrus so weit von sich gewiesen hatte. Was ist geblieben von seinen großen Worten? Wie sein Verhalten zu bewerten ist, hat Jesus in 14,27 gesagt: Auch Petrus ist, obwohl er Jesus bis in den Hof des Hohenpriesters nachfolgte, gerade dort von Jesus ebenfalls *abgefallen*. Er hat sich von ihm losgesagt, um sein eigenes Leben zu retten. Er hat die Jüngerschaft hinter Jesus her verlassen (vgl. 8,34ff). Schon kräht der Hahn zum zweitenmal; das Wort Jesu hat sich erfüllt, dessen sich Petrus erst jetzt erinnert. Er hatte es zurückgewiesen und nicht ernst genommen, so sehr war er von sich überzeugt. Den Lesern aber war es während der Erzählung ständig präsent.

Für die erzählte Szene kommt die Reue des Petrus zu spät, nicht aber für die Erwartungen der Leser. Für sie klingt die Verheißung Jesu 14,28 nach, die den Jüngern einen Neuanfang ihrer Nachfolge versprochen hat. Sie wissen, dass es diesen Neuanfang gegeben hat: Petrus ist dem Auferstandenen gefolgt. Woher denn sollte der Autor vom Versagen des Petrus sonst Kenntnis haben, wenn dieser nicht selbst nach Ostern beschämt davon erzählt hätte? Das soll sich der Leser wohl sagen.

2.4.2 Die Verhandlung vor Pilatus: 15,1-20a

Die Verhandlungsszene vor Pilatus verläuft umgekehrt proportional zur Verhandlung vor dem Synedrium. Nach einer überleitenden Notiz 15,1 beginnt sie mit der zu 14,61 parallelen Frage des römischen Richters und Jesu bekennender Antwort, die aber (trotz 15,26!) nicht zu einer Verurteilung Jesu führen (15,2). Auf die dann folgenden Anklagen der Hohenpriester schweigt Jesus wie in 14,60f, so dass die Verhandlung nicht von der Stelle kommt (15,3-5). Die Entscheidung bringt erst eine öffentliche Szene, in der Pilatus in die Falle der Hohenpriester tappt und Jesus schließlich – ohne Urteil (!) – zum Vollzug der Todesstrafe auszuliefern gezwungen ist (15,6-15; vgl. 14,55-59). Den Abschluss bildet wie in 14,65 die Verhöhnung Jesu (15,16-20a).

15,1-2: Mit der überleitenden Szenenangabe 15,1 lenkt der Erzähler zu 14,64 zurück: Dort wurde der Beschluss gefasst, von dem hier nochmals die Rede ist. Dass der Morgen sich ankündigte, hatten die Leser bereits wahrgenommen: Schon zweimal hat der Hahn geschrien (vgl. 14,68.72). Mit Anbruch des Tages – es ist der Paschafesttag (vgl. 14,1.12) – führen die Gegner Jesus gefesselt vor Pilatus und *überliefern* ihn an den römischen Richter (vgl. 10,33). Noch einmal werden die Verantwortlichen aufgezählt: „*die Hohenpriester gemeinsam mit den Ältesten und den Schriftgelehrten*", das *gesamte* Synedrium (vgl. 14,1.53.55).

Pilatus ist den Lesern ohne nähere Erläuterung als römischer Präfekt bekannt (wie König Herodes auch; vgl. 6,14), obwohl seine Amtszeit bei Abfassung des Buches schon ca. 30 Jahre zurückliegt. Sein Name war schon durch die urchristliche Überlieferung und wird noch mehr durch das MkEv auf ewig mit dem Geschick Jesu verbunden. Die Leser dürften auch über sein weiteres Schicksal Bescheid wissen: Im Jahre 36 n.Chr. wurde er unehrenhaft aus seinem Amt entfernt.

Die folgende Darstellung geht mit ihm nicht schonend um: Sie erweist ihn als einen schwachen, aber skrupellosen Charakter, der ohne weiteres bereit ist, Jesus seinen eigenen Machtinteressen zu opfern, obwohl er von dessen Unschuld überzeugt ist. Der Erzähler schildert, wie es dahin kam.

Schon am Anfang stellt Pilatus die entscheidende politische Frage an Jesus: *„Bist du der König der Juden?"* Hatte der Hohepriester die gleiche Frage aus religiöser Perspektive gestellt und Jesu bejahende Antwort als Blasphemie gegen Gott bewertet, so fragt Pilatus als römischer Politiker, ob Jesus der jüdische Messias zu sein beanspruche (vgl. PsSal 17). Wie kommt er auf diese Frage? Da die Oberpriester mit ihrer Anklage noch gar nicht zu Wort gekommen sind (15,3) und schwerlich dem weltlichen Richter ihre religiöse Version vortragen werden, soll der Leser nicht sie als Anlass für die Pilatusfrage vermuten. Beurteilt Pilatus – wie zuvor schon Herodes (vgl. 6,14.16) – Jesus aufgrund seines Wirkens, von dem er durch seine Agenten gehört hat? Ist ihm übermittelt worden, wie Jesus in Jerusalem eingezogen und von einer Volksmenge als Bringer der Königsherrschaft Davids begrüßt worden ist (vgl. 11,7-10)? Ist er deshalb später der Meinung, dieselbe Volksmenge würde unbedingt Jesu Freilassung fordern (vgl. 15,9)?

Jesus antwortet bejahend, wenngleich die Formulierung: *„Du sagst es!"* einen Vorbehalt auszudrücken scheint: Weil Jesus der *Christos* (vgl. 8,29; 14,62) und der *„Sohn Davids"* (vgl. 10,47f; 11,10) ist, kann er *„König der Juden"* genannt werden, aber doch in einem anderen Sinn als Pilatus es versteht. Und Pilatus begreift Jesu Antwort als Zustimmung, wie sein späteres Agieren zeigt, wenn er den Titel *„König der Juden"* – ironisch-sarkastisch – aufgreift (vgl. 15,9.12.26).

Anders als in 14,61ff hat die Antwort Jesu jedoch keine Folgen: Der Vertreter des römischen Kaisers verurteilt Jesus nicht aufgrund seines Bekenntnisses als Hochverräter. Offenbar sieht Pilatus den vor ihm stehenden *„König der Juden"* als politisch vollkommen ungefährlich an, der anders als die Zeloten nicht die Absicht hat, das Regiment des Kaisers gewaltsam zu beseitigen (vgl. 12,13-17). Damit hat der Erzähler von vornherein klargestellt: Der später am Kreuz angeschriebene Hinrichtungsgrund ist vorgeschoben. Pilatus war von Jesu politischer Harmlosigkeit überzeugt.

15,3-5: Erst nachdem dies klargestellt ist, treten die Oberpriester als Ankläger auf. Ihre Anklagepunkte gegen Jesus sind zahlreich (πολλά), und der Leser wüsste gern, was sie wohl vorgebracht haben, nachdem die Verhandlung vor dem Synedrium zu nichts geführt hat und sie ihr mit *Blasphemie* begründetes Todesurteil schwerlich dem Pilatus nahebringen können. Also sind ihre Beschuldigungen aus der Luft gegriffen, falsche Anklagen, wie zuvor auch die Zeugenaussagen falsch waren. Pilatus ahnt das, *erkennt* er doch, dass sie ihn *„aus Neid"* vor Gericht gebracht haben (vgl. 15,10). Aber nur Jesus selbst kann die Anklagen widerlegen, indem er sich zu ihnen äußert. Doch er schweigt, wie er zu den falschen Zeugnissen geschwiegen hat (vgl. 14,61).

Auslegung 337

Eigentlich könnte Pilatus nach römischem Prozessrecht („Wer schweigt, gibt zu") Jesus nun als überführt verurteilen. Aber er tut das nicht, wundert sich vielmehr über den Beschuldigten, der sich nicht gegen offensichtliche Falschanklagen verteidigt. Die Erzählung stockt erneut: Weder der Messiasanspruch Jesu noch die Anklagen der Oberpriester reichen zu einer Verurteilung aus.

15,6-15: Der Autor unterbricht den Lauf seiner Erzählung durch zwei „anachronistische" Zwischenbemerkungen. Er verweist zuerst auf die schon länger bestehende Gepflogenheit des Pilatus, *„zum Fest"* einen Gefangenen nach Wahl des Volkes freizulassen (vgl. 15,6). Nochmals wird bestätigt, dass Verhandlung und schließlich Kreuzigung Jesu *„am Fest"* stattfinden, was die Hohenpriester unbedingt vermeiden wollten, damit es nicht zu einem *„Aufruhr des Gottesvolkes"* komme (14,2). Schlimmeres als dies werden sie bewirken! In einem zweiten Rückblick stellt der Autor den Lesern einen *gewissen* (λεγόμενος) Barabbas vor, der mit anderen *Aufständischen* (Zeloten) inhaftiert war, weil sie einen politischen Mord begangen hatten (vgl. 15,7). Damit hat er die Voraussetzungen geschaffen, dass die Leser den Fortgang der Erzählung einordnen können; den Protagonisten waren beide Tatsachen natürlich bewusst.

Wenn der Autor in 15,8 mit seiner Erzählung fortfährt, wechselt er unvermittelt den Schauplatz, denn die jene Amnestie einfordernde Volksmenge befindet sich draußen, und Pilatus muss zu Verhandlungen mit ihr das Gerichtsgebäude verlassen. Wie in 14,53-72 spielen die Ereignisse auf zwei Ebenen, drinnen und draußen. Die Parallelität geht sogar noch weiter, wie sich zeigen wird.

Pilatus will Jesus als *„König der Juden freigeben"*. Das bietet er der Volksmenge an. Offenbar meint er, damit deren eigenen Wunsch zu antizipieren. Weiß er, dass die Menge Jesus bei seinem messianischen Einzug in die Stadt als den „*im Namen des Herrn*" Kommenden und als Bringer der *„Herrschaft unseres Vaters David"* begeistert begrüßt hat? Weder jene Akklamation noch den subsumierten Wunsch, den *„König der Juden freizugeben"*, wertet Pilatus als politische Demonstration gegen Rom. Die wirklich Aufständischen sucht er ganz woanders – bei den Zeloten – und hat einige von ihnen auch schon festgesetzt.

Der Erzähler begründet das Vorgehen des Pilatus damit, dass er die Intrige der Hohenpriester gegen Jesus durchschaut hat (vgl. 15,10). Er vermutet das Volk – wie bisher (vgl. 11,18.32; 12,12.37; 14,2) – auf Jesu Seite. Doch wenn er Jesus als unschuldig ansieht und die Anklagen gegen ihn für unhaltbar, warum schlägt er das Verfahren nicht nieder und gibt Jesus bedingungslos frei? Warum bezieht er ihn in das Amnestieverfahren ein und behandelt ihn damit wie einen Verbrecher? Ist er dazu durch den Umstand gezwungen, dass Jesus die Anklage nicht widerlegt und daher als schuldig zu gelten hat? Dann hätte sein Vorgehen eine gewisse Logik und würde den (verzweifelten) Versuch des Römers zeigen, Jesus gegen dessen eigene Intention vor der Kreuzigung zu bewahren. Der Leser soll diese Fragen vielleicht nicht entscheiden. Ihm soll nur deutlich werden, wie Pilatus sich in seine eigene Taktik verstrickt.

Denn es geschieht, womit Pilatus nicht gerechnet hat: Die Oberpriester *überreden* die Volksmenge, *lieber* (μᾶλλον) den Barabbas frei zu fordern (vgl. 15,11). Das bedeutet aber, Jesus an stelle des Barabbas zum Kreuzestod zu verurteilen. Wollte die Volksmenge zuvor auf das Angebot des Pilatus eingehen? Auch das Volk verrät und verleugnet Jesus, dreimal wie sich zeigt! Denn der Römer fragt *erneut*, was er ihrer Meinung nach mit dem machen soll, den sie doch den „*König der Juden*" nennen. Er beruft sich somit auf die Volksmeinung über Jesus. Sie aber fordern wieder, dass er anstelle des Mörders und Zeloten Barabbas gekreuzigt werde. Zum dritten Mal – eindringlich – ergreift Pilatus für Jesus Partei und fragt nach dessen Schuld. Als Antwort erfolgt nur der Schrei: „*Lass ihn kreuzigen!*"

Auch das Volk hat – wie zuvor Petrus – seinen Messias und König auf Betreiben der Oberpriester dreimal verraten und preisgegeben, statt seiner aber – das hat Petrus nicht getan – einen Aufständischen und Mörder freigepresst. Statt der „*Herrschaft Gottes*", wie Jesus sie verkündete, hat es den politischen Aufstand gewählt, den die Zeloten betrieben. Die ersten Leser erleben etwa vierzig Jahre später mit, wohin diese Wahl geführt hat: in die Wirren des jüdischen Kriegs.

Das Volk hat gewählt, von den Hohenpriestern trotz 14,2 „*am Fest*" zu einer Sympathiekundgebung für den zelotischen Aufruhr veranlasst. Pilatus gibt nach, ihm liegt nichts am Recht, und er gibt einen politischen Verbrecher im Austausch gegen die Geisel Jesus frei: Er soll unschuldig und ohne Urteil gegeißelt und dann gekreuzigt werden.

15,16-20a: Das Hinrichtungskommando übernimmt Jesus und treibt mit ihm seinen Spott. Sie verkleiden ihn als König mit Purpurmantel und Krone, aber aus Dornenzweigen. Dann huldigen sie ihm mit dem Ruf: „*Sei gegrüßt, König der Juden!*" (vgl. 11,9f). Da die Soldaten keine Juden sind, braucht in ihrem Gruß nicht einmal Ironie zu liegen, sondern nur Spott. Sie verhöhnen den wirklichen „*König der Juden*", den gottgesandten Messias und Gottessohn, der sich aber als unterlegen und machtlos erweist. Auch Pilatus hielt ja an diesem Titel fest, selbst nachdem er Jesus als machtpolitisch harmlos erkannt hatte.

Das höhnische Treiben der Soldaten dauert eine Weile – erst in der dritten Stunde wird Jesus gekreuzigt (vgl. 15,25) –, und die ganze Truppe ist daran beteiligt. Dann ziehen sie ihm seine eigenen Kleider wieder an; die Erwähnung dieser Umkleidung bereitet 15,24 vor.

Eine Geißelung wird nicht ausdrücklich erzählt. Aber weil sie von Pilatus befohlen war und wohl zum „Ritual" einer Kreuzigung gehörte, muss sie erfolgt sein. Hat sie schon vor der Spottszene stattgefunden? Oder folgt sie danach, bevor Jesus zur Kreuzigung abgeführt wird? Dem Erzähler liegt nichts daran, Grausamkeiten zu berichten. Was er erzählt, hat tieferen Sinn; er redet hintergründig von der *Wahrheit*, die in den Szenen um den erniedrigten Jesus für den Glaubenden zur Ansicht kommt.

Auslegung

2.5 Kreuzigung und Sterben Jesu: 15,20b-47

Dann führen sie ihn ab, um ihn zu kreuzigen.
[21] Und sie zwingen irgendeinen Vorbeigehenden – einen Simon von Kyrene, der vom Feld kam – den Vater des Alexander und des Rufus –, ihm das Kreuz zu tragen.
[22] Und sie bringen ihn zu der Stelle Golgotha, das heißt Schädelstätte.
[23] Und sie reichten ihm mit Myrrhe gewürzten Wein, doch er nahm ihn nicht.
[24] Dann kreuzigen sie ihn, und sie teilen seine Kleider auf, indem sie auslosten, wer was bekommen sollte.
[25] Es war aber die dritte Stunde, als sie ihn kreuzigten.
[26] Und die Inschrift seiner Schuld lautete: „Der König der Juden."
[27] Auch kreuzigen sie mit ihm zwei Aufständische, einen zu seiner Rechten und einen zur Linken.
[29] Und die Vorübergehenden lästerten ihn, indem sie ihre Köpfe schüttelten und sagten: „He, der du den Tempel zerstören und binnen drei Tagen wieder aufbauen willst,
[30] jetzt rette dich selbst, indem du vom Kreuz heruntersteigst!"
[31] Ebenso höhnten auch die Hohenpriester untereinander mit den Schriftgelehrten und sagten: „Andere hat er gerettet, sich selbst kann er nicht retten.
[32] Er, der Christus, der König Israels!
Jetzt soll er vom Kreuz herabsteigen, damit wir sehen und glauben."
Auch die mit ihm gekreuzigt waren, beleidigten ihn.

[33] Und als die sechste Stunde kam, trat eine Finsternis ein über dem ganzen Land bis zur neunten Stunde.
[34] Und in der neunten Stunde schrie Jesus mit lauter Stimme: „Eloï, Eloï, lema sabachthani?"
Das heißt: Mein Gott, mein Gott, warum hast du mich verlassen?
[35] Da sagten einige der Dabeistehenden, als sie es hörten: „Siehe, er ruft den Elia!"
[36] Einer aber lief und füllte einen Schwamm mit Essigtrank, steckte ihn auf ein Rohr und wollte ihn trinken lassen.
Er sagte: „Lasst uns mal sehen, ob Elia kommt, um ihn herab zunehmen."
[37] Jesus aber, nachdem er einen lauten Schrei ausgestoßen hatte, hauchte er aus.
[38] Da zerriss der Vorhang des Tempels in zwei Teile, von oben bis unten.
[39] Als aber der Hauptmann, der ihm gegenüberstand, sah, dass er mit solchem Schrei starb, sagte er: „Dieser Mann war wahrhaftig ein Gottessohn."
[40] Es waren aber auch Frauen da, die von weitem zuschauten, unter ihnen Maria von Magdala, und Maria, die Mutter von Jakobus dem Kleinen und von Joses, und Salome.
[41] Sie waren ihm gefolgt, als er in Galiläa war, und hatten ihm gedient,

und noch viele andere Frauen waren da,
die mit ihm nach Jerusalem hinaufgegangen waren.

⁴²*Und als es Abend geworden war*
– es war zudem Rüsttag, das heißt Vorsabbat –,
⁴³*da kam Joseph von Arimathäa, ein angesehenes Ratsmitglied,*
der selbst auch das Reich Gottes erwartete,
er wagte es, zu Pilatus hineinzugehen
und bat um den Leichnam Jesu.
⁴⁴*Pilatus wunderte sich, dass er schon tot sein sollte.*
Er ließ den Hauptmann rufen und fragte ihn,
ob er tatsächlich schon gestorben sei.
⁴⁵*Und als er es von dem Hauptmann erfahren hatte,*
da überließ er die Leiche dem Josef.
⁴⁶*Der kaufte nun Leinwand und nahm ihn herab,*
dann wickelte er ihn in die Leinwand und legte ihn in ein Grab,
das aus einem Felsen herausgehauen war,
und wälzte einen Stein vor den Eingang des Grabes.
⁴⁷*Maria von Magdala aber und Maria,*
die Mutter des Joses, beobachteten,
wohin er gelegt worden war.

Die erzählte Handlung wird von mehreren Strukturlinien geprägt. Sie spielt an drei Orten: Ihre Hauptfigur Jesus wird vom Palast des Pilatus zur Hinrichtungsstätte Golgotha geführt (15,20b-22). Nach seinem Tod wird sein Leichnam von dort weggebracht und in einem Felsengrab bestattet (15,46f). Diese szenische Bewegung spricht dafür, die Bestattungserzählung 15,42-47 als Abschluss des Erzählzusammenhangs anzusehen und nicht getrennt zu behandeln.

Die Haupthandlung ist aber zweifellos 15,23-41 und ereignet sich auf Golgotha. Zwei Hinweise auf Zeugen, die namentlich genannt werden und den Lesern offenbar nahestehen, rahmen sie ein (vgl. 15,21.40f). Zeitlich ist sie durch Stundenangaben gegliedert: Jesu Kreuzigung findet in der „*dritten Stunde*" statt (vgl. 15,25), sein Tod tritt in der „*neunten Stunde*" ein (vgl. 15,34.37). Der so umschriebene Zeitraum wird durch 15,33 in zwei Hälften geteilt: Bis zur „*sechsten Stunde*" wird der Gekreuzigte gequält, verhöhnt und verspottet; von Mittag bis zur „*neunten Stunde*" wird das Tun der Feinde durch eine totale Finsternis „*über dem ganzen Land*" unterbrochen. Dann handelt Jesus selbst machtvoll in seinem großen Gebetsschrei (vgl. 15,34) und seinem Sterben (vgl. 15,37). Im Anschluss daran wird erneut ein geheimnisvolles Ereignis im Inneren des Tempels angezeigt (vgl. 15,38). In der Mitte dieser konzentrischen Darstellung steht das vergebliche Warten der *Dabeistehenden* auf einen himmlischen Helfer Jesu (vgl. 15,35f).

Ein zentrales Motiv beherrscht die Darstellung: die (scheinbare) Abwesenheit Gottes beim Tod Jesu. *Finsternis* und Zerreißen des Tempelvorhangs zeigen, dass Gott sich aus dem Land und dem Tempel entfernt hat; Jesus schreit seine Gottverlassenheit laut heraus; der himmlische Helfer Elia erscheint nicht; der Sohn Gottes stirbt verlassen! Das abschließende Wort des heidnischen Hauptmanns (vgl.

Auslegung 341

15,39), das als *Antwort* auf das gesamte Geschehen konzipiert ist („*als er sah...*, *dass er mit solchem Schrei aushauchte...*"), wirkt wie ein Resümee: „*Dieser Mensch war ein Gottessohn!*" Das heißt: „Gottes Sohn ist tot!"

2.5.1 Kreuzigung und Verspottung: 15,20b-32

15,20b-22: Die Handlung schließt unmittelbar an 15,1-20a an: Aus dem Hof des Prätoriums wird Jesus zur Kreuzigung an die Hinrichtungsstätte Golgotha abgeführt. Subjekt sind die zuletzt in 15,16 genannten Soldaten des Pilatus. Der Name des Ortes wird den Lesern übersetzt, damit sie sich eine Vorstellung machen können. Es ist ein Hügel wie ein *Schädel*, eine hervorgehobene Stätte. Wird in 15,20b vom Aufbruch zur Hinrichtung gesprochen, so in 15,22 von der Ankunft am Hinrichtungsort. Die Umständlichkeit der szenischen Angabe ist auffallend; sie dürfte darin gründen, dass es dem Autor darauf ankam, zu erzählen, was auf dem Weg nach Golgotha geschah: Die Soldaten zwingen einen Vorübergehenden, „*der vom Acker kam*", Jesu „*Kreuz zu tragen*". Der Mann tut, was Aufgabe des Jüngers ist (vgl. 8,34). Jesu Kreuz ist das seine. Ist er damit ein Jünger? Zweifellos will der Erzähler das sagen, denn der Mann wird wie später die Frauen (vgl. 15,40f) mit Namen genannt. Vor allem aber wird er den Lesern als „*Vater des Alexander und Rufus*" vorgestellt, ein direkter Hinweis des Autors an seine Leser, der nur Sinn macht, wenn diese beide Söhne kennen, und zwar doch wohl als Mitglieder der eigenen Gemeinschaft. Ihre Namen werden so selbstverständlich und ohne nähere Erläuterung genannt, dass sie als den Lesern bekannte Personen gelten müssen. Aber nicht sie, sondern ihr Vater hat Jesus auf seinem Kreuzweg begleitet. Er war Zeuge des Geschehens, und über ihn, der durch seine Söhne als glaubwürdig erwiesen wird, sind die Leser mit den Ereignissen verbunden. Freilich, nicht Simon erzählt, sondern er ist selbst zu einer Gestalt in der Erzählung geworden, ein Vorbild echter Jüngerschaft (vgl. 14,9).

15,23-25: Am Hinrichtungsort will man Jesus mit Myrrhe versetzten Wein zu trinken geben, wohl als betäubenden Rauschtrank. Doch Jesus nimmt ihn nicht; er trinkt den *Kelch* des Vaters (vgl. 14,36; 10,38) bei vollem Bewusstsein und in Freiheit. So „*kreuzigen sie ihn*". Keine weitere Einzelheit des Hinrichtungsvorgangs wird erzählt; dem Erzähler geht es nicht um die Darstellung von Grausamkeiten (vgl. 15,15), ebensowenig um das Mitleid der Leser. Die ersten Leser wussten ohnehin, wie eine Kreuzigung ablief; sie war in damaligen Zeiten, zumal nach Ausbruch des Jüdischen Krieges, an der Tagesordnung. Der Autor will darstellen, was sich in dem Geschehen *wirklich* ereignete, erkennbar nur gläubigen Augen, die zum Durch-Blick fähig sind. Darum erzählt er von scheinbar Unwichtigem und Nebensächlichem, in dem aber die Wahrheit erscheint: nämlich dass das Hinrichtungskommando Jesu Kleidungsstücke (offenbar nach der Gepflogenheit) durch Los unter sich aufteilte. Das Besondere ist, *wie* der Autor dieses bei Hinrichtungen übliche Verfahren erzählt. Nur der Kenner merkt, dass hier mit den Worten des Psalters erzählt wird (vgl. Ps 22,19). Der Erzähler weist nicht ausdrücklich darauf hin, dass in der Darstellung die Schrift erfüllt wird (vgl. 14,27), er fällt vielmehr in ihren Wortlaut, und der kundige Leser sieht: Im Tun der

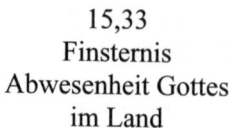

Soldaten geschieht, was der „leidende Gerechte" von Psalm 22 vor Gott zur Anklage bringt. Der unschuldige Jesus erleidet das Geschick des „leidenden Gerechten", der im Psalter betet.

Der Erzähler schließt den ersten Erzählbogen ab, indem er im Nachhinein die Uhrzeit angibt, zu der Jesus gekreuzigt worden ist: Es war die „*dritte Stunde*".

15,26-32: Der Erzähler weist jetzt auf die Tafelinschrift hin, die den Grund für Jesu Hinrichtung angibt, und dieser Hinweis wirkt zugleich wie eine Überschrift über den Erzählabschnitt. Die Tafel weist als Jesu Schuld aus, dass er „*der König der Juden*" ist. Der Leser weiß, dass diese Inschrift zutrifft, aber keine Schuld Jesu angibt: Am Kreuz hängt der Messiaskönig! Er weiß ebenso, dass auch der Richter Pilatus die Tafelinschrift nicht als Schuld Jesu ansieht. Dennoch hat er sie anbringen lassen, wohl um der Hinrichtung den Anstrich der Rechtmäßigkeit zu geben und die Hohenpriester zu verhöhnen. Und schließlich weiß der Leser, dass auch die lästernden Gegner nicht an die Wahrheit der Schuldinschrift glauben.

Auslegung

Aber der am Kreuz hängende Jesus ist der „*König Israels*". Indem die Gegner ihn verhöhnen, *lästern* sie (ἐβλασφήμουν; vgl. 14,63).

Ironie und Spott des Pilatus gehen so weit, dass er Jesus einen „Hofstaat" mitgibt: Rechts und links von ihm werden zwei *Räuber* – vielleicht die übrigen zelotischen Aufständischen, die mit Barabbas einen Mord verübt haben (vgl. 15,7) – hingerichtet. Indem die Menschen so in ironischer Parodie Jesus als König inthronisiert haben, *gehen* sie nun an ihm *vorüber* (οἱ παραπορευόμενοι), um ihm parodistisch zu akklamieren. Wieder ist es so, dass im Tun der Gegner geschieht, was schon der im Psalter betende „leidende Gerechte" erfahren hat. Der Erzähler weist den kundigen Leser darauf hin, indem er erneut mit den Worten des Psalms erzählt (vgl. Ps 22,8f).

Die Spötter Jesu greifen auf das Tempelwort zurück, das im Prozess vor dem Synedrium gegen Jesus vorgebracht worden war, aber wegen uneinheitlicher Zeugenaussagen als Verurteilungsgrund nicht verwendbar war. Hatten schon die Zeugen im Prozess das Wort Jesu über die Zerstörung des Tempels (vgl. 13,2) gänzlich verfälscht, über den Aufbau eines neuen geistigen Tempels durch Jesus aber unbewusst durchaus die Wahrheit anklingen lassen, so verdrehen die Spötter jetzt alles in grotesker Weise. Sie halten Jesus höhnisch entgegen, er habe doch den Tempel abreißen und dann in drei Tagen wieder aufbauen wollen – als sei er ein Magier oder Zauberer (vgl. 13,22) und habe nicht jedes „*Zeichen vom Himmel*" abgelehnt (vgl. 8,12). Ein solches fordern sie aber: Er solle „*vom Kreuz herabsteigen und sich selbst retten*" (15,30).

Diese Forderung der Gegner hat einen verführerischen Sog. Der Erzähler hat sie zwar als beißenden Hohn und ironischen Spott ausgewiesen; die Gegner glauben nicht an die Fähigkeit Jesu, sich selbst zu retten. Solcher Hohn ist aber Blasphemie – sagt der Erzähler. Er und der Leser trauen Jesus ohne weiteres zu, das zu tun, was die Gegner fordern. Er hat die Fähigkeit, vom Kreuz herabzusteigen. Warum tut er es nicht? Spürt der Leser vielleicht in sich gleichfalls den Wunsch – nicht *um* zu glauben, sondern *weil* er glaubt –, Jesus möge sich am Kreuz doch als der Stärkere erweisen, seine göttliche Vollmacht endlich ausspielen, dem Anschlag und Hohn der Gegner ein Ende machen?

Doch mit solch heimlichem Wünschen hätte sich der Leser auf das Denken der spottenden Gegner eingelassen (vgl. 8,33). Er wäre der Versuchung erlegen (vgl. 1,13; 13,22f; 14,38), nicht Gottes-Gedanken, sondern Menschen-Gedanken zu denken. Er soll vielmehr zustimmen, dass Jesus dem dunklen Willen Gottes folgt (14,36; vgl. 1,2f), wenn er am Kreuz bleibt, obwohl er herabsteigen könnte. Jesus vollzieht diesen fremden Willen über ihm, der in den Schriften festgelegt ist (vgl. 9,12.31 u.a.), dieses *Muss* (8,31) als den ihm vorgegebenen Weg Gottes bis zum bitteren Ende in der Zuversicht, dass Gott am Ende rettet (vgl. 13,13). Was Jesus dem Jünger auferlegt, gilt auch für ihn selbst: „*Wer sein Leben... retten will, wird es verlieren, und wer es verliert..., wird es retten*" (8,35).

Die Hohenpriester „*zusammen mit den Schriftgelehrten*" greifen den blasphemischen Spott auf, höhnen aber untereinander und sprechen den Gekreuzigten erst gar nicht mehr an. Sie verweisen auf das Wirken Jesu, anerkennen dabei, dass er an anderen heilend gewirkt hat, und zeigen so noch einmal, wie verstockt sie sind (vgl. 2,6-10; 3,5.22-30; 4,12; 11,31ff). Weil Jesus nicht vom Kreuz herabsteigt, folgern sie, dass er dazu nicht fähig ist. Würden sie wohl glauben, wenn sie das sähen? Bedingungen für den Glauben wollen sie festlegen mit der Folge, sich immer verweigern zu können. Denn sie haben doch gesehen, wie Jesus andere geheilt hat – aber geglaubt haben sie nicht! So sind sie zu *Sehenden* geworden, die nicht sehen und denen das Gericht droht (vgl. 4,12). Im Gericht werden sie den „*Christos, den König Israels*" tatsächlich als vom Kreuz herabgestiegenen *sehen*, wenn er als erhöhter „*Menschensohn mit den Wolken des Himmels*" kommt (vgl. 14,62) – doch um zu glauben, ist es dann zu spät.

Der Leser muss zutiefst erschrecken, wenn er an den verstockten Gegnern eine Haltung erkennt, die er vielleicht auch in sich selbst entdeckt oder die ihn anficht: Sehen zu wollen, um (besser) glauben zu können! Jesus hat die Jünger (vgl. 4,38.40) und Leser (vgl. 13,5f.22f) vor solcher Haltung schon gewarnt (vgl. 8,12.15). Es sollte ein heilsames Erschrecken sein, wenn sie jetzt in den Gegnern ein wenig sich selbst entdecken. Von Jesus lernen sie, dem Kreuz nicht auszuweichen, auch nicht mit den geheimsten Wünschen.

2.5.2 Der gottverlassene Tod Jesu und die Bestattung: 15,33-47

15,33-39: Auf der Zeitebene ist der Zenit des Tages (Mittag) erreicht, auf der Erzählebene der Höhepunkt nicht nur des Erzählabschnitts, sondern des ganzen Buches. Jesus ist am Ziel seines Weges (vgl. 1,2f)! Das Buch wurde vom Autor ausgegeben als „*Anfang des Evangeliums Jesu Christi*" (1,1), das das nahegekommene Reich Gottes verkündete (vgl. 1,15). Doch der Höhepunkt des Buches spricht nicht vom Ankommen Gottes, sondern im Gegenteil von seinem Rückzug und seiner Abwesenheit. Natürlich ist der Text davon überzeugt, dass Gott bald kommen (vgl. 14,25) und Jesus als der erhöhte Menschensohn dann Gottes Gericht bringen (vgl. 8,38; 14,62) und sein Reich aufrichten wird (vgl. 9,1; 13,24-26), nachdem zuvor das Evangelium „*in der ganzen Welt/bei allen Völkern*" verkündet wurde (vgl. 14,9; 13,10). Und dennoch endet dieses Evangelium auf seinem literarischen Höhepunkt mit der Darstellung von Gottes Ferne. Am Ziel seines Wirkens angekommen, als er „*für die Vielen*" stirbt (vgl. 10,45; 14,24), erfährt Jesus, dass Gott ihn verlassen hat. Und doch ist Gott da, denn der am Kreuz hängende Jesus ist ja sein Sohn (vgl. 1,11; 3,11; 9,7; 14,61). Er ist jetzt Gottes einziger Repräsentant, als Sterbender. Es gilt das Paradox: Im Sterben Jesu – tiefste Abwesenheit Gottes – ereignet sich das Heil – höchste Präsenz Gottes!

Die Finsternis am Mittag „*über dem ganzen Land*" soll der Leser als Zeichen dafür nehmen, dass Gott sich zurückgezogen hat (vgl. Am 8,9). Nur noch in Jesus ist er *im Land* präsent. Welches Land ist gemeint? Die ganze Erde? Oder wäre dann eher der Ausdruck *Kosmos* zu erwarten (vgl. 14,9)? Sollen wir an das „Land Israels" oder an Judäa denken? Dafür könnte 15,38 sprechen, wo mit dem Zerreißen des Tempelvorhangs doch wohl Gottes Verlassen des Tempels, dem Zentrum der Präsenz Gottes in Israel, angesagt wird. Der Gerichtsgedanke schwingt mit; aber die Finsternis ist noch nicht das endzeitliche Gericht, wird sie doch wieder aufgehoben.

Auslegung 345

Wer nimmt die Finsternis wahr? Der Erzähler schildert keinerlei Reaktion, wenn nicht der Schrei Jesu als solche gilt. Aber er folgt erst, als die Finsternis zu Ende ist. Und diese galt dem Land, nicht ihm. Es geschieht ein „*Zeichen vom Himmel*", das alle sehen müssen, aber keiner glaubt! Es ist, als ob die Finsternis nur vom Leser registriert wird: Ihm wird dadurch vermittelt, was sich in Wahrheit ereignet. Jesu mächtiger Schrei „*in der neunten Stunde*" am Ende der Finsternis nimmt die Bedeutung der Finsternis auf: Gott hat auch ihn verlassen!

Jesus spricht Hebräisch – die Sprache der Beter im Psalter – und schreit die erste Zeile von Psalm 22 hinter Gott her. Sein Geschick kann nicht nur mit Worten dieses Psalms *erzählt* werden (vgl. 15,24.29), er selbst ist in der Rolle des „leidenden Gerechten", der am Kontrapunkt seiner Existenz angelangt ist: Als der Sohn Gottes (vgl. 1,11), der aus dem Himmel stammt (vgl. 9,2ff) und mit seinem Vater auch während seines irdischen Wirkens im Gebet stets eng verbunden war (vgl. 1,35; 6,45; 14,35f), erfährt er Gottes Abwesenheit. Gott hat ihn am Kreuz allein gelassen. Er stirbt ohne Gott.

Der Erzähler hat eine unerträgliche Spannung erzeugt. Kein Lichtstrahl von oben, keine tröstende Hand, keine Stimme vom Himmel löst diese Spannung. Der Gottessohn stirbt in Gottverlassenheit! Und doch weiß der Leser, dass es so nicht ist. Er selbst – nicht der Autor – ergänzt die Szene durch sein gläubiges Wissen, dass Gott dennoch da ist. Was geschieht hier? Der Leser weiß in diesem Augenblick mehr als Jesus! Er möchte ihm zurufen: Warum bist du so furchtsam (vgl. 4,40)! Fürchte dich nicht (vgl. 6,50)! Will der Erzähler diese Bewegung aus dem Leser hervorlocken und ihn so einüben, die eigene Erfahrung der Abwesenheit Gottes zu bewältigen? Und soll der Leser am Geschick Jesu lernen, dass Gott nicht verlässt, auch wenn er ferne scheint?

Der verzweifelte Gebetsschrei Jesu löst bei „*einigen Dabeistehenden*" groteske Aktionen aus. Sie verstehen offensichtlich so wenig Hebräisch wie die Leser und missverstehen Jesu Gebet als Hilferuf an Elia. Darum wollen sie das Sterben hinauszögern, indem sie Jesus mit Essigwasser zu erfrischen versuchen. An wen soll der Leser bei diesen *Dabeistehenden* denken? An das römische Hinrichtungskommando? Doch woher sollen sie Elia kennen und die ihm zugeschriebene Rolle als Nothelfer? Also müssen sie Juden sein, einige von denen, die den Gekreuzigten zuvor schon verhöhnt hatten (vgl. 15,29-32). Wenn Jesus sich selbst schon nicht rettet, wird er vielleicht durch Elia vom Kreuz geholt, so ist ihr Gedanke.

Die Darstellung ist voll bitterer Ironie, denn der Erzähler kennzeichnet die Spötter als solche, die ihre eigene Gebetssprache nicht mehr verstehen. Auch ahnen sie nicht, was der Leser schon weiß: Elia ist längst gekommen, als Himmlischer bei Jesu Verklärung (vgl. 9,4) und in Gestalt des Täufers, um den Weg Jesu ins Martyrium vorzubereiten (vgl. 1,2f; 6,17-29; 9,12f). Wenn er jetzt nicht kommt – Jesus hat ihn auch gar nicht gerufen –, dann nicht, weil seine Hilfe versagt, sondern weil Jesus „*bis zum Ende*" durchhalten muss (vgl. 13,13). Der Leser stimmt dem zu!

Noch einmal spricht der Erzähler von einem gewaltigen Schrei Jesu (vgl. 15,37). Hat Jesus am Kreuz zweimal geschrien, und war sein zweiter Ruf wortlos? Oder wird sein erster Schrei hier nochmals erwähnt? Die grammatische Konstruktion ließe dies zu: „*Jesus aber, indem er einen gewaltigen Schrei ausstieß, hauchte aus*" (ἐξέπνευσεν). Auf dem Prädikat liegt der Ton: Jesus starb mit einem Schrei der Verzweiflung auf den Lippen, ohne Antwort, ohne Trost! „Er hauchte aus": Ist gemeint, dass er im Sterben den *Geist* (πνεῦμα) abgibt, den er in 1,10 empfing? Am Kreuz hängt nur noch ein Leichnam!

Wie die Finsternis „*über dem ganzen Land*" ohne Reaktion blieb, so wird jetzt ein Ereignis berichtet, das naturgemäß keine Zeugen hatte. Nur der Erzähler weiß davon, nur der Leser erfährt es. Der Erzähler lässt den Leser einen Blick in das Innere des Tempels werfen. Was dort geschieht, hängt mit Jesu Tod zusammen und deutet ihn: Im Augenblick des Todes Jesu – so muss man ergänzen – zerriss der Vorhang im Tempel, der das Allerheiligste – die Präsenz Gottes – verhüllte, „*von oben bis unten in zwei Teile*" (15,38). Gott hat den Tempel verlassen, der damit seine Funktion als Ort Gottes verloren hat. Seine Zerstörung beginnt.

Der Leser soll dies Ereignis mit den Tempelaussagen Jesu im vorausgehenden Kontext zusammen sehen (vgl. 11,14.17; 13,2). Wie aber ist Gott von jetzt an im Land und in der Welt präsent? In dem neuen geistigen Tempel, der auf dem verworfenen Eckstein Jesus aufgebaut wird (vgl. 14,58; 12,10f)? Im Evangelium, das von Gottes Anwesenheit in Jesu Wirken in Wort und Tat bis hin zu seinem Tod erzählt (vgl. 1,1; 8,35; 10,29f; 14,9)! Mit dem Engel am leeren Grab, der den Frauen Jesu Auferweckung verkündet, bricht Gottes Welt wieder in die irdische ein (16,5f).

Im Augenblick des Todes Jesu aber gilt, dass Gott sich entzogen hat und fern ist. Der römische Hauptmann, der das Hinrichtungskommando befehligte, fasst es zusammen. Er hat das Sterben Jesu genau beobachtet, denn er „*stand ihm gegenüber*", und sein Resümee lautet: „*Dieser Mensch war ein Gottessohn*" (15,39). Soll man sagen, dass der Heide damit seinen Glauben an Jesus zum Ausdruck bringt? Kann man an einen Toten glauben? Wohl hat der Heide erkannt, dass hier kein einfacher Mensch sein Leben beendet hat. Und nicht ein Wunder oder Zeichen hat ihm dazu verholfen, sondern weil er *sah*, wie Jesus „*so schreiend aushauchte*" (vgl. 15,32). Er hatte ein Auge dafür, was wirklich in diesem Tod geschah: Das Sterben eines Gottessohnes – ein Paradox, das aufgelöst werden muss, oder es ist Gottes Ende. Die Lösung erfährt nur der Glaube, und gewiss ist der Heide auf dem Weg dahin. Seine Feststellung kann umschlagen in das Bekenntnis: „Dieser Mensch *ist* Gottes Sohn!" So wie sie jedoch in 15,39 formuliert wurde, kann der Leser sie nicht als Bekenntnis nachsprechen.

Das Resümee des Hauptmanns soll vom Leser zweifellos als Spiegelung der Prädikationen 1,11; 9,7; 14,61 erfasst werden. Aber selbst ist es keine Prädikation. Es zieht nüchtern einen Schlussstrich: Der Sohn Gottes ist nur noch ein Leichnam, kein Lebender mehr. Doch er *war* wirklich Gottes Sohn! Der Erzähler zwingt den Leser konsequent durch den ganzen Text dazu, den Tod Jesu auszuhalten als die *Stunde* der Ferne Gottes, die trotzdem zugleich der Augenblick höchsten Heiles ist – die eschatologische *Stunde* (vgl. 14,35.41).

Auslegung 347

15,40-41: Noch einmal (nach 15,21) führt der Autor Zeugen an, die den Lesern vertraut sind. Es sind Frauen, die immerhin „*von ferne*" zuschauen; von den Jüngern ist niemand da. Die Schar der Frauen ist groß; drei von ihnen werden mit Namen genannt. Sie werden im Verlauf der folgenden Ereignisse noch in Erscheinung treten (vgl. 15,47; 16,1): Als Zeuginnen des Todes Jesu werden sie die ersten sein, denen die Botschaft der Auferstehung verkündet wird.

Sie sind – wie die Zwölf – von Galiläa an Jesus ständig nachgefolgt und gehörten somit dem größeren Jüngerkreis an, wie er in 3,7.13; 3,32ff; 4,10.36; 10,32 sichtbar geworden ist. Wie schon die Schwiegermutter des Petrus (vgl. 1,30f) haben sie Jesus *gedient* und sich als echte Jüngerinnen erwiesen (vgl. 9,35; 10,43f). In den zahlreichen Szenen, in denen sich Jesus mit seinen Jüngern „*im Haus*" aufhielt (vgl. 1,29; 2,1f; 3,21.31ff; 7,17.24; 9,28; 10,10; 14,3ff) sind sie somit im Hintergrund als dienend tätig zu denken. Ihnen und nicht den *Zwölf* kommt die Ehre zu, Jesus bis in den Tod treu geblieben zu sein (vgl. 14,8f). So ist Jesus doch nicht von allen verlassen gestorben!

15,42-47: Die Bestattungsszene gehört sachlich eng mit der Erzählung über den Tod Jesu zusammen. Durch eine weitere Zeitangabe im Drei-Stunden-Takt („*als es Abend geworden war*", d.h. um die zwölfte Stunde) und die nachträgliche Bestimmung des Wochentages („*weil Rüsttag, d.h. Vorsabbat [= Freitag] war*") wird sie mit den vorausgehenden Ereignissen sowohl verknüpft als auch davon abgesetzt. Zudem spielt die Handlung für einen kurzen Augenblick nicht auf Golgotha, sondern im Palast des Pilatus, und kehrt erst in 15,46f an die Hinrichtungsstelle zurück, von wo der Leichnam Jesu in ein Grab geschafft wird. Die Szene schließt also den Bericht über Jesu Kreuzigung und Sterben zwar ab, setzt ihn aber nicht fort. Der Hauptakteur Jesus ist vielmehr tot; nur an seinem Leichnam wird noch gehandelt.

Durch die nachträgliche Angabe des Wochentages kann der Leser die vorausgehenden Tage identifizieren, und es ergibt sich, dass von 11,1 bis 16,2ff von Sonntag zu Sonntag eine Woche dargestellt wurde. Dem Erzähler scheint aber noch wichtiger zu sein, auf den Sabbat hinzuweisen, der folgt und an dem der Leichnam Jesu im Grab ruht. In 16,1 wird er den Hinweis aufgreifen („*und als der Sabbat vorüber war...*"); über das, was am Sabbat war, wird nichts gesagt, weil es nichts zu erzählen gibt, denn der „*Sohn Gottes*" ist tot.

Die Tagesangabe begründet (ἐπεί) folgenden erzählte Handlung: Es besteht Zeitdruck; die Bestattung erscheint von vornherein als eiliges Wegschaffen des Leichnams. Daraus erklärt sich, dass eine Salbung der Leiche nicht erfolgt (vgl. 14,8), diese vielmehr in Leintücher eingewickelt wurde. Erneut zeigt sich, dass der Autor, obwohl für ihn die Wochentage am Morgen (11,12.20; 16,2) bzw. um Mitternacht beginnen (14,42), gleichwohl um die Tragweite des Sonnenuntergangs für den rituellen Vollzug des Paschamahles (14,17) und der Sabbatruhe (15,42) weiß. Er kann – wie ein heutiger Jude – den säkularen Datumswechsel mit dem liturgischen durchaus vereinbaren.

Die Gestalt des Josef von Arimathäa – ein erneuter Zeuge der Ereignisse? – gibt dem Leser ein Rätsel auf. Einerseits wird er als jemand gezeichnet, „*der auch die Herrschaft Gottes erwartet*". Er steht damit Jesus, dem Verkünder (1,15; 4,26.30; 10,14f.23ff), Repräsentanten (4,11) und Bringer der Basileia Gottes (8,38; 9,1; vgl. 14,25) nahe (vgl. 12,34; 10,17ff). Zudem setzt er sich für die Bestattung des toten Jesus ein. Auf der anderen Seite aber ist er ein „*vornehmer Ratsherr*", Mitglied des Synedriums und somit an Jesu Verurteilung durch das „*ganze Synedrium*" (vgl. 14,55.64; 15,1) beteiligt. Der Erzähler tut nichts, um Josef als unschuldig oder nur teilschuldig auszuweisen. Wenn er einmal der Person Jesu und seiner Botschaft zugeneigt war, so hat auch er ihn – wie alle Jünger und das Volk – im Stich gelassen, ja dem Tod ausgeliefert. Ist sein Einsatz für den toten Jesus Ausdruck seiner Reue (vgl. 14,72)?

Der Erzähler stellt die Aktion des Josef als ein Wagnis dar. Worin besteht das Wagnis? Dass Pilatus den Leichnam Jesu als eines Staatsverbrechers nicht freigeben würde? Doch Pilatus hatte persönlich Jesu Unschuld erkannt. Oder muss Josef sich vor seinen „Kollegen" fürchten, wenn er Sorge für die Bestattung Jesu trägt? Dieser Gedanke liegt wohl näher, zumal der Erzähler lediglich des Pilatus Erstaunen über den raschen Tod Jesu erwähnt, jedoch keinerlei Feindseligkeit. Josef distanziert sich somit vom übrigen Synedrium, indem er am toten Leib Jesu ein Werk der Barmherzigkeit tut.

Josef fordert den Leib (σῶμα) Jesu, Pilatus gibt ihm nach amtlichem Totenzeugnis den Leichnam (πτῶμα). Meint Pilatus, Josef wolle den noch lebenden Jesus vom Kreuz herab nehmen und gesund pflegen/retten (vgl. 15,30.32)? Meint vielleicht Josef auch, dass Jesus noch gar nicht gestorben ist und will er sein Todesurteil über Jesus durch die Tat rückgängig machen? Warum sonst spricht der Erzähler vom σῶμα Jesu, und erst nach der amtlichen Klärung von πτῶμα?

Pilatus lässt den Hauptmann kommen, der Jesu Tod beobachtet hatte (ἰδών; 15,39), um sich bestätigen zu lassen, dass Jesus „*schon gestorben*" ist. Gekreuzigte starben langsam, oft dauerte der Todeskampf Tage; das weiß der Leser. Die Art des Sterbens Jesu, die den Hauptmann zu seiner die Person Jesu würdigenden Feststellung veranlasst hatte, wird auf diese Weise nochmals als ungewöhnlich herausgestellt. Soll Jesu Tod als Akt freiwilliger Lebenshingabe erwiesen werden, die im lauten Schrei und im *Aushauchen* sich vollzog?

Erst nachdem Pilatus durch den Führer des Exekutionskommandos über Jesu tatsächlichen Tod geradezu amtlich informiert worden ist, gibt er Jesu Leiche frei zur Bestattung. Jede Art von Scheintod oder natürlicher Wiederbelebung scheidet somit aus. Jesu Bestattung durch Josef wird auf knappste Weise wiedergegeben. Nur das Notwendigste geschieht und wird erzählt: Der Leichnam wird vom Kreuz herab genommen, in neu gekaufte Leintücher gewickelt und in einem Felsengrab beigesetzt. Mit einem Rollstein verschließt Josef die Grabkammer. Weder Helfer noch weitere Umstände werden genannt. Der Eindruck einer ohne Feierlichkeit, in Eile vollzogenen Bestattung drängt sich dem Leser auf.

Am Ende werden erneut Zeuginnen genannt: Zwei aus der größeren Schar der Frauen, die der Kreuzigung Jesu „*von weitem*" zugeschaut hatten, beobachten

Auslegung

Josef bei seinem Tun (doch wohl aus der Entfernung und ohne dabei mitzuwirken). Daher kennen sie die Lage des Grabes. Die letzte Bemerkung öffnet die Erzählung auf eine Fortsetzung hin, die nach dem Sabbat folgt.

Epilog: 16,1-8

16¹ Dann, als der Sabbat vorüber war,
kauften Maria von Magdala und Maria,
die Mutter des Jakobus, und Salome wohlriechende Salböle,
damit sie hingingen, um ihn einzusalben.
²Und in aller Frühe, am ersten Tag der Woche, kommen sie zum Grab,
als eben die Sonne aufging.
³Sie hatten zueinander gesagt:
„Wer wird uns wohl den Stein vom Eingang des Grabes wegwälzen?"
⁴Als sie dann aufschauten, sahen sie, dass er Stein weggewälzt war -
er war nämlich sehr groß.
⁵Und dann, als sie das Grab betraten,
sahen sie da einen jungen Mann sitzen,
auf der rechten Seite, der trug ein weißes Gewand, und sie erschraken.
⁶Er aber sagt zu ihnen: „Erschreckt nicht!
Ihr sucht Jesus, den Nazarener, den Gekreuzigten.
Er ist auferweckt worden, er ist nicht hier!
Siehe da die Stelle, wohin man ihn gelegt hat.
⁷Ihr aber, geht und sagt zu seinen Jüngern und zu Petrus:
Er geht euch voran nach Galiläa, dort werdet ihr ihn sehen,
wie er es euch gesagt hat."
⁸Und dann, herausgekommen, flohen sie von dem Grab,
hatten sie doch Zittern und Entsetzen gepackt.
Und sie sagten zu niemandem etwas, denn sie fürchteten sich.

Die Erzählung MkEv endet wie sie begonnen hat (vgl. 1,4-8): Die Stimme eines Gottesboten weist auf Jesus hin, der als der Sieger auf dem Weg nach Galiläa ist. Trat Jesus in 1,9 dann selbst in die Erzählung ein, so werden jetzt die Jünger und mit ihnen die Leser aufgefordert, sich in eine neue Erzählung hinein zu begeben, die durch die Begegnung mit dem Auferstandenen in Galiläa ermöglicht wird: eine Geschichte der Nachfolge. Wie der erste Gottesbote des MkEv Umkehr predigte (vgl. 1,4), so auch der letzte. Das MkEv endete mit dem Scheitern der Jünger (vgl. 14,27.50ff.66ff); jetzt werden sie aufgefordert, dem vorausgehenden Jesus erneut nachzufolgen. Wie wird die neu eröffnete Geschichte enden?

16,1: Über den Sabbat, an dem der Leichnam Jesu im Grab ruht, wird nichts berichtet. Es gibt nichts zu erzählen: Das Werk Jesu *„für die Vielen"* (14,24; vgl. 10,45) ist abgeschlossen, das Heil allen eröffnet. Beginnt eine neue Zeit, die Zeit der Nachfolge? Nicht mehr das Land Judäa mit Jerusalems Tempel ist heiliger Ort (vgl. 15,33.38), sondern Gott ist dort, wo der Auferstandene *gesehen* wird (vgl. 16,7), wo ihm nachgefolgt wird.

Nach dem Sabbat der Ruhe beginnt die Erzählung neu, indem sie die Handlungen der drei Frauen, die beim Sterben und bei der Bestattung Jesu zugegen

Epilog 351

waren, berichtet: Sie kaufen Duftöle ein, um am nächsten Morgen den Leichnam Jesu zu salben. Der Erzähler zeigt erneut (vgl. 15,42), dass er um die Bedeutung des rituellen Tageswechsels im Judentum weiß: Nach Sonnenuntergang können die Frauen aktiv werden. Und doch zählt er die Tage jeweils vom Morgen an (16,2; vgl. 11,12.20).

Ein eigenartiger Schatten liegt über den Aktivitäten der drei Frauen: Der Leser weiß ja von Anfang an, dass ihr Tun und Sorgen überflüssig sind (vgl. 14,8). Sie brauchen keine Duftöle mehr, wenn sie am nächsten Morgen beim Grab Jesu ankommen. Und doch motiviert die in der Salbungsabsicht zum Ausdruck kommende Liebe zu Jesus und Ehrerbietung seinem toten Leib gegenüber ihren Gang zum Grab. Durch ihre Zuneigung werden diese Treuesten der Anhängerschaft Jesu zum Grab gezogen, dort aber wartet nicht Jesu Leichnam, sondern Gottes Bote auf sie. Ihre Liebe ist von Gott in Dienst genommen worden.

16,2-5: Mit bedeutungsschweren Zeitangaben beginnt die Erzählung: In aller Frühe des ersten Tages der Woche – das ist Sonntag – gehen die drei Frauen zum Grab, *„als die Sonne aufging"*. Der Leser versteht die Symbolik der Szene, die Frauen natürlich nicht. Sie werden von der Absicht bewegt, dem toten Leib Jesu zugleich mit dem ersten Tageslicht die Ehrung einer Salbung zukommen zu lassen, die bei der eiligen Bestattung am Freitagabend unterblieb. Der Leser aber weiß, dass die Sonne, die jetzt aufgeht, ein Symbol für jenes *Licht* ist, das von nun an allen scheint (vgl. 4,21). Er weiß auch, dass dieser Sonntag das Urdatum ist, das ab jetzt in allen Sonntagsfeiern der christlichen Gemeinden präsent sein wird.

Die Leser belauschen ein (sinnloses) Gespräch, das die Frauen unterwegs miteinander führen. Sie sind ganz von ihrer Absicht erfüllt, Jesu Leichnam zu salben; dazu müssen sie das Grab betreten. Warum sie nicht früher das Problem des Steins bedacht haben, darf man wohl nicht fragen, liegt dem Erzähler doch nicht an vordergründiger Logik. Sonst leuchtete auch nicht ein, dass drei Frauen einen Stein nicht sollten bewegen können, den bei der Bestattung Josef offenbar allein vor den Eingang geschafft hat. Die völlige Ahnungslosigkeit der drei Frauen kommt in ihrer Frage zum Ausdruck, ganz im Gegensatz zum Leser, der natürlich ahnt, dass die Sorge der Frauen keinen Grund mehr hat. Der *„sehr große Stein"* ist bereits weggewälzt; das *sehen* die Frauen, sobald sie (einmal) den Blick erheben.

Eine Reaktion auf das erstaunliche Faktum wird nicht erwähnt. Die Frauen betreten bedenkenlos das geöffnete Grab und erblicken darin *„einen jungen Mann"*, der *„auf der rechten Seite"* sitzt in leuchtend weißem Gewand: ein Bote aus der himmlischen Welt (vgl. 9,3)! Das erkennen die Frauen – darum erschrecken sie auch –, und das wissen genauso die Leser; von jetzt an deckt sich ihre Wahrnehmung mit der der Frauen.

Was aber meint *„auf der rechten Seite"*? Erzählt wird aus der Perspektive der Frauen: Sie müssen sich somit im Grab nach rechts wenden, um den Himmelsboten zu sehen. Treten Boten des Glücks und Segens von rechts auf?

16,6-7: Der himmlische Bote übernimmt nun seine Rolle. Er spricht die Frauen auf ihre Salbungsabsicht an. Vergeblich suchen sie den gekreuzigten Jesus; seinen Leichnam finden sie nicht mehr, weil er auferweckt worden ist.

Zweimal weist er die Frauen auf das „leere Grab" hin: Jesus ist nicht da! Weil sie Zeugen der Bestattung waren (vgl. 15,47), benötigen sie den Hinweis auf den *„Ort, wohin sie ihn gelegt haben"* eigentlich nicht. Außerdem werden sie doch bereits beim Betreten des Grabes das Fehlen Jesu bemerkt haben. Also müssen sie sich die Hinweise des Himmelsboten um der Leser willen anhören: Denen wird durch einen Engel Gottes versichert, dass Jesus, der Nazarener, leiblich auferweckt wurde. Er lebt nun als Auferstandener in seinem Leib, der gekreuzigt wurde, weiter. Da der Gottesbote und nicht der Erzähler den Lesern das Leersein des Grabes mitteilt, handelt es sich dabei nicht um ein bloßes Faktum, sondern um eine Offenbarungstatsache.

Der Engel gibt den drei Frauen, die geradezu Urzeugen der Auferweckungsbotschaft geworden sind, einen Auftrag: Sie sollen Jünger und Petrus daran erinnern, dass Jesus ihnen seine Auferweckung und sein Vorausgehen nach Galiläa angekündigt hat (vgl. 14,28). Der Engel ergänzt: *„Dort werdet ihr ihn sehen!"* Eine Verheißung für den, der dem Auferstandenen nach Galiläa nachfolgt. Ist vorausgesetzt, dass die Jünger sich doch noch in Jerusalem aufhalten? Oder sollen die Frauen, die ja selbst aus Galiläa sind (vgl. 15,40f), ihnen die Nachricht in Galiläa übermitteln? Aber Jesus *„geht ihnen voraus"*! Die Frage lässt sich nicht beantworten; doch sie ist auch müßig, wie der Schluss zeigen wird.

16,8: Die beiden letzten Sätze der Erzählung – zugleich Schluss der Gesamterzählung – lassen den Leser einigermaßen irritiert zurück. Dass die Frauen in panischem Gottesschrecken aus dem Grab herausstürzen und fliehen, mag er noch verstehen. Lieber wäre ihm sicher eine andere Reaktion: Lobhymnen und Danklieder auf einem feierlichen Heimweg. Völlig unbegreiflich aber muss ihm sein, was der Erzähler dann mitteilt: Die Frauen haben mit niemandem von dem gesprochen, was sie erlebt haben – auch nicht, nachdem ihre Panik verflogen war. Lapidar die Begründung: *„Denn sie fürchteten sich"*.

Immerhin: Zum Glück konnte der „allwissende" Erzähler die Begebenheit berichten; die Leser sind somit vom Schweigen der Frauen nicht betroffen. Den Jüngern aber wurde das Geschehen verschwiegen, und den Aufruf des Gottesboten, dem Auferstandenen nach Galiläa zu folgen, vernahmen sie nicht – zumindest nicht aus dem Mund der Frauen. Doch hatten sie ja Jesu eigenes Wort (14,28).

Die Leser wissen aus anderen Quellen als dem MkEv, wie es gewesen ist. Petrus und die übrigen Jünger haben den Auferstandenen *gesehen* und sind neu in seine Nachfolge eingetreten. Die weltweite Verkündigung des Evangeliums bei allen Völkern hat begonnen (13,10; 14,9). Trotz des Schweigens der Frauen! Ohne ihre Nachhilfe haben sich die Jünger an Jesu Worte erinnert, haben ihm geglaubt und sind ihm nach Galiläa gefolgt.

Wenn die von den Frauen erlebte Geschichte, um die der Erzähler weiß, somit gar nicht zu den Jüngern gedrungen ist, obwohl sie doch (angeblich) ihnen galt, warum wird sie dann noch erzählt? Die einzige Lösung ist: Eigentlich betrifft sie

Epilog

die Leser! Die waren, wie wir gesehen haben, ohnehin mit ihren Ahnungen und Vorverständnissen in der Erzählung stark engagiert. Sie begriffen mehr und schneller als die Frauen. Nun sind sie erneut gefordert: Wenn die Jünger um Petrus das Engelwort von den Frauen auch nicht gehört haben, die Leser haben es durch den Erzähler gleichwohl vernommen. Gilt es eigentlich ihnen?

Können auch sie dem Auferstandenen „*nach Galiläa*" folgen und ihn dort „*sehen*"? Gewiss nicht so, wie Petrus ihn dort gesehen hat. Aber doch auf eine Weise des Glaubens; im Evangelium können sie ihm begegnen. Der Engel ruft die Leser indirekt auf, ebenfalls und auf ihre Weise – eben als Leser! – „*nach Galiläa*" zu gehen und dort den gekreuzigten Auferstandenen zu sehen, indem sie nämlich zurückblättern und den „*Anfang des Evangeliums*" (1,1) von vorne zu lesen beginnen. Darum kann dieses Buch auch auf Erscheinungsgeschichten verzichten, ist es doch als Ganzes die Geschichte einer Epiphanie.

Ausgewählte Literatur

Kommentare

CRANFIELD, C.E.B., The Gospel according to Saint Mark (Cambridge 5. Aufl. 1974)
DAVIDSEN, O., The Narrative Jesus. A Semiotic Reading of Mark's Gospel (Aarhus 1993)
DONAHUE, J.R.; HARRINGTON, D.J., The Gospel of Mark (Collegeville 2002)
ERNST, J., Das Evangelium nach Markus (Regensburg 1981)
FRANCE, R.T., The Gospel of Mark. A Commentary on the Greek Text (Grand Rapids 2002)
GNILKA, J., Das Evangelium nach Markus 2 Bde. (Zürich u.a. 1978-1979, 4. Aufl. 1994)
GRUNDMANN, W., Das Evangelium nach Markus (Berlin 8. Aufl. 1980)
GUELICH, R.A., Mark 1-8 (Dallas 1989)
GUNDRY, R.H., Mark. A Commentary on his Apology for the Cross (Grand Rapids 1993)
HEIL, J.P., The Gospel of Mark as Model for Action. (New York 1992)
HOOKER, M.D., The Gospel according to St Mark (London 1991)
HUMPHREY, H.M., He Is Risen! A New Reading of Mark's Gospel (New York 1992)
van IERSEL, B.M.F., Mark. A Reader-Response Commentary (Sheffield 1998)
KERTELGE, K., Markusevangelium (Würzburg 1994)
KLOSTERMANN, E., Das Markusevangelium (5. Aufl. 1971)
LENTZEN-DEIS, F., Das Markusevangelium. Ein Kommentar für die Praxis (Stuttgart 1998).
LOHMEYER, E., Das Evangelium nach Markus (Göttingen 17. Aufl. 1967)
LÜHRMANN, D., Das Markusevangelium (Tübingen 1987)
MALINA, B.J.; Rohrbaugh, R.L., Social-Science Commentary on the Synoptic Gospels (Minneapolis 1992)
MANN, C.S., Mark (Garden City 1986)
PESCH, R., Das Markusevangelium 1-2 (Freiburg 5. Aufl. 1986 und 4. Aufl. 1991)
ROBBINS, V.K., Jesus the Teacher. A Socio-Rhetorical Interpretation of Mark (Philadelphia 1984)
SCHMITHALS, W., Das Evangelium nach Markus (Gütersloh 2. Aufl. 1986)
SCHWEIZER, E., Das Evangelium nach Markus (Göttingen 1. Aufl. 1967, 17. Aufl. 1989)
SMITH, St., A Lion With Wings. A Narrative-Critical Approach to Mark's Gospel (Sheffield 1996)
STOCK, A., The method and message of Mark (Wilmington 1989)
WAETJEN, H., A Reordering of Power. A Socio-Political Reading of Mark's Gospel (Minneapolis 1989)

WITHERINGTON, B., The Gospel of Mark. A Socio-Rhetorical Commentary (Grand Rapids 2001)

Sonstige neuere Literatur

ASSMANN, J., Das kulturelle Gedächtnis. Schrift, Erinnerung und politische Identität in frühen Hochkulturen (München 3. Aufl. 2000)
DERS., Religion und kulturelles Gedächtnis. Zehn Studien (München 2000)
AUSTIN, J.L., Zur Theorie der Sprechakte (Stuttgart 2. Aufl. 1979) [=How to Do Things With Words (Oxford 1962)]
BACKHAUS, K., „Dort werdet ihr ihn sehen" (Mk 16,7). Die redaktionelle Schlussnotiz des zweiten Evangeliums als dessen christologische Summe, in: ThGl 76 (1986), 277-294
BARTHES, R., Einführung in die strukturale Analyse von Erzählungen, in: ders., Das semiologische Abenteuer (Frankfurt 1988), 102-143 (frz. Original 1966)
DERS., The Death of the Author, in: D. Lodge (Hg.), Modern Criticism and Theory (London/ New York 1988) 166-172 (frz. Original 1984)
BEAVIS, M.A., The Trial before the Sanhedrin (Mark 14,53-65). Reader-Response and Graeco-Roman Readers, in: CBQ 49 (1987) 581-596
BRANDENBURGER, E., Markus 13 und die Apokalyptik (Göttingen 1984)
BRENNER, P.J., Das Problem der Interpretation. Eine Einführung in die Grundlagen der Literaturwissenschaft = Konzepte der Sprach- und Literaturwissenschaft 58 (Tübingen 1998)
BRETT, M.G., The Future of Reader Criticism? in: F. Watson (Hg.), The Open Text. New Directions for Biblical Studies? (London 1993) 13-31
BREUER, R., Autor, Werk oder Leser. Wer gibt dem Text seine Bedeutung?, in: Universitas 52 (1997) 659-670
BREYTENBACH, C., Nachfolge und Zukunftserwartung nach Markus (Zürich 1984)
CANCIK, Hubert (Hg.), Markus-Philologie. Historische, literargeschichtliche und stilistische Untersuchungen zum zweiten Evangelium (Tübingen 1984)
DERS., Mythische und historische Wahrheit (Stuttgart 1970)
CUVILLIER, É., Die „Kreuzestheologie" als Leseschlüssel zum Markusevangelium, in: A. Dettwiller; J. Zumstein (Hg.), Kreuzestheologie im Neuen Testament (Tübingen 2002) 107-150
DORMEYER, D., Das Markusevangelium als Idealbiographie von Jesus Christus, dem Nazarener (Stuttgart 1999)
DERS., Der Sinn des Leidens Jesu. Historisch-kritische und textpragmatische Analysen zur Markuspassion (Stuttgart 1979)
EBNER, M., Evangelium contra Evangelium. Das Markusevangelium und der Aufstieg der Flavier, in: BN 116 (2003) 28-42
FOWLER, R. M., Who is „the Reader" of St. Mark's Gospel? in: Society of Biblical Literature Seminar Papers (1983) 31-53

DERS., Let the Reader Understand. Reader-Response Criticism and the Gospel of Mark (Minneapolis 1991)

DERS., Reader Response Criticism. Figuring Mark's Reader, in: Anderson, J.C.; Moore, S.D. (Hg.), Mark and Method. New Approaches in Biblical Studies (Minneapolis 1992), 50-83

FRANKEMÖLLE, H., Theodizee-Problematik im Markusevangelium? Anmerkungen zu Mk 16,1-8 im Kontext, in: Söding, Th. (Hg.), Der lebendige Gott. Studien zur Theologie des Neuen Testaments. FS W.Thüsing (Münster 1996)

FREY, J., Der implizite Leser und die biblischen Texte, in: Theologische Beiträge 23 (1992) 266-290

FRICKENSCHMIDT, D., Evangelium als Biographie. Die vier Evangelien im Rahmen antiker Erzählkunst (Basel/Tübingen 1997)

GENETTE, G., Fiktion und Diktion (München 1992)

DERS., Die Erzählung (München 1994; 2. Aufl. 1998)

GUTTENBERGER, G., Die Gottesvorstellung im Markusevangelium (Berlin 2004)

HAHN, F. (Hg.), Der Erzähler des Evangeliums. Methodische Neuansätze in der Markusforschung (Stuttgart 1985)

HESTER, J.D., Dramatic Inclusion. Irony and the Narrative Rhetoric of the Ending of Mark, in: JSNT 57 (1995) 61-86

HÜBNER, K., Die Wahrheit des Mythos (München 1985)

ISER, W., Der implizite Leser (München 1972)

DERS., Der Akt des Lesens. Theorie ästhetischer Wirkung (München 2. Aufl. 1984)

KINGSBURY, J.D., Conflict in Mark. Jesus, Authorities, Disciples (Philadelphia 1989)

KLAUCK, H. –J., Die erzählerische Rolle der Jünger im Markusevangelium. Eine narrative Analyse, in: NT 24 (1982) 1-26.

DERS., Vorspiel im Himmel? Erzähltechnik und Theologie im Markusprolog (Neukirchen 1997)

KLUMBIES, P.G., Die Markusforschung und der Mythos. Methodische und inhaltliche Neuansätze bei der Forschung im ältesten Evangelium, in: Evangelische Aspekte 10,4 (2000) 45-48

DERS., Der Mythos bei Markus (Berlin / New York 2001)

LÄMMERT, E., Bauformen des Erzählens. (Stuttgart 1955; 8.Aufl. 1991)

LÜHRMANN, D., Das Markusevangelium als Erzählung, in: Der Evangelische Erzieher 41 (1989) 212-222

MYERS, Ch., Binding the Strong Man. A Political Reading of Mark's Story of Jesus (Maryknoll 1986)

DERS., Who Will Role Away the Stone? Discipleship Queries for First World Christians (Maryknoll 1994)

DERS. u.a., Say to This Mountain. Mark's Story of Discipleship (Maryknoll 1996)

MOXTER, M., Erzählung und Ereignis. Über den Spielraum historischer Repräsentation, in: J. Schröter; R. Brucker (Hg.), Der historische Jesus. Tendenzen und Perspektiven der gegenwärtigen Forschung (Berlin / New York 2002), 67-88

PETERSEN, N.R., When is the End not the End ? Literary Reflections on the Ending of Mark's Narrative, in: Interp 34 (1980) 151-166.
DERS., The reader in the gospel, in: Neotestamentica 18 (1984) 38-51
RAGUSE, H., Fiktion und Realität im literarischen Lesen und in der psychoanalytischen Situation, in: Zeitschr. f. psychoanal. Theorie und Praxis 1993, H. 8, 176-190.
DERS., Der Raum des Textes. Elemente einer transdisziplinären Hermeneutik (Stuttgart u.a. 1994)
RHOADS, D.; DEWEY, J.; MICHIE, D., Mark as Story. An Introduction to the Narrative of a Gospel (Minneapolis [1. Auflage 1982;] 2. Aufl. 1999)
SCHENKE, L., Das Markusevangelium (Stuttgart u.a. 1988)
DERS., Gibt es im Markusevangelium eine Präexistenzchristologie? In: ZNW 91 (2000) 45-71
DERS., Der betende Jesus und das Gebet der Jünger im Markusevangelium, in: Simon, W., (Hg.), meditatio. FS G. Stachel (Münster u.a. 2002, 95-104
DERS., Jesus als Weisheitslehrer im Markusevangelium, in: Faßnacht, M./Leinhäupl-Wilke, A./Lücking, St. (Hgg.), Die Weisheit – Ursprünge und Rezeption. FS. K. Löning (Münster 2003)
SCHOLTISSEK, K., „Augen habt ihr und seht nicht und Ohren habt ihr und hört nicht?" (Mk 8,18). Lernprozesse der Jünger Jesu im Markusevangelium, in, Niemand, Ch. (Hg.), Forschungen zum Neuen Testament und seiner Umwelt. FS A. Fuchs (Frankfurt am Main 2002) 191 -222.
SÖDING, Th., Der Evangelist in seiner Zeit. Voraussetzungen, Hintergründe und Schwerpunkte markinischer Theologie, in: Ders., Der Evangelist als Theologe. Studien zum Markusevangelium (Stuttgart 1995), 11-62
VOUGA, F., „Habt Glauben an Gott". Der Theozentrismus der Verkündigung des Evangeliums und des christlichen Glaubens im Markusevangelium, in: Fornberg, T., Hellholm, D. (Hg.), Texts and Contexts. Biblical Texts in Their Textual and Situational Contexts. Essays in Honor of Lars Hartman (Oslo u.a. 1995) 93 - 109
WEINRICH, H., Tempus. Besprochene und erzählte Welt (Stuttgart u.a. 4. Aufl. 1985)

Ludger Schenke u.a.

**Jesus von Nazaret –
Spuren und Konturen**

2004. 384 Seiten. Kart.
€ 22,–
ISBN 3-17-016978-5

Die AutorInnen dieses Bandes unternehmen den Versuch, Botschaft und Wirken Jesu zu rekonstruieren, wobei sie sich primär auf die Überlieferung seiner Worte stützen. Bei Logien und Gleichnissen besteht die berechtigte Vermutung, Jesus selbst zu hören. Dagegen tritt die Überlieferung der Taten und Handlungen Jesu eher in den Hintergrund, da sie von einer zurückschauenden Perspektive und vom nachösterlichen Christusglauben geprägt ist.

Ein „objektives" Jesusbild kann es nicht geben. Zu unsicher ist die Quellenlage, zu vielschichtig sind die historische Wirklichkeit und die geschichtliche Wirkung Jesu. Gleichwohl ist die Unerbittlichkeit der Frage nach dem irdischen Jesus auszuhalten, gerade um der historischen Wahrheit des Jesus von Nazaret willen.

DIE AUTORINNEN:

Prof. Dr. **Ingo Broer** (Siegen), Prof. Dr. **Peter Fiedler** (Freiburg im Breisgau), Dr. **Hildegard Gollinger** (Heidelberg), Prof. Dr. **Rudolf Hoppe** (Bonn), Prof. Dr. **Johannes Nützel** (Bamberg), Prof. Dr. **Lorenz Oberlinner** (Freiburg im Breisgau), Prof. Dr. **Ludger Schenke** (Mainz), Prof. Dr. **Dieter Zeller** (Mainz), Stud.Dir. Dr. **Hans Otto Zimmermann** (Ettenheim).

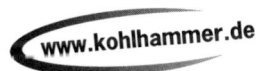

W. Kohlhammer GmbH
70549 Stuttgart · Tel. 0711/7863 - 7280 · Fax 0711/7863 - 8430

Ludger Schenke
Das Johannesevangelium
Einführung – Text
– dramatische Gestalt
1992. 230 Seiten. Kart.
€ 15,34
ISBN 3-17-011926-5
Urban-Taschenbücher, Band 446

Ist das Johannesevangelium ein Drama? Der Autor des vorliegenden Buches bejaht diese Frage. Er weist darauf hin, daß das Evangelium in der uns vorliegenden Gestalt den literarischen Regeln des Dramas folgt und nicht denen des Epos. Es ist überwiegend Darstellung und nicht Bericht.

Von dieser grundlegenden Erkenntnis der literarischen Gattung her führt der Autor in die „Welt" des Johannesevangeliums ein. Er fragt nach der „Handlung" und nach den handelnden „Charakteren". Er beschreibt die kritische Sprache und das Kommunikationssystem des „Dramas" Johannesevangelium. Schließlich beleuchtet er die geschichtlich-sozialen Hintergründe der johanneischen Gemeinden und hellt die Entstehungsgeschichte des Werkes auf.

„... im Mittelpunkt des kleinen, aber äußerst gehaltvollen Bändchens des Mainzer Neutestamentlers [steht] eine neue, gelungene Übersetzung des Johannesevangeliums bzw. eine dramatische Einrichtung des kolometrisch geschriebenen Textes, ..."

(Theologische Quartalschrift, 2/93)

W. Kohlhammer GmbH
70549 Stuttgart · Tel. 0711/7863 - 7280 · Fax 0711/7863 - 8430